徐复观全集

徐复观全集

论文化

（一）

九州出版社

图书在版编目（CIP）数据

论文化 / 徐复观著. -- 北京 : 九州出版社,
2013.12（2023.12重印）
（徐复观全集）
ISBN 978-7-5108-2546-0

Ⅰ. ①论… Ⅱ. ①徐… Ⅲ. ①中华文化－文集 Ⅳ.
①K203-53

中国版本图书馆CIP数据核字(2013)第304273号

论文化

作　　者	徐复观　著
责任编辑	王文湛　黄瑞丽
出版发行	九州出版社
地　　址	北京市西城区阜外大街甲 35 号（100037）
发行电话	(010)68992190/3/5/6
网　　址	www.jiuzhoupress.com
印　　刷	三河市东方印刷有限公司
开　　本	650 毫米 ×950 毫米　16 开
插页印张	0.75
印　　张	57.5
字　　数	632 千字
版　　次	2014 年 4 月第 1 版
印　　次	2023 年 12 月第 4 次印刷
书　　号	ISBN 978-7-5108-2546-0
定　　价	128.00 元（全两册）

徐复观先生

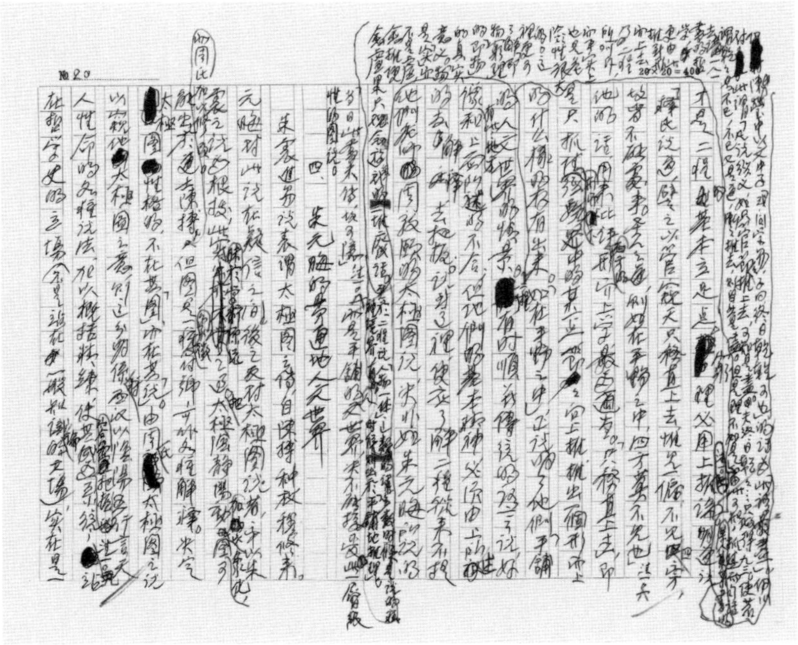

徐复观先生手迹

出版前言

徐复观先生的著作散见于海内外多家出版社，选录文章、编辑体例不尽相同。现将他的著作重新编辑校订整理，名为《徐复观全集》出版。

《全集》共二十六册，书目如下：

一至十二册为徐复观先生译著、专著，过去已出版单行本，《全集》基本按原定稿成书时间顺序排列如下：

一、《中国人之思维方法》与《诗的原理》

二、《学术与政治之间》

三、《中国思想史论集》

四、《中国人性论史·先秦篇》

五、《中国艺术精神》与《石涛之一研究》

六、《中国文学论集》

七、《两汉思想史》（一）

八、《两汉思想史》（二）

九、《两汉思想史》（三）

十、《中国文学论集续篇》

十一、《中国经学史的基础》与《周官成立之时代及其思想性格》

十二、《中国思想史论集续篇》。编辑《全集》时，编者补入若干文章，并将原单行本《公孙龙子讲疏》一书收入其中。

十三至二十五册，将徐复观先生散篇文章分类拟题编辑成书：

十三、《儒家思想与现代社会》

十四、《论智识分子》

十五、《论文化》（一）

十六、《论文化》（二）

十七、《青年与教育》

十八、《论文学》

十九、《论艺术》。并将原单行本《黄大痴两山水长卷的真伪问题》一书收入其中。

二十、《偶思与随笔》

二十一、《学术与政治之间续篇》（一）

二十二、《学术与政治之间续篇》（二）

二十三、《学术与政治之间续篇》（三）

（二十一至二十三册是按《学术与政治之间》的题意，将作者关于中外时政的文论汇编成册，拟名为《学术与政治之间续篇》。）

二十四、《无惭尺布裹头归·生平》。并将原单行本《无惭尺布裹头归——徐复观最后日记》收入其中。

二十五、《无惭尺布裹头归·交往集》

二十六、《追怀》。编入亲友学生及各界对徐复观先生的追思怀念以及后学私淑对他治学理念、人格精神的阐明与发挥。

徐复观先生的著作，以前有各种编辑版本，其中原编者加入的注释，在《全集》中依然保留的，以“原编者注”标明；编辑《全集》时，编者另外加入注释的，以“编者注”标明。

为更完整体现徐复观先生的思想脉络，编者将个别文章，在不同分类的卷中，酌情少量选取重复收入。

《全集》的编辑由徐复观先生哲嗣、台湾东海大学徐武军教授，台湾大学王晓波教授，武汉大学郭齐勇教授，台湾东海大学薛顺雄教授协力完成。

九州出版社

二〇一三年十二月

编者前言

徐复观教授，始名秉常，字佛观，于一九〇三年元月卅一日出生于湖北省浠水县徐家坳凤形塆。八岁从父执中公启蒙，续在武昌高等师范及国学馆接受中国传统经典训练。一九二八年赴日，大量接触社会主义思潮，后入日本士官学校，因九一八事件返国。授身军职，参与娘子关战役及武汉保卫战。一九四三年任军令部派驻延安联络参谋，与共产党高层多次直接接触。返重庆后，参与决策内层，同时拜入熊十力先生门下。在熊先生的开导下，重启对中国传统文化的信心，并从自身的实际经验中，体会出结合中国儒家思想及民主政治以救中国的理念。年近五十而志不遂，一九五一年转而致力于教育，择菁去芜地阐扬中国文化，并秉持理念评论时事。一九七〇年后迁居香港，诲人笔耕不辍。徐教授于一九八二年四月一日辞世。他是新儒学的大家之一，亦是台、港最具社会影响力的政论家，是二十世纪中国智识分子的典范。

我们参与《徐复观全集》的选编工作，是以诚敬的态度，完整地呈现徐复观教授对中华民族的热爱和执著，对理念的坚持，以及独特的人生轨迹。

九州出版社出版《徐复观全集》，使得徐复观教授累积的智慧，能完整地呈现给世人，我们相信徐复观教授是会感到非常欣慰的。

王晓波　郭齐勇　　谨志
薛顺雄　徐武军

目 录

科学政策之矛盾（译）

一

奖励自然科学，在今日专系着眼于充实国防；在过去则历代内阁，都视为发达产业的手段，而成为一种共行的政策。但不论以国防为主，或以产业为主，皆仅注重于科学的应用，而不注重科学理论的开发。爱真实，爱善美，不以任何实用目的为前提，而只以纯粹知识，为人类最崇高的活动，像这样抱有科学之爱的古典希腊精神，多为东洋思想所不了解。今日教育当局，以知识偏重为戒的里面，无疑地含有排斥西洋思想，振兴东洋思想之意。虽奖励自然科学，但其目的仅在于应用，仅希望能有许多可直接利用于军备与产业的发明。至于涵养爱真实的心，以使其含咀于求知之乐，则全非意想所及。但，在今日高度进步的科学中，若缺少深的理论根底，与广的知识展望，即难期有独创的发明和重要的发见。工学要求有工业大学，在那里教授理化学和高等数学。综合大学的工学院，必须设法与农学院、医学院及理学院等作密切的提携，其原因皆在于此。制钢的研究，必由物理学者指导；空中窒素的固化，及制造毒气，必须委之于理科出身的化学家；皆其显明的实例。现在既不与理论提携，受理论之指导，即难期有重要的发明发见，所以政府不仅应奖励应用的一方面，而应在理论方面，奖励全面的自然科学的研究，乃完全出乎实际上的需要。

今日不仅政治家不了解什么是科学精神，即在被称为科学家之间，真能了解科学精神者，亦不易见。本来，自己有志于科学研究的科学家既生而爱好科学，尊重知识，则应该能随其研究之愈加深入，而益能参自然之秘密，益能彻底于纯粹科学的精神。如此，其结果，当然会不仅拘限其知识于自己专攻的范围，而能广泛地感受一般的、统一的自然法则，更扩展而相信人类社会理性的支配，认定社会进步非倚赖真实的认识不可。以感情代理性，以信仰代知识，乃科学精神之所不许。但揆之实际，能像这样的科学家，并不很多。在自己专门研究的方面，能有显著成绩的人们，对于自己专门以外的一般事物，就完全不知道适用科学的思考。不仅忽视与科学精神完全相反的蒙昧主义的跳梁，并且在自己生活行动上，也常陷于由蒙昧主义所产生的迷信而不以为愧。若举最浅近的例，我们常常目击自称为科学家，却相信家宅的方位，或选择干支以趋避吉凶。这种人既迷信与科学实证精神不能相容的传说而不以为怪，更何能望他转其注意力于国家社会的缺憾，实证地认识此种缺憾之所由来，以讲求挽救之术？纵使他自己和旁人，都认其为科学家，但其精神却不应称为科学家，而仅系长于某一方面的技术家。只要被称为一个学者，不论其系研究如何特别的问题，亦必能洞见潜在于特殊问题背后的全自然法则的机构，在特殊中体认出普遍的道理。固然，将自然无限复杂的多样性，加以简单的单纯化，原为学术所不许。但不论如何特殊的东西，总是普遍的代表。不论如何微小的部分，也潜伏着全自然的机构。没有对于深的根本原理的洞察，和对于广的关联的展望，决不能谓为真正的科学家。今日极端普遍化的广播器，当然系源于赫兹（Hertz），但赫兹的实验，则以马克思韦尔（Maxwell）的理论为背景。这些伟大科学家的头脑，了解在特殊现象的深处，潜在有最普遍的、贯通全自然的法则。因此，能完成应用最广的重要发见。现今认为物质的最小不可分元素的数种微粒子，因其中含有巨大的能力，及极大的运动速度，遂要求适用关于统一世界空间时间的相对性理论。综合相对性理论及量子论的近代物质理论，真可谓表示最大的与最小的底统一趋向。今日尚未完全解决而成为研究焦点的宇宙线与原子核的关系，也恰是表示此一趋向。真正的科学家，不能不全般地洞察把握这种最大的与最小的底统一关联。若缺乏此种洞察力，则认真地说，其研究不能算是科学的，仍不出知识搜集乃至技术改良的境界。只有与那种理论相提携的实验研究，始能真正成为科学的研究。成为此种提携的根底者，毕竟不外科学的精神。然精神不论在何种场合，必要求贯通。虽实证精神，对于自己专门以外的东西，不许妄加臆断；但在相信任何事物，皆须受法则支配，任何现象，皆为理性所贯通的合理主义之下，则科学精神不能不是贯通的。今日不应仅以技术的改良为满足，而欲能作技术改良以上的科学发见，则所要求者正是科学的精神。并且这里的所谓科学精神，必须为重视事实的实证精神，与相信全存在的法则性的合理精神的统一。

上面那种说法，并非指科学能将一切事实皆由法则演绎出来。法则虽能结合许多的事物，但其所规定者，乃事物的一般性，而不及其个别性。纵使结合法则，将其规定的内容，加以特殊化，然其特殊化的系列，到底应该比之于实数的系列，而不能达到应该比之于虚数的个别。后者对于前者，是相对的，同时又是被直观为超越有理系列的创造的统一。法则的一般性，若离开直观的事实，则仅系假定的东西。只有与当前的事实相关连，法则乃能有范畴的限定。科学精神所以必以实证精神与合理精神的两面的媒介统一为必要者，原因正在于此。然而单独的个别事实，不能成为知识。知识必须直观的个别，被限定于普遍的法则之中，然后始能成立。一般的法则，只有作为具体所实现的个别事实，此一事实乃能被人认识。个别与一般，事实与法则，相俟相依，然后能成其为知识。在这种限度内，法则性是使事实的认识成为可能的东西；因之，没有合理的精神，可以说即没有一般的知识。纵支付如何多的实验费用，以奖励自然科学的研究，但若忽略合理精神的涵养，更抑压彻底克去成心沉潜于客观事实的实证精神，阻止自由探求真实的欲望，终不能期望自然科学的进步。不涵养纯粹爱知之乐，不促进探求知识的泼刺活力，而仅奖励以应用为目的的实验研究，其结果很难超出技术改良之上。即有十分应用价值的改良技术，在科学高度进步的今日，没有深的理论根底，与广的知识展望，亦终为不可能之事。这一点，已为现时科学家本身所自觉。仅听任生来的本能，不以人为的涵养工夫为念的科学家，不知注意最有根本意义的科学精神；对于自己专门研究以外，与科学精神不兼容的种种现象，反多安之若素，这真是很大的遗憾。为政者乘此间隙，一面非难知识偏重，一方却行奖励科学的政策，而不以为怪，亦可谓为自然之事。然既轻视知识，抑压科学精神，而又奖励科学，提倡应用，这实是少见的矛盾。抑压运动精神，而欲奖励体育，嫌恶科学精神，排斥作为科学精神两契机的实证主义与合理主义，以奖励科学之研究，与加斧钺于根干，而求枝叶之繁茂，宁非相似？而容忍这种矛盾的科学家的态度，亦不可谓非憾事。

二

古代希腊人，除几何学以外，很少有自己创造的科学。在希腊所发达的天文学及医学等诸学科，其起源并非存于希腊人的自身，而系造端于在前的东方诸民族。但普通总认诸科学系自希腊开始，盖因为希腊人能将各先民族间所发生的特殊知识，一般地加以组织化，以阐明其支配这些知识的一贯的法理。约言之，即是希腊人虽由其他民族吸收科学知识的材料，但因为他们保有科学的组织方法，和使用这些方法的精神，所以才能成为科学的建设者。普通认为科学思想，皆导源于他的原因，亦在于此。并且他们既明了在运动变化的自然之内，有其不变的恒常的法理，而加以贯通。更进而究明在人类社会的政治组织中，也有这种恒常法理的存在。所以政治学成为希腊科学的冠冕与精华。原来集政治学大成的亚里士多德，已经明白地说过：人类生活的科学，不能求其像数学那样的精密。关于以个人自由为必然契机的伦理与政治的法理，一面是含有历史发展的国家社会的类型的法则；一面对于保有自由意志的个人，也是规范的法则。因为这是实践所形成的规范法则，所以豫想其可能有违背的实例。加以这与社会历史的事实，是一种相对的，所以豫想其作为类型，是互相推移的。古典的亚里士多德的政体分类，随各统治者之数而分为三种类型；更对每一类型，分为正常的状态，与非正常的状态；即这种思想具体的典型。我们在这里，对于今日使自然科学与历史的文化科学相对立的方法论上的特色，已经可以很明了地看出其痕迹。随十九世纪初历史学派的抬头，阐明诸文化乃各国民所固有，乃发生发达于诸国民的历史之中。例如政治法律，也并非依照一样的理想国家的理念，像自然法那样的所造成，而系生长于国民历史生活之内，恰如国语常不由造作而生长的一样。因这种观点的发达，于是文化科学个别性的重要，更特加强调；遂至对于法则的自然科学，而特别夸张文化科学个性记述的特色，至有抹煞历史认识上所包含的法则性的倾向。所谓西南德国学派的方法论，即其适例。然即使是抱这种倾向的方法论者，也承认个别性的认识，不能不以类型的一般性为媒介。为把此一个别，从彼一个别分开，以认识其个性起见，则将此等加以比较时，必须采用矛盾对立的一般类型，以明了某一个别，更多实现了某一类型，很少实现了某一对立的类型；由此而显示此一个别与另一个别——对两种类型有相反关系的另一个别——互相对立的原因。这种类型，当然系内在地存于历史现实之中，作为在现实中所实现的东西，然后能将其发见。但同时，这种类型，又昂扬到抽象的一方面；及其极致，被纯化到所谓理念型的绝对的形态。欲明了此种纯粹型的合理的构造，就是历史的文化科学的理论目标。不以这种理论的一般性为媒介，则历史个别的认识不能成立。并且这样的类型，越属于容许个人自由较多的文化形态，则从这里所生出的背反，在现实上越含有更多的可能的规范意义。反之，越属于容许个人自由较少的社会组织，则越与自然的必然性接近。实言之，即在认为绝对离开人类作为，而表现自然一般关系的物理学上的因果法则，但如最近量子论所证明的一样，为认识的观测而作必要的实验操作时，因此可对被观测的物理系加以扰乱，以惹起其所谓不确定性。在这里，可以暗示物理学的主观性之所在。所以纵使物理学的理论，完全排除主观性的痕迹；其理论仅系物理学的自然，以数学的符号，说明自己内面的构造，无任何主观自由造作的余地；然物理学的自然，在实验操作时，以辩证法的否定为媒介，来表现自己的这一事情的本身，可以解释为主观性可能已经存在。不过物理学的主观性，不仅不属于以自由意志而活动的个人的主观；更不属于自由活动，较个人为少的社会的主观；却是完全否定恣意的自由，仅系自然通过这以表现自己的纯粹形式化的“纯粹统觉”（与康德所谓一般意识 bewusstsein überhaupt 同义）。所以主观性仅在客观自然的辩证法之否定中，而可以暗示其存在，不表现任何自由作为之迹。然这种自然的“否定就是肯定”，即系精神的成立；客观的不确定性，并不左右主观的所在。由此，不能不承认即使是所谓自然的因果的构造，依然含有适应于认识上主观性之极限形态的被媒介的存在的意味。所谓自然，也与历史的文化，一样属于“基体就是主体”的辩证法的世界的内容。此世界所媒介的基体的侧面，即为物质的自然。主体的侧面，则造成精神的文化历史。然而二者在辩证法的世界机构之中，都以否定为契机，而相互含有矛盾对立的反对的侧面。所以自然也是历史的，历史也不能不是自然的。具体的存在，既不是单纯的物质，也不是单纯的精神，而乃系两者否定的统一。因之，作为其媒介的综合的发展阶段，于是所谓自然与历史，遂以成立。立于两者之间，作为两契机直接合一的有机体，其所以分有两者之性质者，原因正在于此。生理学、解剖学等，一方，要求与生物学或理化学同样的一般法则性；他方，复顺着眼于民族的特性。至于临床医学，若不注意于个人的差别，即不能达治病的目的。

这样想来，则虽系历史的文化科学，但其基体的侧面，却含有近于物质自然所具有的法则的构造，并不足怪。从血与土的自然的制约，到物质生产的社会关系，皆表示近于自然因果法则的必然性、一般性，可谓为当然之事。但是，这里的所谓自然的因果法则，如上所述，具体的既不能不与历史的文化，有比论（Analogy）相似的被媒介的构造，则这种一般法则的关系，也不能不认为应属于辩证法的世界的构造关联。没有这种构造关联的“型”的法则，则历史的文化科学，不能作为科学而成立。经济史观的历史法则，也是作为这种意味的法则，而不能不承认其对如现所述的历史基体的侧面，有其妥当性。历史的科学性，多依存于这种法则，乃虚心追求真实之士所不能否认者。然这和在历史主体侧面的文化之自由形成，并非不能相容之事。并且，这种基体的法则之认识，才真能成为创造具体精神的媒介。此一事实，在理论上，应认为系世界辩证法的统一构造上所必然。在事实上，今日政治上的一切计划，皆须受经济的制约；若忽视物质的生产社会关系，则一切精神的文化活动，几成为不可能，乃任何人所不能怀疑者。纵使限制民众的知识，隐晦社会进展的法则，但为政者自身，当政治设施之际，仍以科学知识为必要。特别是今日政府的主脑，更不能不有经济财政上的正确知识。况建立专门学者的智识协力制度，如所谓智囊团者，今日在种种形态之下，皆有其必要；乃教育上却高唱知识偏重之弊，这不能不说是很大的矛盾。今日不仅应要求自然科学者，协助国防产业的充实发展，同时也应要求文化科学者，参加自政治经济乃至国家一般的计划设施运用。更在议会方面，提高从来常识的知识水准，改为有分科知识的议会组织，亦为将来应加以考虑的问题。而在教育上却鼓吹反知主义，这当然是很明白的时代错误。人文科学，与自然科学，正如批判主义方法论之所教示，原有其对立性；大体上，应当加以区别。但其对立，是从世界辩证法的构造来的。所以须要求其互相媒介，互相统一，在对立区别的半面，却显示其有比论的相似；不容许将两者完全作为个别分离的东西去看待。为政者对两者虽欲以完全相反的方法去处理，然在事实上乃绝不可能者。不过在自然科学方面，其主观性系否定地被形式化了，所以在实际应用时，科学的认识主观，另从属于从外所加的人类的意志，技术制作的目的。知识对于这种意志目的，好像“无记”似的将其主观性抽象化，所以可为任何目的所利用，看来好像知识并不规定意志。这一事实，使人认自然科学的知识为无害，故为政者加以奖励而不感任何危险。至于人文科学，则认识的主体与意志的主体，完全不能分离，不能抽象。所以意志的主体，若不委自己于存在之中，在存在之内来否定自己，则客观的妥当的认识，决不能成立。不抛弃一切的成见，很谦虚地顺应于存在，即不能达成真实的知识。然而历史的现实，并非与实践的意志，分离而存在，当与后者是互相关联的。历史不是和自然那样，离开人类的意志，由永久循环的关系所成立的存在；而系通过人类的实践，以求所欲实现的，含有向未来方向的现实。历史所以不是单纯的“有”，而是“有”与“作”俱的原因，正在于此。仅有脱离私的主观性，以实现公的主体性的实践意志，对于否定的被媒介统一的认识主观，历史的现实始能成立。在此限度内，关于历史存在的科学的认识，系与向未来的实践意志，占有相当的关系；不能与实践的意志，全无关系的，以“无记”的态度而存在。至于有人能违反科学认识的客观性，其实践的意志，采取政治野心之形；为个人目的，而歪曲历史，捏造社会事实；其原因盖因知识与实践的这种内面的相当关系，与自然科学不同的历史社会认识的特性。为政者因此对之起危惧之念，憎恶之心，以至欲抑止其普及与发达。但他们自身的政治设施，若全不受这种知识的指导，将终无成功之望。加之，在今日复杂困难情势之下，无专门学者的协力，即不能作适宜的处置，则知识的嫌恶，结果不外政治的破产。

三

只有对于自然科学的知识，加以尊敬服从，然后能加以利用，这是任何人所了解的。为人类所利用的自然力，同时也很容易毁灭人类。形成现代文明动力中心的电气，若一度忽视其法则，则成为极危险的破坏物，此童孺皆知者。至关于其存在的构造，与自然有比论的相似的历史社会法则，则以老朽自任的政治家中，辄加以抹煞蔑视，妄以为人类的恣意，可以遂行而无忌，这不能不谓为可惊之事。历史在其基体的社会侧面，有很近于自然的法则性，已如前述。忽视此种法则性，或违背此种法则性，而欲规定社会历史的进行，则像自然那样的破坏性，也将发现于社会。为避免此种破坏力的爆发，使社会能遂其正常的发展，则顺应历史的法则，正视社会的动向，甚为必要。然而在自然方面，童孺皆知的道理，在历史方面，则七十岁的老政治家也忘记了。由此看来，当面的急务，岂仅不是要矫正知育偏重之弊，而是相反的更要进一步作科学知识的开发。

忽视上面那种显而易见的道理，常说知育偏重的表面理由，因为是很重视所谓西欧科学文明的破产。然而现在继承西欧科学文明，实行国家建设的国家，都是现在有势力的国家。面对这一事实，则科学文明破产的标语，不过是一句空话。科学的精神，不会亡国而能兴国的实证甚多，对此不加以承认，只是一种偏见。所谓西欧的社会危机与国际纠纷，与其谓为科学精神发展的结果，无宁相反的，是科学精神抑压窒息的结果。歪曲抑压科学的知识，但科学对象的现实并不因而消灭。要伽利略否认地球是动的，但地球依然是在运动。排斥历史的知识，但历史并不因此而停止进行。既不能由知识的杜绝，而事实随之消灭；则以信仰代知识，以传说代科学，以感情代理性，仅以信仰、传说、感情，而欲真能改变现实，支配现实，乃无俟详说而即可知其为不可能之事。

但这决不是主张科学知识万能，仅凭科学即可以完成国家历史的使命。如前所述，历史现实的个别性，不仅是由科学法则的一般性所导出的。两者一面是各相对立，而又相俟相倚，始能综合地使现实的认识成立。历史的事实，与实践的意志，既系对立，而又系互相豫想；在超越的综合过去的历史，与将来的实践的，现在绝对的统一内，历史的事实始互相关连的成立。仅有这样统一的“动即是静”，历史的实践始有可能。所谓历史认识的个别性者，既系与这种实践意志的内容，互相关连之谓；所以这是以基体之一般，与主体之个别，两者互相否定的媒介为根据，乃极易明了之事。社会的一般的科学法则，是关于其基体的侧面的规定；国民或个人的特殊性，是属于主体的侧面的规定。若忽视后者的侧面，而仅重视前者的侧面，这是非历史的、抽象的合理主义。在排斥这种公式主义的合理主义的意义上，则不能不承认历史主义和国民主义的意义。明治以来的教育，随历史的必要，完全走西洋的合理主义的路，而忘掉了东洋思想的特色，乃不可否认之事，所以必然唤起今日国民主义、历史主义的反动。但这决不能作为单纯的反动，而加以排去；却对于具体知识的成立，为不可缺的契机。国家的信仰，民族的感情，乃国民实践的意志的活力。由此而科学的知识始能主体化。所以强调科学知识之重要者，并非站在科学主义的立场，宣传为知识而知识之意。乃系阐明科学知识，对于历史的实践，为不可缺少的因素。作为国防产业的必需手段而被奖励的自然科学，和视为有害国民思想之统一而濒于抑压命运的文化科学，皆系同一科学精神之所产。不培养此种根本精神，则自然科学亦无发达之望。若培养此种精神，则文化科学也不能不许其兴隆。觉得有贡献于国家的仅系前者而非后者，甚且以后者为有害，这不外对科学全无所知的结果。以这样的无知，来树立国策，再没有比这更危险的有害的东西，不是文化科学的真理。若对于历史的实践是有害的，则就在这一事实的本身，已经可证明其为理论的虚伪。恰似自然科学理论之不堪实验的检证者，即不能不认其为虚伪一样。这种虚伪，对于自然科学也是有害的。根据虚伪理论的设计，以致舰艇覆没、飞机坠落、工场锅炉破裂等例也不算少，然并不因此而将自然科学视为危险有害的东西。历史文化科学之危险有害者，亦仅为其中的谬误的理论，虚伪的认识。不过后者较之前者，偏见、成见及利害的感情等，通过实践的意志，以掣肘知识，歪曲知识，于是虚伪抽象的东西容易潜入，且不易像前者一般的，能以人为的实验，直接加以检证，所以其虚伪性未发见以前，容易使人认为他是具体的真理，因此潜伏的危险为较多，这是事实。然而就是这点，也与历史的实践，有不可离的关系，对于国家政治的设施，有更深切的关联。视这为危险，恐怕还是不外于承认其密接关系的结果。若真正理解这种认识的性格，自觉其与实践的关联，则必应当努力克去一己的成心，虚怀深入，与之合为一体，主体地加以活的运用。政治家的达识，不是嫌忌科学，而是要能自由运用科学。一面以科学的知识为媒介，一面能脱却拘于科学的公式主义，及抽象的合理主义，不存任何成心，将科学知识完全活用于自己之上。我们能达到道理以上的道理，始能达到真的道理。但这不是无视道理，而系彻底地使道理为其媒介。仅倚靠由经验所养成的常识，毕竟不能发生处理历史转换期的力量。只有以科学的知识为媒介，养成自由活用的明识达眼，顺随科学所教的必然的法则，豫见将来历史的动向，在祸乱未显著以先，即能加以消弭，始堪当处理危局之任。为政者在这种时代所最必要者，为能站在时势的先头。这仅有以科学为媒介，而且不为其所拘限，以自由活用的达识，始有可能。数次遇着不豫测的突发事变，依然不能洞见活动于社会里面的底流，岂仅不能站在时势之先，并且不能追随时势，甚至以违反时势的政策，弥缝于一时；不论其主观的企图为何，实践上不能谓其忠于国家。所以为政者的无识，才是国家最大的危险。

多年来日本教育上，发生一种反知的倾向：在科学方面，仅求应用，不重理论；仅重自然科学，忽视人文科学。哲学家田边元特著文加以评判。对应用科学与科学精神之关联，自然科学与人文科学之“比似”及分际，多所阐发，故译出以供参考。其中仅与日本当时局部情势有关者则从略。

译者附志三十六年七月

一九四七年八月《学原》第一卷第四期

现在应该是人类大反省的时代

人类文化的发生发展，有两个基本的动力：一是向外的、向自然的追求；一是向内的、向人类自身的反省。向外追求，在开始固然是满足求知的欲望，但归结还是为了解决人类的问题。所以“知识的科学”，自然会发展为“应用的科学”。可是当人类的问题，发生于人类自己的本身，并不能由外在的因素以及传统的习惯观念加以解决时，于是只有在反省的过程中，从自己本身去找出问题的根源，恢复心与物、人与己之间新的调和，以重新安排人类自己的生活。西洋真正道德观念的建立，是正当希腊社会大动摇的时代，由苏格拉底借用“你先知道自己”的口号，以作为理性解放的标志。而东方文化，尤其是注重在以反省融和人我物我的对立，使人能在民胞物与中得到一种生活的圆满均富。

欧洲自文艺复兴以来，主要是走着向外追求的路。所以自然科学便取得重要的地位与非常的发展，近代科学发展的顶点，便是原子问题的解决。把原子能运用在生产方面，毫无疑义地可以造成一个新的产业革命。但人类并没有因此引出新的福音，反因此而充满了原子弹以及由原子弹类推出来的杀人工具的恐怖。把原子能应用到生产，或应用到屠杀，原子能本身毫无成见，而只在于人类一念之间。所谓“一念之间”，本是属于人类自己的。但人类自己偏偏把握不住自己。于是科学最大的成就，不仅不能解决人类的问题，反把问题导诱向更危险的方面去。

另一方面，经过第一次世界大战的惨痛教训后，短短的十多年间（因为真正第二次世界大战的开端是中国的“九一八”事变），又演出更惨痛的一幕大战。人们在歌颂英勇壮烈的故事中，也未尝不私自嘲笑自己的愚蠢。但第一次世界大战后，国际间究竟还有十年上下比较安定的时间。而这次大战后，《大西洋宪章》，比威尔逊民族自决的口号，撕毁得更快。四年来国际上的场面，比慕尼黑协定前后，来得更为险恶紧张。现在不必讨论第三次大战会何时发生的问题。将来有智慧的历史家，一定会把苏联对东北的掠夺，波罗的海三国的消灭，捷克的政变，东欧铁幕的完成，中国国民政府的失败，都要算入第三次世界大战中的主要事件。我们假使不拘泥于会战、决战的战争形式，而能更进一步地把握战争的本质，则第三次世界大战，早紧接着第二次世界大战的结束而已经开始了。人类战争的主题，大概系由少数人利益的冲突，演进为国家民族间的利益冲突。由国家民族间的利益冲突，演进为文化、观念异同的冲突。以文化观念为战争的主题，一方面是说明不要丝毫具体事实，即可随时随地开始战争，把战争间歇性的规律取消了；一方面说明战争的深度将无限制地扩张，使其变成为绝对性的战争。此一趋向，在目前已发展到了顶点。现在不仅是张三要打倒李四，甲国要打倒乙国的问题。而是要把被打倒的张三或李四，甲国或乙国，内部所含摄的精神生活因素——这种因素是由人类历史所集积的——彻底加以扑灭。这可以说是人类内心的冲突，要用人类自己的血来清洗。历史上只有几件特殊的惩处异教徒的情形，可以仿佛于万一，或者不能仿佛于万一。

在这一情势之下，所有的历史文化的传统价值，都压根地发生了动摇。人类再不能毫无保留地把自己的生命，安顿在某一种历史文化的价值中，便可以心安理得，有恃无恐。当然，这并不是说所有的传统文化的价值，都成了废物，都应归于灭亡。因为这种一刀两断的情形，不是人类生活历史的事实和本质。不过有一点确毫无疑问的，就是人类现在所有的一切，必须经过新的评判，来重新确定他的地位。但二十世纪，只有若干专门知识工匠，而没有伟大的哲学家、思想家，乃至宗教家、艺术家，所以这种工作，做得太少。于是意识追不上事实，人类只好生活在支离破碎的精神状态中，造成今日的大混乱。

真的，苏联所主导的共产国际，对于这一切，似乎已经提出了全面的答案。但在提出这一答案的本身，连他自己也不能完全相信他自己。所以共产祖国的苏联，经过了三十多年的统治，到现在还有几千万人的集中营。凡是因参加二次大战而有机会接触到西方国家的苏联人们，连被希特勒所俘去的在内，都认为是危险分子；于是战事刚告结束，便开始了以这般人为对象的肃军清党。单就思想界说，则自列宁格勒的文艺作家开始，连同哲学、经济学方面，从塔斯社透露的消息，就有三次大的肃清运动。在东西两面的新民主国家中，都靠着以特工、残杀所造成的铁幕，来维系他的生存。不错，苏联所提出的答案，正在各处发生强烈的作用。但事实证明这一答案的作用，只有在社会秩序混乱，社会心理变态，人类精神向下转落的时候，才会发生。人类一经恢复他正常的生活状态时，这一答案便成为每一个人的梦魇，非把它去掉不可。于是苏联便只好靠特务、阴谋、封锁、流放、残杀的种种方法，使人类不能恢复他正常的生活状态，以防止其答案的搁浅。可是，人类毕竟不能永久在变态中生存的。所以苏联的答案，也和原子弹一样的，只有把问题诱导向更危险的方面去。

可是问题的严重性，还不在于苏联提出的答案的合理与否；因为完全合理的答案，正是人类永远不断追求的目标，上帝也未必把他一口气提出。假使苏联承认他的答案不过是答案中之一，在他的答案以外，还承认可能有其他的答案，则未始不可以提供人类在追求探索过程中的一个有力参考。问题的严重性，是在苏联一口咬定他所提出的东西，乃是上天下地唯一无二的东西。除此以外，不仅不准许人类有第二种的东西，并且也不准许人类去想第二种的东西。于是人类短短的几千年的文化历史，就这样地被苏联宣告结束。以结束人类文化活动，来解决人类的问题，自然会使人类的问题更加严重，更趋恶化。

单就中国来说，真是这一时代中最大的牺牲者。国民党削平军阀，领导抗战，曾经表现了他的力量，也有了他的贡献。中国共产党，根据第三国际的指令，曾两度屈服于三民主义之下，以伪装求得生存。但抗战胜利不到四年，却形移势易，土崩瓦解。大家好像坐在太平轮上的船客，午梦未回，而轰然一声，全船覆没，连追问原因的时间也没有。眼看着这四万万五千万人口的大国，很可能完全陷于铁幕之中。这真是人类历史中的一件大事。面对着这样的大事，还不能够引发国民党人以及一般知识分子的反省吗?

国民党的没落，正表现为反省精神的失坠。试与任何曾经或正在为国家负责的国民党人，谈论此一事件，立可发现他们会提出许多失败的原因，而他本人却似毫无关涉。你若反问在他责任以内的事情怎样，他便毫无犹豫地说出这是制度问题、信任问题、权力问题、旁人牵制问题、社会环境问题等等。总之，他尽管弄得一败涂地或成绩毫无，而他本人却俯仰之间，并无愧怍。只有有灵魂的东西，才能照见自己。国民党人只能照见他人，而不能照见自己，这是说明国民党的灵魂，早已遗弃这一群而他去了。

可是由国民党没落所造成的灾难，并不是单单落在国民党人的身上，而是落在全中国的人民，尤其是中国的知识分子的身上。自由主义，在历史上是尊重理性、追求真理、反抗压迫的一种标志。真正的自由主义者，他不仅仅有所否定，同时必须有所肯定，有所承当。所以他的态度，总是明确勇敢的。但自由主义在中国知识分子的手上，却暧昧模糊，卑怯愚暗，成为逃避现实、自欺欺人的工具。中国的知识分子，情感上厌恶国民党，内心里害怕共产党。在厌与怕之间，永远想不出，甚至根本没有想自己应该走、可以走的路。于是大部分人缩在自己的小房子里，避开这一与历史文化性命相关的问题而绝口不谈，抹煞自己是非之心而不敢用。一部分则以小丑的姿态，混在啦啦队里，明勾暗搭，抹煞自己羞恶之心而不敢用。所以中国知识分子的问题，不在于他赞不赞成共产党，而在于他不敢认真地考虑他自己到底应该赞成共产党或反对共产党。你不谈这一问题，共产党来了，不许你不谈。你想向共产党投机，共产党来了，却不许你投机。世界上有避开时代正面问题的自由主义者吗？有想向极权主义投机的自由主义者吗？这真是自由主义者的耻辱。所以中国悲剧的形成，国民党负了很大的责任；而一般知识分子，又何能把责任推托得干干净净？

于是又有若干知识分子说：这是由于中国的文化有毛病，所以害得大家这样苦。他如此一说，便把责任推到几千或几百年以前的死人身上去了。这里不打算讨论这个复杂问题，只想指出，在政府和学校里，负重要责任的，十分之九以上，都是洋学生、洋博士。尤其是这几年受美国教育的洋学生、洋博士，更特别走红。我们不愿因为这些洋货，把国家弄坏了，而一口说西洋文化、美国文化，要负中国当前局势的责任。为什么可以一口咬定中国文化，要负中国当前局势的责任？即此一端，可见中国知识分子之缺乏反省精神。

归结起来说，世界的混乱，中国的悲剧，主要原因，是人类自己控制不了自己，因而控制不了科学的成果，控制不了冲动的暴力，控制不了卑鄙的自私。解铃还是系铃人，大家——尤其是负文化责任的知识分子，应该勇敢地正视历史的歧途，针对此一歧途而作更大更深的反省。在反省中，恢复人类理性的尊严，恢复人类理智的作用，以衡断当前复杂的情形，控制当前横决的暴力，挽救人类自己所造成的厄运。历史上曾经发生过的危机，都是由人类思想的反省，而产生各种各样伟大的思想家，发生各种各样伟大的思想运动，终于使人类从自己所掘的陷阱中得救。世界如此，中国更应该如此。不然，则一旦极权主义的铁幕，整个地压坠下来，便连反省和抉择的机会都没有了。虽然这毕竟是抑压不下去的，但目前的时间，总是非常可贵了。

一九四九年六月十六日《民主评论》第一卷第一期

希腊的政治与苏格拉底（译）

年来的政治风气与社会风气，真是好话说尽，坏事做尽。一切好听的口号名词，皆运用作为营私植党的工具。于是任何外来医药，纵十分对症，也常化为反对物，而增加病人的苦痛。所以我提出反省的口号，意欲使任何办法，先要在提办法人的生命内部生根，再从生命的内部流露出来，发乎其所不容自已，以为救亡图存求得一个切实的起点。但此意了解者甚少，爰将日本出隆氏的《希腊人的政治与思想》一文，择要译出，以供参证，而改为今名。

——译者

一

前四世纪以后，希腊各国衰退的原因，正如一般历史家所容易体察得出的，确是原于培罗波尼萨斯（Pelopomeesan）战役的结果，或者是其延长。在前世纪末，雅典与斯巴达亘三十年的争霸战，全希腊诸国，不问其高兴与否，皆卷入于漩涡之中。站在战败的雅典方面的各国，固然陷入于疲劳困惫的深渊；即使是站在战胜的斯巴达方面的各国，也就是全希腊各国，亦莫不如此。

田园荒废涸竭。一切生产机能，皆消耗于破坏战争，忘记了建设生产之道。须要打开这种经济难局的各国政治指导者，多半是因战争而发迹的老粗。他们对于和平建设的工作既不内行，并且也没有兴趣，没有这种理解。比这更坏的情况是因长期的战乱，希腊人产生了职业的佣兵阶级。他们没有自己的祖国，仅陶醉于冒险的成功，而被雇佣于各国。并且他们为满足私利起见，组织徒党，遇事动辄诉之武力，只纵横捭阖于各国之间，使因先前的争霸战而陷于困穷紊乱的希腊诸国，益沉沦于阴惨之境。在希腊内部继续纷扰的期间，对于再从东方出现在地中海上的波斯军，再不能作有效的防御，只得屈辱媾和。对于从西方来的迦太基和意大利新兴势力的威胁，亦皆束手无策。此时虽亦有全希腊联合起来之声，但毫无实际。结果终被蹂躏于由半岛南下的马基顿人马蹄之下。希腊人自己挖掘了国家自由的坟墓。

但是各国内部政党之争，较各国间相互之争更为可怕。一般的说，任何时代、任何地方的政界，总是附带有某种程度的党争的。但像前四世纪希腊各国那样的激烈而且频繁，则属少见。并且这也不自前四世纪开始。前五世纪雅典的史家修西提提斯（Thucydides）在培罗波尼萨斯战役的发端，已经目击心伤。据他的记录，“希腊任何国家，其民主党的领袖，皆与雅典相结托。而贵族党的领袖，则皆与斯巴达相依附。疯狂的互争私利，伤害敌党。平时因生活安定，人皆以高尚的动机，处理自己的生活。及至生活因战争而失去安定，人性乃常常迎合同化于当时流俗之中，道德的国家的所认为善的诸德的本意，随便加以曲解利用。逞血气者称为忠勇，老成者认为懦夫，姣媚者誉为有节度。无所不知，即一事不行之别名。强暴者视为大丈夫；专做坏事的人，才可得到赞赏。只要是自己的党徒，则可不依任何法律。为了自己的党徒，即可不问任何理由。连结党徒的纽带，常靠血缘的关系。联结党徒的誓约，早已不是神的法典，而是做坏事的计谋。要之不诚实者，较之诚实者，被认为聪明伶俐，获得信用。因之人耻正直而夸虚伪。……”

像这样对于德的曲解滥用，才是当时苏格拉底常常向市民讯问“诸德是什么”的根本原因，也是努力要使诸德归统于一的根本原因。修西提提斯认为这种道德观念的紊乱与违法乱纪的跋扈原因，在于他们争权夺利的欲情，在于党人热中争夺的根性。他曾经这样说：“民主党以平民大众的政治平等为标语，贵族党则夸耀优者（贵族）识见的高明。口里都说是为公众利益而努力，实际则都是为党利私欲而努力。任何党人，皆是为私欲私情而奔竞。正义公益，根本不在他们的眼里。规律他们行动的法，常常出于他们的肆意。他们对于神，不是虔敬而是利用。并且越利用得巧妙，越被人赞赏。因之不属于任何一党的中立市民，或被嫌恶，或被猜疑，由两方共同加以消灭。”

到前四世纪以后，据当时史家色诺封（Xonophon）所说，三百九十二年，当柯林特的祭神之日，民主党徒，在神像之间、祭坛之前，乃至各神宫之内，杀了许多逃集到这里来的贵族党。更据雅典的政论家爱塞克拉提斯（Isakrates）所传，阿哥斯在三百七十年，属于贵族党的市民一千五百人，皆被杀于反对党之手。而二十五年之后，“敌人已经没有了，乃开始同志间的残杀。市民中的最知名的人，以及富有的人，都被杀光了。并且他们杀自己的同志，较之杀敌人感到更大的快乐。”更据他说，“在培罗波尼萨斯各国，市民们也是互相猜疑、互相嫌恶。较之怕敌国人，更为过于怕自己的市民。因之这些人，一方面都是属于同一的都市国家（Poles，以下称为国家者，皆系此意）；但彼此之间，不采同心协力，相扶相助的办法，而采孤立无援的办法。有钱的人不分财济急，宁愿投之于海。贫者则根本不事生产，专去盗窃夺取富者的财物。在神的祭坛上，若不自愿作神圣的牺牲，则市民之间，立刻把他捉在那里血祭。现在从一个国家放逐出来的数目，比过去从各个国家放逐出来的总数，还超过很远。”夸耀文化优越的雅典，入第四世纪以后，除杀了苏格拉底以外，似乎没有像其他国家那样的血腥。但贵族党与民主党的相克，在战争前即已存在。及贵族党三十人革命失败以后，益堕于恶劣的对立状态，以延及第四世纪。尤其是雅典因战败与愚民政治而来的经济困穷，随党派的对立而益加激化增长。

这样一来，全希腊的任何都市，已经不再是他们父祖时代那样小而团结的协同和合的国家。若是以柏拉图“国家”或“法律”上的话来表现，即是每一希腊的都市，已经不是一个统一的都市国家，乃是“多数国中的多数国”。在同一城壁之内，集结着互相敌对的贫者之国（民主党）与富者之国（寡头贵族）；并且是集结着党中有党、相猜相斗的无数的国。不论所谓民主政治、寡头政治，或独裁政治，皆不能称为真正的政治，而全为党人的霸道。

二

想从上面那样卖国的亡国的党派斗争中，救出他们的国家，乃至全希腊，到底该怎样办才好呢？前述的史家政论家，认为政治紊乱，与党派斗争的根本原因，系由于父祖相传的国家观念之失坠，因而加以批评、加以警告。哲人柏拉图，也为了祖国，为了全希腊，很叹息忧虑这一点。他早就感到在自己的国家里，一切都不按照父祖时代的法律习惯去做，原来的良风美俗，堕地无余。因之，国政的改革益为困难，几至于绝望。但问题是在还有没有方法把已经失坠的东西依然收拾起来，回到父祖的时代呢？

这些思想家都认为在父祖时代所有，而现在所失去的，是希腊民族所固有的，由城市国家这种小协同体所产生的，一种“协同感情”。或者可以说是这种感情所保有的良风美俗。这是他们当击破波斯大军时代，尚依然残存的国家意识。这是他们同祖先、同传统、同祭祀、同语言风俗习惯，而住于同一街道的人们，生活结合于同一国家的秩序之内，所感到的一种“同类感情”。这是他们因为感到都是同一街道，同是市民（即国民），而发生的相亲相爱的融和感情。柏拉图在他的《对话篇》里，作为普罗塔哥拉斯（Protagoras）所说的神话说：与神最亲近的人间，恐因野兽等的袭击，至有种族灭亡之祸，遂相集而建设国家。但因不知道过国家生活的方法，互为不正当的行为，反迫近于沦胥之域。宙斯神（Zeus）为拯救人类，乃派赫默斯神（Hermas）到人间，与国家以秩序，把成为人间互相亲爱的善者 aidos（羞耻敬畏）与 dike（正义的裁判）给与人间。并且不是把这些善给与国家内特殊的人，而系使其成为一切市民所有。此一神话中所说的敬畏与正义，正表现出国家的协同感的道德内容。其浸润于每一市民内心的深处，恰似往昔由神所给与的一样，以某种原始的权威，活动于各人之中的超个人的全体感情。这里的所谓敬畏与正义的感情，正所以使各成员能互相融和，使国家能得到和平与秩序的原动力。

上面那种感情，就各人相互亲爱敬畏的关系而言，则发展为市民相互间的胞与之感。就国家而言，则发展而为爱国心，或正义感。希腊各国，亘古以来所行的法习 nomos（法律习惯），实不外于在国家里所自然发生的习行，因而成为国家生活，道德生活的一种规则。这种法习，对于生在这些国家里的国民，是当作由神所定的法，赋有绝对的权威，毫无保留的、衷心加以接受奉行的。事实当然不是这样的单纯。但后来的思想家们，都想望这是父祖时代的良风美俗。然而普克来斯（Pricles）的和平时代一经过去以后，苏格拉底、修西提提斯、柏拉图及爱塞克拉提斯们相继所目击的希腊，则是父祖所传来的良风美俗，完全消失；道德颓废，政治紊乱，日甚一日。终于在柏拉图死后不到十年，当马其顿军南下之际，雅典的爱国者提摩斯西尼斯（Demosthenes），不论以如何的雄辩，赞美父祖时代的伟业，以图唤起雅典市民的爱国心，但终不能给雅典市民，乃至其他的希腊人民以任何鼓励。

那到底是什么原因？希腊各国政界的紊乱，以至各国的灭亡，确是由于爱国心的弛缓失坠。但修西提提斯、柏拉图们，不是想把波斯战争时代依然存在的祖国之爱，再度提出，而事实上怎样也不能生效吗？我们所应该想起的，便是雅典乃至其他城市的党人们，很快地便把爱国心来作党争的工具。尤其是我们应该想起的，希腊的所谓爱国心，是一种小的（城市国家）的产物。这种爱国心的狭隘性质，一面激化了同一民族内的国家之争；同时也激化了一国之内的党派相互之争。结果阻碍了迫切要求的全希腊民族的联合。

三

狭隘然而纯洁，从内心爱父祖之国，奉行其法习的祖国之爱，在波斯战争时代，雅典人间尚有几分存在。但是这种纯洁的心情，在通商甚广，私外国人的接触甚多，知的启蒙，已经开始的爱阿尼阿（Iania）人之间，早经很稀薄了。爱阿尼阿人，觉悟到自己所祭的神，及所行的法习，并不是绝对唯一的东西。并知道住在国境对方的异国民族，也一样住的是都市。并且知道传统的王者政治，次第衰微，而变为手段高强的僭主政治，或夸耀财力智能优越的寡头政治，乃至发展而为自称代表民众要求的民主政治。于是在爱阿尼阿人之间，渐渐形成了以国家法习为相对的自然主义思想，及国与国联合的泛希腊的思想。

但辛苦击退了波斯大军的雅典，是一个启蒙落后，而富于保守的国家。不过战胜后，不能不采取民主的政治形态，并且不能采取爱阿尼阿的弱体的民主政体，而需要出现一个独裁者的普克来斯。爱阿尼阿人所已经失去，而在雅典人的血液中依然存在的国家的情感，好像正在作为祖国爱、作为爱国心，而燃烧着。但这并不是想象中的如昔日一样纯洁的爱国心情。战后的雅典，为要维持民主帝国的力量与地位，自然以国民的爱国心为必要。不过他所采的手段作法，多少系出于矜心作意。而其所提倡所奖励的，却是一种国家意识，或国家观念。

雅典的战胜，并不是由于贵族富豪们的寡头优者之力，而系雅典海军的功绩。并且大部分系出于下级士兵的活动。所以在形式上，须要基于大众平等的原则的政治。不过，为了作为提罗斯（Delos）联盟盟主，而维持其霸权，亦不能不联合原来的寡头优者，以提倡举国一致的祖国爱。但是战胜后政治经济的急遽变化，以及通商范围的扩大，国与国间来往的频繁，对于国家及法习的观念与行动，不能使雅典人单独保持往日那样的纯洁。尤其是因为雅典在观念上的变动落后，所以变动与反动，也特别激烈。不管善良的保守法，如何努力尊重传统的良风美俗，但原来的法习，不问善恶，都被抛弃殆尽。所谓国法者，马上被自称为有识见的优者的少数野心家，与自称为代表大众利益的煽动政治家，为维持各党势力，乃至为饱入各人的私囊的工具，而被左右于他们的掌中。并且连劝大家不要违法乱纪，应忠实于祖国、应忠实于国法的呼声，也被逆用为陷害异党，陷害私仇的口实。更因国家意识的勃兴，各种神都被视为国家的神，受国家盛大的祭祀。但连神的信仰，也供作党争之具。这种内讧状态，不曾等到普克来斯的死，早已露出了征候。至于培罗波尼萨斯战役暴发后的情形如何，则可由前面所引史家修西提提斯的话加以说明了。

四

在先，普克来斯的和平，虽然是独裁的，但其根底则系文化的，系在民主政治家的指导之下的。所以一切尚有道理可讲。然而现在卷入两雄相争的希腊诸国，为自己的存亡，反不能讲一句真实的话。民主党的议会辩论，及贵族党所夸的优者的识见，皆声似而实无一物。在利欲与武器之前，甚至什么话也不说。像这样沉默无言的专制政治，应该早为懂得以自己的语言（loges）说明事物的希腊的智识分子所废弃。但培罗波尼萨战役之际，竟不顾市民的愿意与否，却制定了最原始的“强者居胜”的不法之法。

这种新的原始之法，实际由普克来斯时代起，已经从所谓智者团（Sophist）得到有力的观念上的援助。因为由他们的倡导，把传统法习的绝对价值颠倒过来了。本来对于自古相传的法习所发生的纯洁绝对皈依的感情，在知性上已经开始启蒙的六世纪以后的希腊人的心中，并未完全消失。不过逐渐变稀薄了。尤其是第六世纪民主倾向发生以后，各国的法习，不断由其为政者加以变更，于是人们渐渐知道法习这种东西，可以由人去随意加以左右。更和民主倾向在同一地盘发生的“自然学”，离开了神话的，拟人观的观点，在自然（Physis）的名称之下，去探究人力所未加的真实。遂至认为真正值得称为不老不死之神者，乃系自然。真正可称为神的法者，乃系此种自然之法。从此一新兴的自然学的立场看，自然才是绝对的、必然的、客观的。而原来的法习，却系人力所造作，乃属于偶然的、相对的、肆意的。于是在由自然学所启蒙的第五世纪的人人之间，觉得父祖传来的法习，已经不是绝对的神的契约，而为人所造作的契约。因之服从旧日法习，含有为“因袭”所拘束之意义。因此而不仅自然感到此种法习价值的颠倒下降，并且智者团的人们，更加予以意识的倡导。

当他们作为国民成功之术（以辩论术为主）的教师，而议论社会及国家问题的时候，据说，是采取相对主义的态度，这从他们自然学的教养立场讲，倒是当然之事。他们对于愿意在现实国家内得到成功的青年们，当然拿出自然与法习的对立，因之使大家知道法习在现在是相对的，是可变的。智者团中之一曾说：“自然是强者居胜。强者之利，即是正，即是善。因之所谓法者，是强者为自己的利益所定的。”这也是从他们一般立场所演出来的结论。所有这一切，从苏格拉底和柏拉图的立场看，可以说这是法向原始不法的退却。但就他本身而论，这却正确地反映出了当时国家的现状与政界的实情，而表现为巧妙的概念的方式。同时，对于互相争斗的党人，把他们因权利所作的不法不正之争，牵强附会于“自然的”概念之下，而自认为是合法的、正义的，尽了一种意识形态的作用。

然而，面对着旧传统法习的绝对性已经动摇，而代替以一部强力的党人，以利欲为法律的时代，恐怕多数善良的雅典市民，其内心也一定和修西提提斯一样，认这为罪恶不正，而不胜其忧虑慨叹。但大家对此，却在事实下无可如何。大势所趋，不入于杨，即入于墨。他们内心里残存的国家传统的道义的感情，和利己主义的启蒙的知性，混在一起，使他们没有确定谁是谁非的理由与信心，也找不出第三条可走之路。仅有一个雅典人看出第三条路来了，但已经是不通的路。

苏格拉底从普克来斯的晚年起，已经抱有与那些史家们相同的忧虑。并且他为这个国家忧虑着：大家一面感觉其为恶与不正，一面却又无可如何。甚且说这是善、是正。于无意识，或意识之间，自己流于恶，流于不正。大家所以怙恶不悛的根本理由，据他的意见，是因为所有的政治当局与一切的国民，在其心的深处，虽然藏有判别事物善恶邪正的某种道义的感情，以之为传统的信念，但同时又蔽于心外的事物，因之缺乏了作为国民及作为国家之善与正的道理之心，和道德的理性。因此，国事万端失其依据，以至无方针、无节操地支配国家的各人。所以苏格拉底，就市民各自的魂，用他第一流的语言，加以质问；以玩味他们传统所包藏的道念（魂对于善的意识），努力诱导着魂，使其能达到真正应该具备的善。即是讯问各人所认为善的诸德（勇气、节度、虔敬、正义、智慧诸德）到底是什么？使其感到对于诸德实无所知，而引以为耻。因而知所奋励。他以为人认为不正，而偏为所诱；知道是善，而又不行；实为因为不了解德到底是什么，是对于德的无知、无自觉。这才是时代陷于不德的根源。把魂的诸善，归于一个智慧的德，这才是真正自己知道诸德，而使其成为德的自觉的实践者，行的自觉者。使诸德成为一个真正自己的魂之德，便可以成为一个活生生的不为任何事物所诱蔽的正义与自由的人。这正是“魂的慕恋”、“智慧的爱求”。而为苏格拉底哲学活动目的之所在。

这种智慧的爱求，是追求藏在一般市民的内心，自己认识而且念慕的道念之自觉。由他的质问，在各自的魂里所自觉的真的善，真的德，与先前自己觉得认识的东西，完全倒转过来了。当祭神的时候，先要在各自的内心，自觉其绝对的价值，对于绝对者真正忠实敬畏，然后才是真的敬畏，真的虔敬。和这一样的，一切的德，一切的法习，通过真实的自觉，由外而内的内面化。这也是价值的颠倒，好像与智者团们并无不同。但智者团在价值的相对化，价值绝对性的否认这一点上，结果放弃了价值。而苏格拉底则恢复了价值的绝对性，将价值内面化。把走向外面去的东西，拿回到真的自己。粗浅地看，好像是把融合于神及国家协同里的国民，使其成为离开了协同体的个人。而实际则系将站在神与国家外面而失掉了自己的个人，使其回到真正的自己。把神与国家，作为真正的自己。因此而发现了自觉的、国家的、道德的人。当然，苏格拉底这种自觉的真意，几乎完全不曾被人理解。尤其是这种自觉，是德的自觉。所以这是有之于己，与德同在的自觉。因此自觉马上可成为德的实践者。但这也未被一般人所理解。然此对于怙恶不迁，维持现状的一般势力而言，则劝告由德的自觉以转向实行的苏格拉底，确是一种可怕的危险人物。正因为如此，以雅典的法庭，应该把他作为“青年的毒害者”而加以排斥了。

关于苏格拉底的哲学活动，此处不能详说。在这里仅提出下面的注意点。他劝人转向德的实践，并不是像普通的道学家、政治家那样，或者不问理由，或者有为而为，或颂先人之德，或倡国家之爱，以诉之于易起易落的感情；而系用谁也了解的语言，讯问普通的道理，以激励随道理之自觉而为有德之行的一种实践的理论。就谁也了解的人间诸善（德），而讯问其到底是什么？即是讯问诸善的普遍的本质，更追求诸善之所以为善者，而归于一个智慧的德。这可以说是就人之所以为人，国民之所以为国民的德之实践，寻求理论的根据。恰似先前的自然学者，观察自然界的一切，以求通于一切的根本原理一样。苏氏则把对自然的理论追求的事业，移向于实践的世界。然而这个理论，并不是像智者团们作为局外者、作为外来者，去从诸法习与诸德的形式，去看诸法习诸德，因而把他看成与绝对的必然的自然不相同的一种肆意的相对的东西。却是把这些法习与诸德，归于一个绝对的普遍的德，而将此德求之于各人的魂之深处，使其作为自己的真正的善，因而自觉的实现他的主体实践的理论。这是使人不得不成为自己实现的真的善，自己生于这真的善的有德之士的力的理论。不是从外面去劝人实践的理论，而是使人自觉到德的真实，因之使人生于真实，而不能不实践其真实的理论。

不待说，这在以助产者自任，并自称为无智而爱智的苏格拉底，并没有把他做成一个系统的学问的形式。这只是把各人自古以来，都包藏着而又忘记掉的协同之善，重新作为真的自己，而发现之、而尊敬之的事业。仅就这一点说，较之偏于体系化，更为有益。假使以自然学的旁观的理论，很急性地加以体系化，则将有把自己再葬送于外物之虞。幸而苏格拉底很能懂得把真的自己，使其离开外面的一切，回到自由而美丽之姿的助产术。他就各人认为大体都懂得的作为国民的诸善，用谁也懂得的语言，质问其到底是什么？将诸善所以成其为善的本身，作为各人共同真正的自己，而使其产生于各人内心之中，使各人敬畏自己，离开外在的一切，来守住自己，以成为勇敢战斗的自由正义之人。

把分散为各种各样的德，把为外物所锢蔽，所恶化的德，由普通的语言，将其凝结为一个；而欲使一切的国民生活于这唯一的德，他为此而所用的有道理的言语，早经在雅典不能通用了。由他的语言而兴起的唯一的弟子柏拉图，发展了这种语言，而作成了最优异的“国家论”。然而这是他知道用直接的语言不能发生作用的结果。

一九四九年十月十六日《民主评论》第一卷第九期

论自由主义与派生的自由主义

一

随二十世纪以俱来的世界危机，也可以说是自由主义本身的危机。对自由主义所发生的反动，到一九三九年世界大战爆发，而达到了高峰。及世界大战结束，史达林一肩肩上了希特勒的双重任务，这一反动更到了历史上从来没有的深度。此一反动所告诉人类的，不仅不曾终止了世界的危机，并且人类肉体生活与文化生活所受的摧毁威胁之大，真是亘古未有。于是人类反省的第一结果，只能迫切地再向自由主义求救。

自由主义能否和过去一样，依然成为人类向上向前发展的根蒂与教条，能否从特务恐怖、放逐奴役、残杀清洗中发挥出解放的光和热，首先就要看现在的自由主义者，能否解消自由主义的危机。假定自由主义没有危机，则二十世纪反动的力量，便失去其生存发展的凭借。

尤其是在中国缺少了像欧洲近七百年来为自由而斗争的一段丰富历史。而近百十年来的社会风气，惯于剽窃名词，不求究竟，以供一己便利之私。自由主义一词，较其他名词，更适于达到此种目的。假定不把环绕于自由主义周围暧昧模糊的旁支曲说，加以廓清，则在当前为国家人民争自由的斗争中，很难有所成就。

当自由随人类意识的觉醒而觉醒时，便有两种很显著的曲说。一种是亚里士多德在他的《政治论》中所引的欧里庇德斯“到我所要到的地方去”的话。这完全是以个人的恣意来解释自由。一种是名符其实的诡辩派人物哥尔基阿斯，认为操纵民众，使他人受自己任意的支配，即是真正的自由。这两种曲说，在希腊当时，虽已受到各种攻击，但每当历史发展进入低潮的阶段，这两种曲说，便常适应社会的堕性，利用社会的弱点，采取某种姿态，以占领自由主义的地位。于是自由主义的危机，遂因此发生；而自由的反动，即由此开始。二十世纪的独裁政治、极权政治，分明与哥尔基阿斯有其血缘。而哥尔基阿斯，何尝又不是欧里庇得斯的自然演进？这种派生的自由主义，和完成历史使命的真正的自由主义，到底有什么关联？又有什么不可逾越的鸿沟，而能使其朱紫不乱？这是为了拯救自由主义的危机，也是拯救世界的危机，所首须剖析清楚的问题。

真正的自由主义，与派生的自由主义，二者间之关联，第一，都是以个人为基点，与个人主义都结有不解之缘。否定个人，否定个性，便根本没有自由主义。但真正的自由主义，其在文化方面，都是质的、理性的个人主义，也就是人格的个人主义，从个人的理性活动上去认定“人生而自由”。派生的自由主义，则常是量的、利己的个人主义，也就是现实的、动物性的个人主义，常从个人对物欲的追求冲动之力上去肯定“人生而自由”。其在政治经济方面，则真正的自由主义，常是把个人安排于大的秩序之中，在秩序中满足个人自由的要求。而派生的自由主义，则在政治经济中有意无意地只是孤立的个人，常以个人而抹煞了人与人间必不可少的秩序。第二，二者之间，固然都是在求得自由。但真正的自由主义，在求自由的后面，常有其根据；在自由求得以后，亦常另有其归结。而派生的自由主义，则后无根据，前无归结，仅系为自由而自由；仅系为自由而自由，等于仅系为怀疑而怀疑之一样没有意义。并且更深一层去看，二者最根本的分水点，还是在于对人性的观点。把人性还原到一般的动物性之上的观点，也就是唯物史观的观点，则必定为现实的个人主义，必定为孤立的个人，必定仅系为自由而自由，最后只有用暴力把动物性的孤立的个人，压缩在一起，即变为自由的反对物。把人性从一般动物性中区别出来的观点，也就是"人文史观"的观点，则必定为人格的个人主义，必定为秩序关联中的个人。其求自由，必定后有根据，前有归结的自由。这种自由永远是人类生命的源泉，历史的根蒂。人类历史，永远是自由的自我实现的过程，历万古而不弊。

自由主义的具体内容，都实践于历史发展的各个阶段。所以自由主义的定义，只是在历史实践的过程中才可加以规定。上面我对真正的自由主义，与派生的自由主义所划分的界限，正是从自由主义的历史实践中抽出来的。自由主义实践的历史，大体上是从文化到政治，从政治到经济，而现在则应该是一个综合的阶段。以下试就历史事实，略加申论。

二

希腊智者团的鼻祖普罗塔哥拉斯，以为人能活动理性，以把握人类共同道德的标准，于是人愈能成其为人，愈能成为更自由的东西。苏格拉底以为能认识宇宙人生根本原理的人，即系自由之人。这都是就人之理性活动的成果上，得出自由的观念。本来人生而为“形气所限”，既有所限，即无自由。只有由理性的活动，以超出于形气之外，能“上下与天地同流”，那当然是一种自由的境界。当柏拉图发现了 Idea 的时候，惊喜欲狂，因为他发现了一层一层的更大的世界，也就是他个人透过了一层一层的更大的世界，而得到自由。马丁·路德，因对于人生罪恶之感，而苦于得不到身心和平。及一旦悟到由信仰可以得生，即因此而获得“良心的自由”的时候，遂生命焕发，跃起而为宗教的改革运动。这都是由理性活动而获到自由境界的显明例证。

近代自由主义的复苏，是开始于文艺复兴运动。文艺复兴运动，是把人从神的从属地位中解放出来，从封建的从属关系中解放出来；也就是人从宗教从封建关系的压迫中，得到了自由，恢复了人的本位。所以许多人称此运动的贡献，为人的重新发现。但这里所发现的人，有两种类型：一是以力来追求现实的个人，一是以力来追求理性的个人。由彼得拉卡，和菩卡绰们所代表的初期人文主义，完全由天国转到地上，由灵性转到感性，因此而从中世纪脱胎换骨，确定了文艺复兴的方向，自有其历史上的贡献。但因为他们一面失掉了但丁坚强的意力与热情，一面复失掉了萌芽时期理想主义的情调，而单纯求个人欲望的满足。公共精神因之堕落。以安稳佚乐，为人生的本领。结果许多人文学者，躲进宫廷中去玩弄空书美辞，以求个人生活的满足。在这种情形之下的自由，可谓完全失掉了生命，失掉了意义。文艺复兴，要作为一个运动来完成他文化上的使命，决不能停滞在这种现实的个人之上。所以从十五世纪中叶，到十六世纪初头，盛期的文艺复兴的性格，大体上是以理想主义调和现实主义，以理想主义推动现实主义的向上。这时期的个人，都是要求以其自身之力，把个人昂扬到理想的伟大地位。把古人伟大的个性，当神来崇拜的风气，盛行一时。这可以说是在人的企图与方针之下，来实行人的神化。叩最那斯答复神与人的关系说："你是你自己，所以我（神）将成为你的。"这意思，就是说明神即存在于人的自由活动之中。费栖纳受此说的影响，便认定人能自觉自己的神性，便同时消除了人对世界的不信任，而人与世界，乃同时向上。所以人、与神、与世界，是完全一致的，而人被置于中心的地位。比可·密朗哥拉则说："若是人应该停止于某阶段上的某一场所，则人的自由，全被否认了。由世界创造所创造出来的东西，都给以一个限定的存在。意志与行动，都安置有某种的界限。仅仅人能破除这种界限。人有能超越有限境界的新的力。"比可以为神把万物创造出来以后，把万物所共有的一个性质的形像，来创造出人来。所以人包含一切的差别，置于世界的中央，不与以何等固定的地位，而与以根据自己的决心与愿望，以选择其地位、形态与能力的力。人可以昂扬到神，也可以堕落为动物，于此而认定人的自主与自由。即代表静的一方面的艺术家们，也都是把完全的理想的发现，期待于个性完成之上，期待于个人的可见的形相之上，以作其美术的表现。所以文艺复兴的主流，是否定了人对神的从属地位，但并没有否定神，而是要求人神合一；否定了宗教对人性的压迫，但并没有否定宗教，而是要把超越的宗教，变成内在的宗教。可见代表文艺复兴盛期的个人主义，都是理性的个人主义。由此理性的个人主义，遂一转而为宗教革命，再转而为政治革命，下开欧洲近数百年来文物之盛。到了文艺复兴运动的末期，在意大利本土，崇高的理想的色彩又一扫而空。盛期所完成的理想的典型，至此亦都化为乌有。而完全成为赤裸裸的现实的个人主义，也可以说是动物性的个人主义。由这种个人主义所蕴蓄的野兽一般的力，向前冲击，遂以牺牲他人，成就一己的伟大；压迫他人，成就个人的自由。于是这种现实主义的个性发挥，在政治上转化为意大利本土的各小专制诸侯；在全欧洲转化而为十七世纪各国的暴君。在经济上转化为同一时期前后不惜以海盗行为，欺诈残虐手段，疯狂的追求财富者，形成前期资本主义的资本蓄积。在文化上，过去以追求理性，追求自由的人文主义者，至此亦一变而为彻利尼、阿利提诺们以无拘无束为自由的变态生活。一则以任性杀人为快意；一则以辛辣的冷嘲热骂，博生活之资。人凭动物本能的冲动，所发挥的对物欲追求的自由，不可能有调节，不可能有和平。这种自由的本身，就是代表一种大的危机，就含着自由的反对物。派生的自由主义，在这里可以看出他的根源。欧洲今日的危机，在此处可以得到线索。文艺复兴运动发展至此，便不能不转移空间，转变形式；而发祥地的意大利，反不能不归于荒废了。

三

派生的自由主义，在政治上所转出的暴君，依然只有诉之于真正的自由主义以求得解决。而文化的自由运动，必客观化于政治的自由运动，乃有了着落，有了实际。于是十七、八世纪的政治革命运动，便以宗教革命为桥梁，继文艺复兴运动而兴起。

以自由为内容的政治运动，开始于英国。一六八八至一六八九的光荣革命，为其初步的成果。密尔顿的“我们要有自由，要有求知的自由，要有说话的自由，要有随自己良心而议论的自由”。霍布士的要有“买卖的自由，衣食住的自由，职业的自由，子女教养的自由”。洛克的“在自然状态下的各人，互相契约的加入一政治社会，将自己置于一政府之下，其最大目的，在于保障各人的生命、自由及财产”。孟德斯鸠的“人民的政治的自由，系指能确信自己安宁的平静心境而言。为得到此种自由，须改造政治组织到国家内任何人不须恐惧他人的程度”，密尔的“使存在于社会内的聪明与正直的一般标准，及贤明的个人的知识与德性，可以直接作用于政府之上”，斯宾塞的“各民族系由人类的多样性所成立，人类全体的福祉是由最良的多样性的繁盛与扩大所成就的”，大概可以代表此一运动的内容。而议会政治，为此一运动的最大成就。自由主义，因议会政治而具体化，体系化。

就上面的内容看，此一阶段的政治自由运动，毫无疑义的，都是以伸张个人，发展个性为目的。但政治自由的个人，一方面是有血有肉的各个之人；同时也是嵌入于大的共同秩序之中，对共同秩序，直接间接负责任的个人。为了获得个人的自由，在消极方面，总要不妨碍共同的秩序。在积极方面，总要为了建立公共秩序而肯定法律、国家，及与自由好似相反的国家权力。除了诗人密尔顿在十七世纪前期高调“若使我在法律与行为自由中选择其一，则予将选择行为自由”以外，几乎没有一个自由主义者，不是在自然法中，一面求得自由的根据；一面从自然法中，转出法律的根据。所以法治是近代自由主义在政治上的另一成就，与议会政治相辅相成，成为民主政治的两大骨干。当时大概认定自然法是“人类普遍所存在的理性的法则”。自由的根据既在自然法，则自由的后面，已经存在有一个共同的“行为的最高准绳”。而各人的自由，自然在一个共同秩序之内。所以霍布士以理性（自然法）的第一命令为努力，以和平达到各人的自然权。而第二命令，则为限制相互间的绝对自然权。第三命令，为令履行自己所为的契约，而斥“对于他现在享乐的自由，而更呼吁与以自由，乃背理之甚”。洛克说：“虽然是自由的世界，但决非放恣的状态。……盖自然状态中有自然法。”而此自然法是使人“各自保存自己，并努力保存他人”。卢骚是反对一切外部的干涉，富于破坏性的人物。但他在《民约论》中说：“社会契约的骨干是这样的。即是各人将其人格及全权，委之于普遍意志的最高支配之下。各人的代价，是取得构成全体的构成员的资格。”他以法律为“普遍意志的表现，这是使各人能得到更大自由的行为的规范”。而密尔顿的《自由论》内说：“人类生活于社会的这一事实，使各人对于其他各人，不能不守行为的某种准则。这种准则，第一，不侵害相互利害。……第二，各人为防护社会，对于社会须贡献必要的劳力与牺牲。社会保有强制执行这些条件的正当权利。”上面的例子，在每一个真正的自由主义者而非虚无主义者之间，从没有把个人和社会对立起来，也没有把个人从社会中逃避出去，而都是以个人的自由促进社会的进步，以社会的秩序保证个人的自由。亚里士多德在他的《政治论》中，将希腊人与欧洲人及亚洲人作一对比，认为前者富于气力而缺乏智力，后者富于智力而缺少气力，故二者不能形成 polis，皆未能十分自由。希腊人位于二者之间，兼二者之长，能形成 polis，故能十分自由，所谓 polis，即是一种生活的协同体，也就是所谓都市国家。人类只有在生活的协同体中忘记了人我的对立，才能享到自由，也和鱼相忘于水，在水中才能享到自由一样。而且在政治自由运动的阶段，几乎都是以自然法为根据，也就是以理性为根据。则政治内的个人，其所以能建立于秩序之中，依然因为他是人格主义的个人的原故。以人格主义为基础的政治，自然是把自己和他人都作为人去看待的政治。这种政治，一面须要自由以发展成各人的个性，完成各人的人格。同时个性向理性的发展，也是理性对个人个性的融和，对他人的尊重。于是自由与平等，在政治上便能结合起来，而成为一个东西的两面。在自由与平等的基础之上所成就的民主政治，便能融合理想与现实于一致，个人与社会于一致，划一与差异于一致。取决于多数，而同时保证少数。多数党执政，而少数党依然有反对的自由。反对尽管反对，但并不想动刀枪，作暗杀。而遇着国家生死关头，大家尽管行动缓慢一点，但终会凝结一致。儒家“万物并育而不相害”的观念，在民主政治中实践了。我们有什么理由，否定民主政治为人类政治生活中最美最好的方式？

四

自由主义发展到经济方面，情形为之一变。近代经济的发展，是立基于现实个人主义之上，已如前说。而自由主义经济的理论，和自由主义的政治理论，在情势上亦大不相同。自由主义的政治理论，是以理论去改造了政治，可以说是主动的。而自由主义的经济理论，则是以理论去追认经济的事实，对经济的事实，与以合理的解释，与合理的期待，可以说是被动的。自由主义经济理论的巨著《国富论》，出版于一七七六年，虽仍立足于自然法之上，但他的真正发生影响，则在一八二六年以后，已经是功利主义盛行之际。功利主义，不将道德与价值的标准，置之于神或理性之上，而置之于人的幸福之上。在经济方面的幸福，当然是经济利益的追求。古典的经济学者们，认定个人自由追求经济的利益，可以生出社会的调和，增加全体的利益，与国家的财富。连英国的实际政治家如科布登及布来特们，也常以统计数字，证明英国的劳动者，因自由放任政策而受了大的利益。这一方面是说明自由主义的经济，在理论上，依然是以个人与秩序的一致为其前提。在此一前提之下，附加上一张合理主义的图案。而在产业革命破壳而出的当时，尤其是针对着封建束缚依然存在的前后，例如英国取消谷物条例的前后，社会情势，也可以与这批古典经济学者们以这样的乐观与自信。但另一方面，则在功利主义根据之下，追求经济利益的个人，不能不渐渐脱离人格（persona）的性格，而变成为经济人（homo oeconomicus）的性格。不是具有自律意志的具体之人，而系专门计算货币的假想的人。主张这种人的自由竞争，这已经从人格尊严所生出的自由主义变了质。而这里的所谓自由，不复是个性的解放，乃是资本蓄积的解放，因此而人束缚于资本之上，因此而人从属于物。人变为物，而完全“物化”。物化了的人，是失去了人与人互相感通的动物性的人。只有人格性的个人，才能自己建立自己的秩序。在经济内的个人，既是动物性的个人，便不复能在经济中建立经济的法治精神，和经济的议会制度，以保证古典学派的学者们所预想的由自由竞争而来的社会秩序。而经济自由发展的结果，变为资本独占的自由反对物。于是新自由主义，乃至德国赫克勒们所倡导的社会的自由主义，遂应运而生。而边沁所期待的“最大多数的最大幸福”，也只有转为社会立法以求其实现。这都是想以政治的秩序，来建立经济的秩序。固然也收到了相当的效果，但多出于被动的补救的意义。要完全解决问题，当然还要另找自由的源头，作更大的努力。

由上所述，可知世界的危机，自由主义的危机，其根源都在经济方面。由经济的危机，渗透到政治方面，遂引为政治危机。于是使人以为民主政治与资本主义，是一个东西。因怀疑资本主义，因而怀疑到民主政治，怀疑到自由主义。不知近代的政治与经济，是在两种不同的个人主义的基调上发展起来的。以人格的个人主义为基调的民主政治，我们可以称之为自由主义的政治。以现实的个人主义为基调的资本主义经济，我们只能称之为派生的自由主义的经济。要根本解决经济的危机，不是在经济中取消自由，而是要在经济的自由中，取返人格的个人主义的基调。要使个人在经济中的自由发展，不是为了资本的蓄积，而是为了人格在这一方面的完成。以人格的本身，来发生调节协同的作用，因此而建立经济中的民主。更因此而将文化、政治、经济的自由主义，从人格主义的一个根子上溶为一体，而出现一个综合的自由主义的时代。我称这一时代为“自由的社会主义”。若针对政治上的左、右两极端而言，又称为“中的政治路线”。我的朋友庄遂性先生，提出“自由联合”的概念，我觉得也很可值得欣赏。

本来正统的社会主义，其动机都是出于人道主义，将资本主义的病态，诉之于人类的理智。其方式都是想通过民主政治，以诉之于人类理智自觉后的自由选择。虽然他们很少意识到这应该从文化的人格主义出发，但大的方向，都是人格主义的。一到马克思，便完全只承认现实的个人，动物性的个人；否定个人与个人间，可以通过理性以相通相感，而把社会分为两个不可逾越的对立阵营——阶级。在对立的阵营中，只有你死我活的斗争。因为是斗争，所以不仅否定了经济中的自由，同时更否定了政治、文化方面一切的自由。他们剥去黑格尔的神秘外衣，实际就是剥去人从动物中别异出来的文化，而还原到完全的“物”。人既是一般的物，这中间当然安置不了人格主义，安置不了自由，因而不能不否定人格主义的正统文化，以及受此正统文化影响的社会主义。所以马克思虽不曾完全否定民主政治，甚至恩格斯的晚年，承认了民主政治，但民主政治后面的根子被否定了。在他们的基本概念上，人已经不是人，人没有所以作为人的特性，顺着此路发展下去，他的子孙们，自然会完全否定民主，否定自由，实行刍狗万物的恐怖独裁的大悲剧。自由主义在经济方面所发生的危机，本是现实性、动物性的个人主义的产物。马克思更袭取社会主义之名，而将社会主义完全置于唯物史观之下，也就是完全置于动物性的个人主义之下，这可以说是以暴易暴。一般动物性的人，也和一般动物一样，既没有思想，自然没有思想自由，因之也没有个性，没有主动，而人家只能站在等面包吃的固定行列，听候动物性的超人们，在残杀恐怖中，作动物的调教改造了。我们由此可以明了，资本主义和马列主义，表面上是两个东西，但藏在后面的却是同一个动物性的根子。所不同的只是资本主义以动物性而破坏了民主政治，亵渎了自由主义；马列主义以动物性而完全摧毁了民主政治，撕灭了自由主义。

五

自由系针对不自由而言。大凡一种东西，能够构成权威，以强迫人去接受，都有他的一套说法，以为其根据。为了要从这些东西的压迫中解放出来，以获得自由，首须要为获取自由找到根据，以击破压迫者所凭借的根据。仅仅为了自由而求自由，则对方可拿另一观念以打消自由的观念。例如对共党而要求国家的自由，他便拿国际的理论来打消你。对共党而要求政治的自由，他便拿阶级的理论来打消你。对共党而要求人权的自由，他便拿革命手段等理论来打消你。而所谓国际、阶级、革命手段等的后面，又都有其一套总的说法，如唯物辩证法等。故仅以生活的不自由而要求自由，站在一般受压迫的人民说，当然是如此。但站在对一般受压迫的人民负责任的领导层说，则是不够的，因为这不能发生力量。所以在争取自由的后面，总要有——其实也一定有——争取自由的根据。文艺复兴时代争自由的根据，为转用古罗马学者所用的人性（humanitas）。人性为那一时代新人们的金科玉律。十七、十八世纪争政治自由的根据，大抵是自然法。“回到理性，回到自然法”，为十六世纪后半期起一直到法国大革命时代的许多自由主义者的共同目标。因为自然法是“理性最高的命令”，而个人自由是自然法所规定；暴君违反人权，便是违反自然法。自然法的命令，比暴君的命令高得多。拿自然法去打暴君，当然理直气壮。十八世纪以后经济自由的根据，在先依然是自然法，以后则为功利主义。而功利主义之所以能够成立，系以合理主义为其蓝图。假定自由的根据发生动摇，如经济后面的功利主义发生动摇，则自由的敌人，必乘机而起。所以自由主义者，必须不断地追求新的更高的根据。这种追求的本身，也就是自由主义不断向更高阶段的发展。不追求自由的根据，而仅从自由上主张自由，这是证明自由源泉的枯竭。自由便失掉了推动的力量，而不能形成一个运动。密尔顿对自由的要求，最为激进。但他说：“人类是神的形像，所以本来是自由的。”“神规定以色列人的食粮，时常与以常食的三倍”，以此证明“神准人有选择的自由”。这种论据，在现在看来，都非常可笑。但密氏为了要求得自由的根据，不惜把此一根据，放在神的身上，以抵抗当时的暴君，其用意所在，则无可非议。

自由对待不自由而言，乃有其内容。一旦不自由的对象消除，则自由亦失其积极意义，而归于空泛，另一不自由之事实，反可迭代而起。所以必须把自由归结到一个具体的目标之上，自由乃有其积极的作用，乃有其具体的轨范。有轨范的自由，即系不容许种种罪恶，假自由之名而行“自由”。自由对待不自由而言，则自由固然是目的。但自由对待其归结而言，则自由又系一种手段。文艺复兴时代，人性解放的目标，是要归结于人成为世界万物的纽带，综合宇宙一切的要素于人的身上，使人上到神的地位。政治自由，大概地说，是要归结于保存自己，保存他人，建立和平秩序的自然法的命令。而经济方面，乃在“最大多数的最大幸福”。自由之可宝贵，乃在可以促成人类无限的向上。此种无限的向上，随历史的演进阶段，而必赋与以具体的内容。能把握住此一阶段之具体内容，则自由自亦成为有具体内容的自由，成为能解决历史课题的自由，以维系人类对自由之向往，使自由之自我实现，有其轨范，而永远成为推动历史的力量。后无根据，前无归结，为自由而自由的派生的自由主义，其本身即系人类堕性的表现。历史上出现此种人物以占领自由主义位置的时候，即系自由主义开始荒废的时候。并且有根据、有归结的自由主义，必系根于理性的人格主义。因为理性即是根据，理性亦必有归结。失掉理性的现实的个人主义，其本身系块然一物，没有向上的能力，自然不可能，也不感到求得根据，得出归结。

或许有人认为历史上作为自由根据与归结的东西，从“学”的立场上看，常是不完全、不正确的东西，则又何必为自由主义画蛇添足？殊不知人类之求根据求归结，乃人类不断向上的表现。吾人于此，乃可认取自由之本质与需要。在向上过程中所得之某一结论，从以后去看，是不完全，不正确的。但就当时满足向上之要求的这一点而论，则是完全的，是正确的。且以后之所以能觉其不完全、不正确，正是人类理性自由活动而不断向上之明证。故吾人尽可信任此理性自由活动之不断向上而解决之。岂可因此而将自由停止于一空旷之空间？此空旷之空间，即为一固定之平面，即系自由之反对物。

六

关于自由主义在中国的问题，也愿在此提出一点简单的看法。

自由的观念，必始于人的自觉，必始于人在自然中，在天国下，有其独自所以为人之自觉，而后自由的观念乃可以浮出，乃感其迫切的需要。所以欧洲的自由观念，系开始于希腊“人为万物的尺度”的政治启蒙时代，而再涌现于文艺复兴的人文主义。中国在西周开国之初，即把文化从以鬼为中心（殷人尚鬼）而渐渐转向以人为中心。这种趋势，到孔子已经加以确定。所以孔子是“敬鬼神而远之”，“子不语怪力乱神”。既以人为中心，便首先须从人性的向上方面去发现“人为万物之灵”的“灵”，发现“人之所以异于禽兽者几希”的“几希”。而对此“几希”，对此“灵”，负其所以为人之责任。于是自由精神，便在文化领域中，成为道德的自由意志，而肯定人格的尊严。此即所谓“为仁由己”。(由己即由自己，由自己之倒语即为自由，即自由意志。)孔、孟的“有杀身以成仁，无求生以害仁。”“三军可夺帅也，匹夫不可夺志也。”“杀身成仁，舍身取义。”“富贵不能淫，贫贱不能移，威武不能屈。”这都是儒家一贯的基本精神；也就是自由在文化领域中，通过个人的人格主义的最高表现。同时文艺复兴时代对人性的发掘，要把人昂扬到神的地位，无形间依然是人与神为二，因此而便不能不重新肯定宗教。但中国则是由尽己之性以至与天地参，天地并不在自己之性以外，即不须在自己之性以外，去找满足人“归依无限”之要求。所以儒家不否定宗教，亦不需要宗教。另一方面，文艺复兴，因系起于对中世纪精神统一的反动。他必须从中世神的统一世界中分裂出来，而人性始见，故分裂之意义特重。于是在人的理性向神的昂扬中，只是顺着各个人的人性，一直向上。虽说要综合万物之要素于一身，但此万物要素之间，既看不出共同的根基，因之也看不出共同的关联，而只成为一种因杂多而落空的概念。由此而向上去追求，内在的神依然要还原为超越的神。由此而向下降落，理想的人生，依然是落在孤怀绝世的各个的个人之上。人不能在孤怀绝世中安排自己，也不能在孤怀绝世中解决问题。于是意大利本土的人文主义，便不能不很快地一面转向宗教的良心自由，一面转向浪漫的自然主义。依然要把各个的个人，在上帝与自然上，连结起来，这可以说是人文主义本身的失败。所以民主政治，不能直接从人文主义转出来，而须要从良心自由与自然法中转一次手，其原因正在于此。但中国人文主义的确定，则精神的统一重于分裂。所以“能尽己之性”，“则能尽人之性”，“能尽物之性”。而儒家的性是以“仁”为其内容，由仁的观念而把人与物涵摄在一起。个人道德实践的尽性，不仅是对自己负责，同时也是对人、物负责。于是个人应尽性于人伦日用之间，同时即应尽性于政治经济之间，因此而以个人为基点的理性主义，必客观化于国家社会之上，而具备民主主义、社会主义的精神。所以儒家的政治思想是民主主义，经济思想是均平主义。《春秋》张三世之义，《礼运》揭大同之的，都是顺着儒家的尽性的自然归结。由此我们可以了解自由主义，只有在儒家的人文精神中，才可以得到正常的发展。

但儒家并没有在中国建立起民主政治和社会主义。也就是说中国的自由主义，并没有能像欧洲十三世纪以后，勇往直前的自由斗争，因而便不能像欧洲的自由主义，很显著地担当了历史使命。这种原因，约可分为二点。

第一，一切的理性主义、人格主义，都是以人性之善为基点。但战国时已有以“水无分于东西”来言性，而儒家的另一巨支荀子，便直截说“性恶”。荀子说性恶，固然是重在文物制度上（礼）去矫正，但一转而便为韩非、李斯的法家（韩、李皆荀卿弟子）。这种法家，实在可以说是近代极权政治理论的前奏（黄冈熊先生有《正韩》一文，论之甚详）。法家与道家一脉相连，亦以道家将人性视为一般自然之性，并须顺此自然之性（老、庄法自然），因而看不起礼义忠信的道德，无形间便否定了异于禽兽的“几希”。既否定了人之所以异于禽兽之几希，则人亦仅系求食的禽兽之一，于是“天地不仁，以万物为刍狗”之观念，得以成立。万物既是刍狗，其本身便无精神，无意志，无价值，也无主动性。所以为安排这种刍狗求食要求的政治，便不可能走上民主政治。中国从汉以后，道、法和儒家，在政治上纠结不清，甚至可以说道家、法家在政治上发生的作用更大。儒家的基本精神，没有得到顺利的发展。

第二，自由的对象为不自由，所以争自由是对不自由的一种斗争，是从不自由的一种解放。这是理性的“力”的活动。所以文艺复兴所发现的人，必须是一种“力”的人，一种“动”的人。但丁被推为文艺复兴的先驱，不仅因为他《神曲》中的亡灵，许多不能忘记自己生前的名位事业，而希望自己的姓名，被人记住，表示人已经从中世完全从属的地位中，要求独立的存在。更重要的是，但丁《神曲》中所表现的勇迈热情，为开明时代争取自由，所必须具备的条件。但丁在地狱门口，安置着生前不为善，不为恶的无为人士的亡灵，但丁遵照他老师的指示，不屑与此等亡灵谈话，而只投以轻蔑的一瞥，正系此种精神的表现。文艺复兴盛期的精神，可以分为动的与静的两方面。代表动的这一方面的，如比可·密朗哥拉们，都是把人从“动”的、从“作为”的上面去看人生，去确定人的地位。从能够动、能够作为上面去证明人是生而自由，须要自由。欧洲近数百年来文化、政治、经济的自由斗争，都是此一“力”的、“动”的精神的继续发展。初期儒家，也一样的是乾元刚健，至大至刚，以“力”来实践理性，理性亦表现而为“集义”之勇与力的，但后来受道家、佛教阴柔虚寂的影响，作为人追求理想之力，渐渐地消失了。宋儒重新提出了儒家的人性，恢复了儒家的人格主义。但在道、佛影响之下，不曾恢复儒家固有的刚健精神。由主敬主静，而流于拘谨。于是自由精神，除了向内成就其人格主义外，不能向外在政治经济上，发挥积极作用。于是中国历史上便出了许多玩世的名士和避世的隐士。名士、隐士的冷眼和独善的态度，这是派生的自由主义在中国的一个形态。与其说他是代表自由精神，不如放在地狱的门口，去受但丁轻蔑的一瞥，以减轻真正自由精神的障碍。

以上是说明中国的历史文化，是蕴蓄有丰富的自由精神，有比欧洲更高的自由精神的根据。就中国自由精神的根据，推出一个自由中国的远景——自由的社会主义的远景，以领导沉沦于极权主义中数万万的人民；使数万万从现实生活上迫切到“不自由，毋宁死”的人民，在精神上得到具体的内容，因而得到积极的动力，这是中国智识分子当前的历史使命。只有这样，才有资格谈自由主义。同时，也使一面骂共产党不自由，而自己又害怕自由主义的人们知所愧耻。

一九四九年十一月十六日《民主评论》第一卷第十一期

西洋人文主义的发展（译）

一

人文主义是 Humanism，Humanismus，Humanisme 的译语，也有的译为人本主义。成为人文主义的基础的，是人性（humanity，humanitat，humanité）的概念。人性本是从拉丁语的 humanitas 出来的。humanitas 有两重意义。首先是指一切人的东西，属于人属于自然的一切的东西。在这种意义之下，忒楞修斯（Terentius，190—159 B.C.）有名的“我是人，人的任何东西之一，不觉得与我无关系”（homo sum, humani nihil a me alienum puto.）这句有名的话，可以作为人文主义的标语。人文主义者，只要是人的东西，即使是表现人的怯弱丑恶的东西，但因为是属于人的原故，依然不能不去爱他。其次，humanity 这句话，是指从人的现实，进而表示人的理想的意义。所谓人性，是指人之所以成为人的东西（quidditas, qua homo est, quod est），即认为系人的本质（hominis essentia）的东西；因此，是人从动物中区别出来，成为更高的存在的东西；是形成人之所以为人的姿态、价值、品位的东西。一言以蔽之，是代表人的理想的东西。于是人性这句话，一面是包含人的自然、现实；他方则是包含人的当然、理想。这两重意义，可以互相推移，互相交错；遂因此而描写出了人文主义多彩的形象。

一种概念，能作为中心的概念而出现；一个思想，能作为时代的思想而形成，这其中是含有历史的内容的。人文主义是出现于历史一定时期之中，基于历史的一定条件而发展的。人文主义，本来和古典的古代的概念，密接相连。人文主义概念的本身，本是个古代的概念。他在希腊生活文化之中，有其源泉。但此概念在希腊并未成立。其成立在罗马，而且是在西塞罗时代的罗马，即是在对希腊的教养开始展开广泛要求的罗马时代，所成立的。西塞罗（Cicero，106—43 B.C.）被视为人性（humanitas）概念的原始创造者。对于这个时代及对于西塞罗个人而言，希腊的生活文化，成为罗马的生活理想。希腊的生活文化，在希腊人本身，没有成为反省的对象。觉得与希腊人内在的高度有了距离的罗马人，开始以希腊人为人的理想，以之为崇拜的对象。所谓人性者，乃自认为教养缺乏的罗马人，在希腊人中所看出的有教养的人性的总体。这个总体，由西塞罗而加以体系化，并且被分解为具体的要素。西塞罗的人性哲学，是对于他那个时代，追求较高理想的罗马人，为欲成为高贵的人，应该向何处努力所发的问题，换言之，即是对于人为实现高的理念，而不能不如何的问，所作的答案。

人性的理想，是西塞罗哲学论文的中心。例如他说有两个种类的战争：一种是像动物一样，由力的直接行使的战争；其他，则为人类所特有的，先之以包含尊重誓约的宣言的正义战争。他又说，有两个种类的社会：即是动物的社会，与人的社会；后者最强的两个纽带，为理性（ratio）和语言（oratio）。还有，动物不知道抵抗快乐，而人则反可以此而使自己成为有品位的人。又说，滥用雄辩的不是人。又说，在宴会时想东西，在公共场所唱歌，都一样的违反人性。总而言之，人性是包含从礼节开始，以至即在故人之间，也不能不遵守的正义的规则。是将动物的本能，变为文化的习惯的一切的东西。所以在西塞罗的人性，人不是单纯的自然，而是适应于人的理性的理念，或理性的人的理念之谓。此时教养——在希腊人之间极占重要位置的 paideia——极被重视。而且以所谓教养，是指人文的教养。即是从古典的诗人、修辞学者、历史家等诸著作的理解，及为此理解所须要的必要诸知识而生出的教养。我们在这里可以看出 humanism，在西塞罗，已经有了可以特别称为人文主义的意义。这种人文主义的观念，在文艺复兴的 humanism 中，得到发展。以后，特别为德国人文主义精神中生出的 Humanistisches Gymnasium 教育理想所继承。一直到现在，还多少赋与 humanism 以特色。一般的解释，西塞罗的所谓人性，是由教养所净化的人格的理想，是希腊的、罗马的文化人的理想。

上面所说的人性的概念，是罗马人对于希腊的生活文化的反省所形成的。但在那里并不是一点东西也没有附加进去。普通的人性的理想，实在系由斯托噶学派（stoicism）奠定其基础。希腊人，正如由亚里士多德（Aristoteles，384—322 B.C.）所代表的一样，常把自己和野蛮人之间，把市民和奴隶之间，划分作人类价值的区别。但斯托噶哲学者，则想克服此种区别，以适应于当时社会的政治的时势。斯托噶学者倡导世界主义，树立世界市民的理念，主张人性的共同普遍。于是 humanity 的概念，含有通过一切人的人性的意味，并因此而含有普遍的人类爱（philanthropia）、博爱的意味。人文主义作为历史的概念含的世界主义的倾向、人类的倾向，这是应该注意的。但是由斯托噶哲学所作的含有全人类倾向的人性的理念，实由基督教的影响而获得更深的意义，与更大的力量。

普通把人文主义作为希腊主义，使其与基督精神相对立。特别是今日辩证法的神学（Dialektische Theologie），尽力的说明神学立场与人文主义立场的差异。两者之间，确系有种种根本的区别。基督教是站在超越论的立场，而从来的人文主义，则仅占在内在论的立场。重视世俗文化的人文主义，好像与超世俗的宗教全不相容。说原罪的基督教，与立于信赖人类上的人文主义，好像互相矛盾。但不管人文主义与基督教有许多的对立，作为西洋历史二大势力的希腊主义与基督教，实系由互相影响所发展而来的。现在站在人文主义的这一方面看，则含有人类理念意义的人性的理念，是有得于基督教的教义；而在政治的现实上，则有得于罗马世界帝国的形成。

二

但人文主义得到世界史的意义，乃文艺复兴以来之事，而人文主义的基本概念的规定，也常求之于这个时代之中。人文主义是近代思想的先驱。这是对于中世封建社会的抑压人性，歪曲人性，而主张尊重人性，解放人性的思想。

这个时代人文主义中所首先表现出来的，是西塞罗人性理想的复活。文艺复兴，乃古代希腊、罗马文化的复兴。其提出人性，是为人得到真的教养，而想还原到古代。彼特拉卡（Petrarca，

1304—1374）这样地写着 :“我不很注意我自身的时代，所以我研究古代。为了忘却现代，于是在我心中，常努力置身于另外的时代。”此即系人文主义者，为了要忘却尚保有许多中世封建要素的他们的现代，于是而唤起古代。他们以热情，努力于古典的发现与搜集。但更重要的，是他们究以何种的态度，读这些东西。圣者安布罗齐阿斯（Ambrosius，340—397）与人文主义者的挨拉斯马斯（Erasmus，1466—1536）都一样的读西塞罗的《义务论》（*De officiis*）。但安布罗齐阿斯，在《义务论》中，求充当圣职者的规则 ；而埃拉斯马斯则在那里，看出了从基督教独立的道德。把此书的原文，使其与圣书的说明一致，已经不是问题。但在自身立场上的理解此书，则成问题。由这种根本态度的不同，即可知把 Renaissance 仅解释为文艺复兴之并不充分。Renaissance，原来含有再生的意义。并且那时亦用这句话的人们，并不是特别想到希腊、罗马古代的再生 ；也不是想到已经死了的文化的复兴，破坏了的世界的再兴。那些人们，却只是想到自己本身之事，想到自己本身的现在之生，想到自己的人的再生，自己的人性的革兴。因之 Renaissance，是向人的理想图案的努力 ；是向新的人生价值，新的人间像的努力。而这也恰是人文主义运动的本质。但丁（Dante，1265—1321）有一作品名为《新生》（*Vita nuova*）。此一“新生”的图像，早支配了那个时代。新的人性的探求、发现和确立，是人文主义、文艺复兴的根本要求 ；所以即使没有古代文化的复兴，而因当时社会的变化，与人的欲望意志，也会发生此一运动。当然，在事实上，古典的古代，指导了这些运动，并与以影响，自然不容忽视。

新的人，不能不从旧的桎梏中，不能不从歪曲了的人性中，解放出来，产生出来。所以人文主义，是一种解放的精神，多少含了一点反抗的精神；而文艺复兴，也并不单纯是文艺的复兴，而是文艺的解放；很久以来，为僧侣所独占的文艺，现在被解放，可以由市民自由地享受；此时因印刷术的发明，打破了特权阶级对学问的独占。此对于知识的普及，当然有贡献，但所谓文艺的解放，还含有从教会的权威中，解放出世俗的文化的意义。西塞罗时代人性的理想，与文艺复兴时代人性的理想，从心理上看，从历史上看，都有根本的不同。这其间，因为有基督教之成立的这一世界史的事件，而把两者完全隔开了。文艺复兴的人文主义，对于基督教所作的生的解释，与生的评价，都是或隐或显的采取反抗的态度，在与基督教对立之下，想通过和古代的连结，以形成新的人生观，新的人生理想。这种人文主义到底是怎样的东西，我们将稍加详论。

人文主义者重视自己的个性，意识到自己的生之价值，彼特拉卡被称为“最初的近代之人”。但他希望他自己名誉的不朽。他很率直地说，他的事业目标在名誉；他自己称述自己身体的特征，知的特性，与其才能。他说：“人各有其容貌、姿态、声音、言语等特殊的东西，与其加以变更，不如加以育成，这不仅是容易，而且也是必要。”所以人文主义者，是努力作成特殊的人（l'uomo singolare），承认自己个性的价值，而加以尊重，并使之强大。中世的人，是以谦逊、节制、禁制为目标；而近代人的性格，则相反地为现世的肯定，对于自己的力之信赖。再加以高度的感情，和卓越于他人的名誉欲望，人文主义者希望有强大的个性，同时希望成为多面的人生。彼特拉卡，同时是抒情诗人、叙事诗人、历史家、地理学者、道德学家、宗教作家、议论家，此外又是作为美术的爱好者、外行的画家、歌手等，以显示其才能。李奥拿多·达·文西（Leonardo da Vinci 1452—1519）具备多方面的天才，也是人所共知。这样努力于个性发展的人文主义者，产生出了“普遍人”（l’uomounlversale）的理念。教养要求多面的，普遍的，以把自己作成“全人”为目的。对于专沉潜于神之中的中世的“圣者”之理念，这里却产生了不同的新的人生理想。

中世的人生，与文艺复兴期的人文主义者，在解释人的方法上，并不相同。人文主义者，排斥一切超越的表象，把生从生的本身去理解。在这里，中世的人生理想，是不存在的。中世的人生，觉得为了知道自己，认识自己，只有在由超越者所决定的运命之直观，才能达到真的意义。换言之，中世的生，只有在与人的普遍的本质关连之下，在与亚当关连之下，才能理解。单独个人的生与死，不是他的生，不是他的死，不是他自己固有的，而是一切者的一之生，一之死。人只有感到自己是由共同的运命所结合的共同体之一员时，才能够理解。对于中世的人而言，所谓认识自己，是含有从作为亚当子孙的人类普遍运命，以认识自己运命的意味。由此，可以了解中世文学的特色，为其雷同性、不动性与匿名的倾向等。然而新的人，是直接把握自己的生；不使自己的体验，与作为神及亚当子孙的这种人类之超越的本原相关联，而仅使其与自己关连。生只是从生的本身去内在地理解。这种内在论的倾向，与中世对人生解释的超越论的倾向，是相对立的。文艺复兴期的人，不是没有感到运命的阴暗之力。运命（fortuna）的概念，倒成为那一时代文学与思想的主要概念。但是他们的心，并不因此而出于超越的摄理的思想；而只在生的本身，体验着生的意义，而认为如此即达到自己的表现。例如布卡绰（Boccaccio，1313—1375），他以运命一面为招致人生不幸的阴暗之力；而另一面，则又可把人生的活动，表现为丰富的多样性，因此，对于其艺术的叙述，与以新的激刺，提供无尽的材料。

新的人，是以个人的自己意识，自己感情而生。从这样的自己感情，而产生主观性的诗，新的抒情诗。主观的抒情的流，先膨胀于新时代之中，形成特殊的价值领域。这是值得注目的。人文主义，不是作为被限定的意识形态（Ideologie）而产生的；而是先作为特殊的生的感情，生的范围，而出现的。基于个人的自己意识，这个时代，写了许多自叙传的著作。各人有其特殊的生，都觉得有其可加叙述的特点。从这种意识出发，作为"人的解剖"文学，而可以代表文艺复兴的，恐怕要算孟丹（Montaigne，1533—1592）的《散文集》（*Essais*）。他对于形而上学者神学者们所说的超越的超自然的东西，抱有适度的怀疑。他认为人只是一个自然，不是自然以下的，也不是自然以上的；但是这种事，对于他而言，是在自己的生之体验上去理解人。"我所描写的是自己。我的自身，是我书中的材料。""世人都是互相对看。我则将我的眼转向我的内部。……各人如自己的面前，我则看我的内部。"孟丹描写的，不是对象的所看的人，而是主体的，所捕捉的人的内的自然。各人都有"他的形式"，而且此形式又是"人生状态的全体的形式"。这是孟丹所达到的思想。

对于自己个性的关心，自然会和对他人特性的兴趣，连结起来。于是表现含有人的感情、气质、性格等之特性的文学，因之出现。而西塞罗、塞勒卡（Seneca，4 B.C.—65 A.D.）那样的道德哲学的论文，也因之流行。以新的现实的感觉研究着人，研究人心生活的生理的制约，及诸激情之力，与诸气质，诸不同的性格，从此而导出实际生活哲学的诸归结。不断引用古代的作家，不仅斯托噶哲学而已。中世视为异教的不信神的典型，如伊壁鸠鲁（Epicouros，341—270 B.C.）也都使之复活。波佐（Poggio，1380—1459）已经想走斯托噶的严格的主义，与伊壁鸠鲁的快乐主义的中间之路。而劳楞喜阿斯（Laurentius Valla，1407—1457）则更主张人生最高之善在于快乐，而且这里所谓快乐，不仅是精神的，一切肉体的快乐，也包括在内。于此，我们可以看对于人的各种情念（passion）的新的评价。在中世认情念为使人与神远隔，妨碍救恩，妨碍善行的恶，然而人文主义，因生的肯定，而与情念以积极的评价。情念是在“人的自然”的小意义之下而被承认，并因此肯定情念的积极性。

像这样，排斥超越的表象，把生从生的本身去理解的，生的内在的解释，成为把人从人的自然去理解人的生的自然的解释。并且最初的生的体验的主观的立场，自己反省的立场，使移向人类历史的社会的观察，客观的观察，始有其可能。若以彼德拉卡为人的自己解剖的文学的先驱，则马克维里（Machiavelli，1469—1527）可以说是后一立场的代表人物。马克维里喜欢读古代历史家彼利俾阿斯（Polybios，200—120 B.C.）对于自己时代的社会，作深刻的观察。他和同时代许多其他的人文主义者一样，都是异教徒。他是意识地反对基督教者，对基督教加以犀利的历史的批评。“基督教使我们轻视世间的名誉，由此而使我们温顺柔和。但古人认名誉为最高之善。因此，所以古人的行为与牺牲，都是大胆的。不仅如此，古代的宗教，也和军队的统帅者，国家的支配者一样，仅以充满世间名誉的人，为幸福之人。我们的宗教，使谦逊观想的人，较之行动的人，更有光荣。这是把最高之善，置于谦逊、下贱及地上可轻蔑的东西；但古代的宗教，则将最高之善，置于精神的伟大，身体的强健，以及一切适于使人有勇气的东西。我们的宗教，与其要求强者作有勇气的行为，无宁要求其苦恼。这样一来，世界变为恶人们的收获物。人为了要入天国，与其向恶人复仇，无宁是忍受恶人的虐待。所以恶人们便能够确实支配世界。”马克维里不从内面的生的意味上去评价宗教，而仅从对于国家及国家所必要的道德的作用上去评价宗教。宗教不是什么超自然的东西，不过是人类自己想出来的。他认为道德也是由国家所与的。把道德与政治，毫无假借地加以世俗化。据他的看法，社会是诸情念的一个机械组织，而且诸情念是能够计算出来的，因为人的自然都是相同的原故。人性（人的自然）的同一，是他的根本思想。他说：“为了预见将来会成为怎样的，便不能不考察现在是怎样的。盖在世界，在舞台上行动的人物人类，常有同一的诸情念，因之，同一的原因，常不能不生同一的结果。”在这一根本思想之上，政治的科学的可能性，才能有其基础。而利用历史，豫言将来，也成为可能。彼利俾阿斯所看出的历史的“实用主义的”（pragmatisch）解释，由马克维里所复活。道德法律及宗教的原理，在计算诸情念的活动机构的知性之中。人类本性之核心，为诸情念、诸冲动。想要支配国家的人，应好好的计算这些自然的诸力；留心抑制由一个情念，惹起其他的一个更强的情念。这种人类的自然的同一性的思想，为马克维里学说的基础，然而所关心的不是体系家。他对于体系的演绎的思维，倒抱着一种嫌恶的态度。他的新的看法，是基于人类在政治上行动的实务之中所发达的东西。他所看出的，是实际的悟性的“实务的论理”。这种实务的论理，是在于生与历史材料的观察、归纳、比较、一般化之中。他之成为现实的观察者，虽基于肯定人性的同一而产生活动的规则性；但他尚看出一般的难得计算，难作合理把握的东西之存在。对于运命的偶然，不可思议的意识，为马克维里人生观的背景。但人对于运命，并不是完全无力的。人对于供给他与他的历史情况，可加以规定。真的，政治家应该认清历史所供给的实相，有适机行动的勇气。马氏说，运命支配我们行为的一半，其他的一半，是由我们自身所决定。

在这里，我们可以看出此一阶段的人文主义的一个极重要的特色。即是人文主义者把行动的人，置于思想的人之身上。中世纪圣者的理想，是由禁欲以镇压一切的情念，埋头于神的观想，观想居于行动的上位。但文艺复兴的人文主义者，则将于行动的人，各种实际家、艺术家、工作人、技术家等，较之观想家、思辩家，更为重视。人类新的观念，系由实行所显示出来。本来意味的哲学者，在当时，较之政治家、艺术家，是很缺乏光彩的存在。而且人文主义者的所谓行动的人，常常是作为某种意义的技术家去理解。这是特别值得注意的。同时，是画家、技师、数学者、物理学者的李奥拿多·达·文西，表现了这种人的最完成的图案。然而当时的哲学者，常不是医生，就是星相学者——属于技术的魔术的形态——单纯的哲学者，一个也不存在。此一时代，许多技术，多系由艺术家所发明。艺术家，常即是工作人。人文主义者，在成为一个思索家之前，必须成为整理古典原文的文献学的技术家。布卢克哈德（Jakob Burckhardt，1818—1897）以文艺复兴的国家为艺术品的国家，把国家视为艺术品，以政治家为造形的艺术家，而艺术家即是技术家。马克维里的政治学，不外于为意大利君主想的统制技术。所以文艺复兴的人文主义，我们可以看出到处浸透了技术的思维。所谓技术家者，原来不是单纯的行为者，而是有知识的行为者。“知即是力”的这句话，真可以作为这个时代的标语。对于知识的追求，极为迫切。然而对于以技术为用的知识，只有由在物的本身去认识物的时候，才可以达成。中世的神学者，从圣书的立场，去读古人之书。而人文主义者，则就书的本身去研究。于是文献学的新的方法，遂因之发达。尤其是在神学支配之下，最受压迫的自然研究，现在受到了解放。而从依据古人抽象概念以思维的方法之中，看出了作为自然研究方法的实验的意义者，实为李奥那多·达·文西的业绩。文艺复兴的哲学，由卡尔丹洛（Cardano，1501—1576）、泰雷斯俄（Telesio，1509—1588）、布卢诺（Bruno，1548—1600）、卡姆巴内拉（Campanella，1568—1639）等自然哲学的诸体系所代表。这在哲学史上，在希腊的自然哲学以后，出现了一个第二个自然哲学初期。但在另一方面，这一时代之中，却又有由哥白尼（Copemicus，1473—1543）、开普勒（Kepler，1571—1630）、伽利留（Galileo，1564—1642）等所代表的近代自然科学，也正在发展。

三

叙述了从十四世纪到十六世纪，为主在意大利开花的人文主义之后，在叙述新人文主义或称为第二人文主义的十八世纪德国人文主义之前，对于在这其间的启蒙（Aufklärung）时代的思想，有简单论述的必要。特别是被称为英国和法国的启蒙思想，是文艺复兴的人文主义的发展。近代思想代表的特征，不能不求之于启蒙思想之中。但是，若把启蒙的思想与人文思想，视为是同一的；将人文主义的特征，看作是启蒙思想的特征，以此来规定启蒙思想的本质，则系一个错误。想到人文主义所具有的现代的意义的时候，这种区别，特为重要。今日对于人文主义的非难，有许多是因为把人文主义和启蒙思想混合起来而来的。但启蒙思想与人文主义，并不相同。启蒙思想，一面使人文主义得到一个发展；而另一面，则又将其抽象化。反对启蒙思想之抽象性而兴起者，为德国的第二人文主义。人文主义在文艺复兴期，并不是作为一个被限定的思想体系而出现，而是作为一种生活感情、生活意欲而出现。这是从封建之中，解放自己的近代人的心的态度。因此，便缺少了明确的论理的规定。但即使是如此，可是他是丰富的、生命的、动的、具体的。启蒙思想是怎样将其抽象化，试略述其一二。

首先，人文主义，虽尊重个性，要求强大的个人，但不必是“个人主义”。将其发展为个人主义的思想者，乃启蒙思想。文艺复兴，是人类解放的时代，也是民族解放的时代。意大利一切的人文主义者，是把他们时代觉醒的文化运动，理解为从蛮族压迫中的意大利国民的解放。人文主义的出现，是和意大利国民意识的觉醒连在一起的。支配中世的是在地上的“神之国”的观念，是超越一切民族的、社会的、文化的差异，以统一于天主教会之下的普遍的文化观念。文艺复兴期的现象，是神国观念的没落，和统一的天主教的文化，争相分裂而成为独立的国民文化。对于中世作为普遍语言的拉丁语，而开始有国语的解放。——但丁有《俗语论》（*De vulgari eloquentia*）——所以人文主义的时代，是“国民文学”诞生的时代。人文主义，不能作为单纯的个人主义看。

这个时代所追求的，是个人的自由，同时也是国民的自由，因之人文主义，便不是单纯的“自由主义”。自由主义的思想，是随资本主义的发达，而形成于启蒙思想发展之中。

被称为启蒙思想之特征的是“理性主义”。但人文主义者，虽本是重知性，爱知识，但并不是单纯的理性主义者。要求人的感情与情念之解放的人文主义者，不可能是单纯的理性主义者。在人文主义，人的抽象的本质，不是问题；全体的“人像”才是问题。把抽象的理性，认为是人的本质者，乃系启蒙思想。若以悟性为十七、十八世纪启蒙主义者的能力，则文艺复兴期人文主义者之能力，系其丰富的想象力（构想力）。所以在那里，不仅开了文学美术之花；并且文艺复兴的文化，从全体看，是以美的文化为其特征。服装、社交、祭祀等一切事物之中，无不表现有美的要求。不仅人的形成的理想求之于美，即国家也视之为艺术品。并且正如艺术与技术不相分离一样，直观与知性也不相分离，科学与技术也不相分离。使直观与知性对立，把科学从技术分离的，这种抽象的看法，是启蒙时代的看法。代表文艺复兴期的哲学，是由放胆的构想而成的自然哲学。这种自然哲学，不是机械论的，而系以目的论为原理的，同时，文艺复兴的时代，被称为“发明与发见的时代”。由这个时代的环境，刺激想象力，于是关于社会，也描出了许多的理想国。例如卡姆巴内拉的《太阳国》（*Civitas Solis*）、托马斯·摩尔（Thomas More，1478—1535）的《乌托邦》（*Utopia*）、培根（Francis Bacon，1561—1626）的 *New Atlantis*，都是很有名的。这些理想国之中，还含有社会主义的倾向。

德国的第二人文主义，是以反对启蒙思想的抽象的悟性，与其机械的世界观而出现的。现当叙述此一人文主义之时，有将人文主义与宗教改革（Reformation）的关系，一加回顾的必要。已如前述，人文主义的人间中心主义及其内在论，与基督教的超越论及其原罪说、恩宠说，本是对立的。但和文艺复兴一样，表现从中世向近世推移的宗教改革，究与文艺复兴有何种关系？北方的宗教改革，和南方的人文主义，一样是露骨的、热烈的对教会的反对者。宗教改革的人们，也一样是为了从封建中得到解放而奋斗。前面已经说过，Renaissance 这句话，是含有“再生”的意义。而再生的观念，原来是宗教的观念。所以文艺复兴的人文主义，他最内面的感情，可以说是与宗教改革是一致的。本来宗教改革与人文主义之间，有根本不兼容的地方。两者的对立，可用北欧的人文主义者挨拉斯马斯（Erasmus，1467—1536）与马丁·路德（Martin Luther，1483—1546）的对立，在性格上很可以象征出来。然而主张良心与内面的自由的宗教改革精神，对于人文主义的发展是一个决定的重要因素。近代的自由的哲学，人格的哲学，内面性的哲学，假使没有宗教改革的影响，简直不能想象到。被称为完成启蒙，而又克服启蒙的康德（Immanuel Kant，1724—1804），他的主观主义的哲学与人格的哲学，路德宗教改革的精神，有相通的地方。而康德的哲学，尤其是论美与自然的《判断力批判》（*Kritik der Urteilskraft*），对于德国的人文主义，有深刻的影响。

文艺复兴的人文主义，与其说是思想体系，无宁说是新的生命的感情。正和这一样，德国的人文主义，也是从新的生的感情出发。在他开始的时候被称为狂飙运动（Sturm und Drang）。这个运动是与新兴市民阶级的政治意识相连结，从封建中解放人性而发生的青年的激情的浪漫运动。这里开始了生的新的评价。对于启蒙思想而言，人性在合理性之中，有其价值。人性在理性之前，由其合理性而成为正当。然而生的本身，人类自然的素质、个性，不仅是合理的而已。并且是仅以理性的概念所不能把握住的。然则这些东西，到底由甚么而都得了他的价值呢？在这里，有狂飙运动关于生的本质的最内面的体验。生及其个性的表现，所以有价值者，因为生的本身，有神的性质。在其一切根源的个性之中，有神的启示。于是生不仅是作为生，而又是作为神的东西被体验着。另一方面，则是神的本身，也是作为生而被理解。这里“生”（Leben）的概念，以最富有含蓄的意味而出现。生的无限性的体验，生的宗教，这种浪漫主义，成为德国人文主义的前提。使康德的主观主义更彻底的费希特（Johann Gottlieb Fichte，1762—1814）的自我的哲学，给了浪漫主义以大的影响。人文主义在这个场合，原来是克服浪漫主义而成为古典主义的。但浪漫主义的色彩，依然很浓厚。成为人文主义的前提者，系主观主义及观念论。而且系从生与“世界之神化”的宗教中所产生出来的泛神论的观念论。仅仅对雷星（Gotthold Ephraim Lessing，1729—1781）的人文主义而言，在文学上的位置，恰如哲学上的康德，对于以后的浪漫主义的观念论及泛神论一样，站在相同的位置。文艺复兴的人文主义，虽然也是主观的，浪漫的，但不是主观主义。文艺复兴的人文主义，与宗教感到对立。而德国的人文主义，在其主观主义与泛神论上，则与宗教相融和。但是人文主义既是作为人文主义，则当然不能是单纯的主观主义与浪漫主义。而从主观主义移向客观主义，从浪漫主义移向古典主义。此时对于德国人文主义成为重要的契机者，还是古代文化的新认识，古代人生理想的再生，和西塞罗的人性的复活。

从雷星到洪保德（Wilhelm von Humboldt，1767—1859）的德国人文主义，不待说，也是以尊重人性为中心。于是遂形成了人格的观念。据歌德（Johann Wolfgang von Goethe，1749—1832）的说法，人格是“地之子（即指生息于自然之人类）的最高幸福”。人在自己自身之中，有其内面的形成法则。各个人，都是从内的无限发展，以达到整严规定的个性。所谓个性者，再假歌德的话说，是“活生生的发展的特质之形”（Geprägte Form，die lebend sich entwickelt）。把这种形的思想，把这种被称为雕塑的，成为希腊古典哲学的中心的理型（idea，eidos）的思想，加以生命化，而导入于人文主义之中，人文主义因此而克服了浪漫主义。此时首先以新的眼光看古代者，无过于文开尔曼（Johann Joachim Winckelmann，1717—1768）。他所作的古代文化的解释——彼规定古代的形式是“高贵的单纯，与静穆的伟大”（edle Einfalt und stille Größe）——对于此一人文主义的古典主义，是站在指导的地位。普遍举为此一人文主义的代表者洪保德，是阐述人文主义的教育思想，在德国教育中，留下深的脚印。人文主义重视教养。但所谓教养者，不是单纯的博识，而是含着人的形成的意味。歌德的Wilhelm Meister是这种教养小说的金字塔。在他认为应该特别注意的，是留心于技术教养的价值。“人对于帮助人类自然素质的规整的发展的手工业技术等的存在，能知道得愈早，则人愈能幸福。”歌德这样地写着。歌德、洪保德的人类理想，是个性，同时也是全体性。完全的个性，不能不是“全人”。人的一切心的能力，应该发达而形成有调和的全体的统一。在人文主义的人格观念，是由这种个性与全体性的观念，以与康德依然将抽象的理性，视为人格本质的人格观念，区别开来。尤其是对于伦理的康德的人格主义而言，则人文主义教育的观念，可以从美的方面，赋与以特征。所谓个性，不是单纯的特殊。歌德说："特殊（即指个性）是在种种条件之下的表现的普遍。"基于这个思想，则此一人文主义的普遍人性的观念，可以理解到这不是抽象的普遍，即是生的普遍。据亨（Victor Hehn，1813—1890）的看法，歌德以爱描写的是"人类生活的自然形态"。"我们种族常住的自然形态。""这些形态，单纯而直接。快活，同时也很认真。既不是喜剧的，也不是悲剧的。这是结合最远的古代，与最近的现代，实在是高等的动物世界与人类世界的共通的。一切特殊的东西，在这个基础之上去观察，则容易不阻滞的解消于普遍之中。"歌德关心的是人性中普遍的、恒常的东西。于此我们可以了解歌德的人生观，是关连于其自然哲学。

文艺复兴的时代，是自然哲学的时代。德国人文主义的时代，也是自然哲学的时代。这是一件兴味极深的事实。歌德的自然哲学，与谢林（Friedrich Wilhelm Joseph von Schelling，1775—1854）的自然哲学，正是其中最主要的。他们都是和布卢诺一样，站在发展历史的泛神论之上。诗人歌德，即由诗人而转向自然哲学，而哲学者谢林，则认为哲学的器官是艺术，以树立美的观念论。狂飙运动的人性解放，固然和布卢诺的自然观念相连结。但歌德的自然哲学，则在人性的自然哲学之上，克服了此种浪漫主义。在青年时代，自己体验了狂飙运动的歌德，他对于抽象的悟性，与机械的自然观，抱着强烈的反感。他不想抽象地分离直观与思维。他说："在很深的透视于世界之中的一切场合，我们已经是理论的。""把自己和对象很亲密地同一起来，能更经验到由此而可以成为真正的理论。精神能力像这样的高升，只是属于教养很高的时代。”他把自然视为目的论的东西。而且由形的变化（Metamorphose）的思想，发展史地去把握自然。他的自然哲学的本身便是人性。“自然的核心，不是在人心之中吗？”他这样地说。他认为在自然之中，“形成的冲动”（Bildungstrieb）是根本的活动，自然的形成过程，也是一种人文形成的过程；即是说，也可作为人的教养。而人的教养过程，也被认为是一个自然的形成过程。

在歌德的人性的自然哲学之外，作为人文主义者，而著有历史哲学的，为赫尔德（Johann Gottfried Herder，1744—1803）。他的历史哲学的理念，即是“人类”的理念。雷星已经把人类的历史，作为“人类种族的教育”（Erziehung des Menschengeschlechts），而欲统一地去把握他。赫尔德的关于“人类历史哲学之诸理念”（Ideen zur Philosophie der Geschichte der Menschheit），其特征为想把人类的哲学，建筑于自然之人的解释之上；或者把人性的哲学，建筑在人性的自然观之上。他从天文学的诸关系，展开地球的本性；从地球的本性，展开生物的本性；从生物内部的人的位置，演绎人的本性；从人的本性，演绎他本来的规定。这个规定，是认为人不单纯是一个自然的存在，而是由历史的过程，人才达到这个规定的高度。据赫尔德的意见，诸民族的历史，一方面固然是个性的，采取不同的出发点。一方面还是向一个相同的大目标，即是人的一般的规定；换言之，即是人性的实现。这个人性的内容，据赫氏的意见，即是理性。然而这与启蒙哲学抽象的理性不同。这是生命的理性。然而哲学的解明这个理性，对于赫尔德说，乃一不可能之事。只有通过康德的理性批判，才有可能。尤其是康德的理性，特别关于实践理性，是抽象的和感性相对立的。这种抽象性已经由康德主义者席勒（Schiller，1759—1805）所感觉到。感性与理性，愿欲与义务，自相调和，以形成一个性格的所谓席勒的“美之魂”（Schöne Seele）的思想，表现了人文主义的人的理想。康德的理性，在德国含有极为含蓄意味的“精神”（Geist）的概念的，被生命化，被内容化了。精神不是抽象地从感性分离的东西。据洪保德的意见，认为人是感性的精神的本质。而我们能结合矛盾诸性质的唯一的能力是构想力（Einbildungskraft）。在认识及意志规定之中，能够由自然的奇迹，把无制约的、支配的理性，与直观及感觉，得到可惊的调和，把两个难避免的矛盾的本性，统一为一个形的，是构想力；对于洪保德而言，则精神即系构想力，这可以看作是把康德的“天才的”著作《判断力批判》的思想——在悟性与直观、精神与自然的二元论的分离之间，架设一道桥梁的《判断力批判》的思想——加以发展。洪保德的历史哲学中，认为所谓历史的重要人物者，是把他的民族特征的诸性质，表现得特别地强与纯粹的人物，是“民族精神”（Volksgeist）的具体表现。各个民族，有各种个性。洪氏对于个性价值的感觉，虽然在形而上学的确信上，他和黑格尔之间是一致；但他反对黑格尔的思辩的历史哲学，即反对把现实之生的美的多样性，使其沉没于若干少数理性的理念之中。民族精神的概念，结合他的历史哲学与言语哲学。言语是最能作为国民的完全的个性的表现。洪氏认为言语是诸民族精神的外的表现。他们的言语，就是他们的精神。他们的精神，也成是他们的言语。像这样，我们可以了解人文主义，并不是单纯的个人主义。

四

叙述了在过去所出现的人文主义代表的形态之后，现在将对现代的人文主义，一加考察。前已说过，人文主义的本身，是多彩的。而现代的人文主义，依然缺乏更明确的形态。其有明确的形态者，却特别缺乏现世纪的东西，缺乏对于现代文化诸根本问题的普遍的关系。美国的巴比特（Irving Babitt，1865—1933）所提倡的新人文主义（New Humanism），即其一例。他排斥卢骚，自然主义的人生观，与浪漫主义，而强调传统权威，与古典精神中的节制与限定。但他的本质，并不能说是新的。又如德国的耶格尔（Werner Jaeger，1888—1961）所说人文主义，也是论述古代精神的现在，想求现代教育乃至教养的理念于希腊古典文化之中，但这也是关连于人文主义传统的教育思想，不能不说他很缺乏现世纪的色彩。

这里应该注意的，是从十九世纪末，到今世纪初，所出现的被称为托尔斯泰主义。由托尔斯泰（Leo Nikolayevich Tolstoy，1828—1910）所倡导的人道主义的人文主义，他体验了西欧布尔乔亚文化的诸弊害，对于人生问题，非常苦恼。由对于农民之爱，而提倡人道主义。他由原始福音基督教，而说无抵抗与邻人爱，含有无政府主义的倾向，并被批评为“封建的社会主义”。在托尔斯泰的人道主义的人文主义之中，值得注目的：第一，他总算是从对资本主义文化诸弊害的批判出发。但他并不由对社会的科学分析，以明了诸弊害的原因；因之，他不知道可以除去诸弊害的科学的方法。他仅是在无抵抗的爱之中来求救济。他说：“爱是人类唯一的理性的活动。爱是灵魂的最理性的，最充满光辉的状态。……爱是真的善，最高的善，可以消除生的一切矛盾。不仅能解除对死的恐怖，并使人能为他人而牺牲自己。……爱仅在牺牲自己的时候值得称为爱。并且纯粹的爱，只有人理解个人的幸福，对于他并不能达到的时候才能成为现实的。”第二，托尔斯泰从否定资本主义的文化出发，终至否定一切的文化，而憧憬朴素的原始生活。这虽然是一种错误，但对于人文主义容易陷入于单纯的教养主义、文化主义者，应该可与以反省。他说：“若是你凝固于你的希腊人之前，则你决不是健全的。对于今日生活的不安与无关心的原因，正是他们。希腊语被称为死语，并不是没有理由。他的影响，可以扼杀精神。”第三，托尔斯泰反文化的人文主义，是在民众中看人性，文艺复兴的人文主义和德国的人文主义，被称为教养的贵族主义，或称为精神的贵族主义（Aristokratie des Geistes），具有文化的贵族主义的倾向。对于这种倾向而言，托氏的人文主义，特关心于民众的事实，甚为重要。他了解“忙于工作的民众的生活，就是生活的本身。这个生活所含的意义，就是真理”。他认为，“今日一切的恶，都是由于所谓文化人——学者、艺术家帮助他们的——和僧侣一样的，成为一个特权阶级。而这个阶级，他具有任何阶级的一切的过失”。然而“将来的艺术，大概不继承现在的艺术，而会建立于其他基础之上”。在未来，“一切有才能的人，大概都可以成为艺术家”。“我变更我说的方法和写的方法。民众的语言，为表现诗人一切可以说的最好的言语。我非常喜爱他。他是最良的诗人的测度器。”并且“艺术不能不抑压暴力。也仅有艺术才能抑压暴力。艺术的使命，是使神的国，或者可以说是爱的国复活”。托尔斯泰人道主义的人文主义，在世界各国，诉之于人人的良心。尤其是今日人文主义的代表者之一的罗曼·罗兰（Romain Rolland，1866—1944），受托氏很大的影响。罗氏提倡和平主义、人类爱，民众上建立艺术新的基础。他的人文主义，还带有理想主义的倾向。

然而对于现代的人文主义最有内面的关系的，是尼采（Friedrich Nietzsche，1844—1900）。盖现代的人文主义的问题，是从希腊的人生观，已成为不是自明的东西而发生的。希腊的人生观，是以理性为人的本质，即所谓“理性人”（homo sapiens）的人生观。然而现在，这个人生观，已经开始动摇了。和德国观念论哲学的传统有种种关连的德尔泰（Wilhelm Dilthey，1833—1911），也这样地写着：“理性主义的立场，为今日康德学派所通用。这个立场之父为笛卡儿。笛卡儿最初对于理性的权威，与以充满胜利的表现。这个权威，在那个时代的全部的宗教立场，于形而上学立场之中，有其支持者，并且伽利留及笛卡儿是如此，洛克及牛顿也是如此。照他们的说法，理性正是世界构成的原理，并非插话的地上的事实。然而在今日，则这种宏大的宗教的形而上学的背景，已经不是自明的东西了。许多的东西，都在这个方面活动。自然的分析，好像把作为自然原理的构成的理性，渐次成为不必要的东西。拉布拉斯（Laplace，1749—1827）、达尔文，最简明地代表这个变化。同时，人类的自然的分析，对于今日科学的常识而论，使比自然更广大层的秩序与关连，似乎也成为不必要的。在这两种变化之中，仍为第三种变化，则为创造者与被造物之间的宗教的关联，对于我们也并无何等证明之力。从这些事情来说，则把笛卡儿认为有最高主权的知性，视为在地球或其他星球表面上的自然的一种暂时性的单一的生产物，已经是无可避免的见解。许多哲学者，都驳击此一见解。但他们中的任何人，也不能把作为全体世界关联的背景的理性，视为是自明的东西。于是由思维而支配实在的这种理性的能力，成为一种假说，或是一种要求。”这样一来，理性的人生观，遂一变而为一个实证主义的人生观，即变为工作人（homo laber）的人生观。所谓工作人的人生观，是把人规定为“作工具的动物”。人的本质是在生产与技术。人不是由甚么神的理性，而系由生产，才从动物中区别出来的。所谓知性者，不是纯粹为知识而求知识，观想永远真理的睿知的知性，而系技术的知性（Technische Intelligenz）。这种工作人的人生观，在出现于十九世纪后半，而给二十世纪以很大影响的马克思思想之中，很可以明白地看出来。然而对于现代的人文主义而言，则尼采所具有的意义，不在于他确立了新的人生观，而在于他内面地体验了理性人的人生观之崩坏，而豫言了这样一种应该到来的时代。他的理性批评——康德的理性批评，在与理性主权以基础，而尼采的理性批评，则含有对理性的批判和破坏之意——受达尔文说的影响，而生物学的实证主义的色彩甚浓。但他哲学中的所有的人性的意义，则在于主体的、根源的体验了因理性崩坏而来的人类的危机。

尼采的人文主义，也是先与时代批判相连结。他以现社会的弊害，主要由于抽象的理性的支配，与德谟克拉西的支配。为了要回复因理性与民主的支配而被抑压，而被歪曲的人性，遂有他的人文主义。人文主义，对于他也是人的再生的要求，而不是教养主义与文化主义的。他却嘲笑有教养的俗物，非难文艺上的吟风弄月，排斥回避现实与现实问题的唯美主义者及文士派。他批判民主政治的特征，是把他和基督教连结在一起。他攻击基督教否定了生的价值，提倡弱者的道德，奴隶的道德。他认为生是仅作为生而肯定其价值，要求强大的个人，高贵的个人，而将其伦理的理想，表现于超人的神话之中。他的人文主义，也想在古代希腊中找出他的源泉。他与文喀尔曼（Winckelman，1717—1768）的古代解释，表现出完全的不同。德国的古代解释，经过了文喀尔曼、许尔德林（Friedrich Hölderlin，1770—1843）到尼采的变化。尼采所视为理想的，特别是苏格拉底以前的希腊。换言之，即是雅典的民主政治以前的，贵族主义的，伟大个人的古代希腊。他在古代的解释上，在阿波罗之精神之外（das Apollinische）而强调狄阿尼素斯精神（das Dionysische）；即是对于知的东西，理性的（logos）东西，有形的东西，雕塑的东西之外，而强调情意的东西，热情（pathos）的东西，自然的东西，无形的、悲剧的、音乐的东西；而主张冲破一切形式，以增大自己的根源的生的价值，即是不由形式所驯服的原始的生的价值。理性也由生的价值而被评价，而被解释为实用主义的东西。所谓理性者，原来就是言语——希腊语的logos，原系言语之意——而言语不外乎是冲动的记号。

尼采的“生的哲学”，在欧洲，使生的概念普及，最为有力。他所说的生，是一种无限定的东西。就是这一点，已经能多面的捉住了人们的心。这种生的概念的人性，在于从一切固定的形式中把人性解放出来。尼采的这种哲学，对于为了想医好现代文化病而求健康于原始的东西的人们，成为一个刺戟，成为一种基础。现代人文主义者之一的纪德（André Gide，1869—1951）受此影响，而表现为“美的超道德主义”。而苏雷（Georges Sorel，1847—1922）的工团主义，也受此影响，而希望在没有受到文化弊病感染的无产大众之中，认取尼采的根源的生。由无产大众的解放，以革新资本主义的文化。在没有被一般知识的反省，与精神的、形式的、歪曲的、原始的、自然的东西之中，追求灵肉合一的人性的这种倾向，是作为现代人文主义的一个潮流，而广泛的存在着。其中如洛兰斯（David Herbert Lawrence，1885—1930）的异教主义，是值得注目之一。并且在他对现代文化的颓废，所作的或明或暗的批评中，有其主要的意义。人文主义，本是向健康的要求。

生的哲学，从十九世纪末到二十世纪初，成为流行的哲学；但生的哲学，不必就是人文主义。可以被称为人文主义的，一定是从人性解放的立场，以批评现代社会；把人的理想，作为一个形像，描画出来的。德尔泰的哲学，是最丰富的一种生的哲学。在他采取"从生的本身去理解生"的内在论的立场，重视人类的个性与全体性，而想站在全人的立场的范围内，他分明和德国人文主义的传统相联系，但很难把他称为人文主义者。他的哲学是人类主义的，但很难称为本来面目的人文主义。德国古典的人文主义，在德尔泰却被消解于"人类学"（Anthropology）之中。而一切的人类学，并不就是人文主义。人文主义中，人的无限性的意识，在他已经失掉了。人类学成为更经验的、记述的、分析的心理学，或理解心理学。这种人类学，没有构想什么人类理想的图案。强调人类的历史性，这是德尔泰的功绩，但他并不曾如何构想历史中的人性的理念。而他的历史哲学，却止之于历史的相对主义。

人类学，成为今日流行的哲学。我们不能不考察他是从怎样的事情发生的。谢勒（Max Scheler，1874—1928）对于这一点，有明白的叙述。"任何时代，关于人的本质及起源的见解，没有比我们的时代，更不确实、暧昧而多歧的。——长时期精密研究人类问题的结果，给与著者（谢勒）以这样主张的权利。我们约略经过了一万年的历史，而现在是人类彻底的成为‘问题的’最初的时代。在这个时代，人还不知道他自己是甚么，然而同时他也知道他并不知道他自己的这一事实。”即是说，对于一切人，可以作为自明的，被视为人之前提的人类本质的规定，已经失掉了。所以人类学才能作为“人类学”，而有其特殊的意义。人类的典型崩坏了。人的形像分裂了。于是尼采所预言的“欧洲的虚无主义”（der europaische nihilismus），遂因之到来。“过去，人虽为了他的神而牺牲了人。……在其次，人类道德的时代，人为了他的神，而牺牲了他最强的诸本能，牺牲了他的‘自然’。……最后，还剩下什么可供牺牲呢？……人牺牲神的本身。而且因为对于自己自身的冷酷，不是正在崇拜重力，崇拜运命，崇拜虚无吗？因为虚无而牺牲人。——终局是如此冷酷的这种吊诡（paradoxica）的秘密，正贮藏于现在正出现的种族之中。我们一切的人，对于这，已经知道了一点。”这样的虚无主义，成为世界大战后欧洲普遍的现象，然豫感到此的尼采，对于现代的人文主义，有最深的关系。人的形像消失，人的人格分解，由他自己意识中的虚无主义，而出现了所谓“不安的哲学”。

海德格尔（Martin Heidegger，1889—1976）的人类学的哲学，恰适应了这种情况。德尔泰和德国古典的人文主义有关连，而海德格尔则通过尼采与许尔德林，以与古代相关连。但他在完全的观点上，很难成为人文主义者。尼采和凯尔喀葛德（Søeren Kierkegaard，1813—1855）对他有深的影响。凯尔喀葛德是由现代的辩证法的神学所发现的思想家。海德格尔哲学的根本概念是不安、关心、历史性、无等等，都是人存在的有限性的概念。在这一点上，他已经与德国人文主义的传统离开了。人的存在的有限性与无限性的问题，是现代人文主义的重要问题之一。海德格尔，不是像辩证法的神学一样的，站在超越论的立场；而是和德尔泰一样的，站在内在论的立场。而内在与超越的问题，也不能不是现代人文主义的重要问题之一。尼采虽然叫唤一切价值的重新估量，而结局不外是虚无主义。但在超人的神话中，总算是想出了人的新的图案。而海德格尔，则与德尔泰一样，仅止于是解释学的立场。然而真的人文主义者，不能单纯是理解的解释的。

人文主义者供法国批评家克勒苗（Benjamin Crémieux，1888—1944）的话，不能不走"从不安向再建"的道路，不能不发现确立新人的图案。人文主义，不能不在热情与知性之间，看出正当的秩序，而加以全体的调和统一。人文主义，是求人的全体性的全体主义（totalism）。不安的思想，一面以激情（pathos）为其特征。为克服这，不仅须要加入理性，而且特须重视知性。然而知性与激情的统一，究在何种哲学基础之上，始为可能，则是一个大问题。费西德斯（Ramon Fernandez，1894—1944）说，现代哲学的大部分，是装上认识哲学的创造哲学。基于认识要求的哲学，是理性的哲学。基于创造要求的哲学，是激情的哲学。而创造又常含有从无来创造的意思。"我对于认识的哲学，与创造的哲学之间，能不能有何种的关系，我不很知道。但是下面这种事情，却是可以知道的；即是作为价值的创造者的激情的机能，和在不断地从定义逃出的一个世界中的理性的机能，这两种机能，在不曾解剖测定完了以前的范围内，恐怕不能支配任何秩序，支配任何哲学的宇宙。"他这样地写着。原来人文主义，仅仅的解剖测定理性与激情，不算是问题。如何统一两者，把人能作为一个全体以形成他，才算是问题。费西德斯倡导所谓行动的人文主义。世上总是先由人表现在外的行为去了解人，而人的自身，则都是先由自己内部生活的情形而知道自己。然而他的现实性，不论由他外的行为，或由他内部的活动，在二者相互分离的限度内，总是不能完全表现出来的。他的现实性，可以说是二者间之媒介，或者是两者互相配合的结果。为实现此一配合，则坐在可以互相灭杀观客与演员两方错误的某一理想的场所，甚为必要。何以故？因为演员常常多少由自己的感情所欺；而观客，则多少由映入于他的眼内的外的行为所骗。所以小说家，在他是小说家的限度内，对于这个问题，总须加以解决。小说家要把演员本人的意见，及观客对于演员本人的意见，及观客对于演员的意见，组织起来，成为第三的意见，以传达于我们。这个第三的意见，决不是多余的附加的判断，而系创造行为的本身，人物的本源的行动。小说里的人物，在他内部的生活，与外面所见的生活之间，若不是一致，即不能存在。真的小说家，要本能地建立这个一致。费西德斯这样地想：不仅小说上的人物是如此，我们现实的人格，也应该有同时能看到人的存在的两面，即同时能看到外部与内部的观点。此即所谓“小说的观点”。这样的观点，对于行动是重要的。费氏主张，“这个行动的观点，是能在人的全体性上，同时也在他独自的现实性上，统觉各个人的观点。”他们说的小说的观点，正是属于构想力的。人文主义，不能不站在行动的立场，正如费西德斯所说，但他说的行动，是站在博格孙（Henri Bergson，1859—1939）的内在论的立场。然而仅从内在论，不能想到有现实的行动。所以我们觉得他的思想，是存在着一个限制。

五

于此，我们可以回顾以上的叙述，而将现代人文主义的问题，总结为若干要点。

一、所谓人文主义，系关于人性及人类理想的一定的思想。他重视人的尊严和人的品位。但仅仅如此，则不能规定历史意义中的人文主义，人文主义作为人文主义而出现，常系在一定的历史的时代，或者系在一定的历史的情况之中。盖人自己所作成的东西，作成以后，又常与人相对立，以至束缚人，抑压人，这是历史的根本法则。人所作的东西，原系为人的发展而作的。但对于人，常立即转化而为桎梏。在这种时候，人便要求人己的解放。人文主义，是这种时代的人的态度。文艺复兴的人文主义，是从封建中的人的解放；德国的人文主义，也是从与新兴市民阶级的政治意识相连结的狂飙运动出来的；现代的人文主义，也是适应于现代社会乃系一转型期的情势。人文主义，是解放的要求。所以应该解放的人性，常被认为是“自然”，于是遂生出人文主义的基本概念，即是“自然”；而单纯的人本主义，却不是人文主义的看法。因为解放，是从某种东西的解放。人性应该解放的，系既存的传统、形式、文化等。对于这些东西而言，人的本身，遂常认为是自然。所以人文主义，不断与自然思想相连结；甚至可以说，对于自然的新看法，常成为新人文主义的基础，若把人与自然，加以抽象分离的单纯的人本主义，认为即系人文主义，这是违反了人文主义的传统。

二、人文主义，是求人的解放。但求解放，常系大众对于少数特权阶级者之事。文艺复兴的人文主义，与市民阶级起相连结。因之，人文主义，其本来精神，不能不站在民众的一方面。高尔基（Maksim Gorky，1868—1936）所想的无产阶级的人文主义，正是这种原故。然而人文主义，不是单纯的人类解放的要求，而是人再生的要求。这个要求，是一个内面的主体的问题。人文主义，其所以不能是单纯的政治主义者以此。原来，人不是孤立的存在。人系由环境的作成的。或者可以说，人是从社会生出来的。因之为了人的新生，社会也不能不新生。然而人不仅是由社会的规定，人是作为独立的东西，以影响社会，变化社会的。若人不过是环境的产物，则人文主义所说的人的品位不能成立。人由社会所作成，反转来也作成社会。于是人为新生而改造社会，变化社会，从新的社会，而人始能新生。人文主义，须将人的革新，与社会的革新，在辩证法的统一里，加以把握。

三、人文主义的问题，是在人的形成。所以不是站在单纯解释的立场，而必站在行为的立场。人仅能由行为才能形成自己。歌德说：“性格只有在世界之流中才能形成。”但是，人是社会动物的这件事，对于人文主义者而言，并不是因社会性而失掉自己。所以歌德又说：“有生之物，它有这样的一种天赋，即是既可以使自己适应于外面的各种条件，而又不失掉某种一定所获的独立性。”人文主义，动辄变为非行动的，这很值得注意。本来，人文主义不是单纯的斗争主义；而是爱和平，爱调和的。但把人文主义视为单纯的和平主义，却是一个错误。然而对于人文主义者而言，则任何行动，常含有内面的人格的意味。在这里，有良心与正义的问题。而行为的立场，不能是单纯的内在论。在这一点上，从来的人文主义哲学，有重大的限制。他不是行动的，而系观想的。这大概和这一点有关系。不仅须超越于自己之外，自己的意识之外而已；并且须承认有超越于自己身体之外的超越的东西，独立的东西，才能有行为。不如此，便无所谓行为。然而这种外在的超越，是为了自己在内向主体的超越，没有在内的超越，则是没有主体的，则不能有行为。行为在二重的超越之中，始有可能。而且在内的、向主体的超越，是在外的、客体的、超越的根据。两者系对立，同时也系统一。从这里说，则内在与超越，可以认为是辩证法的对立，也是辩证法的统一。人存在的有限性与无限性，也不能不一样地如此去把握。

四、如前所述，人文主义，开始并不是作为一定的思想形态，而常系作为一定的生的感情，一定的心的态度，而出现的。因之，他常带有若干主观的、浪漫的色彩。在此种意味上，人文主义并不能视为古典主义。本来，人文主义，本含有对于主观的、浪漫的、无限定的东西，而赋与以形，与以规定，由此而将其成为客观化的要求。在这一点上，他是古典的，不如此，恐怕不能称为人文主义。然而他所要求的形，不一定就要求希腊的古典主义。在文艺复兴时候，人们也不仅想到古代的再生。伐萨李（Vasari，1511—1574）说，乔托（Giotto，1267—1337）所以能使意大利的美术再生，并不是为了他模仿了古代的作品，而是为了模仿了自然。问题是在自己本身的再生，古代也是从这个现在而始能苏生的，并且仅仅希腊的形式，并不是艺术唯一的完成的形式。这是李格尔（Alois Riegl，1858—1905）一派的美术史家所主张的。形是在历史中变化，历史是在形的变化中而始被承认。人文主义者，不能不追求人类、社会、文化等新的历史的形。固执于旧的形，恐怕不是真正人文主义者的态度。然而从来的人文主义，都和古代的形式有关系，这也是很有意味的。这里，有人文主义与传统的问题。完全否定传统，即系否定文化。这不是人文主义的立场。但是人文主义，原不是传统主义。置身于传统与创造互相激击之场，以形成新的形式，这才是人文主义者正当的态度。

五、人文主义常重视教养。但教养不仅系博识趣味之资，而系要站在人的形成的立场去追求的。尤其是对于从来的人文主义常陷于教养的贵族主义，须特别注意。真的人文主义，却常以教养，乃至文化的解放为目的。在文艺复兴的人文主义，是把从来由僧侣特权阶级所独占的学艺，解放于市民之间。而关于教养，特别是可称为现代的教养者，乃科学的教养。从来的人文主义，被囚于所谓人文主义的教育思想，轻视科学，这是一种错误。萨顿（George Sarton）们的所谓新人文主义，特别强调科学教养之必要，这不能不说是正当的。在非合理的东西得势的时代，人文主义不能不强调科学的精神。而且人文主义文化的诸领域，不是孤立的，而系要在相互之间建立关联，以求发展的。在过去代表人文主义的时代，实系如此，人文主义重视文化，但不能是单纯的文化主义。人的解放，才是最重要的问题。然而人文主义者，坚信文化是形成人的品位的；反对单纯的政治主义，对于破坏文化的野蛮，而常站在拥护文化的立场。人文主义者，还相信文化的国际性。阐述“世界文学”的理念者，不外是歌德。他在一八二七年，这样地写道：“我从法国诸杂志所供给的诸报告，不仅是为了唤起对于我和我的事情的记忆的企图，我以一个更高的东西为目的，目前想加以指示。人到处听到，读到，关于人类种族的进步，世界关系，及人类关系的更广的展望。这在全体，到底是怎样的状态，对于这，加以检讨而精密决定之，不是我的职分。

但我想唤起诸友的注意者，即是我确信我们德国人正被保留着一种有名誉的任务，一般的世界文学，可以形成。一切的国民，正看着我们的这一方面。他们称赞我们，非难我们摄取、排除、模仿、丑化、理解或误解我们。开他们的心，或闭他们的心。我们应该沉着地受取这一切。因为在我们而言，全体是有大的价值的东西。若是我们从本国人经验着实际与此相同之事，即是同市民之间，并不相一致，而诸国民相互之间，恐怕无论如何还有不一致不行的理由。我们在文学的意味上，远优于其他国民。他们大抵更多地尊重我们。即使这不过是无感谢的借用，或是无认知的利用。然而，和一国民的军事之力，是从他内面的统一发展来的一样；道义的审美之力，也不能不从同样的一致，而渐次发生。可是，这仅能由时间所能成就。我作为一个多年的当事者，回顾而且观察着德国文学，在还未达到不矛盾扞格以前，是如何从异种类的要素来组成的。这本是由一个语言写着而始能成为一个的。这是从完全不同的素质、才能、思念、行为、批判、创始，才渐次把民族的内部，弄明白来的。”即是歌德从他亲自参加，而且观察来的德国国民文学之成立，进一步想到世界文学之成立。正如从种种不同的个人之素质、才能、思念、批判之中，开示一民族一国民的统一的、内的生命，而国民文学，因以成立一样；各国民文学，目前虽然看来，好像基于各个不同的性情、才能、思想，而各有其不同出发点，但还是可以想到会由人类共通普遍的道义的审美之力，而向世界文学成立的方向去发展。人文主义，重视个性，因之，不抽象地考虑文化的国际性，而承认各民族的文化，各有其个性。然而相信既可从包含各种个性的民族中，而出现统一的国民的文化；则乃可以想见包含有各民族之个性而超越之的世界文化的出现，并非不可能之事。历史是“世界”理念的实现之过程，这应该是人文主义者的信念。

六、从来的人文主义，是审美主义的。这原系与重视全体性的正当态度相连结。但这里分明存有一个限制。然而我们已经在文艺复兴的人文主义，和在歌德，特别记述了技术所具备的重要的意义。人文主义中，审美主义的辩证法的扬弃，应该有待于技术概念正当的把握与扩张，正当的理解技术的意义，鉴于主张今日因技术的发达，以致歪曲了人性的思想，重现于今日之际，鉴于波哩尔（Gertrud Bäumer）们主张在技术的文化问题的解决之中，作为新人文主义出发点的事实，特为必要。此时应该想到技术与社会的关系：技术概念，向社会的技术的扩张，更应想到理性人与工作人的统一。还有关于全体性的概念，对于构想力有重要意义之事，已在两三个地方暗示过。但构想力在这种场合，特别应求之于技术之中。可是由于把人的一切行为，根本地视为制作的表现的“制作人”——作为理性人与工作人的统一——的哲学，及构想力的哲学，以明确新人文主义的基础的我们的见解，这里还不能希望其展开。但是我在这里，仅对于歌德以后，关于此一问题，阐述了最深的思想的西田哲学，想唤起读者的注意。

本文原著者是日人三木清，原名《人间主义概论》，收入《廿年纪思想（第七卷）人间主义》，东京河出书房，一九三八年。

一九五〇年五月一日《理想与文化》第九期

复性与复古

时下风气，一提到以儒家为正统的中国文化，辄一概抹煞之曰，这是复古。复古不是反动，就是落伍。我对此感触既多，故假本刊纪念孔子诞辰的机会，稍稍陈述没有成熟的见解。

文化是由历史积累而成。没有历史，便没有文化。不承认中国历史中之文化价值，即等于承认中国现时根本没有文化，因之，也根本没有精神。中国文化，固然有偏差、有流弊，需要大的洗刷，需要大的接枝接种运动。但岂有本身无文化、无精神的一群白痴，而能担任接枝接种的任务之理。疏导中国的历史文化，把他真正精神提出来，使大家先能成为一个有自觉之人，因之，也便是能成为一个有生命力之人，才能说得上对于世界文化，加以抉择，加以吸收。历史上凡在颓废中能复苏其生命力，复苏其精神力，以创制新的文化，或吸受新的文化的民族，无不首先系从其最亲切之文化系统中得所启发。几十年来，证明凡是对自己的文化，没有一种虔敬之心、亲切之感的人，他对其他的任何文化，也不会有虔敬之心、亲切之感。尽管他口里翻弄许多名词，但实际上只是假这些名词来文饰他“顺躯壳起念”的一股冲动。科学与民主，喊了几十年，在中国至今尚无着落，从这里不难看出其真正关键之所在。至于说到有些人以尊重中国文化为达到个人政治上社会上之不正当目的之手段，乃至仅靠中国文化，并不能解决中国现在的问题等等，都是可以承认的事实。但这只有把中国文化中好的东西体认出来、提炼出来，才能对上述情形，加以清理，因而对外来文化，加以融和吸收。现在一般人，他不先从自己文化的根子上去找出好的来，使自己站得住脚，而仅从自己文化的末流上去找出坏的来，为自己的堕落解嘲。试问世界上有哪一种文化的末流没有渣滓？西方人并不因中世教会的许多残酷黑暗，遂一笔抹煞耶稣。而中国人则因为孔子不曾为他造好电灯汽车，以至抽水马桶，便要打倒孔家店，这正是证明中国人的精神，脱离了历史文化的支持，而归于荒废。

但是我们之尊重自己的文化，不仅是上述的意义。现在世界文化的危机、人类的危机，是因为一往向外追求，得到了知识，得到了自然，得到了权力，却失掉了自己，失掉了自己的性，即所谓“人失其性”的结果。人失其性，则人类的爱无处生根，因此，安顿不下邻人，也安顿不下自己。所以现在文化的反省，首先要表现在“复性”上面，使爱能在人的本身生根。因之使爱能融和于现代文化之中，使现代文化能因爱而转换其价值。中国文化是一种以仁为中心的“复性”的文化。提撕中国文化的真精神，是一种“复性”、“归仁”的运动。这不仅是中国文化自己的再生，也是中国人在苦难的世界中对于整个人类文化的反省所作的贡献。我亲切地感到这一点，但我的学力，尚不够说明这一点。现在让我在下面先引两个例子。

罗素批评共产党的唯物史观，认为他只看到阶级的经济利害在历史中的作用，而忽视了民族间以及民族内的感情——超经济利害的感情，在历史中的作用。他分析马克思学说之所以会由人类最高的理想，坠落到最黑暗残酷的罪恶之根本原因：一为教条主义生吞活剥地应用其公式；一为在马克思的学说中，缺乏了爱的道德感。其实，缺乏爱的道德感，这一点何尝又不可以用到堕落的资本主义方面去。罗素真不愧为一代哲人，他总算把现代文化机体中所缺乏的维他命——感情、爱，诊断出来了。但在他的数理逻辑的系统中，在他的新实在论的系统中，爱是无法生根的。

其次，我最近读日本哲学家田边元氏的《哲学入门》，而更加深这种感触。田边元氏是日本有名的科学的哲学家，他认为没有科学以外的哲学。康德的哲学，是把牛顿的自然科学的成果，从认识上与以理论的根据。这是因为自然科学者在理论上的不自觉，于是使哲学能另立门户。现在科学的本身已经哲学化了，所以只有科学的哲学。这当然是继承近代西方文化的正统而来的看法。但日本战败后，田边氏一方面既感于战祸之酷，一方面复感于共产党残暴之可怕，而深切体认到这是由于世界人类中“爱”的缺乏。乃于一九四八年十月，在北轻井泽的山庄里，以口讲笔记的方式，仿照黑格尔的《历史哲学讲义》的体裁，重行写出他这一哲学的体系，想在他的哲学体系中安顿下人类的爱，因而也安顿下、驯和下马克思主义的一股暴戾之气。这便是现在问世的三册《哲学入门》。田边氏的着眼，与罗素正复相同。而其用心之苦，较罗素或且过之。

但他在科学的哲学中，怎样来安顿爱呢？据他的说法，希腊是观想的人生，观想自然，将自然的形式，由理性加以统一组织，所以，代表希腊科学的是几何学。近代则系工作的人生，或者可以说是制作的人生，代表近代学问的是力学。对于自然不仅在旁来观想，亦是自己进入于自然之中，以肉体工作，一面服从自然的法则，一面又使自然服从自己的意志，这样才产生力学，才有近代的文明。由此可知爱要在近代文化中生根，便必须在力学上生根。于是田边氏由力的原动及反动的原理，以得出力与爱的关系。他认为强者消灭弱者，是力的本性。但是没有弱者的抵抗，力的本身便无从表现，也便因之消失。所以作为力的存在，是要有自己，同时还要承认反对自己的对方。换言之，即是要容许抵抗，容许对方，容许对方的事。田边氏便在这种逻辑之下，把力和爱结合起来，以使爱能在代表近代文化的力学中有其根据。至于力何以能意识到要容许对方，要爱反抗自己的对方，而不一往冲击下去，则田边氏没有告诉我们。我们于此，不必讥笑他的牵强附会，也不必像日本有的人骂他走入了虚无主义，而这只是说明近代科学文明中，实在无法安顿得下爱。世界的危机，既是出在缺少爱的上面，则要在科学文明中把爱安顿进去，田边氏也算尽了很大的苦心，尽了最大的努力。

不过近代西方社会生活中，不能说他完全没有爱。历史上不会有完全没有爱的社会。法国大革命，博爱即是三大口号之一。可是西方原来把爱的根子，生在上帝身上。生在上帝身上的爱，是超越绝对的爱，但也可以说是凌空的、外在的、难以捉摸的爱。这种爱，在人伦实践中，缺乏经常而普遍的性格。即是说，这是山珍海味，而不是市帛菽粟。于是西方人的人伦日用之爱，只有尽情地表现在男女之间的关系上面。但是，男女的爱，还是个人互相占有的成分居多，很难把男女之爱，推广为社会人类之爱。这种爱，可以满足热情的发泄，他的根本性格，还是属于力学的。中国文化上之不太重视这种爱，其原因或者在此。

大家都知道儒家的学说，是以仁为中心的。仁的粗浅解释，是一种感通、关切、融和的精神状态。所谓“仁者灵也”，“麻木”即是“不仁”，都是表示这种意思。对于自己个体以外所发生的痛痒，无端地反应于自己个体之内，好像自己的个体上也受到这种痛痒一样，这便是仁的感通。由感通而关切，由关切而融和，而成为一体。这种情形，表现得最真切的，莫如人伦亲子之间。“孩提之童，无不知爱其亲也”，这时孩提之童对亲的爱，没有知识的支持，没有利害的打算，可以说是先天的、无条件的、与生俱来的爱。这种爱，实际上已打破了亲子的自然个体，将亲子融合为一。黄冈熊十力先生解释“未有学养子而后嫁”，是因为母亲不知其与子为二，所以无俟乎学，可谓道出此中神髓。儒家从这种地方来肯定人性即是仁，没有丝毫的玄虚，没有丝毫的牵强。完全是从人生自身的体认中，也可说是由人生自身的实证中所得出来的。并且宇宙间若没有仁的感通作用，则上天下地，只是罗列着一个一个的死硬不动的互不相关的自然个体，而成为完全“物化”的世界，没有生命力的流注可言。于是生生的现象，都归停滞；而宇宙的法则，也无从成立。所以儒家说人性是仁，是人的所以生之理，更进而认定宇宙的本体即是仁，而仁即是宇宙生成的法则。这样便建立起完整的人生观和宇宙观。落到具体问题上，则仁既是最先显发于人伦亲子之间，所以首先便须践伦，践伦即是尽性。于是“人人亲其亲，长其长而天下平”。同时，这种践伦尽性，实际上是否定自己的自然个体，打破自己的自然个体的局限，以发挥其感通关切融合的作用；所以真正能践亲子之爱的，就不会停滞于亲子之上，而会“人不独亲其亲，不独子其子”以成其大同之治。这样，仁便完成了政治上、社会上最崇高的目的。

儒家的仁，是与人性为一体，是在人性上生根，所以仁的根子才生得稳固，才生得现成。“我欲仁，斯仁至矣”，此其中既无待于外求，也没有丝毫亏欠。只要人能不失其性，即可以行所无事的“利仁”、“安仁”。所以孔门是仁学，也就是复性之学。不复性，则现世界所迫切需要的人类之爱，总是虚悬摇摆，而落不下来，安不进去。

欧洲的人文主义，也是立脚在人性之上，并且自希腊以至最近，也可说是源远流长的，则何以见得“人性”为中国文化的特色？这里应当了解欧洲的人文主义，与中国儒家的人文主义，有一个大的分际。而其分际，即在两者究系如何去肯定人性的这一点。欧洲人文主义，大体包含三个意义：一是肯定人的现实，尊重人的现实；二是纯化现实，重视教养，使人能更成其为人；三是尊重仪节交际，以建立人与人的规律。而其所谓教养，也多是指能力及其他设施——如美术等——而言；所以文艺复兴时期人文主义者对人格追求的理想，是多才多艺的全能之人。由此不难窥见西方对于人性，总是从生理开始凝集而发为能、发为力的这一点去肯定。这与中国从透出生理的凝集、局限，以与其他个体相通感的仁去肯定人性，有一个很大的区别。所以西方的人文主义，虽然在他的第三种含义中，稍带有一点社会性，但他的本质完全是个人主义的。爱的人生，不能是个人主义。而完全的个人主义，也无法使爱生根。所以人假定有一个共同成其为人之理，则只能从相通相感的仁上面去认定人性，而不能从相隔相对的自然生理上面去认定人性。因之欧洲的所谓人性，归根到底，依然是属于自然生理的。爱不能在自然生理的人性上生根，也正和爱不能在自然科学上生根一样。

中国既是人性的文化，是仁的文化，则中国的历史，何以还是丧乱相循，生民的疾苦不绝？殊不知仁的实践，还是要物质的支持。孟子说："使有菽粟如水火……而民焉有不仁者乎？"可见儒家和宗教家不同，并不否认仁要物质支持的重要性。中国的历史，因为智性不扩展，技术不进步，不能造出足够的物质，以支持一仁的文化，这正是中国文化的弱点，这正是今日要急起直追的。何况其中还有长期专制的问题。但即使如此，中华民族，毕竟能度过多少苦难，以绵延迄今。毕竟能不以经济武力为背景，而能将周围的许多民族，于不知不觉之间，融合成为一个整体的四万万七千万的大民族，并在东亚形成一个庞大的中国文化圈，这都是仁的文化所发挥的融和凝结之力。中国常能同化其征服者，此中关键，并不在于中国文化比征服者高，而系中国的文化，本是与对立者以融和的文化，是人性所固有的文化；征服者一样有人性，一样可以在中国文化中，得到人性的启发。所以这是对于征服者的融化，而不是对于征服者的同化。中国乡下的老太婆，就他的知识说，赶不上都市的小学生。但就他不识不知的许多温厚的人情味来说，则这种人情味的道德价值，恐怕要超过现代许多的政治家、洋博士很远。中国最高的道德——如忠孝节义等等，常见之于未受教育的愚夫愚妇之间。而不识字的慧能和武训，其人格上都能上跻于圣贤之域，此在西洋便为绝无之事。这是当然的，中国的道德，是植根于人性而无待外求的道德，他根本不是从知识上去建立的。

中国的仁的文化，落到现实上，是由融合感通而发生安定的作用。其流弊则沉滞、臃肿，以至堕退，而终于迷失其本性。这便是中国文化对中国现在堕落不堪的人所应负的责任。欧洲的力的文化，落到现实上，是由追求、征服而发生推动向前的作用。

其流弊则尖锐、飞扬以至爆裂。而人类的各种努力，适足以造成人类的自毁。这便是所谓今日世界文化的危机。所以站在中国人的立场来说，一方面应该接受西方文化，以造成能足够支持仁的文化的物质条件。一方面应该由对于自己文化的虔敬，以启迪、恢复自己的人性，使自己能成其为人。更以此而诱导世界，使世界得中国复性的仁的文化的启迪，而在现代欧洲文化中，加入融和安定的因素，以造出更适合于人类自己的文化。这是东西文化的融合，也是人性本身的融合；人性是无中外，亦无古今的。由此可见我们之推崇中国文化，推崇孔子，不是保存国粹，更说不上是复古。不过此种用意，还是要迷途知返的人才能领略得到。

一九五〇年九月一日《民主评论》第二卷第五期

按此文仅代表作者开始在文化中摸索时的一个方向。一九七〇年十月二十四日校后记。①

① 编者注：本校后记系本文收入《徐复观文存》（萧欣义等编，台湾学生书局印行）时所加。

日本民族性格杂谈

日本自明治维新以来，朝野上下，都留心于中国的调查研究。军阀们根据几十年调查研究的结果，自觉对中国有了把握，于是继“九一八”之后，在一九三七年，陆军的作战参谋们认定“只要在华北挑发一个事件，借口派三师人到华北，宋哲元便一定会完全倒在我们（日本）这一方面来，蒋介石那时只好接受我们的条件，跟着我们一路走”。于是决然发动了芦沟桥事变。但结果：宋哲元并没有倒向日本，而国民政府却坚持了八年抗战，日本终至势穷力屈，到现在才托世界两大矛盾对立之福，开始商谈恢复主权的和约。曾经参加那次内幕的一位比较富有良识的日本军人向我叹息地说：“他们（军阀）自己觉得比中国人还了解中国，却没有真正摸清中国民族性格的皮毛。后来松本大将在香港招待中国记者，强调中日亲善。中国记者答复说：你们日本人在华北杀中国人，在华中骗中国人，在华南抢中国人，中国人有什么方法可以和你们亲善呢？那时松本听了这种话以后，内心才真正感到了寂寞；日本人才觉悟到自己并不曾真正了解中国，中国实在是太深太大了。所以今后中日的合作，应该对两大民族的性格，有进一步的相互了解。”

真的，日本人过去不曾了解中国，可是中国人即到现在又何曾了解日本。记者偶然因看日本的歌舞伎座，对日本民族的性格，仿佛有感悟，遂随时留心这一方面的问题。关于此一方面的比较完全的叙述，还要稍有所待。此时的观感，是觉得日本民族的性格，有许多地方是非常的可爱，而另一方面也是非常的可怕。这是一个矜持而向上的民族，但同时也是一个狂放而容易自趋毁灭的民族。记者常和日本朋友半开玩笑地说："你们假定赤化，便会比中共杀更多的人，因为你们是一种极端的性格，最不容易走上中庸之道。譬如说吧：中国人有两个老婆的，常常吵得天翻地覆，令人头痛，但吵吵打打，经常下去，也不过如此。日本人有两个老婆的，平常并看不到像中国人那样的大吵大闹；可是一旦冤家路窄，不是大老婆杀死小老婆，便是小老婆杀死大老婆，或者彼此真刀真枪地互杀。又如说到自杀的问题吧，这在香港倒也是家常便饭，但很少像日本人常常把自己一群幼小无知的儿女，也一起作陪死的冤鬼。这一股极端的蛮劲儿，毕竟是日本民族悲剧的张本。"日本朋友听了这一套，好像也惘然自失。

有一天，一位多年研究日本政治内幕的日本友人，特别来信要约定和记者谈谈。见面后，这位朋友向记者说："你常说日本是一个极端性的民族，那是不错的。我现在想把多年观察所得的政界的两种极端不能调和的类型，简单地告诉你，供你进一步了解日本的参考，你愿意听吗？"单是这一番好意，已令记者觉得异邦人情味之可贵，何况这位朋友对他所要说的对象，是带有权威性，那有不听之理，于是两人挥汗对坐了一小时。以下是这位朋友的说法：

日本的政界，可以把他们分为 AB 两个类型。A 型重情义（也可以说是重意气），B 型重理论（也可以说是重议论）。A 型重上层的人与人的结合，而其结合的形式，多半是“亲子分”的（按日本领导人物称为“亲分”，有如中国江湖之大爷；以次的人物称为“子分”，亦如徒子徒孙之意）。只要亲分说一句话，大家便不问长短，照着去硬干。所以这一派是以糊涂而实践见长。B 型的重群众组织，重体系和手续仪态。这派的领导人物，不能说一句话就可以算数，总要摆一篇道理出来使大家可以承受。若说 A 型的带江湖气，则 B 型的带绅士气或官僚气。这两种类型的人，哪怕是同行同地，也常是水火不容，各走极端，由此而形成各种势力分野；其中说不上什么主义主张之不同，却很不易找出调和妥协之道。就大体说，凡是属于右翼的多半属于 A 型，而凡是属于左翼的多半属于 B 型。但具体地说，则左右翼中，又各具有两种类型的倾向。在保守政党方面，旧政友会是属于 A 型；而旧民政党则属于 B 型。现时的自由党是继承政友会而为 A 型，所以他们最重党魁，他们的作风是党魁说了一句便算数。大家说吉田是 One Man 党，不很同他的部下有商量，这因为他是亲分的原故；鸠山出来，还是这样的一套。同这些人去谈理论，简直是等于风马牛。

现在的民主党，是继承民政党而为 B 型，所以他们要谈中产阶级，要谈进步资本主义。这些人多半是议论多而成功少；和他们讲情义，大体是无动于中的。他们势力之所以不及自由党，是因为自由党更适合于农村的气质。吉田想把民主自由两党合并起来成为一个保守党，以与社会党对立，而使成为两大政党的国度，这就政治上说，倒很合乎情理。但鸠山觉得还是三个党的好（民主、自由、社会三党），便是看清了这样性格的对立，知道融合不是一件易事。而社会党右翼的旧日劳系，如西尾末造、三轮寿北、河上丈太郎、河野密等，都富于A型的气质，所以他们并不严守马克思们那一套理论的格式。但左翼的劳农派，即现在所称的本部派，如铃木、和田、总评等，则富于B型的气质，所以他们都严守马克思主义的绳尺，以致在和平运动中作了日共的工具而不能自拔。社会党两派之不兼容，从此一角度也可得一解答。即在日共方面，也含有这两种不同的倾向，主流派方面较接近于A型，而国际派方面则较接近于B型。同时，与共产党站在极端相反的右翼团体方面，一样受这两种类型的制约。右翼团体，大体可以分为过去以头山、平沼为领导人的国体明征派，及由中野、桥本、有马等为领导人的革新派。国体明征派分明是属于A型，其对外以反苏为主；革新派分明属于B型，有传统的反英美倾向。这两个类型也可以应用到过去的陆海军方面，以至社会的许多方面……

这位朋友的一席话，总算提出了一个了解日本民族性格的某一方面的具体标准。至于此一标准可以应用到什么样的程度，还有待于我们自己继续体认。而两个类型之何以形成，则更值得我们进一层地去研究。但不论如何，这种说法，不失为了解日本的一个主要启发，值得向关心日本问题的人士报导的。

一九五一年八月二十日《华侨日报》

从一个国家来看心、物与非心非物

有人说不是唯心便是唯物。有人说心物不二。也有人说心物以外，还有非心非物的东西。这些哲学上的争论，我不敢轻易置喙。但若假借这些概念来概括一个国家的活动方向，尤其是一个国家的社会上层分子的生活态度，则我倒愿意接受心物不二，乃至心物以外，另有非心非物的说法。今试举例以明之。

许多人都说美国是物质文明发达，而精神文明比较浅薄的国家。换言之，美国最大的成就，是物而不是心。或者可以说美国是物的国家而不是心的国家。我没有到过美国，对美国更没有研究。但日本的占领，是以美国为主体的。美国在远东日益增强的军事力量，固然是物的结晶；在日本的 P. X. 和 O. S. S. 里陈列的新奇用品，这更是物的直接炫耀。日本人在败战后的六年间，技术前进了十年，但据日本人自己说，他比美国还要落后三十年，所以麦帅说日本只算十二岁的孩子。技术当然是美国的物的基础，而生产的惊人数字，更是美国的物的标志。不过我在日本所看到的美国人，没有战胜国的骄矜，没有富侈者的傲慢，对人总是天真亲切，很少有暴戾凶狠的情形。日本新闻上印出没有房子住的一家流浪人的照片，日本有钱的人无动于中，但却有几个不约而同的美军军士，抢着去慰问救济，愿分自己的房子去为那一家流浪人安顿。我向盟总管新闻记者的机关办出境手续，要填一张表，并要到外交组去转一个弯。主办的美国朋友，一面用打字机代表我填表，一面说“外交组我代你去办，下午两点半你可以来拿”。下午按时前往，主办人笑嘻嘻地拿着签证好了的文件交给我，拍拍肩膀祝我一路顺风。一切事情的进行，都是迅速轻松、恺切、富有和平乐易的人情味。我不高谈什么美国的清教精神，乃至强国观念论对美国思想的影响。只从美国人一副良好的生活态度看，你能说这不是心的流露，或者是人性的流露吗？就从外交的观点来说，共产党徒不断骂她从金元的帝国主义，发展到军事的帝国主义，也就是说她是物的帝国主义。真的美国当前是具有这种资格，但平心而论，尤其是站在中国的立场去看，则美国的外交，尽管有曲折，尽管有错误，但我们不能不承认他外交政策中的理想性、原则性。这不难和他的前辈的英国作一对比。威尔逊的民族自决，罗斯福的四大自由，杜鲁门的第四点计划，难道说这不是作为一个国家对于人类的心的显露吗？为什么正需要精神鼓励的现实世界，不先从这些地方去肯定人家，助成人家；而一定要和共产党一样，把自己以外的，都说成漆黑一团，使民主反共的世界为之丧气呢？我记得在重庆的时候，有一位英国话讲得很好，自命为美国通的一位先生，在某次重要会议上发表高论说：“美国口口声声地说要我们民主，那是一种借口，不足置信的。美国只认得力量。只要我们有力量，还谈什么民主不民主？”我听了此番高论之后，才感到我们走入国际社会所遭遇的困难，也或许一部分是来自我们的唯物主义。而实则今日的美国，可以说是物后有心，心物不二。其心理上唯物的程度，恐怕远不及我们，而其独特的唯用论 Pragmatism，或许就是心物的结合点。

其次，我们不妨看看英国。大英帝国，经过第一次大战，已经风雨飘摇，经过第二次大战，打掉了海外的大量投资，打掉了印度和缅甸，打掉了整个的中东、近东，连英伦三岛，也是残破和贫困，不靠美国的大量救济，便几乎生存不下去，可以说大英帝国的物的基础已经失坠了。但战后的英国，第一所表现的是在自由下的团结精神。工党国有政策的逐步实现，这是一个大的社会改变；但对于这一点，只有议会的争论，而并无社会的纠纷。在对外的观点上，遇着她所自认为生死关头的时候，从左到右，从哲学家到商人，他们的观点，都不期然而然地归于一致，不期然而然地为同一观点奔走呼号。这并看不出后面有什么党团活动。第二所表现的是刻苦而正义的生活精神。仗打完了，全国上下，依然是过着战时的配给生活，其意义是包含物的不足与对物分配的公平。增加输出，是英国战后经济上唯一的出路，为完成此一任务，在英伦三岛，买不到英国自制的上等商品，看不到英国最讲究的陈设与铺排。他们都不约而同地过着质朴的次等的生活，把新式的、华丽的、品质最优的生活用品，都输出去争美元去了。这一切的表现，是说明英国人争生存的基本武器，是英国人的心，是英国人的精神在世界中的挣扎。于是首先宣布不需要美援的是英国，欧洲扩军比较有成绩的也是英国。由此可见英国是心后有物，英国也是心物不二。而英国的经验主义，在物的方面成就了科学，在心的方面成就了英国人的伦理。英帝国是会没落的，可是英民族我想总不会没落。

再看看我们近邻的日本吧。过去指导日本军阀实行“东亚圣战”的理念，是日本的神道教，其口号是“八纮一宇”。最后才用悬赏的方法找出了“东亚共荣圈”的标语。站在日本军阀的立场，也可以说支持他们的是日本传统的特殊精神，是他的特殊的心。但这是为军阀以外所不能理解的心，这种心的成就只是狂暴和残杀。于是日本不能不无条件地投降了。现在日本的动向，是以工作的配合与效率争取美援，以如饥如渴的心情追求美国的技术。日本人知道经济是他的命脉，技术是经济的根源，这两点他们正在向美国看齐靠拢。他们并不感到这种看齐靠拢，有伤他民族的尊严，当然此中也可以看出他们的警惕。可是日本人在生活态度上，他既动摇了过去对德国的憧憬，同时也不敢与美国人轻易高攀。从日本人的文字与口头上所得的印象，日本人正在努力地理解英国，欣赏英国，追求英国人生活的态度。那末，我可以从好的方面，从正常的方面来看日本，则他正是想以英国的心，追求美国的物，由英美的心物合一来开辟日本的新生命。

反观我们自己，有人说我们的传统文化是精神文化，也即是心的文化，大家正在守住“心传”的文化大统。但宋儒对心的解释是“虚灵不昧”。虚所以能容，灵所以能感，不昧所以能不为私欲所蔽，不致利令智昏。拿这三个标准来衡量今日的世局，则不难看出我们今日许多人的所谓心，最低限度，不是古人所谓虚灵不昧之心。似乎在正常的心的概念中，找不出他们的位置。这种特殊的心，只能成就少数人权力欲的物，而决不能成就古人所期待的“开物成务”的物，或近代科学的物。于是又有人说，唯心论是反动，共产党以唯物辩证法取胜，所以我们也要学唯物辩证法。辩证法的正反合是变动不居、流转不定的，这在知识上可以掩蔽概念的模糊，在行为上可以掩护言行和表里的矛盾；所以有许多人是天生的辩证法家，学与不学，都无大关系。在于唯物的物，假定指的是每一个人的金钱权利，则饮食男女，人之大欲存焉，恐怕大家也都是天生的彻底的唯物论者，似乎也用不上费力地去“唯”。若物的解释还别有所在，则我们终日的纷纷扰扰，似乎并不能说是代表什么物，自然也很难成就什么物。心与物不能解释我们活动的方向与生活的态度，则只有在心物以外去建立一个非心非物的概念；而非心非物之存在，最低限度在哲学上未获得论理的证明以前，首先可以在我们中国获得了行为上现实的实证。说到此，我便要提出我的创获了。非心非物，从我们现实中去看，倒确切是有的，可是你把他称为什么呢？心物之外，海阔天空，戏法人人会变，编立名号不难，难的是在于能针对现象而加以解释。我看到近来立法院讨论出版法草案而忽有所感悟，仿佛和佛陀在菩提树底下而忽然大彻大悟一般，知道我们一切的活动，皆可用一“巧”字概括之，或者竟可说我们根据的是心物以外，非心非物的“巧的哲学”的基础。出版法草案，完全是巧的结构，其中有一条的意思是说只有立了案的出版公司，才可以印行著作，粗一看，这好像没有什么，但其巧处或正在于此。若把他应用到共产党的统治下面去，则共产党不必要剑拔弩张地作血的思想肃清，而只把思想特务配置到新华书店里去，还有一部不合共产党脾胃的著作能和世人见面吗？过些时候我们反攻大陆，共产党的出版机构，大概总会被统一的接收计划接收过来；则不合接收者脾胃的著作，还能侥幸与世人见面吗？除了上面的假定不说，即在自由中国的世界里，谁个孤怀绝学的学者，能以自力来开一家出版公司或者能费精力去接托一家出版公司呢？假定他的学说，和以政治为后台的大老板不合（事实上是十九不合的），则他的孤与绝，还有什么方法可以和追求真理之光的人相接触。于是决无秦始皇焚书之名，而可以很轻巧地收秦始皇焚书之实，你看动手起草这篇草案的先生们用心之巧、下笔之巧，能不说他是空绝千古吗？出版法已经重付审查，这一条文也未必会被通过；可是由此种条文之提出所代表的“巧的时代精神”，已富有历史的意义，而可以永垂不朽。这不是一件偶然的突出的事，而只是全副构图中的一个侧面的小小线条。譬如说，开起会来讨论什么贪污嫌疑的乃至其他的案件，这似乎很有点严肃的法治精神，但立刻会有人告诉你，“这是对于某一件事的报复”，或者是“对于某一句话的报复”。而某事某话，除了现在流行的辩证法以外，决发现不了与正在堂皇讨论的有任何关连。但这样的“言近而旨远”的巧的做法或者是巧的说法，一面使说者除所说的问题以外，还另有苗头，而另一面使受者虽丑闻昭彰，而仍可问心无愧；结果，大概总是在问题之外，别有会心的微笑。你说这一套除了一个巧字以外，还能算他是心，或者算他是物？假使允许我能够从容举例的话，我不难举出百千个例来，使大家了然于近年来政治社会的现象，一套一套的，大抵是斗巧乞巧的活动，是斗巧乞巧的结晶。巧是我们国家的时代动力。巧的手法常空灵而似心，但他却成就不了人的品格，成就不了人生的价值。巧所睥睨的目的物，多半是很现实的而似物，但他成就不了事业，解决不了问题，增加不了社会财富。巧既不是心，也不是物，所以也不成就心，也不成就物，而只成就一个混混沌沌的非心非物的世界。世界上有无花之果，也会有无果之花。“堪笑牡丹如斗大，不成一事又空枝。”玩巧斗巧的人，一时好像五花八门，煞是热闹，而到头只是空枝，空枝的积累，便是时代的大悲剧。

我的朋友胡秋原先生，劝我不要轻谈中国文化，因为他看到现在口谈中国文化的多半是坏东西。我对于他的苦心，使我一时非常感动。但我在这里仍不能不为中国文化回护一句，即是现今的“巧的哲学”，他断不是来自中国文化。至于“动物的机智”，则只能说是自然现象，而不能说是文化现象。中国传统文化中除了“巧笑倩兮”的“巧”，大约没有人反对以外，其余的如“巧言令色”、“巧取豪夺”、“机巧变诈”、“奇技淫巧”，都不是中国人性的、农业的文化所能承认的。巧的反面是“老实”，老实的进一步涵义是“诚”，老实的发用形态是“拙”。这才是中国文化的人生态度。我想，今日巧的人生哲学，已发展到了尽头。回头是岸，一切困难的解决，其关键是要求大家把巧的哲学暂时放下，一齐老实起来，心口如一，言行如一。向社会是怎样说的，便老老实实地怎样去做。此其间再用不上其他的巧。巧是少数人的勾当，少数人的勾当，很难写在社会大众的身上去的。《易经》说“易则易知，简则易行，易简而天下之理得矣”。不巧则能简能易，此之谓以拙胜巧。于是我们也或许可以不谈心谈物，主张非心非物，而毕竟有成就心、成就物的可能。我们的生活，不能长久停留在非心非物的状态之中，假定我们能以“老实”二字而能成就其为心与为物，这对于我们非心非物的哲学主张又有什么坏处呢？

一九五一年十月十六日《自由中国》第五卷第八期

索罗金论西方文化的再建（译）

此系节译自索罗金氏（P. A. Sorokin）著《人性之再建》（*The Reconstruction ofHumanity*）一书中原第六、第七、第八三章，由译者冠以此名发表。索氏一八八九年一月廿一日生于俄国之Turia的一个贫穷的劳动者的家里。一九一四年毕业于St. Peter's College大学。由一九一九到二二年，在同大学充社会学的教授兼社会系主任。其间被沙皇政府三次投狱。一九一七年曾任克伦斯基政府的阁僚，与共产主义斗争，结果又被共产政府三次投狱且判处死刑，最后被逐放到国外。一九三〇年以来，充美国哈佛大学社会学的主任教授。名著有《社会动力学》,《当代社会学学说》（有中文译文）。后并被推为国际社会学会的会长。此书出版于一九四八年，其主旨为避免人类当前所面对之战争与革命的毁灭性的威胁，而提倡一种"创造的利他主义"，以挽救人类的危机。索氏认为危机之本身来自西方之近代文化。故为欲达此目的，则在文化、社会、个人三方面，均应加以变化。此系其关于文化之一部分。吾人对其结论纵不完全赞成，然通过此种大胆而深刻的西方文化的反省，可借以了解今日世界真正病痛之所在。并由其探索之方向，由其向东方文化倾注之感情，彼虽未能真正接触到中国文化，而中国文化对现在人类所应有的贡献，亦不难于索氏不完全之结论中反映得之。其可资吾人兴发者甚大。翻译时所根据的是日本北聆吉氏的日译本，附此申明。

——译者

一、现代文化一般的特征与病态

索氏首先反对把各种文化价值与各种社会制度，采取“原子论”的立场，看作是孤立的存在。而认为：“具有一个社会制度的某种主要文化，不论其在因果上、在意义上，决不是互无关系的异种的文化诸现象与异种的社会诸现象之单纯的积集；而系在其大的主要的部分，表现为一个统一体或一个统一的组织。其组织的诸分子，系由同一的基本原理所贯穿，且显示同一的基础的价值。艺术、科学、哲学、宗教、家庭风习、知性、生活样式等，其占优势的部分，系各以独特的方法，显示此一基本的原理与根据。此一价值，完成文化主要的前提与基础的作用。”所以要把文化作有效的再建，首先须抓住其基本原理，而集注力量于此种原理，此种前提之上。

索氏认为：“中世纪文化的一切重要部分，都好像是由基督教信条所定式化了的一样，皆表明此一原理。（按：指神的原理）……简言之，中世纪文化的全貌，不是各种文化的对象、现象、价值的集合体，而是一个统一有组织的一个全体。其诸部分皆显示其‘真实在’与价值的同一最高的原理。其所谓原理，即是遍在、全能、全知、绝对的真善美的无限的超感觉超自然的神，人与世界的创造者。……这种文化统一的体系,可以称为理念的(ideational)体系。"

随近代的开始，而“一个新的、与中世纪非常不同的主要原理，即是以‘真实在’与价值为属于感觉世界的这一新原理”，自十二世纪末叶，开始出现；到十六世纪渐变成优势，渐取中世纪的原理而代之。此一新原理，是指明“我们由视、听、嗅、触，以及其他感官所知觉的东西，才承认其为实在，才承认其有价值。超感觉的实在，系什么东西也没有；即有，我们也不能感觉到。因之，这便等于非实在、非存在，我们可对之不理。”“于是文化的近代的形式是感觉的、经验的、世俗的、‘现世的’文化。这可以称为官能的（sensatic）体系。近代文化，即系基于此新原理价值，而且系以此为中心所集结的。”“我们文化的大前提，是全能的，而不是超感觉的。依照此一前提，则我们的文化价值所占的等级，根本是唯物的、快乐的，而且是功利的。人们所获得的财富、安慰、权力与名誉等的份额越多，即觉得是越幸福、越伟大。”“现代一切的人，从生到死，都由这种时代精神所造形。家庭、育儿所、儿童游乐园，小、中、大学，接触的个人与团体，读的新闻图书，看的电影戏剧，大家所从事的职业，举凡一切的活动，都是使人努力于富裕、权力、名誉。所谓伟大与指导性，都是用分量的名词去测定。若某人只获得此种价值的仅少部分，便认为是失败者，并被贬到社会的最下阶层。若有人拒绝努力于尽量获得其最大的份额，则被认为这是无志气、奇怪的、癫狂的、知与道德有变态的东西。”

“官能的价值哲学，为主，产生利己的个人与团体。特别是，这种官能的价值之获得，因其与需要相对照，是非常缺乏，更成为自私自利的激刺。……官能价值之缺乏，生出彻底的、狂暴的斗争。这些斗争，有时是行于不十分著目之间，有时则采取像鬼畜一样的杀伐形态。胜利者的凯歌伴随着牺牲者的哀鸣与叹息。官能的价值之等级，在其本领上，是使个人对个人、团体对团体，互相仇敌，互相斗争的。从这种意味说，官能的价值，本质上，与其说是爱与和平的文化，毋宁说是敌意与战争的文化。

"现代西洋文化，更由另种一般的性质而产生利己的势力与斗争。即是，把一切的文化的社会的价值，与人类本身价值，使其堕落为单纯官能的唯物的事物。随着此一大前提，现代西洋文化，认为所谓文化、社会制度及人间，都不过是同一之官能的实在的变异，不过是电子与质子的单纯的机械作用，感官的资料之单纯的连锁，无机物质与有机物质的单纯的复合体。此种原理逐渐发展，于是官能的伪似科学，把社会文化的诸现象一概作力学的、唯物论的、反射论的、生物学的、内分泌论的、性的、精神分析学的或者经济学的名词的解释。在这种'学'的人间解释的情形之下，现代心理学，对于良心的存在，甚至对于意识，'心灵实质'（mind stuff）或思维的存在，都认为是超感觉的、非物质的东西而加以否认。仅强把这些东西认作神经系统的单纯的副产物。这样的'科学者们'，在为使他们的公式发展的时候，他们把人描写为仅由消化器官、生殖器官所支配的东西。若用弗洛伊德（Freud）派来看，则把人描写由性的本能再加以破坏的嗜虐性（sadistic）或被嗜虐性（masochistic）与伊底帕斯情意结（The Oedipus Complex，按：指子女对父母之情爱）等构成的东西。这种本能、欲望，仅由稀薄而空虚的'自我'，与残忍而抑压的'超我'，被覆以假的面具；若欲抑制其无轨道性的本能与破坏的本能，则人将会发狂的。再若照亚德拉（Adler）的说法，则人是陶醉于权利欲的一种动物，或者把人描写为复杂倒错的反射机械。以上，是关于由官能的文化所创造、所宣传的人类、文化及社会的‘科学的’概念。这在把人类视为神的子孙，把文化的社会的制度视作在这个惑星上的神的实现的中世纪理念的概念，成为无力的时候，特别是如此。

“把人类、文化及社会，像这样地加以劣等视，其所酿的斗争的结果，是够明了的。若是人类是电子、质子的单纯复合体，或者是单纯的倒错的动物，则为什么我们对于人类，一定要给以某种的尊敬呢？为什么当我们要满足欲望而遇着障碍时，不可将其加以灭绝呢？我们当非生物成为障碍时，是绝不踌躇地加以毁灭的。我们可以打死叮我们的蚊子和咬我们的蛇，为什么我们在同样境遇之下，对于人类独采取不同的行动呢？若是文化的社会的制度，系感官资料的连锁，或者是物质的单纯的复合，则这些制度在妨碍我们的权力、性欲或破坏的冲动时，我们对于这些制度，还要存什么客气呢？

“不仅如此。人既把自己（或者是他人）认为是颠倒迷乱的动物，既是把自己解释为潜意识中充满淫欲与嗜虐性的本能，则自不能不像颠倒迷乱动物一样的行动。拿这样的‘科学的意识形态’来说，则人类之行为，恐怕要不止所谓禁止、良心之谴责、后悔忏悔等等。

“所以我们的文化，达到明白的自己堕落的这个阶段的时候，这个文化已堕入到社会的下水道中，并把一切的价值，一切的社会制度与人的本身，都牵落在内，实毫不足怪。最后，由不断增大的兽性，于是人人开始以战争、革命、犯罪及其他的斗争，而互砍互杀。从十一世纪到十九世纪，包含一切的国际战争在内，约有一千五百万的死伤者，但仅第一次世界大战，即约有二千万；而在第二次大战，则约达五千万。

“还有，同样的杀人斗争，因官能文化的价值与规范之过度的‘相对化’的这一事实而产生出来。所谓官能的实在与价值，正如明了的科学的命题与便宜的法律规范，以及艺术、风习等之所证明，其本质上相对的。官能的真与伪、正与邪、美与丑，快与不快的境界线完全是相对的。由于一切的规准、价值及规范的相对性，于是官能的文化，遂公开主张拒绝在各文化社会分野中的绝对性。从十二世纪到二十世纪，价值及规范的相对性之百分率，从零上升到四八点六，而绝对主义的百分率，则从一〇〇降到五一点四。

“中世纪理念的文化之绝对的价值、标准及规范，尚继续存在于从十三世纪到十七世纪逐渐上升的感官文化的背景之间，感官价值的这种相对性，依然在被阻止。正与邪、真与伪，高尚与下劣、美与丑、积极的与消极的，其间的差异，还依然很明了。为一般所承认的行为的习惯，及不正当的犯罪，依然有很清楚的区别。这些价值与规范虽然常常被侵犯，但其妥当性与拘束力，决不曾被公开地否定。

“随着中世纪的绝对价值与规范之逐渐衰颓，而官能的价值之相对化遂愈为急剧。价值与规范的拘束力也一天弱一天，以到现世纪，事实上等于完全崩溃了。我们现在是住在从神到私有财产等等，一切的价值，都普遍地不被承认的世界。……一个人或一个团体之所肯定，即为另一方面之所否定。一个强制团体之所称赞，即为另一团体之所诽谤。一切的价值与规范，成为单纯的玩具。承认与否认，全系于一定的个人或团体的兴趣。于是我们的生活和渗透于文化之中的智慧的、道德的、宗教的、社会的、经济的一切，都成为无政府状态。而作为斗争的最高裁决者遂不能不依靠暴力和诈伪的行为——即依靠力与权的规则。

“由价值的这种堕落，于是现代文化，产生不断的抗争与强力的利己的势力。一切的个人与团体，都自己认自己为价值与标准的最高裁判官的时候，则必然变为如霍布士所说的‘万人对万人之敌’，除了被助于诈伪的单纯的物质力之外，再无仲裁斗争的东西。

“生育于这种氛围中的每个人，得不到普遍所承认的价值与规范的教养。一下子，他们听到‘神与宗教’；一下子，又有人告诉他们‘神是迷信，而宗教是鸦片’。有时告诉他们‘私有财产是神圣’；而有时则又告诉他们这是‘赃物’。在某种场合，说‘结婚誓约是不可破弃的’；而在次一场合，则又教以‘结婚誓约，是由愚的“超我”对于性的本能的伪善，而且系有害的抑压，人对于感觉魅力的任何异性，都有使其满足自己本能的资格’。一切都是这样的。养育于这种矛盾氛围中的小孩们，成为他们第二的天性，他们没有从内面支配其行为的普遍标准，或者以规范浸润其身心的机会。他们在这种环境诱惑之下，有如随处漂流的无舵小舟。他们到了成人的时候，也没有可以支配其行动的有效舆论。反之，他们住于多数不同的、矛盾的强制团体之内，服从各种的意见。这种氛围，大抵产生冷酷的、虚无的、非道德的、非社会的集团。不是由普遍的标准从内部加以统御的集团的成员们，在想获得官能的价值之斗争中，不断的冲突，而且这些冲突，既不能由浸透的规范所禁止，遂益益成为野蛮的杀伐。

“在这些条件之下，少年犯罪的增加，一般犯罪的未减少，战争与革命倾向的上升，实毫不足怪。而且战争与革命，成为与犯罪同样的，不能由神与法律所限制，次第残忍化。凡此一切，都是现代文化之树所结的自然果实。”

二、现代文化应有的转换

以上是索氏指出现代文化一般的病态之所在，及不能不加以再建的原因。以下，即系针对上述的病态，指出再建的大方向。

“官能文化之大前提，应该换置以更广、更深、更丰富、更有效的前提。这个前提应该是真实在与价值，不仅是感觉的，而且有超感觉的、超合理的局面；一切都是互相调和的反映其无限性的一个‘无限之多样相’(infinite manifold)。如后所述，这个前提，较之于我们现文化的纯官能的前提，是不能比较得更为适切。这种前提的价值等级，不仅是感觉的价值，在科学、哲学、艺术、法律、伦理，在合理的生活与行动中，包含数学的论理的思想之合理的价值，尤其是包含超感觉的、超合理的、超意识的直观的最崇高的诸价值。这些价值，是最创造而有效的。他会把神的王国、柏拉图的纯粹形式、究竟实在，与无限之丰富及壮美等价值开放于我们之前。若把这些加以综合统一，则实在与价值的三阶级，即是经验的、合理的、超合理的三阶级，较之单纯感觉的实在价值，实有难测的丰富幸福，展开高尚的世界。

“在上述前提之上所建立的文化，可以缓和物质价值的竞争。因为物质的价值，在此一价值之内，仅有一被限定的场所，而没有最高的场所。人间所憧憬的大部分，有导向于神的王国及更完全的真、更高尚之善和更崇高之美等的合理的或超合理的永久的价值的倾向。这些价值的本质是非个人的、普遍的、利他的、使人心高尚的。所以将官能的文化大前提，改换为我们理想的前提，这是为树立创造的、调和的、人类秩序的最根本的踏步。

“这里所提议的更换，系一反人类、社会、及文化之下落，而使转向无限的多样相之高峰事业。新的理想的文化，并不否定人类是电子质子所组成的，或者是保有生物学冲动的有机体之说法。然而，人类又是意识的精神之权化；是无限的多种样相，是神的超意识的本质；文化与社会制度，是超有机的精神与超意识的创造精神之在此彗星上之实现。因为是如此，所以他们自己是目的价值；不可视作对目的之单纯手段的伪似价值，或将其低级化为有机的无机的物质之单纯的复合物。

“把人类自己，及把关于人类文化社会制度的概念提高，系对于同胞，对于文化与社会，视其为无限之多样相，更视其为无限之多样相的一部，而鼓舞其对于全宇宙的敬畏、尊崇、叹美及慕爱的态度。不断用此种微妙的方法，以使人心日进于高尚的文化，较之在现代文化中的一切利他的说教，又发生难测的利他的影响。

“更进一步，被我们现时文化所过度相对化的价值与规范，不能不更换以普遍的、妥当无条件的，对任何人皆有拘束的、一串的、基本的价值与规范。健全之相对的价值与规范，应该作为相对的东西而不能不加以保存；但对之应指示以明确之妥当的时间与空间的界限。建立一串之普遍的价值与规范的事，乃对于知的、道德的、社会的无政府状态，加以根本的治疗。这些无条件性，把真与正从伪与邪中明了地区别出来，而将人类的斗争，与作为纷歧之裁决者的物质力和谋略，加以废弃。这些普遍性与无条件性，为人类关系之统御而附与以内的势力。这些价值与规范，可以使健全的普遍的舆论，与真正的世界良心，及对人类行为和关系的有效指导，乃有其可能。由普遍的世界舆论，及以舆论为背景的压力，这些价值与规范，可以为人类所自由遵奉，以转向于物欲与斗争的制压。”

三、现代文化各分野中的病态及其应有的诸转换

在上面，索氏指出了文化一般的病态及其变换的方向。现在索氏更就文化之各个分野中指出其病态及其应变换的方向。索氏首先从科学与工艺学方面，作如下之考察。

“依据‘真的实在价值是感觉’的这一大前提，于是官能的文化，有将一切认识，归着于感觉的知识的倾向。主张仅由感官之认识，即是仅由我们的视、听、嗅、触等，始能理解实在。断定凡非我们感官所能预知的，即为我们心之所不存。连心的本身，也认为是感官资料的单纯的连锁。因为仅有感觉的实在才是存在的，所以对于超感觉的实在（非存在的）之认识，觉得没有可能。数理逻辑与形式逻辑之合理的分科，由知识之官能的学说，当作建立感官资料秩序的补助手段而被承认。然而此种论理学，只看作感官经验之单纯副产物。与这些诸前提相一致，我们之官能的文化，把科学当作化学的、物理学的、生物学的诸现象之感觉的、经验的知识体系，而使之发展。这种文化，通过观察的、经验的、统计的以及类似此种技术，而且由作为感官知觉之婢仆的数理逻辑与形式逻辑所支援，集注人间认识的努力于经验世界之研究，这是与其理论完全相适应的。此一文化，将人类发明的努力，集

注于物理学的、化学的、生物学的发见，与工艺学的发明，也完全是自然的。他们否定某种超感觉的实在（神、灵魂、究竟实在、人类之堕落、赎罪、救济、不灭等的神秘）之宗教的、神学及形而上学的认识，这也与同样的理论相协调。因之，这个文化，首尾很能一贯地把中世宗教的神学的启示，追落于无知之迷信的地狱边土（Limbo）；而且把非感觉的表型之形而上学，当作离开实在的、空想的、无意味的语言之非科学的构造，而加以排斥。有意无意之间，他作为感觉的知识之体系，把科学从宗教、哲学、伦理、审美等的认识引离了。实际，这个文化，使一切无制约的、普遍的标准都归于不信用。

“随中世纪的普遍标准之衰退，而官能的科学与艺学，对道德的、宗教的、社会的无责任，相继产生。发明家不仅发明有益人类的机械，而且也生产从火药开始，以至原子爆弹、毒瓦斯、微菌等，导致人类于死亡与破坏的战争手段。……而对于人类的野蛮化及悲惨的个人与团体间斗争之普及化，作了很大的贡献。

“现代科学与艺学之无责任的滥用，构成人类未来最重大的威胁。若是这些东西，经常放在这种无责任的地位，而委之于利己的个人与团体的手中，则人类生命之树的本身，也或许会归于破灭。假定我们要防止这样大的灾厄，则科学与艺术，势非有根本的变化不可。

“真的实在价值，依据具有感觉的、合理的、超感觉的、超合理的局面之普遍的多样相的新文化之大前提，则感觉的认识，更应加入合理的、直觉的认识以补足之。真知识的这三个样式，应被统一于真理的单一的完全的体系。无限的多样相之经验的局面，为主应由经验的科学，通过其一切形式的感觉的观察（实验的、临床的等）以研究之。其合理的局面，一应通过论理学、数学等的合理的分科以研究之。其超感觉的、形而上学的局面，则应通过神惠的，宗教的预言者，伦理的预言者，柏拉图那样的思想家，贝多芬、莎士比亚那样的大艺术家们超意识的、超合理的直觉以体认之。（所谓直觉者，为说明某一特殊实体，无感官或理性之助，由主观的一种直接的意识，直觉存于一切科学及其他认识之根底。科学等究竟的基础是直觉的。这是在文化一切分野的伟大的发见、发明、创造的最初的真的发足者。关于直觉的事实证据及文献，请看 *Dynamios*, IV, Chap.16；及 *Crisis*, P. 30 ff. T.Si-korsky 称直觉为'第六感'。）认识三样式中的仅单独某一样式，都不能给我们以真理的全体。人类知识的历史充满了错误的经验的观察，错误的论理的推理，及错误了方向的直觉。个别地说，这些样式之单独一种，都容易错误。能互相融和、协动、补正，则较之仅凭借一方的样式所能现示的认识，当然能给我们以更妥当、更适切、更能试验的真理。

"由认识三样式的统合，科学并不丧失其任何本质的价值。科学依然是感觉局面中之经验的合理的研究之体系。然而科学可因此而脱离其片面性，部分的真理性及社会的道德的与知的半盲性。结果，科学与哲学、科学与宗教、宗教与哲学的现在所发生的论争，便可以停止。由此，可代替其仅供给人以不调和与竞争的部分的真理，而以满腔的协动，从科学、哲学、宗教、艺术等片面的真理，现示出更妥当单一的统一的真理。……由这种新的看法，总可以把在相对的臆说与矛盾的半真理之密林内所丧失的心的真的和平，依然可以恢复给人类。

"这种文化的科学与工艺学，对于社会的、人道的、人格的问题大概会给以更多的注意吧。对于这种新文化所最不了解，而应作为紧急之研究范围的人与社会的研究，科学和工艺学，大概会集注其势力到这一方面。这些学问，在这个分野，不能不作最大之发见与发明。……这些新发见与发明，对于人类统御自己、发展自己，大概会提供最有效的技术，使其达到空前高的社会的文化水准。”

谈到宗教与哲学方面，索氏认为：“我们官能文化之本质是经验的、唯物的、无宗教的，所以不能产生大宗教和值得注目的理想的哲学。基督教是这种文化发生以前所创造的。唯有各种短命的、奇特的，有时是狂暴的、古怪的宗派，是这个官能文化取得支配势力的过去五个世纪中所产生的。基督教的本身由此而互争互灭，分裂为多数的宗派与支流。基督教的外壳，即其基金与建筑物，其仪式与信仰教条，其行政机构与阶级制度，都是以其精神性及其改革伦理的能率，与改革人心之力为牺牲，在这些世纪之间所发达的。因此，在此一时期内，在西洋基督教主义之侧，非基督的，乃至反基督教的行动大为增加。他们的信仰，虽一面为口头的服务，而在行动上较之异教徒更为侵犯戒律。‘无行的信仰是死的。’

“整然的观念论的哲学体系，也是同样的命运。官能文化的风土，对此体系是非常不利的。在官能文化时期所创造的整然的观念论的形而上学体系，主要不过是柏拉图的、亚里士多德的、普罗泰罗斯（Plotinos）的、基督的、奥古斯丁（Augustine）的、托马斯的哲学之变异，或者乃其‘附注’。虽然也出现有康德这样的二三大体系，然这也不过是怀疑说与不可知说之观念论或完成说的混淆。唯物论的、机械论的、经验论的、实证论的、机具说的、实用主义的、怀疑论的，及半合理主义的哲学体系，特繁荣于官能文化之氛围气中。这些哲学没有科学之创造的发见与发明，而仅系唯物论的、力学的科学之诸倾向的间接翻译；所以他无科学的任何利益，而仅促进官能科学之破坏道德的影响。在此一意味上，可以说，由这种哲学之普及所发生的影响，对于解放利己的斗争的势力，有显著的贡献，而为人类招来非常的灾害。

“宗教与哲学，在这种可叹的状态之下，其能贡献于连带性之目的与斗争之除去者甚少。为完成此种使命，即不能不作根本的改变，不能不使基督教或其他伟大的宗教，复活其英雄时代。新的宗教不能不由舍弃一切，承担一切之爱，对于同胞、神及全宇宙的人间之爱，以及和语言、憧憬同样的，表现于行为之爱而与以活力。这能把人类再高扬到和造物主的无限之高；而且能把人类与宇宙之创造的精神间已破坏了的统一，可加以再建。这是为了抵抗人类下落向仅由其无意识的、意识的自我所支配的单纯之生物物理学的机械之水准，而不能不再强调人间的神的起源。这是以追求不灭之真、善、美的超意识的领域，以超越其人格之潜在意识的与意识的容相之难消的憧憬，来鼓舞人间。

“完成这些机能，即系满足其最高之使命。其他的东西，如信条与仪式，组织与机构，基金与建造物，是比较不重要的。对于这些外面的东西所给与的注意，是越少越好。优势的宗教与宗派，一定要停止其为获得优越与‘投资之利益’的‘帝国主义’的竞争。不能不放弃这些竞争，而极力主张共同之基础的真理，与共同之道德的无上命令。若是人欲追求绝对而努力与之融合，若是人欲由其显示对于神与人类之爱的行为以显示其神性，则这便是其主要的一切。把这种事放在任何宗教之旗下，或者放在‘人道主义’、‘进步教’、神秘教之旗下，乃至放在无神论的旗下去做，那都是第二次的重要性。反之，若是人不感到造物主的现前，不是以虔敬之心步行于地上，不是由对他人无边之爱所鼓舞的行动以示其神性，则他不论如何忠实地实行规定之仪式，或多少次循环地呼主的名字，乃或固执既成信仰的教条，则他依然是非宗教的。

“以上是为了使人类的精神脱离生物物理学的性质的羁绊，为了使其由与神之同类感，以将自己的地位提高；为了促成他以爱的行为来有效地完成宗教之使命，这是既成宗教所不能不受的改变。这样的宗教，是爱与和平及调和的强力的创造者。

“若现在流行的哲学，要想代憎恶与敌意以协动与互助，则不能不发生与宗教同样的改变。哲学体系，便不能不更变为观念论的、非唯物论的。在无限之多样性的这些局面之正当界限内，可以有唯物的、力学的地位。当不极力主张这些局面之际，可明了高调这些部分的从属的作用；而且也能强调更有超越感觉现象之非物质的、非力学的、合理的、超合理的局面。即在感觉的世界中，也应强调不能为物质的、力学的、决定论的局面所局限。

“还有，人类与社会文化下坠的其他诸形式，也不能不加以抛弃。真理与其他诸价值之非论理的相对化，也不能不加以停止。因为这是湮灭了真理与谬误、善与恶、美与丑的境界线。相对仅在与绝对对比的时候，才有其意义。若无绝对，则相对这种概念的本身，也成为空虚无意味的东西。这样的哲学，按照自己所愿意的，耽于相对的东西之分析，也未尝不可。但是相对的东西在不忘记绝对的标准与价值的范围内，实在是相对的东西。若非如此，则这些哲学，会覆灭一切的价值，有成为无意味的语言与文句之积集的倾向。”

索氏关于法律与伦理的看法，是认为法律的规范，是拘束的、两面的规范。是明白规定各成员之间的权利与义务关系，而以强制实行的。伦理则是一方的；仅仅是劝告的，而不是强制的；仅注目于义务的主体，而不注目于权利的主体的。中世纪基督教的伦理与法律的规范，“是普遍的、永久的、无条件的，对于被劝告的一切的人们都是拘束的。”可以说是“脱离相对性而成为绝对的东西”。“仅与这些绝对的规范相矛盾的规范，始认其为相对的、变易的。”所以“中世纪在法律与伦理的正与邪间的境界线，完全是明了的。”一到近代的官能的文化，则这些规范，动辄“认为缺乏绝对的、永久的、神的原理，而为纯人间制造的规则。”“这一些规范，完全是相对的而且是变易的。其机能是纯功利的，认为是生命、财产等感觉的价值之保护。”于是这些东西，“往往成为由甲之某个人或团体，作为对乙的某个人或团体的压榨之工具。”更照着现代所谓科学的概念，则这些规范，“只认为是隐蔽个人与团体的利己的冲动，助长肉欲之满足的一种伪善的夸张的烟幕。”因为“我们的文化、宣言，强调的规范的相对性、协约性，遂完全忽视了基础的规范与价值的普遍性。这样一来，我们官能的社会，丧失了正与邪、合法与非法的明晰的感觉。其结果，增大了道德的、法律的无政府主义、虚无主义、怀疑主义。”“法律与道德规范的这样重大的无力化，从人类夺去了一切，所剩者不过是斗争中由暴力所决定的野蛮的法律。”“失掉信用之混沌的规范的卑贱破片，既不能领导人类的行为；这些东西，既不能从内面去有效地统御人类，则在个人与团体之间，即不能产生公正而调和的关系的势力。”“这些伪似规范，再不能不由黄金律与自然法的真的正义的浸透，不能不由普遍的法律的规范之体系所更换。我们伪似的伦理，同样的，也不能不由山上垂训之永久的道德的至上命令或一切伟大宗教的同类之规范所更换。”“新的法令集，仅能建立于自然法之基础的原理与最高之道德的规范之上。仅有这样的法律与伦理，才是普遍的，而且能拘束万人。仅有这样的规范，其自己的权利，即能成为目的价值。并能由内部有效的支配人类的行动与关系。被浸润于黄金律与无边之爱的原理的这些东西，大概可作为利他势力的无尽源泉，以再建立自己。”“当然还有与这些普遍的规范相并行，适于此而不适于彼的第二次的相对的规则。虽种类杂多，不断变化，但这并无害于普遍的法律与伦理的价值。纯功利主义的概念、纯快乐主义的概念，要完全告终，使到现代的混乱与幻灭的道德卑下的人类，能上到更高的平面。”

对于艺术，索氏认为：“中世纪的艺术，是作为中世纪的文化大前提之基督教信条之明晰的表现。……是捧于神，及捧于人与造物主之融合的艺术。这是‘神能视能听的记号’，而把人之魂高扬到高的领域。其主人公是神、天使及圣者。其题材是化身，十字架上之磔刑、复活、赎罪等神秘之事。其艺术家招徕了神之更大的光荣与人类的魂的救济。这样的艺术，是使人生高尚，宣传人类之同胞感的最强的力。

“从十二世纪到十五世纪期间的艺术，基础逐渐扩大了。神国以外，开始反映感官的经验的世界。但是仅反映其高尚而且系最善的东西。除了神之外，其主人公包括半神的英雄。丑的、下流的、病理的任何东西，决不加以描写。这是负荷着不离开宗教和道德的价值之艺术。这是使不高尚者高尚，丑的东西美化，死灭的东西不灭的艺术。这是向伟大的理想之领域以教育人间，鼓舞人间，纯化人间，而使其向上。

“随着以后数世纪的我们官能的文化之发达，艺术也渐次变为官能的。其主题是世俗的，其形式是视觉的或自然的。他成了为艺术而艺术的，离开了宗教与哲学、科学与伦理。于是纵不是肉感的，也成了为了满足感觉的精微的工具。

“但中世纪的艺术价值，依然在其背景发生作用。同时，这些价值，补救了不少的官能的艺术之许多陷阱与致命的弊害。在其前病理学的阶段，艺术在其文学与戏曲，绘画与雕刻，建筑与音乐，都产生了最大的价值。然而随中世纪的艺术价值之衰退，渐次成为非创造的、病理学的、堕落的、消极的、支离灭裂的、急速发展其病的内部之性质。从中世纪的巍巍的高峰，从十三世纪到十五世纪的艺术之理想主义的高峰，转落到社会的下水道的污泥之中。其主人公或其主要的冷场人物，不再是神，而系伪善者、暴汉、犯罪者、卖淫妇、狂人，或精神缺陷者、懒惰者。其得意的装置，为犯罪者的潜伏所、警察的横蛮、精神病院、情妇奸妇及卖淫妇等之寝室等等。其主要题目，是弗洛伊德派的两个本能，即他杀与自杀的本能，尤其是在各种形体的性病本能……艺术成为杀人的、性交的刺激物；和开心的娱乐的工具；及过劳的神经的兴奋剂；与各种市场商品的广告，即堕落为泻剂、橡皮、啤酒，肥皂，刀片等单纯的婢仆。

“在上述作用之下，艺术与其他任何商品一样，是能够买卖的单纯的市场之商品。为了容易卖起见，艺术只好不得已地取媚于下流的需要。……其结果使水准更为低下。因为品质下落了的关系，于是想由量（愈大愈好）与支离灭裂的种类及诱惑的趣味和精巧的技术，去加以补偿。

“和科学、哲学及宗教伦理绝缘的艺术，益益成为空虚无实的东西，于是创造的天才没有刺激，而使之无力，使之冬眠。同样的，对于艺术的后援者们，失掉了提高其道德，完成其知性的作用。……这早经无预于人类之同胞感与协动的目的，却培养利己主义和敌意与斗争的种子。

“其破坏的倾向；仅在建筑方面表示某种真的创造性之征候，算是一个例外，其余在艺术界的全分野的一切大的生产，都很显明的证明是正在衰退。……二十世纪，没有产生一个可以匹敌以前诸世纪的最伟大之创造的天才，乃至第十九世纪的第一流的大家。我们正住在艺术的侏儒的时代。

“所以这种艺术，不能不让位于未来之以理想主义的社会秩序为大前提的新艺术。好像纪元前五世纪的希腊艺术，及纪元十三世纪欧洲的艺术一样，这个新理想主义的艺术，不能不放弃为艺术而艺术的空虚的角色。美一定要再与真和善结合在一起。当然这并不是说艺术当作科学与哲学之用之单纯的工具，而是在最高价值之同盟，要成为同等的好朋友。这种艺术之美，是荷担价值之美，不是特殊的虚饰。仅有荷担这种价值的艺术，才能生存而不灭。仅有在这种条件之下艺术才能恢复其创造性。……

“这样的艺术，当然会从病理的与堕落的消极主义中解放出来。以不灭代替无聊，使死灭者不灭，使下劣者高尚，使丑的东西美。从社会的下水道的水沟，再翱翔于高峰之纯粹的氛围气，终于到达了超越价值之高处。这将再成为启蒙的、鼓舞的、崇高化的势力，展开神的美之展望，由洗涤作用而纯化人生，将人类全体统合为一个亲密的同胞感。”

索氏对现代文化更作一总结论说：“现代文化在其年轻的时候，由创造的天才而给以活力。其所孕育的憎恶的诸势力，由冷静的自利，与合理的连带性之诸势力而能相抵消。现在，这已经疲劳而变成颓废的了。其中所保存的有价值的东西，大概会编入于新文化的更丰富、更广大的范围之内。其余的东西，则将从活的历史移送入历史的博物馆。我们为了人类的存续，为了创造使命之继续，为了高尚而且调和的社会秩序之树立，而不能不着手于新文化事业之再建。”

一九五二年四月一日、四月十六日《民主评论》第三卷第八期、第九期

儒教对法国的影响（译）

日本文学博士后藤末雄氏，在一九三五年译出法人布鲁格（Pluquet）于一七八四年所著之《儒教大观》（*Observations sur la philosophie morale et politique des legisateurs cninois*）。他为了说明其所以译此书的动机，特在前面加上一篇《译者之话》，小标题为“儒教对日本及法国的影响”，向读者简单扼要底叙述儒教传入两国的经过及其所发生的作用。友人庄遂性先生见其可以印证吾辈平日对自己传统文化之意见，特热心借给我看；因《民主评论》出孔子诞辰特刊，乃赶忙将其摘要译出。前段关于日本方面者全部割爱，仅译有关法国之一部分，而亦稍有删节，改用现标题刊出，以供社会参考。后藤氏在此文中流露其对中国文化不能自已之热情，而出以流丽清新之笔，译者深愧未能保持其原作文字之优美与其情感之深厚。而年来庄先生与吾人互相讨论有关文化问题，情挚识远，尤使人时发鸡鸣风雨之思，谨此致谢。

——译者

读者诸君：

已经从十六世纪之末（按似应为十五世纪之末），罗马法王亚力山大拉（Alexander the Sixth）六世，嘉许葡萄牙教会多年之忠诚，并信赖其海外政策，乃把东半球的传教事业付托给它。于是葡萄牙随着对印度之征服而想利用宗教之力，以收揽新领土之民心。罗马教会接受葡萄牙的要求，选择设立不久的耶稣会派之僧侣，为传道而派往印度。这样一来，十字架与大炮合在一起，对于远东的殖民事业，收到了显著的进展与成功。葡萄牙政府于一五一五年（明正德一〇年），设总督府于哥阿（Goa），建立远东经营之根据地。更于一五三二年（明嘉靖十一年），在同地设司教管区，奠定远东传道事业之基础。葡萄牙更想把它侵略之骥足，伸向不远的日本与中国。于是以宣教师为殖民事业发展之先锋，继续派向中国和日本。在日本者此处不谈。耶稣会派的宣教师，携着时钟、望远镜、铁炮，与夫天文、数学、物理、化学、医学等最新的知识，进入到明朝。

中国人由于照例的攘夷思想，总会排斥此种异教的传道僧。但因为他们所携带的欧洲科学文明之利器，魅惑了未受近代科学洗礼的中国人，遂把他们作为学僧，允许其留住于朝廷之内。此等耶稣会士，因其系辖于葡萄牙之管下，所以葡萄牙得与明朝缔结亲善关系，把广东省的澳门租借给他，开始了对中国的贸易。此一事实，系葡萄牙的势力被明代所扶植的明证。

及明亡于清，清圣祖康熙，为中国史上少有的明君，这是不待多说的。他热爱西方文明，尤其是科学文明，就明代以来继续留朝的耶稣会派的学僧，研究西欧最新的科学，所以葡萄牙能继续其势力之发展。

当时，西洋与东洋接触，正热中于东洋之研究；所以葡萄牙所属的耶稣会士，于传道之外，研究中国之文物制度，送其报告于祖国。其报告分别出版，很有贡献于西洋对东洋之研究；而使偏在一隅的葡萄牙得到巨大的商业利益与无比之光荣，成为欧洲列强羡望之的。

其时，恰为法国路易十四的时代。它是近代史上欧洲的雄君，这是史论所一致承认的。

法国自夫隆萨（Farncois）一世起，历代国王，都爱中国的美术工艺品，饰之于王宫或离宫。尤其是路易十四，特魅惑于中国陶器之美，常憧憬于此远东之一角。他对于葡萄牙教士所报告的中国精神文明，发生了兴趣与尊敬之念，遂命这些教士，翻译孔教的古典。由 Gouplet 及 Intorcetta 等合著的《中国之哲人孔子》（*Confucius Sinarum Philesophes*, Paris，1687）在巴黎出版了，这是最早西译的《大学》、《中庸》、《论语》。时恰葡萄牙之势力渐衰，其殖民政策，为英荷两国所压倒，对于远东传教事业，也不能像往日那样尽保护之力。所以路易十四，悍然侵犯葡国之既得权益，于一六八五年（清康熙二十四年）派本国的耶稣会士六人到中国。交给这六名宣教师的任务，一是宣传福音，一是研究中国文化。他们传教的工具，依然利用欧洲最新的科学。

路易十四所派的宣教师，于一六八八年（康熙二十七年）安抵北京，拜谒康熙帝。他们中的张诚（Gerbillon）及白进（Bouvet），作为康熙帝之侍讲，奉仕于君侧。他们贡献了法国制造精良的望远镜，进讲天文学之理论。此外，更及于数学、物理、化学、医学，乃至哲学，旁及基督教的教义。

根据耶稣会士之著作文献，康熙帝对于西学的态度，概以爱弄诗文之情来爱弄科学知识。仅对制炮及编历的知识，发现其有利用厚生的价值。康熙帝得西欧科学知识之利而享之。而君侧的学僧，则浴特殊的恩宠。一六九一年（康熙三十年）浙江省发生第三次迫害教士事件，但康熙帝相信基督教之真纯，及宣教士无不轨行动，并认为他们以科学的造诣，贡献于国家，尤其是当订《尼布楚条约》之际，耶稣会教士，有折冲樽俎的功绩，遂抑压汉官之异论，得礼部之承认，于一六九二年（康熙三十一年）宣布了准许人民信奉天主教之上谕。这样，不仅法国耶稣会士，达到了年来的宿望，而路易十四所赋与的任务之一，也完全实现。以此为介绍，清朝与路易王朝的交涉，由此开始。路易十四的画像，献上于康熙帝之前；法国的国情国威，也直达于康熙帝之睿听。不久，巴黎成立了“中国公司”，其商船直达广东，开始互市。葡萄牙之势力，仅在钦天监之一角保其残喘。

最后，第二的任务，即是，对于中国地理历史、文物制度之研究的任务，法国耶稣会士，也尽了精勤刻苦之劳。他们测了《皇舆全览图》。更不满于间接从中国人方面听取其国情与文化，自己研究汉语文字，涉猎古今书籍，直接研究中国的文明。其结果，在巴黎出版了下列书籍：

（一）《中国现状新志》（1696）

（二）《康熙帝传》（1697）

（三）《中国现状志：满汉服图》（1797）

（四）《易经》（1634—1639）

（五）《中国通史：通鉴纲目》（1777—1785）

（六）《耶稣会士书简集》（1703—1776）

（七）《北京耶稣会士中国纪要》（1776—1814）

（八）《中国帝国全志》（1735）

读者诸君：

把中国日本的事开始介绍与欧洲者，为十三世纪之末，来到蒙古，在元朝作事十七年的威尼斯商人马可波罗，今更无多说的必要。他在其《东方见闻录》中，对于中国的富庶、宫殿之壮丽、都市之殷盛及其他，都以赞美之口吻加以叙述。其后，约经过二世纪，来到中国的葡萄牙宣教士，也都激赏中国的国情与文化。现在所列举的法国耶稣会士的文献，就中国的宗教、历史、道德、政治、学艺、风俗、习惯、工商、地理诸项目，作详细的介绍，暗中与自国之文物互相比较，而非常赞赏中国的文明。所以，在这以前看作是狂言浪语的马可波罗的中国游记，开始由法国耶稣会士加以肯定了。要之，把中国国情与文化，开始正确介绍与西欧的功绩与荣誉，当然应归之于法国耶稣会士。

他们的介绍很广泛。此处不能逐一详述。现介绍他们对于孔教及基于孔教教理而来的政治制度，所作的评价之一端。

他们先承认孔子的教理，都是从苦难之体验中得来的。并且，孔子之门弟，有三千人之多，其中，出了多数的圣贤人物；孔教古来即作为国教，不仅得历代皇室之尊崇，且得一般国民之敬慕，征之以上这些事实，他们认为不能不承认孔教之价值。尤其是，孔子诞生于基督前五百年，孔子应作为世界最古之圣人，有占第一位的权利，乃自明之理；而欧洲之知识阶级，对于孔子之教理、经历，固不待说，连他的存在都不曾知道，真可谓不胜痛惜。《中国现状新志》之著者路·孔特，认为“从世界各国的蒙昧时代，中国已经有了孔子，所以中国之学艺，早完成长足之发达，以致有现在灿烂的文化”。此一耶稣会士，并承认孔子之神格，而说在欧洲野蛮时代，远东之异教国，已经知道了“真的神”。更认为孔子是为了中国大陆改宗而体得神意所诞生的，在此异教圣人之中，有与基督相同的神性与使命。其他的耶稣会士，也都以孔子之教理，与希腊圣人的教理及基督的教理相一致，而极力赞叹孔子。

法国耶稣会士更介绍基于儒教的政治制度之特异性，家族制度，德治主义，民本主义，一视同仁主义，及人材登庸之门户开放，一代贵族制度，教育上之机会均等主义，在司法上之人格尊重，及农本思想与其政策等；要之，他们认为西欧的政治制度，系基于主人与奴隶之关系；而中国的政治制度，则为基于父子相爱之关系，因而断定这才是能产生此种金玉美果的原因。加之，他们惊叹于中国的文物制度，远开始于四千年前，一直到今日；他们甚至主张中国最初的立法家，或者系神之自身也不一定。还有，中国民族，再度为鞑靼民族所灭亡。但此等战胜国即元朝和清朝，却皆承袭汉民族的文物制度；由此等史实，而论断中国文明的优越性。这样一来，儒教，尤其基于儒教之德治主义，及康熙帝之名声，遂宣扬于法国，扩及于欧洲全土。

读者诸君：

法国耶稣会士，是为了宣传福音而来到中国的。并且孔子之教，从他们的眼里看，是异端的道德；可以说是邪门外道。然而他们把异端的圣人，与基督同视；尤其是断言中国人知道真的神，这在他们的立场说实毫无道理。若是中国人已经知道了“真的神”，则他们有什么必要，迢迢万里，来到远东来宣传福音呢？他们这样的放言，不仅否定了他们自身存在的理由，而且不能不说是冒渎了神，污辱了基督教。其次，他们激赏基于儒教的文物制度，赞美异教国的君主，这也是对于邪宗文明的赞赏，毕竟是毁损了基督教的价值。可以说，冒鹏程万里之险来到中国的传道僧，没有使中国人改宗基督教，反由中国人与其文化，使他们改宗儒教了。原来，当时基督教僧侣，固不待说，即一般西洋人，都确信基督教以外无像样的宗教；基督教文明以外，无像样的文明。所以，他们由文艺复兴而接触到古代文明之全面，不由得不大吃一惊。并且在文艺复兴以后，他们这种傲慢之情，仍深入于红毛碧眼人之心里。换言之，西洋人也和中国人一样，有其独特的，与中国人程度相同的攘夷思想。然而，东西文化一经接触，法国的耶稣会士，即叩头于远东的儒教文明之前；而中国人也看到铁炮和望远镜，在西方科学文明之前抛弃了"中国第一"的观念。然而，在达到这种调和过程之前，异族文化，常会相拨相克。

科学文明之进步，是眼前的事实，所以不承认不行。但精神文明，实关系于民族固有的古俗，于是异民族的精神文明，常常是很难调和的。精神文明交通之际，尤其是宗教接触之际，常发生人心之冲突外，甚至招流血之惨。所以法国耶稣会士介绍儒教文明于祖国，并且以美词赞语，将此偶像教文明捧于基督徒之前的时候，在祖国的宗教界与他们之间，再度引起宗教的争议，乃当然的归结，此即所谓"礼仪问题"。

如各位所知，中国自昔即有祭孔子与祭祖先的礼仪。中国人若改宗基督教，则不能参加这种礼仪。因为基督教斥此为偶像教的礼仪的缘故。但若禁止中国人参加这种礼仪，则中国人必不改宗天主教，乃明若观火之事。所以最初来到中国的传道僧利玛窦（Matteo Ricci）对中国改宗者之祭孔祭祖先，皆置之不问，认其不含有宗教的要素。另一问题，则为中国人之"天"与"上帝"。

此两语是含有“造物主”的意味？或仅指的是苍天呢？利玛窦认为乃“造物主”之意，而使用“天主”之汉语。

但较耶稣会士约迟五十年来到中国的多米尼克派（Dominica）与法兰西斯科派（Francisco），嫉视耶稣会派在中国之成功，认为祭孔祭祖先为宗教的礼仪，认为“天”与“上帝”为“苍天”之意。基于此种解释，诘难耶稣会派之态度，而将其干犯信仰之事，诉之于罗马的法王庭。因此，在罗马惹起了大的议论。耶稣会士闻之，常从中国派代表赴罗马，努力疏辨。要之，此问题关系于法王之解释如何，每随法王之更迭而或被承认，或被禁止。即被禁止，耶稣会士因在万里之遥，也常我行我素。一直到十七世纪之末，此一震撼罗马、巴黎之大问题始渐归于平息。

但如前所述，从十七世纪末到十八世纪初，法国耶稣会士研究中国之书籍出版，其内容，皆系赞美异教文明，遂引起“礼仪问题”之勃发，不仅法国的索本大学（Sorbonne，旧巴黎大学的神学院，今为巴黎大学的文理两院）及罗马法王庭而已，且变为全欧天主教国的大问题，甲论乙驳，宗派之争，达于极点。然而因此问题，儒教不仅与法之宗教界密相接触，且亦成为一般知识阶级研究之对象，这可说是儒教望外之幸运。研究儒教之书籍，不仅拉丁语，并且以各国语出版。其主要者如下：

（一）著者无名：《论中国哲人孔子道德》（1688）

（二）著者无名：《中国之哲人：孔子之道德》（1688）

（三）M. D. S：《中国之政治及道德之概念》（1729）

（四）克勒尔（Clerc）：《禹大帝与孔子》（1769）

（五）诺埃尔（Le P. Noel）：《中华帝国之六古典》（1784）

（六）黑尔曼（Helman）：《孔子略传》（1785）

（七）巴多明（P. Parrenin）译：《孔子之诗：自然法典》

（八）勒非克（Lesvlque）：《孔子之道德观》（1790）

各书暂不加解说。这里所应注意者，为第七种巴多明译注的《孔子之诗：自然法典》的这一部书。巴多明是充康熙帝之侍讲很久的法国耶稣会士，向康熙帝讲自然科学，尤其是讲医学的名僧。并且在将中国文化报告于祖国知识阶级的学僧中，是最有业绩的耶稣会士。但据我的研究，他并没有这部著作。当然孔子也没有"自然法典"这样的诗文。就此伪书出版的这种事实来看，则孔子之教理，当时是如何成为法国知识阶级研究之对象，也可以想象得到。

读者诸君：

如前所述，欧洲的科学文明，由法国耶稣会士之手东渐到中国；中国的精神文明，也主要由他们的中介而西渐到法兰西。这样东西文化之接触，使东西发生了许多精神的现象，而达到怎样的结论呢？我相信这是很有趣味的问题。

据我的研究，从明末清初传到中国来的西欧的精神文明，因与攘夷思想和中华思想相冲突，又与中国之风俗习惯相抵触，到雍正时遂发布了锁国禁教之令。同时，传到中国来的西方科学文明，因仅供皇帝享乐之用，也没有结利用厚生之实。反之，从十七世纪末传到法国的儒教思想，和中国的美术工艺品一样，受朝野之欢迎，不仅与当时的时代思潮一致，予以大的影响，他们并且想适用于制度之上。

路易十四时代，仅国王与其周围之贵族及僧侣有生存权，视庶民如土芥。当然，由基督教的博爱说，也有君民一致、庶民安堵等观念，这是由当时的政治学说可以证明的，然这也不过是一片空文。尤其是历代的国王，以侵略战争为其天职。路易十四，几度兴无名之师，营造宫殿，绞尽国民之膏血，遂失国民之信望。他死时，巴黎市民为之欢欣鼓舞。路易十五，眉目秀丽，实系一妇人型的国王；开始虽得国民之爱敬，但因志行薄弱，嬖幸当权，秕政百出，晚年遂物情骚然，汲汲不可终日。当时的宰相伯尔坦，腐心于国民精神之转换，一日，拜谒十五世，奏称，对法国的国民，有“接种中国思想”之必要，听说国王很赞成他的意见。然则所谓“中国思想之接种”，其意义到底是怎样，在我所参照的文献中，没有进一步的揭载。我想，大概是当时法国政府，想把儒家主要的忠义观念，注入于国民，以图发现当时政治之经纶。还有，欧凡将军，认为有改革税制之必要，著《十一之税》一书，据说也是模仿中国税制的。

法国政府，正要把中国思想接种于其国民，以防备革命之勃发的时候，攻击政府最力的是那些启蒙哲学者，他们是思想界的新人。日本幕府之新人，腐心于洋学之移植；而路易末期之新人，则努力于儒教之采用……这真可说是东西异轨的天下奇观。他们研究新兴之自然科学，认为一切事象，皆由自然法则所支配。此点，与承认天礼天则之儒教思想相接近。他们承认自然法则的结果，已经否定了“超自然”，即否定基督教之神；他们强调基督教之欺瞒人心，产生宗教战争等许多的惨祸。他们既已否定神之存在，因而也否定国王之神格，诚系自然的归趋。他们在法制上也使自然法与古来之教会法对立，从自然法之见地提倡性善、自由、平等，强调民本主义、仁爱政治，反对压制政治。碰巧此时，法国耶稣会士所介绍的儒教思想、政治制度，虽不与其主张完全相合，但在其根底，在其广泛之范围，则与儒教思想一致。所以他们利用此异教思想为攻击压制政治之武器。一言以蔽之，朝野共想利用儒教思想，而政府与民间，各以不同的立场，共鸣于儒教思想之一侧面。启蒙哲学者孟德斯鸠、卢骚、基多罗、克勒、马布里、勒拿尔等，都谈到中国思想；但最倾倒于儒教精神与中国之德治主义者，为伏尔泰（Voltaire，1694—1778），他奉自然神教，所以否定基督教之神，即否定"超自然"之存在。因之，他讪笑"超自然"作用的神秘奇迹等，而主张由于基督教之信仰，却发生个人之不幸与人类之惨祸。然而他敬服孔子尊重自然法则，不语怪力乱神，仅以道德感服人心。他在自己的礼拜堂中，挂孔子的绘像，朝夕礼拜不懈。在绘像之旁，写下列之诗句，比较孔子与基督，赞美孔子而讥讽基督。

孔子仅是道理之解释者。
他不迷惑世人，
而启人心之蒙昧。
孔子是以圣人而说道，
决不以预言者而说道。
然而人不信他的教，
即在他的自国。

伏尔泰感激于以儒教为基础的中国文物制度，特别感激于德治主义，而极力主张中国的政治思想及则制度，为世界第一之法制。

恰在此时，有位布鲁格教授，担任道德与历史之讲座，通读当时流行的中国哲学书类，偶发现了诺埃尔的《中华帝国之六古典》，想将拉丁文译成法文，因忙于教职未果。此《中华帝国之六古典》的著者诺埃尔，是德国出生的耶稣会士，一六六七年初到中国，中间仅一度返欧，一直到一七〇八年左右还留在中国。他把四书、《孝经》、《小学》等译为拉丁语，以上名在 Pluquet 出版，布鲁格教授老而退职，终译成此书，于一七八四年出版于巴黎，在其第一、第二卷，附录《儒教大观》一文。这是他读了前述法国耶稣会士之中国书籍，而想将儒教加以系统化。

读者诸君：

我先前说过（本译文略去），德川初期，儒教成为幕府的官学，其精神风靡朝野，遂达成王政复古之大业。约在同时期，中国思想经耶稣会士之手，西渐到法国，其德治主义、民本思想、平等思想等，与法兰西之革新思想相接触，终于援助了一七八九年之人类解放运动。儒教思想，在日本或在法兰西，发挥了可怕的威力，参与了打倒压制人民的政府，这在判断儒教价值上，不能不说是最应该牢记的现象。明治维新后，日本大开国禁，欢迎欧美人士，并派视察使及留学生于欧美，专心于其文明及文物制度之移植；外来文化输入之盛况，恰呈奈良、平安二朝摄收隋唐文化之同样盛观。不过当时之中国，到明治时代，与欧美相交代而已。其后，崇拜西洋文化之时代到来，日本遂得到现在世界的地位，这早已是各位所知道的。

这种时代之进步，换言之，日本之盛运，来自完全采取欧美文明之国民的聪明，这点，任何人当亦无异论。然则这种聪明，系由何种要素所构成的呢？我想，大别可以分为儒、佛两大要素。而儒教之要素，我想是要占大的百分比。

因为如此，明治初期之先觉者，尽管如何倡导排佛毁释，强调文明之开化；但因为有了儒教文明，才能摄收欧美文明。兰学之先驱，青木昆阳，是伊藤东涯之门下。前野兰化，杉田立白，也原来都是汉医出身。所以不过与汉医换为兰医一样的，汉学者转换方向于洋学罢了。换言之，古来之外来文明，虽让席于新来之欧美文明，从社会之表面下降，却在其里面，发生消化的作用。而最近，古代之外来文明，稍复旧时之势，又抬头到社会之表面了。（以下尚有三段，系叙述他个人崇拜欧化，研究外国文字，不了解日本的事情，自觉“这是一种畸型的存在”。乃回头来再读日本的古典文字，发现儒教之真价值，以至提出《中国思想之向法西渐》的论文，而达到“儒教当我国欧化时代，是社会之后景，所发生的作用巨大”的结论，乃至译《儒教大观》之动机等经过，从略。）

一九五二年十一月十六日《民主评论》第三卷第二十三期

历史哲学中的传统问题（译）

“传统”一词，因使用过于广泛，致令概念模糊，反使其在文化中之作用，常引起无谓的争辩。故将此文译出，聊供参考。原文为日本历史教育研究会编的《历史理论之构成》中的一篇。作者务台理作，乃东京文理科大学的哲学教授。此书系由十六人分别执笔而成。各文皆可独立，故尚无割裂之嫌，小标题是译者方便加上去的。

一、传统与惯例及习惯的区别

普通所用的传统一词，相当于英文的 tradition，这是从拉丁语的 traditio 出来的，而 traditio 又是出自 tradare，其意为交代接受。其实，所谓传统，很可以德语 überlieferung 一字表现出来；其意义，系指一度做出的事物，由一个人手交到另一个人的手，而为其所继承的活动。这种交接的活动，同时即变成含有被交接的事物本身的意义，今日一说到传统即系指这种传承的活动，及被传承的客观事物而言。

把传统作这样的解释，看来好像和风俗、习惯（custom，sitte）及惯例、习俗（cenvention）等词，极相类似。这些名词，大体上，都和既往性与反复性及传统性相结合。而且都是对于过去所作成的东西，有不能不加以承受的无形束缚，因之，在对于不承受的人，藏有制裁的力量。但是，仔细一想，则传统与习惯及惯例三者，仍各含有不同的东西。为使传统的意义明了，有将他和习惯与惯例的不同点，先搞清楚的必要。

传统，是指一定的社会或民族，在一定的文化领域（如文学宗教等）中，由过去所形成的东西，以比较长的历史生命为人所继承下来的事情而言。在这种传承上，特别以人的生活意识之自觉，历史的意识之自觉为必要。所谓传统，不是单纯的客观的制度、样式等等之传达。在成为传达主体的人们之间，传统对于现在及将来之生活，到底有何积极的价值？首须自觉的有这种意识的活动。因此，传统是把过去的拿到现在来再审虑；是把现在与过去的内面的结合弄个清楚；是意识到什么东西，可以成为未来之规范。即是，产生过去事实的精神，在能成为未来之规范的意味上，使过去复活。

惯例（convention）则缺少这样十分的社会性、历史性。即使有，在惯例中的人们，也没有这样的自觉。惯例是从希腊语的conventio 出来的，convetio 通于 convenio，其意义为人集聚在一起时所定的规约，若仅一个人，当然没有这种规约的必要，即没有惯例的必要。惯例是以社会规约之形而成立的。然而社会关系乃系人为的、表面的，随各时的便宜而能加以改变。原来，这是便宜上所作成的东西，若有不便，即可加以废弃，再作新的惯例。因之，这只是由一时的便宜而加以承受；对于人，没有自然的，内面的束缚力，在这一点上，惯例可说与“流行”极相类似。这不是gemeirschaftilich，而是ghesellscftlich；是人与人的关系，企图用何种方便，使其能很圆满的，从表面上把事情处理好。

较之惯例这种gesellschaftlich的表面的性格、习惯、风俗（custom,sitte），则系更自然的。更从内面发生出来的；他不是社会的表面，而系位于社会根柢之中。比之惯例更为严肃而有持续性。许多习惯的发生，系与社会集团最严肃的祭祀、集会、生日、冠婚、葬礼等相结合，很可表明这种情形。这些事，可以说是社会以及社会成员的个人，面对着生死分界的大事而发生的。纵使继承习惯是出于无意识，然这种习惯的发生，则常有严肃之自然的、内面的理由，一定的社会，必有一定的习惯，其故即在此。因之，习惯支配约束其社会成员的力量，直可说是根深蒂固。人怎样也不能不服从习惯而被其束缚，服从习惯者被容许，不服从者受制裁。习惯常常是拘束人的现实势力者。法国社会学派的人们很强调社会的拘束，主要也是与这种习惯有关系的。然而习惯并非仅由这样坚强的拘束力而存在。他实在是宗教、神话、道德等发生的母胎。他越是出于自显的，越有大的母胎性，神话常与社会的习惯相结合；道德与习惯乃系同一语原，这便很可表示这种情形。

所以习惯较之惯例，为更能近似于传统。习惯是自然的、内面的，因此，是与生活的意识和历史的意识相结合。虽说如此，习惯与传统依然不能不加以区别。其最显著之点，为二者虽皆系传达过去，但习惯是从过去逐次逐次继承来的，可以说是看作个别的东西；而传统则常系把过去的看作是一贯的、统一的东西。同时，前者没有把事物还原到他发生的根源上去看的这种精神上的自觉，是单纯的被动，有时是被强制而加以继承的；而传统则系将其还原到过去发生时的精神，再加以承受，可以说是含有回向根源的意识。因此，这不是单纯的被动；不仅随伴着有由此以规制现在，希望未来的这种价值正当的意识，而且也含有很多实际构成从现在指向未来的生活要素。这不是单纯的规制意识，而实系含有实质的构成历史意识。在习惯中，当然也有生活意识，历史意识的活动；然而其历史意识还不是反省的，可以说不过是父亲所承受的东西，儿子也加以承受，这不是出于由此以批判现在、企划未来的选择，其正当的意识也不够充足。然而传统则对于其所传承的东西，常加以选择，并保有正当的意识。换言之，随着传统而批判传统，将传统加以再构成。习惯无法更新；而传统之中，则能含有更新的意识，能够一面随着传统以更新传统。习惯加于各人者，乃一种的规格的势力；而传统则有临之以主体的权威之力。人对于传统，不是单纯的拘束，而是服从其权威。

二、传统的两种意义

如上所述，可以明了传统一词，含有两种意义。第一是把既存的东西还原到其发生的根源，加以再审虑，而认取其影响于现在及将来之生活的积极的价值，因此而加以承受的活动与态度。此时所承受的东西，不是个个的事象，而是贯穿于事象的统一的生活样式。因之，这种意味的传统，是以高度的精神生活当前提；其生活样式常藏有弹力，决不能视为固定而胶着不动的模型。他随时都能自由地从现在追溯到过去，接触到他的根源；而同时因过去能对现在还有其势力，则传统的过去，不能不说其与现在乃系同时的存在。他不仅与过去的既存事象相结合，而是与现在结合，为构成现在的实力的要素。

传统尚有其第二的意味，这是不与现在同时存在；虽活动至现在，而不表现其积极的价值；可以说是因传统的习惯化而其内容变为一定的模型，以长期不变的传承物之形，从人转移到人的传统。这是普通所说的“传承”的意味。传承本是属于传统的。然而传承是因生活意识、历史意识的沉没，而被客观化为事象的样式，以保存自己。这样的传承，是我们可以直接用手去触到、用目去看到的东西。例如衣食住的样式，或为其资料的采集方法，或为交通劳动的形式，或为过年过节、冠婚丧祭这一类的行为，或作为语言传承的民谣、传说、成语等等。普通属于民俗学、民间传承学的范围极广的事象皆是，这都是属于传统的范围，都具备若干传统的要素。然而都是客观的、事象的，没有像前面所说的，以高度之精神生活为必要，然而事实上，也一定随伴着一种潜在的实践的生活意识。这一类的传统实极接近于习惯的领域。仅仅，一称为习惯，则系以生活意识、历史意识的固定化为主；而所谓传承，则对于第一意味之传统，有提供成为其资料、基盘的客观事象之意。因之，我们若说在习惯之中看传统，即感觉语言的混杂；但若说在传承之间看传统的要素，则丝毫无不自然之感。实际上，为明了第一的传统——有高度精神活动的传统，却须深入于客观的传承世界，通过这些事象，以看出传统精神，甚为必要。一说到传统，自然把第二意味的（传承）也包括在内；但这是属于传统之事象的内容，仅此，并不能明了第一意味的传统，即是并不能明了含有历史意识之自觉的传统精神。所以把传统特别看作是历史的传统的时候，则不能不以常随伴着有历史意识自觉的第一意味之传统为主。由上所述，传统的意味，应当大体可以明了。狭义的传统，应和传承、习惯、惯例这些名词区别开；他虽关系于既存的事象，然而不只是传承，而是归还到事象之渊源，再从渊源的地方回到现在，这样以向渊源之归还为媒介，因而意识到现在及未来的积极的价值，这是传统精神的特色，这是把过去与现在，把现在与过去，通过生活，通过历史，而加以结合的。可以说，过去与现在，成为同时的存在，以此为媒介，而企划未来的正当意识在活动着。此一性格，为一般理解历史的世界之基础；所以传统常常是属于历史的现在。理解传统，即所以理解历史的世界。

三、历史横断面的两层文化

历史的世界，不待说，根本上是时间的存在。所谓历史者，是在时间之中所发生的最复杂而且最广泛的事象。人很容易把历史看作是随着时间而从悠久的古昔流到今日来的一个流一样。真的，历史是可以说为时间——时代之流的。随便拿取历史的任何东西来看，其中不曾洗涤于时代之流，洗涤于时代之波的，可以说是没有。某种东西，固然今昔同样地继续活动于时代之中；然而许多事情，倒是沉浸在历史之流的底下而渐次被遗忘了。该有多少事情，是随时代之流而同在历史之中脱失，被葬送到彼方去了。可是，认真地想想，在时代活动中所落伍下来，马上被葬送于遗忘之彼方的东西，也带有历史的意义。因为被遗忘，也就是其历史意义之所在。谁人能断言其不再在新的历史意识之中，从被遗忘的底下再被唤起来呢？

人常喜把历史之流，比拟为川流一样。然而历史之流若比之于川流，则不能不想到这是由水质、水量、速度、方向，互不相同的无数水脉所合成，而且是全体地作成一个流的。拿起这样复杂无极的历史之流，而加以横断；在其横断面上，以流速缓的东西，作为基底，快的东西作为上层，这样的配列着来看的时候，则历史之流的横断面的构造，可以描写成为金字塔形的三角形。金字塔的底边，是流速最缓的东西，即是受时代变化最缓的东西。而其尖端，则是最能锐敏地表现其时代活动的东西。前者即被称为所谓传承的文化，这是普通形成民俗学内容的广泛的传承文化之范围。其尖端及近于尖端的上层部分，可以说是时代活动的中心，在各种地方，可以与传承文化相区别。现在把属于上层的称为上层文化，把形成基底的称为基层文化，试由下面所说的特色加以区别。

上层文化，是所谓狭义的文化，形成政治史、精神史、思想史内容的所谓个性的、有进步倾向的精神文化。生产这种东西的不是一般民众，而是少数的势力者、贵族、天才、有识阶级等。基层文化，则可以说是作为上层文化基底的集团的传承的文化。这里之所谓上层与基层，并非由阶级而来的区别。这是在时代之流中间来看的，是作为一个民族文化史之横断面的契机所拿上来的东西。一个民族的文化，任何时候，都可以从其中拿上这个契机来。没有基层文化，当然没有民族文化。完全不曾含有上层文化的民族文化，也是不会有的。民族文化，总是这两层文化的综合。

这里所说的上层文化之生产，多少有待于天才的能力。在许多场合，他是收留在记录之中，作为文献而被保存着；这与由于一般庶民所口诵，或仪式的循环而传承着的东西，是不相同的，上层文化，可以说是由文书所保存的。因之，这是何时由何人所生产，通常是可以判明的。若举这种文化的特色，则第一，很显著地带有个性的色彩；第二，其中藏有显著的进步的倾向。特别是对于第二种倾向看，可知上层文化不是追随着传承，而系超出传承的束缚，新开拓其自身活动的领域。即是，其中藏有对于基层文化的批判。藏有从陈旧中的解放，求性情之自由，对传承束缚之抗议等的要素。

基层文化，则系表现无名的庶民的日常生活。记录文献，完全不知道是由何时何人所生产，这是他的显著的特色。他们不能借文笔之力，由记录以保存他们的生活，并且也不感到有非保存不可的必要。他们保存的方式，不是记录，而是和年年岁岁的同样的循环的实践。实际，从眼到眼、从口到口、从手到手，这样相传的传承之力，有可惊的保存力量，较之由文书所保存的更为正确，这是民间传承学者所常称道的。原来他们不知道自己的生活有何等的社会的政治的意义。在此文化传承中，他们也不知道自己是在尽何种的作用。他们也不想知道。他们只是生活于乡土的集团的生活之中。他们的父亲所接受实践的，儿子也照样地接受实践。这种传承的庶民文化之特色，第一是年年岁岁，由约略同样的循环所保存；第二，这样的循环，和显著的集团的实践感情相结合。

四、传统在文化中的作用

将民族文化之横断面的构造，加以这样的考查的时候，则所谓传统的问题，在其中，究系有何种的意味呢？据前述的传统之义，则胜义的传统，决非传承文化的本身。传承的文化，并非如实地表现传统的精神；仅系以历史的意识，为传统活动的基础。传统的精神，不是完全离开传统的传承，而活动于传统之外的。传承，可以说是一切传统精神的形体化，然而传统不是传统的本身。胜义的传统，是传统的精神，是与高度的历史意识、生活意识之自觉相结合。既是如此，则传统是否即系与上层文化为同一的东西呢？

上层文化，是表现高度的精神生活，对于基层文化之没个性而言，他正是个性自觉的文化。形成时代之尖端的不能不说是这种高度的精神生活。然而不能不注意者，所谓传统的精神，和这并非直接一致。许多时候，个性自觉的表现，常与对于传统之批评抗议的精神相接合。例如，只要看近世自然科学的精神对中世思想之抗议，即可以了解这种情形。个性的自觉，常常对于没个性的东西，不缓其抗议与批评之手。这样想的时候，在上层文化之中，不能不说是横溢着从传统中解放的精神。指导此种活动的，是先人未开发的新鲜的更新的天地。

所谓传统精神，正如艾略特（Eliot）所说的一样，却是沉埋"个性表现之意志"的精神。据他说，传统精神，是"把现在之自己，不断地委托于较自己更有价值的东西的一种精神"；是"自己不断地牺牲，不断灭没自己个性之事。"在这种意味上，传统精神，却与不表现自己，将自己沉潜于对象之中的科学精神，是一脉相通的。优异的艺术家之精神，不在其个性之价值，而在于其沉埋自己，把非常多样的感情，形成一个新的结合体之精神的余裕，这恰像白金的细片，插入于被密闭的酸素与无水亚硫酸的室中，其自身不受何种变化，自处于中性的地位；但媒介两者，作出极激的硫酸一样。常常不能不采取一片白金之态度。诗人不是由其有个性而优异，而是因其自己成为触媒，把多种的印象与经验，以自己未预期的方法，加以结合的力量。意图表现个性，倒是诗人的谬误。诗不是个性的情绪之解放，而是从自己情绪中的逃避；不是个性的表现，而是从自己个性中的逃避。艺术之情绪，是没个性的。诗人是把自己完全委置于制作之中，他不仅生于现在，而特别是生于现在的瞬间，即生于传统之中。他越是没个性的，他越在传统之意识中媒介其作品。（艾略特《传统与个人的才能》）

这样想的时候，传统也不是基层文化，也不是上层文化。然则传统——传统的精神，在文化之流的横断面，应该是占怎样的地位呢？我觉得传统是将基层文化与上层文化加以内面的结合，为了将其形成一个民族文化而发挥其统一作用、形成作用的。失掉传统的精神，则基层与上层，将各走完全不同的方向而互相乖离。传承，是不动的过去的沉淀物；而上层则是为进步而求进步的尖端；两者的方向，完全成为矛盾反对的。然而二者能结合为一体以形成民族文化者，正因为传统精神，能将二者收纳于其中，将其返还于其源泉，因而使两者能深深地从内面融和为一体。

传统的精神，虽如艾略特所说，是没个性的，专心集注于形成的精神，然艾略特对于传统所说的下面的话，到不能不加以注意。“从祖先所遗传的这种传统的唯一的形式，若是马上把前代遗下的成果，盲目地、兢兢业业地加以固守，追从于其惯性，则‘传统’确是精神的萎缩。……但是传统应较之于这有更广的意味。……传统含有历史的意识。此种历史的意识，过去不仅是作为过去，而是使其认识在现前的事情，并将自己之时代，纳入于其骨髓之中；同时，感到荷马以来，欧洲文学之全体，及自国文学之全体（与作者的现在），是同时的存在，构成同时的秩序，以这样的感情，而使作者执笔。”（同上）我觉得艾略特这里所说的“同时的存在，构成同时的秩序”的话，有极重要的意义。传统如何能综合统一传承的文化和上层文化？实在系由于传统的根柢所具有的“同时的存在”。在这里，百年千年乃至更古的既往的文化，一切都是既藏有出生时的根源，而又是与现在同时并立的。在传统，千年往古，亦犹遇之旦暮。不仅如此，往古实系生于这一现在的瞬间，传统是一种热情。而这种热情乃系负载他，及使其负载他的一切东西，生于此一瞬间，生于此一眼前的现在之热情。没有此种热情，即到底不能有创造民族文化的气力。

只要有民族文化，则向传统的热情，不论在何种场合也不会消失。因为传统就是通过基层上层，以发挥精神之统一力的。

一九五三年四月一日《民主评论》第四卷第七期

爱因斯坦论自由（译）

讨论根本底价值判断，我知道这是一个绝望底尝试。例如，纵使有人所抱的目标，是要使人类从地上归于毁灭，但对它还是不能站在合理底根据上去加以反驳。不过，若是对于目标与价值已得到意见的一致，则对于为了达到目标之手段，是可以作合理底议论的。在这里，我试提出读者都能赞成的两个目标。

一、有功用于维持人类生命与健康的物质资具，一切人应该能以最少的劳力去加以生产。

二、使身体的各种必要得到满足，这正是圆满生存所不可缺的先决条件；但在身体的本身并不充分。为能得到满足，人人应随各自的性格及才能，在可能范围内，须具备使知底能力、艺术底能力得到发展的可能性。

这两个目标中的第一目标，需要关于自然与社会过程的各种法则的一切知识；即是需要一切科学底努力向上。因为科学底努力，是一个自然的全体；其各部分，以谁也不能预期的方法，而互相支持其他部分的。然而科学的进步，是要以其所得的一切结果或判断，能无限制底被传达出来为其前提，即是要以在知底努力之全分野，有表现与指示的充分自由为其前提。所谓自由者，我认为是指如次那样的社会诸条件。即是，关于知识一般底、或特殊底的事项，而表现各种意见及主张时，不致给表现者以危险或重大不利的社会条件。此种传达的自由，对于科学知识的发展与扩张，是必要而不可欠缺的。考虑这一点，实际也是非常重要的。首先，这种自由，不能不由法律加以保证。然仅靠法律，不能确保表现之自由。一切人们，为了能够不受惩罚而可提示自己的见解，人们彼此之间，不可没有宽容的精神。这种外部自由的理想，并不能完全达成。可是假使要尽量推进科学底思惟，哲学底，创造底一般思惟，必须不断追求这种理想。

为确保第二目标，即是为了确保一切个人精神发展之可能性，现在更须要一个外部底自由。若为得到生活必需品，而把个人活动的余暇或体力，完全消耗尽了，则精神得不到发展。没有第二的外部底自由（按指有余暇及体力），则发表的自由也成为无用。若是合理分业的问题能得到解决，则技术的进步，能提供此种自由的可能性。

为使科学、精神一般的创造诸活动能够发展，更须要别种的自由。这是“内底自由”。思想脱离权威或社会偏见之诸制约，及非哲学底常套说法与一般习惯等而能独立，这是从精神底自由来的。生而具备此种“内底自由”者很少，此对个人而论，应成为一个有价值底努力目标。然社会对于此种目标之达成，至少也应不加干涉而能大有贡献。各种学派，若行使其权威的影响力，或强制青年作过多的精神负担，可以干涉到“内底自由”之发展；另一面，由于奖励独立不羁的思索也可以助长此种自由。只有意识底不断追求外底、内底自由的时候，才有精神发展与完成之可能性，才能有改善人类外底内底生活之可能性。（译自 *Freedom Its Meaning* edited by Ruth Nanda Anshen; Harcourt Brace And Co. New York, 1940.）

一九五三年五月一日《民主评论》第四卷第九期

按语：《科学与人文之理则》①

编者谨按：本刊今后希望多有这类分量的评介文章。洛索普教授的最大贡献，恐怕是在提出世界上不止一种科学方法；并指出不是方法决定问题，而是问题决定方法。但他在论到东西哲学之不同上，不仅忽略了印度在知识论上的努力，且未能从东方所提出之问题上以了解东方人所用之方法，而无形间只在“哲学”这一笼统的共同名词上来理解所谓东方人的直观方法等等。这是说明他在研究问题时，并未能真正应用“问题决定方法”的见解；因而他便如殷先生所指出的，没有真正抓住东方人所追究的问题——如中国的伦理道德问题，因而也不曾真正了解东方人对这些问题所用的方法的真正评价。洛索普氏想跳出“只有一种科学方法”的窠臼，而实际尚未跳出，由此可见融通中西文化之难。

一九五三年九月一日《民主评论》第四卷第十七期

① 殷海光著。

《民主政治价值之衡定》读后感

《民主评论》四卷十八期发表了唐君毅先生答复我的一封长信，标题为“学术思想之自由与民主政治”，我并在前面附加了一段按语。后接劳思光先生来函说他是赞成唐先生的说法。我即复信谓我另有一文讨论此一问题，即《学术与政治之间》，请他看了此文后，再把他的意见写出来。这里所发表的就是劳先生的意见，我很感佩劳先生负责的态度。

劳先生此文，大体可分为四点，有三点是批评我的《学术与政治之间》一文的，最后一点是说明他自己对民主政治的意见。现在我把读后的感想简单地说出，并供读者参考。劳先生第一点是提出“唐以文化精神为民主政治价值之可能基础”，所以认民主政治为第二义的，而我“则以此平行关系为假定”。劳先生认为“一谈价值，必不能离开自觉活动”，“民主政治必不能仅看作一事实，而必须看作活动”，“不能说它不是全副的自觉活动之一部”，“自觉活动整体是文化精神的所向”，所以由此“实化”出来的民主政治的界域，“非与文化精神为平行者”；而我以二者的“平行关系为假定”，“系一不能成立之假定”。

但接着劳先生从我的标题和内容看，认为我谈的是“具体文化成绩”（学术）和政治的关系，而知道我“所要肯定的只是政治界域之独立性”，这种独立性也是劳先生所强调的。既是强调独立性，则其与“具体文化成绩”之间，自然是“平行关系”而不是“主从”关系，所以劳先生对于此点的结论是“皆是无可非议的见解”。不过劳先生觉得“全副精神之为大本，与此独立性不可能有冲突”，在我的观点中，似乎是有了冲突。同时我和唐先生“所说理论范围不同”，我对唐先生所提出的论点，似乎是文不对题。而更重要的是“此二问题本应连贯地说，而双方竟未如此”。

我非常抱愧，因为我的文章写得不太好，所以害得劳先生没有把拙作看完就急于写自己的文章了。否则上面许多话，在批评的立场上，似乎可以不说，或者则要变了样子说。因为我在自己文章里很清楚地说明，根本不是否定唐先生的说法，而只是觉得此种说法可能在社会上引起误解。用劳先生的话说，即是觉得唐先生“从未指出政治界域之特性，及政治界域中活动之形式条件”，这不仅“是一遗憾”，而是在民主政治的原则尚未确立的区域中，去增加许多混乱甚至增加其难产的过程。并界照劳先生的解释，则一切具体的学术，对“全副精神”而言，都应是第二义的。此第一义、第二义的区别，不对其他学术提出而仅对民主提出，其容易引起误解，将是必然的。所以我要把唐先生未说的这一面，即是把政治与学术，都作为一客观的具体事物，将其界域策划清楚，以澄清当前民主进程中由此种缺憾所来的障碍，具如拙文所指述。把这一点弄清楚后，再在担当政治的人的主体上，完全承认唐先生的意见；并且强调只有富有人文精神的人，或者说真有人生自觉的人，才能真正了解民主政治，才能真正为民主政治之实现而作现身的努力，这是拙文后面大段的内容。我是要把问题应在什么地方分开，应在什么地方合拢，弄成一个清楚的“连贯”，而害怕眉毛胡子一把纠的连贯。在我的全文中乃至在过去的几篇文章中，似乎不应该使人误会我是在“否定文化价值为民主政治价值之基础”。不过我要强调地补充一句，民主价值的本身即是一文化价值，原因下面还要提到。

不过，在这里，我还要简单提出两点意见：第一，从文化的意义讲，每一思想通过文字语言而表达出来，对某一时间空间而言，都是一服药（借禅家用语）。因此，我们说话，首先应把说话的分际弄清楚以免使药不对症。尤其是某一与人生有关的问题，完全顺着一个抽象的概念讲，和落在具体的问题上讲，这中间必有一种不可少的曲折。现在是时代压迫着我们写文章讲话，所以落在具体问题上讲，考虑具体问题的反应而讲的成分特多。于是由分际不清所引起的不良影响，特须加以注重。例如根据“自觉活动”而要求民主政治，固然是好的。但即使是愚夫愚妇，根据他现实生活经验而要求民主，说不上出自文化精神的自觉活动，但它与哲学家之要求民主，其价值并无丝毫贬损。否则只靠有自觉活动的少数哲学家，很难实现民主政治。此时拿此种价值尺度以贬损社会对民主政治的要求，事实上对此要求即系一种阻力。我曾经看过劳先生在《民主潮》上发表的一篇《反共纵横谈》的大文，他从经验的反共，到“最高理性”（因原文我记不清，这四字是我拟议的）的反共，大约分为五个或六个层次；只有站最后一个层次反共的才有其妥当性、必然性，其余的都是不可靠的。我看后心里非常着急：这世界上假定只有百把几十个讲观念论的哲学家反共才可靠，其为必然失败无疑了。一个人因为共产党杀了他的父亲，夺了他的妻子、财产，剥夺了他生存的自由，他以此经验事实而反共，和一个从概念上来的反共者，在客观标准上我不觉得有何价值的高下或妥当性的多少。他所经验事实之为不合理，则其反对共觉即为合理，此与他对合理根据之是否自觉并无关系。一个经验事实之真，即为理性之实。所以我不很相信到处建立金字塔，而自己坐在塔尖上的说法。

第二，“全副的精神有大本地位”，由“全副的精神”“实化”为民主政治，二者之间，固然不好说是“平行关系”，但亦不好说是第一义、第二义的关系（方便的说法，自然无所谓）。“全副精神”实化为民主政治，不是像孙悟空拔一根毫毛来变成另一样东西，孙悟空自己却躲在后面暗里发笑的神气。由“全副精神”而来的对民主政治的活动，此一活动的本身即“全副精神”之全。此时的“全副精神”，只是通过“民主政治”而毫无余剩的表现。推之，所谓“全副精神”，应在人的每一活动中而呈露其全体，不论是搬柴运水。只要有此一“觉”，其中即不能存在有半丝间隙，如何能安上次第等差等观念。这种意思，大明于华严宗之“十玄门”，如“同时具足相应门”（海水一滴，具百川味）等。禅宗亦以此而说“佛众不二”，程朱亦以此而说“物各一太极”。黄冈熊先生的《新唯识论》的中心观念为“体用不二”，都是此意。这不可以拿在科学知识上讲，但谈“全副精神”的大本，恐怕应该如此讲的。我不能证会此种讲法之“实相”，但从文化意义上说，这在科学与民主精神未能透露出来的东方，只有如此讲法，才能成就个体，才能成就个体与个体间之平等自由的关系，以成为“万物并育而不相害”的宇宙。这恐怕是一副仁的“全副精神”在那里发用。许多先生谈问题时，不知不觉地流露出“万般皆下品，惟有哲学高”，而哲学中又只有讲观念论的最高的气概。我觉得是可以考虑的。

劳先生大文的第二点是认为我以质与量来区分学术与政治的说法，是“大生问题”，“随意立论”。我根据什么而以质和量来区分学术与政治，为什么我要提出这种区分，以及由量所保障的质（目的）与夫量所根据的质等问题，在拙文里已经说得清楚了。由劳先生“层次发生混乱”的话推断，大概劳先生所说的这一段话，是另一层次的问题。唐先生来信说质量的区分，原则上可以同意，大概也是未考虑到劳先生所提的另一层次或另一回事。所以这只算是各说各人的话。

劳先生第三点是说“合理建立之民主政治，必须通过更高的精神”，而倚仗此一“新文化情境”，不可像我说是“一种解释”。劳先生要根据更高精神来创造新文化以建立更好的民主政治，这是很大的另一问题，和我所说的“解释”全不相干。我因为先把学术与政治相对地提，接着说把政治作理论的解释，也是一种学术；等于说有现实的政治，又有书本上的“政治学”；又如房屋是一事实，对房屋构造之各种原则加以解释叙述，则成为建筑学一样。这是极常识的一种说法，不必牵连到劳先生创造新文化的问题上去。

劳先生的第四点是他自己对民主政治的基本看法，他把“现有民主政治，视为未长成”。他说他的“此种态度，易招误会，但实相如此，无由改辙”。劳先生有许多话，大概因为理论太“严格”的原故，为我“常识的心灵”所不了解，如“国家本性”、“超个人事件”、“实相”之类。这对我个人来说，只好存而不论。但就劳先生这些话中我所能了解的提出两点补充意见。

首先，劳先生认为“民主政治与逻辑及经验科学，如此复多主体并立之境域之两面表现”。劳先生所谓“复多主体并立境域”，指的即是重智精神。劳先生认为民主政治是由重智精神所流出的。劳先生认为这是“直透文化活动之内层”，因此“对此种历史进程之真相，了如指掌”。作这种说法的不止劳先生一人。但其实，这不过是一种过分的推论，并不合历史事实。第一，民主政治之出现，只是历史上由各种因缘所凑合成的事实，并非出自某些人理论的推演或理想的要求。亚里士多德提到民主政治时，也是和其他政治等量齐观地加以叙述，并未特别强调它在政治上的价值，只不过不像他老师柏拉图样彻底反对而已。近代民主政治的开始实现，是一步一步地逼出来的。到了十八世纪的启蒙运动，才确定地把民主政治作为政治的理想。其推动当然和重智精神有关系，但并不能说是重智精神之所产。这种关系为什么又不可以移到重德的文化上去？重德的文化，承认人性尊严、人性平等，这些观念又为什么不可以推动民主政治？总之，民主政治的出现在先，对民主政治价值之确立乃至解释，则是事后的追认。假定追认者是出于重智精神，也不能因此而说重智精神是民主政治之因。假定以民主政治之非自觉的事实存在，亦为重智文化活动的自然结果，则重智文化之出现与成就，未免估计得太早太过了。其次，就劳先生所引的希腊例证说，据我所知道，希腊的雏形民主政治，来自其 polis 的生活团体。而希腊文化向科学方向的伸进，也与其 polis 有关。这一点已经有许多人提出有力的研究。而 polis 则来自希腊民族对原有土著敌对民族之自卫而形成的，并非出自希腊的知性活动。所以若仅从理论上去推，则重智文化固可以产生民主政治，重德文化一样也可以产生民主政治。凡是代表人类正面精神的都需要而且可能产生民主政治。但民主政治之是否真能出现，首先是决定于其历史的许多条件，不必一笔写到重智文化的内层上去。

其次，我也曾经在《儒家的基本政治思想及其转进》一文中说过，西方民主政治中的权利义务的关系，是由外面逼出来的，所以基础不巩固，不易安放得稳。我主张民主政治的基础，应该向儒家精神转进一层。但这与民主政治之成为一政治的形式、政治的架子，因而可成为政治生活方面的常轨，并无关碍。因为客观的民主政治，既然只是政治运用的一副架子，则在这副架子内，既可以发展知性活动，也可以发展德性活动，当然更不会妨碍人在这一架子之内创造综合东西文化的更高的新文化活动。纵使它是从重智文化产生的，但产生之后，并看不出它妨碍重德文化的活动。等于一个自然科学家发明了电灯，自然科学家固然可以利用它，艺术家、宗教家一样也可以利用它，而不必一定须追问到要由科学、艺术、宗教等综合精神的人创造出的电灯才算理想。在没有创造出更高的新文化以前，我们也可以求得此一形式之实现。在已创造出新文化之后，大概也不会根本改变此一形式，则何妨先以此一形式之实现为目的，先作共同的努力，而要无形地把问题推到未来呢？又何以见得此一政治形式之出现，不会给有志创造更高新文化的一种鼓励或更多的便利呢。民主政治在各种思想文化的面前，它自己永远是一张白纸，否则不是民主政治。

十一月十七晚于台中

一九五三年十二月一日《民主评论》第四卷第二十三期

线装书里看团结
——答客问

中国的道德有五大“德目”，即是“仁义礼智信”。把“信”放在末尾，大有道理。

茶由苦而变淡，日由午而向西；主有倦容，客无辞意。主人心里正盘算着怎样可以打开这小小的僵局，客人似乎有点感觉，便带笑地向其开腔了：

客：你并没有读很多的线装书，却时时为中国文化当辩护人。当前为了反共抗俄的胜利，大家觉得非团结不可；可是如何地去团结，大家又似乎尚无信心。你们的中国文化里面，有什么可以领教的吗？

主：因为没有水果给你吃，又要和我过不去了。中国以前有团圆、团圆这一类的话，都是好字眼，可是范围似乎不出家庭骨肉之外。现在既不是家庭政治的时代，所以团结的意义，当然不是指的这种家庭的团圆。而四书五经、程朱陆王的书里面，好像找不出团结这一名词；这一名词的出典我不清楚，但恐值是近几十年才流行的……

客：中国文化简直要塌台了。这样重大的政治节目，连名词都找不出来。

为甚么不团结?

主：且慢。中国圣人虽然没有使用这种团结的名词，但确实很重视团结的实际。为什么不团结？因为彼此不相信。能够彼此相信，团结自然不成问题。孔子的抱负是“老者安之，少者怀之，朋友信之”。搞文化的朋友、搞政治的朋友能够互信，团结的问题便解决了。孔子认为政治的三大目标，是“足食，足兵，民信之矣”。“民信之矣”，用现在的话说，就是社会间的互信，社会与政府间的互信，即是国家的大团结。并且孔子认为假定三大目标因遇着环境困难，不能同时并进，而须暂时放下一个或两个时，则只好“去兵”，甚至“去食”，而决不去信。孔子觉得一个没有互信的社会，没有互信的国家，便是一个“万人对立”的社会和国家，一切都要完蛋。这是孔子“民无信不立”的真意。老兄！你看，中国文化对于政治问题，是不是主张团结高于一切呢？

客：你说的也有点道理。但是一个国家该多么复杂，要彼此互信，真不知从何下手？对于这一点，足下从中国文化中得到点什么灵感吗？

主：老兄对于中国文化未免太不沾边。中国文化谈到这种问题，很明显地有一个一贯的主张，即是要人君（现在的所谓政治领袖），首先承认天下是可信的，问题是在自己能不能为天下所信。人君能为天下所信，天下就团结了。假定人君不先问自己值不值得为天下所信，而整天地要问天下是可信不可信，整天地要从天下中找出不可信的成分把它去掉，只留下可信的一部分来作政治的资本，这是幻想着天下乃为了他个人而存在，好像午餐时桌上的菜是为我俩人而存在的一样，于是只管择合口味的向自己的嘴里塞。这是今日共产党的做法，岂但说不上团结，势非弄一个你死我活的结局不可。因此，中国文化，总是劝人君“以信治天下”，而不要“以疑治天下”，信是从人君下手的。这种道理，在我《中国的治道》一篇小文里引用陆宣公的话，说得最清楚。老兄假定肯花三元台币买一本《民主评论》看看，一则可见我不是信口开河，二则也算是捧了我创办刊物的人的场。

“心的动机”的问题

客：够了够了，足下既吹了大炮，又为自己的文章作宣传，并且还想向穷朋友推销你们的刊物，真是够了。不过，假定真像你所说，中国文化就难怪人说这是书呆子的玩意儿。政治是争权夺利之场，稍不仔细，便会“一失足成千古恨”。“高明之家，鬼瞰其室”，何况一个最高权力之所在，该有多少鬼窥伺着；这如何能“以信治天下”，如何能期望天下能信我。足下不要引商鞅徙木立信的故事作解说。纵使这故事是真的，但若有人应用到现在，那才真是一桩大笑话哩。

主：老兄，不，我不喜欢中国的法家，那是法西斯的勾当。我不把它看作中国文化。中国文化在这种地方，常常要发掘出一个最根本的问题，就是负政治责任者的心的动机的问题。心的动机是出于“义”或是出于“利”，是出于“私”或是出于“公”，这是信不信的试金石。除了这种大分水岭以外，还要更具体地牵涉到道德的内容……

客：算了吧！两个人都没有睡午觉，你又扯到道德问题上去。道德两个字已经够腐了；把道德夹在政治问题中去，讲政治学的会骂你概念混淆。像我这种人，也只好昏昏欲睡了。

主：政治是以人为对象的。谈来谈去，最后总要落在道德问题上面。今天我们不谈政治和道德的关系，以免扯得太远。你可否提提神，让我把话说完？

（客眯着眼睛点点头。）

主：中国的道德有五大“德目”，即是“仁义礼智信”。把“信”放在末尾，我以为其用意是，信是要以前面四个德目为内容，为先决条件，而信则是前四德目的结果。仁的反面是麻木，所以仁是痛痒相关。假定政治上麻木不仁，只想到自己，不想到他人，甚至总要他人当自己的工具，这便是不仁。人会信你，能和你团结吗？“义者事之宜”，是处事的一种人我共同的客观标准。假定政治上只有私人好恶而无客观的是非，这就是不义。人能信你，和你团结吗？礼是重分际，重秩序，各守范围，从政治上说，即是“法治”。假定政治上只求发泄个人的欲望，不怕僭夺旁人的职权乃至破坏国家的体制，这就是无礼。人能信你，和你团结吗？智是把是非利害能看得清楚。假定政治上既没有是非，又不明大利大害；快一己之意，不顾社会的反映，不管将来的结果，这就是无智。人能信你，和你团结吗？不仁不义，无礼无智的人，它决不信人，人自然也不信它；它决不想团结人，人自然也不和它团结。中国把“信”放在仁义礼智的后面，意思是说要能仁义礼智才能信。信才是团结，才能团结。你觉得这有点道理吗？

客：解释得虽觉牵强，倒也腐气不重。好了，时候不早了，你的小孩子们放学回家团圆了，我也应该就此告辞了。

主：不再坐坐吗？唉，这些小东西一回来就捣乱，我真有点害怕。

客：哈哈！你这个人真可笑。刚才谈得天花乱坠，现在连小孩子回家来团圆你也怕他们捣乱，你真是忝为家长！今后还是少谈团结问题吧。哈哈！再见。

主：你借机会教训我了。你不知道，现在的小孩子，回家时假定门开得迟一点，它们便会骂到我这一份家长身上，弄得家丑外扬，真是“世风不古”。哈哈！再见！

一九五四年一月廿三日《新闻天地》第三一〇期

近代的精神与批判的精神*（译）

一、中古、中世、近代

先由与中世纪的明显对照，而可给近世以特色。中世是“神中心”的世界；而近世则是“人中心”的世界。所谓神中心者，是以教义——作为神的语言的教义——之光来看事物；而这种光，恰是由教堂里薄暗微摇的蜡烛之光所象征着。所谓人中心者，是拒绝过去一切传统的权威，仅用自己的眼睛，而且是在明朗的自然之光的底下，来看事物的原有之姿。对照着明朗的近世而称中世为“黑暗时代”虽说过于夸张，也未始毫无道理。然黑暗与白日之间，不能不经过黎明的时期。所以认为由黑暗的中世陷于破局——由一种的暗转（Dark Change），遂一举而出现了明朗的、近世的这种激变说或破局说（Kalastrophen Theorie）当然不能承认。此一事实，对于疑尽一切传统的权威，只以最后所剩下的怀疑之我、思考之我为其出发点，而成为近世哲学之祖的笛卡儿，也可以这样的说。浅看，好像完全与中世绝缘而系彻底新生的笛卡儿体系，但当其形成体系之际，中世思想对他是发生了

---

* 淡野安太郎著。

如何巨大的作用，这是由纪尔孙教授绵密的考证所证明了的（E'tienne Gilson: *Etudes sur le Role de la Pense'e Me'dievale Dans, la Formation du Syste' me Carte' sien*, 1930）。我们至少对于“观念的历史”（Ideengeschichte），不能不承认它是连续的。可是，同时对于“精神的历史”（Seelengeschichte）之非连续性，也不能加以忽视。为了使各个时代成为一个特定的时代，它便不能不具备与其他时代不同的独自性格，即是所谓“时代神精”。

所以，近代人有其近代人所特有的精神态度。近代人打开中世薄暗的教堂之门，跨步走出门外，此时摆在眼前的，是照耀于太阳光下的事物原有之姿。从自然原有之姿以观察事物，近代精神遂由此而诞生了。然而，近代精神，决非在什么也不知道的小儿状态之下所产生的。近代精神出生的时候，人类文化已经有二千年的历史。近代人之所以拒绝传统的权威，仅系对于在近代背后的中世。越感到中世的东西是一种黑暗，越对于一度繁荣的古代文化，便越感觉其光辉明朗。特别是古代文化——如希腊雕刻所示的典型样——系以事物原有之姿来看事物的文化，这非引起近代人的关心不置。即是，想从原有之姿，来看事物的近代人，在希腊古典之中，找出了可资学习的模范。所以在近世初头的自然研究与古典研究，初看，好像是相反，但它所希求的实是一个；究其极，这是想在自然原有之姿来看事物的一种愿望的表现。所谓 Renaissance（再生）者，不是单纯的“文艺复兴”，而是古代精神态度自身的“再生”。

然而，近代还是近代，并非古代单纯的循环。因此，虽说在原有之姿来看事物的古代态度，再生于近世精神之中；可是，若更深一层去看，则可知道同样是“在原有之姿来看事物”，而古代的态度与近代的态度之间，毕竟存在着不能忽视的重大差异。今日一般之所谓学问，都知道是发祥于小亚细亚的米勒托斯（Miletus）。这是当时物资活泼的集散地，物质相当的丰富；所以住在这里的人，自然得到精神上的宽裕。成天忙于“从手到口”的生活的人们，对于一切东西，仅在现实的必要上发生交涉；但物资上、精神上都有宽裕的人，就能离开现实生活上的必要，纯粹以“眺望”的态度来看一切的东西。眺望是以细长之眼，从容凝视的样子。生活忙迫的人的眼睛，常是又大又圆地睁着，以紧着于对象之上。而以精神之宽裕来眺望的人，其眼与对象之间，常介在着相当的间隔。但是，作为古代态度之特质而为我们所不能忽视的，是希腊人所眺望的对象，决非是冷冷地站在人的一旁——虽然保着一定的距离，但依然——而是环绕着人的生活，与人共同生存着的。我们惯于把东西呼为对象（gegenstand，面对我们站着的东西），所以这里也说“希腊人看的对象”；可是，实际上，在古代，被看的东西与看的人，决不是两相对立的。对希腊人而言，认为自然也是环绕着我们的生活，与人间同样有生命的东西。换言之，希腊人决非把自然放在自己的一旁，冷冷地去直视它；而是感觉得自然也和自己一样，甚至是孕育出自己的母亲，以亲切之眼去加以眺望。希腊人以圆形来表象完全的东西；而无限的东西，却认为是不完全的。这种想法，和它们眺望的看法连结起来也可以了解的。它们认为一切善的东西，都是有界限的，有限的东西；无界限的，无限的东西，却是无秩序的，恶的东西。因为希腊人把无限认为是有限以下的东西，所以希腊的数字，不仅自觉地回避无限的概念，而且积极地加以排斥。

对于这，近代人走出薄暗的教堂，来看照耀于明朗的自然之光的对象时，把对象作为是对立于自己之前的去看。当然，眼前所看的东西，是极有限的；可是一般总不以为对象只尽于此；在其背后——即是在自己的对面，应该还有无限的各种各样的东西。以有限的东西为未完的东西的近代看法，只有以那种直线的眺望为前提时始能成立。当西班牙活跃于海洋探险的时代，它的货币上是刻着“还在对面”（“Plus Ultra”）的标语。被充满调和的自然所环绕，完全成为“自然之子”，而很安静地住着的希腊人精神，很可以称为古典的；而对于有限者的不完全，不断感到不满与不安，因而无法抑制其向无限者的憧憬的近代人精神，若能以浪漫的为其特色，则这种浪漫的近代精神，我想，正可把“对面还有”这一名言所含的宝贵意义加以一般化，由此而将其确切表现出来。

二、启蒙思想（一）——合理主义

近代精神，是不能安息于有限者之中的精神，是不能不憧憬于无限者的精神。满足此种不能自已的内在欲望的“无限者”，当然不能是单纯“无界限”的消极而空虚的东西；其自身不能不是作为积极而实在的无限。作为实在的无限，作为真实意味的无限，不是由有限的延长所能求得的，而须在有限之否定上始能求得，这恰似真正的永远，并非是单纯底无限长的时间，而须求之于时间自身的超越。怎样长的时间，也不是永远。一年是有限，一万年也是有限。永远是超越长短，即是，不与有限作对比，有限的自身被否定、被超越，永远不能成立。所以无限不是 Endelos，而应该是 Un-endlich。而且为了真正能超越有限，首先不能不把有限的东西穷尽到它的极限。

于是，与中世一切权威绝缘的近代精神，先以“你应有服事于自己悟性之勇气”作标语，将过去由启示所给与的真理丢掉，只由自己自身之力去重新发现。若是想把一切东西置于“自然之光”之下的努力，即系广义的启蒙运动的基调，则启蒙运动，应该是由太阳排尽浮云、照耀万物的景象所象征着。这样，则从直接自明的公理出发，通过纯论理所演绎的命题，一步一步地，确实向合理底、必然底体系前进的数学方法，当然成为学问的思考方法的理想。理性不仅是一切认识的渊源，也是贯穿全般现象的真理的根芽。此超个人的理性，才是形造着最深意味的人性之本质，同时又是把内的人与外的世界加以结合的东西。盖同一的理性，既作为实行认识作用而支配着人间，同时又作为宇宙理性，即是作为 loges 而支配着世界。固然，映在我们感官的单纯自然或单纯事实，虽含有许多非合理的东西，但这不过是惑于感官之迷妄的结果，若在“永远的形象之下”来看的时候，则一切的东西，都会从这种假象的歪曲中纯化出来，恢复其本来的真面目。

这样想着的合理主义，它想使全存在都隶属于悟性法则的体系之下，以完成包括底知性底文化。而且成为他们基本立场的理性，是超时间的，所以合理主义，对于一切历史实证的东西，都不能认其有深的意义。它不顾虑传统与事实，大有仅凭自己自身之力，便能够，并允许从头创建一切的气概。对于现实国家而提出理性国家，对于既成宗教而提出理性宗教，对于实证科学而提出合理科学以使两者互相对立；而且在后者绝对优越之前，要求前者之归于灭绝，其原因也正在于此。它们不仅轻视外的事实，且亦轻视内的事实；人的内生活中，感觉的、感情的、意志过程之全领域等等，或被轻侮，或被忽视，有时且加以敌视。更进一步对于作为美与圣之源泉的构想力的世界，也将其活动的所产，当作单纯空洞的东西，要尽量监禁在一个狭窄的界限之内。然而构想力之被监禁，不仅使美与圣的源泉枯竭，即在理论的世界中，也招致创造活动衰落的结果。合理主义的启蒙思潮，一般缺乏平静容受内外世界中的丰富、美丽、生命无限之多样性的心量。尤其是成为存在之背景的幽玄的东西，充满润泽的深暖的东西，毕竟不能为它所理解。所以认识的太阳，虽照遍大地；但此一合理主义的国土中，没有得到春的温暖；人们依然被闭锁在冷冷的理性的冰窖之内。爱也不是从心脏生出的，而是从头脑生出的。“神的知底爱”，从心灵贫乏者的灵魂中，不能不说是离得很远了。

幸而赖有富于丰富的思辨构想力的莱布尼兹，为合理主义开辟了丰饶的途径。被称为形上学之诗人的莱布尼兹，能把值得惊叹的很多方面之理解加以调和包摄的此一思想家，其自身确是一个 cosmos（有秩序的调和的宇宙）。他的体系，真能典型底表示出托身于理性之翼，以翱翔远举的样子。融入于莱布尼兹丰富的形上学的思辨之中时，通常认为不相容的机械论的世界观和目的论的世界观，也好好地调和成为一个体系。据他的意见，原子论者们单纯想定不可分、不生灭的原子，是正当的。然而他们同时以这种原子为物质的东西，则是一种矛盾。盖物质的东西，不能不有延长；而且有延长的东西是可分割的，不是单一的，因为它是由其各部分的离合集散而生灭的原故。所以自然的真正原子，即是能成为事象真正要素的东西，必系没有延长的非物质的东西。这才是真正实在的单位，所以可称为实体的原子（Atomes De Substance）。为了把上述的意味简洁地表现出来，莱布尼兹特选出希腊语的 Monas（=Unit），而称之为摩拉托（Monado）。

摩拉托自己是一个实体，所以绝对是独立活动的中心。即是，起于摩拉托内的一切活动，仅能完全从它自身发生，任何外在原因，都不能影响它与以变化。“摩拉托没有可以出入的任何窗子”，则我们目击的事物间之相互作用，及万有之齐一性乃至宇宙的秩序等事实，怎样可以说明呢？——摩拉托本来是根源的东西，所以它不能有完全的发生，不能有完全的死灭。通常所称为“生”的东西，是展开与增大；所称为死的东西，是包藏及减少。即是摩拉托无任何的飞跃，而只有连续的变化。莱布尼兹说，一切的实体，在其性质之中，仅含有其活动的连续律（Lex Continui=Law of Continuity）及一切已起来的与将起来的东西。所以摩拉托是包含发展的全历史。然而这决非原封原样地包含发展全历史的无限多样的内容，仅作为表象而包含着。盖在一切力之中，仅表象之力（Vis Repraesentativa=Representative Force），能将多样表现于单一之中。摩拉托虽非由其他摩拉托而存在，但是与其他一切的摩拉托而共在。若将一切摩拉托之全体称为宇宙，则可知一切的摩拉托，仅在此宇宙之中，离开此宇宙即不能存在。因此，各摩拉托的表象中，含着有与其他一切东西的关联——即包有宇宙的本身。在这种意味上，一个一个的摩拉托，是一个被压缩了的宇宙，即是一个小宇宙，一个小世界。这恰像照出宇宙之姿的一面镜子；但没有窗的摩拉托，决不反射出从外面来的东西——不是死镜——而是由自己之力来作出其映像；所以这是活的镜子，而且是宇宙的永远活着的镜子。

然则各个摩拉托，如何能互相区别呢？据莱布尼兹说，这个世界，好像一个家族，宛如一个家族之内，各家族员充满了家族精神，但仍有各种不同的个性；和这一样，在大的世界家族中，各摩拉托各以独特的方法表象同一的世界。而且宇宙是无限大的东西，摩拉托是无限小的东西，所以个个的摩拉托的表象想达到全宇宙的完全的表出，绝不可能。于是一切摩拉托，各以其被限制的方法，仅能作不明晰的表象。所以各个摩拉托，由其所表象的清晰的程度而被区别着，形成由最低的阶段到最高的阶段的一个系列，而各占有一固有的所谓形上学的位置。这样的，一切摩拉托各在其位置上表象着宇宙，同时都朝向着无限的全体，莱布尼兹称这为由神所预定的调和。即是，莱布尼兹的体系，认全自然界为神之家；全道德界是神的家族；而且神是家的建筑师，是其家族的家长；所以普遍实现于其家及家族的调和，当然是由建筑师及家长所预定的。然则在这样由神所预定的调和的世界，或者在这由神所选择的世界，任何人也不能否定的恶，究竟占如何的位置呢?

若是一切的东西都是完全的，则一般之所谓恶者即不应存在。所以恶的根据，应求之于不完全的东西之中。而所谓不完全者，究竟不外于是部分的存在；而且使存在成为部分的者，是一种制限或界限，所以由此所成立的恶，其自身决非能够独立有抵抗善的力量。恶不是否定善，而仅系善的欠缺；它是以不完全而有限的个体为其地盘，它活动的范围也自然被限于部分的场面。并且这些部分，也随着其阶段发展的系列之上升，而逐渐增加其完全的程度，因此，由不完全性而来的恶，其弊害也仅限于低的阶段；把它与无限大的世界全体来比较，可说是渺不足道。可是人总感觉在现实世界的很多范围中，都有恶的蔓延，这是因为没有达观世界全体，仅拘限于接近自己的极小范围以看世界的原故。然而，人也或许觉得假使连这少许的恶也不存在，这世界也或许可以更好。对于这，我们应该这样地想。没有恶的世界，是没有“不完全性”的世界；这里不能有有限的个体，所以是毫无内容的世界。这是无世界的世界，毕竟是等于没有世界。因此，恶才使世界之内容丰富；并且——恰如绘画的阴影样，可使彩色之美更为鲜明——可使战胜恶的善更能发挥力量。莱布尼兹认为把一切不完全的东西摄取于完全之中，把恶的东西摄取于善的东西之中，由此以认识此一世界的美的调和的时候，人才得到魂的真正安慰。而且这正是哲学与宗教统一的至高境地。

可见莱布尼兹的哲学，是在极广大丰富的立场，树立包含一切的一个大调和的体系。我们于此，可以看出只管托身于理性之群，任心所向，天际翱翔，推展到极处的合理主义思想体系的一个姿态。这站在合理主义的立场，依然不能不说是无所间然的极彻底的成就。但是，假若离开此种立场而加以冷静的批判，则这毕竟是一种贪恋“独断的假寐”。因为，在莱布尼兹的阶段发展的体系中，我们人间有限的精神，是处于从低向高的中间位置。作为这种中间存在的人的认识能力，当然是被限制的，因之也是不完全的。可是我们对于此全宇宙好像是能获得完全正确的认识样的，在无批判的前提之下，主张这种宏壮的体系，当然不能免于独断之讥。若是称呼对于人间精神之有限性缺乏自觉为“独断的”，则合理主义根本的前提，是以人间认识能力为无限制，在此一意味上，其本性即是独断的。从这合理主义的“独断的假寐”唤醒康德的，正是经验主义者休谟。然则所谓经验主义，到底是什么呢？

三、启蒙思想（二）——经验主义

近代人，在广义的意味下，都可说是以批判为生命的。近代人由对于中世权威的盲从解放出来，专诉之于自身的判断，仅承认自心所能接受的东西。此时成为自身判断之根据者，认为只有理性与经验。所以康德以前的哲学，形成合理主义与经验主义的二大潮流，决非偶然之事。

按照英国经验主义的传统说，我们假定要想真正知道自然，好像必须由原来的语言以学习原典一样，必须抛弃一切的成见与空想，诉之于经验，以直接观察事物之自身。这样，便第一不能不拒绝由外面强制而来的中世权威；第二，不能不破坏由自己随意所造出的偶像。所谓偶像，并不存在于自然的本身，而系由自己随意造成，自己加以尊敬的空想的产物。而且这种偶像，有的是基于人的自然本性而来的自然的偶像；有的是由人与人互相交涉的结果而成立的社会的偶像。自然的偶像中，更分为由人类一般之通性而来的，即是种族所共同的，所以便称为种族的偶像；及由个人之特性而来的，即是好像把自己闭锁于洞窟之中，完全不看外面世界的偏见，所以便称为洞窟的偶像。社会的偶像，也分为两种：一种是由人类日常交涉而来的，即是在作为公共经营场所的市场所成立的，所以便称为市场的偶像；一种是把传统作为真理而信仰之，以大的权威加在我们的头上，而实际则好像剧场的角色样，并无真实性，所以便称为剧场的偶像。

以上四种偶像中，洞窟的偶像，由个人的癖性、好恶、环境而来，其种类虽多，但完全是个人的，从第三者看，很容易看破，所以并不十分可怕。反之，其他三者，更有其一般性，所以看破和排除，都很困难。提倡偶像论的培根，完全不重视洞窟的偶像，而仅提出应该排除的其他三种偶像，并按照剧场的偶像、种族的偶像的顺序而加以配列。此顺序是从外向内，从人为的向自然的前进；而且内面的，自然的东西，生根于人生来的精神根底，排除极难，所以应该按着此顺序以明了偶像的本质。

（A）剧场的偶像

剧场偶像中之最有力者为哲学的传统。这虽有不真实的主张和不真实的疑惑的两个方向，即独断与怀疑的初看好像相反的两个方向；然怀疑系以事物之不可认识性为其基本原理，站在此种立场而积极加以主张时，怀疑之自身，也忽转化为独断。一切独断哲学的根本特征，在于其没有基础的假定与主张。其一是在未经推敲的经验基础之上构成一般性的假定的一种空洞诡辩（亚里士多德）；其二是虽然经过推敲，但以过少的经验为基础的不完全的经验论（炼金术学者）；其三是纯粹以宗教信仰为基础的神秘主义（毕塔哥拉斯、柏拉图）。根本排除此种剧场偶像，即是从一切的传统影响中来解放自己；换言之，即是根绝盲从任何他人的意见；所以彻底排除剧场偶像之后所剩下来的，只有自身的经验。然而，我们不能不想到自己相信是经验到事物的本身，但实际并非如此的场合。即是，我们表现事物，常用语言符号，而且从幼时养成以语言代事物的习惯；所以不知不识之间，常常把单纯的语言和实在的事物互相混同，觉得仅仅了解语言的意味，便像是了解了事物的本身；或者觉得只要有此语言，即便有与此相应的事物一样。此即所谓市场的偶像。

（B）市场的偶像

在市场的偶像中，语言恰似交易上的通货。此时我们所须注意者，市场价格，是完全由交易关系所决定的；不论以何种通货交易，对于事物之本身并无关系。我们说“太阳是东边起，西方落”。但地球与此种说法无关而自环绕着太阳。即是，语言决非表现事物之自身，而仅关系于我们对事物的表现。所以培根把单纯语言上的知识与就事物本身上的知识相对立。将此种类不同的两种知识对立起来，舍弃前者转向后者的精神，正可说是确立英国经验主义哲学基础的培根的精髓。

（C）种族的偶像

由剧场偶像之究明，而知道不盲从传统的权威，仅应诉之于自己的经验以去认识事物。由市场偶像之究明，而知道不应仅由语言，而应直接认识事物之本身。然而，当我们以自身所有的手段去把握事物本身之际，还有一个最强的幻想，从我们自身的本性中表现出来。因为这是从人的本身来的，所以称为种族的偶像。第一，是从感官来的偶像。即是，我们的感性知觉，可以说是把事物的自然的性质（Physical Nature）翻译为人的性质（Human Nature），其结果，自然的原来性质会失掉而混入许多人间的性质，因此，事物原有之姿，不能不受损失。例如同样的水，有时觉得是温的，有时觉得是冷的。又如在远处的大的东西，看来好像比在近处小的东西还小。第二，从悟性来的偶像。我们的悟性，常是在杂多之中求统一；被驱于想将宇宙给以体系的欲求，常有忽略事物细部的认真研求，想一脚飞到最终目的的倾向。而且此时悟性决非从全宇宙的源泉以汲出其最终目的，而只是从自身之中捏造出来的。在此种情形之下，悟性所能作的向最远的东西之飞跃，毕竟不过是单纯的错觉（Illusion）。因为忽视中间存在的飞跃，一般是不可能的；加之，悟性要求最远的东西，而结局，只是停止于比什么东西还要近的自己自身之中。第三，是从意志来的偶像。根据自己的意识而行动，乃意志的本性。我们将自己自身的性质投入于自然之中，有容易陷于拟人观的倾向。可是在客观的自然研究中，混入主观目的的概念，这是一向妨碍自然认识的最大障故，此不待多言而喻。然而，这些从感官、悟性、意志而来的三种偶像之中，第一种可以借寒暑表、望远镜、显微镜等器械之力，作精密的观察，由此而可加以彻底的排除。第二、第三种，可以由淘汰从主观来的一切附加物，依纯粹经验的所谓实验以把握自然现象而能够彻底地排除。

若将上述培根的偶像论加以撮要，则可归结为：第一，不假他人之眼而以自己之眼；第二，不囚役于语言而直接把握事物之本身；第三，淘汰主观的要素，专凭观察与实验；不探求现象之目的因（Caua Finarlir=Final Cause）而仅探求动力因（Causa Efficiens=Efficient Cause）。先仅由老实地对自然的服从，即能敞开征服自然的途辙。然而仅由老实地服从自然，与自然结为深交，这不能支配自然。为了要能支配自然，先不能不知道普遍支配自然现象的"自然法则"。换言之，与自然深交之后，还要进而对自然作正确的解释。其手段，当然是观察与实验。但为了能认识其法则，则其研究手段，不能不适用一定的方法。即是，由正确的方法——在培根则是归纳法——所获得的法则的知识，才能完成"发明术"（Inventive Art）之机能，可以无遗憾地发挥"知识即力量"（Wisdom is Power）的真正面目。

如上所述，近代的批判精神是，先拒绝从外面强制而来的传统的权威；其次，在主观对客观的场合，彻底排除从感官、悟性意志而来的偶像，由此以开辟获得正确知识之途。其批判是先向外面，次则转向“外”与“内”之接触面，尽量抉剔由内外接触之间所生的迷妄。只是，此时所抉剔的迷妄，若能彻底除去，并且若是以一定的正确方法使主观对于客观（恰到好处），这当然是以外界的真实之姿能够被把握住为其当然的前提条件。但是，“内”果然能无条件地把握“外”而可自由加以处理吗？“内”所有的力量，果然是无限制的吗？于是向“外”与“内”的接触面所作的批判之眼，更一转而向着“内”的本身时，始能说是冲到了它的根据地。真的批判，不能不是自己批判（Selbstkritlk）。

到此为止，开始确立彻底的批判精神者是洛克。洛克的主要著作《人的悟性论》（*Essay Concerning Human Understanding*，1690）正如他的序文所说，是由他和几个朋友的争论因而得到写成的机会。他们因为不能解决自己提供的问题，于是洛克认为：“需要先检讨我们自身的能力，我们的悟性，是适于处理哪种对象，不适于处理哪种对象，把它弄个清楚。”

若是把独断论（Dogmatism）解释为不充分检讨知识成立之条件与其界限，而为了马上说明事物的本质来使用概念；而将批判主义（Criticism）解释为关于存在的问题，在开始思辨之前，先推敲认识能力；则广义的批判主义的精神，可以说确系自洛克开始。然而，在康德的著作中常称“明敏的休谟”（Der Scharfsinpige Hume），而对洛克则仅称“那个有名的洛克”（Der Beruhmts Locke），则康德好像对洛克并没有作过高的评价。这恐怕是因为康德所峻别的——关于认识——“事实问题”与“权利问题”，洛克没有意识地加以明白的区别。可是，不区别这两个问题，这才是站在经验主义立场本身的特色，也是它本身的限制。

实际，洛克《人的悟性论》之目的，是在于“探究人间知的起原，确实的程度及其范围”，并想明了信念、忆见、容许之理由及程度。其出发点既是从否定合理主义之本有观念（Innate Noalions）开始，则先把我们现有的诸观念是如何成立的这种“观念之起原”（Origin of Ideas）弄个清楚，自然是最初重要的问题；既确立于经验主义的立场，则想由此立场以解决一切问题，亦系自然之势。然而，这种自然之势，当然不能保证仅想明了心理起原的经验主义立场之全面的正当性。这正如康德所明快说的一样，“一切我们的认识，虽同经验开始，但（使认识能以成立的一切条件）不是从经验来。”

然而，若是我们仅止于单纯经验主义的立场，则对于客观的事实，不能有科学所要求的必然性的认识，对于此一事实的洞察，不能不有待于休谟的明敏——照休谟说，三角形的内角之和等于二直角的这一几何学的命题，真的可以由分析三角形的观念而必然地演绎出来。然而，继续着甲现象，作为其结果而发生的乙现象，不论怎样分析甲的观念，也不能从那里必然地演绎出乙来。因为结果“乙”，决非先天地含于原因“甲”之中。若是结果不含于原因之中，原因与结果，完全是别的东西，则连结两个不同的东西的因果判断，不能不是综合判断。既是如此，则将两个现象连结为因果的关系的，到底是什么呢？在彻底的经验主义者的立场上说，我们的精神恰如白纸，必俟印于白纸上的印象而始能成立观念；既是如此，则任何观念必须有对应于此观念的印象；然则对应于因果观念的印象是什么呢？照休谟的解释，这不是从外所受的印象，而纯粹是心理的东西，可以说是一种心理上的所“感”。即是，当经试到，在时间上屡屡接近的甲乙二现象，我们于不知不识之间，在甲与乙的知觉之外，有一种从甲移向乙之“感”。此种移向（Transition）之感，不外是对应于因果观念的印象。于是所谓因果的必然，是由屡屡反复的经验所起的习惯（Habit or Custom）的结果，是所感的必然性。这不过是纯粹的主观的信念（Belief），所以客观事象之必然性，是否真正对应于这种所感的必然性，是一个疑问；毕竟，不能超出于盖然性（Probability）之上。基于此种信念的盖然性，固然能够日益增大，然而其本性上既不能到达绝对的确实性，则以因果律为根本原理的物理学乃至一般的自然科学，将在何处能求得其普遍妥当性之保证呢？

休谟当然不是单纯的怀疑主义者。他不仅由纯粹的分析而承认必然所演绎的数学证明的妥当性；并且在他所著的*Enfuiry Concerning Human Understanding*（一七四八年）的终末，主张除了关于大小数量的严密研究之外的东西，或者是关于事实存在的严密研究之外的东西，一切都烧掉好了。从他这种说法看，想把认识限制于能严密计算的东西，和在经验中事实上存在的东西之内，恐怕这才是休谟的真意，并且若是同时想到他所说的“习惯是人生的伟大指导者”，仅由此而可使我们的经验对我们能成为有用的东西的这句话，则与其说他是单纯的怀疑主义者，毋宁说他是实证主义者（positivist）更为适切。然而在实践的领域，实证主义虽然是很实际的；但一进入理论的领域，则实证主义者不能不是盖然主义者（probabilist）；而且盖然主义者对于科学认识之必然性，不能不是怀疑的。而且此种怀疑正破灭了康德的“独断的假寐"之梦。然则由此所产生的康德批判主义哲学之根本精神，到底是什么呢？

"康德哲学，可说是近世哲学史上的蓄水池。在他以前的哲学之流，都流入进他的哲学；在他以后的哲学之流，都从他的哲学中发源。""超过康德，有好的哲学；绕过康德，一定是坏的哲学。"大概有点哲学常识的人，都会承认这种说法。形成康德哲学基础的是他的批判精神；而批判精神的出发点，是"凡是由健全头脑的人所认真主张的，总不应随便加以否定"；因而对于不同的主张，认为"在各个不同的领域中，可以各保持其安全的妥当性"。今日可以说是最独断的时代。共产主义者的独断不待多说，即在反共产主义方面，乃至在标榜自由主义的人士中间，常以一己几希之明，化成挟带狠狠之情的几句蛮悍而刻薄的话，就觉得把许多学派，把许多文化的传统打倒了。此一风气之所以流行，在英美是因为知识太专；而在我们则是因为常识不够，因之心量太狭。知识太专没有关系，因为在文化发达的国家，它有各个角度的专门知识，又有民主生活的习惯，无形间还是在互相补充调和。我们这种文化落后的国家，肯向文化方面用心的人已经是很少；而稍肯用心的人，首先把自己一得之见，急忙变成封神榜上的"幡天宝印"，要去打倒一切；这对个人的成就而言，对社会文化的发展而言，都是一种莫大损失。每一个人只能学好一样，同时，自己所没有下过工夫的东西，便不要妄下臆断，即孔子所说的"多闻阙疑，慎言其余"，这就是一种基本常识。我常感到，拿"科学"，或"科学方法"来打中国文化，并同时也打他自己所知道一点点西方文化以外的一切西方文化的人，一直到现在为止，从它们的文章看，还不曾发现一个是真正了解科学或科学方法；而只是依榜一两句上下不到头的话，随意敷衍。所以我年来总希望有几篇像样的谈科学方法这一类的文章，把大家所憧憬的东西说个清楚，免得少数人乱摸乱打。我们或可不学康德的哲学，但应该学康德的哲学批判精神，这在成就肯努力的个人和发展中国的文化工作方面，或者是非常必要的。这是我译述此文的真正动机。因字数关系，稍有删节，附带说明。

四、批判主义精神的成立

康德，真是一个罕见稀奇的哲学家。以康德为独断形上学的破坏者的人们，假使生于此一世纪，听到“作为形上学者的康德”的话，应该感到多么的惊异。康德死后百数十年，各个时代，都能以其各时代的要求来读康德，这固然是说明康德哲学的无限丰富；但是，假使是从被限定的角度来读康德，为了能够接触到有生命的核心，则一定应先把握到他的基本思想的骨干，这是一个必须条件。然则批判主义想法之特征是怎样的呢?

依照普通哲学史的教科书，康德的批判主义哲学，是由一七八一年的《纯粹理性批判》而始成立的。若是把自此以后者，称为批判期（Kritische Periode）；在此以前的，称为先批判期（Vorkritische Periode），则在先批判期的康德，彷徨于自然科学底经验主义与形上学底合理主义之间，左顾右盼；始而从事自然科学的研究，次则渐移于形上学的问题；转而论逻辑与形上学的关系；因为得到英法的人性论，而发现了新的问题；终于怀疑古来的形上学，遂开扩了自己的新见地。先批判期又分为如次的三个时期。

一、合理主义底——自然科学底——独断论底

二、经验主义底——论理底——怀疑论底

三、准批判主义底

的确，在《纯粹理性批判》产生以前的康德，是继续着这样那样的思考历程。然而，通过其全历程，从外面看，虽然是左顾右盼，但其中未必没有一贯的东西吗？未必没有一条贯穿于多彩的内容之底的看不见的粗线，一步一步地成长为批判主义底想法吗？若可把思想家区分为天才型与努力型，则天才型的人，固然能有大的转变；而努力型的人，则总是拼命底顺着一条路走。康德，恐怕是努力型的典型。然则康德所走的一条路是什么呢？

从某些意义说，康德是一个常识家。因为他是一个常识家，所以他觉得凡是头脑健全的人所认真主张的，便不应胡乱加以否定。其中必定含有某种真理性。但若双方都头脑健全，而两方认真所主张的又互不相容，那便怎样办呢？这种场合，各人的主张，还是各含有某种的真理性。但是人类的精神有限，所以某一主张，不可能一举而对于一切的东西都能妥当，先仅能在某一被限定的范围内主张其正当的妥当性。因此，若是有互不相容的两个主张，假使能了解其在各不相同的范围内各有其妥当性，则两者应该可互不相妨，各在各的领域内，确保各自的安全底妥当性。这是康德最初的确信。而且这种确信的典型，我们可以从他二十二岁时写的最初论文，也是他的毕业论文的《活力测定考》，已经可以看得出来。

这篇论文是对于当时欧洲学界有名的争论，即是主张 $F=mv$ 的笛卡儿派与主张 $F=mv^2$ 的莱布尼兹派的争论，年轻的康德，以轩昂的意气想加以解决而写的。康德在其第二章的开头说“当研

究真理时作为规准”用的基本方针，应该是这样的：“若是具有聪明判断力的人们，……其主张完全相反时，应该找出承认两方各有某程度之正当性的媒介命题（Mittelsatz），主要注意的，是适于盖然性的论理（Logik der Wahrscheinlichkeiten）之事。”（20节）所以康德对于互不相容的笛卡儿派与莱布尼兹派的主张，都各承认其正当性；认为笛卡儿派之主张作为Mecharnik之原则而妥当于数学底物体。（115节）莱布尼兹派之主张作为Wahre Dynamik的原则，而妥当于自然底物体。（125节）风靡当时全欧洲的争论，就这样想加以解决。莱布尼兹是全面否定笛卡儿的法则而代替以自身的法则；康德则认为“笛卡儿的法则，在某种条件之下，还可以适用”。（22节）从他的结论内容说，不仅违反了今日中学生的常识；并且当时的达兰伯（D'Alembert，1717—1783）在一七四三年的*Trait'e de dynamique*已经提倡运动活力（Energie）是1/2 mv^2。但就当时的情形说，二十二岁的学生对此不曾知道，也无可厚非。此处特应注意的是，在他的解决方法之中，已经可以看出使康德成为不朽的批判主义精神的萌芽，而且使两个不相容的主张，可能作批判底解决者，是以“数学”及“力学”之名，区分为两个相异的领域。所谓数学底领域者，是完全由其他的东西从外面加以规定的；所以是外底规定性的死的世界；而所谓力学底领域者，则是在自己本身有其规定根据，所以是内底规定性的活的世界。以内容不同的两个世界为背景，对于一见好像不能相容的不同主张，也能使它各得其所，我想，这大概是贯穿康德的想法的一条看不见的粗线。

未把握到这条看不见的粗线，则对于康德当时究在什么方针之下，研究什么东西，会无法理解。假定注意他所爱好的学科，并不能知道康德到底是想学什么。（Knno）不仅从外面看是如此，康德大学时代唯一的好朋友 Trummer 关于这点也是一无所 知（*Jachmann: Immanuel Kant geschildert in Briefen an enien Freund*）。我想这是因为完全不同的东西混在一起，常牵扯着康德的心。实际，在《活力测定考》的有名序文中，康德说："我已决定了我应该前进之路。我会坚持这，不断底走下去。并且什么东西也不许妨碍我。"这是表示青年学徒的轩昂意气，勒森格（Lessing，1729—1781）讥笑地说："康德测定活力，但他没有测定他自身的力。"他不仅热心去听神学科的讲义，并且据说他还想站在礼拜堂的教坛上去，作说教的准备。在这种交响乐中，才真正可以看出活的康德之姿。这两种音乐，最初都没有什么内容，更夹着许多杂音；可是，随着内容渐渐丰富，杂音也逐渐消除这在到达一方面各各发挥其固有之音调，一方面又能实现优美底调和以前，"批判之道"，真是充满荆棘的一条远道。而走到最后时，遂以康德下面这一有名的告白表示出来，"我为了给信仰以应站的场所，不能不丢掉知识。"（=对于理论底认识，不能不设定限界）然则在《活力测定考》中所区别的外底规定性的死的领域，与内底规定性的活的领域，以后系朝什么方向具体化了呢？

一七五五年的《天体的一般自然史及理说》，这是作为康德和拉布拉斯（Laplace，1749—1827）所首唱的星云说而有名的。但从全体看，乃是想调和牛顿的机械观和莱布尼兹的目的观的一种尝试。从他的思想发展上特别应注意的是：先前在《活力测定考》中把物体（Korper）世界分为死的数学底领域和活的力学底领域；而在此论文中，则对主张论外底规定性的机械观，承认其普遍地支配自然；但对主张内底规定性的目的观，乃妥当于超自然——

后来称为睿知底或可想底——的世界；而明白自觉底定立自然界与目的界的两个世界。

最初由数学与力学之名所区别的外底规定性与内底规定性，首先对于物体而发现死底领域与活底领域的两个不同的领域；次则认为在普遍支配自然的机械观之外，另有实现优美调和的目的界。及到了一七五五年的《形上学底认识第一原理新释》，则把外底规定性与内底规定性，以所谓“必然与自由”之形表现出来，这不能不说是思想内容上的显著发展。即是，康德在《新释》中，对当时学界主流的莱布尼兹和乌尔夫（Wolff，1679—1754）哲学根本原理之一的充足理由原理所主张的“充分理由”（Zureichender Grund）的观念，认为“其理由在什么地方是充分，暧昧不明”，所以应以“规定根据”（Bestimmender Grund）之名去代替；更区分为“先行底规定根据”（Voraufgehend-bestimmender Grund）与“后续底规定根据”（Nachfolgend-bestimmender Grund）（Prop. IIII），后者仅仅是说明真理（Prop.V），而前者则是一切生起的东西的前提（Prop. IIII）；并且“根据（Grund）之中所没有的东西，则被根据（Begriindetes）之中也没有”；所以存在于世界中的总量不变（Prop. X）；若是精神——与物体同样——依照此一法则，则动摇自由道德之基础的很大危险，会从背后压来。因为“若是一切生起的东西，仅有先行根据的始能生起，则未生起的一切东西，便不能生起；……于是希求某一事物——或自由行为——之反对者的人，遂成为要求不可能之事”。然而“此世界事物之系列，若是以神为创始者而开始，神预知其无限底、必然底进行，则神如何能在行为上责罚罪人呢”（Prop. IX）？照康德的说法，神创造世界的活动，虽毫不动摇，严密规定，但这是基于神的全智之动机所规定的东西去看，与其反对的虽然被除外，但这并非由本人之意欲与自发性以外的诸理所除外，因为其行为是意欲之倾向，欣喜于（最善的）表象之诱动因而顺从它的，在此限度内，这是依确切的法则，由固定而且自由的结合所规定。依照自然法则的行为，与喜好道德底自由的行为，其相异点决非在其结合与确实性之相异——好像仅后者在将来的实现上是可疑的，并因其由诸规定根据之关联中解放出来因而享有其生起并不确定的理由样的——因为假定是如此，则所谓自由的行为，也不能算是理性底存在者的长处。毋宁是，其确实性仅由诸种根据如何被规定的规定方法而形成自由的特征。即是，此种（自由的）行为，仅由意志中所得来的悟性的动机所诱出——（于此而遂成立道德的责任）——没理性底、自然底、机械底行为，则仅由外底刺激与诱因，无任何自由意志的动向，而必然底被引起的（Prop. IX, Canfutativ Dubiorum）。我们在这里可以看出必然与自由，是站在外底规定性与内底规定性的关系上而被把握着；并且，这样的把握，康德所说的“周知的问”（Die allbekannte Frange）得到了解决。这个“新释”的自由论，当然和批判期的康德思想，不是严密地一致。然而因此便像克诺、费雪儿一样，以为两者之间，有很大的距离，那是太被后来便宜上所加的“先批判期”的区别所拘束了的看法（*Geschichte der neueren Philosophie*, Bd.4, 节 . 201）。倒是布洛、保夫以为“前者至少是预示后者”，因之，“康德的自由说，也是有……发展之连续性”（*Kontinuitat der Entivicklung*）的说法，为得到正确的解释。（Bruno Bauch: *Immanuel Kant*, 节 . 68 F.）

像这样，人间自由的行为，解释为仅由内底原理所规定，因此而对在先所提出的“神何以能在行为上责罚罪人”的疑问，可加以解答。然而，把问题再向前推进一步，还剩下有一个难点，即是神为什么在自己创造的世界中使其包含着可恶的罪恶呢？康德对于此点的解释是：此一——由神创造的——世界，并非仅由完全美善的东西所充满。其包含许多下等的东西，决无损于神的神圣性，却可表示什么也不缺少的神的无限深情（Bonitas, Desinfinita）。这里的所谓宗教底二律背反的问题，康德因一七五五年 Lissabon 的大地震，所写的“关于地震的三论文”中的第二论文，也曾加以研究。康德先对于地震作了纯地质学底说明之后，接着说“信仰深的国和异教徒的国，都遇着同样的地震；（不仅如此）只要看决无免罚特权的街道，却得免于荒废”，真不知道神统治世界的企图是在哪里。（Phil. Bibl. Bd. 49, 节 . 326）然而“人并非为了在此空虚的（尘世）舞台建立永远的小屋而生的。人的全生命，有其更远大的目的；所以尘世之无常——我们觉得是最伟大的最重要的东西，也是一样——当前所看到的一切荒废，最适于教戒人们，使其知道地上的财宝，（结局）并不能给我们的幸福冲动以满足！”（S.327）“孰视这种可怕的各种偶然，其所以成为教戒者实在很多。这是使人有种谦下之心。因为可以使人了解从神所定的自然法则中，并没有期待（对于自己）一切结果都是便宜的权利。”（S.291）像这样，完全是由外所规定的自然现象，若仅从小我的立场看，固然不过是不可解的偶然；但若以谦虚之心去看，便可看出森罗万象，都是在一点也不是随便的内底关联上，完全连系在神的心里。于是站在自己本位的立场上看，好像是偶然的一切东西，会自觉到这实在是在深地底、必然底关联中，而真正宗教的立场便由此诞生了。关于地震的第二论文，当然是以解明地震的自然现象为主，然其宗教的情调，也是非常深切的。并且这是康德内心深处的根深蒂固的信念。只看他于一七六〇年六月六日写给一位母亲——失掉爱儿而异常悲叹的母亲——的一封安慰信，其开头处，是把同样的思想，以许多同样的语言，并且更强烈优美底被表现了出来，也可以明白的。康德先对于自然界的外底规定性而发现了作为内底规定性的目的界时，其目的界已经和神连系着了。然而，这不过是因钟表的精巧机械，而使其想起会有做机械的技师的一种联想。现在经过人类罪恶的意识与幻梦之自觉而再发现出的作为内底关联世界的宗教界，当然比这深远得很多。但我们岂不能由此而认出从自然界向目的界，从目的界向道德界，最后向宗教界的典型哲学思索的发展吗？

原注：康德在此期间，发表了很多自然科学的研究，并且他是把“Physische Geographie”作为大学的独立讲义题目的最初之一人，因此而有人认为康德此时关心之重点是放在自然科学的研究上面。有的人则因康德此时也平行地发表了《形上学底认识第一原理新释》（一七五五年）及《关于乐天观的二三考察》（一七五九年），便以康德此时为彷徨于自然科学与形上学之间，这都是相当皮相之见。从一七六五年到六六年的讲义可以看出，康德所怕的是，在健全的悟性未发达以前，便过早的“erschnappen”理性。康德不仅以“健全底思索，先从健全的常识开始”去劝人，他自己也是这样实行的。（Vgl. Phil. Bibl. Bd. 46a, S.151 F.）

五、批判主义哲学的成立

如上所述，康德由自然界向目的界，由目的界向道德界，更由道德界进到宗教界，到一七六〇年时，已经到达了相当深的思索境界。然而思索若止限于思索，毕竟也不过是一家之见。哲学底思索（philosophieren），同时不能不是哲学（philosophie）。因此，先不能不把思考、认识的自身之构成与其意义弄个清楚。于是一七六〇年以后康德的努力，因其哲学底思索愈深，同时——批判底摄取康德以前哲学的两大遗产的合理主义与经验主义——因其从根本上究明理论认识的本质，而可以看出他是要对于自己的哲学思想给与以更确切的基础。

为了明了认识之构成所应首先着手的，我们应着眼到他的《推论式四格的诡辩》（一七六二年）。依照康德，推论式的四格之中，“只有第一格才能作纯粹理性推理，其他三格的推理，毕竟，是一种混合的（vermischt）东西。（Phil.Bibl.Bd. 46, S.59）康德曾一样一样地举出实例加以说明（S. 60-64），现试看其第二格之例：

任何精神，都不是可分割的……P-M

一切物质皆是可分割的……S-M

故任何物质不是精神……S-P

上的大前提，是否定命题，所以可翻转来改为“任何可分割的东西都不是精神”。即：

任何可分割的东西都不是精神……M-P

一切物质皆是可分割的……S-M

故任何物质不是精神……S-P

假定这样一改，即成为第一格；如此才可作正当的推理。因此，在第二格的场合，必须暗里（Geheim）想到这种翻转；不如此，则上的推理不能成立（S.60 F.）。若是第三格第四格可作同样的指摘，则一般推论式的四格区分，完全是一种诡辩（S.64），因此所成立的从来的论理学，有如砂上楼阁（S.66）。在此种意味上，康德一面排斥合理主义的独断，同时也反对经验主义，而主张知识——有别于单纯的知觉或表现——仅在判断上才能成立。照康德的意见，“相互底区别物（Dinge voneinander Unterscheiden）与认识物的区别（Unterschied der Dingeerkennen）完全是两件事。后者仅由判断才有其可能；……（而且）这种（判断）能力，不能由其他东西导来，仅能属于理性底存在者的本来意味上的根本能力。”（S.69 F. ）像这样，康德既不独断底盲从合理主义或经验主义，也不独断底加以否定——虽然多少的动摇——，而一步一步地向具体解决前进，遂先到达了“一切形上学问题……能确切决定在哪一点是可以解决，或哪一点是不能解决”（Kants Brief an Lambert von 2. Sept. 1770）的这种立场；这在一七七〇年《对于可感界与可想界之样式与原理》的就职论文中可以看得出来。

想到上述的种种思索过程，我们才对于康德一七七〇年就职Konigsberg大学担任伦理学与形上学正教授时，随着当时大学的惯例，为公开讨论，以拉丁文所写的《对于可感界与可想界之样式与原理》的“就职论文”，可了解其产生的必然性和意义。但作为此论文的直接先驱而特值得注目的，是一七六八年的《就空间场所区分的第一根据》。这是康德对于牛顿的空间和莱布尼兹的空间的不同想法，想加以彻底底解决。特别引起我们兴味的是，入批判期后康德空间论的片鳞，在这里已经暗示出来了。照牛顿的说法，不是各种力生出空间，而仅是充满空间；所以不能不把唯一绝对的空间作为某种根源的东西以为力的前提。莱布尼兹则以为空间毕竟不过是事物的关系或秩序，若是诸实体不向外活动持有某种的力，则这种关系或秩序也不会成立；所以空间决不是根源底，而是某种派生的；不是唯一底，而是多数的。康德则以球面三角形、左右手、螺旋轮、镜的映像等为例，外形虽完全相同，但依然“剩下有内底相异”（ein innerer Unterschied），而且“此相异的内的根据，不能归之于因物体诸部分互相结合方法——（此时是完全相同的）——的相异”，所以“空间的诸规定，不是由物质诸部分相互的位置来，后者分明是基于前者”；因此，康德主张绝对底空间（der absolute und ursprungliche Raum）才是使诸物体的相互关系成为可能的根本概念（Grundb egriff），而且康德以此概念的“Realitat，对于 der innere Sinn，是充分直观底”的时候，这系成为空间、时间的观念性之自觉，而有一七六九年的所谓“辉煌的光”（Das Jahr 69 Gab mis Grosses Licht; Refle xionen II. Nr. 4），这也是不难想象的（Phil. Bibl. Bd. 46b, S.84 FF.）。

以上面所述之背景为先驱所成立的就职论文之基本精神——为了对经验底东西与超经验底东西给与以各个的场所——系在于其想由主观能力之区别而导出可感界（mundus sensibils=sensibie world）与可想界（mundur intelligibillis=intelligible world）的两个世界之点。即是，主观的表象状态，“因我们人类的精神具有感性——由对象之现前，能以某特定的方法去触发而作为主观之感受性的感性和悟性——主观作为能表象非由感官所能把握的东西之能力的悟性，遂成立以纯粹直观之时间与空间为形式原理的现象界，即可感界（31 节；14 节；15 节）和成立由唯一原因（世界之建筑者 = 世界之创始者）而总括一切的实体界，即可想界（20 节）的两个不同的世界。这样，“关于感性的东西与悟性的东西之形上学的全方法，首须归着到如次之命题——（即）感性认识特有的原理，不能不特别注意警戒到切勿踏过自己的界限，致与悟性认识以影响”。康德认为暗中混同此感性概念，是使一切形上学走向荒诞的（24 节）主要原因。为了避免此种混同，康德从古代哲学供来“可感底”（sensibilis）及“可想底”（intelligibilis）的区别,和在“纯粹理性批判”中所现出的“经验底性格”（empirischer Charakter）与“可想底性格”（intelligibler Charakter）的区别相连系着。当然，就职论文的想法与《纯粹理性批判》的想法之间还有大的差异。盖就职论文，仅站在可感界与可想界的柏拉图的二世界说的立场，从感性分离悟性；而在《纯粹理性批判》，则是在解明由感性与悟性之结合，才能使学底认识得以成立所以然。因此就职论文的“悟性概念”（conceptus intellectualis），与《纯粹理性批判》的“纯粹悟性概念”（reiner Verstandesbesriff），决非同一的东西。因为前者是舍象的一切感性底东西——与其称为抽象的概念——毋宁应该称为舍象的概念（abstrahie render Begriff）；而后者——因其自身不是经验底的东西，却——在使普遍妥当底认识成为可能的意味上称为纯粹概念（reiner Begriff）。然而，就职论文，也已经说“触发感官之对象的多样（das Mannigfaltige des Gegenstandes），为了使其能与一个表象的某种全体连结着，以精神的内底原理（interno mentis principio=ein inneres Prinzip des Geistes）为必要（Phil. Bibl. Bd. 46 b, S.97）。此种想法，若使其彻底，则“舍象的概念”，不能不成为“纯粹概念”。然而，因此使康德在十二年的长时间——自一七七〇年到一七八一年《纯粹理性批判》出来之间——不能不走着充满荆棘的批判之路。

此十二年间，从外面看，反映为康德守着谜样的沉默期间。但泄露此期间之消息的，为主是康德写给赫尔兹（Marcus Herz）的几封信。先据一七七一年六月七日的信，可以窥知康德写了就职论文之后，立即想在更精密而且很广泛的范围论究此论文所提出的问题，着手计划包括后来分为三批判书所处理的诸问题的著作《感情与理性之界限》。然而根据一七七二年二月二十一日的信，随着对上计划理论部分的彻底思考，康德注意到他还欠缺着从来当探究形上学之际所忽略了的某一重要问题。即是，自己主观底表象，如何能妥当于客观底对象的问题——即以后所说的“先验底演绎”（Transzendentale Deduktion）问题，康德认为这才应该是打开形上学的全秘密之键。而且，康德更相信能提示可使理论底并实践底认识本性能够明了的“一个纯粹理性批判（eine Kritik der reinen Vernunft）；尤其是第一部，即处理形上学之渊源、方法及其界限的部分——相当于现在的《纯粹理性批判》——预计三个月之间可以写出。可是，此一约定，岂特三个月，数年之间也没有完成。因康德表面上之无活动，渐渐有非难之声。对于这，康德于一七七六年十一月二十四日的信中，曾这样辩解：“阔别以来，直到现在，像这样组织而又持续底从事于研究工作，实为过去未有。”康德更倾诉着他所企图的理性批判，因以前的东西一个也使用不上的困难，而谓“为了完成此事，打算到来年之夏，可充当一部分”。然而，这个设计决没有如世间期待样的前进。据七七年八月二十日的信，关于从来哲学的一切对象，康德所作的各种研究，渐得到一个完整之貌；但康德依然告诉他的朋友说：“然而为了完全完成这些事情，有称为纯粹理性批判的这种东西，作为绊脚石而横在路上，我（康德）现在专心努力地除去它，今冬想把这事做完。”可是此一志愿依然未得实现。在七八年四月初的信上，康德说“篇幅并不太多的著作，这样迟迟的原因——事情及设计本身的性质上——我相信你他日当可谅解这是出于不得已。”此后，给赫尔兹的四封信中，再没有提及《纯粹理性批判》。突然在一七八一年五月一日的信上，告诉他，多年的宿志，开始得到实现。据这封信，《纯粹理性批判》是包含了种种样样的一切研究的成果。从分量说，三年前说“篇幅并不太多”，而实则为八五六页皇皇巨著。其后，一七八三年八月十六日写给姆哲斯·门德斯宗的信上说：“至少，十二年间思索的成果，仅四五个月之间，可以说是一气（Gleichsam im Fluge）……把它写成了。”但这决非是把十二年间所穷探力讨的结果，在四五个月间将其写成的意思；大概是十二年间，时时触到各种问题，写了很多的笔记，四五个月之间，急于整理，遂成为一册之书，即现在的《纯粹理性批判》。有那种内容的书——而且一面要在大学授课——仅数月之间将其写成，不仅为不可能，而且《纯粹理性批判》中所含的许多不完整与重复的情形，也不是短时日间以同一态度写成的所能加以解释。认为康德是把就职论文以来，随时所写的东西，急于集聚拢来，则对《纯粹理性批判》，可以极自然而毫不牵强地加以理解（Windelband: *Uber die verschiedenen Phasender Kantischen Lehre Von Ding-Sich*）。倒转来说，也可以像旁尔逊（Paulsen）所说的，就职论文，是年轻之姿的新“批判主义”哲学（Paulsen: *Immanuel Kant*，7. Aufl.，S.93）。而且旁尔逊实际即主张“批判期”系开始于就职论文出世的一七七〇年。此就职论文——依照我们上面所证示——也是初期以来的思索，渐臻成熟，而具现了一定的面貌。所以正如我们在开始时所指摘样的，康德这种典型底努力型的思想家，表面上虽然是“彷徨”，但其根本想法的本身，不能不说是有其发展的连续性。

六、结论

康德在其处女论文《活力测定考》的第二章开头，揭示了他作为研究真理时的规准所常用的根本方针，而表明："若是具有聪明判断力的人们……其主张完全相反时，应该找出能够承认两方各有某种程度的正当性，这是与盖然性的论理相合。"自此以来，可以说康德是常在二律背反（Antinomie）之形态下去把握问题、解决问题，由此以发展自己的思想。所谓二律背反，即诺母斯（nomos）相互间的背反。而诺母斯的语原，本是"分配"或"分有"的意味，古时为主系对于土地说的，遂一转而为"居住于一定场所"之意；而在畜牧民族，则成为"给与牧草"或"放牧"之意。因此，诺母斯的原义是"牧场"，再变为"领土"，最后，成为生于领土上的"习惯"或基于习惯所成立的"法律"。所以诺母斯，若包含着它的由来说，不外是"成立于一定领土的法律"，因此，诺母斯相互之间，若有背反时，只要把各诺母斯所据以成立的领土弄清楚了，则表面的背反关系可以解消，两方之诺母斯在其各个的领土上能各主张其妥当性。诺母斯这一语言的历史，给我们以解决二律背反之可能性的暗示；而康德所说的"批判底解决"，毕竟不外于是这样的解决方法。而且对于两不相容的主张，想在其各个固有领域中确保其安全妥当性的批判底解决，当然会使其站在二元论的立场。在康德前的近世哲学之二大主流——合理主义与经验主义，虽皆流入于康德批判主义哲学之中而加以容受；但是合理主义的主张，是在构成认识的形式之限度内，与以有限的承认；经验主义的主张，是在构成认识的质料之限度内，与以有限的承认；则两个主张的内容，结局依然是，作为形式与质料的二元，而残存于康德体系之中。在这里，不能不说康德的批判主义哲学，自有其特色，亦有其限制。

康德的批判主义哲学，始终是在二元论的立场，这从思想史底见地来看，有积极与消极的两种意义与机能。所谓积极底意义乃至机能者，是把仅由外面受取各个经验资料的感性，和由内面自发底将各个资料连结起来而赋与以秩序的悟性，加以区别；将悟性之使用限制于经验之内部，由此以确保“学底认识”的不可侵犯的妥当性，因而完成启蒙主义；同时，并克服了启蒙主义，在超经验界之彼方，阐明其有成立无限底高次的世界之可能性，因此而开辟了可以满足浪漫主义所向往的地盘。所谓消极底意义或机能者，二元论的立场对于未来有归一倾向的人类理性来说，这决不是一个究极的立场，所以便驱迫人类的哲学思索，更转进探溯二元对立之根元，而追求能包含二者的一元底东西。事实上，继承康德的费希德、雪林、黑格尔们的所谓“德意志观念论”的辉煌发展，可以说是由受承康德所留下的问题，想努力加以解决而产生出来的。

如上所述，康德哲学，完成了启蒙主义，并克服了启蒙主义，以开辟浪漫主义蕃衍丰富的地盘；更从内容说，则同时受了大陆的合理主义与英国的经验主义的两大流，又成为德国观念论流出的渊源，这才是称康德哲学为近世哲学史上的贮水池的正当意义。

一九五四年一月一日、二月一日《民主评论》第五卷第一期、第三期

给张佛泉先生的一封公开信
——环绕着自由与人权的诸问题

佛泉先生是我平生所钦佩的朋友之一。这里的争论，是在学术中应有的争论。但在争论中夹杂着有若干意气，以致用上了许多失态词句，所以这篇文章，本没有收录的必要。不过因为其中提到的若干问题，还可供今后研究的参考，因此，我把原文删去约四分之三，而把其中约四分之一的保存在这里。至于由此而破坏了原文的完整，此乃无可奈何之事。

一九五七年七月补志

佛泉先生：

七月二十七日，我在台北《民主评论》分社偶然看到《自由中国》十一卷二期（《自由中国》历承赠阅一份，惟此期偏未收到），上面有你《亚洲人民反共的最终目的》一文，内中有这样的一段：

> 作者近来特别觉得在我东方只提“自由”一字是不够的。东方人对于西方自由制度是如何陌生，如此想象不到

它的规模，几乎完全不能相信何谓自由制度。因之，只要提及“自由”时，我们东方人第一个联想，便是些玄天玄地的问题，并坚决拒绝将它看作日常生活的方法。作者去年曾初步介绍英美人几百年来所讲自由之确凿意义。我的话尚未得说完，便已经有人开始向我辩论道德自由的问题，并抗议我将自由“退限”到政治范围，抗议我将政治与道德“界划”为二。这种争论之起，乃由于很简单的道理，这只是由于对西方自由制度太陌生，而东方的“意理”（idealogy）却牢结而不可破。由于这种辨论，使我感觉到，欲使我东方人彻底了解英美人之自由民主，实附带着更多一层的困难。我们许多先入为主的观志（或系念字之误）永在作祟。我们的读者，不都是 bona fide 的读者。譬如我从来未曾反对人在道德世界谈德性自由或不自由。我只是说，不分道德界与法制界而混谈自由，或由道德界谈自由起，一直贯穿到政治界，都是不可以的。这样谈自由，不是以必然否定了自由，亦必在至终认为政治上的自由为不必要。但偏有些人以为将自由看作权利制度，便是否认了道德自由。……

你这一段话里面所说的“便已经有人”，分明指的是我。你所讲的“自由之确凿意义”，发表在《自由中国》八卷十期（以后简称“文乙”），在这前一期的有《自由与国际和平》（以后简称“文甲”），及《自由观念之演变》（以后简称“文丙”，《民主评论》四卷十一期）。去年有一次我到台北，你问我看到你的文章没有，我说，发表在《自由中国》的我没有看，寄给《民主评论》的稿子，我因为你的文章水准不会有问题，所以一直寄往香港，预备等刊出后再看。你当时希望我先看看“文乙”，把看后的意见告诉你。我便在《民论》分社找出“文乙”来看了一遍（此次为了找“文乙”，特托《民论》社寄买一份《自由中国》去年的合订本）。看后，在一次饭后我提出我的意见，这在《自由的讨论》(《民论》五卷六期）中已有叙述。今年初有一次通信讨论，我冠以“自由的讨论”的题目将其刊出。七月初我到台北去看你，又抬了一次杠，抬杠的内容还是为了历史文化是否为极权主义的帮凶，及政治层次中有无道德的问题。本来我说要写篇社论，指出凡是反历史文化的必是极权主义。如法家最恨“是古而非今”，秦始皇焚书坑儒，史达林、希特勒们有其特制的科学，中共大力要人丢掉历史的包袱等，以向近来少数人常用放冷箭、戴帽子的方法骂谈中国历史文化的人请教。后来我没有写。把前后的情形综合起来，所以你这篇大文（以后简称“文丁”）所指的是我及和我有关的朋友。

你说边沁、小穆勒、斯宾塞一派的思想是“肤浅派”，大概是因为他们没有强调人权的关系吧。殊不知十九世纪英国政治上的人权问题，实际上，已经解决了，所以，他们把政治方面的自由更向前推进，以求其与自由原来的意义——不受外力束缚的意义更相符合，这有什么肤浅之可言。譬如就小穆勒说吧，他的“自由论”的贡献，第一是把功利主义的自然冲动的人，提高而为理性的人。第二是在同一的理性上确定各个不同的个性。第三是把以前将自由当作手段的，进而承认自由本身即是价值。第四是使英国的自由主义，由亚丹斯密、马尔萨斯、李嘉图们的经济思想进而为社会思想。第五是由过去防止政治上之无理侵害，进而注意到社会舆论的迫害。这都是自由主义发展上的大关键。你说他

“完全以‘空间名词’出之，如所说自由之区域，及自由之范围等是。此个人之自由区域与社会权力乃常在争彼此之短长”（文丁），似乎对他的思想没沾到一点。

你把谈自由的分为三派，肤浅派、否定派、人权派。而你是站在人权派的立场。“在近代的阶段，因为有抽象的自由观念的流行，自由与权利颇有脱节的现象。所幸者赖有人权派的鼎力支持，得使‘人权即自由’的道统不断。”（文丙）这一派的代表你举出洛克，而又以杰弗生等附之。照常情讲，你对于这一派应该多懂一点，但结果，依然非常令人失望。

但首先我得指出：你若以在政治中主张人权为人权派，则启蒙后期以后的自由主义者，无一不是人权派。若以“人权即自由”为人权派，则除你以外，似乎更无一人。第一，洛克们虽然都主张主权在民，主张个人对政治及社会的权利；但谁也没下过“自由即人权”或“人权即自由”的定义。人权和自由的关系，可以有三种说法。（一）“人权与自由”，（二）“人权等于自由”，（三）“人权即自由”，或“自由即人权”。第一种称谓，是正常的称谓，好像说“张三与李四”。第二种称谓是强调二者关系之密切，好像说“张三等于李四”，以见二人可以互相代表。第三种称谓是你创造的，这样便使二者的意义都不完全，好像说“张三即李四”。此点我在后面还要切实地说到。这里只指出你所说的人权派中，决无一人没有分寸地说“自由即人权”或“人权即自由”的话。而你所指的肤浅派中，也决无一人反对人权。洛克在其 *An Essay Concerning Human Understanding* 第二卷第二十一章中，详细论述了自由的意义。他对自由的定义是：人作某种事或不作某种事，都在自己之力的中间的时候，这是自由。全章反复申述此义，岂容随意加以抹煞。你所引的“人在社会中的，自由乃系依一常规的生活。此常规为立法机关所订制，而适用于此社会中每一个人”（文丙），这只是说要以法治来保障自由，也可说是自由在法治之中。这如何可以附会到“人权即自由”上去。

其次，你说“人权清单”，“特别要超出美国以洛克哲学为本的权利思想”（文甲），你的意思是认为这位“人权派”的大师的思想根据已经陈旧了，这大概指的是他的自然法思想。这里我只指出：一、没有自然法思想，便不能把英国式的人权典章推进为《独立宣言》、《人权宣言》的飞跃发展。而洛克对于自由的大贡献，就在他的自然法思想，由此而把自由坚强生根于个人之上。把他这一点阉割了，便不成其为洛克。二、自然法思想依然是构成联合国《世界人权宣言》的重大思想因素。自然法思想虽然忽视了社会历史发展的实际情形，但与成就近代的个人主义有不可分的关系。所以马里坦（Jacques Maritain，联合国教育科学文化机构第二次总会法国代表团团长、普林斯顿大学哲学交换教授）在其《人权哲学的检讨》中说，“人权的历史，与自然法的历史相同。由实证主义使自然法的观念失掉信用，必然地也使人权的观念失掉信用”（日译本联合国编《人权》六十三页）。他又引 Laserson 的话，“自然法的教说与自然法的本身不可混同……十九世纪实证法对于自然法教说所占的胜利，不是意味着自然法本身的死灭，仅是意味着由十九世纪前半的一般情势所发生的保守底历史学派对于革命底唯理主义学派的胜利。此事的最好证据，是十九世纪末所宣称的‘自然法之复兴’的事实”（同上）。由你之要阉割洛克的自然法思想，可见你不了解人权思想的根源，不了解洛克的真价。

你又说，“至于杰弗生等美国理论家之否认过去历史，谓人权之根据在人心，开列人权，譬如在空白手册上题字，得随意而写等说，似尤近浮夸”（文丙）。朋友，事情不像你想的那样简单。英国法律所定的臣民的权利，都是承认或解释既存的权利，根本没有包含新的权利，其中也无所谓对一般底人权之承认的观念。所以在英国这类文件中，根本没有信教自由、集会自由、出版自由、居住移转等基本自由之规定，这些只是由“在法律无根据者政府即不得干涉”的间接方式予以保护。英国的传统观念，人权只是发生于对传统习惯之确认，而不是当下发生于人的自身的价值；这到洛克、蒲罗克斯顿的自然法的思想，才推进了一步，将权利真生根于人之自身，而不是生根于历史习惯，这是他两人的大贡献。但他两人的这种思想，并没有直接与英国法律以影响。逃往新大陆的清教徒发展了此一自然法思想，将权利观念从历史习惯的束缚中解放出来，而认其乃直接出于人心的要求，这才可使权利当下生根于现存的各个人，以开辟新的人权出来。个人不再是由国家而始成为权利的主体，在个人的自然性质中已经是权利的主体，因之有不可侵、不可让的权利。这是英国的法律所完全不知道的观念。英国法律决不承认有恒久的天赋人权，而只承认“英国国民旧来不可疑的权利”。所以，Jellinek《人权宣言论》中引 Bancroft（VII，P.243）的话说：“英国一六八八年的权利请愿，是历史的复旧的。而 Virginia 的宣言（按系《独立宣言》以前的美国州宣言之一），则是直接从自然的心出来的，对于一切的将来，为一切的国民，说明其指导的原理。”（日译本三九页）因此，美国的州宣言、《独立宣言》，虽受了英国法律的影响，但性质上与英国诸法律有显著的悬隔。《世界人权宣言》只能溯源于美国的州宣言、《独立宣言》及法国大革命时的《人权宣言》，以及自然法思想对人权的关系，由此应当可以明白了。杰弗生人权之根据只在人心，是针对着传统的权利而指出每一个人的本身即有此权利，可以根据人心的要求而创发权利。这不应说他是浮夸。

因为你在思想上没有弄通你所反对的，也没有弄通你所赞成的，便觉得没有一样东西是要得的；于是对西方文化，也来一个整个的否定，而你说你的人权清单，"将以新的科学，新的自然哲学，新的人性哲学为基础。它将不以任何已有的传统观念为依据"，以"建立新的人权意理"（文甲），这气魄真不小。但任何已有的传统观念都否定了，而现存的思想家，有哪一个和传统观念无缘呢？尤其是在所说的"人性哲学"这一方面。所以建立新人权意理的工作，只能完全靠你自己的掌中雷了。你虽拉出拉苏卜教授来扛大旗；拉苏卜教授的著作我未读过，但在殷海光先生所介绍的《科学与人文的理则》一文中，他认为："关于世界和平问题，哲学有三件工作可做：一、分析西方世界与东方世界底主要文化。……二、特举具有较大普遍性的一组共同设臆。这一组共同设臆可以容受那些具有最大可能歧异性的传统设臆。……三、如有必要时，重建一切理论设臆，以便与现代哲学和科学知识，以及与传统哲学与科学知识底性质相合。"这似乎和你一口抹煞"东方意理"及"任何传统观念"相去很远。似乎并不曾了解拉苏卜。

其实，确定人权典章，十八世纪已把奠基的工作做好了。经过十九世纪和二十世纪的四十年代，一方面人权中要增加新的因素，这以德国的《威马尔宪法》（*Weimarer Reichsverfassung*）开其端。另一方面，社会主义、极权主义，动摇了十八世纪人权的基础，史达林、希特勒都是榜样。联合国的《人权宣言》，只是把新旧人权因素加以综合，并把动摇的空气加以澄清；更由各个国家推扩而成为在国家之上的“世界”性的东西。联合国的科学教育文化机构，曾因此广向世界的权威人士二十一人征求人权理论的基础，结果将各人论文编为*Human Rights*，以英文与法文刊出。法国代表团团长马里坦在序文中指出：一、意识形态的统一乃不可能。二、对立的意识形态也能同意一个“人权的细目表”。三、为了求得一个起码的共同价值尺度，不可能求之于“真正意味的理论的和解或哲学的综合”，而只能求之于由经验所理解（不是由思辨）的共同态度，而这在最后，只是价值，只是人类所能共同经验的良心道德。对于良心道德的解释，理论化，那是哲学，这种哲学无法同一；但对于良心道德的经验事实，却可得出共同的结论。马里坦所说的“人生哲学”只是在此种限度之内。你的文章中也引用了马里坦，但与马氏所指陈的恰恰相反，拒绝良心道德而要来一套“自然哲学、人性哲学”。自然哲学与人权何干？除了良心道德，又有什么与人权相干的人性哲学。

你根据《世界人权宣言》来著书，对于此宣言的了解，似乎也有可以商量的地方。因为你忽视了政治法律，不应干涉到人的内心生活，这与政治法律，在其极究是以人类的良心道德为根据，并为其精神的动力与保障，完全是两回事，所以你说美德各宣言中的伦理原则等是“繁辞赘言”。这一点以后还要说到。联合国原来拟的名称是“国际人权宣言”（International Declaration of Human Rights）。以后在总会第三委员会的最后审查阶段，根据法国代表的提议，将“国际”改为“世界”（universal），以表示这不是国家间相互约束的宣言，而系从上面约束全世界，所以现在就称为"世界人权宣言"。但你说应改称为"超国界的人权宣言"，似乎是大可不必了。

英国此类法律中权利的主体是英国的臣民；美国权利宣言的第一句则是"一切人类……"因之其权利是属于 every individual all，mankind，every member of society。这才符合人之所以为人的权利的意义。所以基本人权一定是世界性的，联合国的《人权宣言》更明明白白是世界性的。但是你却说要分为"民族的人权清单"和"超国界的人权清单"。《世界人权宣言》共分三十条，你要把其中的"第十九、二十、二十一、二十七、二十八"等五条移入超国界的人权清单中。其余的则为民族的人权清单，以便各民族自行斟酌，保持各民族的传统。你说："特别像第十八条'改变宗教或信仰之自由'一类的条款就根本没有机会再成为新的问题，而迫使回教国家如 Saudi Arabia 感觉不安，且拒绝签字了。"（以上皆见文甲）按《世界人权宣言》全文三十条，大体上来说，从第一条到二十一条是关于自由权的人权。从二十二条到二十七条是关于生存权的人权。二十八条到三十条是关于全体的。宣言中既有自由权的权利，即不与任何民族的传统相冲突。譬如我们尊重自己的传统文化，我们便有此权利，不怕人拿政治的红黑帽子来压迫，所以你的顾虑是多余的。其次，你为了怕回教国家不愿意，因而把宗教自由从《世界人权宣言》中剔出去，以听各民族自由去取，殊不知真正的基本人权之提出，是从宗教自由的人权开始，这是人类精神生活解放的第一步。这并不妨碍任何民族的信仰，而只是把各民族的信仰推行到良心自由之上。人权宣言之成立，一方面是应一般人的需求，另一方面也是针对若干人的反对。假定世界上根本没有人反对，则亦无特别加以宣言之必要。

岂可因一个国家而即改变宣言的最基本底条款。况且拒绝签字的还有南非联邦和苏联集团等六国。南非拒绝签字的理由是因为它要保持人种的差别待遇；苏联等六国的理由是因为它要求（一）对所有权的保障加一句“随该财产所在国的法律”，（二）结社、表现、报导之自由下加一对法西斯的限制。联合国都未加以接受。南非和苏联拒绝签字的原因并不比 Saudi Arabia 原因更为严重。宗教自由的原则可以在《世界人权宣言》中牺牲，则种族平等，及苏联所要求的两个“但书”，又为什么在大会的反复辩论中加以拒绝？自由是不可分割的，在没有宗教自由的国度，还算有完全的自由吗？且《世界人权宣言》中削除了宗教自由，则势必连带修改《联合国宪章》第一条的基本宗旨，这便影响到世界组织的一种最基本的原则问题。更重要的是，《世界人权宣言》自第一条至第十八条，对自由的保障，较过去此类的宣言，规定得远为详细而具体，甚至可以说是无微不至。这是因为受了极权主义统治的血的教训，因而防止极权主义统治再度发生所规定出来的；只有针对极权主义统治的教训才可以了解此一宣言成立的真正历史的意义，因而关于前二十七条之一字一句，皆可以看出是无不经过苦心深虑而来。防止极权统治的发生，这是当前世界的迫切任务，也不能不是世界性的任务。所以这二十七条是构成此《世界人权宣言》最重大的意义之所在。你要一举而削去之，委诸各个“民族的人权清单中”去自由抉择，这未免太近于粗疏了。旁的抹煞了不说，此一宣言药救极权统治的历史意义，绝不可以抹煞。你所提出作“超国界的人权清单”的五条，其二十八条，分明是总上面二十七条而言，所以第一句是“一切人，对此宣言所举的权利与自由……”现在二十七条中所列的权利与自由，经你削去了二十三条，则第二十八条所说的六分之五都落了空，而成为一无内容之条文了。

再谈到我们基本争论之所在。你说："由道德界谈自由起，一直贯穿到政治界，都是不可以的。"这是因为你坚持"在政治层次中没有道德问题"的原故。朋友，我虽多少次说过道德的自由，不能代替政治中的人权自由。但道德是表现在人类的生活行为上面，而政治是人类的重要生活行为之一，所以政治中当然有道德问题，政治与道德当然有相互的关连；就其关连处（当然也有不相关连的）而从道德界谈自由起，一直贯穿到政治界，为什么不可以？此其一。正如马里坦在《人权的哲学检讨》一文中所说，"不论怎样的人权宣言，也不能是彻底的、终局的东西。它不论何时，都是和历史上某一时期的道德意识与文明状况相并行的"（《人权》日译本六十二页）。因人类精神觉醒到达了某一程度，才能有人权的要求。人权是承认每一个人有同等的权利，这便与强凌弱、众暴寡、智欺愚的情形完全两样，人权的实现，是道德最大的实践，同时即不能不诉之于人类的道德良心，使强者、智者、众者有所顾虑，以保证其实现。对于军事侵略，还可诉之于国际武力制裁；对于人权的侵害，固然可诉之革命，但这不是最妥善的，因之也是不得已的而且也不易随时可以实行的方法，于是一般惟有诉之于道德良心。我们为了实现民主在言论方面的努力，也是诉之于人类的良心。所以各人权宣言——包括《世界人权宣言》在内，于其前言或其字句最经济的条文中，无不有良心道德的呼吁，亦即是由道德自由贯穿到政治自由。而且几乎所有的自由主义的诸大师，如亚丹斯密、洛克、小穆勒、杰弗生、卢骚，几无不重视伦理问题、道德问题。在他们的精神中，政治、经济、伦理，都是一贯的问题。马里坦在《人权》序文的第一句是“联合国所担负的工作中，最能切实诉之于诸国民之良心，又不能不诉之于诸国民之良心的工作之一，即是世界人权宣言的起草”。国际法学会，于一九二九年十月十二日，在纽约开大会，决议了《人的国际权利的宣言》（*Declaration of International Rights of Man*）共六条，其前言的第一句是“文明世界的法律底良心……”朋友，这一切，都不是偶然的事。

朋友，我认为人权是实现政治自由的基本条件。无人权，即无政治自由；无政治自由，则其他自由都受到损害。但是人权与自由，毕竟是两个名词、两个概念，这是自有自由主义以来的通说。但你硬要以人权来下自由的定义，而说“自由即权利”，“权利即自由”，这只有你一人这样说，除你以外决无任何人这样地说过。要有，则或是偶然加重口气而已，决不同于你的意思。你说“人权即自由”的最大证据是《世界人权宣言》说了多次的“人之权利‘与’基本自由”等。但为什么没有一次说“人之权利‘即’基本自由”呢？你为什么不把英文的and译成“即”而要译成“与”呢？你在“文丁”中引用怀特海《理智与人权的时代》的话，在你的心目中，怀特海应算懂得人权吧，但他对自由的定义是“是实现目的之可能性”。这定义对不对是另一问题，但他决不以人权来作自由的定义，是再也明显不过的。为什么不可以说“权利即自由”或“自由即权利”呢？这不仅是文字之争，而是实际内容的限制。就人权方面来说，自由权仅是人权之一。最概括地讲，美国的《独立宣言》以及法国《人权宣言》，都在人权中将自由平等并列。固然无平等即无自由，无自由即无平等，但由历史上两观念之常不易调和来看，当然是二而非一。说“人权即自由”，便抹煞了人权中有关平等的权利。《世界人权宣言》则分明是由自由权的人权及生存权的人权两大因素构成，这早有定论。仅说“人权自由”，便抹煞了生存权的权利。这种大关键，如何能熟视无睹。

至就自由方面来说，问题更大。自由是人类生活中的实践问题。一经自觉以后，便针对每一时代，而皆有其追求自由的对象。当然，人权自由，是自由主义的骨干，但人权未实现以前，也有自由问题；人权实现以后，依然还有自由问题；因为在人权之外，还有自由问题的原故。正因为这样，所以自由才永远成为人类创造的动力。近代自由主义，是开始于人们对中世教会传统的精神的解放；此时，人能用自由理性去思考问题即谓之自由，这在康德《什么是启蒙运动》一文中说得很清楚。与此平行的则有经济上的自由主义，以取消谷物条例及国际上自由的贸易为其标志，而现在则主要为自由企业。这都非“人权”一词所可概括。启蒙运动由理性自由进入政治自由的争取，而出现了《独立宣言》、《人权宣言》这不仅是自由在政治这一方面的大胜利，也使其他自由得到一确切之基础，自由主义因此而更成为一坚固之体系。然若“自由即人权”，则是人权问题解决之后，应当不再有无自由问题。但人权问题已确切解决了的国家，如英美法诸国，思想家们尚在不断地讨论此一问题，正如你所说“关于国际秩序及现代的自由观念，已有全世界的思想家及政治家在极热烈的探讨中”（文甲）。假定“自由即人权”，则自由观念，还需要极热烈的探讨吗？

一九五四年八月十六日《民主评论》第五卷第十六期

科学哲学之展望（译）

——在现代史中科学哲学之位置与意义

此文作者下村寅太郎博士，是日本东京文理科大学教授，著有《科学史的哲学》,《无限论之形成与构造》,《精神史之一隅》等。其《科学史的哲学》一书，内容精炼，早年欲加以介绍而未果。此文原载于《理想》二百二十一号。因近来有朋友谈到这类的问题，爰译出以供参考。

——译者

一

"科学哲学"，在某种意味上，是一种重复语。在我们的语言中，一提到哲学与科学，先认为是个别的东西。但是，如所周知，它本来是同义的。"Science"成为今日意味的科学，乃十九世纪半以后之事。在十八世纪称为"New Philosophy"的，指的是"实验科学"。即在现代，英国著名的《科学》杂志，还保有"Philosophical Magazine"的名称。德语中的"Wissenschaft"，今日还是包括着科学和哲学。科学哲学这一语言，不能不说是极近代的东西。因此，科学哲学，是以在历史上本来是同一的科学与哲学的分化分离为其前提，然后再将其加以结合。或者毋宁说是通过分化后的再结合。更内面地说，哲学是科学的自觉，自觉底反省。不是单纯“对于科学之哲学”的这种外面的事情。而是基于科学即哲学，哲学即科学的这种哲学本来的本质、科学本来的本质的内面底问题。这些事情，是表示科学哲学这一概念之自身，它所包含的生成与问题，存在着许多层次之意。

然而科学哲学乃是近代底哲学问题，这一点是应当特别注意的，科学哲学，是作为科学的哲学，或知识的哲学，不直接以存在为问题，而专以“学”或认识为问题。在此一意味上，它应与前代的“自然哲学”相区别。原来，认识论在各时代之哲学中都系根本问题。然而大家认为近世哲学，特别带有认识底性格者，是因为哲学问题，常是还元为认识的问题——更一般地说，还元为意识的问题——而去加以考察的原故。所以科学哲学，在近世，本来不是单纯的特殊的一个问题，应该说是 Das problem 问题，而不仅仅是关乎科学的问题。然而，科学哲学，其所以特别成为近代底哲学问题之理由，首先是因为其所谓“科学”，在严密的意味下，具有近世独自的性格，是近世独自的所产。今日的哲学与科学相区别的本身，或者如今日这样，把科学由哲学中区别出去的科学存立的本身，实系根据近代科学的性格，在古代、中世，是否有这种事态，很是问题。

在古代，如所周知，哲学是对于有关种种存在的“诸科学”而自己是关于存在本身的“第一科学”。然而那都是理性底认识之学。在中世，哲学与神学相区别，但与科学的区别不必明确。其立足于自然底理性无二致。在近代，开始树立了基于经验的“科学”，以与基于理性的“形而上学”的哲学相区别。康德的问题即在于这种科学与哲学的区别。把作为超经验的“理念之学”的哲学，将其权利与界限弄清楚，此即所谓“理性批判”的根本问题。“纯粹理性批判”的积极底本来问题，与其说是在于给科学以基础，毋宁说是在于给作为理性之学的形而上学以基础。然而，他之所谓形而上学，不必是立即与科学相对立的哲学。而是对于Physik的Metaphysik，是对于自然学的关于灵魂或关于神之学。康德的业绩，在于从来认为两者之间仅有研究领域之不同，而康德则指明两者之间，尚存在着方法及原理的根本区别。自然学虽只作为现象之认识，断念于“物自体”的认识，但是灵魂学、神学，其认识自己及认识绝对者，是作为确立道德行为宗教信仰的基础，即不能仅为现象之学——不能仅停止在一向是变化不定的现象认识之上。不把握作为“物自体”而系实在的自己与神，即得不到道德宗教的学的权威。魂（或自己）或神——一般认为这种精神的“超自然底存在性”，其对于自然底存在，不仅是对象的不同，而且是存在的方法、存在性之本身的本质底不同。因此，在认识上，其原理，其方法，即不能不随之而兴。要站在所谓实践理性的主体底立场，始能加以把握。在这种意味上，这不是科学，而正是“形而上学”、“超自然学”。然而，这种意味的形而上学，与自然学，同是个别之学，并非即是普遍底哲学。不是普遍底科学的哲学。“纯粹理性批判”，仅是“旧形而上学”的批判，同时即为新形而上学立下基础，所以它还不是全面底科学哲学。实际，在康德以后的十九世纪，才是精神科学对于自然科学的形成时代。恰和十七、十八世纪，自然科学之生成形成，是从原系协动者、共同体的哲学中分化出来一样，在十九世纪精神科学的生成形成，哲学是从作为单纯精神之学的形而上学那里，也分化独立出来了。

然而，精神这一概念，本是与自然的概念相对立的。两者之结合，或使两者结合的东西，必然要成为问题。不仅这样，精神到底是个别底？还是普遍底？这也是自古以来的古典问题。不仅自我与非我的区别、自我与他我的区别与关系，是 Geisterwelt（精神世界）的问题。精神与自然之外，社会也成为问题。社会是在确立了人的个性，确立了作为个人之人的自觉的近代，才开始成为真正自觉底问题。个人没入于社会，归一于社会，则社会的概念必不能自觉。因个人的确立，才使对立于个人的社会能够自觉。实际，Sociologie 这一语言，是在十九世纪才形成的。社会科学，也是社会哲学生成之所产，这与自然科学、精神科学的场合是类比的。这里才有对于自然科学、精神科学、社会科学而都是超越底哲学——不仅是超自然学，而是对于一切特殊科学皆有普遍学之性格的哲学，才得以成立，意味完整的科学哲学，这里才有其可能。

今世纪开始以来，科学哲学，是指认识批判、科学批判。今日特别称为科学哲学的，则暗示着不止于认识批判，而且为问题领域之扩张与问题内容之深化。

二

科学哲学，首先，是关于科学的哲学。即所谓科学批判，或给科学以基础。这是以科学之存立的事实为前提，而究明其基础，可能根据，及其界限为其中心问题。

然而，问题是在于所谓批判或给以基础的意味与意义。科学哲学，如前所述，是以科学与哲学之分离为前提。科学与哲学之分离，是说明已承认科学是确实的认识，而且科学已确立了自立和自律底自己的方法与原理。对于这样的科学，而要特别给与基础，到底有什么样的意义呢？即在以科学批判自任的批判哲学，也不一定标榜其绝对底确实性。毋宁是断念于绝对性，才是批判哲学的性格。于是作为科学批判的科学哲学，对于作为确实认识的科学，还是与以没有绝对性而仅有更多的确实根据呢？抑不过是出于把已经承认其确实性的科学认识而更使其确实的“多余”要求呢？不仅如此，近代的科学，其真理性或确实性，不是由概念底论证或演绎所确立的，而是基于实验、实证，此乃其根本特色所在。若是以为实验、实证，系经验底性格，欠缺普遍性，这恐怕是来自对于近代实验、实证之意义的洞察力之不足。近代的经验概念，与古代者，有根本底性格底不同；若依然以批判古典经验主义来批判近代经验主义，这是因为对于近代的经验概念的历史性之没有彻底了解。常有人认为科学批判之所以成为必要，在于抑制科学，使其不超越于限制界限，以致陷于独断论。然而现代的科学，专以实验事实为基础；其推论归结，常由客观事实所验证。因此，科学认为本身之确实性，不待哲学给与以基础。没有由理性思辨而来的逸出范围的存在余地。其理论的肆意扩张或独断适用，固应当加以抑制，但这不一定要等待哲学来做，由科学者的良识，即可充分做到。毋宁是，所谓独断底扩张、类推，并不是来自真正的科学者而是来自通俗底解说者。（译者按：中国自称为科学方法的这一类人，都是低级的通俗底解说者）由无限制的推论而陷于二律背反者是“纯粹理性”，而不是“实验底理性”。现代的科学者，与“纯粹理性”，几乎是一天一天地绝缘了。近时，科学的基础理论，存在着根本的难题，常被称为“科学的危机”；然而，此种事态，并非如在康德场合样的纯粹理性的二律背反，而是新的实验事实与旧的传统理论之背反（例如，在相对论的以太 aether，在量学论的原子之波动性与粒子性）；这是专以实验事实为究极底东西，由对于基础理论之再反省，根本概念之改变而去打开超克。其自身虽然带有很多底哲学性格，但更多的是持有科学者之“现场”的问题的性格。其问题的解决，与其期待于哲学者，毋宁是更应期待于科学者。现在，科学者不俟哲学者已将其实现了。其自身纵然有哲学底意义，但并非即系哲学底性格。因为这彻底是就一定之实验事实，在一定界限内的特殊理论。对于将来新的实验事实原来是敞开着门的理论。所以是暂定的性格，不能马上将其一般化而成为普遍底原理，例如，不能从量子论中因果律之确率性而马上将其普遍化，以应用到意志自由的问题。然而，哲学却是要追求此普遍底原理。对于同一的问题，仅仅哲学者能够保有科学者所不能保有的方法或手段，只要哲学者是在“学”的范围内，乃不可能之事。所以，科学哲学的科学批判或给与科学以基础，直接无所增减于科学的确实性。也是做不到的事。问题不是外底确实性，而可说是在于内的确实性。或者是在于确实性之内面化。康德先验方法所意图的盖在于此。自然认识“怎样可能”的设问，不是对于自然科学之问，而是指向哲学者自己之问。此乃认识之内在化、内面化。Grundlegung（付与以基础），即是 Tieferlegung（更深的推论）（可亨 Cohen）。

科学者处理问题的方法想法，是技术底（technical）。将其概念化而使其成为自觉底，则科学者的问题能成为哲学者的问题。

使成为自觉底之事，乃是把成为想法之根底的东西加以反省，使其明确，付与其想法以位置，使其想法的归结，因之，使其想法的限制，得以明了。换言之，这是对科学家的想法，是否能够普遍化的省察及其界限的省察。或者，认真地说，这是站在普遍见地的省察。于是，本来是作为“关于科学之哲学”的科学哲学，不能仅止于是，关于科学之哲学，而不得已，成为超越科学的哲学。毋宁是不能不到达与科学以上之领域的关联问题。哲学问题，不仅是知识问题。道德、艺术、宗教等，同样的都是重要的问题。对于这些，不能从内面关联到，以作深的洞察，在哲学的立场，不能不说是贫弱。反转来，作为道德哲学、宗教哲学，虽然优秀，但若不能积极底关联到科学哲学，至少，在近代同样的不能不说是贫弱的哲学。

三

我们急性的要求，是现代的科学哲学，对于现在科学的基础问题，期待着立刻能与以积极的解决。例如，对于今日的量子论，科学哲学有了什么贡献？又量子论能有怎样的意味？然而，哲学纵然能显示何种的解决，在它是哲学底范围之内，也不是 Positive（实证底）的科学底解决；对于科学之自身，只能算是一种暗示。问题之次元、层次，自不能不异。哲学所能贡献的，不是关于科学本来的 technical 的问题或方法，而是关于其基础，关于其原理。在于反省科学面对的基础难题之意味及其由来；可以说是把困难的本质性、必然性弄明白；其困难到底是否基于科学方法的本身？是否基于科学思维法或概念形成的本身？对此而促其反省。

科学方法是客观底、客观化底方法；可以说，其眼睛常常仅看着对象，指向前方，一般缺少对于认识主观本身的反省方法。这是科学思维之特色，也是它的限制。科学的基础难题，或者不是来自科学思维方法之自身吗？这样的反省——认识论底反省，是哲学独自的方法。柏拉图也好，康德也好，哲学对于科学所作的积极贡献，大概可以说是在这一点上。用近代的例说，十九世纪以来，对于以太（aether）的实在性之实验与理论的矛盾，劳伦兹（Lorenty, 1853—1928）站在实在论底观点，假定物体是缩短向物体运动的方向；而爱因斯坦则站在认识论底观点，求其原因于观测主观之侧，遂找出根本解决之路，还有，近年在量子论里海森堡（Heisenberg, 1901—1976）的不确实性原理之树立也与此相当。爱因斯坦、海森堡，固然不是哲学者，然而，他们的想法则真是哲学底、认识批判底。可是这些理论本身的性格，虽然是认识论底；但作为科学理论，不论其出于自觉底或无自觉底；其主观反省底契机，总是被忽视。并且他们仅作为特殊领域的理论，作技术处理。因此他们依然是科学者而不是哲学者。认识论底反省，彻底的，是向主观之归还，认识之内面化，作为主观与客观的相应性之自觉；不仅是认识的客观性，也以主观性为契机，而同时使其自觉，较之科学认识，站在更包括、更高次的立场，即不外于是哲学独自之立场。然而认识论底反省，不是偶然遇着某基础问题发现难题的那种偶发场合才去做，而是一切科学思维，若专在客观思维的范围内，欲使其彻底时，在某极度，常不能不面对的必然底界限之自觉。

所以，由认识论底反省所成就的，是树立与意识的对应性，更积极底意义，是意识的构成。因为认识论底反省，是向主观性的关系，向意识的还归还元的原故。然而，意识常常是可能性，是未完结所敞开的可能性。意识构成，有 hypothesis（假设）的性格，是自己定立的，所以也能够自己否定它，超克它，成为其否定超克的动机和媒介的，常系新的事实，是“现实”。意识常系对于存在的发问和应答。其应答常含着新的问题。这样意识必然成为生成底历史。存在对于我们，常常是被问的存在，不仅是赤裸裸的存在。因为是被问的存在，所以存在的规定，常被制约于问的方式。实际，我们今日认为存在的东西，的确不外于是长的思想史所展开的成果。例如今日我们所称为物质者，是与我们直接感觉底映像隔绝了所高度构成的概念，是由极抽象底记号数式才能精密表现出来的东西。仅拿它的数字表现看，也可知道它与一切素朴的模像是无缘的。被称为指示直接的存在之物质，尚应想到意识之作为加工是如何深透到它的内部。离开意识独立的物质，假令我们可以想得到，但表现、规定这种物质本身的方法手段也不存在。这样的物质，毋宁是已经很高度被抽象化、被概念化了的东西。高度由意识所加工了的东西。完全不以意识为媒介的物质，是无法加以任何名称，连物质一词，也不能成立。何况对于无形象的古代“质料”的概念，而应当想起具有构造的“物质”概念，乃是近代的概念，乃是根底上带有近代存在论之历史性格的概念。

四

这里，科学哲学，从科学的认识论而不能不转到科学的存在论，科学的形而上学，科学的历史哲学，尤其是科学认识的历史性，立刻不能不使科学史之哲学成为问题。

不待说，科学之自身，不外是知识。正确地说，是纯化、组织化了的知识，是作为自觉底知识的知识；在此种限度内，它与单纯的知识相区别。在此种科学之形成中，其时代的知识特性或其民族的知识特性，被具象化了。可以进一步地说，此种科学形成之自身，已经是向独立的知识之态度的具象化，向独立的知识之意志的具象化。大体上，缺乏科学知识的人间社会，是不曾存在；但是将其知识加以纯化、组织化，而使其独立化，作为学问以形成之，这确是特殊的知识态度，特殊的向知识的态度，使知识从其他的东西独立，自觉底形成作为知识的知识，这即是科学的成立。实际上，此种科学之形成，是历史上独自的精神史底事件；如所周知，这是在古希腊才始成立，在希腊传统之下才始展开的。这就是原来所说的“Philosophia”。这种科学，不是各个人们的知识，而是那一时代的社会的知识；更精密地说，是其社会的支配底知识。在古希腊，是贵族市民层的；而在近世，则是近代市民层的。不待说，任何知识、科学，其成立的动机，当然是由于现实底必要。然而，知识的纯化、独立化、组织化，则不仅是物底必要，而更须承认精神的动机。并且因这里之所谓纯粹化而较之实践底东西更为独立，因此反得成为更高度的实践底东西，这是历史上所昭示的。此种事实，在我们洞察知识的本质或构造上，有重要的意义。所以科学成立中精神的境位，精神的性格，还有其精神历史底、类型底区别与其历史底展开，和其他精神领域与物底领域之相关性等等，不能不成为科学史的哲学的问题。

结局，科学哲学，先是从“关于科学的哲学”出发；但在科学与哲学的分化分离的境位上而始成立的。然而，此时对立于科学的哲学，不是预先有并立存在、实体存在的哲学。科学批判、认识批判的本身即是哲学，在这里即成为哲学。关于科学的哲学，不是从预先存在的哲学，根据它何等既成的原理以批判科学。所谓科学批判，实系科学自身的自己批判，自己的自觉。这种事还是应由专门（Professional）的科学家去做，抑是应由哲学家去做，不是重要的问题。作为科学批判的科学哲学，因此之故，实在不仅是关于科学的哲学，而具有科学即哲学、哲学即科学的意义。然而，在科学即哲学场合的科学，本来不是单纯的科学，而是哲学，因为自觉常是站在超越自己的普遍立场。哲学对于特殊科学而论，在某种意味上，有普遍学的性格，对于部分底抽象底认识，而标榜全体底具体认识。科学哲学对于科学的普遍性具体性，是在这里树立起来的。这不外于从更普遍，更具体的立场来看科学。换言之，这是不以科学为究竟的认识，在更具体底立场，以看科学到底是占怎样的位置，有怎样的意义。与其他高次或低次的认识是怎样的关联？更与实践诸领域的相互关系如何？可以说这里成为它的问题的是目的论底考察。更关联于文化、文明之理念而不能不考虑到科学的促进、统制、驱使等等的方策。这直接与科学政策、文化政策的问题相关联。这不仅是单纯的科学技术的应用或利用的问题，而是当前文明文化的理念之决定。或者是与科学文明之对决。历史哲学，不是单纯对过去的解释，不是单纯由过去到现代的解释，也应当以将来历史之理念与设计为其课题。这在现代，必然要包括科学的问题。近代开始时是标榜自然的支配；在现代，则不能不标榜历史的支配。而科学的支配，则成为其重要的契机。现代正是作着伟大的实验的时代。科学哲学，不能不由科学认识论进展到这种问题。自然的支配，是由认识自然的机械构造，再根据此种洞察而形成作为自然再构成的机械，乃被实现。社会科学，不可不认识社会及社会进步的机械构造，以此为基础，而企图社会之再构成，规正并促进社会之进步。对于育成助成自然性之kultur（文化）而改编、变革自然性之civilization（文明），正是近代的理念。这不是evolution（进化），而是revolution（革命）的理论。树立这种理念，企画其实现的方策，是科学哲学最后的、最高的课题，是现代规模的理想国之设计。在哲学以外，何处能期待这种愿望呢？

一九五四年九月一日《民主评论》第五卷第十七期

文化上的重开国运
——读《人文精神之重建》书后

开国要有开国的规模，要有开国的气象。此种规模气象，可以用《中庸》“博厚，所以载物也；高明，所以覆物也；悠久，所以成物也”几句话作代表。博厚、高明、悠久，不是伪装可以得来，必须出自内在的精神的自然流露。这种内在精神，在《中庸》指的是成己成物的“诚”，是来自最高德性的仁与智。仁是由物相通而与物同体，智是人物并成的能力。一个人的精神能与物相感相通乃至与物同体，自然会博厚、高明、悠久。博厚、高明、悠久，只是一种无限的生机生意，在上下与天地同流的流转，使枯萎者得膏沐以复荣，萌蘖者得和煦以更茂。这种精神若在剥复之际，而落实为具体的事功，便会重开国运，乃至重开世运。

现实的政治人物，不可能具备这样的规模气象。这种规模气象，只能通过知识分子的文化思想中表达出来。现实的政治人物，但能以其禀赋之厚、天才之高，意识地或无意识地，与这种文化精神相承接，最低限度，不与此种文化精神相违反，便常可开百数十年小康之局。所以中国历代开国的史实，常是由一种“豁达大度”的英雄与质朴的书生相结合。由这种结合所形成的气象，纵然说不上博厚，也会比较笃实而宽和；纵然说不上高明，也会比较融通而了解；纵然说不上悠久，也会比较条理而从容。这就可化暴戾为祥和，归混乱于宁静。

我们面对的变局，为过去历史所未有；所以若不能具备过去历史上开国条件的，要想重开国运，固然是缘木求鱼；即使仅仅具备了过去历史上的开国条件，也未必能与当前局势相对应。自抵抗日本侵略以来，我们在苦难中的挣扎，文化方面，不是没有苦心的人，也不是没有若干成就；但面对此一时代来说，总觉得知识分子所表现的心力和成就，没有足够的担当力量。这不是从知识方面着眼，而是在由人格、精神生发出来的规模气象上使人感觉和重开国运的要求不相配称。因此，唐君毅先生近著《人文精神之重建》一书之刊出，不能不说是近年来在文化上的一件大事。

唐先生此书的目的，正如此书第一章《宗教精神与现代人类》所指出：是要“宗教精神，担负时代之苦难，以求中西古今人文理想之会通，以解除此苦难”；并因此而“返本”、“开新”，以达到一“创世纪的理想”。他写此书的中心信念，是拿“人当是人，中国人当是中国人，现代世界中的中国人亦当是现代世界中的中国人”这三句话来包括。第一句话是代表人的自觉，第二句话是代表中国人的自觉，第三句话是代表中国人对现代世界的自觉，并由中国人对现代世界担当责任的自觉。诚如唐先生自己所说：“此三句话有说不尽的庄严、神圣而广大深远的涵义。”其所以有这样的涵义，实因这三句话的后面，蕴蓄着唐先生对古往今来无限的仁心，及由此仁心而来的无限责任之感，这是唐先生此书的基本动力。凡是虚心平气来读此书的人，都随处可以接触得到的。

唐先生此书的第一步工作，是在“疏导百年来中国人所感受之中西文化之矛盾冲突，而在观念上加以融解”。第二步工作则在将西方文化最注重之“自由”与“民主”，中国文化最注重之“和平”与“悠久”四大人文的理想，加以融通陶铸，以为“返本”、“开新”的具体内容。唐先生说得很清楚：“今日言学问，当不限于圣贤的仁义道德之学。科学、艺术、文学、哲学，皆是专门之学。”“皆可分别成一纯粹的文化理想，与自由民主、和平悠久等并列。”“但只就社会人文之理想来说，则民主、自由、和平、悠久，便已足够。人类社会有民主自由、和平悠久，然后个人宗教、艺术、科学、文学、哲学之创造，乃可日进无疆。而个人之宗教、艺术、科学、文学、哲学之创造，亦即所以成就社会人文之民主、自由、和平、悠久。”唐先生所采用的方法，不是演绎某一既成学说、原理、主义以推出结论的演绎法，也不是排比事实材料而抽出原理的归纳法，而是“直就吾（唐先生）之生此时代，居于中国，上承数千年历史文化之传统，外感世界思潮之流注，吾所亲身应受之若干人生文化观念上之冲突，而在情志上有所不安不忍；自觉此中问题所在，使此心沉入问题之中，甘为诸矛盾冲突之观念的战场；再进而即于此战场之中心，求修筑纵横交会之道路，以化除诸矛盾冲突之观念，使之各还本位，和融贯通”。据我的了解：演绎法与归纳法，都是在建立概念、运用概念。概念是由具体的东西抽象而来，但任何观念也不能是具体事物的完全表现。因此，凡是知道唐先生的人，都知道他有概念思辨的天才；并在唐先生此书中，实际也表现了极丰富的概念性的思辨；但当前由文化冲突所形成的人类灾祸，决非仅仅是概念上的问题，而是有血有肉的广大人群的生活。概念不仅不能完全表达出有血有肉的生活内容，并且完全以概念来看问题的人，实际上对问题总是出之以观照的态度，其精神不能和问题的血肉连在一起；于是对于问题的曲折、甘苦，始终是隔着一层地去测度猜想。这是处理人的问题与物的问题之不同的所在。唐先生的方法，是把自己的心，直接沉浸于问题之中，不是去观照问题，而是在体验问题，使具体问题的血和肉，与自己的血和肉相连；凝结千万问题于一身之中，融解一身于千万问题之内，这是自己入地狱以超渡地狱的精神与方法。他对每一问题之能曲折尽致以表达问题真实之全貌；他的文章不仅是理智的陈述，而且是人格的呼唤，他希望中国人“能自作主宰，激昂向上”，而在他的文章中，正贯注着以自作主宰、激昂向上的力量，都是从这种地方来的。

以我的学识、修养，决不能在这篇短文内将唐先生此书的精神面貌，向读者介绍于万一。我只有再引《中庸》“故至诚无息，不息则久，久则征，征则悠远，悠远则博厚，博厚则高明。博厚，所以载物也；高明，所以覆物也；悠久，所以成物也”这一段话来形容此书所流露出的规模气象，而向世人指出唐先生在文化上已尽到重开国运乃至重开世运的责任。此一书的出现，不仅表现中国在最苦难的时期也并不会绝望，而且是表现在苦难中的中国人能向世界表露一种“世界精神”，以贡献于人类之创世纪。

四月三十日于台中市

一九五五年五月五日《华侨日报》

介绍一部假期读物
——《美国国家基本问题对话》

为了争取自由而受到迫胁的中国儿女们，多半离开了温带的祖国，辗转流散于亚热带的气候之中。如何度过亚热带的假期，纵使在事实上，大家无法作认真的安排，但在精神上也值得我们安排一下。正如我们所介绍的主人翁贝尔德氏 (Charles A. Beard 1874—1949) 所说：“我们既生在这个世界上，只有奋斗才能生存。我们对于政治认识愈深，处世能力愈大，愈不愧做一个有能力的公民。”不过，在平时，大家尽管生存在十分尖锐的政治现实中间，但因日常生活的忙迫，对政治的本身，不易作冷静的观察和反省。在假期中，与其看“隔壁张大姐因旗袍叉开得太上而……”这一类的新闻故事，何如沉下心来读一本能切实启发我们对政治问题的智慧，因而“不愧做一个有价值的难民”的书，更为合算。

《美国国家基本问题对话》的著者贝尔德，是美国的一位历史家、政治学家，曾任哥伦比亚大学教授，及美国历史协会、政治学会的会长，著有《美国文明的兴起》、《宪法的经济解释》、《美国外交政策的形成》、《美国史》等书。据译者王世宪先生来信告诉我，原书第一版出于一九四三年，他所用的底本是一九四五年的第六版。译书由正中书局于本年五月印行。先由译者赠寄一册，后又由正中书局总经理温崇信先生寄一册。促成我提前加以翻阅，却发现这是一部内容平实深切，很富于启示性的著作，译笔也非常调畅，于是逼使我一字一句地认真读下去，并写一封信给温先生说，正中书局之印行此书，应算是一大功德。

一连串经验事实

全书共分二十一章，作为其研究中心的“基本问题”，自然是如何运用它的宪法以保障它的自由民主，及解答环绕于自由民主周围的许多问题。因为著者是一个历史学家，所以他的陈述，不是抽象的概念的推演，而是从一百五十年前美国制定宪法的时候起，把美国实践这部宪法的实际政治经验，从各主要部门，加以分析比较。使读者所得的，不是某一个人的政治理论，而是由一连串伟大的经验事实所告诉我们的许多教训和给我们以一个大方向。这对于读者，自然容易把握其内容；并对于这种内容可寄托以相当的信赖。由贝氏的陈述，首先引起我们注意的是：参加制宪会议的人物，只不过是代表各种利益的一群，他们的识见，都是卑之无甚高论。不仅人权法案因出席者的全体反对，未能列入最初的宪法之内，连在全部宪法中找不出“民主”的名词，而“自由”则仅一见于宪法的序文。当时制宪法的人们，仅有要形成一个统一国家的意识，因而注意各利益的调和；有强烈的人民至上的意识，因而特别防止历史上专制暴政的复活。尽管宪法的本身并不完全，但大家抱着这种大目标，一步一步地向前努力，使宪法的条文，成为活的生命力，由此而开辟了自由民主的新天地。

宪法是美国的立国根基，不了解美国宪法的一连串历史，便不了解美国。

不过，美国宪法之所以能生根。主要是得力于政治人物的培养。贝氏在第四第五两章，特举出华盛顿，杰佛生及林肯三个人，认为他们是“表征宪法主义”的代表。我觉得其中以华盛顿林肯两人更为重要。因为他两人都身当独立战争及南北战争的重任，集中统帅大权于一身；这种统帅大权，最易冲毁宪法上对于政治权力的限制，而此种限制，正是宪法的命脉。宪法精神，要能贯彻于国家非常时期之中，纸上的条文，才能真正成为国家的常轨。据贝氏说：“华盛顿绝对不是一个民主者，他的脾气是贵族的；在他的心目中，民主这个字，好像是代表政治上一切的罪恶。”但是制宪者对“人民至上”这一点，特别注意。而“华盛顿在他的行为与公开言论中，特别注意发扬这点美国精神。他没有欺骗人民的行为……国会曾经两次授他以独裁权，他丝毫没有玷污了，他归还给国会。……不管国会有多少错误，华盛顿总是尽忠国会。就是在革命战争的时候，他对于夺权的建议，总是坚决反对。这是表示他是无条件忠于宪法主义”。等到战争胜利，他走进国会说：“……我来将国会托给我的权交还给国会。……现在我从这个大时代中告退了……现在奉上我的委任状，请大家准我辞去我所有的职务。”“他听完国会赞赏他的工作的演说后，很静默地离开议场，跨上马，回到他的佛农山麓的家乡去。”个人的权利欲，是民主的头号敌人，是一切罪恶的渊薮。一个人在权利上的淡泊情怀，即是为民主敞开一条大路。所以贝氏接着说：“在为人类的民主政治与独立的艰苦奋斗中，我实在不知道能从什么地方找到比这种更动人的举动。”

华盛顿的胸襟

华氏当了总统后，美国内部纷纷扰扰，几次闹得几乎瓦解分裂。但华氏尽一切调停的力量：“在万分困难中，求出一个决定实施宪政的办法来。”他对当时制定的宪法，并不十分满意，认为“有几个很明显的毛病是想象得到的”。但因为这是调和折衷的结果，所以他觉得“我们人民还是照前案暂且接受它为宜”。而一经接受以后，“凡遇有问题，他总是尽力用宪法解决它，使这部宪法，在大家共感兴趣与共同遵守之下生根”。“他虽然对于建立民主社会的理想表示厌恶，但他只是私下这么说；他在职务上始终维持容忍的精神。他虽然有时私下在文字上说到他同僚不好的地方，提到他反对党的蓄意不良，但是以总统的身份发言时，他总是趋于调和”。贝氏叙述了华盛顿这种职务上能克制自己的好恶感情的情形以后，接着说：“每一个有理性的人，都知道压制感情是（这里‘压制’两个字译得稍重了一点）处理事务的必须要素。假使人类在家庭生活里，在公开场合与在办事机关里，不能压制感情，则社会不知乱到什么地步。”华盛顿本是有脾气的人，但他同他的反对党在公务上往来，非常慎重客气……一个主张宪法的政治家，在循宪法的方法下，遇有失败，只有忍受；……因为宪政的政府，是要用和平与理性的方法处理政务。华盛顿一生都在表现这种精神。“他警告国人，不可使党争趋于尖锐化，把党的利益超过共同的利益，专为私人的野心与党的利益着想。”华盛顿在理论上并不了解民主主义，他的一切都“是表示他的人格。实施宪法主义，是需要人格的”。（以上皆见原书第四章）由此，我们可以了解，美国民主自由的基础，并不是根据一幅完整的民主政治理论的蓝图所奠定的，而只是由人民至上的观念，与当权者“克己”的人格表现所结合而来的。这都可以在先秦儒家的修己治人的思想中，得到充分的解释。贝氏这部书中，多次强调各民族国家的政治，和各民族国家的历史文化及生活习惯的特性，有密切的关系，所以我经常说中国的儒家思想，是中国走向政治民主的精神根源；只要把《孟子》中所说的“先王之道”，改成“宪法”两字，则儒家在政治上所给与我们精神的启示，真可以说是无穷的。

原书第五章对林肯的叙述，我们可以了解华盛顿与林肯两人的基本精神是相同的，即是忍耐、公正、调和，一切遵循宪法的途径，绝对摒斥集权专制的阴谋。我觉得这两个人可以用作量度一切军人政客的尺度。我恳切希望良知未泯的人们，尤其是负有政治责任的人们，最低限度，应当低徊往复地读这两章。读了这两章而不能对我们的遭际，恍然大悟，点头叹息的，那真要算是冥顽不灵了。

历史的价值

这书的另一个重大的特点，它是用“对话”的体裁，把一个问题所包含的曲折，假主客问难的口气，详细地表达了出来。尤其是当前正是人文思想没落，奇说僻论盛行的时代，对于人类生活重要部门的政治，有各种似是而非的理论，在本书中便以各种客人的身份出现。最有趣的是此书中自首至尾，站在最重要的客人地位的“史医生”，他爱好自由，但他是以科学家的身份而出现，他对于不能用数量表明的，感官直接感到的东西，都不相信。

因此，他不相信道德、精神、正义这一类的词句，要把这些东西从政治中撵出去；提到国家，他便怕抑压了个人；提到历史，他便觉得是复古守旧。关于这一切，都是五四运动以来，在我们的国度中所纠结不清的问题。我们三百年来的文化落后，大家不能多读多想，便常常以一隙之明，硬说这就是太阳的全体；对于自己不懂的，就认为应当加以打倒。于是各种非常识的论调，常在科学与自由的大旗下，大言壮语，欺骗有活力而无判断力的青年。实际，却把科学与自由裹胁得寸步也动弹不得。关于这一切，在本书中，根据人类生活的经验，都有明快的解答。我在下面只简单引述一点作为例证；详细的内容，只有拿起原书仔细地读。

当贝氏说“我们还共同为宪法序文上所宣示的大理想而努力”的时候，史医生马上说：“这就好像一个医生根据一百五十年以前（注意，这是美国历史的全部）的老理论行医一样，要我们的思想去将就那老早埋在坟墓中的人。这种怪论，无异于说我们的智识无进步，我们的方法无进步，我们要盲目地跟着古代历史走，我们要和奴隶一样地依赖我们开国的祖宗，而不是靠我们自己……如若不然，就是你对于科学与你所谓的政治，有一个极顽固看法。”贝氏对于这，自己首先承认我是“强调历史的经验与先贤的学说的人”。他是有时主张“守旧”，有时又主张“激烈的变动”的人。这便牵涉到中国的所谓“常”与“变”的问题，即是我们的生活中，什么是贯穿历史的“常”，什么是适应时代的“变”。即是郑康成所说的“易有三义”中的“不易”与“变易”，两者都是相倚为用，有不可分离的关系。贝氏为了说明这一点，先点醒“政治并不是一种自然科学，像物理学医学那样”。他再“举几个简单的例子，证明恒与变的关系”（此处的“恒”字若译为“常”字，似更合于我们的习惯）。他说："任何人要是没有一些固定的习惯、情操与态度，都会变成一个疯子。……假使我们做人的习惯，没有相当的固定性，社会就要瓦解，生活就会大乱。假使一个人昨天的行为，今天就不足为凭，这个世界要成一个疯人院了。一样的，假使任何人在处事接物的习惯上，永远都没有变化，那么，这个生命也就算完了。"（页二三至二四）生活的"常"与"变"的关系，只有从历史中去发现，这是对人的问题，不能不重视历史的主要原因之一。贝氏又说："假使我们不懂得历史，不在历史上找出前此所受的压迫，或与此相类似的经验，又有什么较大的力量与智慧去抵抗这些压迫？"（页六八）。由此，可以了解，我们因为失掉了史学的传统，当前找不出半个史学家，难怪我们力量与智慧是这样的枯竭。当史医生说"我们可以从历史得到的唯一智识，就是毫无所获"时，贝氏觉得，我们固然不能从历史上得到许多学问，"不过历史这个东西是可以将人类心中所不能记忆的过去事情与经验，构成一套比较有系统的思想。……把过去事情摆在一起，用洞察的眼光去得智识"。他并针对着史医生说："你所行的医术，不能行将来未知的医术，是行历史的医术。至少，你是根据过去医学在历史上所积累的经验而行的。这些医术，都是要从那天起，追溯到葛兰 (Calen) 时代所积累下来，理论与零星的智识。"贝氏并认为要达到训练一个人的分析事理的能力，"除了在比较离开我们目前的事实较远的史实上去训练外，别无他法"。他更说："我们对于目前问题的判断，就是等于史实的解释；就是根据过去，推测将来。所以我认为过去的智识，是判断目前问题的必需参考材料。历史是理想与事实在时间的过程中发生了相互的作用。"（页九二至九三页）这里所提出的问题，是我过去两三年中和朋友在口头上及文字上所曾激烈争论过的问题，想不到在这里却遇到一种补助性的回答。

“正义”的阐释

在讨论“加强团结，树立正义”（宪法序文中的话）的问题时，史医生板起科学家和半吊子语意学者的面孔说：“在医学上差不多每一个字都有每个字的准确意义……但是我总觉得你在你的字眼边缘上，总留下一点没解释到的缝儿；同时，其中心意义，复因时代之不同而变易。……假使我要这么跟着你，我会在这个无字义的五里雾中迷了路。”史医生并质问：“所谓加强联邦团结的本质与真理如何？……你能准确地说出来是什么？”当然史医生更不赞成空洞的“正义”。因为不能确凿地指它是什么。贝氏的答复还是站在生活的实际经验的立场上来讲。他觉得美国宪法的序文，虽然没有具体地指实了什么，“但是就全体人民所表示的情绪与希望言，都是有意义的”。“联邦的团结，是我们国家基础所在”。“假使没有这个完整的联邦，我们也许要耗费精力在互相战争之上，永不会有这么一个国家”。这是在事实的关联上来解答问题，而不是以离开事实的概念来解答问题。关于人自身的问题，只有这样才能解答。贝氏对于史医生“抽象地空谈正义，又有什么用处”的解答是“讨论有关生命、自由财产与实际问题时，正义对于启发人们的道德观念很有帮助”。贝氏在此书的另一地方说明命题有三种：定律命题、假定命题、理想命题。“正义”乃是属于理想命题的一类。他认为：“假使我们的生活缺乏正义、慈悲、真善美，和其他有关的观念，那么，人类的道德与精神便要低落。假使我们任何理想都没有，每个人只有自己，只相信自己，自己就是法律，那么，统治的权力，一定要落在力大如牛，狡猾如狐的人的手中了。权力要是不受道德的限制，结果沦为墨索里尼与希特勒之流的思想与行动。”“正义的观念，随时代而增长……人民之间，假使彼此无正义的感觉，这个社会就无法存在。人类求进步的力量将行丧失。”（以上皆见第六章）我常说二十世纪五十年代的自由主义，乃是失掉了理想性的自由主义，于是个人成为孤立的单位，结果还是会落入极权主义之中，与贝氏的这一段话，不谋而合，真值得现代自由主义者的反省。

史医生只愿在政治中谈人权问题，而不愿意在政治中谈道德问题。贝氏则干脆告诉他“人权基于道德”。“所有的人权，都是视全社会与全国的道德标准而定的。”史医生反驳道：“那么，你的政治学是一部道德经了。假使是这样，那么，我们就完了。”贝氏的答复是，政治并非“就是道德经，也不仅是道德经。……（但）政治学是含有人性的，人性就是道德性。……假使我们要维持社会国家的整齐进步，有秩序，有自由，我们不在人民性情，效忠的情操与道德的习惯中求之，我们还到什么地方去求”？（页五二至五三）这一类的话，贯穿于全书之中，不必多引。

贝氏写此书的基本目的，是要如何保障美国的个人自由于不坠。谈到自由，自然就重视人权法案。但是，有的人以为自由就完全靠一个人权法案，因为这是可以具体数出来，不会稍为含混的。这种由人权法案所表现的自由，严格划分，以免具体的自由受了不良的影响。但贝氏根据美国历史的经验，首先指出“制宪者的自由理想，同放任主义是绝不相同”。并且指出：“人权不是可以靠宣言建立或授予的。宣言和制度，只不过是帮助解释人权的意义，扩大人权的范围，并维护人权的存在。假使这些人权不是在理论上，在人民的风俗习惯与情操上，生了很深的根，纸面的宣言，还不是等于风尘中的废物？况且政体本身，就同自由有很鲜明的关系。”贝氏在此书的另一地方说：“若不了解美国政府的组织，便不能了解美国的自由的秘密。”关于人权法案，贝氏当然赞成列入宪法之中。但他的意见“是同哈米尔顿一样，认为无论人民权利规定得如何的美满，自由最后还是要靠人民与政府的精神”（以上皆见第九章）。他又说：“自由与权力之争，是永久存在的，其斗争的结局如何，端视我们美国人民的人格与智慧和道德水准如何以为断。”综合贝氏根据美国历史实践的结论，在政治上，人权对于自由的保障，是有决定性的作用；但二者之间，并不能画一个等号。因为即使就政治说，在人权以外还有自由，在自由以外还有人权。而且若把自由分为人权自由（或外在的自由）与精神自由（或内在的自由）两种，则前者正靠后者的支持保障，断不可将二者从中遮断；这与我们已经争论过发表过的看法，也是不谋而合。

平实而精刻的见解

全书随处都有平实的精刻的见解。例如谈到宗教自由时，他特别指出：“在美国政府任职的人，不须要任何宗教的资格。……宪法把宗教当做一个私人事情看待，同联邦政府的利益无关。”美国“任何人就政府的职位，可以凭他的良心宣告拥护宪法，并不一定要照圣经上的誓词宣誓”。并引证华盛顿不重视宗教信仰。他在找公务员的时候曾说过：“假使他是一个好工作人员，不管他是从亚洲来的、非洲来的或欧洲来的；也不管他是回教徒、犹太教、基督教或无神教。”（以上皆见第十二章）由此可以了解，除了教堂、圣经学院之外，一切在职务上存有宗教界域的人，都是美国宪法的罪人，是华盛顿的罪人，也是上帝的罪人。

关于权力的问题，他说：“假使这个力量散布得很广，就是民主；过于集中，就是专制；过于分散，又成了无政府无组织。专制与无政府，都是人类自由的劲敌。”（页二〇七）。

在说到司法权时，他说：“这个最高法院，是替人保障人权的。”“我们不乏惨痛的事实，证明凡滥用职权，擅行加罪于人民的政府，结果必亡于暴政。”（页二六二及二六七）

关于政党和政党主张，史医生认为“一个政党宁可死，不可牺牲它的主张”（主义）。贝氏便告诉他：“过去法国的波儿本(Bourbon)就是如此，最后丢了他们的头。假使所有的政党领袖都是这样，如你所说的，为了主张，奋斗到底，我想这个国家一定要分崩离析，国家的事，只有靠刀枪仲裁了。”并且指出“那些坚持主张的仕女们的精神，一定要受到思想冻结的痛苦”。（第十八章）这道理，便是儒家以人民的好恶为政治的最高准绳，而决不是什么主张主义的道理。贝氏并特别指出超出于两党之外的第三者的意见，对于挽救国家的僵化僵死，有最重大意义。美国之所以不出现第三势力，乃是第三者的合理的主张很快地便被现成的两党吸收了去。这一切也都是我们的顶门针，值得我们认真的反省。

但是贝氏的书，不是没有缺点。他虽然说到人性与道德的关联，但他毕竟是在西方文化气氛中所孕育出的一个历史学者，不能对人性的自身，作进一步的发掘，以发现人性对于人类自身命运所能赋予的无限保证。于是他一面因对人性之缺乏信心，因而也觉得对自由也没有保障。所以最后一章（二十一章）谈到“美国的命运”时，他虽然不承认斯本格勒(Spengler)《西方没落》一书的生物学的文化史观，而相信美国“会永远存在”；但他在这种话的后面，仍充满了灰暗的气氛，彷徨的情调。他两次提到中国民族命运的悠久，流露出羡慕之心，但他对中国民族之所以能够悠久，决不曾了解（关于这，只有唐君毅先生有最深刻的阐述）。这是美国文化自身形成的限制。虽说如此，这部书所提给我们的启示实在太丰富了。我常说著书不如译书，由此而得到一确切的证明。所以我以感激之情，作拉杂的介绍，希望读者能认真地将原书一读。若以为我的介绍文就可以代替原书，那就大错而特错了。

一九五六年八月十一日《新闻天地》第四四三期

中国文化的对外态度与义和团事件

五月二十四日，台北发生捣毁美国大使馆及扯毁美国国旗事件后，美国杜勒斯国务卿在记者招待会中，将其与义和团并称，以作中国有排外传统的证据。而蒋总统在此次事件发生后的告国民的文告中，亦提及义和团案件，以作国人的警惕。我觉得台北二十四日的事件，似乎不应当与义和团有何相似之点。两国政治负责领袖既于六十年后之今日，仍皆以义和团为言，则所谓义和团者果系何种性质，而可资今日之借镜？余重伤吾族类之迭遭冤抑而无所控诉，爰就中国文化的对外基本态度，及义和团事件的背景，草成此文以献给中华的儿女。

一

在希腊文化中，根本没有浮出可以当作“人类”解释的“人”的观念。希腊人对于非希腊人及对于非自由人，不把他们当作与自己相同的人来看待。在西方，一种普遍的人的观念，应当是来自基督教；但基督教对于异教徒的排斥，或且过于希腊人对于非希腊人的排斥。这种文化传统，深深影响到西方文化向外的侵略性格、殖民性格，也影响到他们自身文化的安定性。近三百年西方民主与科学的进步，也因此而削弱了对全人类的影响力量。

中国文化到了孔子，已奠定了人性平等的观念，因而也奠定了普通性底人的观念。中国的周围有许多不同的民族，但没有可以和中国文化处于对等地位的异质文化。所以从文化程度上的极显明的对照，便形成了华夷的分别。但这种华夷的分别，并没有掩没文化中的普遍性底人的观念。孔子对他的学生子张说："言忠信，行笃敬，虽蛮貊之邦，行矣。言不忠信，行不笃敬，虽州里，行乎哉。"这是说做人的态度只有一个，由做人的态度所得的效果也只是一般，这是无间于夷夏的；因此，他想"居九夷"，想"乘桴浮于海"，在他的心目中，只有文化问题、教育问题，而没有种族的问题。他的"有教无类"，不应像宋儒仅从变化人的气质上作解释，而是应包括阶级和种族的。所以《春秋》的华夷之辨，其标准是文化而不是种族。孟子说舜是东夷之人，文王是西夷之人，结果是"先圣后圣，其揆一也"，这里同样找不出种族的界线。

因中国文化在过去是处于无对的地位，所以在政治上便形成了"天下"的观念；即是中国人谈政治，不以国家为对象，而是以天下为对象。但中国人在政治意识中的天下，不是以大国为轴心的天下，而是使各得其平的所谓"平天下"。在"平天下"的观念之下，自然产生"远人不服，则修文德以来之"（《论语·季氏》）及"柔远人"、"怀诸侯"（《中庸》）等一套对外的观念。孟子更曾提出"以小事大"及"以大事小"的切近事实的两种形态。孟子说，以小事大是"畏天"。所谓"畏天"，是由于对于人民社稷存亡的责任感而来的一种敬畏精神，在此种精神基础上的事大，便只会产生艰苦的奋斗，而决不会屈服偷生；孟子举的例子是太王事獯鬻、勾践事吴。以大事小是“乐天”。所谓“乐天”，是以天的并生并育为乐，于是对于弱国总是存“宽洪恻怛”之心去涵融；孟子举的例子是汤事葛、文王事昆夷。以大事小的观念，在西方的政治思想史中，恐怕根本找不出来。美国今日对世界各国的援助，有点近于以大事小。这种援助，假定美国人承认它是出于乐天的道义精神，岂不更能提高美国人在世界的地位？岂不更能给被援助的国家以精神上的鼓舞？但美国的政治家却只能坦白说，它是出于美国自己的开明的利益，因为若非为了自己直接的利益，美国人民便不肯出钱；即是美国人还没有达到用人类的共同理想、共同要求，来鼓舞他们自己生活情绪的程度。中国人在二千年前即可以接受的道德观念，尽管美国人事实上已经不能不这样地作，但在观念上还无法可以接近，无法可以了解，这便使他常常陷于“出力不讨好”的窘境。我们知道，由一种手工业的技术水准而要一下子跃向原子技术，这是需要很大的努力的；但同样底，由一种功利主义的生活方式跃向人类道德理想的生活方式，也不是件容易的事。美国的朋友，在这种地方应当知道谦卑的意义。

《春秋》三传之一的《左传》，记载当时二百四十二年的政治活动，相当的详细。在这一部书中，有一个明显而一贯的历史观，就是“礼”。作者把当时一切的兴亡成败的原因，都归结到人与人、国与国间互相交往时的有礼或无礼。这到底是否系由作者根据历史事实所归纳出的结论，而当时的事实，是否真如作者所叙述样底百试不爽，此处暂不讨论；但有一点是由此可以断定底，即是在中国文化中人与人的关系，国与国的关系，以礼为共同遵守的准绳，并以有礼与无礼为文明（华）或野蛮（夷）的分别。这在《公羊传》、《穀梁传》中也说得非常清楚。换言之，对于问题的解决，不经过合理的途径，不采用合理的方法，不保持合理的态度，而直接诉之于暴力行为，这是中国文化的叛徒，为中国文化所不许。

二

在中国历史中，如前所述，没有遇着一个对等的异质底文化单位以作为政治上的对手，所以在对外的关系上，都是以天朝对待下国，以华夏对待夷狄的态度自居。但我们可以把历史实践中对外的原则，归纳为下面的三点：第一，在受到外力的压迫侵害时，便主张挞伐；在自己强盛而四夷衰弱时，则主张宽大；在自己不十分强盛，而四夷也无力大举侵害时，则主张羁縻。这三种原则，在历史中是不断地循环出现，而尤以“羁縻”两字，表现出中国民族对外的现实态度。所谓羁縻的实际意义，乃是吃小亏，上小当，不和人斤斤计较，维持一种可以勉强相安的局面的态度。在我国历史中，除了防御性底挞伐战争以外，几乎找不出侵略性底对外战争来。

以鸦片战争为一个历史的大转捩点，我们第一次遇到与我们对等的异质底文化势力。此种文化势力，是以许多强大的国家为其具体内容，向我们伸出侵略的触角。我们过去把自己以外的国家当作夷狄，而此时由西方东渐的外力，反视我为野蛮人，把我们当作新大陆，非洲、中东、印度、东南亚等殖民地的继起猎场。此种新情势之到来，在中国是史无前例，当然为当时的士大夫所不能了解。接二连三的丧权辱国，主要是由于此种不了解而来。但中国的士大夫，经过了一段摸索时期以后，终于在维护民族生存与尊严的前提之下，摸索出了一条大路，这即是以戊戌变法为标志的维新运动。此一运动的意义，不仅是说明中华民族毕竟有适应新环境的能力，并且也说明中国文化的“道并行而不相悖”的伟大精神，它本身是随时可以吸收异质底文化以充实自己的生命的。

但我们不要忘记一个铁的事实，即是中国自秦以来的政治，乃系专制政治。专制政治的本身，便构成统治者自身的愚蠢。因此，在我们历史上，以皇帝为中心的宫廷集团，除了极短的时期外，它总是处于与文化相敌对，与人民相敌对的地位。那拉氏——慈禧太后的扼杀戊戌变法，正是历史悲剧的循环演奏；而义和团事件，又正是扼杀戊戌变法的继续发展。换言之，义和团案件的造成，在本质上，与那拉氏之杀戮戊戌变法志士，完全是一件事。我们应当把义和团和造成义和团事件，分别地去加以观察，才能真正了解历史的真相。

首先应当知道，在中国历史中，农民感到政治的压迫最为痛切，但他们缺乏明确的政治意识。农民在必不得已时有铤而走险的勇气，但他们平日缺少大规模联络组织的机会；于是从黄巾之乱起，低级底宗教活动，便常常成为农民政治反抗的初期底、基本底组织形式。义和团的原始性质，当时人看得很清楚，与黄巾、韩林儿、白莲教等并无分别，所以清廷对他们的政策本来是“剿办”。后来只因他们含有排外反教的倾向，这才为那拉氏所看中、利用。现在据已经发表出来的有关史料来看，义和团原来的行为，同中国历史上农民暴动后的行径大体相同；即是打家劫舍，杀人放火，无所不为，并非仅仅排外仇教。但后来，若不在排外仇教口号下去打家劫舍，杀人放火，便会遇到剿办；在排外仇教口号下的这种行为，便得到鼓励，于是只有打着“灭洋”的旗帜，后来再加上“扶清”，而成为“扶清灭洋”的旗帜，这完全是那拉氏一人运用政治阴谋和力量所造成的。柴萼的《庚辛纪事》说：“会慈禧太后谋废立，各国公使不允，仇洋特甚。拳匪以教徒之横，适树‘灭洋’之帜，中经希旨诸臣之鼓惑，而太后遂欲令拳匪灭洋。匪得密旨，因于‘灭洋’之上，加上‘扶清’二字，而滔天之势成矣。”义和团到了天津、北京以后，他们所杀的非教人民，所抢所烧的教堂以外的商店家宅，不知超过教民和教堂多少倍。有一次，用“白莲教”的名义，虏北京城外无知无识的村民男女老幼百余人，“以与载勋，载勋请旨交刑部斩于市，呼号就戮哀不忍闻，皆愕然不知何以至此。观者数千人，莫不顿足叹息怜其冤”（《庚子国变记》），这是普通的一个例子。所以揭穿了说，庚子拳变，与其说是出于“仇外”，无宁说是出于“仇内”，只出于以那拉氏为中心的仇视中国人向前进步、向前发愤图强的倾向，即是追求科学和民主自由的倾向。至于义和团本身的仇外仇教的意识，只是他们复杂而模糊的反抗意识中的一个成分，但决非是唯一的成分；这只要稍稍留心当时的史料便可明白的。而那拉氏便抓住这一点去利用。

义和团的人们所以有一部分排外仇教的意识，是因为当时社会有浓厚的排外仇教的意识。我在前面已经说过，中华民族遇到外力欺压时，便自然浮出“挞伐”的观念。自鸦片战争以及庚子，中国对外受了太多的打击，中国普遍感到是在受外力的欺压，因而发生普遍的仇外心理，这应当是容易理解的。但是排外为什么又仇教呢？中国对于外来宗教，一向是保持宽容的态度。佛教初到中国，只不过是由中亚细亚若干小国的半商半僧侣的人开始，并没有遇着中国人的仇视，且不久在中国开花结实，以迄现在；中间虽有三武之难，但这都是来自朝廷而非来自社会。即以利玛窦们初到中国来传耶稣教而论，他们地位单寒，一无凭借，但依然没有遇到中国的仇视，而且也及身发生了相当大的影响；这都足以证明“道并行而不相悖”的伟大的中国文化的性格，对任何文化，都可以兼容并包，不像西方文化自身的常常带有火药气味。传教事业之所以中断，是来自罗马教廷的反客为主的无礼要求。罗马教廷的要求，表面是宗教的，实际还是出于政治的侵略意识。鸦片战争以后，西方人士在中国的传教事业，在实际上是以长枪、大炮为后盾，是顺着枪口、炮口的指向来向中国人传教，这便与佛教之进入中国，及利玛窦时代耶稣教之进入中国，完全是两样。当中亚细亚的佛教徒与利玛窦等基督徒进入中国时，在中国人的心目中，这是宗教，这是文化，中国人认为宗教与文化是没有界域的，所以尽管可以根据目的、思想及生活方式而不信它，或从理论上加以辩难，但决不至诉之于直接暴力行动的仇视。鸦片战争后进入到中国的西方传教士，在中国人心目中，他不是《圣经》，不是教徒，而不过是洋枪、大炮的化身，是帝国主义榨取殖民地的魔术师。在这种社会心理下，加入基督教的中国人的品格如何，不难想见。“吃教”的名词，正兴起于此一时代，这在中国过去是不曾有过的。一个“吃”字，已够形容当时教徒的心理和卑龌状态。现在固然还有不少从政治上、出国上、更大的经济利益上去吃教的人，但这多是中等以上的人，有一套文饰的说法，比起当时多是中等以下的赤裸裸地吃，要体面得多。中国农村文化的落后，无可讳言；落后的心理状态，只能直感底去了解问题，只能从他眼前力之所及的地方去求问题的解决。于是直接奈洋人不何，奈有武器的洋人不何，便只好找上靠洋人吃饭的中国人以及没有武装的洋人身上来出气。我们应当从这种幼稚落后的民众意识中，承认它所反映出的时代问题的真实性。

三

说到那拉氏一方面的情形，便完全是两样。西洋势力进入中国，有其侵略性的一面，也有其促成进步作用的一面。光绪听政，支持康、梁们变法，西方人士多寄与以同情和希望，这正是发生进步作用的一面。一切历史的事实告诉我们，任何形式下的进步底要求，尤其是自由民主的要求，都与专制者的权力欲是势不两立，这在当时便是与那拉氏势不两立。在庚子前两年，那拉氏已经用最残酷卑鄙的手段，摧毁了变法图存的新兴势力，但因为变法是受西方人的影响，又得到西方人的同情，所以西方在中国的势力，在那拉氏心目中，始终是她的权力的阴影。加以她为了巩固自己的权力，决心要废光绪而立载漪的儿子溥儁做皇帝，第一步把他立为大阿哥；但这些部署，却碰了当时外国驻华公使的灰，便更促成她向外国人的报复心理。在自身无可奈何之中，只好乞灵于义和团的“民心”，想用这种“民心”来掩护并达到她最无耻的自私目的。李希圣的《庚子国变记》说得很清楚：

> 义和拳者起自嘉庆时，有严禁，犯者凌迟。戊戌八月，荣禄嗾杨崇伊请太后复出听政，康有为以言变法获罪，所连坐甚多。逢迎干进者皆以攻康有为为名。稍与龃龉，则目为新党，罪不测。张仲炘、黄桂鋆密疏言皇上得罪祖宗，

当废，太后心喜其言……日以上病状危告天下，各国公使谒弈劻，请以法医入视病，太后不许，各公使又亟请之，太后不得已，召入，出语人曰，血脉皆治，无病也。太后闻之不悦。

已而康有为走入英，英人庇焉。……太后大怒曰，此仇必报。时方食，取玉壶碎之曰，所以志也。而梁启超亦走保日本，使刘学询、庆宽并刺之，无所成而返。

乃立端郡王载漪子溥儁为大阿哥，天下哗然。……载漪恐，遣人风各公使入贺，太后亦召各公使夫人饮，甚欢。欲遂立溥儁，各公使不听，有违言。太后及载漪内惭，日夜谋所以报。

而义和拳浸淫自山东入畿辅……以仇教为名，至斥上为教主，太后与载漪谋欲引以废立，故去之特坚。匪党出入禁中，日夜无期度。

是日（五月二十日）召大学士、六部、九卿入议……吏部侍郎许景澄言中国与外洋交数十年矣，民教相仇之事，无岁无之，然不过赔偿而止。惟攻杀使臣，中外皆无成案。今交民巷使馆，拳匪日夜窥伺之，几于朝不谋夕，傥不测，不知宗社生灵，置之何地。太常寺卿袁昶言衅不可开，纵容乱民，祸至不可收拾，他日内讧外患，相随而至，国何以堪？……廷臣皆出，而载漪、刚毅，遂合疏言义民可恃，其术甚神，可以报雪仇耻。

二十二日又召见大学士、六部、九卿，载漪请攻使馆，太后许之……

太后意既决……遂下诏褒拳匪为义民，予内帑银十万两。……城中日夜焚劫，火光连日夜……死者十数万人。其杀人则刀矛并下，肌体分裂，婴儿未匝月者亦杀之，惨酷无复人理，而太后方日召见其党所谓大师兄者，慰劳有加焉。

王培佑以首附义民，擢顺天府尹，士大夫谄谀干进者，又以义和拳为奇货。

二十四日遂令董福祥及武卫中军围攻交民巷……死者无虑四千人，拳匪亦劣有伤亡，皆引退。而刚毅、赵舒翘方坐城楼趣战，饮酒欢呼。刚毅曰："使馆破，夷人无种矣。天下自是当太平。"舒翘起为寿曰："自康有为倡乱悖逆，喜事之徒，云合而响应，公幸起而芟夷之，略已尽矣。……今义民四起，上下同仇，非太后圣明，公以身报国……亦亡以致今日之效也。"（以上皆见《庚子国变记》）

恽毓鼎《崇陵传信录》也说得很清楚：

义和拳之为邪教，即八卦、白莲之支与流裔……顾朝廷所以信之者，意固别有所在。邵陵高贵之举，两年中未尝稍释，特忌东西邻责言，未敢仓卒行。载漪又急欲其子得天位，计非借兵力慑使臣，固难得志也。义和拳适起，诡言能避火器，以仇教为名，载漪等遂利用之，以发大难。故廷臣据理力争，谓邪术不足信，兵端未可开，皆隔靴搔痒之论也。甲午之丧师，戊戌之变政，己废之建储，庚子之义和团，名虽四事，实一贯相生，必知此而后可论十年之朝局。

《景善日记》亦谓：

……太后谓在各使未请归政以前，尚有严惩民团之意，乃归政一事，朝廷自有权衡，非外人所得干预也。

老佛（那拉）有言，彼族焉敢干预予之权。是可忍，孰不可忍。当以灭此朝食。

看了上面随便摘录的这些材料，可知义和团的仇教动机，和那拉氏的仇洋动机，完全是两回事。换言之，义和团原含有朦胧的民族意识，而那拉氏则完全出发于个人刻毒的权力欲。义和团的朦胧的民族意识，在合理底政治领导之下，可以向深刻的发愤图强的方面发展，并非一定要向暴力攻使馆等非法行动方面发展。庚子事变，完全是那拉氏和载漪、大阿哥等个人的权力欲，利用拳民落后而朦胧的政治意识所造成的。庚子事变的责任者是那拉氏、载漪、大阿哥等少数人，不仅与整个的中华民族无关，并且略迹原心，也与那批落后的几十万的拳民无关。此事实从当时中国知识分子的所有的记载中，都说得很清楚。生于六十年后，作为美国政治家的杜勒斯先生们也应该有这种了解。对这种起码的事实不能了解，你们便如何能了解有五亿人口的中华民族？但那拉氏是一个聪明的妇人，她知道自己的野心必须披上人心、民族等大帽子，而以汉奸等帽子加在顾全大局者的身上。一以欺骗天下，一以逃避责任，一以诛锄政敌。那拉氏斥袁昶“邪术不足成事”的话说：“法术不足恃，人心不足恃乎？”（《崇陵传信录》）又：“今日之事，诸大臣均闻之矣，我为江山社稷，不得已而宣战，顾事未可知。有如战之后，江山社稷仍不保，诸公今日皆在此，当知我苦心，勿归咎予一人，谓皇太后送祖宗三百年天下。”（同上）又《景善日记》中有记有五月廿四日一次御前会议时那拉氏所说的话：

> 谕以为万难稍为宽容洋人无礼之要求。如稍事姑息，在国体殊有妨碍，更何辞以对在天之灵也。……予卧薪尝胆，四十年有余……乃各使干预听政之权，殊系狂悖已极……国家多事，时局维艰，草野之民，具与有责。尔汉大臣等应记忆，以我国家二百余年深恩厚泽，浃于人心，食毛践土，思效力驰驱，以答载覆之德。……国家现欲齐一人心，当不难剪彼族之势，而张吾国之威。彼传兵甲，我传天理。予待民如子孙，民戴予如天帝。吾民颇明敌忾同仇之义，我国共有二十一行省之多，我人民不兆四百兆。加之数百万义勇，急难从戎。奋忠义自矢之心，以及五尺之童亦执干戈，实为千古所未有之美谈也。……时局已变，亟应乘机同举报复，不负余之厚望。

那拉氏的权，应否加以限制，这是任何人可以了解的。但统治者的厚黑学，这位聪明的妇人都知道得清清楚楚。并且她的动物的机智，又告诉她预留地步，嫁祸他人的办法。她在发动时，尝开四次御前大会议，但《崇陵传信录》说得很清楚：“……是为庚子御前四次大会议。方事之兴，庙谟盖已预定，特借盈廷集议，一以为左证，一以备分谤。”而景善七月初四的日记说：“六月十八日，屡次上谕，均系保护洋人。董军及团民攻使馆，并未明降谕旨。”《国变记》说：“朝廷方以国书致俄及英、法、德、美、日，皆借口乱民，非国家之意，欲以甘言绥夷兵。又阳以庚子诏书戒寿山无生衅，而阴实嗾之。”又：“宣战以后，尝所诏，皆坐罪诸拳臣矫擅，尽毁之，谓之为伪。”（《国变记》）同时，她对于应付洋人，也有一套看法和办法：

老佛（那拉氏）引以亚生之言，语于荣相。……其五饵，系赏之以车裘以坏其目，以馐馔以坏其腹，以女伶以坏其耳，以美婢以坏其身，以皇帝赐宴亲临以坏其见。三表：系以装仁，以垂爱御下，以口出甜言。如此，当不难仍归于好。年前召入洋使女眷，觐见之时，伊等颇形款洽，并散重金于该女眷之间，以收其欢心。虽甚知伊等不以垂帘为然，是以定当以谄言密语，引诱之，致不念旧恶……等因。（《景善日记》）

那拉氏实行她的政策，手头材料可查考的，约有下列行动：

使总理章京文瑞赍西瓜菽麦问遗之（西使）。（《庚子国变记》）

闰八月初二日克林德赐祭一坛，命大学士崑冈往。归国，又命户部侍郎吕海寰再致祭如仪，书致德，德人辞焉。杉山彬令那桐德祭，予银五千两，日本亦拒之。（同上）

洋人困使馆中，粮绝，太后佯为振恤，令人送入白米肉类。(《庚辛纪事》)

那拉氏把自己的权力欲披上国家、社稷、民心等的外衣，而动辄骂他人为汉奸，必诛锄而后快，而不知她自己的想法、做法的卑污下劣，使国家民族蒙尽污辱，受尽摧毁。此种大是大非，至今而仍不能明告于天下，这真是最伤痛的事。义和团一案，可汲取的教训太多，尤其是自那拉氏起，开始并不相信那一套幼稚得可怜的邪术，但由假装相信而终至真正相信，这一演变的心理过程，更值得研究。我在此不再叙述下去。但我要借此郑重奉告国人，与外人相处之道，即是孔子所说的“言忠信，行笃敬”的每个人作人的基本道理。小智小巧，只有丧尽人格，因而，丧尽国格。中国人、外国人，都是人，都应以人之道自处，以人之道相待，在困难时更应如此。像那拉氏，先不以人之道待人，结果便不能以人之道自处，这真足为千秋法戒。同时，在局势应付利害相乘，得失激变的当中，纵然不能把握我们文化的基本精神以为自己行为的准据，也应尽量发挥人与一般动物不同的中枢神经的控制作用，在控制中得到情感的平衡，而不可和一般动物样，只能作直接的刺激反应。看问题时只能站在最平实可靠的地平线上，决不可把自己的幻觉误认为真实，还要他人也陪着认为真实地戴着金钟罩之类向前冲去。

最后，在那拉氏利用下的义和团，有无数的行为是不能列入文明国家之列的。但我应特别指出，对于这种行为，当时已经有许多人加以反对，并且许多人因此而牺牲生命，同时东南各省联合自保，彻底拒绝参加此种行为，这是说明中国人即使是在最黑暗的时期，也不曾失掉自己的理性，也还在自己文化的提携保育之中。可是以文明自居的八国联军，到了平、津以后，奸淫掳掠，其野蛮的程度，最低限度比拳民并无两样。我在这里只简单引一段材料如下：

> 洋兵纪律，胜于吾华者无多，殆犹五十步之于百步。自七月间，有人将家储重宝，藏匿棺中掩埋，被人暗通消息，洋兵大得利市。于是四郊之外，及各省会馆义园，几乎无棺不破，抛尸道左，野犬村彘，不嫌臭腐。及尸亲来认，业已肢骸不全。……（柴萼《庚辛纪事》）

凡是把他人当野蛮人看待，因而用野蛮手段去加以处理的，这即证明他自身绝对底是野蛮。因此，我们对义和团的行为应当切身反省。但若西方人能有真正的文化自觉，则他们应当知道他们行为的自身，并没有指摘义和团的资格。

一九五七年七月一日《民主评论》第八卷第十三期

为中国文化敬告世界人士宣言

——我们对中国学术研究及中国文化与世界文化前途之共同认识

牟宗三　徐复观　张君劢　唐君毅　合撰

案：此宣言之缘起，初是由张君劢先生去年春与唐君毅先生在美谈到西方人士对中国学术之研究方式，及对中国文化与政治前途之根本认识，多有未能切当之处，实足生心害政，遂由张先生兼函在台之牟宗三、徐复观二先生，征求同意，共同发表一文。后经徐牟二先生赞同，并书陈意见，由唐先生与张先生商后，在美草定初稿，再寄徐牟二先生修正。往复函商，遂成此文。此文初意，本重在先由英文发表，故内容与语气，多为针对若干西方人士对中国文化之意见而说。但中文定稿后，因循数月，未及翻译。诸先生又觉欲转移西方人士之观念上之成见，亦非此一文之所能为功。最重要者仍为吾中国人之反求诸己，对其文化前途，先有一自信。故决定先以中文交《民主评论》及《再生》二杂志之一九五八年之元旦号，同时发表。特此致谢。

一、前言：我们发表此宣言之理由

在正式开始本宣言正文之前，我们要先说明，我们之联名发出此宣言，曾迭经考虑。首先，我们相信：如我们所说的是真理，则用一人的名义说出，与用数人的名义说出，其真理之价值毫无增减。其次，我们之思想，并非一切方面皆完全相同，而抱大体相同的中西人士，亦并不必仅我们数人。再其次，我们亦相信：一真正的思想运动、文化运动之形成，主要有赖于人与人之思想之自然的互相影响后，而各自发出类似的思想。若只由少数已有某种思想的人，先以文字宣称其近于定型的思想，反易使此外的人感觉这些思想与自己并不相干，因而造成了这些思想在散布上的阻隔。

但我们从另一方面想，我们至少在对中国文化之许多主张上是大体相同，并无形间成为我们的共信。固然成为一时少数人的共信的，不必即是真理，但真理亦至少必须以二人以上的共信为其客观的见证。如果我们不将已成为我们所共信的主张说出，则我们主张中可成为真理的成分，不易为世人所共见。因此，亦将减轻了我们愿为真理向世人多方采证的愿望。至于抱有大体相同思想的中西人士，我们在此宣言上未能一一与之联络，则为节省书疏往返之繁。但我们决不愿意这些思想只被称为我们几个人的思想。这是在此宣言正文之前，应当加以预先声明的。

在此宣言中，我们所要说的，是我们对中国文化之过去与现在之基本认识及对其前途之展望，与今日中国及世界人士研究中国学术文化及中国问题应取的方向，并附及我们对世界文化之期望。对于这些问题，虽然为我们数十年来所注意，亦为中国及世界无数专家学者政治家们所注意；但是若非八年前中国遭遇此空前的大变局，迫使我们流亡海外，在四顾苍茫，一无凭借的心境情调之下，抚今追昔，从根本上反复用心，则我们亦不会对这些问题能认得如此清楚。我们相信，真正的智慧是生于忧患。因为只有忧患，可以把我们之精神，从一种定型的生活中解放出来，以产生一超越而涵盖的胸襟，去看问题的表面与里面，来路与去路。

如果世界其他国家的学者们，及十年前的我们，与其他中国学者们，莫有经过同类的忧患，或具同一的超越而涵盖的胸襟，去看这许多问题，则恐怕不免为一片面的观点的限制，而产生无数的误解，因而不必能认识我们之所认识。所以我们必须把我们所认识者，去掉一些世俗的虚文，先从结论上宣告世界，以求世界及中国人士之指教。

我们之所以要把我们对自己国家文化之过去现在与将来前途的看法，向世界宣告，是因为我们真切相信：中国文化问题，有其世界的重要性。我们姑不论中国为数千年文化历史，迄未断绝之世界上极少的国家之一，及十八世纪以前的欧洲人对中国文化的称美，与中国文化对于人类文化已有的贡献。但无论如何，中国现有近于全球四分之一的人口摆在眼前。这全人类四分之一的人口之生命与精神，何处寄托，如何安顿，实际上早已为全人类的共同良心所关切。中国问题早已化为世界的问题。如果人类的良心，并不容许用原子弹来消灭中国五亿以上的人口，则此近四分之一的人类之生命与精神之命运，便将永成为全人类良心上共同的负担。而此问题之解决，实系于我们对中国文化之过去现在与将来有真实的认识。如果中国文化不被了解，中国文化没有将来，则这四分之一的人类之生命与精神，将得不到正当的寄托和安顿；此不仅将招来全人类在现实上的共同祸害，而且全人类之共同良心的负担，将永远无法解除。

二、世界人士研究中国学术文化之三种动机与道路及其缺点

中国学术文化之成为世界学术研究的对象，被称为所谓中国学或汉学，已有数百年之历史。而中国之成为一问题，中国文化之成为一问题，亦已为百年来之中国人士及世界人士所注意。但是究竟中国学术文化之精神的中心在哪里？其发展之方向如何？中国今日文化问题之症结何在？顺着中国学术文化精神之中心，以再向前发展之道路如何？则百年来之中国人，或有不见庐山真面目，只缘身在此山中之处，此姑不论。而世界人士之了解中国与其学术文化，亦有因其出发之动机不同，而限于片面的观点，此观点便阻碍其作更多方面的更深入的认识。此有三者可说。由此三者，我们可以知道中国文化，并未能真被世界人士所认识，而获得其在世界上应得的地位。

（一）中国学术文化之介绍入西方，最初是三百年前耶稣会士的功绩。耶稣会士之到中国，其动机是传教。为传教而输入西方宗教教义，及若干科学知识技术到中国。再回欧洲即将中国的经籍，及当时之宋明理学一些思想，介绍至西方。当然他们这些使中西文化交流的功绩，都是极大的。但是亦正因其动机乃在向中国传教，所以他们对中国学术思想之注目点，一方是在中国诗书

中言及上帝及中国古儒之尊天敬神之处，而一方则对宋明儒之重理重心之思想，极力加以反对。此种反对之著作，可以利玛窦之《天主实义》、孙璋之《性理真诠》作代表。他们回到欧洲，介绍宋明儒思想，只是报导性质，并不能得其要点。故不免将宋明儒思想，只作一般西方当时之理性主义、自然主义以至唯物主义思想看。故当时介绍至欧洲之宋明思想，恒被欧洲之无神论者、唯物主义者引为同调。照我们所了解，宋明儒之思想，实与当时西方康德以下之理想主义哲学更为接近。但是西方之理想主义者，却并不引宋明儒为同调。此正由耶稣会士之根本动机是在中国传教，其在中国之思想战线，乃在援六经及孔子之教，以反宋明儒、反佛老，故他们对宋明儒思想之介绍，不是顺着中国文化自身之发展，去加以了解，而只是立足于传教的立场之上。

（二）近百年来，世界对中国文化之研究，乃由鸦片战争、八国联军，中国门户逐渐洞开而再引起。此时西方人士研究中国文化之动机，实来自对运入西方，及在中国发现之中国文物之好奇心。例如斯坦因、伯希和等在敦煌所发现之文物，所引起之所谓敦煌学之类。由此动机而研究中国美术考古，研究中国之西北地理，中国之边疆史、西域史、蒙古史、中西交通史，以及辽金元史，研究古代金石甲骨之文字，以及中国之方言、中国文字与语言之特性等，皆由此一动机一串相连。对此诸方面之学问，数十年来中国及欧洲之汉学家，各有其不朽之贡献。但是我们同时亦不能否认，西方人从中国文物所引起之好奇心，及到处去发现、收买、搬运中国文物，以作研究材料之兴趣，并不是直接注目于中国这个活的民族之文化生命、文化精神之来源与发展之路向的。此种兴趣与西方学者要考证已死之埃及文明、小亚细亚文明、波斯文明，而到处去发现、收买、搬运此诸文明之遗物之兴趣，在本质上并无分别。而中国清学之方向，原是重文物材料之考证。直到民国，所谓新文化运动时整理国故之风，亦是以清代之治学方法为标准。中西学风，在对中国文化之研究上，两相凑泊，而此类之汉学研究，即宛成为世界人士对中国文化研究之正宗。

（三）至最近一二十年之世界之对中国文化学术之研究，则又似发展出一新方向，此即对于中国近代史之兴趣。此种兴趣，可谓由中日战争及中国大陆之赤化所引起。在中日战争中，西方顾问及外交界人士之来中国者，今日即多已成为中国近代史研究之领导人物。此种对中国近代史研究之动机，其初乃由西方人士与中国政治社会之现实的接触，及对中国政治与国际局势之现实的关系之注意而引起。此种现实的动机，与上述由对文物之好奇心，而作对文物之纯学术的研究之动机，正成一对反。而此种动机，亦似较易引起人去注意活的中华民族之诸问题。但由现实政治之观点，去研究中国历史者，乃由今溯古，由流溯源，由果推因之观点。当前之现实政治在变化之中，如研究者对现实政治之态度，亦各不一致，而时在变化之中。如研究者之动机，仅由接触何种之现实政治而引起，则其所拟定之问题，所注目之事实，所用以解释事实之假设，所导向之结论，皆不免为其个人接触某种现实政治时之个人之感情，及其对某种现实政治之主观的态度所决定。此皆易使其陷于个人及一时一地之偏见。欲去此弊，则必须顺中国文化历史之次序，由古至今，由源至流，由因至果之逐渐发展之方向，更须把握中国文化之本质，及其在历史中所经之曲折，乃能了解中国近代史之意义，及中国文化历史之未来与前途。由此以研究近代史，则研究者必须先超越其个人对现实政治之主观态度，并须常想到其在现实政治中所接触之事实，或只为偶然不重要之事实，或只为在未来历史中即将改变之事实，或系由中国文化所遇之曲折而发生之事实。由是而其所拟定之问题，当注目之事实，及用以解释事实之假设，与导向之结论，皆须由其对中国文化历史之整个发展方向之认识，以为决定。然因世界汉学者研究中国近代史之兴趣，本多由其对中国政治社会之现实的接触，及对中国政治与国际局势之现实关系之注意而起，则上述之偏弊，成为在实际上最难除去者。我们以上所说，并无意否认根据任何动机，以从事研究中国学术文化史者所作之努力，在客观上之价值。此客观价值亦尽可超出于其最初研究时之主观动机之外。而研究者在其研究过程中，亦可不断改变其原来之主观动机。但是我们不能不说此诸主观动机，在事实上，常使研究者只取一片面的观点去研究中国之学术文化，而在事实上亦已产生不少对于中国学术文化之过去现在与未来之误解。故我们不能不提出另一种研究中国学术文化动机与态度，同时把我们本此动机与态度，去研究所已得的关于中国学术文化之过去现在与未来的结论，在大端上加以指出，以恳求世界人士的注意。

三、中国历史文化之精神生命之肯定

我们首先要恳求：中国与世界人士研究中国学术文化者，须肯定承认中国文化之活的生命之存在。我们不能否认，在许多西方人与中国人之心目中，中国文化已经死了。如斯宾格勒，即以中国文化到汉代已死。而中国五四运动以来流行之整理国故之口号，亦是把中国以前之学术文化，统于一“国故”之名词之下，而不免视之如字纸篓中之物，只待整理一番，以便归档存案的。而百年来中国民主建国运动之着着失败，及今十分之九的中国人之在列宁、史达林之像前缄默无言，不及十分之一的中国人之漂流于台湾孤岛及海外，更似客观地证明中国文化的生命已经死亡，于是一切对中国学术文化之研究，皆如只是凭吊古迹。这一种观念，我们首先要恳求大家将其去掉。我们不否认，百年来中国民主建国运动之着着失败，曾屡使爱护中国的中国人士与世界人士，不断失望。我们亦不否认，中国文化正在生病，病至生出许多奇形怪状之赘疣，以致失去原形。但病人仍有活的生命。我们要治病，先要肯定病人生命之存在。不能先假定病人已死，而只足供医学家之解剖研究。至于要问中国文化只是生病而非死亡之证据在哪里？在客观方面的证据，后文再说。但另有一眼前的证据，当下即是。就是在发表此文的我们，自知我们并未死亡。如果读者们是研究中国学术文化的，你们亦没有死亡。如果我们同你们都是活的，而大家心目中同有中国文化，则中国文化便不能是死的。在人之活的心灵中的东西，纵使是已过去的死的，此心灵亦能使之复活。人类过去之历史文化，亦一直活在研究者的了解，凭吊，怀念的心灵中。这个道理，本是不难承认的极平凡的道理。亦没有一个研究人类过去历史文化的人，不自认自己是活人，不自认其所著的书，是由他的活的生命心血所贯注的书；不自认其生命心血之贯注处，一切过去的东西，如在目前。但是一个自以为是在用自己之生命心血，对人类过去之历史文化作研究者，因其手边只有这些文物，于是总易忘了此过去之历史文化之本身，亦是无数代的人，以其生命心血，一页一页地写成的；总易忘了这中间有血、有汗、有泪、有笑，有一贯的理想与精神在贯注。

因为忘了这些，便不能把此过去之历史文化，当作是一客观的人类之精神生命之表现。遂在研究之时，没有同情，没有敬意，亦不期望此客观的精神生命之表现，能继续地发展下去，更不会想到，今日还有真实存在于此历史文化大流之中的有血有肉的人，正在努力使此客观的精神生命之表现，继续发展下去，因而对之亦发生一些同情和敬意。这些事，在此种研究者的心中，认为是情感上的事，是妨碍客观冷静的研究的，是文学家，政治宣传家，或渲染历史文化之色彩的哲学家的事，不是研究者的事。但是这种研究者之根本错误就在这里。这一种把情感与理智割裂的态度，忽略其所研究之历史文化，是人类之客观精神生命之表现的态度，正是原于此种研究者之最大的自私，即只承认其研究工作中有生命有心血，此外皆无生命无心血。此是忘了人类之历史文化，不同于客观外在的自然物，而只以对客观外在之自然物之研究态度，来对人类之历史文化。此是把人类之历史文化，化同于自然界的化石。这中间不仅包含一道德上的罪孽，同时也是对人类历史文化的最不客观的态度。因为客观上的历史文化，本来自始即是人类之客观精神生命之表现。我们可以说，对一切人间的事物，若是根本没有同情与敬意，即根本无真实的了解。因一切人间事物之呈现于我们之感觉界者，只是表象。此表象之意义，只有由我们自己的生命心灵，透到此表象之后面，去同情体验其依于什么一种人类之生命心灵而有，然后能有真实的了解。我们要透至此表象之后面，则我们必须先能超越我们个人自己之主观的生命心灵，而有一肯定尊重客观的人类生命心灵之敬意。此敬意是一导引我们之智慧的光辉，去照察了解其他生命心灵之内部之一引线。只有此引线，而无智慧之运用，以从事研究，固然无了解。但是莫有此敬意为引线，则我们将对此呈现于感觉界之诸表象，只凭我们在主观上之习惯的成见加以解释，以至凭任意联想的偶发的奇想，加以解释。这就必然产生无数的误解，而不能成就客观的了解。要成就此客观的了解，则必须以我们对所欲了解者的敬意，导其先路。敬意向前伸展增加一分，智慧的运用，亦随之增加一分，了解亦随之增加一分。敬意之伸展在什么地方停止，则智慧之运用，亦即呆滞不前，人间事物之表象，即成为只是如此如此呈现之一感觉界事物，或一无生命心灵存在于其内部之自然物；再下一步，便又只成为凭我们主观的自臼，任意加以猜想解释的对象，于以产生误解。所以照我们的意思，如果任何研究中国之历史文化的人，不能真实肯定中国之历史文化，乃系无数代的中国人，以其生命心血所写成，而为一客观的精神生命之表现，因而多少寄以同情与敬意，则中国之历史文化，在他们之前，必然只等于一堆无生命精神之文物，如同死的化石。然而由此遽推断中国文化为已死，却系大错。这只因从死的眼光中，所看出来的东西永远是死的而已。然而我们仍承认一切以死的眼光看中国文化的人，研究中国文化的人，其精神生命是活的，其著的书是活的精神生命之表现。我们的恳求，只是望大家推扩自己之当下自觉是活的之一念，而肯定中国之历史文化，亦是继续不断的一活的客观的精神生命之表现，则由此研究所得的结论，将更有其客观的意义。如果无此肯定，或有之而不能时时被自觉地提起，则一切对中国历史文化的研究，皆似最冷静客观，而实则亦可能只是最主观的自由任意的猜想与解释，在根本上可完全不能相应。所以研究者切实把自己的研究动机，加以反省检讨，乃推进研究工作的重大关键。

四、中国哲学思想在中国文化中之地位及其与西方文化之不同

如上所说，我们研究中国之历史文化学术，要把它视作中国民族之客观的精神生命之表现来看。但这个精神生命之核心在哪里？我们可说，它在中国人之思想或哲学之中。这并不是说，中国之思想或哲学，决定中国之文化历史。而是说，只有从中国之思想或哲学下手，才能照明中国文化历史中之精神生命。因而研究中国历史文化之大路，重要的是由中国之哲学思想之中心，再一层一层地透出去，而不应只是从分散的中国历史文物之各方面之零碎的研究，再慢慢地综结起来。后面这条路，犹如从分散的枝叶去通到根干，似亦无不可。但是我们要知道，此分散的枝叶，同时能遮蔽其所托之根干。这常易使研究者之心灵，只是由此一叶面再伸到另一叶面，在诸叶面上盘桓。此时人若要真寻得根干，还得要翻到枝叶下面去，直看枝叶之如何交会于一中心根干。这即是说，我们必须深入到历史留传下之书籍文物里面，探求其哲学思想之所在，以此为研究之中心。但我们在了解此根干后，又还须顺着根干延伸到千枝万叶上去，然后才能从此千枝竞秀、万叶争荣上看出，树木之生机郁勃的生命力量，与精神的风姿。

我们之所以要用树木之根干与枝叶之关系，来比喻中国历史文物之各方面与中国之哲学思想，对于中国文化精神生命之关系，同时是为表明中国文化之性质，兼表明要了解中国哲学思想，不能只用了解西方哲学思想之态度来了解。我们此处所指之中国文化之性质，乃指其“一本性”。此一本性乃谓中国文化在本原上是

一个文化体系。此一本并不否认其多根。此乃比喻在古代中国，亦有不同之文化地区。但此并不妨碍中国古代文化之有一脉相承之统绪。殷革夏命而承夏之文化，周革殷命而承殷之文化，即成三代文化之一统相承。此后秦继周，汉继秦，以至唐、宋、元、明、清，中国在政治上有分有合，但总以大一统为常道。且政治的分合，从未影响到文化学术思想的大归趋，此即所谓道统之相传。

中国历史文化中道统之说，或非中国现代人与西方人所乐闻，但无论乐闻与否，这是中国历史上的事实。此事实，乃原于中国文化之一本性。中国人之有此道统之观念，除其理论上之理由，今暂置不说外，其事实上的原因，是因中国大陆与欧洲大陆，其文化历史，自来即不一样。欧洲古代之希腊城邦，势力分布于希腊本土，及诸海上殖民地，原无一统的希腊世界。而近代西方文化，除有希腊之来源外，尚有罗马、希伯来、日耳曼、回教等之来源。中国文化，虽亦有来源于印度文化、阿拉伯文化及昔所谓四夷者，亦有间接来自希腊罗马者，然而在百年以前之中国，在根本只是一个文化统系一脉相传，则是没有问题的。西方文化之统，则因现实上来源之众多，难于建立，于是乃以超现实世界之宗教信仰中之上帝为其统，由希伯来宗教与希腊思想罗马文化精神之结合，乃有中古时代短时存在的神圣罗马帝国之统。然此统，不久即告分裂。今欲使西方诸国家及其文化复归于统一，恐当在全人类合归天下一家之时。而中国文化则自来有其一贯之统绪的存在。这是中西文化在来源上的根本分别，为我们所不能忽略的。

这种西方文化之有各种文化来源，使西方文化学术之内容，特显复杂丰富，同时亦是西方之有明显的分门别类，而相对独立之学术文化领域之原因。西方之科学哲学，原于希腊，法律原于罗马，宗教原于希伯来，其文化来源不同，研究之方法、态度、目标，亦不必相同，而各自成范围，各成界限。而单就哲学说，西方之哲学自希腊以来，即属少数哲学家作遗世独立之思辨（speculation）之事。故哲学家之世界，恒自成一天地。每一哲学家都欲自造一思想系统，穷老尽气，以求表现于文字著作之中。至欲表现其思想于生活行事之中者，实寥寥可数。而此类著作，其界说严，论证多，而析理亦甚繁。故凡以西洋哲学之眼光去看中国哲人之著作，则无不觉其粗疏简陋，此亦世界之研究中国学术文化者，不愿对中国哲学思想中多所致力的原因之一。

但是我们若果首先认识此中国文化之一本性，知中国之哲学科学与宗教、政治、法律、伦理、道德，并无不同之文化来源，而中国过去，亦并无认为个人哲学之思辨，可自成一天地之说，更无哲学家必须一人自造一思想系统，以全表之于文字著作中之说，则中国哲学著作之以要言不繁为理想，而疏于界说之厘定，论证之建立，亦不足为怪。而吾人之了解中国哲学思想，亦自始不当离哲学家之全人格，全生活，及其与所接之师友之谈论，所在之整个社会中之行事，及其文化思想之渊源，与其所尚论之古今人物等而了解，亦彰彰明甚。而人真能由此去了解中国哲人，则可见其思想之表现于文字者，虽似粗疏简陋，而其所涵之精神意义、文化意义、历史意义，则正可极丰富而极精深。此正如一树之根干，虽极朴质简单，而透过其所贯注之千条万叶以观，则生机郁勃，而内容丰富。由此我们可知，欲了解中国文化，必须透过其哲学核心去了解，而真了解中国哲学，又还须再由此哲学之文化意义去了解。以中国文化有其一本性，在政治上有政统，故哲学中即有道统。反之，如果我们不了解中国文化之一本性，不知中国之哲人及哲学，在中国文化中所处之地位，不同于西方哲人及哲学，在西方文化中所处之地位，则我们可根本不从此去看中国哲学思想与中国文化之关系及多方面之意义，更不知中国哲学中有历代相传之道统之意义所在，而将只从中国哲学著作外表之简单粗疏，以定为无多研究之价值；并或以道统之说，为西方所谓思想统制之类，而不知其以看西方哲学著作之眼光，看中国哲学著作，正由于其蔽于西方文化历史情形，而未能肯定中国文化之独立性，未知中国文化以其来源为一本，则其文化之精神生命之表现方式，亦不必与文化来源为多元之西方文化相同也。

五、中国文化中之伦理道德与宗教精神

对于中国文化，好多年来之中国与世界人士，有一普遍流行的看法，即以中国文化是注重人与人间之伦理道德，而不重人对神之宗教信仰的。这种看法，在原则上并不错。但在一般人的观念中，同时以中国文化所重的伦理道德，只是求现实的人与人关系的调整，以维持社会政治之秩序；同时以为中国文化中莫有宗教性的超越感情，中国之伦理道德思想，都是一些外表的行为规范的条文，缺乏内心之精神生活上的根据。这种看法，却犯了莫大的错误。这种看法的来源，盖首由于到中国之西方人初只是传教士、商人、军人与外交官，故其到中国之第一目标，并非真为了解中国，亦不必真能有机会，与能代表中国文化精神之中国人，有深切的接触。于是其所观察者，可只是中国一般人民之生活风俗之外表，而只见中国之伦理规范，礼教仪节之维持现实之社会

政治秩序之效用的方面，而对中国之伦理道德，在人之内心的精神生活上之根据，及此中所包含之宗教性之超越感情，却看不见。而在传教士之心中，因其目标本在传教，故其目光亦必多少不免先从中国文化之缺乏宗教精神之方面看。而传教士等初至中国之所接触者，又都是中国之下层民众。故对于中国民间流行宗教性之迷信，亦特为注意。此种迷信中，自更看不出什么高级的宗教精神。又因近百年来西方人在中国之传教事业，乃由西方之炮舰，先打开了中国门户，再跟着商船来的。中国之传统文化，自来不崇拜武力与商人，因而对于随炮舰商船来之传教士，旋即被视为西方文化侵略的象征。由此而近代中国之学术界，自清末到五四时代之学者，都不愿信西方之宗教，亦不重中国文化之宗教精神。五四运动时代领导思想界的思想家，又多是一些只崇拜科学民主，在哲学上相信实用主义、唯物主义、自然主义的人，故其解释中国之学术文化，亦尽量从其缺宗教性方面看。而对中国之旧道德，则专从其化为形式的礼教风俗方面看，而要加以打倒。于是亦视中国之伦理道德，只是一些外表的行为规范，而无内在之精神生活之内容者。至后来之共产主义者，因其为先天的无神论者，并只重道德之社会效用者，更不愿见中国文化精神中之宗教性之成分，而更看不见中国之伦理道德之内在的精神生活上的根据。此与西方传教士等初到中国之观感、所得，正可互相配合，而归于同一之论断。

但是照我们的看法，则中国莫有像西方那种制度的宗教教会与宗教战争，是不成问题的。但西方所以有由中古至今之基督教会，乃由希伯来之独立的宗教文化传统，与希腊思想，罗马文化，日耳曼之民族气质结合而来。此中以基督教之来源，是一独立之希伯来文化，故有独立之教会。又以其所结合之希腊思想、罗马文化、日耳曼之民族气质之不同，故又有东正教、天主教及新教之分裂，而导致宗教战争。然而在中国，则由其文化来源之一本性，中国古代文化中并无一独立之宗教文化传统，如希伯来者，亦无希伯来之祭司僧侣之组织之传统，所以当然不能有西方那种制度的宗教。但是这一句话之涵义中，并不包含中国民族先天的缺乏宗教性的超越感情及宗教精神，而只知重现实的伦理道德。这只当更由以证明中国民族之宗教性的超越感情及宗教精神，因与其所重之伦理道德，同来源于一本之文化，而与其伦理道德之精神，遂合一而不可分。这应当是非常明白的道理。然而人们只以西方之文化历史的眼光看中国，却常把此明白的道理忽视。照我们的看法，中国诗书中之原重上帝或天之信仰是很明显的。此点，三百年来到中国之耶稣会士亦注意到，而祭天地社稷之礼，亦一直为后代儒者所重视、历代帝王所遵行，至民国初年而后废。而中国民间之家庭，今亦尚有天地君亲师之神位。说中国人之祭天地祖宗之礼中，莫有一宗教性的超越感情，是不能说的。当然过去中国之只有皇帝才能行郊祀之礼，便使此宗教感情在民间缺乏礼制以维持之，而归于薄弱。而皇帝之祭天，亦或是奉行故事，以自固其统治权。皇帝祭天，又是政教合一之事，尤为西方人及中国人之所呵责。但是中国人之只是以皇帝祭天，亦自有其理由。此乃以天子代表万民祭天，亦犹如西方教皇之可代表万民向上帝祈祷。而政教合一之所以被西方人视为大忌，亦根本上由于西方教权所在之教会，与西方历史中政权所在之政府，原为不同之文化来源之故。因其来源不同，故无论以教权统制政权，或以政权统制教权，皆使一方受委屈，因而必归于政教分离，而此政教分离，亦确有其在客观上使政治宗教各得其所之价值。此亦为我们在理论上所承认者。但以中西文化不同，则在西方之以政教合一为大罪者，在中国过去历史，则未必为大罪。而在西方以宗教可与政治以及一般社会伦理道德皆分离，固特见其有宗教。然在中国，则宗教本不与政治及伦理道德分离，亦非即无宗教。此二点，仍值得吾人研究中国文化者之注意。

至于纯从中国人之人生道德伦理之实践方面说，则此中亦明涵有宗教性之超越感情。在中国人生道德思想中，大家无论如何不能忽视由古至今中国思想家所重视之天人合德、天人合一、天人不二、天人同体之观念。此中之所谓天之意义，自有各种之不同。在一意义下，此天即指目所见之物质之天。然而此天之观念在中国古代思想中，明指有人格之上帝。即在孔孟老庄思想中之天之意义，虽各有不同，然无论如何，我们不能否认他们所谓天之观念之所指，初为超越现实的个人自我与现实之人与人关系的。而真正研究中国学术文化者，其真问题所在，当在问中国古代人对天之宗教信仰，如何贯注于后来思想家之对于人的思想中，而成天人合一一类之思想，及中国古代文化之宗教的方面，如何融和于后来之人生伦理道德方面，及中国文化之其他方面。如果这样去研究，则不是中国思想中有无上帝或天，有无宗教之问题，而其所导向之结论，亦不是一简单的中国文化中无神、无上帝、无宗教，而是中国文化能使天人交贯，一方面使天由上彻下以内在于人，一方亦使人由下升上而上通于天，这亦不是只用西方思想来直接类比，便能得一决定之了解的。

此外中国人之人生道德伦理之实践方面之学问，此乃属中国所谓义理之学中。此所谓义理之学，乃自觉地依据义理之当然以定是非，以定自己之存心与行为，此亦明非只限于一表面的人与人之关系之调整，以维持政治社会之秩序，而其目标实在人之道德人格之真正的完成。此人格之完成，系于人之处处只见义理之当然，而不见利害、祸福、得失、生死。而此中之只求依义理之当然，而不求苟生苟存，尤为儒者之学之所特注重。我们须知，凡只知重现实的功利主义者、自然主义者，与唯物主义者，都不能对死之问题正视。因死乃我的现实世界之不存在，故死恒为形上的宗教的思想之对象。然而中国之儒家思想，则自来要人兼正视生，亦正视死的。所谓杀身成仁，舍生取义，志士不忘在沟壑，勇士不忘丧其元，都是要人把死之问题放在面前，而把仁义之价值之超过个人生命之价值，凸显出来。而历代之气节之士，都是能舍生取义、杀身成仁的。西方人对于殉道者，无不承认其对于道有一宗教性之超越信仰。则中国儒者之此类之教，及气节之士之心志与行为，又岂无一宗教性之信仰之存在？而中国儒者之言气节，可以从容就义为最高理想，此乃自觉地舍生取义，此中如无对义之绝对的信仰，又如何可能？此所信仰的是什么，这可说即是仁义之价值之本身，道之本身。亦可说是要留天地正气，或为要行其心之所安，而不必是上帝之诫命，或上帝的意旨。然而此中人心之所安之道之所在，即天地正气之所在，即使人可置死生于度外，则此心之所安之道，一方内在于此心，一方亦即超越个人之现实生命之道，而人对此道之信仰，岂非即宗教性之超越信仰？

我们希望世界人士研究中国文化，勿以中国人只知重视现实的人与人间行为之外表规范，以维持社会政治之秩序，而须注意其中之天人合一之思想，从事道德实践时对道之宗教性的信仰。这是我们要大家注意的又一点。

六、中国心性之学的意义

我们从中国人对于道之宗教性信仰，便可转到论中国之心性之学。此心性之学，是中国古所谓义理之学之又一方面，即论人之当然的义理之本源所在者。此心性之学，亦最为世之研究中国学术文化者，所忽略所误解的。而实则此心性之学，正为中国学术思想之核心，亦是中国思想中之所以有天人合德之说之真正理由所在。

中国心性之学，乃至宋明而后大盛。宋明思想，亦实系先秦以后，中国思想第二最高阶段之发展。但在先秦之儒家道家思想中，实已早以其对心性之认识为其思想之核心，此我们另有文讨论。《古文尚书》所谓尧舜禹十六字相传之心法，固是晚出的，但后人之所以要伪造此说，宋明儒之所以深信此为中国道统之传之来源所在，这正因为他们相信中国之学术文化，当以心性之学为其本源。然而现今之中国与世界之学者，皆不能了解此心性之学，为中国之学术文化之核心所在。其所以致此者，首因清代三百年之学术，乃是反宋明儒，而重对书籍文物之考证训诂的，故最讨厌谈心谈性。由清末西化东渐，中国人所羡慕于西方者，初乃其炮舰武器，进而及其他科学技术、政治法制。五四运动时代时之中国思想界，一方讲科学民主，一方亦以清代考证之学中有科学方法，而人多喜提倡清代颜习斋、戴东原之学，以反对宋明儒。后来共产主义讲存在决定意识，亦不喜欢心性。在西方传人之宗教思想，要人自认本性中涵有原始罪恶。中国传统的心性之学，则以性善论为主流。此二者间亦至少在表面上是违反的。又宋明儒喜论理气，不似中国古代经籍中尚多言上帝，此乃自耶稣会士以来之基督教徒，亦不喜宋明儒的心性之学之故。由清末至今之中国思想界中，只有佛家学者是素重心性之学的。而在清末之古文学家如章太炎，今文家如龚定庵，及今文学家康有为之弟子如谭嗣同等，亦皆重视佛学。但佛家心性之学，不同于中国儒家心性之学。佛学之言心性，亦特有其由观照冥会而来之详密之处，故佛学家亦多不了解中国儒家心性之学。由是中国传统的心性之学，遂为数百年之中国思想界所忽视。而在西方，则耶稣会士把中国经籍及宋明理学介绍至西方时，乃把宋明理学只当作一般西方之理性主义、自然主义、唯物主义看，此在上文已说。所以宋明理学在西方亦只被理性主义者如来布尼兹，唯物主义者如荷尔巴哈（Holbach）等引为同调。后来虽有人翻译《朱子语录》中之人性论及其他零碎的宋明儒之文章，但亦似无人能对宋明心性之学作切实的研究者。而宋明儒之语录，又表面上较先秦诸子更为零碎，不易得其系统所在，亦与西人治哲学者之脾胃不合，于是中国心性之学，遂同为今日之中国人与西方人所忽略。

中国心性之学，在今日所以又为人所误解之主要原因，则在于人恒只把此心性之学，当作西方传统哲学中之所谓理性的灵魂 Rational Soul 之理论，或认识论形上学之理论，或一种心理学看。而由耶稣会士下来的西方宗教家的观点，则因其初视宋明理学为无神论的自然主义，所以总想象其所谓人心人性皆人之自然的心自然的性。由他们直至今日，中国之性字总译为 nature。此 nature 一名之义，在希腊斯多噶哲学近代之浪漫主义文学，及斯宾诺萨及少数当今之自然主义哲学家如怀特海之思想中，皆颇有一深厚之意义，足与中国之性字相当。但自基督教以 supernature 之名与 nature 之名相对后，则 nature 之名义，在近代日沦于凡俗。而在西方近代之一般自然主义哲学兴起以后，我们谈到 Human Nature 通常总是想到人之自然心理、自然本能、自然欲望上去，可以卑之无甚高论。人由此看中国的心性之学，亦总从其平凡浅近处去解释，而不愿本西方较深入于人之精神生活内部之思想去解释。

然而照我们的了解，则认为把中国心性哲学当作西方心理学或传统哲学中之理性的灵魂论，及认识论形上学去讲，都在根本上不对。而从与超自然相对之自然主义的观点去看中国心性之学，因而只从平凡浅近处去加以解释，更属完全错误。西方近代所谓科学的心理学，乃把人之自然的行为当作一经验科学研究的对象看。此是一纯事实的研究，而不含任何对人之心理行为作价值的估量的。传统哲学中之理性的灵魂论，乃将人心视作一实体，而论其单一不朽，自存诸形式的性质的。西方之认识论，乃研究纯粹的理智的认识心如何认识外界对象，而使理智的知识如何可能的。西方一般之形上学，乃先以求了解此客观宇宙之究极的实在与一般的构造组织为目标的。而中国由孔孟至宋明儒之心性之学，则是人之道德实践的基础，同时是随人之道德实践生活之深度，而加深此学之深度的。这不是先固定地安置一心理行为或灵魂实体作对象，在外加以研究思索，亦不是为说明知识如何可能，而有此心性之学。此心性之学中，自包含一形上学。然此形上学乃近乎康德所谓道德的形上学，是为道德实践之基础，亦由道德实践而证实的形上学。而非一般先假定一究竟实在存于客观宇宙，而据经验理性去推证之形上学。

因中国此种由孔孟至宋明之心性之学，有此种特殊的性质，所以如果一个人其本身不从事道德实践，或虽从事道德实践，而只以之服从一社会的道德规律或神之命令与新旧约《圣经》一章一句为事者，都不能真有亲切的了解。换句话说，即这种学问，不容许人只先取一冷静的求知一对象，由知此一对象后，再定我们行为的态度。此种态度，可用以对外在之自然与外在之社会，乃至对超越之上帝。然不能以之对吾人自己之道德实践，与实践中所觉悟到之心性。此中我们必须依觉悟而生实践，依实践而更增觉悟。知行二者相依而进。此觉悟可表达之于文字，然他人之了解此文字，还须自己由实践而有一觉悟。此中实践如差一步，则觉悟与真实之了解，即差一步。在如此之实践与觉悟相依而进之历程中，人之实践的行为，固为对外面之人物等的。但此觉悟，则纯是内在于人自己的。所以人之实践行为，向外面扩大了一步，此内在之觉悟亦扩大了一步。依此，人之实践的行为及于家庭，则此内在之觉悟中，涵摄了家庭。及于国家，则此内在之觉悟中，涵摄了国家。及于天下宇宙，及于历史，及于一切吉凶祸福之环境，我们之内在的觉悟中亦涵摄了此中之一切。由此而人生之一切行道而成物之事，皆为成德而成己之事。凡从外面看来，只是顺从社会之礼法，或上遵天命，或为天下后世立德立功立言者，从此内在之觉悟中看，皆不外尽自己之心性。人之道德实践之意志，其所关涉者无限量，而此自己之心性亦无限量。然此心性之无限量，却不可悬空去拟议，而只可从当人从事于道德实践时，无限量之事物自然展现于前，而为吾人所关切，以印证吾人与天地万物实为一体。而由此印证，即见此心此性，同时即通于天。于是人能尽心知性则知天，人之存心养性亦即所以事天。而人性即天性，人德即天德，人之尽性成德之事，皆所以赞天地之化育。所以宋明儒由此而有性理即天理，人之本心即宇宙心，人之良知之灵明，即天地万物之灵明，人之良知良能，即乾知坤能等思想，亦即所谓天人合一思想。此中精微广大之说，自非我们今所能一一加以论列者。然由先秦之孔孟，以至宋明儒，明有一贯之共同认识。共认此道德实践之行，与觉悟之知，二者系相依互进，共认一切对外在世界之道德实践行为，唯依于吾人之欲自尽此内在之心性，即出于吾人心性，或出于吾人心性自身之所不容自已的要求；共认人能尽此内在心性，即所以达天德、天理、天心，而与天地合德，或与天地参。此即中国心性之学之传统。今人如能了解此心性之学，乃中国文化之神髓所在，则决不容许任何人视中国文化，为只重外在的现实的人与人之关系之调整，而无内在之精神生活，及宗教性、形上性的超越感情之说。而当知在此心性学下，人之外在的行为，实无不为依据，亦兼成就人内在的精神生活，亦无不兼为上达天德，而赞天地之化育者。此心性之学，乃通于人之生活之内与外及人与天之枢纽所在，亦即通贯社会之伦理礼法、内心修养、宗教精神，及形上学等而一之者。然而在西方文化中，言形上学、哲学、科学，则为外于道德实践之求知一客观之对象。此为希腊之传统。言宗教则先置定一上帝之命令，此为希伯来之传统。言法律、政治、礼制、伦理，则先置定其为自外规范人群者，此主要为罗马法制伦理之传统。中国心性之学则于三者皆不类。遂为今日世界与中国之学人，习于以西方文化学术观点，看中国之学术文化者所忽略，或只由一片面之观点去看，而加以误解。而不知不了解中国心性之学，即不了解中国之文化也。

七、中国历史文化所以长久之理由

我们如果能知中国心性之学的重要，我们便可以再进而讨论中国民族之历史文化何以能历数千年而不断之问题。以文化历史之不断而论，只有印度可与中国相比。但印度人以前一直冥心于宗教中之永恒世界，而缺历史之意识。故其文化历史虽长久，而不能真自觉其长久。中国则为文化历史长久，而又一向能自觉其长久之唯一的现存国家。然则中国文化、历史何以能如此长久？这不能如斯宾格勒之以中国文化自汉以后即停滞不进来作解说。因汉以后，中国文化并非停滞不进，若其真系停滞不进，即未有不归于死亡消灭者。有的人说，中国文化历史之所以长久，乃以中国文化，注重现实生活的维持，不似西方文化之喜从事超现实生活之理想或神境之追求，故民族现实生命能长久保存下去。又有人说，此乃以中国文化重保守，一切生活皆习故蹈常，不须多耗力气。故民族生命力得以因节约而长久不弊。又有人说，此因中国人重多子多孙，故历代虽迭遭天灾人祸，但以生殖繁多，人口旋即恢复，民族遂不致绝灭。此外还有各种不同之说法。这些说法我们不能一概抹煞其全无理由。但皆未能从中国学术之本身以求此问题之解答。照我们的了解，则一民族之文化，为其精神生命之表现，而以学术思想为其核心。所以此问题之解答，仍应求之于中国学术思想。

如从中国之学术思想去看此一问题，则我们与其说中国文化因重视现实生活之维持，遂不作超现实生活的追求，不如说中国之思想，自来即要求人以一超现实的心情，来调护其现实生活。

与其说因中国文化偏重保守，致其生活皆习故蹈常，不须多耗气力，不如说中国之思想，自来即要求人不只把力气向外表现，而耗竭净尽，更要求人把气力向内收敛，以识取并培养生命力气的生生之原。与其说中国民族，因重多子多孙而民族不易灭绝，不如说在中国之极早思想中，即重视生之价值，因而重视子孙，重视生命之传承不绝。总而言之，我们与其说中国民族文化历史之所以能长久，是其他外在原因的自然结果，不如说这是因中国学术思想中原有种种自觉的人生观念，以使此民族文化之生命能绵延于长久而不坠。

我们之所以要说中国思想中原有种种人生观念，以使此民族之文化之生命长久，其客观的证据，是此求“久”之思想在中国极早的时代中已经提出。中国古代之宗教思想中有一种天命靡常的思想。此思想是说上帝或天，对于地上之各民族各君王，并无偏袒。天之降命于谁，使之为天下宗主，要视其德而定。周代的周公，即是深切认识天之降命于夏于殷于周之无常，由是而对周之民族，特别谆谆诰诫，求如何延续其宗祀的。此即是求民族文化之“久”的思想，而周代亦竟为中国朝代中之最久者。此中不能说没有周公之反省诰诫之功。至于久之哲学观念的正式提出，则在儒家之《易传》、《中庸》中有所谓“可大可久”及“悠久成物”之观念，《老子》中有要人法“天地长久”及“深根固蒂，长生久视”之观念。《易传》、《中庸》、《老子》，皆成于战国时代。战国时代是中国古代社会发生急剧变化，一切最不能久的时代。而此时代正是久之哲学观念，在儒家道家思想中同时被提出的时代。可知求久先是中国古人之自觉的思想中的事，而此后之汉唐宋等朝代之各能久至数百年，皆由其政治上文化上的措施，有各种如何求久的努力。而中国整个民族文化之所以能久，则由于中国人之各种求久的思想。这些思想，由古代的史官之记载与训诫，后来历史家所叙述的历代成败兴亡之故，及哲学家指出久与不久之原理，而散布至中国之全民族，其内容是非常复杂丰富的。

简单说，这个思想，以道家形态表现的，是一种功利主义的，以退为进的，“不自生故能长生”“后其身而身先，外其身而身存”的思想。此种以退为进的思想，正是以一种超越一般人对其现实的生命身体之私执，及一往向外用力之态度，而使力气向内收敛凝聚，以求身存及长生之态度。这一种态度，要人少私寡欲，要人见素抱朴，要人致虚守静，要人专气致柔以归于复命。这是可以使人达于自然的生命力之生生之原，而保持长养人之自然生命力的。

至于这些思想之以儒家形态而表现的，则儒家亦有要人把自然生命之力气加以内敛之一方面，其动机初是要成就人与人间之礼。儒家承周之礼教，以温其如玉表示君子之德。玉之特色是外温润而内坚刚，坚刚在内，则一切生命力量都积蓄起来。而《中庸》所崇尚之南方之强与北方之强之不同处，正在北方之强，是力量都在外，而南方之强则“宽柔以教，不教无道”，力量都向内收敛。所谓外温润而内坚刚，及南方之强，本是指人在道德上人所当有的德性，但是此种德性，能附带把人之生命力量收敛积蓄于内，亦即使人之德性更能透过身体之内部而表现出来。德性能透过身体之内部而表现出来，则德性兼能润泽人之自然身体之生命，此之所谓“德润身”“心广体胖”。在西方伦理学上谈道德，多谈道德规则，道德行为，道德之社会价值及宗教价值，但很少有人特别着重道德之彻底变化我们自然生命存在之气质，以使此自然的身体之态度气象，都表现我们之德性，同时使德性能润泽此身体之价值。而中国之儒家传统思想中，则自来即重视此点。中国儒者所讲之德性，依以前我们所说，其本原乃在我们之心性，而此性同时是天理，此心亦通于天心。此心此性，天心天理，乃我们德性的生生之原，此德性既能润泽我们之身体，则此身体之存在，亦即为此心此性之所主宰，天理天心之所贯彻，因而被安顿调护，以真实存在于天地之间。

至于纯就中国民族生命之保存而言，则中国人之重视多子多孙，亦不能仅自生物本能之欲保存种族以为解说。因中国人之重视子孙，自周代起，即已自觉此乃所以存宗祀。存宗祀之观念的事，乃兼有宗教道德与政治之意义的。人顺其自然的生命本能，是只知男女夫妇之爱，与对自生之子女之爱的。此自然的生物本能之欲延续其生命的要求，乃一往向前流，向下流的。人只有依其能超越此向前流向下流之自然生命的趋向，而后能对其生命之所自来之父母祖宗有其孝思。由此孝思，而虑父母祖宗之无人祭祀。此正为一超现实的求上慰父母之心、祖宗之灵之要求，由此而谓“不孝有三，无后为大”乃重生子孙，以求现实生命之继续，而其望子孙之万代不绝，亦复为一超越的理想，这不可只以生物之种族保存本能来作说明。这正当以贯通于中国人之思想之中，原以人之心当上通千古、下通万世，乃能显发此心之无限量来加以说明的。

我们说中国文化中之重子孙及承宗祀之思想，不应只以保存种族之生物本能来说明。同时认为中国人之求保存文化于永久，亦不应只以保守之习惯来说明。此二者同有一客观的证据。即在中国古代之儒家思想中，明白地以亡他人之国，灭他人之宗祀为不义。在儒家思想中，不仅须保存周公传下之文化，而且望存二王之后，以保存夏殷之文化。春秋所谓“兴灭国、继绝世”乃一客观普遍的原则，而不只是为孔子所在之鲁国。孔子周游列国，亦明是求当时整个之天下之有道，这不应说儒家之重保存民族与文化之思想，只是种族主义或狭隘的国家思想，或只出于一保守习惯之动机。至于孔子之宗周攘夷，及历代中国儒者之要讲夷夏之辨，固然是一事实。但此中亦有“夷狄而中国，则中国之”的思想。依于中国文化核心的心性之学来说，则心之量无限，性之量无限，故凡为人之心性所认可的文化学术，即为吾人心性之所涵容摄取，而不加排斥，此即《中庸》上所谓“道并行而不相悖”。由此以成就中国文化的博大的性格，而博大亦是悠久的根原。所以中国是对宗教最为宽容的国家。佛教的三武之难，及义和团事案，其原因皆由政治因素而来，而不来自文化自身，这是不消多说的。

所以只用种族本能与保守习惯一类名词，来解释中国人之重民族的文化生命之保存，解释中国历史之所以长久，我们绝对不能接受。如果要解释中国古人何以如此重夷夏之辨，其真正之理由，只在中国之文化之客观价值，是较古代之四夷为高，故不应用夷变夏。至于其他民族中文化之好的部分，依此道理，中国人则当接受而保存之。所以现在之马列主义者，要否认佛教基督教之价值，与西方文化之价值，真正之中国人仍愿为保存之而奋斗。保存到何时，要到亿万斯年，这依于什么？这还是依于我们之心量，应为上通千古，下通万世之心量。这是中国人重视历史文化保存之自觉的思想中，核心理由之所在，亦是中国之历史文化，所能实际存至数千年而有一贯之传统保存下来之核心理由所在。

我们以上所讲的数点，是针对世界及中国人士对于中国文化之一些流行但并不真实之观念，而把中国文化根本上的几点性质加以指出，以端正一般人研究中国学术文化的基本认识。这几点亦是中国文化之正面的价值之所在。至于中国文化理想有所不足之处，及其在现实上的缺点，我们当然承认。此俟以下再说。但是我们必须认清：看任何文化，如果真能视之为人类之客观的精神生命之表现，则我们首当注目而加以承认的，应当是其原来理想所具备的正面价值的方面。我们须知，理想之不足，是在理想伸展为更高更大之理想时，才反照出来的。现实上的缺点与坏处，是在我们实现理想时，受了限制、阻碍及其他牵挂而后反照出来的。此乃属于第二义。我们能对于个人先认识其理想的长处，则我们可先对人有敬意。再继以认识其理想之不足与现实上之缺点，则可使我们想方法补救其理想之不足与现实上之缺点，以表现我们对他的爱护，对于为人类客观精神生命之表现的文化，也应当如此。

八、中国文化之发展与科学

我们方才说中国文化理想之不足，必待于理想之伸展为更高更大之理想时，乃能反照出来，这亦即就是说，我们不能只以一外在的标准，来衡量中国文化之价值，指导中国文化之前途。我们要论中国文化理想之不足，我们必需先了解中国文化之理想，其本身应向什么方向伸展，才能更高更大，以反照出以前文化之缺点。要使此理想更高更大，一般的想法，总是最好把其他文化之理想，亦包括于中国文化的理想之中。但是这种想法，只是想由加添法来扩大中国文化之理想，而没有注意到此文化之本身要求向什么方向伸展其理想之问题。如依此加添法的想法，则世界上所有的好东西，最好中国文化中都有，这亦未尝不是一理想的扩大。如中国有通哲学道德宗教以为一之心性之学，而缺西方式之独立的哲学与宗教，我们亦愿意中国皆有之，以使中国文化更形丰富。但是如依中国之传统文化之理想说，则我们亦可认为中国无西方式之独立的宗教与哲学，并非如何严重的缺点。如西方之哲学、宗教、道德之分离，缺少中国心性之学，亦可能是西方文化中之一缺点。此点我们后当论之。故我们今不采加添法以扩大中国之文化理想。我们只当指出中国文化依其本身要求应当伸展出之文化理想是什么。

我们说中国文化依其本身之要求，应当伸展出之文化理想，是要使中国人不仅由其心性之学，以自觉其自我之为一“道德实践的主体”，同时当求在政治上，能自觉为一“政治的主体”，在自然界、知识界成为“认识的主体”及“实用技术的活动之主体”。这亦就是说中国需要真正的民主建国，亦需要科学与实用技术，中国文化中须接受西方或世界之文化。但是其所以需要接受西方或世界之文化，乃所以使中国人在自觉成为一道德的主体之外，兼自觉为一政治的主体、认识的主体及实用技术活动的主体。而使中国人之人格有更高的完成，中国民族之客观的精神生命有更高的发展。此人格之更高的完成与民族之精神生命之更高的发展，亦正是中国人之要自觉地成为道德实践之主体之本身所要求的，亦是中国民族之客观的精神生命之发展的途程中原来所要求的。

我们承认中国文化历史中，缺乏西方之近代民主制度之建立，与西方之科学，及现代之各种实用技术，致使中国未能真正地现代化工业化。但是我们不能承认中国之文化思想，没有民主思想之种子，其政治发展之内在要求，不倾向于民主制度之建立。亦不能承认中国文化是反科学的，自来即轻视科学实用技术的。关于民主一层，下文再论。关于科学与实用技术一层，我们须先承认中国古代之文化，分明是注重实用技术的，故传说中之圣王，都是器物的发明者。而儒家亦素有“形上之道，见于形下之器”的思想，而重“正德”、“利用”、“厚生”。天文、数学、医学之智识，中国亦发达甚早。在十八世纪以前，关于制造器物与农业上之技术知识，中国亦多高出于西方，此乃人所共知之事。然而我们仍承认中国的文化，缺乏西方科学者，则以我们承认西方科学之根本精神，乃超实用技术动机之上者。西方科学精神，实导原于希腊人之为求知而求知。此种为求知而求知之态度，乃是要先置定一客观对象世界，而至少在暂时，收敛我们一切实用的活动及道德实践的活动，超越我们对于客观事物之一切利害的判断与道德价值之判断，而让我们之认识的心灵主体，一方如其所知的观察客观对象，所呈现于此主体之前之一切现象；一方顺其理性之运用，以从事纯理论的推演，由此以使客观对象世界之条理，及此理性的运用中所展现之思想范畴、逻辑规律，亦呈现于此认识的心灵主体之前，而为其所清明地加以观照涵摄者。此种科学之精神，毕竟为中国先哲之所缺，因而其理论科学不能继续发展。而实用技术之知识，亦不能继续扩充。遂使中国人之以实用技术，利用厚生之活动，亦不能尽量伸展。中国人之缺此种科学精神，其根本上之症结所在，则中国思想之过重道德的实践，恒使其不能暂保留对于客观世界之价值的判断，于是由此判断，即直接地过渡至内在的道德修养，与外在的实际的实用活动，此即由“正德”直接过渡至“利用厚生”。而正德与利用厚生之间，少了一个理论科学知识之扩充，以为其媒介，则正德之事，亦不能通到广大的利用厚生之事，或只退却为个人之内在的道德修养。由此退却，虽能使人更体悟到此内在的道德主体之尊严，此心此性之通天德天理——此即宋明理学之成就——然而亦同时闭塞了此道德主体之向外通的门路，而趋于此主体自身之寂寞与干枯。由是而在明末之王船山、顾亭林、黄梨洲等，遂同感到此道德主体只是向内收缩之毛病，而认识到此主体有向外通之必要。然因中国之缺理论科学之精神传统，故到清代，其学者之精神虽欲向外通，而在外面世界所注意及者，仍归于诸外在之文物书籍，遂只以求知此书籍文物，而对之作考证训诂之功为能事，终乃精神僵固于此文物书籍之中。内既失宋明儒对于道德主体之觉悟，外亦不能正德以利用厚生，遂产生中国文化精神之更大闭塞。但由明末清初儒者之重水利、农田、医学、律历、天文，经颜元、戴东原，以直至清末之富强运动，此中仍一贯有欲由对自然之知识，以达于正德兼利用厚生之要求贯注于其中。而其根本之缺点所在，则只在此中间之西方理论科学之精神之媒介，为中国文化所缺，而不能达其目标。中国人欲具备此西方理论科学精神，则却又须中国人之能随收敛其实用的活动，暂忘其道德的目标，而此点则终未为明末以来之思想家所认清。今认清此点，则中国人不仅当只求自觉成为一道德的主体，以直下贯注于利用厚生，而为实用活动之主体，更当兼求自觉成为纯粹认识之主体。当其自觉求成为认识之主体时，即须暂忘其为道德的主体，及实用活动之主体。而此事，则对在中国之传统文化下之中国人，成为最难者。但是中国人如不能兼使其自身，自觉为一认识的主体，则亦不能完成其为道德的主体与实用活动之主体。由是而中国人真要建立其自身之成为一道德的主体，即必当要求建立其自身之兼为认识的主体。而此道德的主体之要求建立其自身兼为一认识的主体时，此道德主体须暂忘其为道德的主体，即此道德之主体须暂退归于此认识之主体之后，成为认识主体的支持者，直俟此认识的主体完成其认识之任务后，然后再施其价值判断，从事道德之实践，并引发其实用之活动。此时人之道德的主体，遂升进为能主宰其自身之进退，并主宰认识的主体自身之进退，因而更能完成其为自作主宰之道德的主体者。然后我们可以说，人之道德的主体，必须成为能主宰其自身之进退，与认识的主体之进退者，乃为最高的道德的主体，此即所谓人之最大之仁，乃兼涵仁与智者。而当其用智时，可只任此智之客观地冷静地了解对象，而放此智以弥六合，仁乃似退隐于其后。当其不用智时，则一切智皆卷之以退藏于密，而满腔子是恻隐之心，处处是价值判断，而唯以如何用其智，以成己成物为念。依此精神以言中国文化之发展，则中国文化中必当建立一纯理论的科学知识之世界，或独立之科学的文化领域，在中国传统之道德性的道德观念之外，兼须建立一学统，即科学知识之传承不断之统。而此事，正为中国文化中之道德精神，求其自身之完成与升进所应有之事。亦即中国文化中道统之继续所理当要求者。至由理论科学之应用以发展实用技术，以使中国工业化，则本与中国数千年文化中重利用厚生之精神一贯者，其为中国人所理当要求，自更无庸论。

九、中国文化之发展与民主建国

至关于民主建国之问题，我们上已说过，中国文化历史中，缺乏西方近代之民主制度之建立。中国过去历史中，除早期之贵族封建政治外，自秦以后即为君主制度。在此君主制度下，政治上最高之权力，是在君而不在民的。由此而使中国政治本身发生许多不能解决之问题。如君主之承继问题，改朝易姓之际之问题，宰相之地位如何确定之问题，在中国历史上皆不能有好的解决。中国过去在改朝易姓之际，只能出许多打天下的英雄，以其生命精神之力互相搏斗，而最后归于一人为君以开一朝代。但在君主世袭之制下，遇君主既贤且能时，固可以有政治上之安定；如君主能而不贤，则可与宰相相冲突，亦可对人民暴敛横征；如君主不能、不贤，则外戚、宦官、权臣皆觊觎君位，以至天下大乱。然贤能之君不可必，则一朝代终必就衰亡。以致中国之政治历史，遂长显为一治一乱的循环之局。欲突破此循环之唯一道路，则只有系于民主政治制度之建立。故四十六年前，亦终有中华民国之成立。而现在之问题，则唯在中国民族迄今尚未能真正完成其民主建国之事业。

但是中国今虽尚未能完成其民主建国之事业，然我们却不能说中国政治发展之内在要求，不倾向于民主制度之建立，更不能说中国文化中无民主思想之种子。首先我们应当知道，中国过去政治虽是君主制度，但此与一般西方之君主制度，自来即不完全相同。此种不同，自中国最早的政治思想上说，即以民意代表天命。故奉天承命的人君，必表现为对民意之尊重，且须受民意之考验。所以古来在政治制度上，遂“使公卿至于列士献诗……百工谏，庶人传语，近臣尽规，亲戚补察，瞽史教诲”，以求政府成为通上下之情的机构。同时史官的秉笔直书，人臣对于人君死后所共同评定的谥法，都是使人君的行为有多少顾忌。这些都是对君主所施之精神上之限制。由中国政治发展到后来，则有代表社会知识分子在政府中之力量之宰相制度，谏诤君主之御史制度，及提拔中国知识分子从政之征辟制度、选举制度、科举制度等。这些制度，都可使君主在政府内部之权力受一些道德上的限制，并使政府与社会间，经常有沟通之桥梁。而这些制度之成立，都表示中国社会之知识分子所代表之中国文化之力量。只是这些制度之本身，是否为君主所尊重，仍只系于君主个人之道德。如其不加尊重，并无一为君主与人民所共认之根本大法——宪法——以限制之，于是中国知识分子仍可被君主及其左右加以利用，或压迫、放逐、屠杀。而在此情形下，中国知识分子则只能表现为气节之士。在此气节之士之精神中，即包涵对于君主及其左右之权力与意志之反抗。由此反抗之仍无救于政治上之昏乱，国家之败亡，即反照出中国政治制度中，将仅由政府内部之宰相、御史等对君主权力所施之限制，必须转出而成为：政府外部之人民之权力，对于政府权力作有效的政治上的限制。仅由君主加以采择与最后决定而后施行之政治制度，必须化为由全体人民所建立之政治制度，即宪法下之政治制度。将仅由篡窃战争始能移转之政权，必须化为可由政党间，作和平移转之政权。此即谓由中国君主制度本身之发展，及中国文化对于君主制度下政治之反抗与要求，中国政治必须取消君主制度，而倾向于民主制度之建立。

至于我们不能说中国文化中无民主思想之种子者，则以儒道二家之政治思想，皆认为君主不当滥用权力，而望君主之无为而治，为政以德。此即对君权加以限制抑制之政治思想。此固只是一对君主之道德上的期望。但儒家复推尊尧舜之禅让及汤武之革命，则是确定地指明“天下非一人之天下，而是天下人之天下”及“君位之可更迭”，并认为政治之理想，乃在于实现人民之好恶。此乃从孔孟到黄梨洲一贯相仍之思想。过去儒家思想之缺点，是未知如何以法制成就此君位之更迭，及实现人民之好恶。禅让如凭君主个人之好恶，此仍是私而非公，而儒家禅让之说，后遂化为篡夺之假借；而永远之革命，亦不能立万世之太平。儒家所言之革命，遂化为后来之群雄并起以打天下之局。但是从儒家之肯定天下非一人之天下，并一贯相信在道德上，人皆可以为尧舜为贤圣，及民之所好好之，民之所恶恶之等来看，此中之天下为公、人格平等之思想，即为民主政治思想根源之所在，至少亦为民主政治思想之种子所在。

我们所以说中国过去儒家之“天下为公”、“人格平等”之思想，必须发展为今日之民主建国之思想与事业者，则以此思想之发展，必与君主制度相矛盾。因君主之家天下，毕竟仍是天下为私。同时人民在政治上之地位，不能与君主平等，所谓“臣罪当诛，天王圣明”，则在道德人格上，亦不能与君主平等。反之，如君主与人民在道德人格上真正平等，则人民在政治上应亦可言“人民圣明，君罪当诛”。若欲使此事成为可能，则君主制度必然化为民主制度。故道德上之天下为公、人格平等之思想，必然当发展至民主制度之肯定。

此种政治上之民主制度之建立，所以对中国历史文化之发展成为必须，尚有其更深的理由。在过去中国之君主制度下，君主固可以德治天下，而人民亦可沐浴于其德化之下，使天下清平。然人民如只沐浴于君主德化之下，则人民仍只是被动地接受德化，人民之道德主体仍未能树立。而只可说仅君主自树立其道德主体。然而如仅君主自树立其道德主体，而不能使人民树立其道德的主体，则此君主纵为圣君，而一人之独圣，此即私“圣”为我有，即非真能成其为圣，亦非真能树立其道德的主体。所以人君若真能树立其道德的主体，则彼纵能以德化万民，亦将以此德化万民之事之本身，公诸天下，成为万民之互相德化。同时亦必将其所居之政治上之位，先公诸天下，为人人所可居之公位。然而肯定政治上之位，皆为人人所可居之公位，同时即肯定人人有平等之政治权利，肯定人人皆平等地为一政治的主体。既肯定人人平等地为一政治的主体，则依人人之公意而制定宪法，以作为共同行使政治权利之运行轨道，即使政治成为民主宪政之政治，乃自然之事。由是而我们可说，从中国历史文化之重道德主体之树立，即必当发展为政治上之民主制度，乃能使人真树立其道德的主体。民主之政治制度，乃使居政治上之公位之人，皆可进可退。而在君主制度下，此君主纵为圣君，然其一居君位，即能进而不能退。纵有圣人在下，永无为君之一日，则又能退而不能进。然本于人之道德主体对其自身之主宰性，则必要求使其自身之活动之表现于政治之上者，其进其退，皆同为可能。此中即有中国文化中之道德精神与君主制度之根本矛盾。而此矛盾，只有由肯定人人皆平等为政治的主体之民主宪政加以解决，而民主宪政，亦即成为中国文化中之道德精神自身发展之所要求。今日中国之民主建国，乃中国历史文化发展至今之一大事业，而必当求其成功者，其最深理由，亦即在此。

十、我们对中国现代政治史之认识

我们以上论中国历史文化精神之发展至今，必然要求民主建国，使我们触及中国之现代史。所以我们须一略述我们对中国现代史之一些基本认识。

在怀疑中国能否民主建国的人，常由中华民国史以举证。中华民国之历史，从民国初年之一度袁世凯称帝，一度张勋复辟，及十余年之军阀割据，到民国十五年国民革命成功，即开始国民党二十年之训政，训政刚结束，表面行宪选举完成，即有共产党之取国民政府而代之，今已实行专政九年。这都似可证明中国政治永不能真正走上民主宪政之路，以至使人可根本怀疑中国人民之是否真要求民主政治。

照我们之看法，关于中国人民之要求民主政治，根本是不成问题的。因袁世凯称帝，亦要先伪造民意，而洪宪之命运，亦只有数月。张勋复辟之命运更短。而国民党之训政，在中山先生之思想中，亦自始只以之作为宪政之准备工作。只有共产党所宗之马列主义，在理论上是反对西方民主的，然其必以“人民民主”之名置于专政之上，并首先以新民主主义为号召，则仍证明其未能真正否定民主，可见中国人民之要求政治民主是不成问题的。

现在的问题是何以中国人民要求民主，而民主宪政终不能在此数十年之中国历史中实现？则此中有现实社会的理由，亦有学术思想上之理由。就民国初年一段时期说，则辛亥革命之成功，本来主要系依于清末变法图强运动之失败，而汉民族之民族主义意识之兴起，遂将满清推倒。变法图强运动，虽亦要求立宪，然当时立宪之目标，只重在用新人才以求富强。而汉民族之民族主义意识之兴起，则是要雪所受于满清的三百年之耻辱。当时的思想中，虽亦有民权民主之观念，但这些观念之涵义，中国人民并不清楚，或视民国之成立，只为中国历史上改朝换代之类。而中国社会又自来缺乏各种宗教、经济、学术、文化之团体与地方自治之组织及各阶级之对峙。于是民国初年之议员，多只是一种纯粹之知识分子，无社会之客观力量以为其基础，亦不能真正代表社会某一组织某一阶层之利益。我们看西方民主政治之起源，分明由于社会之各组织各阶层之利益互相限制、互相争取而成立。而西方之议员，亦恒有社会之客观力量，以为其言论所以有效之基础。中国则一向唯以知识分子之作为社会之中心，而此知识分子，又素未与工商界结合，亦无教会之组织，则民国初年之议会，必只成为社会浮游无根之知识分子结合，而终于不能制裁袁世凯之称帝，亦不能抵制曹锟之贿选，亦无足怪。至于从民主之思想方面说，则由中山先生之民权主义思想，民国初年之代议政治之理论，以至陈独秀办《新青年》之标出科学与民主之口号，固皆是民主思想。但是陈独秀等一方标科学与民主之口号，一方面亦要反对中国之旧文化，而要打倒孔家店。这样，则民主纯成为英美之舶来品，因而在中国文化中是无根的。以民主与科学之口号，去与数千年之中国历史文化斗争，中国文化固然被摧毁，而民主亦生不了根，亦不能为中国人共信，以成为制度。于是陈独秀终于转向社会经济方面，而注意到西方帝国主义与资本主义对中国之侵略，由是而改谈马克思主义，不再谈所谓资产阶级之民主。以陈独秀这种特别标榜民主口号的人，而终于一度抛弃了民主口号，这即是民国初年之民主思想之最明显的自我否定。于是民国十二三年后的中国思想，便一步步地走入马克思之旗帜下去。这不仅共产主义者为然，即当时之三民主义者如胡汉民、廖仲恺等，亦同样是唯物史观之信徒。十三年国民党改组，归于联俄容共，亦重在共同建立一革命组织，以为北伐之准备，而不在直接实现民主制度。中山先生与陈独秀之不同，只在他始终有一由军政训政以达民主宪政之思想。然在国民革命的实际行动中，此民主宪政之观念，并不能凸显为人所注意。而在国民党训政的廿年中，此观念亦几为党治观念所代替。

至于国民党之训政何以延至廿年之久？此固可说是由于国民党人，在主观上之不愿轻易放弃其政权，但在客观上的原因，则自一九三一年日本侵占东三省后，即特别唤起了中国人之民族思想。民族思想，常不免要求集中力量意志以便对外，因而一时有各种仿效希特勒、莫索里尼等思想之兴起。及中日战争起，政体自更不易轻于改变。然人欲由此推论中国人民愿长为训政下之人民，则并无是处。故在民主政治以外之任何努力，对于解决中国问题，终皆一切归于无效。

至于今日共党在大陆之专政，似最易证明中国人民之不要求民主。再连我们上面所说的陈独秀之讲民主而改信马列主义，及国民党人士在思想及作法上，曾受共党及法西斯之影响等，似更证明中华民国以来之思想界，并不重视民主之思想。对于这个问题，我们的答复是此共产主义思想之来源，根本不是中国的。其所以能在中国蔓延，乃由于自十九世纪末以来，中国确曾受西方资本主义的侵略与帝国主义的压迫。此共产主义之思想，乃由住在租界中的亭子间的知识分子，因深感此侵略压迫之存在，而后介绍至中国的。这种思想之介绍至中国，并非由中国民族文化思想中所直接发展而出，而只是由于中国民族与其文化，因受侵略压迫，不能一直发展，然后才由外输入的。这种思想之本身，并非真为中国人民，本其客观的精神生命之要求，而在正面加以接受。中国共产党之所以能取得政权，我们亦不能忽视二重大的事实。第一，即共党之坐大，初由于以共同抗日为号召，这是凭借中华民族之民族意识。第二，共党之能取国民政府之政权而代之，其初只是与其他民主党派联合，以要求国民党还政于民，于是使国民党之党治，先在精神上解体。这是凭借中国人民之民主要求，造成国民党精神之崩溃，而收其果实。由此二者，即可证明中共今虽然在思想上要一面倒于苏俄，并实行无产阶级专政，然其所以有此表面的成功，仍正由于它凭借了中国人民之民族意识及民主要求，而不是由于人民先正面地接受了马列主义专政思想。因此马列主义之专政思想，是决不能长久成为中国文化与政治之最高指导原则的。

马列主义之专政思想，所以不能长久成为中国文化政治之最高指导原则，其根本理由：

一、在马列主义想否认普遍的人性，而只承认阶级的人性，因而想打倒一切建基于普遍的人性基础上之宗教、哲学、文学、艺术、道德，而彻底以阶级的观点，加以划分，此处是违悖了世界一切高级文化之共同原则。尤与中国数千年之文化思想中之植根于对此心此性，以建立道德的主体者相违，而想截断中国历史文化之统绪。

二、在由其阶级的人性观所产生的无产阶级的组织，想否认每一人的个性与自由人权，这是与一切人之各为一个人，因而必有其个性，亦当有其自由人权相违的。

三、在中国文化之历史的发展，是必然要使中国人除成为一道德的主体外，兼成为一政治的主体及认识的主体、实用技术的主体。人要成为一认识的主体，则其思想理性决不能为教条所束缚，而思想之自由，学术之自由，必当无条件地被肯定。

四、在中国人民要成为政治的主体，则既不能容许君主一人在上，人民成为被治者，亦不能容许一党专政，使党外皆只成为被治者。

五、在中国传统政治中问题之一，在对于改朝易姓、君主继承等问题，无妥善的解决。但以前之君主继承，尚有习惯相传儒家所力加维护以求天下之安定之传长子制度，而在共党之极权政治中，则最高政治领袖之继承问题，连类似传子之制亦无法建立，则只有归于如苏联列宁死后、史达林死后之互相砍杀。此砍杀之必然产生，乃在于共党体制之内，视不同之意见为必不能并存的敌人。有我无敌，有敌无我，此乃共党体制所造成之心理状态。于是共党内权力之争，同时即为参与者的生命的生死之争。故此砍杀，乃由一党专政之本性所注定者。欲避此砍杀，只能由全民依共同遵守之宪法，以行自由之选举。使政权能在和平中移转。

由此种种理由，则我们虽亦可承认在中共之集体组织之专政下，若干集体的实用技术性之事业，可暂表现若干成绩；然对整个中国文化之发展言，对人之个性自由人权言，对人之普遍的人性与依于此普遍的人性而建立之一切人类文化言，此专政乃不当长久，事实上亦必不能长久者。

其所以在事实上必不能长久之理由，即在吾人前面所言，此马列主义之思想，在中国民族之客观精神生命之要求上，本无正面之基础。中国人之接受此思想，唯因此思想乃直接以反帝国主义，反资本主义之侵略为目的。在此点之上，此种思想亦实较任何其他中国思想、西方思想，其旗帜较为鲜明，而富于激动力。故自民国十二三年以来，即流行于国内。然而中国民族之所以反帝国主义资本主义，则唯由其自身要求独立存在，并继续发展其文化于当今之世界。而此则有中华民族之精神生命正面要求的存在。此正面要求是"正"，此正面要求之受百年来之帝国主义、资本主义之侵略压迫是"反"，而马列主义则至多只是被中国人一时所信，而用以反此反者。则马列主义在根本上只是此正面要求之暂时工具。因而决不可能倒转来代替原初之正面要求，或妨碍到此正面要求。如妨碍之，则此正面要求既能因受外来之侵略压迫，而寻求此工具，则他亦能因此工具之与其自身之矛盾，而舍弃此工具。所以无论中国今后政治发展之曲折情形，我们纵不能一一预料，然马列主义思想本身，总是归于被否定，而中国文化之客观的精神生命，必然是向民主建国之方向前进，则是我们可以断言的。

十一、我们对西方文化之期望及西方所应学习于东方之智慧者

西方文化是支配现代世界的文化，这是我们不能否认的事实。自十九世纪以来，世界各民族的文化都受到西方文化的影响，都在努力学习西方之宗教、科学、哲学、文艺、法律、实用技术，亦是不能否认的事实。但是毕竟西方文化之本身，是否即足够领导人类之文化？除东方人向西方文化学习以外，西方人是否亦有须向东方文化学习之处？或我们期望西方人应向东方文化学习者

是什么？由此东西文化之互相学习，我们所期待于世界学术思想之前途又是什么？这是一个大问题。我们于此亦愿一述我们之意见。

照我们对于西方文化的看法，我们承认西方文化精神之最高表现，主要在其兼承受了希腊的科学哲学精神，与希伯来之宗教精神。希伯来之宗教精神，使西方之人心灵直接通接于上帝。希腊的科学哲学精神，使西方人能对宇宙间之数理秩序，对各种事物存在之普遍范畴与特殊法则，对人类思考运行所遵守之逻辑规律，都以清明之心，加以观照涵摄，而人乃得以其认识的主体，居临于自然世界之上，而生活于普遍的理性之世界。近代之西方人最初是北方蛮族，而此蛮族又以其原始朴质之灵魂，接受此二文化精神之陶冶，而内在化之。于是此近代西方人之心灵，乃一面通接于唯一之上帝之无限的神圣，一面亦是能依普遍的理性以认识自然世界。由此而转至近代文艺复兴时代，人对其自身有一自觉时，此二者即结合为个人人格尊严之自觉，与一种求精神上的自由之要求。由此而求改革宗教，逐渐建立民族国家，进而求自由运用理性，形成启蒙运动；求多方面的了解自然与人类社会历史，并求本对自然之知识以改造自然；本对人类社会政治文化之理想，以改造人间。于是政治上之自由与民主、经济上之自由与公平、社会上之博爱等理想，遂相缘而生。而美国革命、法国革命、产业革命、解放黑奴运动、殖民地独立运动、社会主义运动，亦都相继而起。由科学进步之应用于自然之改造，及对社会政治经济制度之改造，二者相互为用，相得益彰。于是一二百年之西方文化，遂突飞猛进，使世界一切古老之文化，皆望尘莫及。

凡此等等，盖皆有其普遍永恒之价值，而为一切其他民族所当共同推尊、赞叹、学习、仿效，以求其民族文化之平流竞进者也。

然此近代之西方文化，在其突飞猛进之途程中，亦明显地表现有种种之冲突与种种之问题。如由宗教改革而有宗教之战争；由民族国家之分别建立而有民族国家之战争；由产业革命而有资本主义社会中劳资之对立；为向外争取资源，开发殖民地，而有压迫弱小民族之帝国主义行动，及为争取殖民地而生之帝国主义间之战争；为实现经济平等之共产主义之理想，而导致苏俄之极权政治，遂有今日之极权世界与西方民主国家之对立；而二十世纪以来，亚洲、非洲之民族主义兴起，既与西方国家之既得利益相冲突，又因其对欧美之富强而言，整个之亚洲、非洲，无异于一大无产阶级。于是亚非民族，既受西方政治上经济上之压迫侵略于前，故共产主义之思潮最易乘虚透入。亚洲、非洲之民族主义与共产主义相结合，以反抗西方国家，又适足以遂苏俄一国之野心。在今日科学已发展至核子武器，足以毁灭人类之时期，人类之前途乃惶惶不可终日。此皆近代西方文化之突飞猛进所带来之后果。则我们今日对西方文化，毕竟应如何重新估价？并对之应抱有何种希望？应为吾人所认真思考之问题。

从一方面看，由近代西方文化进步所带来之问题，亦多由西方人自身所逐渐解决。如由宗教自由原则之确立，宗教战争已不可再起。对劳资之冲突，西方文明国家，亦有各种政治上、经济上、社会上之措施。对狭隘的民族国家观念，亦先后有国际联盟、联合国之成立，希望由此加以破除。而自美国由殖民地成为独立国家以来，世界人类的良心，在廿世纪，亦皆同趋向于谋一切殖民地之独立。人类当前的问题，唯在共产之极权世界与西方民主国家间之对立，而亚非之民族主义，又可能与共产主义相结合。然此亦正为西方人士所竭心尽智以求解决者。但是照我们的看法，这许多问题虽多已解决，但其问题之根原于西方文化本身之缺点者，则今日依然存在。不过今只表现为苏俄之极权世界与西方民主国家之对立局势而已。

在今日苏俄之极权世界与西方民主国家之对立中，居于举足轻重之地位者，分明系亚非之民族之何去何从。本来亚洲之中国文化，印度文化，及横贯亚非之回教文化，在先天上皆非唯物主义，在理论上正应与西方之自由民主文化相结合，然其今日何以尚未如此，实值得西方人士作深刻的反省。

西方人士初步之反省，是归其原因于十九世纪以来西方对亚洲、非洲之侵略，以致今日尚有历史遗下之殖民地存在于亚洲及非洲。此种反省之进一步，是如罗素、斯宾格勒之说：西方人在其膨胀其文化力量于世界时，同时有一强烈的权力意志、征服意志，于是引起被征服者之反感。但是照我们之意见，此权力意志还是表面的。真正的西方人之精神之缺点，乃在其膨胀扩张其文化势力于世界的途程中，他只是运用一往的理性，而想把其理想中之观念，直下普遍化于世界，而忽略其他民族文化的特殊性，因而对之不免缺乏敬意与同情的了解，亦常不能从其他民族文化自身之发展的要求中，去看西方文化对其他民族文化之价值。此义在我们研究中国文化的态度时，已提到而未加说明。本来这种运用一往的理性而想把理想中之观念直下普遍化出去，原是一切人之同有的原始的理性活动之形态。但因西方文化本源于希伯来与希腊之文化传统，而近代西方人又重实用技术之精神，于是近代西方人遂特富于此心习。因为依希腊文化之传统，人之理性的思维，须自觉地把握一切普遍者，而呈现之于人心之前。又依希伯来之宗教文化传统，则人信上帝是有预定之计划，乃由上至下以实现其计划于世界者。而本近代之实用技术之精神，则人对自然社会之改造，都是把由我们之理性所形成之普遍理想，依一定之方法而实现之于现实者。由是而上信上帝，又有依理性而形成之普遍理想，而兼习于实用技术精神之西方人，遂有一种自觉或不自觉的心习，即如承上帝之意旨，以把其依理性所形成之理想，一直贯注下去之心习。这个心习，在一个人身上表现，后果还不严重，但在一群人身上表现以形成一宗教社会政治经济之改革运动时，则依此心习所积成之一群人之活动，遂只能一往直前，由是而其力量扩张至某一程度，即与另一群抱不同理想之人，互相冲突。此乃近代之宗教战争，民族国家之冲突，经济上阶级之冲突，各种政治上主义信仰者间之斗争，恒归于非常剧烈，无从避免之原因。亦是各西方国家之政治经济文化之力量，必须转而向亚非各洲膨胀，以暂缓和其内部之冲突，遂再转而为对弱小民族之侵略压迫，并造成争殖民地之战争之原因；同时亦即是西方人今日之良心，虽已认殖民地为不当有，在亦愿与亚洲非洲民族结合，但仍不能对亚洲民族文化之特殊性加以尊重与同情的了解，而仍貌合神离之原因。

又据我们东方亚洲人之所感觉，西方之个人，在本其此种心习来与东方人办理外交政治事务，以及传教或办教育文化之事务，而同时又在对东方作研究工作时，更有一种气味，为我们时时会接触，觉其不好受，而又不易表诸文字者。此即在其研究的态度中，把其承继希腊精神而来之科学的理智的冷静分析态度，特为凸出；而在此态度之后，则为其所存之于心的理想计划，预备在研究之后，去实施或进行者。于此情形下，东方人一方自觉成为西方人之冷静的研究对象，一方又觉其正预备以其理想计划，自上贯注下来，到我们身上。东方人在觉其自身只为一冷静的研究对象时，即觉为被西方人所推远而感到深细的冷酷。而在其觉西方正以其预定之理想贯注下来时，则感一精神上的压迫。而此种感觉，则更使东方人与西方人之直接的交际关系，亦归于貌合神离。而在西方人方面，如自信其理想是公的好的，亦是为东方人本身的，则恒以此种东方人之貌合神离，乃由东方人之不知其好意，或东方人对西方人有距离感、自卑感，以及仇恨心，或为东方人之狭隘的民族国家意识及文化意识，从中为梗。这些东西我们亦不能完全否认东方人之莫有，而且亦可能有得很多。但是西方人本身之态度，亦正有极大的关系。而此种态度，在根本上，正由西方所承受之希腊文化精神、希伯来精神及近代之实用技术精神，三者之一种方式的结合之产物，此乃与西方文化之好处、西方人之长处难于分别者。当我们东方人了解到此点时，亦应当对西方人之此种态度，加以谅解。然而西方人如真欲其对人之态度，与其自身之精神，再进一步，或真欲与东方人亚洲人及非洲人接触以调整人类关系，谋取世界和平，以保西方文化本身之永远存在于人间世界，则我们认为西方人之精神思想，尚可再上升进一步，除由承继希腊精神希伯来精神而加以发展出之近代西方之精神以外，尚可有学习于东方之人生智慧，以完成其自身精神理想之升进者。此有五点可说。

西方人应向东方文化学习之第一点，我们认为是“当下即是”之精神，与“一切放下”之襟抱。西方文化精神之长处，在其能向前作无限之追求，作无穷之开辟。但在此向前追求、开辟之精神状态中，人虽能以宗教上之上帝为托命之所，而在真实生活中，其当下一念，实是空虚而无可在地上立足。由此念念相续，亦皆实空虚而无可在地上立足。于是西方之个人与国家，必以向前之追求开辟，填补其当下之空虚。当其追求开辟之力量，随自然之生命之限制，或外来之阻限而不能不停顿时，其个人之生命，国家之生命亦可能同时倒下。故西方之老人，多为凄凉寂寞之老人；而西方历史上之强国，当为一仆不起，或绝灭不世之强国。中国文化以心性为一切价值之根源，故人对此心性有一念之自觉，则人生价值，宇宙价值，皆全部呈显，圆满具足。人之生命，即当下安顿于此一念之中，此即所谓"无待他求，当下即是"之人生境界。中国以知进而不知退为人生之危机，而此正西方文化之特点。其所以不知退，则因在其当下精神中实无可立足之地。则由当下即是之生活智慧，可与西方人以随时可有立足之地，此即可增加西方文化自身之安全感与坚韧性。

其次，西方以承希腊精神之重智而来之文化活动，必表现为概念之构成。此为成就知识之必需条件。但西方人士之沉浸于概念知识之积累者，无形中恒以概念积累之多少，定人生内容之丰富与否。此固有其一面之意义。但概念之本身，对具体之人生而言，本有一距离，且有其局限，而造成阻隔。人之精神中如时时都背负一种概念的东西，而胸襟不能广大空阔。此缺点首表现为西方人之不易与东方人有真实的（anthentic）接触。因我们与他人之真实接触，首先要我们心中全莫有东西，形成一生命之直接相照射，一有此概念的东西，则此东西，虽亦可为媒介，以使我们得同其他与此概念发生关系的人接触，但是此种概念的东西，却同时可成为人与人的真实接触之阻隔。此种概念的东西，包括我们预定的计划目标，用以联系人之抽象理想，用以衡量人之抽象标准、成见、习见等，这些东西在我们求与人有真实接触时，都应一切放下，唯由此放下，而后我与人才有彼此生命之直相照射、直相肯定，而有真实的了解。此事似易而实难，必须极深的修身。此中有各层级之工夫可用。而皆须在平时用，然后我在接触人时，才有真实的接触与真实的了解。此平时之工夫，是在我平日生活中，随时在自觉有东西时，随时超越之而放下之。此放下之智慧，印度思想中名之为空之智慧，解脱之智慧。在中国道家称之为虚之智慧，无之智慧。中国儒家称之为“空空如也”、“毋意、毋必、毋固、毋我”、“廓然大公”之智慧。由此种智慧之运用去看生活中之一切经验事物、理想事物，都要使之成为透明无碍。于是人虽可照常地有概念的知识、理想，但他可以无执著，无执著则虽有而能超越此有，若无若有。这种智慧要使百万富翁，觉其身无长物，使大政治家觉“尧舜事业何异浮云过太虚”；使一切大科学家大哲学家之口，如“挂在壁上”；使一切大传教师，自觉“无一法与人”；使一切外交家，自觉只是临时的宾客。这种放下的智慧之表现于印度之哲学宗教中，中国之儒道禅宗之人物之思想与风度中，及中国之文学与艺术中者，实值得西方人之先放下其文化传统中之观念，去体会、欣赏、涵泳，然后知其意味之无穷。而其根源仍在于当下即是、一切平等之人生境界。此是西方人应向东方文化学习之第一点。

西方人应向东方文化学习之第二点，是一种圆而神的智慧。上所谓一切放下之智慧，是消极的。圆而神的智慧，则是积极的。所谓“圆而神”，是中国《易经》里的名词，与“方以智”对照的。我们可说，西方之科学哲学中，一切用理智的理性所把握之普遍的概念原理，都是直的。其一个接一个，即成为方的。这些普遍的概念原理，因其是抽象的，故其应用至具体事物上，必对于具体事物之有些方面，有所忽，有所抹杀。便不能曲尽事物之特殊性与个性。要能曲尽，必须我们之智慧成为随具体事物之特殊单独的变化，而与之宛转俱流之智慧。这种智慧之运用，最初是不执普遍者，把普遍者融化入特殊以观特殊，使普遍者受一特殊之规定。但此受某一种特殊之规定之普遍者，被人自觉后又成一普遍者。又须不执再融化入特殊中，而空之。于是人之心灵，可再进一步以使其对普遍者之执，可才起即化。而只有一与物宛转之活泼周遍之智慧之流行。因此中之对普遍者之执才起即化，即如一直线之才向一方伸展，随即运转而成圆，以绕具体事物之中心旋转。此即为一圆而神之智慧，或中国庄子思想所谓“神解”、“神遇”，孟子所谓“所过者化，所存者神，上下与天地同流”。此神非上帝之神，精神之神。神者，伸也，人只以普遍之抽象概念原理观物，必有所合，亦有所不合。有不合处，便有滞碍。有滞碍则心之精神有所不伸。必人能于其普遍抽象之概念原理，能才执即化，而有与物宛转俱流之圆的智慧，而后心之精神之运，无所不伸。故谓之圆而神之智慧。此种智慧不只是一辩证法的智慧，而略近于柏格森之所谓直觉。辩证法之智慧，是以一普遍者规定一具体实在后，再即观其限制，而更涌现一较具体化之普遍者以观物。此中之普遍，仍是一一凸出于意识之前的。而此种圆而神之智慧，则可对一切普遍者之执，才起而不待其凸出，即已在心灵之内部超化。于是在人之意识之前者，唯是一与物宛转之活泼周运之圆而神的智慧之流行，故略近于柏格森之所谓直觉。但柏格森之直觉，只是其个人之哲学观念。而中国人则随处以此圆而神之智慧体会自然生命，观天地化几，欣赏赞美活的人格之风度，以至以此智慧观时代之风会气运之变，并本此智慧以与人论学，而应答无方，随机指点，如天籁之流行。而我们在中国之文学艺术，与《论语》、《孟子》、《世说新语》、禅宗语录、宋明语录，及中国先儒之论学书信中，皆可随处发现此种智慧之流行。是皆待于人之能沉潜涵泳于中国文化之中，然后能深切了解的。西方人亦必须有此圆而神之智慧，乃能真与世界之不同民族、不同文化相接触，而能无所阻隔，并能以同情与敬意之相遇，以了解其生活与精神之情调与心境，亦才能于其传统文化中所已认识之理型世界、知识世界、上帝世界、技术工业世界，分门别类的历史人文世界之外，再认识真正的具体生命世界，与人格世界与历史人文世界中一切的感通。而西方之学者，亦才能于各自著书立说，自成壁垒之外，有真正的交谈，而彼此随时能相悦以解。

西方人应向东方文化学习之第三点，是一种温润而恻怛或悲悯之情。西方人之忠于理想及社会服务之精神与对人之热情与爱，都恒为东方人所不及，这是至可宝贵的。但是人对人之最高感情，不只是热情与爱。人之权力意志与占有之念，都可透入于人对人之热情与爱之中。要使此权力意志与占有之念不透入，在西方主要赖其宗教信仰中所陶冶之谦卑，及视自己之一切功德皆所以光荣上帝，服务于上帝，亦由上帝之恩典而来之种种心情。但是人之权力意志，亦可借上帝作后盾，自信自己之所行，已为上帝所嘉许，而更向前施展。人亦可以私心想占有上帝，如在战争中与人冲突时，祈祷上帝帮助自己。此处上帝之道与人心之魔又可俱生并长。于是基督教又有对敌人及一切罪人之宽赦（forgiveness），以求去此病。但是对人之绝对的宽赦，亦可化为对世间一切之“放弃”（renunciation），而只求自己个人之道福。如要去此“放弃”之病，则仍须再重视爱与热情。此成了一圆圈，而爱与热情中仍可有权力意志与占有之念。问题仍无究竟之解决。要使此问题有究竟之解决，只有人在开始对人之热情与爱中，便绝去其权力意志与占有之念之根。要去此根，则爱必须真正与敬同行。爱与敬真正同行，其涵义之一，是如我觉我对人之爱是原于上帝，其泉源是无尽的上帝之爱，则我们对他人之敬，亦同样是无尽之敬。而此中对人之敬，亦可是敬人如敬上帝。中国所谓仁人之“事亲如事天”、“使民如承大祭”即此之谓。此处不容许一个回头自念，自己是信上帝的，知道上帝之爱的，而对方都不是。如此一想，则觉对方比我低一级，而我对人之敬则必有所不足。对人若须有真实之敬，则必须对人有直接的、绝对的、无条件的真视“人之自身为一目的”的敬，能有此敬，则人对人之爱，皆通过礼而表现之，于是爱中之热情皆向内收敛，而成温恭温润之德。而人对人最深的爱，则化为一仁者恻怛之情，此可通于佛家之悲悯。恻怛悲悯与一般之爱之不同，在一般之爱，只是自己之生命精神之感情，视人如己地向人流注。此处之视人如己，即可夹杂“对人加以占有之念”之泥沙并下。而恻怛悲悯，则只是自己之真实存在之生命精神，与他人之生命精神间之一种忐忑的共感，或共同的内在振动，此中，人对人自然有真正的同情，亦有情流向人流注。但是这些情流，乃一面向外流，一面亦都为自己所吞咽，而回到自己，以感动自己，遂能将此情流中之夹杂的泥沙，加以清洗。这中间有非常微妙的道理。而更哲学地说，则西方人所重之爱，要真化为恻怛与悲悯，必须此爱之宗教的根原之上帝，不只是一超越于一切人精神之上，而为其贯通者、统一者，为人之祈祷之对象者，而须视同于人之本心深心，而透过我们之肉躯，以表现于一切真实存在之生命精神之间之直接的感通关系中者，然后可。但详细讨论此中问题，则非今之所及。

西方之应向东方学习之第四点，是如何使文化悠久的智慧。我们以前已说，中国文化是世界上唯一历史久而又自觉其久，并原于中国人之自觉的求其久，而复久的文化。现代西方近代文化，固然极精彩灿烂，但如何能免于如希腊罗马文化之衰亡，已有不少的人忧虑及此。照我们的意思，文化是各民族精神生命之表现。依自然的道理，一切表现，都是力量的耗竭。耗竭既多，则无一自然的存在力量能不衰，人之自然的精神生命之力，亦然。欲其不衰，人必须一方面有一上通千古，下通万世之由历史意识所成之心量，并由此心量以接触到人心深处与天地万物深处之宇宙生生之原。此宇宙生生之原，在西方人称为上帝。由西方之宗教生活，人亦可多少接触此宇宙之生生之原。但是一般宗教生活，只赖祈祷与信仰来接触上帝，上帝之对于人，终不免超越而外在，而人只想上帝之永恒，亦尚未必即能直下有上通千古下通万世之历史意识所成之心量。且由祈祷信仰，以与此宇宙生生之原之上帝接触，乃是只以人之超越向上的心灵或精神与之接触，此尚非直下以吾人生命存在之自身与之接触。要使生命之存在自身与之接触，吾人还须有一段大工夫。此一段大工夫之开始点，乃在使吾人生活中之一切向外表现之事，不只顺着自然的路道走，而须随时有逆反自然之事，以归至此宇宙生生之原，而再来成就此自然，这正是我们以前所说之中国历史文化，所以能长久所根之智慧，这个智慧不只是一中国哲学的理论，而是透到中国之文学、艺术、礼仪之各方面的。依这种智慧，中国人在一切文化生活上，皆求处处有余不尽，此即所以积蓄人之生命力量，使之不致耗竭过度，而逆反人之自然的求尽量表现一切之道路，以通接于宇宙生生之原者。而以此眼光看西方近代文化之只求效率之快速，这中间正有一大问题存在。在当前的世界，以中国人以前之尚宽闲从容之态度来应付，固然很多不适宜之处。但是近代西方世界，带着整个人类奔驰。人纵皆能乘火箭到星球世界，而一人飞上一个星球，还是终沉入太空之虚无，此并未得人类文化以及西方文化自身真正长久存在之道。西方人亦终当有一日会感到只有上帝之永恒，而无历史文化之悠久，人并不能安居乐业于此世界，则星球中亦不可容居。这时西方人当会发展出一上通千古下通万世之心量，并本此心量以接触宇宙生生之原，而生活上处处有余不尽之价值，并会本此心量，而真重视到父母祖宗之孝，并为存宗祀而生子孙，为承继祖宗遗志而求文化之保存与延续，以实际地实现文化历史之悠久。但这些问题亦不是我们在此文中，所能一一详细讨论的。

西方人应向东方人学习之第五点是天下一家之情怀。我们承认人类现在虽然有许多国家，而凡未能民主建国之国家，皆须一一先走上民主建国之道路。但是人类最后必然归于天下一家。所以现代人，在其作为一国家之公民之外，必须同时兼备一天下之情怀，而后世界真有天下一家之一日。在这点上说，东方人实更富于天下一家之情怀。中国人自来喜言天下与天下一家。为养成此情怀，儒家、道家、墨家、佛家之思想皆有所贡献。墨家要人兼爱，道家要人与人相忘，佛家要人以慈悲心爱一切有情，儒家要人本其仁心之普遍涵盖之量，而以“天下为一家，中国为一人”，本仁心以相信“人皆可以为尧舜”，本仁心以相信“东西南北海，千百世之上，千百世之下之圣人心同理同”。

儒家之讲仁，与基督教讲爱，有相通处，因基督教之爱，亦是遍及于一切人的。但是基督教要先说人有原罪，其教徒是本上帝之意旨，而由上至下，以救人。儒家则多信人之性善，人自身可成圣，而与天合德。此是一冲突。但教义之不同处，亦可并行不悖，而各有其对人类与其文化之价值。但在养成人之天下一家之情怀上，则我们以为与其只赖基督教思想，不如更兼赖儒家思想。此乃由以基督教为一制度的宗教，有许多宗派之组织，不易融通。基督教有天堂观念，亦有地狱观念，异端与不信者，是可入地狱的。则各宗派间，永不能立于平等之地位，而在自己之教会者与不在者，即分为二类，而一可上天堂，一可入地狱。如此，则基督教对人之爱虽以一无条件，仍可以有一条件，即信我的教。此处实有一极大之问题。照儒家的意思，则只要是人，同有能成圣而与天合德之性。儒家并无教会之组织，亦不必要人皆崇拜孔子，因人本皆可成圣而同于孔子，此即使儒家之教，不与一切人之宗教成为敌对。儒家有天地之观念，而无地狱之观念，亦无地狱以容异端。“万物并育而不相害，道并行而不相悖”，乃儒家之信仰。则人类真要有一“天下一家”情怀，儒家之精神实值得天下人之学习，以为未来世界之天下一家之准备。此外，东方之印度之佛教婆罗教，同有一切人可成佛，而与梵天合一之思想，而可足养成人之天下一家之情怀者。此各种东方之思想，亦同连系于东方之文学、艺术、礼仪，而同值得西方人加以研究而学习者。

我们以上所说西方人应向东方学习者，并不能完备。尽可由人再加以补充。我们以上说的是西方文化如要完成其今日欲领导世界的目标，或完成其自身之更向上的发展，求其文化之继续存在，亦有须要向东方学习者。而这些亦不是在西方文化中莫有种子的。不过我们希望西方文化中这些种子，更能由对东方之学习，而开花结果而已。

十二、我们对于世界学术思想之期望

我们如承认西方文化，亦有向东方学习的地方，则我们对于中国与世界之学术方向，还有几点主张可以提出。

（一）由于现在地球上的人类，已经由西方文化之向外膨胀，而拉在一起，并在碰面时彼此头破血流。我们想现代人类学术的主要方向，应当是我们上面所谓，由各民族对于其文化缺点之自己反省，把人类前途之问题，共同当作一整个的问题来处理。除本于西方文化传统之多元，而产生的分门别类的科学哲学之专门研究之外，人类还须发展出一大情感，以共同思索人类整个的问题。这大情感中，应当包括对不同民族不同文化之本身之敬重与同情，及对于人类之苦难，有一真正的悲悯与恻怛之仁。由此大情感，我们可以想到人类之一切民族文化，都是人之精神生命之表现，其中有人之血与泪，因而人类皆应以孔子作《春秋》的存亡继绝的精神，来求各民族文化之价值方面保存与发展，由此以为各种文化互相并存，互相欣赏，而互相融合的天下一家之世界之准备。

（二）人类要培植出此大的情感，则只是用人之理智的理性，去对各种自然社会人类历史，作客观的冷静的研究，便只当为人类学问之一方面。人类应当还有一种学问，这不是只把自然与人类自己所有之一切客观化为对象，而加以冷静地研究之学问，而是把人类自身当作一主体的存在看，而求此主体之存在状态，逐渐超凡入圣，使其胸襟日益广大，智慧日益清明，以进达于圆而神之境地，情感日益深厚，以使满腔子存有恻怛之仁与悲悯之心的学问。这种学问不是神学，亦不只是外表的伦理规范之学，或心理卫生之学，而是一种由知贯注到行，以超化人之存在自己，以升进于神明之学。此即中国儒者所谓心性之学，或义理之学，或圣学。此种学问，在西方宗教之灵修中，印度之所谓瑜珈行中亦有之。而西方由开现代存在哲学之杞克葛（Kierkegaard）之注重人如何成为基督教徒，而不注重人之入教会祈祷上帝之外表的宗教行为，亦是向人生存在自己之如何超化，而向上升进上用心的。但因西方之传统文化，是来源于以理智之理性认识客观世界之条理之希腊精神，承受上帝之诫命而信托上帝之启示之希伯来精神，注重社会国家之法制组织之罗马精神，所以这一种学问，并未成西方之学术之核心。而人不能超化其存在之本身，以向上升进于神明，则人之存在本身不能承载上帝，而宗教信仰亦随时可以动摇。同时人亦承载不起其自身所造成之知识世界，与科学技术所造成之文明世界，故原子弹似随时要从人手中滑出去，以毁灭人类自己。人亦承载不起由其自身所定之政治社会之法制组织，对个人自由所反施之压迫。此即为现代之极权国家对个人自由所反施之压迫，而今之产业社会之组织对个人自由，亦同有此压迫。人类之承载不起人类自身之所信仰及所造的东西，此根本毛病，正在人类之只求客观地了解世界，以形成智识，本知识以造理想，而再将此理想不断客观化于自然与社会。于是如人生存在以外之文化物财不断积累加重，而自成一机械的外在桎梏，似非人力之所能主宰。而此处旋乾转坤的学问，则在人之主体的存在之真正自作主宰性之树立，而此主宰性之树立，则系于人生存在自身之超化，升进。人有此一种学问，而后人乃有真正之自作主宰性之树立，亦即中国之所谓立人极之学问。人极立而后人才能承载人之所信仰，并运用人之所创造之一切，而主宰之。这是这个时代的人应当认识的一种大学问。

（三）从立人极之学所成之人生存在，他是一道德的主体，但同时亦是超化自己以升进于神明的，所以他亦是真能承载上帝，而与天合德的。故此，人生存在，即兼成为“道德性与宗教性之存在”。而由其为道德的主体，在政治上即为一民主国家中之一真正的公民，而成“政治的主体”。到人类天下一家时，他即成为天下的公民。即孟子所谓天民。而仍为天下中之政治的主体。在知识世界，则他成为“认识的主体”，而超临涵盖于一切客观对象之世界之上，而不沉没于客观对象之中，同时对其知识观念，随时提起，亦能随时放下，故其理智的知识，不碍与物宛转的圆而神的智慧之流行，而在整个的人类历史文化世界，则人为一“继往开来，生活于悠久无疆之历史文化世界之主体”。而同时于此历史文化世界之悠久无疆中，看见永恒的道，亦即西方所谓上帝之直接显示。这些我们以为皆应由一个新的学术思想之方向而开出。即为立人极之学所向往的究极目标，亦即是我们前文论中国文化及西方人所当学习于东方智慧者时，所望于中国文化之发展与世界文化之发展之目标之所在。而此目标之达到，即希腊文化中之重理智、理性之精神，由希腊之自由观念至罗马法中之平等观念发展出之近代西方文化中民主政治的精神，希伯来之宗教精神，与东方文化中之天人合德之宗教道德智慧，成圣成贤心性之学义理之学，与圆而神之智慧，悠久无疆之历史意识，天下一家之情怀之真正的会通。此理想要何时实现，我们不知道。但是要有此理想，则我们当下即可有。当下有此理想，而回到我们各人自己现实上之存在地位来作努力，则依我们中国人之存在地位，仍是如何使中国能承其自身文化发展的要求，而完成其数十年来之民主建国的事业，及中国之科学化工业化，以使中国之人生存在兼为一政治的主体与认识的主体。而西方人则应自反省其文化之缺点，而求有以学习于东方，同时以其今日之领导世界的地位，便应以兴灭国继绝世之精神，来护持各民族文化之发展，并完成一切民族之民主建国之要求，使其今日先成为真正之公民，而在未来天下一家之世界，成为天民。而其研究中国等东方民族之学术文化历史之态度，亦当如我们前面所说应加以改变。

我们记得在十八世纪前的西方曾特别推崇过中国，而十九世纪前半的中国亦曾自居上国，以西方为蛮夷。十九世纪的后半以至今日，则西方人视东方之中国等为落后之民族，而中国人亦自视一切皆不如人。此见天道好还，丝毫不爽。但是到了现在，东方与西方到了应当真正以眼光平等互视对方的时候了。中国文化，现在虽表面混乱一团，过去亦曾光芒万丈。西方文化现在虽精彩夺目，未来又毕竟如何，亦可是一问题。这个时候，人类同应一通古今之变，相信人性之心同理同的精神，来共同担负人类的艰难、苦病、缺点，同过失，然后才能开出人类的新路。

一九五八年一月一日《民主评论》第九卷第一期

对于训诂的思维形式*（译）

偶从高笏之先生处看到日本立命馆大学白川静氏有关《离骚》及《诗经》的农业诗的研究两文，觉其态度平实，立言颇有法度，非今日好标奇立异、妄逞臆说者可比。又在其附注中知道他尚有《对于训诂的思维形式》一文，因为我曾将中村元氏《东洋人的思维方法》一书的"中国人的思维方法"，向自由中国介绍过，所以对白川氏的此一论题特别感到兴趣，乃很唐突地向白川氏函索，承他远道寄赠。我对训诂完全是门外汉；且就语言与思想的关系说，我也不觉得思想对语言完全是处于被动的地位。同时，反训的主要脉络是来自假借，而假借的主要来源，恐怕是由古人抄写时因音同形似而来的笔误；因此，要研究中国人的思想方法，恐怕训诂不能占很重要的地位。就一般的训诂学看，它本身似乎总是一种零碎的认知作用；这种零碎的认知作用，好似是修坏墙、补漏屋的工作；它和了解一栋建筑物，乃至设计一个建筑物，中间有很大的距离。所以有清一代的训诂之学，只是在政治压迫下读书人不敢认真用自己的思考力因而转向这种零碎认知的结果。我们由此可得到若干读古书的便利，但只是便利而已，对于古书的了解，还有很大的距离；等

* 白川静著。

于修墙补漏的工人，他要由这种工作去了解一个建筑物，不是不可能，但还另外要一些本领，还另外要一些工夫；若以修墙补漏为工程的极则，以为只在修补上即可以了解一个建筑物，于是一个普通的泥水匠便以工程师自居，那是非常可笑的。所以在今日而仍把这门学问捧得至高无上，我想不出什么特别道理来。白川氏对此一课题的提出，可说是训诂学向前跃进的开始；而他由此所得出中国并不是辩证法底思维形式的结论，与我平日从思想史上主张中国文化中没有辩证法的思想，不谋而合。故特将此文抽暇译出，以表示对这位未曾谋面的异国学人的谢意，同时也想为两国文化交流稍尽点责任。因字数过多，稍有删节，这是非常抱歉的。

三月十九日于东海大学

一

言语对于我们，是所与的东西。我们一生下来，即被包含在既存的言语体系之中。我们在所与的言语体系中生长，通过它去思维，并形成自己的思想。任何个人，也不能超过这种“所与的言语体系”。个人所能做的，不过是在此言语体系中，选择或创造某种形式。可以说，言语在我们的基础体验之中，也是属于优异而根源底东西之一。

当然，思想必以言语为媒介才能表现出来。我们不能想到不以言语为媒介而可以表现思想。不仅表现而已，若无言语作媒介，思想的自身即不能形成，这是不待卡西拉（Cassirer）的象征理论而即可明了的。言语对于我们，不仅担当着单纯的素材底意义，我觉得其本身的成立，乃根源于民族的基础的体验，其自身已经有其体系，已经包含着思维。我们在形成自己的思想时，思维活动的地盘的自身，已经被制约于所与的言语体系，或言语的构造之内，而不能超过其制约。因此，考虑一个言语体系或言语构造时，在其根底上，即和此一民族的基础底体验，很深切地互相关联着。这里，可以承认言语研究的精神史底意义。

中国是孤立语的特殊言语体系，而其构造又以单音节为最大特征；这在理解中国的思维形式上，是一个重要的关键。中国在近代以前，没有普通意味的辞书。从《尔雅》、《说文解字》一直到《康熙字典》，这些庞大的训诂学底著作，几乎都是字书而不是辞书。尽管从极古的时代，字书已极为发达，训诂学已被人尊重，在学术史中占着极大的领域；但古典的解读，在今日还不算充分解决。当然，这种解读的困难，并非完全应由训诂学负其责，一般的，古典研究的方法论底缺陷，恐怕关系更大。然而，导致方法论底困难的原因之一，正存于训诂之上，也是不能否定的事实。

语的构造是单音节底，所以语的多义性，亦即是字的多义性，可以说是难免的宿命。宋郑樵《通志 · 六书略》，共列有二万四千百三十五字，清《康熙字典》则收录有四万九千三十字；但若一事以一字一音来表记，则难免于事象的复杂化，而文字将无限地增加。不待说，一语一音节，仅系一个原则，实际也有许多是由两字以上相复合而成的，所以不论是古代语及现代语，有的地方不能仅用孤立语的概念加以硬性底规定。但是，在此一原则作为原则而活动的限度内，总不能不以极少数的音节来表现极多数的语。在任何国家中，普通也是一语而含数义；然而像中国这种“繇”有六义，“离”有十六义，“辟”有三十七义的多义语，我觉得很少。陈奂的《毛诗传疏》的《传义类》，将《毛传》的训诂分类为《尔雅》的形式，而知道《毛氏诗传》中训“大也”的文字有五十，训“病也”的文字有二十二。同义语之多，也可作为语之多义性的证明之一例。训诂的困难，主要是关联着这种语的多义性。

语义多义化的原因，为主，有的是由于语义发生了历史变化，有的则是由观念的联合而附加了新的意义。然而，由此种理由而来的语的多义化，自然会有一个限度，训诂学底问题也不会那样困难。中国古代语，在此两原因以外，声音上的理由，似乎有特别重大的意义。文字构成，在古来所说的六书之中，指事、象形、形声、会意，是文字构成的方法；转注、假借，是用字的方法。但转注只是引伸之义，可以看作是由新观念的联合所滋生的新义。假借在《说文解字》叙谓“本无其字，依声托事”，以“令长”二字为例。但此二字就《说文》来看，毋宁应视为引伸之转义，有如狩谷掖斋所说，此处的说明，恐系后人所妄增。《转注说》我觉得不仅限于“本无其字”，本字本训之外，凡“依声托事”的，也可视为假借。训诂大部分的困难，为主系在于假借字的无限扩张及其混乱之中。

清刘淇在其《助字辨略序》中，对训释举有正训、反训、通训、借训、互训、转训等六类。“仁者人也，义者宜也”为正训；“故训今，方训向”为反训；“本犹根也，命犹令也”为通训；“学之为言效也；斋之为言齐也”为借训，“安训何，何亦训安”为互训；“容有许义，故训可，犹有尚义，故训庶几”为转训。刘淇此著，有康熙五十年的卢序，主要系实证地解释助字类之假借旁通，乃开清代训诂学之先河的名著。但他分类的方法并不很好。例如正训应为原义本训，采如《释名》的音义底解释，要与借训同义。互训，结果与通训相同；还有，转训是否能在这种意味上成立，也有问题。特别对于反训，乃我写此文的主要动机，所以对此问题稍作详细的论究。

语的意义，随历史而变化，或由类比而附加新义，这是言语现象中的一般事实，原不足怪。然而，语的意义次第引伸的结果，或直接诱起矛盾底观念，而使相反的意义得同时成立，这是特异的可惊现象。但此种现象，很早便被注意到，晋郭璞在《尔雅·释诂》"徂存也"条下注称：

> 以徂为存，犹以乱为治，以曩为向，以故为今，此皆诂训义有反复旁通，美恶不嫌同名。

又方言"苦快也"条下注谓："苦为快者，犹以臭为香，乱为治，徂为存，此训义之反复用之者也。"训义反复旁通的结果，至使一字而有完全相反的两训。宋洪迈《容斋三笔》卷十一"五经字义相反"条下谓："治之与乱，顺之与扰，定之与荒，香之与臭，遂之与溃，皆善恶相对之字。"明焦竑的《焦氏笔乘》卷六有"古文多倒语"一条，袭洪迈之说：

> 如臭之为香……面之为背，粪之为除，皆善恶相对之字，而反其义以用之。

《焦氏笔乘续集》卷五"假借相反字"条下，虽一面举吴元满否定反训之说，但自己未加意见，大概焦氏也相信反训之成立。不仅此也，即清代训诂学诸大家，似乎也没有人对反训怀疑过。例如王念孙在《广雅疏证》卷二“郁陶，思也”条下谓：

凡一字两训而反复旁通者，若乱之为治，故之为今，扰之为安，臭之为香，不可悉数。

邵晋涵在《尔雅正义·释言》卷二“曩向也”条下谓：

以曩为向，义有反复旁通。盖曩本训久，反复旁通以为不久也。

段玉裁在《说文解字注》“乱”字条下谓：

乱本训不治。不治则欲其治，故其字从乙，乙以治之，谓诎者达之也。

钱坫在《尔雅古义》中谓：“穀有善义，因之反训又为不善。谷恶木名，不善也。是因善而生不善。古人有反训，如废为置，弃为藏，并是。”近人董璠著有《反训纂例》，对于反训之成立及种类加以精到地考察，将其成立之原因，归于思想之矛盾及文法与声音之上；要之，以为反训系基于比义转注与同声假借。(《燕京学报》第二十二期）然而国人（日本人）讨论此问题者，已有数篇论文；而最近小岛祐马博士有《支那文字训诂中的矛盾底统一》一文（《古代支那研究》所收），讨论训诂的思维形式，极富于暗示性。

所谓反训者，已如所述，在一字之中，含有正反相反或互相矛盾的两种训释之意。并且这种相反或矛盾的训义，是引伸比义，反复旁通的结果，同时共存的。……此种字的总数，恐怕有数百字之多，作为训诂上的问题，有加以充分检讨的价值。

小岛博士在其论文中引了有正反二训的十八字后，主张此种现象主要系起因于引伸。所谓引伸者，照博士的定义是："对于由联想或类推所生出新的意义，不另造新字，仅在成为联想或类推之基础的原有文字意义中，更附加以新生出的意义。"此外，可以想象到，还有若干系由声音的假借或偶合而来。但正如中国学者所说，反复旁通，诎者达之的思维作用，对于它的成立是最本质的东西。"要之，相矛盾的意义，同时含于同一文字之中，这固然有的是假借偶合的结果，然而基于引伸，即基于联想或类推，而意义发生自然发展的，占大多数，这是不可争的事实。"这种由引伸而产生与原文相反之义，作为思维形式来看，是矛盾的综合统一；是辩证法底思维用到训诂中的结果。所谓反训，仅有正反对待的二训，"虽然没有表现出统一的特别的意义，但同时对同一文字与以相矛盾之二种定义，此一事实的自身，即很明白地表示此二种意义是被统一着的。"言语是社会底存在；所以此种反训现象，他作如次的解释，"只有认为支那古代的社会，在人类的精神生活中，又在人们对于客观世界的观察中，把矛盾的综合统一，看作是极普通的事情，对此（反训现象）才能了解。更适切的说，他们的生活全体，看来好像是遵照一种辩证法。此一事实，与其说在人们知道辩证法是什么以前，已经是作辩证法底思维，毋宁说是已经过着辩证法底生活，反训或者恰可看作是一个例证。"

然而，对于反训的这种解释，不仅把反训作为训诂上的一个问题，并认为在其根底上活动着民族特有的思维形式；所以由此而导出更重要的一个结论。博士的考察，从《易纬·乾凿度》，易一名而含三义，所谓“易也，变易也，不易也”，及郑立《易赞》“易一名而含三义，易简一也，变易二也，不易三也”出发，觉得这样的思维形式，由训诂中一般所说的反训而得到实证，更进而想求其根源于此民族的基础底体验世界之中。“‘易’在中国古代，是由辩证法底方法以说明自然现象及社会现象的极复杂的东西。而且探索它所说的内容，毕竟也和此等字文训诂的情形相同，归结于没有向上发展的一个循环作用。以此观之，这里所举的文字，是非常零碎的，但古代中国人的特有的一种辩证法，实无遗憾底表现于其中。更把这些文字，和中国社会自古以来是总反复着平板地循环作用相对照，我们在这些零碎的东西之中，岂不能看出过去二千余年的中国历史吗？至于这种平板地循环作用形成中国社会的特色，因之，也形成其辩证法的特色的原因，恐怕是因为中国社会长期处于经济底饱满状态，没有足以促起它向上发展的某种强力底刺激。”

从反训的问题出发，进而想证明此一民族的辩证法底体验，到底是否可能，问题的自身，实包含有无限的振幅。我想先从所谓反训的训诂现象的推敲开始，以定立我的想法的基础。

二

反训，是指一个文字同时有相反的矛盾的二训而言。即是，它的相反义，系由本义之自己否定而直接定立其相反义，有如段玉裁所说的“不治则欲其治，谓诎者达之也”，又如钱玷所说的

"因善而生不善"。正反的对立，是由正的自己否定所直接诱起定立的，不是像沿着圆周而渐次达到对极点的。"尤"字原取家犬横卧之象，原义是犬。《说文》"尤，异也"，这是双声之训，大概是咎异之义，但这已是转义。盖犬尤咎异物。尤咎的动作，移到被尤咎的对象时，则成为过。有尤过故受咎责。经传训尤为过者甚多。然从尤咎与被尤咎的关系说，则尤咎者是大，最，甚。《庄子·徐无鬼》篇"夫子，物之尤也"注，"言于人物之中，称之为最"。最是尤异殊绝的东西，与有尤过的东西，大体可说是相反之义。但这不是反训。反训的正，不能不由它的自己否定而直接指定反。次第循环而偶至对极，一见好像是矛盾底两训，但这是引伸比义的结果，并不是内部含有矛盾对立的构造。博士为主是在引伸义中求反训之成立，这与以反训为辩证法底思维并不一致。反训假使也是一种辩证法，则反训不能不有辩证法底矛盾对立的性格。

但就我们研究的结论说，不能承认有所谓反训的东西。我认为使反训成立的原因大体有三：第一是假借，即"本无其字，依声托事"，基于声音的一致，另一文字之训，假借附添于此一文字之上。反训若系成立于同一文字中的矛盾相反义之上，则这仅是两字由重合所生出的偶合的结果，并非某一字的本身中有这种思维活动的结果。第二，是由格的变化而来的态的变化，这可以说是文法底关系。这与其说其由训诂而成立的，不如说是出于文法底关系。与其说是它的字义之中含有矛盾二义，毋宁说是因为在其包含文字的文法关系中，有格与态的变化或转换，致令字义一时受其影响。若是把由这种关系而来的东西也称之为反训，则凡站在能动与被动之态的动词，也将都成为反训字。第三，本是大名，若加以分别，则含有善恶好丑等两义；或因语意的领域不安定，在其振幅中，能表现左右任何一方的意义。此外，尚有误字误训之例，但只作为特殊的东西，可以除外。

先举假借的若干例，其本义不复详举，仅对于所谓反训的东西加以考察。

离，通训，分也，散也。反训则有"丽也"(《易·离卦》"日昃之离"，《释文》)"著也"(《庄子·则阳》篇"子独先离之"，郭注)"附也"，(《易·否卦》"畴离祉"，《九家注》)诸训。我想，诸训的本字是罹、罗、俪、丽诸字，因离与其同音，或因音之近似而来的假借。《诗·兔爰》"雉离于罦"《汉书》注引作罹；《易》"日昃之离"郑康成作丽；《诗·渐渐之石》"月离于毕"，《论衡·说日》篇及《淮南子·原道训》注均作丽。又《礼记·月令》"宿离不贷"注，离读如俪偶之俪；《士冠礼》"俪皮"注"古文作离"。《礼记·曲礼》"离坐离立"郑注"离两也"，《春秋公羊传·桓公二年》"离不言会"何休注"二国会曰离"，此皆与丽、俪同意。即是，离之反训义，非离字固有的训诂，不过由他字之假借音而来的偶合。

嚣，《说文》"声也"，同时有烦嚣之意。但《孟子·尽心上》有"人知之，亦嚣嚣，人不知，亦嚣嚣"；赵注谓系"自得无欲之貌"。焦循《正义》谓"按嚣见经籍者，义多不一，大抵皆由假借也"。即《诗·大雅·板》篇"听我嚣嚣"传，"嚣嚣，犹謷謷也"，笺亦谓"女反听我言，謷謷然不肯受"；此以謷为本字。又《诗·小雅·十月之交》"谗口嚣嚣"，《释文》及《汉书·刘向传》并引作嗷嗷，《汉书·董仲舒传》集注，"嚣读如嗷，"謷謷，嗷嗷，皆不听话言而妄语之谓，与嚣之本义同。我想，赵注的本字大概是枵字。《庄子·逍遥游》篇“非不呺然大也”，俞樾云“呺俗字，当作枵，虚也。”《尔雅·释言》有“嚣嚣，闲也”，郝懿行“嚣闲又一声之转，《释文》，嚣许娇反，此音是也”，与枵同音。嚣有清音，《后汉书·皇甫规传》注引《诗》之“谗口嚣嚣”，作“谗口翲翲”可证。可知《孟子》之嚣嚣，乃枵枵之假借。

携，《说文》“连也”，提携之义。然《左传·僖公七年》“招携以礼”，及同廿八年“不如私许复卫曹以携之”注皆释为“离也”。我想，携乃懏之假借。《国语·晋语》“懏民国移心焉”注“或作携，离也”，又《楚语》“民之精爽不懏贰者”注“懏又作携”。《周礼·春官》“神仕”条下郑注引《楚语》即作携。可知训离之本字为懏，而携乃由假借而习用之字。《广雅·释训三》“懏，离也”。

渫，《说文》“除去也”，《易·井卦》“井渫不食”注，“不停污之谓也”，故有清洁之义。然《汉书·王褒传》“去卑辱奥渫而升本朝”集注引张晏，“渫，狎也污也”。我想“渫有私列切之音，是亵之假借字”。《一切经音义》卷十有“亵，古文絬，媟，贽，渫四形”可证。

扰，《书·胤征》“俶扰天纪”传，“乱也”;《周礼·地官·序官》“佐王安扰邦国”郑注，“扰亦安也”，段氏注此谓“烦也，热头痛也。引伸为烦乱之称”，一面举驯安之反义，以之为反训字；同时注意到犺字而谓“字本不训驯”。然在“犺牛柔谨也”条下谓“《玉篇》曰，《尚书》犺而毅，字如此，按凡驯扰字当作此，隶作犺，《广雅》，柔也，善也”。扰正应作犺，和善之义。

粪，《广雅·释诂》，“粪除也”。《礼记·中庸》注“谓扫粪也”，《释文》“粪本作糞，又作拚，”则扫除之本字为拚。《说文》“叁（拚）埽除也，从土弁声，读若粪”。

逆，有迎也，及反也，非也却也两训。《说文》，“逆，迎也。从辵屰声。关东曰逆，关西曰迎。”原以迎义为本训，训反之本字为屰。《说文》，“屰，不顺也，从干下凵，屰之也”。段注，“后人多用逆，逆行而屰废矣”。

嗛，有不足与足二训。《说文》“口有所衔也。从口，兼声”。然因假借而生异训，段氏谓，“假借为衔字，亦为歉字，亦为谦字，一嗛而四益，转写下句从言，遂滋异说。”《荀子·正名》篇“故向万物之美而不能嗛”杨注，“嗛足也快也，与歉同”。但《荀子》“嗛慊歉常混用”。《大学》“此之谓自谦”注“谦读为慊”，则其本字或为谦或慊。

裒，《尔雅·释诂》“裒聚也”，又“裒多也”。反之，《玉篇》“裒减也”，《易·谦卦·象传》“君子以裒多益寡”《释文》，“取也”。《释文》又谓“裒，郑玄，荀爽，董遇，蜀才作桴，字书作掊，《广雅》曰，掊，减也”。则取也减也之本字为桴掊，裒乃其假借字。

徂，往也去也死也，而《尔雅·释诂》“徂存也”，郭璞以此为反训，郝氏《义疏》“徂存也”下注云“《说文》云，存恤问也”。《楚辞·大招》篇云，“遽爽存只”，王逸注，“存前也，徂者且之假音也”。《诗·出其东门》，笺云，“匪我思且，犹匪我思存也”。《释文》，“且音徂”，《尔雅》云，“存也”，是且为本字，徂为假借，其证甚明。《说文》云，“且，荐也”，荐为承藉之意，存问亦相慰藉也。且荐存又声相转也。郭盖未明假借之义，误据上文徂往之训，而云徂为存，义取相反，斯为失矣。

以上，“离”以下十三字（节去泞、遑、庾三字），并非一字而含相反之二训，可以说全是假借字。

第二，再举基于文法关系的若干例。名词因其词位而被动词化，乃中国语言的常事。但此时由其动作的主体与对象、能动与被动等关系，而产生在相反或对待之义。例如，“门”是名词；但在以城门为中心而作战斗时，则有攻守之别。例如《左传·襄公十年》有“诸侯之士门焉。县门发，聊人纥抉之，以出门者”一节，上之门字系攻门，而下之门字则为守门。（门字作动词用，可有攻守两义；但此处上下两门字，则皆指攻门者而言，中间之门字乃名词。）“间”所以有间别及侧杂二义者，因“间”原系名词，由上下之文意，而或为间别，或为侧杂；非本有二训，仅因被动词化时所添加的文法底关系。“面”原系人面之意；但被动词化，即生向背二义。《汉书·夏侯婴传》“面雍树驰”注引苏林“面者以面向临之也”；《史记·项羽本纪》“马童面之”集解引如淳“面，不正视也”；《汉书》注，“谓背立不面向也”。“偭”乃面字动词化后所作之字，仍有向背一义；《说文》，“偭，乡也”；《离骚》“偭规矩而改错”注，“背也”。以上诸例，在中国语，能动与被动之表记常无区别，一般只作极简约化的表现与关联，须各以别语补足而始可了解。

然与上述近似的现象，在动词中亦可看出。“借”有假贷之义，“售”有买之义，“归”有往来之义等是。随这些格的变化而来的态的变化，古文中常与主格之转换相对照。

第三，其字义中本可以有对待之义，而其字之本身并不含何种矛盾相反之义。例如，“臭”，《后汉书·列女传》注“古人皆谓气为臭也”，或为“气之总名”（《左传·僖公四年》疏），或为

“古者香气、秽气皆名为臭”（《尚书·盘庚中》疏），要之“气之应鼻者”（《荀子·王霸》篇注）为臭，故《易·系辞》上有“其臭如兰之语”。同样的关系，在仇（匹也）雠（匹也）药（毒也）祥（不祥也）诸字中亦可认出。分别言之，即成对待之义；泛言之，即兼二训，殆皆可属此类。又有，因语意之领域甚广而不安定，故在其振幅之中，遂有对待之义的。“曩”，《尔雅·释言》“向也”；又同《释诂》“久也”；《说文》“向，不久也”；曩与向所表现的时间关系不同。但“曩”之可以释为“向”者，是因曩字所保有的时间底振幅近于无规定，所以能表现久与不久二义。

还有因误字的结果而成为反训的。《焦氏笔乘续集》卷五所说的反训，吴元满皆指出其为出于误字，兹引其文如下：

> 吴元满云，《容斋随笔》，载字有假借相反者，如臭本腐气，反借香也。扰本烦杂，反借驯也。乱本繁紊，反借治也。杨用修《丹铅录》亦述之，不知此六字皆有分别。《史记》，犹治乱绳，古作𤔔，从𢆶，下指交结状。𤔔音雉，理效也，平治也。《盘庚》，𤔔越我家，《论语》，予有𤔔臣十人，从司𤔔，会意。见《石鼓文》及《宰辟父敦》隶楷用治。洪杨二公不知六书，故有此误。

关于乱字，早在《群经音辨》卷七有“辨字训得失”一条，说乿，乱之别：“乿，古文《尚书》治字也。𤔔，𤕪，𤔔，古文乱字也。孔安国训乱曰治，按许叔重说文无乿字，以𤔔为古𤔔字（吕员反）曰乱也，一曰治也。又解𤔔曰治也。幺子相乱，受治之也。读若乱同（郎段反），一曰理也。又解乱亦曰治也。从乙，乙治之也，从𤔔（郎段反）。经典大抵以乱为不理，亦或作理。夫理乱相反，而以理训乱，可惑焉。若以古文《尚书》考之，似𠮦乱字别而体近；岂隶古之初，传写讹谬，合为一字而作治乱二训，后之诸儒，遂不复辨之与。”

“乱”字的字义确有混乱，兹收集《说文》上有关的文字如下：

> 敽，烦也。从攴𤔔声。段注“烦热头痛也”。引申为烦乱。按敽与𠬪部𤔔。乙部“乱言部䜌，音义皆同。烦曰敽，治其烦，亦曰乱也”。䜌乱也，一曰治也。
>
> 𤔔，治也，段注“此与乙部乱音义皆同”，幺字相乱𠬪治之也。……一曰理也。“与治无二义，当由唐人避讳，致此妄增”。
>
> 乱，不治也。从乙乱，乙治之也。段注“各本作治也，从乙，乙治之也，从𤔔，文理不可通今更正。……”

乱不治也的不字，系段氏所校补，似可不必。𤔔下也作“治也”，文法正同，《说文》“一曰”的文例，多为别出一义，与本义无关。因之，上四字中，敽䜌二字当为烦乱之义，𤔔乱二字为治之义；大概是字形互有错误。

要之，若有训义不同的二系统的文字，大约是因其字相似而展转相讹，以至于混乱，实则两者的声系，大概一开始便不相同的。其他错误之例，如“陶”训为“忧也”，乃因离析郁陶之连语而致误。“故”训为“今”乃因“故”可作发语词，而“故今”连用，因误以发语词之“故”为时间之“故”。故为发语词之例，频见于《礼记·礼运》篇，《诗·大雅·绵》的《毛传》有“肆故今也”，又《大雅·大明》郑笺“肆故今也”可以参考。将“故”训为时间之“今”，大概找不出此例。又“苦”快也，乃感觉上的转义，并未含有何种矛盾相反之义。要之所谓反训的大部分，第一是属于假借，第二、第三者次之，属于错误者极少。由上所得的结论，则知所谓反复旁通，反其义而用之的反训，在严密的意味上并不存在；因此，由反训的现象以想到训诂中的辩证法底思维，恐怕是不可能的。

三

训诂上的所谓反训并不存在。然而，反训现象的不存在，和自郭璞以来，相信反训存在的这一事实，应加以区别。此一事实，借小岛博士的话来说，“这种解释，从中国的思想上看，也证明是合理的。”因此，问题将超过反训之存在与否，而直接，进向使反训概念得以成立的根据。即是，须要追问到使此概念成立的民族基础底体验中，是否存在着这种的辩证法底思维。

此时，先反省先前所说的使反训成立的三个形式较为便宜。在第一种，离，着也；嚣，闲也这种训诂形式中，系“S与P”的全称肯定命题的形式。若是此命题系其本字表示S·P的全部一致，则可说这确是辩证法底。但“S是P”的判断，有三种情形；一是S部分底从属于P的场合；一是S被包摄于P的场合；一是S与P是全部一致的场合。在前二者的场合，P的范围与S并不一致，就此种命题说，可说它是在从属的关系。而且此种从属关系，对于这些文字来说，仅因离之本字为丽，器之本字为楬的音声关系而发生联系，与字形字义无关，几乎是无关重要的接触。

这里所看到的判断形式，是以声音上的连锁为媒介；此种形式颇为盛行。例如王念孙以“有”与“友”同音，故“友”可训爱，“有”亦可训爱；“友”可训亲，“有”亦可训亲。（《经义述闻》卅一《通说上》）然此种连锁关系，系“有、友，友、爱因而有、爱”“有、友、友、亲，所以有、亲”的形式。所谓由假借音的反训，都是因为失掉了这种连锁。“有”字的原义，原是以手持肉之意；但引伸而为取、得、藏，保之意；更引伸而为富、众、丰、专、大之意。这是从“有”字渐次演释出来的，依然还保持着意义的关联。其关联已经不是一次底。更假借而为又、为域、为友，文字之多义性更加复杂。即是，文字从声音与意义两方面演释滋生，但都是以部分底关系，反复着 S · P 的形式，作连锁状地扩张或循环。因为此种的思维形式，而《易 · 序卦传》乃由此以成立。

《序卦传》是说明《易》的六十四卦，并非无理的排列，而是以生生不息，循环不已的易的原理来给卦的次序以秩序的。可说是六十四卦相连而成为一个统一底全体，以形成一个世界象，将此世界象作为有生命的连环而将其表现出来的。兹引用一部如下：

> 有“天地”，然后万物生焉，盈天地之间者唯万物，故受之以《屯》，屯者盈也，屯者物之始生也。物生必蒙，故受之以《蒙》。蒙者蒙也，物之稚也，物稚不可不养也，故受之以《需》。需者饮食之道也，饮食必有讼，故受之以《讼》！履而泰，然后安，故受之以《泰》。泰者通也，物不可以终通，故受之以《否》。物不可以终否，故受之以《同人》。

在这种无限的连环之中，我们能看出引伸比义，一面自由地作P的转换，一面又不断连锁下去的训诂底方法。例如《屯》从卦象看，乃屯难之义；但或作"盈也"以承上，或作"始生也"以起下。又《需》从卦象说，乃需待之义；但由饮食而起争讼之义。P自由地巡绕着S的周遐，又与其他S相连而滋生下去。这里不仅系意义上的引伸，且亦不妨以假借音为媒介。此而所谓反复，即所谓旁通。因此"泰者通也，物不可以终通，故受之以《否》"，及"物不可以终否，故受之以《同人》"的说法，其自身决非表示辩证法底思维。穷与通，并非是以相互的否定来指定对方的一种紧张的矛盾底对立关系，乃是如阳阴的消长、昼夜的交替，不含何种矛盾而自然循环不已的自然的代序。

像这种属性底比义引伸及声音上的比义引伸，加以无限地继续下去的思维形式的极端表现，也可以从《易·说卦传》中看出。只看卦象是由何种的联想与类推，便几乎可以无限地增加属性底P。《说卦传》中《乾》的卦象是天，是西北，是健，是马，是首，是父，是圜，是君、玉、金、寒、冰、大赤、良马、老马、瘠马、驳马、木果。《释文·荀九家》的卦象，是龙、直、衣、言；此外，仅就我所知的逸象也有八十三。《坤卦》仅逸象即有一百十七。看到这种情形，古代中国人所表现的伟大的联想力是非常可惊的。并且这正与训诂中无比的多义性也是相通的。所谓配同思想，也可在这里看出其根源。

第二，可说是在训诂上，有随态之转换而发生对待的意义；但我想，这和随音韵之变化而发生的对待义，系立于同一基础之上。大别之，可以分为双声与叠韵两种。由双声而来的，例如天地、阴阳、古今、终始、精粗、疾徐、生死、燥湿、加减、消息、长短、规矩、文武、褒贬、男女、夫妇、腹背等。由迭韵而来的，例如起止、寒暖、新陈、晨昏、旦晚、好丑、老幼、授受、祥殃等（章炳麟《国故论衡》上，转注假借说）。

同一个字，由变化其声调而成对待之义，这种事很多。《群经音辨》卷六“辨彼此异音”条下，举有二十八例。现略记数例如次；

> 取于人曰假（古雅切）与之曰假（古讶切），取于人曰借（子亦切）与之曰借（子夜切），毁他曰败（音拜）自毁曰败（薄迈切）上化下曰风（方戎切）下刺上曰风（方风切）下白上曰告（古禄切）上布下曰告（古报切）。

双声叠韵之发生对待语，或者和这种改变语调而生出对待语是同一情形。这种场合有滋生授受、告诰、风讽这样的对待语的文字。

更有由字形相反而生对待语的。《说文》之上下，止䍜（踏），正乏（反），彳亍，左右，可叵（不可），旦百（昏），公私等。

基于字形，声音及文法关系等而来的这种对待语的成立，首先可以推测它是和从古代起支配着这一民族的阴阳二元底世界观有关系。这种关系以外，还有动静、举止、黑白这种意义上的对待语，几乎不知其数。然而这些恐怕不能说是含有辩证法底思维。这些并不是由自己否定以措定对方，因此更产生高次概念的构造底发展底方法所生出的，而是从开始便同时存在的，这不过是由离析一个东西所生出的对偶。阴阳的概念，是支配自然世界的一个原理的东西，先直观底加以把握它，再将它加以离析因而所得出的对待底概念。前面所述的，由语义在其振幅的范围内而产生对待之义，我觉得恐怕是应与这些相关联着去了解的思维形式。

表现在训诂上的思维形式，大体上好像有两个类型。一个是基于观念的联合，无限地外延底扩大下去的形式；在这里，有从声音或意义上，类比底向外作连锁状态发展的倾向。严密的逻辑的关系，固然不应求之于训诂之中，但训诂中无比地多义性，其原因之一，恐怕是由这种连锁底向外无限地扩张而来。作为这种思想底表现，前面已举《易》之《序卦传》与卦象为例。但最典型底表现可在五行思想中看出。木火土金水的五原素，或相生，或相克，循环承递而不已。它更类比底，扩大其支配的世界，而为五时、五方、五色、五声、五常、五数、五昧、五帝等，遂至包罗万象，赋与时间空间以整然地秩序。反复旁通的这种训诂上的原则，实深深地与这种五行底世界观相关联。

第二种类型，可以举出对偶底思维方式。考察反训时所举的第二与第三的场合，我觉得可属于此一类型。把事物作对偶底去想，并非一定是将两者作矛盾底去想，即是，这并非辩证法底思考。中国的阴阳二元，究极底，并非立于绝对的对极，实在不过是一个东西的两种属性，因此这并不是存在的东西。阴阳不过是单纯的自然理法的表象。二者是表现为交流承递，循环不已的宇宙的理法。与其说它是反对底，毋宁说是相对底；与其说是斗争底，毋宁说是调和底、关联底。与其说是绝对否定底，毋宁说是相互肯定底。所谓反训的反复旁通者，乃属于这种意义的性质，实际不过是意味着一个环的对偶。

一九五八年四月一日《民主评论》第九卷第七期

今日中国文化上的危机

今天是第一次上课，我想和大家说几句闲话。

文化上今天最严重的问题，即是人的地位动摇了。中国过去有一句话："人为万物之灵。"这一浅显观念的出现，是说明人本来是与万物并生，未曾感觉到有什么分别；可是，由于人类文化发展到了相当程度，因而人的自身有了自觉，却感觉到自己能成为万物之灵了。这一个观念的提出，确立了人在万物中的地位。严格地说起来，只有在人自己意识到了他自己所处的地位和责任之后，文化才真真实实地生了根。

西方希腊诡辩派始祖普拉塔哥拉斯（Protagoras）说："人为万物的尺度，非存在与存在，由人决定。"他这一论点，从知识方面看，发生了极大的扰乱作用；因为，若一切以人之主观去作衡量，以我之是为是，以我之非为非，结果，知识的客观性便完全失去了。然而，从另一方面去看，普氏的论点，却有一点值得注意：在普氏以前，希腊哲人所追求的只是自然哲学，只是去了解自然，而近乎忘了人自己的本身。普氏却从自然中，发现了人自身的特殊存在，也可说，希腊文化到此时才开始从自然中来确立人的地位。从这一点说，它在文化发展的过程中，正有其进步的意义。所以苏格拉底一方面是反对诡辩式，但另一方面，却是继承此派的趋势，而想将希腊文化，生根于人的自觉之上。文艺复兴运动的内容，世人多称它为“我的自觉”，日本朝永三十郎博士，著有《近代我的自觉史》，以说明近代是继承此一线索而发展下来的，我觉得很有意义。在中世纪，神的观念笼罩了一切，神的观念湮灭了人的个性；经过了这一运动，而人的地位和责任，才重新得到肯定。毕可密朗多拉（Pico della Mirandola）说：“由世界创造者所创造出来的东西，都给以一个限定的存在……仅仅人能破除这种限定。”因为他认为人的创造者，特赋予人以自由的力量，上可以昂扬到神，下可以坠落为动物。可以说，近代我的自觉的开始，便是找出人与物的不同之处，来重新奠定人的地位和责任；这用中国的旧名词说，即是所谓“人禽之辨”。

这几十年来，尤其是第二次世界大战以后，风行一时的行为心理学，专从刺激反应来解释人的行为，逻辑实证论则否定认识性以外的一切文化生活的价值。于是，两千多年来，经过多少艰辛努力所奠定的人的地位，开始动摇、颠坠；他们认为凡是不能数量化的东西，凡是超出刺激反应之外的东西，都是来自低于一般动物的迷妄；他们要求把人钉住在一般动物的位置之上，以便他们好作实验、演算。自由世界二十年来，由这种学说的神话而动摇到整个文化的价值系统，我认为这正是自由世界走向没落的征候。不过，他们究竟是在实验、演算；而这种实验、演算的自身，另有其某一范围内的积极意义。并且现时的逻辑实证论者，也不如初期的狂热，对于他们演算范围以外的文化现象，有如道德、宗教、艺术等，多转而采取保留的态度。

我国有些先生们，闻其风而悦之；不做实验，不做演算，甚至没有读通一两部有关的重要著作，却本着“风闻言事”的精神，大吹大擂地说：“人和动物的界限已经没有了。”所有关于文化的价值系列的东西，有如宗教、道德、艺术等等，他们只用三个字便觉得已经轻轻地打倒，即是这些都是“情绪的”；“情绪的”三个字，在他们成了万能的核子武器，遇着什么消灭什么；他们不知道只有人类才能在自己的情绪中，发生一种自觉，因而从情绪中发展出一系列的文化，以建立人类生活的价值、尊严，及安排人与人的合理关系。他们以为人禽不分，是他们的一大发现。其实，孟子不也说过吗，“人之异于禽兽者几希”？可见他不是早承认人与物是大部分相同的吗？但是，人和物之间，究还有几希的不同。中国的文化，乃至世界的文化，都是要求从人与物的几希不同之点，扩大上去。

中国过去从事教育人，是叫人先了解人与物不同的地方，由此而向上；而现在若干中国人，却要大力地去否定人与物的“几希”的不同，而要求把人当作猪狗一样地处理。由此所表现出来的特点，即是否定道德，否定属于道德这一系统的传统文化。有的人，如上所述，轻轻用“情绪的”三个字，便想把它否定掉了。有的人则比较客气，提出“知识就是道德”的口号，以为只要求知识，不必讲道德。中国文化，主要是道德系统的文化；而他们说这种话的目的，正是要人不必讲中国文化。要讲，也只能和地下发掘出的古物，作一样的处理。不错，知识与道德，是有密切关系。然而，知识与道德能成为正比吗？事实上，有知识的人，不一定有道德；有道德的人，并不一定有很多的知识。这种明显的经验事实，他们为什么可以闭着眼睛不承认呢？揭穿了说，他们实际还是要否定道德；最低限度，他们要把道德这一门学问，从现在学问的范围中，驱逐出去。西方有些人这样地主张，是因为这不是在实验室中或逻辑中实证得出来的。所以，在西方的人的地位的动摇，是来自某些实证科学者的夸张或性急。而在中国，人的地位的动摇，却主要是由于有些人为了要否定自己历史文化的价值，因而否定“中国人”的生存的价值。

人和物的不同，有人认为在于人有自觉，而物没有自觉。自觉可以表现在认识方面，也可以表现在道德方面，这本是从人身的两个根源发出来的。但因为二者的关系密切，所以中国人过去常以为有了道德即有了知识，而西方则常以为有了知识便有了道德；当然，其中尽有特出之士，能将二者分别清楚。不过，西方在近几十年的努力探索中，对道德与知识的各别范畴，有了更明确的观念。像萨顿（G. Sarton），他是专门研究科学史的人，是国际科学史协会会长；他在四千页《科学文化史》的巨著序论中说：“希腊文明的终于失败，这并非它缺乏智性，乃是缺乏了人格和道德。”这是从文化史研究中所得到的结论。如果说，知识就是道德，那么，希腊智性的发达，道德也应该发达起来。却为何得出此种结论？可见从知识上建立不起道德的尊严。他并且解释说：“我们所指的道德，不仅是个人的；而应当是公共道德……古代最高洁的伦理运动的斯多亚主义（Stoicism），也以同样的理由失败了。因为他们是个人的，而不是社会的。”他在指出了从希腊到罗马，基督教以爱为中心的文化的发展，便是填补了这一空隙之后，接着又说：“说起来，真是惭愧得很，大体上，一般人当他把握住一个理念之时，常常抛弃了其他的理念，而把他所把握住的理念加以夸张。所以此时觉悟到慈悲是非常必要的人，却不停留在那里，而一下子得出慈悲万能的结论。因此，他们不仅认为研究科学是无益的，而且认为是有害的。……人们要了解无慈悲的知识，和无知识的慈悲，同样是无价值的，是危险的，要经过一千五百年的岁月；可是大多数的人，一直到现在，还是不了解。”这里所指的一千五百年，指的是从希腊到文艺复兴前的一千五百年的历史文化的经验教训。再看爱因斯坦的《晚年思想》一书吧，全书分为六部分：一、我的信条。二、科学。三、公共的事情（道德宗教）。四、原子力社会。五、人物评论。六、我的同胞。一个伟大的科学家，对人类是有责任感的；当然，对他自己的同胞，也会有更深的感情。道德和宗教，爱氏把它放在论公共的事情这一部分，是因为一个人孤立在一个地方时，是无所谓道德的；道德的根源在个人，而道德的作用却是在群众之中，所以说这是公共的事情。他说：“过去一百年，科学的发展有极大的成就；但是，此一思维方式，很显著地把人的道德感情弱化了。”他觉得当前人类的灾乱，便从这里而来。在他的书中，又提到在第一次大战后，有一个人，想使一位荷兰某伟大科学家相信：“人类历史中，权力总是优先于正义。”这位科学家的答复说：“你的这一主张，我无法证明是错误；但果真如你所说，我便不愿生活在此世界中了。”爱氏还在一篇演讲词中说：“所谓科学方法，只是教给人以诸事实相互间的关系，或相互间是怎样的互相为条件；除此以外，什么东西也不能教给人。这种追求客观知识的热情，自是属于人类所能作的最高尚的事。所以，你们各位在此范围内所得到的结果和英雄的努力，我决不轻视；但是，和上面同样显然的事情是：‘这是如此’的知识，并不能打开通向‘这应当如此’的门，即使能明白，而完全地把握到了‘这是如此’的知识，并不能从这里演绎出人类的目标‘应当是什么’。客观的知识，为达成某种目的，可以提供强有力的工具；但目的的本身，及想达到此种目的的憧憬，不能不来自其他的源泉。我们的生存活动，只有设定这种目的，及相应于此种目的的价值时，才能有其意义。真理自身的知识（按即指科学的知识）是很有光辉的；但它不能对人生作指导者的活动，并且连想证明追求真理知识是正当而有价值的事，也不可能。因此，在此处，我们遇着有关存在的纯粹的合理概念的界限。”爱因斯坦，在这种地方，分明指出人所以为人的意义，正因为在科学知识系统以外，还有一个人生价值系统；而从前一系统中，演绎不出后一系统，而是各有来源的。关于后一系统的来源，他指出是宗教。但他进一步则不能不指出这些价值判断，只能作为“强有力的传统而存在”，亦即是只有在人类的历史文化中而存在。除了历史文化，没有价值判断的根源。所以否定中国人存在的价值的人，他一定否定道德，一定否定历史文化，在这种地方，我们可以十足地承认他们的逻辑修养。

对医学生理学有深湛研究，并得过诺贝尔奖金的卡勒尔（Carrel），他综合了现代一切有关人自身的科学研究结果，而著成一书，他的结论即表现在他的书名之上，《人，此尚未知晓的东西》。我们中国有些先生们，谁也不能证明他们曾实验过些什么，便觉得对人的自身都已经知道了，有关人自身的一切学问都被他们打倒了。人和一般动物的区别，他们认为已经取消了。当行为心理学者说“思想是来自人的舌头筋肉活动”时，他们便无条件地说舌头筋肉运动以上的东西，都是不科学的，都已经打倒；在他们心目中所保存的人类文化和人的地位，比极权主义者认为能保存的还要少，还要低，这才是今日自由世界文化中的大悲剧。根据我年来的观察，凡是惰性而又加上破坏性的口号，最容易受到青年的欢迎。因为是惰性的，可以不要听的人费气力；因为是破坏性的，又可以使听者觉得我所不必费气力的，都是无价值的，这便可以惰性得心安理得，并且可以满足青年人自满自大的心理，因为他人辛勤努力的都是谬误的，因而是比我袖手旁观的地位要低一层。有人提出“封建文化”、“资本主义文化”的口号，青年人由此而可感到一切皆已打倒，所以可以无所用心，而一切皆已得到解决，一切皆已得到满足。我们现在有些先生们则把口号更简单化，只提出“情绪的”三个字，青年也能由此而可感到一切皆已打倒，一切可无所用心，而一切皆已得到解决，一切皆已得到满足。在此风气之下，关于人自身的学问，是没有方法讲的。史学，正是关于人自身的学问。

我说的话不一定是对的，但是，我要大家晓得这一时代的艰辛。我们讲西方的学术，要找西方的原著看；讲中国文化，要找中国的古典看；讲社会人生，要拿现实的社会人生作印证。我们不要人云亦云，不要一知半解。要从根本上去求，从深度中去看。要这样才能得到真的学问，要这样才能得到做学问和做人的信心。

一九五九年三月二日《东风》第一卷第七期

樱花时节又逢君

——东京旅行通讯之一

人事中的偶然，有时也会使人发生一种神秘之感。一九五〇年，我随着一个旅行团体，来日本观光，正是樱花时节。一九五一年，我以名实不符的记者身份来到日本，也是樱花时节。这次假借名义，重到东京，再过十来天，又赶上樱花时节。这三次偶然，难说我以垂暮之年，竟与异国的樱花，结上了一段不解之缘吗？

一

日本人种樱花，不是占领一片广大的园地，便是夹着两行长长的街道。所以花开的时候，真像天上的彩霞，梦中的仙境；看花人的心情，也随着花海而沉酣、飘荡。宋人有“红杏枝头春意闹”的一句词，许多人认为一个“闹”字，便把杏花的精神，及由杏花所象征的春的面貌，十足地描写出来了。其实，若把“春意闹”三字用在樱花身上，恐怕更为恰当。难怪日本人把它定为国花；而异地的有闲阶级，也常不远千里万里，赶来凑一分热闹。

不过，就花来说，桃李杏这一类的花，多半开在农历的二月，即是开在春的当中；它们开了以后，还有许多花陆续地分占一段春光。所以从桃李这些花来看人间可爱的“春”，常觉得春是“圆满无缺”。但樱花却要开在农历的三月；它所象征的春，正是春的巅峰，而它的凋谢，也正是春的销歇。仿佛春是被它一手包办了。通过了它去向前展望，再也看不出春的远景；假定把古人咏荼蘼的诗改作“开到樱花花事了，不如收拾过残春”，似乎也一样地恰当。于是看樱花的人，若肯在花下稍事沉吟，很可能从它“娇艳”的繁华中，转出“凄清”的情调；最低限度，这可以说明我个人的一分感触。

二

一九五〇年，日本战败的疮痍未复，除了京都、奈良，少数赖古迹名胜得免于摧毁者之外，以东京为首的各个都市，几乎到处都可以看到断瓦颓垣；而衣服褴褛，面带菜色，更是社会一般的生活现象。所以这一年在樱花下的少女，似乎为美国大兵助兴的意味，远超过自己寻欢的意味。一般人的聊复尔尔，或强颜欢笑，恐怕不及放怀痛哭，还可以减轻情绪上的负担。因此，这一年在日本人眼里的樱花，只不过是“恼人春色”！

一九五一年，因韩战的关系，日本在经济上复兴之速，他们称之为另一次的“神风”；这一年的樱花节，似乎可以说是“杏花疏影里，吹笛到天明”了。但日本民族，是富于感激性的民族。此时正遇上麦克阿瑟元帅，在军事胜利的中途，被杜鲁门撤职；于是麦氏顿成为日本人心中的悲剧英雄，换取了千千万万、不知其然而然的眼泪；所以这一年也只算是“泪眼看花花不语”，而远东的局势，也因此蒙上一层抹不掉的阴影。

经过了九年后，我所看到的东京，经济的繁荣，技术的发展，日常生活水准的提高，都在向作为现代世界中心的美国，看齐靠拢；它已经真正站了起来，和世界的强国，并起、并坐而毫无愧色。然则今年所看到的樱花，应该是令人欢欣陶醉，大家共作“花长好、月长圆”的祝福了。低调地说：日本已由战败的变局，进而为一般国家所处的常态；在常态下所看到的樱花，依然会令人感到春光似海的。

三

花的本身是无情的东西，看花人总把自己的感情，投射到花的身上去，而使花也人格化、感情化。每个人的感情，越进入到现代，越缺乏个人的自主性；无形中常随着世界潮流的感染而漂荡不定。世界潮流的动向，有它的表层，也有它的基底。表层与基底，尽管是密切相连，但并不一定呈现相同的面貌。一般人对表层的接触容易，对基底的接触却有些模糊。但真正与人以决定的力量，因而使人于不知不觉之间，在感情上受到最大感染力的，却是社会潮流的基底。譬如从表层看：日本能免于德日战后的东西分裂，保持一个统一的国家，这真是它的大幸，也是它抓住时机，迅速复兴的重要原因之一。

但日本真正是统一的吗？不仅思想的分裂，在自由世界中是数一数二；并且在意识形态上，都市农村是互相对立，知识分子与一般人民大众，是各不相干，青少年人和中老年人，也似市与乡，有一条划分得清楚的界线。表层的统一，掩饰不了作为一切活动基底的意识上的分崩离析。这是当然的，因为现代之所以成为现代，正是以精神分裂作为其重要的特征。在精神分裂者心目中的樱花，很难塑造出一幅统一的艺术形象。

四

这几年我在山里住得太久了。一旦进入到这座五光十色的花花世界，变成呆头呆脑，真像刘姥姥初进大观园。不错，人在由科学所成就的物质世界中，是一天一天地变得更为渺小了。昨天下午六时左右，第一次试坐东京的地下铁道，候车的人真是人山人海。日本人虽然很守秩序，但在这种人潮压迫之下，上车时车站的站员，不能不用尽气力，把乘客拼命向车门里面推，这样便可使车内挤得水泄不通，加强运送的速度。九年以前，似乎还不须如此。我在挤得吐不过气的人潮中，突然感到眼前的场面，便是现代文明的缩影。人本来是去坐车的，但能挤进车去，并不是出于自己的意志和力量，而只是被动地任凭与自己无关的力量在推来推去。进车以后，大家肩摩踵接，在形迹上，可以说把人与人之间，变得再密切也没有了。但大家只像捆在一起的木柴，彼此绝没有由生命所自然发出的互相关连的感觉。这正是现代文明的作品，也是现代文明的形象。

现代文明，是把人从属于自己所造出的机械。机械变成了主体，而人自己反成为机械的附庸。由机械的构造、活动的要求，而把人组织得比过去任何世纪更为紧密；但组织在一起的人们，彼此只有配合机械的协同动作。这种协同动作，与每一个人感情意志无关，因而很少有情感的交流、意志的结合。人与人的关系，变成了机械零件与零件间的关系。法国哲学家 G. Marcel 在他 *Les*

Hommes Contre L'Humain 书中，强调现代“人性的丧失”。这恐怕是现代文明的必然命运。从丧了人性者心目中所看到的樱花，在与疯狂的脱衣舞相形之下，会使人感到黯然无光、索然乏味的。我真不了解，还是世界的命运影响了樱花，抑是樱花的命运影响了世界？

呆笨的头脑，突然进入到这样复杂繁华的现代社会，内心由一阵骚动而转为混沌；由混沌而酿出许多莫名其妙的哀愁。下面这首打油诗，未能把我漂泊无依的哀愁说出千万分之一二。

蓬岛重来老学生，空虚何事苦追寻。
层楼雾酿千年劫，故纸虫穿万古心。
猿鹤凄迷怜旧梦，烟花撩乱接残春。
流觞社鼓俱陈迹，休倚危栏望醉人。

一九六〇年四月二日《华侨日报》

不思不想的时代
——东京旅行通讯之二

我们可以从各个角度来说明现代社会生活的特性。不思不想，大约也是现代社会生活特性之一。

一

西方的哲人中，有的把“思想”当作人与一般动物的分水岭。的确，人在开始知道运用思想时，才一步一步地从自然状态中挣扎出来，建立适合于自己要求的文化。这里所说的思想，是把各个层次的思考、思辨、反省，都包括在内。它的特性，常识地说：第一，是把感官所得的材料，通过心的构造力与判断力，以找出这种材料的条理、意义，及与其他材料的关连，和它自身可能的趋向。第二，是把客观的东西，吸收消化到主观里面来；又把自己的主观，投射、印证到客观上面去；由这种不断反复的过程，而把主观世界与客观世界，经常连系在一起。由上面的两种作用，便把人生向深度与广度方面推展、扩大，因而能把人与人，人与物，作有意义的连结，并向有意义的方向前进。人类的文化生活，便是这样一步一步地建立起来；人类自然的生命，便是在这种文化生活中而生存发展。思想的停滞，是人开始向动物的下坠；也是自己的命运，离开了自己的掌握，而开始向一种不可测度的深渊下坠。

二

不过，若是我们说思想是人之所以为人的特性，则这种特性的发挥，并不是一件容易的事。首先，它会受到各人天赋上的限制；对思想的要求与能力，各人并不相同；所以任何时代，并不是所有的人，都能作同样深度的思想。

更重要的是，它会受到生活上的限制。若是体力劳动，占领了整个的生活时间，任何人也不能好好地思想。希腊的“学”，是出于商业资本已有了相当存积后的生活“闲暇”；为了得到这种闲暇，柏拉图和亚里士多德们，竟会承认奴隶制度的合理性。而孟子所说的“劳心”“劳力”的分工，这是历史事实上的必然，并不含有什么阶级反动的意识。因此，现代由科学进步而来的技术上的成就，是对于人的体力劳动的解放；同时也应该是思想能力的解放。

但事实上，越是现代化的地方，便越是不思不想的地方。有人说，现代人不追问“为了什么”，而只追问“怎么办”。例如不追问“为什么要就职”，“就职后应当如何”，而只集中于“怎样才可以就职”。“怎么办”，当然也是一种思想的运用，但这种思想的运用，常是以感官为主，把思想拘限在事物的表层上，拘限在事物的孤立的个体上；作为思想特性的向深度与广度的推展扩大，在这种情调之下，是发挥不出来的。所以现代人只是生活于自己表层的“感官机能”。这种感官机能，并不曾通向自己的内心；更不曾把感官的活动，在内心上稍加凝注，因而把它由向内的沉潜而加以提炼、净化。同时，仅靠感官机能所了解的客观事物，也是各个孤立的；活动的本身，只是从“这里”被动地移到“那里”，没有法则上与意义上的关连。一个人，仅凭眼睛看，耳朵听，而不把看的听的反求之于自己的心，追问一下看和听的究竟，便只是茫然地看，茫然地听，并不能真正意识地感到是“自己”在看，“自己”在听；即是看和听，并没有真正和自己的生命整体连在一起，只是在“眼前”“耳边”，飘来飘去。同时，被看和被听的东西，因为不曾与人的生命整体连上，所以也只是“过眼云烟”，客观的东西，不曾真正和主观连在一起。因此，现代人的生活，是在探求宇宙奥秘面前的浮薄者，是在奔走骇汗的热闹中的凄凉者，是由机械、支票，把大家紧紧地缚在一起的当中的分裂者、孤独者。再简单地说，现代人的生活，既失掉了主体性，因而也不曾把握到客观，而只是一群熙熙攘攘的“阴影”。这比佛说的“芸芸众生”，还要混沌、空虚、飘荡。为甚么？因为现代人已经把“思想”从自己的生活中，驱逐出去了。

三

这一趋向的形成，一般地说，是由于每一个人，都被编入于万能化的技术家政治（technocracy），及日益扩大的官僚政治（bureaucracy）之中，使每一个人，不是以“一个人”的身分而存在，乃是以“大众”的身分而存在。“大众”这个名词，我觉得很有意思。一个人，在万能的技术与庞大的官僚集团之前，真会感到太渺小、无力，失掉了存在的权力与勇气，于是只好以“大”而且“众”的集体形相，来向技术与官僚，争取一点平衡，表现一点存在。这样一来，每个人，只有被动地依靠“大众”，才能获得生存的安全感。好比我们过热闹的十字马路口时，假定只有自己一个人，即使是按照绿灯开放的时候走过，也免不了要向左右探望几次；因为一个人在汽车冲来的时候，不仅无力抵抗，并且也来不及和他理论，所以总得迟回瞻顾。但是有一大堆人时，说走过，大家便很安心地走过。这时并不是甲倚靠着乙，或是乙倚靠着甲，而只是漠然地倚靠着“大众”。一切要倚靠大众，每个人只能以大众的身份而存在，这便会慢慢地置个人思想于无用之地，因而把人的“主体性”逐渐地丧失了。笛卡儿曾说过“我思故我在”的一句话，我现在把这句话作便宜的解释是：人才能够思想。现代人已经把“自我”的主体性淹没在技术与官僚之中而成为“大众”了，当然会过着不思不想的生活。

四

现在，想再从另一角度来说明现代人不思不想的生活情形。科学，是人类思想所得来的最辉煌的结果。可是，现阶段的科学宣传者，正在用科学的招牌，来加强现代的“无思想性”，这真是更矛盾的现象。

人类思想的动机，常是来自在感官生活中的有所不足。譬如仅凭看，仅凭听，仅凭行动，似乎觉得对某种事物把握得并不完全；觉得在可看与可听的后面，似乎还存在着看不见，听不到的东西，这便自然会引起思想作用。科学的目的，本是在于要把不可用数字测量的东西，变成可用数字测量，把不可用耳目感官视听的东西，变成可用耳目感官去视听。的确，科学在这一方面，已经得到了伟大的成果，与人类以不可思议的贡献。并且科学发展的成果，不仅代替了人的体力劳动，同时也代替了人一部分的思想活动；最显著的莫如计算机。但若仅就这种代替性来讲，它不是对思想的取消，而是由对思想某一部分的节约，以便转用到更深更远的方面去；好似不能因为有了计算机便不要数学家一样。

更重要的是：在人类生活中，永远存在着只能由心灵去接触，而不能完全诉之于用耳目感官去感受的东西。这种不能完全诉之于耳目感官去感受的东西，并非等于不真实，更非等于不需要。站在人的生活立场来讲：或许这些东西即是最后的真实，最后的需要。宗教、道德、艺术这一属于“文化价值”系列的东西，便是如此。现代科学宣传家，对于凡是不能用自然科学方法处理，不能使其可用数字测量，不能使其可用耳目感官去感受的东西，便认为皆是不真实的、不需要的东西，而要求从学问范围中加以放逐，亦即要求从人的现实生活中加以放逐；于是文化中的“价值”系列，与文化中的科学系列，切断了关连，要求现代人的生活，完全活动于感官活动范围之内；科学与商业连合起来，尽量使人的感官，得到圆满无缺的满足，以消蚀使人去思想的动机。由此所发生的人类问题，其严重性恐怕不在前面所说的情景之下。

五

一九五一年我在东京时，有位日本朋友请我看了一次日本的旧戏，引起了我许多感想，使我写了一篇《从戏剧看中日民族性》

的通信。这次来到东京，托朋友之福，有位台籍的明慧多姿而又多赀的郑小姐，请我看了一次东京的现代歌剧；节目的紧凑，场面的壮丽、瑰奇，变幻莫测，真使我这个乡下佬，看得“眼花缭乱口难言”了！但看完后，不仅没有引起我的什么感想，连在场的日本人，既没有笑声，更没有叹息之声，因为它连起码的感染力也没有了。

“笑”是很轻松的事。但现代的笑匠，很少能引起一个成年人的真正的笑。中国有两句成语：“会心微笑”，或“相视而笑，莫逆于心。”这两句话是一个意思：即是真正的笑，是要把感官的东西凝注在心里面，心里面发现有由感官所诱导，但并不能由感官所完全表达出来的可喜可悦的东西，这才自然而然地会发出真正的笑。所以笑与人的“心”是不可分的。现代笑匠们的动作，一传到人的耳目感官上已经完事了。做得好，也只会使人“嘻嘻哈哈”，并不能引出代表内心喜悦的真笑，更说不上带有眼泪的笑。

这场代表现代文化的歌剧，只是从声和色方面，使耳目的感官，得到一连不断的新奇印象。剧本的一切，都感官化了，都表现在声和色的上面了；声和色的后面，已一无所有；人们在感官上所得的东西，不消凝注向内心里面去，已经从感官上溜走了。这完全成为“无意义的热闹”。无意义的热闹，或许就是人们所说的“胡闹”；这岂不可以说明现代人何以会过着不思不想的生活的一面吗？何以会如此？因为现代的科学宣传家，坚决主张在感官能直接感受的部面以外，只是情绪的虚幻，应该用数目字的演算去把它割掉。

六

更显明地表现现代人生活情调的，再不妨说到东京盛极一时的脱衣舞。男性对于女性，假定有了好感或野心，常常会通过女性穿的衣服而发出许多幻想。一位女性，常常是在这种幻想中而增加其神秘性、复杂性、艺术性；因而也可以把性的单纯观念冲淡，乃至加以净化。并且这种幻想的本身，也是使人用思想的有力动机，乃至也是可贵的一种思想方式：人在这种思想方式中，一样可以把自己的生活深度化、广度化。若再加上中国所说的"发乎情，止乎礼义"，则男女性的关系，便更能维持正常而圆满的关系。但现代文化的性格，却不容许这种有意义的幻想，更不承认有所谓看不见、摸不着的止乎礼义的"礼义"。所以干脆把女人的衣服，在大庭广众之前，脱得一干二净，使大家能一览无余，再用不到隔着衣服去"猜"去"想"、去出神发痴；因而把男性对女性的要求，只凝缩到最单纯的一点上面去；这种直接了当的办法，该多么合于现代人生活中的科学法则、经济法则。所以在东京脱衣舞的后面，是隐藏着整个的世界和整个的文化的现代性格。现代人的生活情调，在不知不觉中，正向此一方向发展。现代的文化，使现代人对于要看的东西，一眼便看到、看尽、看穿了。对于不能看到的东西，有如对女性的神秘感、艺术感，乃至羞恶之心等，则贬斥到虚幻的角落，而代替之以彻底的现实感与单纯化。假使有人出而反对，最客气的也会骂作"卫道者"。被骂作"卫道者"的人，在现代人的心目中，比骂作"强盗"还可恶！这是台湾的报纸，为了掩护他们大量利用黄色新闻以作赚钱工具所经常使用的手法。

但是，凡是脑筋正常的人，谁能看了一次脱衣舞后，再想去看第二次呢？谁肯残酷地要求自己的爱人，整天地脱衣伺候呢？人究竟是人，人不甘心处于动物的地位，而依然要追求耳目感官所感受不到的东西。所以对于“脱衣文化”的反抗，是必然的；因而对于思想的再跃动，也是必然的。

七

这里不要误会，以为此种不思不想的生活，是科学发展的必然结果。目前的现象，只是来自人忘却了自己的主体性所发生的虚脱现象。科学的宣传者，要人忘却自己的主体性；但科学的自身并不曾要人忘却自己的主体性。没有“人心之灵，莫不有知”的主体性，则“天下之物，莫不有理”的客观性便不能成立。使人化为物的是人的自身，科学家也并不曾叫人“物化”。因为科学还不能造出人的生命。所以要从目前动物化的不思不想的生活状态中超拔出来，所要求的是对科学的反省，对人自身的反省；而决不是反对科学。这种反省的开始，也即是思想活动的开始，也即是人恢复了自己在科学中的主宰性，因而成为更高度的物质世界中的主人的开始。此时的科学，自然会驯伏下来而成为人类思想的助力与结果。

一九六〇年四月十二日、十三日《华侨日报》

本文中所提到的郑小姐，当年凭借她的美慧多才，赚下许多钱，以奉养她的母亲，抚养她的几个弟弟。我去年听说，她的母亲因为她人老珠黄，弟弟们长大，便把她扫地出门了。这也是现代文化中的插曲。

一九七〇年十二月十二日校后志[1]

① 编者注:本校后志系本文收入《徐复观文录选粹》(萧欣义编，台湾学生书局印行)时所加。

从生活看文化

——东京旅行通讯之三

有人说“文化就是生活”，这句话，我觉说得太笼统。动物也有生活，但我们很难从一般动物生活中找出什么现象可称作文化。

一

文化是从生活各种程度的反省中而逐渐建立起来的，所以由生活的目的性、理想性所建立起来的东西，我们才可称为文化。因此，生活与文化之间，并不能简单画上一个等号。现在许多人把文化这个名词用得太滥了，反失掉了此一名词成立的本来意义。不过，文化一定是从现实生活中升华起来；并且升华以后，依然应当，并且也必然会落实和扩大向现实生活中去；因而生活与文化，常常是紧密相连，这倒是无可怀疑的。所以我们可以从文化方面去看生活，也可以从生活方面来看文化。

文化，是不断地在变迁，所以中国第一部有哲学意义的书便称为“易”；“易”就是变易。文化的变迁，有的是出于自然的趋向，有的是出于人为的努力。在变迁中要找出一个不变的东西，这是古今中外，人类在文化上所发生的共同要求，这里不涉及此一问题。但即使是要追求不变的东西，也不过是想作为变迁的根据，作为判断变迁的价值和方向的标准。决不会因此而否定变迁的必然趋势乃至对变迁的要求；所以文化的变迁，是不会成为问题；所成为问题的，是文化在如何地变迁？以及应当如何去变迁？文化上的争论，大体是从这里发生的。就我国来讲：这是贯穿于庚子变法、辛亥革命以及五四运动的大问题。

二

中国现在大陆的情形，一切是从根子都变了。这些变的要求，实际孕育得很早，尤其是在五四运动时代。从某一方面说：共产党是继承五四时代的要求而使其现实化。但这里我所要追问的是：共产党在许多地方，是在彻底实现五四运动时代的要求，为什么直接或间接参加了五四运动的人，对于共产党的作法，却又剧烈加以反对呢？问题很简单，五四运动，是代表中国历史的一个大转向；即是中国历史，到此已非大大地转变不可。并且这种转变的趋向，随客观要求的深刻化，便会表现为对传统文化的打倒。这时的知识分子，只顺着要变的倾向，而一往直前地向前去冲。谁能冲在前头，谁便是英雄，谁就有号召力。于是文化上的变，和现实的社会生活，完全脱了节。这种与生活完全脱节的文化运动，不是消散于空虚之中，即是需要凭借暴力才能加以实现。因为悬空的文化运动，不可能领导社会走上正常而坚实的前进道路。因此，从生活上的演变情形，来看文化变迁的途径，或许也可以供对文化有责任感的人们以参考。

三

我隔了九年再到日本，由于现代技术突飞猛进，日本人的日常生活，在物质这一方面的变迁，真使人有隔世之感！这种变迁，大约可把它分成四种形态：第一是旧的东西，加上了新的解释。譬如说，出门带“便当”（饭盒），这是日本人生活中的老传统。我有一次，同朋友买现成的“便当”去野餐，便当上面，附有由五种不同颜色的图表所作成的说明书，根据图表，“便当”里面的东西，可以变为人体的气力与体温的食物占百分之四十，可以变为人体的血与肉的食物占百分之二十，可以变为人体的骨与齿的食物占百分之三十，可以调和人体的情调的食物占百分之十。此外还有增进食欲的东西，未列在百分比里面；所以总加起来，这一份“便当”，有五大特色，对于购买者，有百分之百以上的营养价值。但打开一看，却完全是几十年前的东西，没有一点新鲜事物。当时我觉得日本的商人，未免宣传得太过了。但仔细一想，这种新的解释，是经过了科学分析的。由于此种分析，不仅重新肯定了这种“便当”的价值，使人放心食用，同时也提高了吃“便当”者的兴趣，增加对“便当”的理解，而使它发挥了更大的效能。所以这种新解释，实际也是一种新安排，甚至也可以说是某种方式的创造。因为现代人，要求有这种新解释。不过，这种解释的意义，乃是立基于现代人人可以承认的科学方式之下。不如此，则反会引起人们的疑虑，得到相反的结果。

这几年来，我反对毫无理由而否定中国传统文化的人，但也同样讨厌对中国传统文化作牵强附会地歌颂的人。所以把传统文化作适合于现代人的理解力的新解释，是一件大事、难事，而须许多人好好去作一番努力。

四

第二种形态，是新的内容，却保持旧的形式。最显著的，莫过于日本女人所穿的草履。草履，当然是用“草”作的。但现在几乎都是用化学的化合物作成，草履的“草”，早已不知去向了。买草履的太太小姐们，决不会因这种名实不符而与商人发生争论，更不会因这种名实不符而听到伤今怀古的叹息之声，也没有革命家在这里嚷着革命得太不彻底。为什么？化学化合物，比“草”作的要便宜、轻捷，而且更美观，为什么非用草不可呢？这种草履之发生，是为了适应日本房子里不能穿鞋子，因而减少出入穿鞋脱鞋的麻烦。这种需要存在一天，为什么一定要把它完全革掉呢？现实生活，无言地解决了变迁中的纠葛。

第三是代替与并存的形态。这几年因为我特别留心家庭生活，所以这次到百货店，常常留心厨房用具，乃至家庭用具，我发现日本人在这一方面所用的旧东西，几乎都被淘汰了，而代替以各种各样的电器化、塑料品的东西。这些东西，第一是便利，第二是美观，第三是价钱便宜，富有社会性，所以不经过任何斗争便发生了新旧间的大革命。但是，三十年前用来装书的这一类的软篾箱子，居然还在最大的百货公司“三越”里面找得出来，使我为了运书问题而松了一口气；因为大概目前还没有什么东西可以代替它，所以它依旧安然无恙，我回台湾时还可以利用它。同时，用竹、木所做的旧式东西，却从日用品的地下或一楼而升迁到五楼或六楼去陈列，价钱贵得吓人！原来它们已由日用品而升为艺术品了。当然这种升，必须具备某种艺术的条件，不是可以滥竽充数的。它们的销路固然不会大，但人类社会之所以可贵，便在于除了热门货以外，还有这类的冷门货，以满足少数人的特殊兴趣。在这里，用不着前进分子、革命分子，向这一个角落鼓噪；因为这里有选择的自由，你不高兴，你不买它好了。等到一切人都不买它时，它自然会从商场匿迹了。

第四是从无变有的形态，这正是社会前进的显明结果。在没有拿出新东西以前，不要空嚷着，怕社会不接受；先把有了的拿出来，接受社会的考验；在考验中作技术和经济上的改进，自然会刺激社会新的需要，开辟新的市场。九年前日本没有电视、没有电动洗衣机等等；现在有了，用的人一天多一天，社会的生活既因此而提高，发明、制造的人也发了大财，岂非两利之道？许多没有结果的纷扰，是来自一无所有的空心大老板，骂这骂那；但文学、哲学、史学、一切社会科学、一切自然科学，都是望梅止渴的空架子，拿不出一样东西来，这是最无办法的事。

五

作为一个社会的整体的变迁，是上面四种形态，自然结合在一起。其中有时某一形态的比重或者特别轻，或者特别重，都是另有动力，而由现实生活加以判断，似乎用不着什么斗争。当然，这须要有充分的政治自由，以作为此种和平变迁的前提条件。假定有人用政治的强制力量，硬来保护“劣货”，推销“劣货”，其相激相荡，由思想斗争而演至革命流血，亦事有必至，理有固然。

我在东京百货商店里，深深体会到在自由选择之下，“天地密移”的道理，而感到中国百多年来知识分子由于意识与生活脱节所发生的大不幸。不过，日本社会这种现代化的变动，主要是来自技术家和工商业的经营者，与思想家无关。日本的思想家（假定有的话），一样是与现实社会脱节的。

一九六〇年四月廿二日《华侨日报》

从“外来语”看日本知识分子的性格
——东京旅行通讯之四

一

拿一件具体的事情来推断某一整个现象，很容易流于“以偏概全”的危险。尤其是现代的知识，本是多歧的，所以现代的知识分子，也一定是多歧的。通过“外来语”这一个事象以推断日本知识分子的性格，上面所说的危险性将更大。

不过，在同一时间、同一空间的许多共同生活因素之内，无形中，常有为人所意识不到的共同伏流，贯穿于各种不同的活动形式之中；而这种共同伏流，也常会通过公约数最大的事象而表现出来。外来语，正是日本文化活动中公约数最大的事象。从外来语看日本知识分子的性格，或许也能浮出日本知识分子性格的一面。

所谓外来语，这里所指的是以本国文字去拼外国语的音所形成的语言。譬如香港的“士多”、“的士”，这即是外来语。外来语的发生，一是来自新鲜事物的出现，有出于本国语文所能表达的范围之外；一是某种新观念之介入，很难用本国语文的意义表达它原有的意义，或者因勉强地表达而使人发生误解。因此，外来语的发生，是人类文化交流的自然结果，也可以说是人类文化由交流而丰富、进步的象征。现在没有不包含外来语的民族语言，就是这种道理。

不过，人类对于文化的吸收，也和对于食物吸收的情形一样。吸收食物，必须经过一番消化作用，使食物变成自己的东西，才有营养的价值。所谓“消化”，是把吸收进来的东西，重新加以“消解”“变化”，在取其精而遗其粗的过程中，加以新的构造。文化的吸收消化，也常表现在新名词的构成上面。譬如说，中国原来没有“汽车”，汽车这样新鲜东西进来了，没有原来的名词可用；若用英文的原名称，又感到太陌生了，大众不易接受，于是把原有的“汽”字和“车”字合在一起而成为“汽车”，这即是经过了一番消化、构造，而成立的新名词。日本称为“自动车”，情形也是一样。至于bus，可以用“巴士”的外来语，也可用“公共汽车”的新名词；两者的本身，都无是非得失之可言。不过香港人称“巴士”的多于台北；台北称“巴士”的人多于台湾其他城市；乡下人则只称“公共汽车”而不称“巴士”，这里却说明了对外国风习感染性的大小。Democracy，在五四时代多称为“德谟克拉西”；现在则多只称为“民主”。这一些无形的演变，也说明在新名词上由吸收而消化的自然过程。这一过程，对外来语又发生了一种制约性，不至使它有过分的膨胀泛滥的现象。“民主”这一名词，在西周初年已经有了，意思是“君为民之主”，与现在的含义恰恰相反。但新名词的创造，总不出于拼凑、并用、联想等构造、消化作用，一经约定俗成，大家也就安之若素了。

二

日本接受西洋文化，还在中国之后；魏源的《海国图志》，曾对日本发生了启蒙作用。但日本接受西洋文化的速度，却远在中国之上；他们的假名，较用中国字拼外来语的音，又远为便利；因此，日本所流行的外来语，远较中国为多，这是很自然的事情。

不过，日本自明治维新以来，外来语虽然一天多一天，但把外来语消化为本国语的新名词，实际也即是消化为汉语的新名词，却占很大的比例。汉语，对日本人而言，也应算作外来语；但因日本原来没有文字，不得不以汉文作他们文字的主体，所以汉文也等于是日文。战后十多年来，不仅把外来语消化为汉语新名词的工作，无形间已完全停止；即使在日常生活间，日本已有极为流行的文字语言，日本人也常弃置不用，在报纸、杂志、广告，乃至公共社交场所，大家都喜欢用外来语。用日本的假名拼外国音，固然较用汉文音远为方便，但有的拼音依然是无法一致的；所以假名拼出的外来语，既不是日本语，也不是外国语，只是一种不三不四的中介语。现代日本的知识分子，宁弃已经约定俗成的自己流行语于不用，非用这种不三不四的外来语不可。所以，现在日本的外来语到底有多少，没有人能够统计，更没有一部完全的辞典，而只能笼统地说，有数万字之多。因为它是在无限制地增加，任何详细的外来语辞典，都不能够满足看报章杂志的需要，但较详细的外来语辞典的销路，并不及极简单的外来语辞典销路之大；这说明日本人对于无穷无尽的外来语，实际也多采以不了了之的态度。这种现象，应如何加以说明呢？

三

首先我们要了解，把吸收的食物加以消化，必须具备有胃液胆液等类的消化能力。要把外来语消化构造为自己的语言，也需要有一种文化的消化能力。日本对西方文化的消化能力，是由德川幕府时代的儒教所蓄积起来的；这种蓄积，到了大正时代，已经开始消耗净尽，在战时中几乎回到了精神的野蛮状态。现时的日本，似乎已没有文化的消化力了。若用生理作比喻，我们在文化上是患着便秘症，而日本在文化上则害的是直肠症。所谓直肠症，是吃什么，便拉什么的病症。表面上看，日本对新鲜事物感受之快，对世界出版物翻译之快，介绍之快，恐怕在世界上是少可比拟的；但除了技术性的东西以外，日本人似乎永远只是一个日本人；在他们生命的内层，并不会因这些五花八门的东西而真正增加了什么。日本处于东西接触最为便利的形势，对东西文化，由融合而产生更高的新文化的工作，应当有所贡献；一部分日本人，也曾这样地想。但事实上，日本有思想文化上的经纪人、摊贩者，而没有思想文化上的工厂。有位日本的老学人曾和我说："文化有三种形态：一是固有的，如中国；二是合成的，如日本的明治时代；三是殖民地的，如印尼、菲律宾。我们日本战后的文化是殖民地的文化，现在慢慢地在转好一点。"我不愿说日本是殖民地的文化，而只感到日本的知识分子，一直是患着直肠症。反映在语言的运用上，开始是喜欢照外国音拼假名，不消费点构造的脑筋和联想的作用；再进而反以这为摩登时髦，表示自己认识外国字；而实际只是吃什么，便拉什么的直肠症的最直接的表现。

文字太少，太固定，会因表现力不足而陷文化于贫窘。语言太多，太流动，也会因表现力过剩而陷文化于混乱。顺着当前日本外来语增加的趋向，到底会得到怎样的结果，似乎是值得考虑的。

四

日本知识分子在文化上所犯的直肠症，若稍稍寻找它的病源，我以为日本的经济，虽然早达到了工业资本的阶段，但日本知识分子的精神，却充满了商人的气质。

商人气质最突出的表现，一是“事大主义”，即我们所说的“向高帽子作揖”；一是“赶热主义”，即是“只烧热灶”，决“不烧冷灶”。这二者都是互相关连的。

日本在战时以侵占中国的疯狂心理，作了些研究中国文化的工作。这种工作，因动机之不纯，而不会有学术上的结果，是不待多说的。战后对中国文化的态度，则大为冷淡。但各大学里几乎都成立了“鲁迅研究会”；鲁迅的地位，已代替了整个中国文化的地位。日本过去何以会彻底接受中国的文化？因为中国是“大”；现在鲁迅的地位在日本知识分子的心目中，何以有这样的高？因为中共提倡鲁迅，而中共在日本人的心目中，依然是“大”。假使中共突然发动清算鲁迅而返转身来捧胡风，日本人可能立刻把鲁迅研究会改为胡风研究会。日本人对西方文化的态度，也约略是如此。从另一角度看，日本人对于汉字的看法，本来早有出入；但近来废除汉字之声更高，汉字的使用更少，与外来语泛滥的情形，恰成一反比例。这除了原有的论点以外，却加上中共要废除汉字的因素。日本的汉字应不应该废，我没有讲话的资格与必要；

但日本若废除汉字，则它有现成的假名可用，与中共的拉丁化，并不相干；但日本研究中国文学的人，却赶快跑到北京去向中共学习拉丁化。这种学习的动机，实际只是“事大主义”的实践。日本假定要废除汉字，可以举出若干理由；但在某大报所发表某教论理学的教授，主张废除汉字的文章里，却把明治时代和现时所翻译的同一段文章作比较，发现明治时代所译的比现时所译的多出七个汉字；而现时的译文，比明治时的译文，要清楚得多，就拿这作为应废除汉字的理由。但若把明治时译文的汉字去掉七个，而只留下假名，或者把现时译文的假名旁边，加上七个汉字，结果还是一样；因为就他所举的译文例证来讲，清楚不清楚，是文句组织上的巧拙问题，与所用汉字的多少，根本没有关系。难道说日本教论理学的人，也和中国标榜论理学的人一样，连这点起码常识也没有？此无他，真正的理由，只是事大主义。

至于文化上的“赶热主义”，比上面所说的事大主义，应当多些积极的作用。因为事大主义，完全是出于政治性的势利眼；而世界上假定有某种新文化倾向成为热门时，总有他所以如此的文化上的原故，是值得去迅速介绍、了解的。但若只顾着赶热，而没有冷下来作主体性的思考的时候，这种“赶热”，便等于台湾这几年来社会上对女明星的一窝风。在飞机场、在电影院门口，一窝风去捧女明星的人，女明星永远和他无涉。两眼只顾东张西望、观风色、抢镜头的文化工作者，一切文化，也只落得掠身而过。好似在飞机场上挤了一身臭汗，望了女明星一眼，夜晚依然要回到四个半榻榻米上蒙头独睡。

五

商人的气质，和商人的现实主义，有互相循环的关系。商人的现实主义，是把一切利益集结到金钱；而金钱的利益，又只凝缩到当下的一刻。只从当下一刻的金钱利益去看整个的社会、人生，乃至宇宙，这便是商人气质的由来；而商人气质，也正是为了实现商人的现实主义。日本的知识分子，对实际问题的看法，也正是这样。

在五年以前，我曾在本报上发表过一篇《论李承晚》的文章，指出这种把自己无穷的权利欲，错认作是自己无穷的能力和声望的东方式的老人，对于东方以及他自己，会招到悲惨的结果；现在真是不幸而言中。但我们对于南韩当前的事变，总是不知其然而然地出之以悲悯之情。但日本的报章杂志，却一致出之以幸灾乐祸的心理，和站在旁边看笑话的态度。并且李承晚垮后，在过渡政府中，有六个曾在日本受过教育的人员，日本人即欣欣然有喜色，认为南韩今后会向与日本残余的殖民利益相结合的方向发展。

不特此也，号称国民政府友人的许多日本朋友，几乎一致大言不惭地认为现时台湾的同胞，非常怀念日本的统治，觉得现在的政府赶不上日本的总督府。言下之意，台湾还有一天会回到日本殖民主义的怀抱。但是日本许多人提到蒋总统时，还说几句客气话，而对岸政府却骂得狗血喷头；难道说这些日本人真认为日本的统治者赶不上台湾，而要归到蒋总统的治下吗？国民党的措施，诚有许多不能令人满意，但是难道说台湾的人民，要求回到日本的殖民时代，政治上不能当一个科员，经济上没有一个银行，没有一个工厂，文化上只有一个中学，只能学点起码技术，而不许学点政治、法律、教育吗？日本的知识分子，对南韩、对台湾，纵然没有真正由良心发出的歉意，难道说对问题的观察，也会这样浅薄吗？此无他，商人的现实主义，掩蔽了他们应有的智慧。

不过，他们为了追求现实利益，也有另一面的手法，这种手法，不妨用东亚影展来作一例子。他们为了要获得香港和南洋一带的电影市场，于是在东亚影展中，不拿出自己第一第二流的片子，不拿出自己第一第二流的明星，以便把荣誉平均分配给和香港、南洋电影市场有密切关连的两家电影公司；一面使他们皆大欢喜，尽量帮它开辟市场；一面使他们自我陶醉，不求进步，受到时间与社会的淘汰，这种策略是很技巧的；但一经拆穿后，日本在国际上，还会结交到一个真正的朋友吗？

六

我以“老学生”的心情来到日本，在日本所学取的，乃至使我佩服、惭愧的人和事，真是不少。但作为一个民族，一个国家，分担一份时代艰苦使命的立场来看，日本的知识分子，在可以有所作为的当中，却受到了自己基本性格的限制，这不是日本前途之福的。譬如许多人说，日本战后的自由是太多了；不过我认为，自由应当是暴力的克星；但日本的议会政治，实际含有暴力政治的重大因素，随时可以被右翼的人取消，随时可以被左翼的人取消，并且也临时取消了许多次，所以民主政治，并没有在日本知识分子生下根，这一点便可酿无穷之祸。

为甚么会如此？因为日本知识分子，似乎失掉了文化的消化力量，所以外面是七宝楼台，而内心恐怕是一无所有。社会的进步，大概应归功于两种类型的人：一种是向前追、向前跑的人，这种人以“鹰隼击高秋”的精神，抓住每一个可以利用的新鲜事物，发展了与工商业有密切关系的技术；一种是在人潮中停下脚来，抬起头看，低下头想的人，这种人在他向高处看，向深处想的当中，摆脱了眼前的、局部的利害的束缚，亦即摆脱了“大小”“冷热”的束缚，而浮出了人类大利大害的慧眼与责任心，以形成充实人生、社会的思想文化。前一种人是识时势的俊杰；后一种人是反省时势，扭转时势的圣贤。日本的知识分子，愿意当俊杰的人太多，愿意当圣贤的人太少，这便令下焉者走上随声附和，上焉者会走上夸父追日之途的。当然，认真地讲，还不仅是日本知识分子的问题，而是整个自由世界知识分子的大问题。

一九六〇年五月五日、八日《华侨日报》

按：就台湾十年来知识分子所表现的情形来说，使我感到本文对日本知识分子的批评，是深自惭愧的。

一九七〇年十二月十二日校后志[①]

① 编者注：本校后志系本文收入《徐复观文录选粹》（萧欣义编，台湾学生书局印行）时所加。

日本的镇魂剂——京都
——东京旅行通讯之五

日日环绕于三池矿山的左右势力的斗争，环绕于日美安全条约的左右势力的斗争，似乎织进了东京的每一条街道、每一个商店乃至每一个人；使住在东京的人，都在由斗争气氛而来的混乱、紧张中生活。

一

大家的心境，好像是在三峡的激流中坐上一只破旧的木船抢渡一样。再加以美国 U2 机被苏联击落的事件，更增加了东京的神经过敏症，而使东京的气氛，真越来越尖锐。我便从这种尖锐气氛中，作暂时的逃避，于九日早晨逃避到京都来了。三天来在京都的巡礼，使我直接感到京都原来是日本的镇魂剂；假定只有东京而没有京都这类都市，日本人会成群结队地住进精神病院，还谈什么东方文化呢？

上述的各种时代的激流，一样地从报纸、杂志、电视、收音机等，流向京都；并且京都里面，一样地有充满了斗志的大学生乃至高级知识分子。但这些激流，流到京都以后，从京都整个的社会气氛来说，只算增加了一点琵琶湖上的微波：琵琶湖并不曾因这些微波而汹涌、动摇，失掉它平稳的风貌。若将这里和东京作一对比，则这里是从容，东京是忙迫，这里是宽纾，东京是拥挤，这里是闲谈，东京是喧扰。从东京来到这里的人，我相信都会于不知不觉中，松了一口气，而暂时有回到故乡的平安的感觉；把尖锐、纷乱的心情，恢复片刻的宁静。虽然是片刻的，但对于现代人的生活而言，依然可以发生镇魂的作用。

二

时间之流，只有“过去”和“未来”，很难把握住所谓“现在”。因此影响于人生的各种力量，除了伟大的艺术家、诗人，有所谓“当下”一刻的观照或感动以外，不是把人拉着向前，便是把人拖着向后。近三百年来文化的性格，是把人拉着向前的性格；没有这，即没有一般所说的进步。但假使在一天之中，没有树荫小憩、茶亭小饮、野外或店里小吃的时间，而只是不断地向前走着，一路上纵有好山好水，但到了下午，饥肠辘辘，体力疲乏不堪，人生至此，还有什么旅行的兴味可言呢？现代文化的病根，及由这种病根所发生的危机，正与此相像。只带着人们的精神向前，而没有使人们的精神得到一点安顿，于是现代人的精神，实已过分地疲倦而堕入虚无、暴乱之中，不仅失掉了三百年来一直向前进步的意义；并且快要把这一股文化的力量，加以毁灭了。现代人生活上的苦闷、危机，乃是由于精神上得不到平静、安顿而来的苦闷、危机。

文化上的精神平静、安顿，应当是来自个人内心的反省，由内心的反省，暂时从外界的喧扰、束缚中摆脱出来，使心地归于清明、宁静；以清明宁静之心，谛观外界的事物，而赋与以新的评价与方向。但这只有少数的大思想家才可以做得到，就一般人来说，常要依靠某种把人拖着向后的力量，与拉着人向前的力量，取得某程度的平衡，在平衡中得到精神的平静与安顿，以保持人生的正常状态。京都之在日本，正是发生这种平衡的作用。

东京的一切，都要抢着争“新”，不新便被淘汰；京都的一切，则似乎都要带点“古”的气息，不古，便没有光辉。连近代的东西，也要把它戴上“古”的帽子；所以京都还保持着一段在日本是最古的电车。

以历史悠久相夸的点心店，手工艺术，带有古色古香的陶器店、旧书店，在京都的市面上，直到现在，都占有相当的比重；再加以千年、百年、几十年前所遗留下来的许多庭园和许多庙宇，其保护之周、培植之力，更构成了京都清静幽玄的景色，使游人随处可以发生怀古之幽情。“怀古”，即是把人的精神拖着向后走。但京都不是孤立的；它并不会真地开倒车，因为还有更大的力量拉着它向前。因此，它的向后走，实际只是给向前的力量以若干的制衡作用，以保持它自身的平静。

在上述的京都事物之中，最重要的是庙宇，京都可以说是庙宇的都市。庙宇中有一类是神社；我对日本的神社，素无好感，因为在神社后面，藏着日本狭陋的日本民族精神。即使是京都有名的平安神社，仿造着中国式的宫殿，并有很清幽的中国山水画式的庭园，也无法去掉我的成见。但佛教的寺庙，虽然没有中国寺庙的雄浑，但总能保持一种静穆庄严的气氛，会给善男信女以精神的感染。佛教和基督教，同是世界性的伟大宗教，但基督教的精神，是由尖锐的哥德式的教堂建筑所象征着；而佛教的精神，则系由柔和的线条所构成的寺院顶盖所象征着。寺院的顶盖，都是很崇高的；但构成顶盖的线条，却用的是弛缓的弧形，所以直而不硬，方中有圆，于是在高矗之中，含有与地面相亲和的善意。若说儒家文化，是积极性的和平力量，则佛教便是消极性的和平力量。世界上，只有这两大文化是真正代表人类走向和平之路的文化。

过去，在春季的杭州寺庙中，可以看出对照很明显的两种进香的仕女，一种是从上海来的摩登女人，跪在佛前很急剧地上下其手，以表示她是在焚香拜佛；一面抽签，一面目光四射，她的心事不外是如何从情郎手上多揩点油水，以便大大地享受一番。另一种是从乡下来的老太婆，面前挂一个香袋，低眉落眼，跪在地上半天不起来，真是今生一切放下，只念来生。日本人在神佛面前的男女，其虔敬之情，都近于后一种形态；使我这位旁观者觉得有些抱愧。这一股虔敬精神，即是日本人能吸收文化、保存文化的基本动力。

东京不是没有寺庙的，但早淹没在激流之中，无声无臭。无声而有臭的则系浅草的观音庙，它等于过去上海的城隍庙，把观音菩萨变成在热闹场中挖旗打伞了。

三

人在从容闲暇中，始有真正的生活情调。所谓情调，是暂时把现前的利害忘记，对生活作某方面的欣赏，在生活的欣赏中，才有“人情味”的浮出。东京，是生活“角逐”之场，在角逐中只有利害的比较。因此，来到京都后，会感到京都的人情味，远胜于东京；虽然我在东京有不少的好朋友。

东京人生活的特征，第一是“忙”，越重要的人越忙，于是忙与不忙，成了衡量一个人的分量的尺度。正因如此，有的人似乎并不太忙，但为了免得被人瞧不起，也得装作忙的样子。要装作忙的样子，便得找些可忙的事情；久而久之，就弄假成真，每一个人都忙起来了。四围的人都忙，偶或有一两个闲人，也被旁人带着忙；我住在东京便是如此。在大家真忙、假忙、带忙的生活中，哪怕是极好的朋友，若不事先约定，便不好去惊动他。惊动他以后，除了谈谈最现实而具体的事情以外，还能谈什么学问上的问题呢？杜甫忆李白的诗：“何时一樽酒，重与细论文。”不“细”便不足以论文，而“细”是要在从容闲暇的一樽酒之间得来的。我谢竹田博士请我吃饭的诗的末两句是“千万人圜尘滚滚，愿从闲处作商量”，便是深有感于东京不是谈学问的环境；因为它太忙而把人情味忙掉了。

到京都后，虽然有的学者也是由朋友们约时见面，但有的却用闯门的方式，大家依然意态从容，可以随便谈谈心里所想说的话。换言之，京都的学者，似乎对学对人，多一番真意，因之也多一番人情味。假定有的学问，是应当在平静的气氛中去研究，应当由根性稳定的人去研究，则京都大概在日本是最适合的环境了。而世人一般的评论，认为京都大学的文科，胜于东京大学的文科，原因也大概在此。昨天我听朋友告诉我，京大有位在文科很有地位的教授，曾公开向人说“我是顽固分子”。学问不能向东张西望的人身上生根，而只能在顽固者的身上生根，这是我年来多方观察所得的结论。顽固，乃是脚站得稳的意思，因此，对京都，将有更多的期待。

一九六〇年五月十八日、十九日《华侨日报》

毁灭的象征

——东京旅行通讯之六

五月十六日四国高峰会议的流产，对赫鲁晓夫在国际上台风式的作法，不难从两点加以解释。第一，苏联已确定自己在飞弹方面，握得了优势，要在自由世界追上以前，以毁灭力量，作强迫外交的支柱，按照苏联有利的方向，解决东西两方的问题，不战而胜，造成更坚强的地位。第二，苏联物质建设的进步，全靠人民生活上的重大牺牲。人民生活上的牺牲，不能仅靠理想的追求，而实有赖于对内对外的紧张的制造。空气“紧张”是与“恐怖”相连的，在恐怖之前，每个人都不能不抛弃自身的愿望。赫鲁晓夫为了使苏俄从史达林的过分恐怖，因而可能发生爆炸的爆炸点上，平复下来，于是配合对内控制方式的缓和，也来一套国际和平攻势，以收安定内部的效果。但现在可能发现在国际和平空气之下，增加了人民对生活自由与物质享受的愿望，而妨碍到它的七年计划的实现；所以再拿出共产党的台风式的老手法，造成国际的紧张，以便使苏联人民恢复过去的最大牺牲，亦即是对自由与物质享受的最大牺牲。这一点虽然还没有人说到，但并不是不可能的。五月十五、十六两天情势，若发生于三十年前，则两方的军队早已在正式动员令之下，进入了战场。当一八七〇年普法战争爆发的前夜，普方很明显地说出，在任何时机、任何事件上，都可找到宣战的口实。现在虽然因核子的毁灭力量发生了对战争行为的克制作用，但在赫鲁晓夫笑哈哈的记者招待会上，因西德记者偶然的失态而立刻发出“我可以完全毁灭你们”的话，则世界到底在何人、何时的一念之下，而归于毁灭，谁也不能作乐观的断定。有什么人能想到，人类整个的命运，竟系于一人一念一击之间呢？

但核子武器，是人类自己造出来的；使用核子武器，依然是人类自己。假定人类并不要求毁灭，人类依然可以不毁灭。假定毁灭的可能性仅限于赫鲁晓夫乃至各国的军人政客这些少数人身上，而大多数人真正要求生存，则对毁灭的阻止，依然有极大的可能性。但今日的世界，则是在文化的界域以内，人类正要求自己毁灭自己，并且早已开始毁灭自已，毁灭过去文化上的成就。则人类之终将归于毁灭，恐怕是命定的了。

人类在长期的原始生活中，过着混沌野蛮的生活。但在混沌中渐渐发现条理，在条理中而渐渐建立起清明的世界形像；在清明的世界形像中而渐渐发现美的意欲，表现为美的形相，以成就所谓“美术”这一部门的文化，这是人类脱离混沌、野蛮，而奠定自己地位的一个重要标志。形相之美，是人类生命的升华。而人类的生命，也是在这种升华中得到保证。人类生命所蕴藏的价值，是无穷无尽的；所以从生命中升华出来的形相的美，也是无穷无尽的。各种不同的原型，各种不同的技巧，展开千变万化的艺术活动。但有一点，是不会变化的，即是必须归结到“美”的上面。人类只能在“美”和“善”的上面得到精神的着落点，得到生命的安全感觉。

日本的庭园、茶道，乃至近代的一切美术，在美的形相中，尽量表现出一个“清”的形相，亦即中国所说的“得气之清”。这拿来形容整个的京都市，亦无不当。但我这次京都之行中最大的不幸，便是看了一次平安神社右旁的美术馆的美术展览。在展览会中的作品，的确它是象征了今日人类精神的趋向。但和这一清幽的都市太不相称了，太侮辱了这一美化的都市。

看美术，先不要被他们编造出的许多名词唬吓住；只是直接诉之于自己的感官，诉之于自己的心灵。在看得不合意时，反省自己的成见，作各种角度的改变和调整。在这次展览会中，日本画的部门，首先我注意到是“浊”代替了由南画传统演变而来的“清”。本来“清”的东西易流于“轻”，轻便易流于“薄”，这就须要由“厚重”、“奥折”的许多方面来加以调剂。但现时的日本画，只是由受现代西洋画的感染而来的一股浊气，这真所谓邯郸学步了。

至于我在西洋画室所得的印象，觉得他们正在想极力破坏世界上可以用清明之光照得见的形相，而要找出正常人的感官所感觉不到的形相。伟大的艺术家，常常把潜伏着的形相，彰著出来，使人看了，感到原来世界上、人生的意境上，尚有这样幽深、高远、奇崛的形相之美；于是艺术的自身因而更为丰富，接触到这种艺术的人生也随之更丰富了。但现代的美术家，却只能以极端的“杂乱”、“混沌”来充数。为了要人注意他们的“杂乱”与“混沌”，并加强杂乱与混沌的气氛，便重重地用乌黑者赭红的颜色。偶然中间散布一些金屑，以表现他们生命中也有一点光明。但这种金屑好像星流星的闪烁。也有一两幅画，在线条和颜色上，运用了极大的技巧，使人得到一种特殊光线变化的感觉。但在他们这种光的变化后面，只能浮出平板而纤薄的人生断片。然而这并不算“现代”美术的正统，所以这类作品，并得不到他们自己的青睐。给我印象最深的是某女士所画的“田园风物诗B”，粗看只是从人身上流出来的一堆脓血；细看依然是从人身上流出来的一堆脓血，真令人有呕吐之感。在雕塑室里，许多作品决不是用几何的观念所能了解的。因此，我想到中国“纠结”这一名词，对他们还勉强可以适用。看了以后，我不断地想，假定艺术是生活的反映，这到底反映生活的什么呢？有一天晚上，我在某大学前面，看到一群学生，四五个人紧紧地挽着手成一小横排，由许多小横排积成一个纵队；大家前后左右挤得紧紧的，先卷成一个圆圈，好像一条蛇卷成的圆圈，再也和蛇一样，从圆圈溜开，向左向右地摆动前进；脚用小跑步跑，口里发出短促而可以与小跑步相应和的叫声。我呆了半天，问另外一位朋友：“这是什么动作？”朋友说：“这叫作 Zigzag 式的示威游行。”“为什么要作这种怪模怪样的动作呢？”“因为要引起旁人的注意。”我心里想，这才是在无法可想中，表现出最卑劣的勇敢；我看的美术品，原来是反映这种人生的剖面。

人的身体，本是由一堆细胞积聚而成。在一堆细胞中，只有食色这一类的刺激反应。顺着反应去活动，只是一种无目的性的混沌的活动；遇着某种自然的阻限，或相互的斗争失败时，便会混沌地死去。因为血肉之躯的自身，没有合理选择的能力。但人在血肉之躯中，又有称为理性的作用，烛照着血肉的活动，而赋与以价值和方向，以使人作合理的选择，于是人开始能自由而和谐地生存下去。理性的本身是统一的，但人类对理性的发挥，常偏于某一方面。西方文化，常偏于知性这一方面。知性好像是中国旧式的灯，只能照向外面而常不会照自己；对自己生命以外的东西，分析、综合、比较、判断，都井井有条；但对人的生命自身，则一任其保持原始的混沌状态。平时大家是倚赖知性之光，依着它所分析出的理路前进，至于为知性所不及的原始生命，则常脱离知性所建立的理路，而在生活中不断发生盲目的“冲动”；这便是个人自身的矛盾，及人与人间相互矛盾之所由来。不过在以前，各个人生命力所能冲动的范围比较小，虽然有时形成历史上的大混乱，有如中国历史上的农民暴动，但随时间的经过，又慢慢地消解下来。今日在科学与资本主义结合之下，形成了巨大的以机械及功利为主的世界。原始生命的冲动，受这种外在世界的冲击与凭借，而扩大了范围，充实了气力，使知性之光，在原始生命冲动之前，显得黯然无光，怯然无力。此时只有以理性中的德性之力，将生命加以转化、升进，使生命的冲动，化为强有力的道德实践，则整个的人生、社会，将随科学的发展而飞跃发展。但西方文化中缺乏此一自觉，于是人们的原始生命力，以其混沌之姿，好像《水浒传》被洪太尉在镇魔殿里掀开了镇魔的石碑，一股黑气冲天而去，突破了知性而要独自横冲直闯。西方现代一切反合理主义的思想，以及假科学之名以否定人的理想性的逻辑实证论、心理行为主义、精神分析等等，都是从这一根源中发生出来的。原始生命是混沌的、丑恶的、幽晦的，所以表现在全盘的艺术上，也是混沌的、丑恶的、幽晦的。人类迷失了向前的方向与气力，于是只有顺着原始生命的盲目性向后退，退到整个的毁灭为止。

这种丑恶的东西，开始不过是一二人在精神苦闷、无路可走中，作为探索的尝试。此种尝试，也常常是新生面的开端。但祈向毁灭的人们，便把它从中途拦截住，结成各种团体，当作新的偶像而加以讴歌崇拜。在这种讴歌崇拜中，许多人便一夜而成为艺术家，有如台湾出现了许多文字不通的新诗人一样。他们并不是真正以自己个人的作品面向社会，而系以团体的威力压向社会。一方面说这是“新”的，“新”到超现实、超现在，而成为谁也无法与他商讨的“未来”。“未来”是什么？实际只是一个大混沌。缺少思考的人，最容易被一个“新”字吓倒。假定有少数人提出怀疑，便以集体的力量来咒骂他，围剿他。出奖品奖金的人一面要装作懂得“新”，一面又怕集体咒骂，于是只有把奖品加在他自己所最不了解，甚至是内心所最作呕的作品上面。这种“大众”性的现代作风，便可以使这种丑恶的东西，以威压之势，加在人们的心灵上，而得到发荣滋蔓，将整个人类，驱向毁灭的深渊。由这种精神趋向看，则核子武器的使用，倒也是极寻常的事。

不过，生命的盲目冲动性，是随有生以俱来；生命的理性，一样也是随有生以俱来。有走向毁灭的力量，也有走向新生的力量。现在人类文化，正站在这一大的歧途上来自己决定自己。

一九六〇年五月二十四日、二十五日《华侨日报》

京都的山川人物
——东京旅行通讯之七

一

外地人到京都去，只适宜两个目的：一是游山玩水，一是读书讲学。并且这两个目的，都应当有从容的时间，有闲适的情调。我这次到京都，除了游山玩水以外，却抱着“求友”和多了解一点日本有关中国文化研究情形的目的。但两周的时间，实嫌匆促；这便对它的山川人物，增多了一番未了之情。

京都三面环山，中间流出几条不大不细的溪水，有如南京的青溪——秦淮河。不过，南京不仅只有一条秦淮河，并且因地势平衍，河水的宣泄力不够，所以它不容易把市井加在它身上的污秽，洗涤得干净。难怪有人说“秦淮一曲污泥水，赢得千秋薄幸名”了。京都，可以说有好几条秦淮，加以它们都是出山不久，地势嵚崎，流速相当地大，因此，尚能保持在山时的几分“清”意。何况两岸的蹁地垂杨，对大道上熙来攘往的行人，似乎永远在斜抒青眼；这如何不令人对它增加一份依恋呢？不过，话也得说回来，站在京都鸭川的加茂桥头，留连顾盼，所给与游客的，正似京都“一保堂”的铭茶。若站在南京秦淮河的朱鹊桥边，徘徊徙倚，所给与游客的，恰似夫子庙“六华春”所藏的百年绍兴陈酒。铭茶的一股清味，可以使人的情绪，得到片刻的冷然；但“清”与“淡”相连，片刻的冷然，并不能真正解除人的内热。百年的绍兴陈酒，只是淡淡的香、淡淡的味；但淡中却有咀之不尽、闻之不穷的“肉奶奶的”浓度与厚度，使人于不知不觉之中，解脱了自己，而沉浸在它的怀抱中去了。何以会如此呢？一个东西的深度与厚度，是在长期历史中酝酿出来的。秦淮河过去是随我们国家的破落而破落了；但由一千多年的风流文物所酝酿出来的一种气氛，也正像绍兴百年的陈酒。我们试读“往事尚遗残础在，也曾亲近玉人鞋”的诗，谁能对破落的秦淮，不引起一番怅触伤感呢！

二

京都三面环山，再加上一个琵琶湖，也够得上杭州的“湖光山色”。不过杭州的西湖是拥抱在环山之中；而京都的琵琶湖，却背离在比睿山的外侧。离开了山，便不能构成京都之美。中国有“城市山林”的话，把城市和山林两个相背的东西，作合在一起，使城市中有山林的清幽，山林中又有城市的便利，这确是理想的生活环境。不过，自然还是随着人文而移转。香港还不是背山面海吗？但谁人能对香港有“城市山林”的感觉？香港是商业社会，一切都披上了近代商业活动的色彩。商业社会的人，对山的估价，只是偶然可以兜兜风，吐吐空气，开开眼界；这在商业社会的整个生活中，只能占千万分之一的比重。但京都千年的历史，却与山结下了不解之缘。可以说京都的生活世界，是从山中展开出来的生活世界。一切的庙宇、庭园都是生根在山上，或与山保持亲近的血缘。大自然中最残酷的景象，莫过于濯濯的童山；近郊的山，尤其容易受到市井的摧害。但日本人，在林木的保养培植方面，的确作了不断的努力；所以三面环绕的山，在初夏时都是绿阴匝地；因此，京都才配称作“山林城市”。

谈到京都的山，首先应当数东山。东山的坡度延伸下来，便成为京都三分之一的街道，可见它与京都市有最大的亲和力。但这个山在足够的广度深度中，富有起伏曲折，因而富于拥抱力；所以京都的名刹，几乎一半都被东山拥抱了，整个的东山便也成了包含许多寺院名园的一个大庭园。说也奇怪，自从《诗经》上的东山起，接下来便有谢安石的东山，再又有禅宗四祖、五祖的东山；现在又看到日本京都的东山，东山的方位和内容尽管不同，但接触到这一名词时，都足令人悠然神往的。

此外，我还到了东山向右伸展出去的岚山，桂川随着山势而宛转，日人用“山紫水明”四字去形容它，并不算过分。我有一位很好的日本友人大野信三博士，怕我游不到须有人介绍才能入内的名胜，所以特从东京打一电话给京都的警视厅；由京都警视厅派一辆车陪我看了桂离宫和修学院离宫之后，十七日用他们的车子上到了八四八三公尺高的比睿山，这便把京都及京都附近的景物，都收在眼底了。在山的最高点，建有一个“回转展望阁”，人坐在阁里的凳子上，阁会自动回转；回转所到的方向，和极目所到的远景，都标写在玻璃上，使游客毫无投足举步之劳，即可安享四面八方的风景。其实，点缀于这山峰上的近代机械，只合在小孩子面前夸耀一番。真正有山水雅兴的人，依然会负手低吟，昂头远眺，而不须靠这点机械之巧吧。

三

前面，我已说过，京都是庙宇的都市。离开了庙宇，便无法想象京都。日本在德川幕府以前，从中国接受过来的，主要是佛教文化。庙宇是他们教化的中心，也是他们政治活动的中心。日本大量吸收中国文化，可以说是开始于唐朝。唐朝，也正是中国佛教极盛的时代。因为这种原因，所以日本最早的庙宇，多半是模仿唐代或宋代的规模；连京都城，据京都大学吉川幸次郎教授告诉我，也是模仿唐代的长安而建筑的。我很奇怪京都这样多的庙宇、庭园，为什么却缺少楹联的点缀呢？吉川教授告诉我，因为唐宋朝时代，中国还没有楹联，所以日本也便没有楹联，由此可以了解，在京都、奈良的庙宇，还可以直接嗅出中国唐宋时代文化的气息。

京都最有名的庙宇，多与政治结上不解之缘；所以它的第一特色，是每一个大庙宇的大部分，多是从前封建贵族的宫庭。参观京都的庙宇，同时也等于参观了千余年前、几百年前，日本封建贵族的宫庭生活。宗教和政治结在一起，这便是日本佛教弱点之所在。不过，这批贵族早成陈迹了；但他们的宫庭，却凭借着我佛的慈悲而得保存下来，一并成为今日佛教广大深远的一种象征，这正说明了化腐朽为神奇的人类精神的创造性。创造性不仅是从无到有，并且也是价值的转换。

其次，除了比睿山的延历寺以外，几乎每个名寺，即有一个名园。西本愿寺的庭园似乎最小；但同样使人有另是一个小天地的感觉。问问引导者，那原来是模仿庐山虎溪而建造的。这些亭园，所占的面积并不太大；但都是在奥曲中表现出它的深远，在错落中表现出它的疏淡。中国的文人画，有的受了禅宗的影响。而禅宗则是在当下的一念、一事、一物之中，参破宇宙人生的一切，呈现宇宙人生的一切。所以高贵的文人画，常常是把自然和人世中的复杂纷繁，净化为简、淡的笔墨；在简淡的笔墨中，展现艺术里“无限”的意境。京都的庭园，虽各具特色，但大体是文人画的构想。

不过日本的佛殿，和中国的佛殿，却有一个明显的对照。即是，日本佛殿的佛像，都是安放在幽晦邃密的复殿里面，神秘的气氛特强，予瞻拜者以对人世隔绝之感。这本是表现各种宗教共同的特性。中国大雄宝殿的佛像，则常坐在爽朗光明的气氛中，使瞻拜者感到它是在我们的同一世界中显现其庄严伟大；而不是在另一世界中显现其威严神秘。真的，一切的东西，一进入到中国的文化里面，便都明朗化了，便都人情化了。同是佛教，也同样反映出中日两民族的不同的性格：一是开朗，一是深密的不同性格。

四

京都的人物，不是我在这匆匆的一瞥中可加以月旦的。有许多应该看的先生，没有时间去看，有的虽然见了面，但除讲些世故话以外，彼此都无印象，可以说，我对京都的人物，比对京都的山川，知道得还更少。本来，人物是比山川更难了解的，现在只把稍稍留有印象的随便写下，作此行的一个纪念。

因为我中年和学术界脱了节，所以对于中日两方面的学者，交往不多，知道的也很少。在东京，看到东京大学教授淡野安太郎先生，谈得很愉快，他极力劝我应看看名古屋大学教授大滨皓先生，他最近著有《中国古代的论理》的大著，是值得谈谈的。另外还应当看看京都国立博物馆馆长神田喜一郎先生，这是一位博雅君子，并写了两张介绍名片。到京都第二天下午，顺着东山边缘的风景漫步，偶然看到了博物馆，正开着民间物语绘卷展览会，我便想起了神田先生，于是在看完了展览会后，投了名刺去看他。我的日本话，原来就觉得不好，再加以卅年的荒废，简直忘记得差不多了！所以，看生朋友，总要有一位陪着我作翻译。没有人陪着去看生朋友，精神上总感到是在冒险。神田先生见面很和气，看来只有五十多岁，后来才知道他已经六十好几了。他听了我的日本话，便搬出他自己的中国话来；但他的中国话，似乎比我的日本话还稍逊一筹；于是他便拿出铅笔和信纸，顺着我所研究的中国思想史这一方面的谈了下来。我老实告诉他，对于有些负大名的老先生的著作，并不很以为然，比较觉得武内义雄这位先生的东西，倒还平实。他听了我的话，写“卓见”两个字给我看；告诉了我一点武内先生的情形。他随即拿出尚未完全告成的一部近著给我看（书名我忘记了），我先看他前面的序，原来全是用骈散兼行的汉文写出来的，文章写得非常典雅，使我大吃一惊。“你原来会写这样好的文章呀？”“我很喜欢汪容甫的东西。想学他，学得不很好。这书印好后，一定送您一部。”我说，“你学得很到家了。大著真是先睹为快”。谈到文章，正谈到他一生心血之所寄，所以他也由谦退变得爽朗了。接着知道他还著有《东洋学说林》、《典籍学剳记》等书，这都非博雅不能办。最近又出了一部《敦煌五十年》，可见淡野先生的推许不错，因此，我深以未能赴名古屋看大滨皓先生为憾。

五

京都大学，正是京都人文的中心，重泽俊郎先生，是京大中国哲学研究室的主任教授，在京大，我首先看到他，那是当然的。瘦瘦的个子，见人不很讲话，很易令人误会他是有些骄傲，所以中国人和他接触的不多。大概同日本学人初见面，首先他要问“什么是你的专门”。我看过重泽先生的著作，他也看过我的文章，所以彼此都不提这一套。我到京都，先由某君介绍一位乔君炳南招呼我；乔君在京大研究考古学，这次便由他翻译。但一谈到学问，便只好靠铅笔了。重泽先生是不长于应酬的人，一谈便谈到我们的本行，我随便提出研究中国思想史的若干关键，他非常同意。他不赞成目前走超直赶近的治学风气；认为治中国思想史的人，依然应对经学下一番功夫，并应认真看注疏。我也非常同意。他说：“不丢掉经学，这是京大的传统。”我觉得这是最好的传统。台湾师大毕业的黄济清君正在他门下做研究工作；我说“希望你对黄君，作这种严格训练”。过了几天，他约我吃饭，把陪着我玩的几位年轻朋友都请了。很委婉地问我：“听说徐先生曾开《文心雕龙》的课，是否肯看范文澜的注？你对范的为人和他的注，有什么感想？本来这是不应该问的话。”我说：“共产党在学术上划鸿沟，共产党以外的人便不应划鸿沟，所以《文心雕龙》的范注不仅我看过，并且也叫学生拿它作参考。我和范见过两次面；抛开政治的立场不说，他倒是一个正派而认真的人，不过天分不高，性情褊急；他对《文心雕龙》虽然下了这么多的工夫，但对《文心雕龙》的内容，并没有什么了解。”他听后似乎有些惘然。说老实话，目前或许只有我能做《文心雕龙》进一步的整理工作，不知道以后有没有这种时间。饭后，他要我参加他们的研究会，在同志社大学图书馆长室，有来自三四个大学的教授，共同研究《晋书·刑法志》；我对这，平时根本不曾留心过，但为了不愿辜负他一番真挚的意思，勉强去参加了一个多小时，对于他们研读精密，及在文字语言上所遇到的困难，留有很深刻的印象。经过几次交往后，我了解重泽先生外表虽然冷淡，但内心对朋友、对学问，实在是很热情的。因此，我想把旁人加给他的“冷酷”两字，改为“清严”两字。

六

凡是稍稍了解一点京都大学文学部的人，大概没有不知道中国文学研究室的吉川幸次郎教授。他对中国文学方面的著作很多，汉文汉诗，也有很高的成就。加以他具有为一般文人所容易缺少的气概与活力，所以在学问方面，除了埋头研究以外，还有向社会开拓的力量。京都能维持儒雅风流于不坠，大概和他有很大的关系。他会讲一口中国话，这便减轻了彼此见面时的精神负担。他知道我开过《文心雕龙》的课，他便说“《文心雕龙》，恐怕受了佛教的影响”。我说，“我国也有人这样说，其实，刘彦和作书的动机、结构、内容，他自己都说得清楚，是受了儒家的影响。只在《论说》篇推重过般若。至于‘文心’的‘心’字来源，刘氏他说得很清楚。佛家重视心，是后来的事，陆机《文赋》已经提到‘心’字”。他说，“当然不能说《文赋》也是受了佛教的影响”。他又提到范注的问题，认为“一方面过繁，一方面又援引失当；譬如第一篇《原道》的第四个注，即是一例”。我说，“他不仅如此，在第一篇后面所附的一个分类表，便分错了。《辨骚》应属于总论，他却分在分论里去了”；随即把最后的《序志》有关的地方指出，他立刻说，“你的意见对了”。并立刻把我的意见转告诉给另一位先生（大概是助手），说这是铁案。他又说“对《文心雕龙》的工作，让给另外一个朋友斯波六郎去做，这位朋友做了一部分，可惜去年死掉了”。后来我向他讲到这位先生“补注”的遗文，的确工夫下得很深，我把它摄影以作他日参考之用。

他随即带我参观有关中国的图书，分摆在三个地方，又完备，又方便，真令人羡煞。同时又介绍前人文科学研究所长贝冢茂树教授见面，他是考古学专家，实际是非常平易近人的一位学者；有人因为他曾到过大陆，无形中便对他有点界限，这实在是可以不必的。

吉川先生在约我们吃饭的中间，谈到京都汉学的师承，真是如数家珍。现时有地位的学者，多分属于狩野直喜、内藤湖南两大师之门，他自己是狩野先生最小的学生。送了我两部《君山文》（狩野先生的字），内有一篇《左氏辨》，实在非常精到。我以前看过他老先生的《中国哲学思想史》，不很满意；原来他老先生是不喜欢宋学的，但在汉学方面，实在功力很深。

昨日在东京，有位朋友请吉川先生吃饭，我们又见了面；谈到民国二十年他从北平到南京，曾看到黄季刚先生。在北平时，没有人愿写介绍名片，因为大家认为这是不好缠的一位先生；结果，他到南京后，自己找上门去。他说：“我真佩服这位黄先生，

《经典释文》中有这样（我已忘去）的一句话，在北平问了好几位先生，都不懂；问黄先生，黄先生不查书便轻轻答复出来了。我近来作了南京怀旧的七首绝句，内中有三首便是关于黄先生的。”现在我录两首在下面，以见日本学者在学术上的良心。

车冲春雪涉沮洳，大学（按指南京中央大学）西边扬子居。窗下腊梅香寂寂，饱聆磊落说虫鱼。

向我怜君眼暂青，卅年旧事思冥冥，穀梁音义毫芒析（按即指《经典释文》某条之解释），始觉中原有典型。

七

我因为很早看到平冈武夫先生所著的《经书的成立》、《经书的传统》，很感兴趣，便想见其为人。此次到了日本，知道他是京都大学人文研究所的教授，当然要去看他。他一样能讲流利的中国话；五十多岁，看颜色，还很年轻，但头发已经所余无几了。见面后，他说“不了解中国的文学，便不能了解中国的思想史；所以我们现在正整理白居易的《长庆集》”。他的话，我觉得也很有道理。并且知道在他指导之下，对唐代的文集乃至历史，出了好几部有价值的书。现在他所整理《长庆集》，是因为唐时有位日本和尚赴中土求法，到了苏州，适遇武宗禁佛，无从学习；而此时白居易正在苏州，手定自己的诗稿文稿；这和尚闲中无事，便把白的手稿抄录一通带回日本。现此原抄本虽已不存在，但日本现存的南宋抄本，却系出于和尚的原抄本；平冈先生便拿另三种版本的《长庆集》，与此抄本，作详细的对勘；并作成索引，要从白居易所用文字的惯性中，断定四种本子的异同得失，由此而出一个《长庆集》的决定版；这确是非常有意义的工作。平冈先生对朋友很随和，会说笑话；做学问却非常笃实谨严。

有朋友告诉我，京都大学的宫崎市定教授，是关西东洋史方面的重镇，不能不和他谈谈。一见面，便可看出他是一位纯朴的学者；最近两年，是用全力研究《元典章》，并把油印稿的《元典章》索引稿送了我两本；他诉苦似地说，最好的版本在台湾，我希望能照一部照片来，但一直没有答复。我对《元典章》毫无兴趣；便请教他"京都大学，没有研究中国史学史的人吗？"我的意思是研究"历史"和研究"史学"，应有点区别的。他说"内藤先生的支那史学史后，再没有传人了"。这倒令我感到一点寂寞。

还有研究中国语言的小川先生，因为他病了；研究佛教史的冢本善隆先生，因为他到东京去了，所以都未及见面。临离开京都时，匆匆地看到牧田谛亮先生，承他送了两种近著，未及从容请教，这都是很抱歉的。文学部以外，看到由大野博士所介绍的经济学部的中谷实博士，真是一位笃实君子。又因李汉英博士的介绍，看了理学部的后藤良造博士，见面后大谈大笑，天真豪迈。这两位先生都希望约我在一块儿吃一次饭，多谈一谈，但竟没有再领教的时间了。

我的老习惯是喜欢逛书店，这次来东京初逛书店，即发现有厚厚一册的《老子的新研究》，脑筋里便有"木村英一"的印象。以后从李献章先生口里，知道木村先生是大阪大学的教授，家住在京都，他并希望我去看他，所以到了京都后，便写信给木村先生，约一见面的时间。木村先生随后来电话，希望到他府上长谈，并且在电话中知道他能讲比神田先生高明些的中国话。有一天下午三点多钟，黄君济清陪我前往，瘦瘦的个子，真挚的表情，一看便知道是一位非常用功而又是肯用思想的（许多人用功，但并不用思想）学者。席地坐下后，即谈老庄的问题。我的日本话，凑上他的中国话，再加上黄君的翻译，还是不够用，依然只好乞灵于铅笔和信纸。越谈越起劲，他便把坐的蒲团换成高椅子；再过一下，又把日本式的矮桌子换成高桌子，接着吃他夫人所做的中、日、西三者合璧的菜，边吃边谈，中间没有一句世故话。可惜这晚上另有约会，谈到七点多钟，只好拿着他送给我的几篇文章告辞了。假定说人与人之间，真可找出一片性情之地，推诚相与，那便是木村先生府上前后四小时的交往了。随后我拜读他的大著，了解他的研究工作很精很密，而眼光又非常犀利。在离开京都的前夕，仓卒写封信给他，提出四点不同的看法，这完全是建立在他诚恳的学问态度基础之上；否则便不可如此唐突的。果然，回东京后接到他的回信，对我所提出的四点意见，将详加研究后答复；并且又寄来存在他手中的若干学术杂志，以帮助我对日本学风的了解。以后，我同李献章先生开玩笑说：木村先生现时和我年龄差不多，在学问上还有二十年的时间可用；只是他身体瘦弱，而太太却年轻貌美，会不会因用功过度而有短命的危险呢?

立命馆大学的白川静教授，过去曾通过信，交换过著作；所以有一天晚上，乘便去看看他，他果然尚在研究室里；对于我们这些不速之客，显出他意外而天真的高兴；他是个很纯朴的人，有点像乡下佬，对考古学方面有兴趣。在研究室里忙乱一阵后，带我们到楼上的中国文学哲学研究室看到竺原仲二教授和另外的两位先生；大家围拢来聊天，尽量把日本治中国思想史的人向我介绍，情意非常亲切。随后，白川静教授送我们到校门口，校门口的学生们正呼啸着作蛇状示威运动。研究室里，和研究室外的气氛，可以说是天壤悬隔。从这种悬隔中可以看出做中国学问者的没落，也可以看出整个学者天堂正走向没落。

八

每一个人，第一次所得的印象最为深刻。大概我对中国文学史有兴趣，是从青木正儿先生的著作开始；那不过是偶然的机会。这次知道他老先生还健在，并且从京都大学退休后，又在立命馆大学教课，于是在某天下午游山玩水之后，我们几个人便一起去看他。顺便得提一句的，到京都陪在一起的，除了前面提过的乔、黄两君之外，后来又加上在伦敦大学教了十年书的刘殿爵先生，他的家住在香港，这次休假到日本做研究工作；他是一位很诚笃的学人。青木先生今年七十五六岁，清癯的身体，显得非常健康。见面后，他老先生拿出最近的一本研究中国衣、食方面的书给我们看，又说他现在还能喝酒，尤其是想喝中国的老酒（绍兴酒），我随即和他约定在一块儿吃一次酒。酒中平冈先生说："日本人现在也知道怕老婆了，徐先生看座中谁当第一？"我说："当然是青木先生第一；否则他下巴的胡子不会刮得这样光。"大家大笑说"你真有眼光"。青木先生因此解释了半天，据他说，因为胡子初生出时，有些发痒，他的性子急，又不能等到它长长，所以只好不断地刮。他有位少爷，倒有点怕老婆的样子。

这里顺便提提日本教授退休的情形。日本教授退休的年龄，从六十岁到六十五岁不等。大家都乐于退休，尤其是名教授。第一，可以拿一笔相当大的退休费；第二，还可以拿六成薪水；第三，还可以到私立大学去教书。好点的私立大学的待遇，比公立的还好。在台湾大学讲过学的梅原末治先生，去年拿了三百多万元（约合美金一万元）的退休金后，转到天理教大学教书去了。假定这种办法，也可以包含在三民主义的建设实验中，我想，三民主义研究会的会员，可能更有大大的发展。

东京大学的工藤篁副教授对我说，关西大学是代表民学派，应当去看看。并且介绍了一位壶井先生。在离开京都的前一天（五月十八日），我们鼓起勇气，跑到大阪附近的千里山关西大学的文学院去了；可是壶井先生正忙于组合运动，没有看到；先看到三上谛听先生，四十多岁，研究国共关系，人非常和气。以后弄清楚了我是台湾的私立东海大学，而不是东京附近的东海大学，他一面抱歉他们开始是弄错了，一面又请了高桥孝盛教授来招待我们。我这次才知道东京附近也有一所基督教的东海大学；教会大学，在日本没有地位，而这个教会大学，大概地位更差。我们东海大学的名称，本来是我取的，想不到因此而触了不止一次的霉头。

高桥教授，是一个典型的学究型的人物。除了中国文学外，还通蒙古语（或者是西夏语）。关西文学部的重镇是石滨纯太郎先生；他去年七十岁，此时正在病院中。据高桥教授说：石滨先生长于中国的目录学；又开辟了东南亚半岛民族语言的研究。除送了一些出版物外，又参观了他们图书馆里有名的泊园书院的藏书。泊园书院的创始人是藤泽东涯（明治初年），先经商发了财后，再治学讲学；凡四传而到石滨纯太郎，这当然要算一段佳话。

其次，我参观了大谷、龙谷两个有名的佛教大学；龙谷大学的图书馆是历史很久的，尤以藏的各种藏经最为难得。但他们似乎与一般大学已没有多大分别；而在语文方面，似乎英文比中国的更占分量；可见释迦也是“圣之时者也”。

另外还值得一提的是，我的好友大野信三博士，还要我看看两位丛林的总管（等于方丈，而比方丈管更多的事），因为都是有名的禅学者。一位是天龙寺的关总管，正是“病不开堂”的时候，没有看到。一位是临济宗南禅寺的柴山全庆先生，他住的寂静的院子，他招待客人的清幽的小客厅，和他自己闲静都雅的风姿，真使人感到些禅的气息。他对唐代的禅宗，非常倾倒；但很客气地说：自己不懂中国的文学。我告诉他：唐代的禅师，都受了唐代诗歌很大的影响；《碧岩录》（按此为宋佛果圜悟撰）即其一例。可以说唐代的文学先影响了唐代的禅宗；以后，禅宗思想又反转来影响了后来的文学。他很叹息日本年轻的学徒，多忙于学英文而不用功学中文，这便影响日本佛学的研究。这当然是事实。分别时他送了我一些自己的著作，内容倒真不错。我另外一种感觉是：中国和尚的蔬笋气太多；而日本和尚的蔬笋气太少。他们强壮的身体、便捷的动作，简直和他们的佛殿不相称。柴山先生，还保有些蔬笋气，这更是难得的。

以上这种挂一漏万的杂记，除了个人当下的一点感想外，决不可以当作是月旦之评。假定我能进一步多了解日本汉学实际研究的情形，对国人作一报导，或许更有意义；但这恐怕不是在旅途中所能为力的。

一九六〇年五月三十一日、六月二至四日《华侨日报》

锯齿型的日本进路
——东京旅行通讯之八

一

有许多朋友问，日本到底会走向什么地方去？首先，我厌恶“东西两大势力，正在日本作殊死战；日本的前途，决定于两大势力的胜负”这一类的说法。日本人应当是一个有主体性的存在，因此，日本人应当决定他自己的路。

譬如两个或两个以上的男性拼命追求一位小姐时，决定小姐最后归宿的，依然是这位小姐的一点芳心。假定这位小姐跟着张三时又舍不得李四，跟着李四时又想到王老五，辗转于由多角所形成的爱情漩涡之中，这位小姐或者以生性过分多情，来为自己纠缠不清的行为作辩饰，但揭穿了说，只是她以自己为中心，对现实有无穷的欲望，不能在那一方面得到完全的满足，所以她既不甘脆放弃那一方面，也不甘脆倾心于那一方面，而只求每一个人都为她而存在，占尽他人的便宜，以填补自己的欲壑。这种女人的结果，大体说来，不是像余美颜样地跳海自杀，便会像赛金花样地重堕火坑。两个月来，我常用这种心情来看日本的知识分子，也以此来看日本当前混乱的局势和将来的命运。

日本知识分子，因为自己想得太甜，算盘打得太如意，常常想利用各种国际关系，而又要能超出于各种国际关系责任之外，以建立独自祥和快乐的天国；但现实上并不尽能如此，于是日本知识分子的主观想法，和客观现实之间，永远保持着很大的距离：既不肯接受现实，又不能反抗现实，更无法与现实取得融和，而只是不断地与现实发生摩擦，所以结果只有像淘气的小孩子一样，遇事闹撇扭；很少能平心静气，顺理成章地去看一个问题。因此，日本知识分子的心理，是锯齿型的心理；他们看问题，是通过锯齿型去看问题；所以日本目前所走的路向，是锯齿型的路向。锯齿型的示威运动，在日本何以会盛极一时？在这里可以找到一个最确切的解答。

我在两个月以前的通信中，已经指出民主主义，并没有在日本知识分子的精神中生根；日本人的意见，随时要诉之于实力的行动，而并不要真正诉之于议会的辩论与表决；所以日本的议会政治，随时都可以取消的。这一个月来情势的发展，对我的观察，提供了事实的证明。意见的表达既要诉于行动，则不断地游行示威，自必变成家常便饭。但这中间特别值得注意的是，游行何以必采用锯齿型的行进呢？并且日本的知识分子，似乎以这种锯齿型的行进为一种很大的创意，而沾沾自喜；这正说明锯齿型的行进，最适合于日本知识分子内蕴的心理感情；它是从日本知识分子内蕴的锯齿型的心理感情中倾吐出来的，所以很迅速地形成日本知识分子表现政治意见的广大而有力的公式。我问过一位日本朋友，你为什么不参加锯齿行进？他答复得很甘脆，“我的精神已经参加了”。

二

这种行进，我原来形容它是蛇形行进，但现在看来，并不很恰当；因为蛇是很光滑的，它行进时的左弯右弯，乃是出于生理上的不得已；并且它总是要避开人而行进，无意于侵害旁人。但日本四个人或五个人手拉得紧紧地，前后挤得密密的左弯右弯的行进，是出于一种有意对他人的刺激，所以它总是演出在人数最多的地方，对他人，含有半挑逗、半妨阻的意味。因此，它不是光滑的东西，而是带刺的东西。称之为锯齿型的行进，与语义和事实更为适合。它的特色，第一是使每一个组成分子，感到自己是在最具体而紧密相依的大众组织中行进，因而能得到对“大众”密切依赖的安全感；于是即使是懦夫，也能表现出水平线上的勇敢。第二是在这种紧紧的人拉着人的小跑步中，喊着与步调相应和的短促口号，可以把每一个人都昂扬于集体的感情中，不必也无暇作理智的思考；因而可以一往直前，决不作回头之想。第三，可以用黑压压的向前进行的一团，摆在熙来攘往的市民面前，使市民直接感到这是不可触犯、不可抗拒的力量；要便是加入，要便是避开。由上述三种理由，可以加强示威运动中的“威”的气氛和感觉。但是，我不以为他们是先想出这些理由而后采用这种方式；只是偶然用到这种方式，恰巧和大多数日本知识分子内蕴的精神、情绪相吻合，这便成为日本人的一种特别嗜好，而大为兴盛起来了。

三

这种锯齿型的行进，或者可以和中共的秧歌相比拟。但依然有不同之点。中共的秧歌，是出自土生土长的某一地区的农村；而日本流行的锯齿型，恐怕是启发自外国；这从他们只能用外来语表达的这一点上，也可以推想得出来。假定把这种锯齿型也称为文化现象之一，便会更是如此；因为我渐渐发现日本知识分子，在文化中似乎缺乏主体性的力量。其次，中共尽管是最彻底的战斗体，但仅就秧歌本身而论，好像是以在集体行动来调剂群众情绪的作用为多，而锯齿型的本身，却是在“运动”与“暴动”之间的一种形态，也可以说是一种暴动的准备态势。日本的民族性，似乎不是左、便是右，不断地向两极分化；因此，日本的经济、技术，虽然如此发达，够得上现代国家的水平，但在政治上，随时可以发生落后地区所无法避免的暴动，甚至最后依然要靠暴动来解决问题；这是两极化的必然结果。

两个月来，我留心看日本的言论界，都是走一剖两开的一边倒的方向；到了六月十日，群众以暴力迎接美国白宫新闻秘书之后，言论界才发出微弱的挽救的呼声。我开始以为这是日本知识分子的有意玩火，但再深刻地观察，他们实在用很认真的态度来讲话，因而知道他们并非出于有意玩火，而只是出于他们锯齿型的心理习性。除了真正的日共以外，他们的言论、行动，并非出于真正冷静的分析、思考，而只是像娇惯了的小孩子，遇事总要斗斗气，闹闹撇扭；连许多所谓大学教授，似乎也很少例外。

在缺少自由的地区，因心理上的相激相荡，所以言论很易因缺少批判而失掉平衡；但日本的言论界，则在自由空气之下，却也缺少批判精神，而多只能表现一股意气，这是一种不十分正常的现象。顺着这种现象发展下去，锯齿型行进的到达点，不是左的极权主义，便是右的极权主义。在目前，则以走向左的可能性为最大。这是值得郑重反省的。

一九六〇年六月十七日《华侨日报》

对日本知识分子的期待
——东京旅行通讯之九

《师与友》的编辑先生，要我以劝善规过的友人资格，针对日本的弱点讲几句直话。本文除由该刊以日文发表外，因为代表我对日本知识分子一部分的观察，故以原文作通信稿刊出。

一

我这次来日本，特别留心日本汉学界的情形。许多汉学家的努力与成就，真值得我十分钦佩。但就全般的情况说，汉学的传统，在日本正趋没落之中。

第一，所谓汉学，是以“忧患意识”为动力，对人生社会的忧患，担负无穷的责任而展开、成立的。只有深入到古人的忧患意识之中，以了解其真正用心的所在，才能把握到所谓汉学，这自然要关连到对人生社会的评价问题。但日本许多汉学家，也和中国许多末梢的、亚流的考据家一样，假借“科学方法”之名，把汉学从人生、社会的实际生活，完全隔离起来，并排斥其中的价值观念，作孤立的、片断的、与人生社会毫无关连的研究，这实际是有意歪曲研究对象的最不科学的方法。顺着这一条路走下去，无形中，把中国三千年所蓄积的精神文化，很用力地还原到以甲骨为中心的半原始状态。许多人不是顺从文化的发展性来看中国的文化，而是要扯着中国文化，向自己所研究的某一点后退，后退到甲骨石器上去。本来是要通过人生社会，并接受人生社会考验的文化，却完全变成僵死的、与人生社会毫不相干的东西。

第二，知识本是要求向未知世界去开拓。日本的汉学家，采取避开熟路（即传统的主流），各辟新途的方式，当然是不错的。不过做学问也和农夫种田一样，一面固然应该开荒，同时也应当把熟地耕种好。但日本的汉学家，有的却只顾向某一点去开荒，却把熟地完全弃之不顾；并用这种方法训练学生。其结果：（一）失掉了文化各问题间的关连性，常常是孤立地去看问题，去解决问题，势必流于偏曲。（二）常将自己所开拓的一点，随意扩大，想由一点去构造全体，势将以一曲去代替全体。（三）没有文化上的重要价值的东西，便不易成为历史上的文化熟路。不过因为是熟路，便容易带上某一时代的渣滓，有如黄河之水，挟泥沙而俱下。今日汉学家的重要工作之一，便是如何澄汰泥沙，拿出中国文化的本来面目，与现代人相见。但这种工作，日本的汉学家似乎作得很少；于是汉学家心目中的中国文化，也和许多中国人一样，不是觉得一钱不值，便是搬弄假古董。

第三，有些先生，在学问上非常努力，但缺乏“学术为公”的精神；不是存心要把自己贡献给学问，而是以自己的名誉地位为中心，用学问来抬高自己。因此，宁愿歪曲学术上的是非，以遮护自己的过失。甚至用尽气力，不惜牺牲学术以求成全自己。

在上述三种情形之下，汉学在日本的没落，尤其是在政治中心的东京的没落，是势所必然的。以汉学在日本的长久历史，这种没落，正和中国一样，对日本知识分子的精神，对日本一般人的生活态度，我想会发生相当大的影响。

二

其次，日本知识分子对西方文化的介绍，真是又多又快，这是使我非常羡慕、感激的一种事。但我渐渐怀疑，日本的知识分子，似乎将永远停止在介绍的阶段，很少进一步去作吸收消化的工作。

日本几十年以康德为中心的哲学工作，今日似乎已经无影无踪；而今日之所谓实存哲学，越讲越胡涂；除了步趋西方战后风气，撑持哲学这一门功课的门面以外，站在讲坛上的人，恐怕连自己也不能知道所讲的是什么。因此，日本岂特没有哲学家，似乎也缺少独立思考的习性。遇着实际问题时，一面是根据极现实的利害直感，一面观看外面的风色，随大势为转移。所以日本的言论界，似乎推波助澜的作用，大过于帮助一般人冷静思考的作用。因为日本保守势力的封建性、落后性，的确需要有革新势力起来。但因知识分子缺乏独立思考的习性，所以日本革新势力的领导者，有点像中国过去所说的“无赖汉”。他的前途与日本的前途，便很难乐观了。

三

最后，我认为日本的命运，全赖于民主政治能否在日本生稳根。但日本知识分子的性格，并不十分适合于培养日本的民主政治。日本知识分子，对人的礼貌非常周到；但礼貌与他的心理实态，似乎有很大的距离。面对现实上的利害问题时，假若情势并不向自己所希望的方面发展，心理实态便常要求突破礼貌的节制而诉之于力的解决；这便不走向右的极端，即会走向左的极端，而离开了民主的中庸之道。就对外的关系说，日本知识分子的心理，似乎不是处于征服者的状态，即是处于被征服者的状态。平等相处的心理状态，似乎不易保持。昭和初年，日本知识分子分化而为两极之争，结果走下了法西斯之路。许多极左的人，一变而为极右的人。今日大家把这一段历史责任，完全推在旧军人身上，这恐怕是不公平的。

现在左右两极之争，似乎与昭和初年无异。但结果可能会通过托伦斯基性质的政权而走向共产党的统治。今日决定日本命运的，只有民主或共产两途，决没有右翼的前途。战前是左翼的夭折，今后将是右翼的夭折。这不仅因为右翼缺乏足以抵抗左翼的组织力量，更重要的是，日本知识分子的两极性，是没有自主性的两极性，他常要看着外面的风色而行事。战前右翼的胜利，主要原因之一，是因为有德国和意大利的法西斯，可给日本知识分子以心理的暗示，及行动的模仿。现在可提供日本知识分子以心理暗示及行动模仿的，只有苏联与中共。所以希望以右翼的力量，平衡左翼的力量的人，是不切实际的幻想。日本能从两极化的趋向中走上民主之路吗？这需要日本知识分子作彻底的反省。并且这种反省，是需要与东西文化研究工作的反省，密切相连的。

一九六〇年七月六日夜于东京旅

一九六〇年七月十九日《华侨日报》

“人”的日本
——东京旅行通讯尾声

初到东京，初走进东京的大百货商店，看到十年来日本技术的进步，经济的发展，不能不给我这种乡下人以深刻的印象。但对于“人”的这一方面，我不断地露出了近乎苛烈的批评。并且当一位日本友人问我对于日本的观感时，我坦白地说：日本的“人”，并没有随着技术经济而进步；所以日本十年来在技术与经济的成就，并不能解决日本自身的问题。

其实，这不仅是日本的问题，而是整个人类文化的大问题。仅拿这一点来责日本人，是不太公平的。发展技术经济的是人，在技术经济的后面，不能没有人的存在。我在《日本的天女》一文（原编者按：该稿迄未收到，故未见报）中，说出了我对日本女性的铭感。当我回到台北，走到台北的街头，望向台北的每一角落，引起了在台湾的中国人与一般日本人的强烈对照，使我对一般的日本人，自然发生由衷的敬意。当我提笔写这篇短文时，和我写《日本的天女》，同样是出于一番感激之情。

一

我对日本的政治前途，不愿作主观的判断或评价；日本政权，现在是掌握在保守党手上；这些党人中，有的自私自利，看了使人乏味。但平心而论，在三种地方，依然不能不使人发生云泥之感。

第一，他们有“法”的观念。在政治行动上，他们不会因一时的便宜而把权力冲过法的界限。他们的自私自利，都受到法的制约，不敢公然超出法的范围。在五、六月的政治风暴中，他们受群众不止一次的围困、侮辱，受舆论一面倒的批评、咒骂，但他们决不导演重庆校场口这类的事件，决不怒发冲冠地去关报纸的门。他们不枉法以图一时的便宜，来维护法的尊严；所以最近舆论界抬出“法”的问题时，狂烈的左翼分子，也不能不有所顾虑。世界上只有最下流最无知的个人或集团，才以为自己玩法，而能使他人守法；才以为法对自己是油水，对他人则是毒药；才以为一时一己的便宜主意，可以取消法的客观标准；才以为自己使法的威望扫地，而依然可靠灵感来维持自己的政权。

第二，他们在行政上保持相当的效能；他们不以说谎的方式来辩护自己的政策或工作。日本经济的结构，是非常薄弱的；但政治家和资本家，对经济活动的安排、推进，都表现相当的远见、气魄，和精确性。战败后的币值，一直是安定的；物价则因新生产技术的不断导入而保持物美价廉的趋向。政治风暴后，实行了三个地方县长的选举，依然是自民党人得到胜利；最基本的原因，选民认为自民党的候选人，不特表现了行政的效率，而且在作人上比较可以信赖。若把这种选举胜利解释作右翼势力的抬头，那便等于把隔壁王大娘的臭脚，当作鱼篮观音来供奉了。

第三，日本的保守政党虽然依旧带有“亲子分”的封建气息，没有确实的有组织的社会势力，作他们的基础，但他们知道农民是支持他们的社会潜力，很细心地与农民以培育保护。他们每年所决定的米价，在不过分刺激都市消费者的范围内，总是尽量顾到农民生产的利益；在这种地方，可以看出他们起码的良心良识，及他们苦心之所在。读者可能以为这是一件很寻常的事情吧。但是，一种无知无良无能的集团，常常于不知不觉之中，欺软怕硬，总是在说不出话来的农民身上打主意。七月廿八日台北《征信新闻》载有议员朱万成廿七日在省议会的质询中：(一)肥料换谷，农民每吨损失美金六十一元五角；(二)政府出售农药，每三百CC台币五〇元，而市价为三八元二角。(三)以面粉一包，向农民换谷三一点四三公斤，如以稻谷每百公斤四八〇元计算，农民吃亏二六元二角二分。看了这种消息后，将令人作何感想呢？好在台湾的政要们，对此决无感想。

二

日本许多学人治学的勤恳、辛劳，自然使他们不把政客放在眼下，在这种地方，依然还闪出一点学术之光来净化人间卑贱的一面。这和我们许多人挂着学人、教授的招牌，抛弃自己的本业不做，却匍匐在政客脚跟下吮污泥，又从何处作比较？即就一般的社会生活看，日本人到处表现的是精密，而我们到处表现的是疏阔；日本人到处表现的是周到，而我们到处表现的是粗疏；日本人到处表现的是勤谨，而我们到处表现的是懒散；日本人到处表现的是重知识，重艺术欣赏，而我们到处表现的是攒门路，重食色沉湎。在日本买一样东西，游一处风景，一丝一毫，都为顾客游客想尽便利的方法。在日光要下去看华严瀑布的时候，坐完巴士，中间须下一段阶级坐电梯，在下阶级的地方，挂上显著的标语，大意是“非常感谢你来游历，下阶级时望特别小心”，他们想到游历的人，可能因游兴太高而失足的。

我可以得出这样的结论，以利己为活动中心的资本主义社会，事实上也须要以“利人”来作“利己”的手段；而日本人民在长期封建社会的礼节中所养成的对人的叮咛周到的传统，配上现代的商业精神，在这种地方更做得非常亲切。

三

我批评过日本人的性格，不是走向左，便是走向右。但我又发现日本人，要便是移居他国的日侨，要便是地道的日本人；决没有像台湾今日，以美国籍的中国人的身份，在社会上大摇大摆，以作为猎取地位，占领便宜的可耻现象。同时，我更知道，南韩、印度、印尼，决没有口里激昂慷慨地“国家民族”，而实际则以千方百计，要把自己的子女变成美国人；口里反共抗俄，但旅行箱里经常严密保持一张随时可以开溜的赴美护照。我这十年以来，渐渐发现，在“有地位”的中国人中间，要使他们心安理得地当一个中国人，和比上天国还要困难的一件大事。因为今日在台湾的中国人，一提脚便上到天国里面去了。有谁能想得到，“天国”竟成为精神奴化的跳板和护符呢？这次承某一部分日本朋友的好意，要把我留在日本，觉得这样不仅可以少呕些闲气，并且或许对东亚可以多尽一点责任，但我感叹地谢绝了。此生此世，我还能做点什么有益的事呢？恐怕只能做一个寻常的中国人，生在中国，死在中国。

一九六〇年七月廿六日东海大学行装甫卸之后校

一九六〇年九月十六日《民主评论》第十一卷第十八期

亚洲之文艺复兴
——评美国派克森教授的呼吁

从十八世纪末到二十世纪的五十年代，东方是受着西方文化强烈的支配。东方的文化，不仅为大多数的西方人士所误解、所抹煞，就是生长在这一文化传统中的东方人，也有不少的智识分子，在有意或无意地进行着否定东方文化价值的工作。

一

有识的东、西人士，早都认为这是世界文化的不幸。在西方人士中，像派克森教授，就是一个最好的例子。他说："我们和我们的子孙，将永远看不到一个文化上清一色的世界。即使有，这也不是一个值得称道的现象。"又说："在过去的年代里，亚洲需要西方观念的输入。到今天，我们却需要亚洲的观念的输入了。只有亚洲的文艺复兴，才能使我们重新恢复我们的活力与生命。"这是他在美国中西部关于亚洲事务会议上所作的呼吁。

派氏的《亚洲文艺复兴》专文，在美国《维吉利大学季刊》，曾于最近一期上了（vo1.30，no.4）以极显著的标题发表。文中若干观察，虽未见得正确；然而他所提出的问题，却很值得西方人思考，尤其是值得作为一个亚洲人的思考。

二

派氏文中指出：他们的祖先并不了解亚洲，只知道亚洲是一个落后地区，到那里去找寻原料，销售商品，着手开发；却没有想到亚洲对西方积极的影响，想到在亚洲可学到些甚么。即到今天，西方人士对亚洲虽予以莫大的注意，但谈到充分的了解，还是很成问题。

然而，亚洲从来就是一个落后地区吗？不然。派氏从文化史上提出论证，断定东西文化的影响原来是相互的，正像一个钟摆，在东西之间，摆来摆去。东西的接触（或可谓之冲突），在荷马的史诗《依利亚得》中，第一次有过详细的记载。事情发生在当时欧亚之间贸易的通路上。从外表看，当时还看不出东西的差异。然而，当文化影响的钟摆，摆到一边的时候，这对比却非常明显了。波斯人进攻希腊，希腊人便以西方人自居。到亚历山大攻到印度，希腊的文化便传到了东方。然而，东方回教的势力，向西一直扩展到北非海岸，到西班牙、法国。再由基督教势力的抬头又恢复了西方的失地。这就是所谓文艺复兴。随着文艺复兴的潮流，西方文化从东、西两个方向对外扩张，再会师于中国海，到一九〇〇年（指中国遭八国联军之役）达到了顶点。文艺复兴运动被历史家所忽略的，乃是在中世纪期间，西方正受着东方文化强烈的影响。欧洲社会为了抗拒东方的文化，方回头去看他们早期的历史，以便找出他们自己优于亚洲的文化与之对抗，故有古典的复兴。所以说，中世纪是东方文化影响了欧洲，但现代，却是西方文化控制亚洲了。

三

文化影响的钟摆，何以摆来摆去，这也必须明白。但是，我们要晓得，这并不单是军事行动而已，而是一种复杂的运动。它包括了经济的力量、技术的发展、智力的观念、宗教和文化等的压力。它的扩张，更不是任何人所能计划的，所可想象的。然而，有几种使它摆动的力量，我们却不能不加注意。由于一种文化对另一种文化的压力，很明显地压缩了某些情绪的弹力。第一，产生了紧张的状态。第二，产生了一种向相反方向强烈的追求。压力愈大，弹力也愈大。所谓强大的压力，并不是采取剥削压榨、残暴的处罚等政策。

以英国来说，英国对殖民地曾经有过仁慈，也有过残酷的政策，但两者都引起殖民地的反抗。因为，残酷的政策，固然引起殖民地反抗；仁慈的政策，则削弱了被统治民族的创造力，失去了他们的自尊，鄙视自己，这正同样足以引起反抗。就是因为这种力量，才使得文化影响的摆子，在东、西之间，来回摆动。

四

派氏指出，在研究亚洲文艺复兴之前，我们必须了解：东方文化的含义是甚么？西方文化的含义是甚么？东、西文化相互影响的价值又是甚么？

尽人皆知，思想观念最肥沃的地区，乃是各种不同文化的边缘，叙利亚、巴勒斯坦就是很好的例子。其他如威尼斯、开罗、亚历山大港，莫不盛极一时，其原因正在于此。如果我们承认火的发明是钢与燧石相撞的结果，而钢与燧石在本质上却是不同的物质；那么，东西文化相互影响的价值，也就在此。须知尽管东西文化各自失去了其纯粹的成分，然而，东西之间，仍有着显著的不同。这就是：

一、西方文化重个人，东方文化重全体。

二、西方文化重现实，东方文化重来世。如印度教、佛教、犹太教、基督教、回教，都来自东方。

三、西方文化中崇拜的对象简单而匀称，东方文化中崇拜的对象复杂而对比。

五

当然，随着亚细亚的文艺复兴运动，东方的观念势必攻击西方文化。像马克思主义——一种新的不容忍的宗教，还有一些这类的运动，都是已经可以感觉到的。派氏呼吁西方人士正视它们，而不必恐惧；要记住西方过去的进步，不是来自孤立，而是来自文化和观念的冲突。只是在紧张（文化上）之后，才有惊人的成功，今天的美国正是缺乏这种气氛。

我们可以了解派氏虽然提出亚洲文艺复兴的口号，但他依然停顿在古代波斯与希腊战争的历史格套中，对东方文化，应以中国与印度文化为代表，实毫无了解。所以他们作的东西文化的对比，也是毫无意义的。同时，因为他是美国人，在他的叙述中，不能不为西方丑恶的殖民主义作辩护，这便失掉了谈文化的纯正动机，因而也不能接触到今日真正文化问题之所在。派氏提出亚洲文艺复兴的口号，只是由西方殖民主义已开始在东方没落这一事实所迫出来的。不过，虽然是如此，从派氏的口中，可以明白听出亚洲觉醒的号角，这是我们亚洲人所乐闻的。

一九六〇年十二月三日《华侨日报》

世界危机中的人类

我以前曾为《华侨日报》写过若干东京的通信，大体上是胡乱凑合的东西，所以有许多朋友希望我把它汇印出来，我始终觉得没有汇印的价值。现时我想就个人所了解的若干思想家们对人类未来的构想，分别作一简单报导，而称之为“未来世界的通信”。意思是想借此引起所有人们对自己历史命运的关注，产生出新的观念，开始新的努力，或许能渡过当前世界性的危机，开天下万世太平之业。

人类与一般动物最大区别之一，在于一般动物没有历史意识，而人类则有历史意识。因此，一般动物是生活在片断的，不相连续的“现在”之中，而人类则系生活在把“过去”、“现在”、“未来”连贯在一起的“历史之流”的里面。“现在”才是现实生活的具体内容。但不仅现实生活所凭借的物质，主要系依赖“过去”所蓄积而来，因而使人不能不回顾“过去”，并且在人类的精神生活中，有一种自然而然的要求自己的生命有一个来源的冲动，因而为了知道自己生命的来源，作过了不少的共同努力。这种努力，常常形成人类文化的重大财产。一个忘记了自己身世的流浪汉，一个不知道自己亲生父母是谁的伶仃儿，他内心的苦闷，常会超过具有一种并不很光荣的家世，但却能为自己所清楚知道的人们的苦闷。要求知道自己生命来源的精神冲动，可以说不须要合理的解释，或现实利害的支持，而只是人类一种感情的活动。照现在若干人的说法，凡是属于感情的东西，不能成为学问的对象；但我们要知道，只有人类才有这种感情。并且只要人类得到正常的成长，则时无古今，地无中外，也一定会具备这种感情。所以这是带有永恒性、普遍性的一种感情。假定学问是属于人类自己的，则对这类感情的发抒、满足，正是学问中最基本的任务。

人类的现实生活，不仅与"过去"不可分，而且与"未来"同样不可分。所谓"未来"，可以缩短到对于"今天"而言的"明天"。只知道今天的生活，不知道明天的生活，或者感到今天可以有把握的生活，明天便没有把握的生活，这是一般人所不能忍受的生活。当然也有主张采取只顾今天、不管明天的生活态度的人，但分析起来，作这种主张中的少数人，是他的明天本不成为问题，因而可以忘记明天。多数人则是来自对明天的绝望。对明天的绝望也即等于对自己生命的绝望。人类积极性的努力，都是为的有了今天，还要有更好的明天的。

生活的"明天"，可以无限地延伸、扩大，可以延伸到自己子孙的瓜瓞绵绵，可以扩大到人类整个的历史运命。我们可以只要求知道古人，或叹息古人，但我们的确可以"不必替古人担忧"，因为古人已属于过去了。但我们并不能确切知道后人，对后人自然也说不上欣羡或叹息，却不能不替后人担忧，因为后人是属于"未来"，而"未来"是属于我们生命的明天的延续。人类是不要任何理由作支持而要求自己的生命能够延续的。我看到报纸有下面这样的一则笑话，有人向一位天文学家很紧张地问："地球将在某一天碰上另一行星，怎么办？"这位天文学家很冷静地答复：

“地球并不是一个很重要的行星，毁灭了没有关系。”站在天文学的立场，这位天文学家的答复并不算错；可是人们对于这种答复，只能当作笑话来听。人类对于“过去”的连结，还可找出现在生活中的利害问题作根据。对于未来的连结，则可以说与现在生活的利害无关，而只是出于人类生命的内在要求。正因为如此，所以这种要求，在对未来失去信心时，也表现得特别迫切。

如前所说，人类实际是生活在“过去”、“现在”、“未来”所连结的“历史之流”里面。但此种实际连结的情形，并非一般人所能了解。于是，便有少数特出的人物，出而担当这种解述的任务。最先出现的是各种民族起源的神话，接着便是宗教。宗教的主要内容，便是要把每一个人的过去、现在、未来，很紧密地连接在一起。当我国东汉末年，开始对印度佛教发生了热烈信仰，主要是因果报应之说，解答了潜伏在各人精神内，要把过去、现在、未来，连结在一起的要求。基督教的上帝七日造人，及末日审判，在基本性格上，与佛教也无二致。再进一步，便由史学家、哲学家来担当这种任务。最后出现的是科学家。现代考古学、古生物学的进步，最基本的动力，还是人类想知道自己过去的热望；而进化论一出，所以很快地发生思想上革命性的影响，依然是因为它对于人类乃至生物的过去、现在、未来，提供了一条确切解说的线索。

宗教根据他们的神意而说未来。史学家、哲学家，则根据他们所把握的历史法则、理性法式而说未来。科学家要根据材料说话，所以不能轻易说到未来；此一态度的影响所及，廿世纪三十年代以前史学家、哲学家，也不轻易说到未来。但五十年代以后，学术任何部门的思想家们，不关心到人类未来的，可以说他们是放弃自己作为一个思想家的任务。人类是以现在为基点而通到过去、联想未来的。在稳定的“现在”中，人们只以纯知的态度想到过去，以浪漫的态度想到未来；这种过去、未来，仅是对于人们享受“现在”的陪衬。若“现在”已经失掉了它的稳定性，人们已经感到把握不住自己的现在，便常会以求救的心情想到过去，以忧郁而迫切的态度想到未来。此时的未来，乃真成为思想家精神之所萦绕。何况我们的现在，乃是名符其实的“世界危机”的现在。这种危机，不仅超过了个人、民族，乃至超过了一切文化，而将使之玉石俱焚。则当前世界的思想家们对“未来”的关心，有其更真实的意义。

一九六一年二月八日《华侨日报》

人类未来的形像

目前人类的危机，有的地方是来自知识落后、技术落后，因而影响到一般人的基本生存。对于这种地方而言，发展科学，以促进经济的繁荣，诚为当务之急。

但就全世界的总形势来说，以现在的科学、技术，通过合作的方式，以解决人类当前生活的需要，根本是不成问题的。不成问题的事而居然成了问题，这是说明，问题不仅是出于科学、技术的不足，而是出自于使科学、技术不能尽量推广的人。

目前另一最突出的危机，莫过于两大集团的对立。因为有了这种对立，人类不知在哪一天会遭遇一场核子战争而使现代的文明乃至人类的大部分归于毁灭。两大集团，同样地努力发展科学，提高技术，促进经济发展。换言之，两大集团间对于科学、技术、经济的价值，是同样的尊重，并无轻重之分。由此可以了解，两大集团对立的造成，与科学、技术、经济并无关系，而只是由运用科学、技术、经济的人所造成的。

总结地说一句，人类的危机，实际是应由人的自身负责。因为人的自身成了问题，所以一切才成了问题。因此，危机的解决，追索到最后，乃是要求由人的改造而出现新的人，出现新的人的形像。

出现新的人，出现新的人的形像，也有不少的人，寄望于近代学术王国的自然科学；尤其是在仰慕自然科学，但又不懂自然科学的人，更是如此。自然科学中，与人最为接近的，是生物学。现代的心理学，也几乎是立基于生物学之上。假定自然科学对人的改造能有所贡献，也一定要通过生物学而实现。生物学中可以担当这一任务的，即是所谓优生学。若能由优生学的进步而孕育出适合于和平共存的人的形像，则一切危险岂不因此而彻底得到解决吗？

英国伦敦大学生物统计学教授荷尔登（John B. S. Hal' dane）博士，在《由生物学研究室的展望》一文中，对此提出了一个简明的答复。

据荷尔登教授说，缪拉（H. J. Muller）博士，正提倡包含大量使用人工受胎在内的急进的人类改良法。荷尔登教授认为要达到此一目的，对于过去的进化，与现在的遗传学和细胞学，所需要的知识，较之于形成现存文明基础的全体知识，还要大得很多。假定获得了这些知识，便可以说今后的进化过程，能从无意识的阶段，上升到意识的阶段。换言之，即可以按照要求的目的来改造人种，这当然是太好不过的事了。但是荷尔登教授说："我们现在还没有得到这种知识。"荷尔登教授认为优生学在消极方面有些作为，但在积极方面实难有所贡献。最低限度，在目前则是如此。

然则照着目前生物学的知识，以推测未来的人类，未来人类到底会变成怎样的情形呢？据荷尔登教授的看法，未来世界的人类到了成人的时候，大概会有很多的肉体的技能。但是他们的体力小，头脑大，牙齿也生得比我们少。他们成长得非常慢，大概在五岁以前，还不会讲话，到四十岁才长成熟，所以读书要读到四十岁。其生命大概能继续活到数世纪之间。未来人较之于我们，是更理性的，而不是本能的，不受性与双亲的支配。一方面不受愤怒的影响，另一方面，也很少受群居本能的支配。他们的动机，较之于我们，要更多依赖于教育。在他们自己的社会里面，是善良的市民。但是，在现在的社会看来，却会被看作是犯人或狂人。他们保有远较我们为高的智能，并且几乎每一个人，都能保有我们所称为天才的特殊能力。

荷尔登教授继续说："若是把我们移回到过去的时代，我们不会受到北京原人的尊敬的。同样，若是把这些被计划的作为进化产物中的一个人，带回到我们的时代，我们大概也会把他当作不愉快的人来招待吧！这不是悲观的想法，因为我们不会遇见到他们的。"

看了上述生物学家对未来人类的描述，有两点值得我们思考。第一，我们中国传统的观念，认为在人类的本能中，可以透出"放之四海而皆准"的良心理性。这一观念，在生物学家的立场，是很难与以承认的。第二，我们现在所得到的一切知识，尚不足以形成人类走向未来的起点，所以我们与未来之间，没有彼此可以相喻的桥梁。因此，我们面对着自己的未来，乃是一个不可测度的幽暗的原始森林。森林中也许有无尽的宝藏，但这不是我们所能探测，自然也成为与我们无缘的"彼岸"了。顺着这一看法，也可以说人类是没有未来的——因为未来对于现在，是一种无情的存在。假定我们真能与未来人相遇的话，那不会是握手言欢，而将是一场生死搏斗。但荷尔登教授一开始便交代得清楚，他们说的，只是生物学的观点。人是多方面的存在，生物学的观点，只是对于人的许多观点中的一种。他认为“仅集中于许多观点中的一个观点，便是一种灾祸”。所以我们还要从其他的观点来展望人类未来的世界。

一九六一年二月十八日《华侨日报》

科学王国中的“后史人”

路易士·曼福德，是美国现时著名的文明批评家。他在《人的变形》一书中，对人类历史，加以新的诠释。因为若由关心人类运命而谈到历史时，便自然会涉及未来世界的问题，汤恩比们都是如此。所以在此书的九章中，便有一章是谈“后史人”。

我这里想略加介绍的，即是他所构想的“后史人”的形像。因为这是代表一个肯用头脑的美国人，对以美国为代表的现代文化的反省，值得我国谈文化的人作参考。他认为在知性、科学统治一切的时代中，人类有机的倾向，及以个性为中心的历史问题，会被当作不能考虑的东西而消失掉，因之，人已经不是历史的存在，只好称之为“后史人”。构成他的假定的基础的，是当前的资本主义、机械主义、科学、官僚制度、极权主义等，综合的演进。在这综合演进中，发生主导作用的，还是由人的知性所成就的科学。至于在许多落后地区中所残余的家族封建势力的丑恶统治，则一定会被前面的几种力量，如秋风扫落叶似地扫掉，它没有构成假定之一因素的资格。

曼福德氏认为在长久的过去，对于人类有支配作用的本能生活，随着知性渐渐完全统御了生活的各个部面，而渐渐失掉了它的力量。人离开了本能的东西、目的性的东西、有机的东西，而定着于因果的、机械的东西之内，因而知性可对人的各种活动加以更强的控制。“知性已从物质活动的分野，进入到动物活动的分野。并且，凡是不顺从于知性的性质，很快便会被破坏，或被消灭掉。”“由科学方法与近代技术非人性地操作之发现以前，冷静的知性已经减少了自然的力量，今后更将广泛支配人类的活动。人为了生存，不能不使自身与机械相适应。艺术家、诗人、圣人这些不适合的形态，或由社会淘汰，而使其转向，或干脆自动归于消灭。”

在上述的趋向之下，人类自身，也只有适用与物质世界相同的规范。知性创造机械，机械控制人生，结果“知性产生出有同于继续了六千万年的某种昆虫社会。为什么呢？因为知性达到最后的形式时，对于由知性所完成的解决方法、方式，不容许任何怀疑反对”。所以“若一旦科学知识成为最高的东西，就是政策也不能有所改变。于是具有重复能力的人生，只有冻结在由知性所提出的一个模型之内”。

机械完成了一切控制的“后史人”，“他们之所谓人生，除了多方面地展示‘自然魔力’的概念以外，更一无所有。长距离的一瞬间的连络，空间迅速的运动，产生自动反应的按钮式的操作等，这些便是他们所追求、成就的东西。而最后的业绩，则是把含有无限变化的有机的组织力，做成镶嵌在模型中的机械的东西”。

“后史人”当然要造出向地球以外的星球互相交通的机械，这正是近代开始时，西方人寻找新大陆的精神的继续。“认为人生除了不断地在空间移动以外，更无其他意义的想法，正是知性被非人格化了后所达到的界限的标准。”

但是，机械的效用，并不止于是完成人们向太空活动之梦，同时，也与悲惨的战争，连结在一起。“好像与后史人的实存主义的虚无感相呼应一样，战争从限定目标的局部破坏与暴力，变而为组织的无限制的杀戮。后史人，在各种胜利中站了起来；但这一切，都是死的胜利，能说这是偶然的事吗？否定生命活动的意义，尤其是否定人生进步的可能性的意志，支配了这个时代的意识形态。因之，便把集团杀戮或自杀，当作最后的目的而前进。”“进到后史时代的过程，先是采用不着目的形态，从科学削弱人性开始。而最后，便从现实世界的全体中，抹煞掉人性。”

对于原子能的开发，美苏正作拼命的竞争。几十年后，哪一方面，都具有毁灭地球上一切人类生命的能力。把这种新能力转向能作人自身幸福用途的思考，比之于用为向毁灭人自身的思考，简直是微不足道。所以从人生分离了的、被非人格化了的科学知识，它与道德或政治等人类所负的责任，成为毫无关系的东西，并且也马上走向埋葬科学自身存在之道。

“后史人”对于自然的态度，将排除过去人类与自然的亲切感，而只是将它加以打碎，加以再统合，使其成为由机械生产所改变的新材料。“对于人的个性，也是一样的。仅把人性中的合理的知性，扩大到超人的程度；其他的部分，则被缩小或被淘汰掉。”

“后史人”不仅要作出蛋白分子，并且要在试验管内再现生命现象。一方面由于合成化学纤维的成功，他们要从无机物中造出食物。他们为了保证这种成功，将造出喜欢吃这种食物的新人种，或造出根本不知饮食之乐的新人种。他们为了保证由知性所完成的政治经济生活的划一性的功效，对于小孩们“像割扁桃腺一样地，施行前脑叶切除的手术，以确保人类的服从性，而抑制其自发性”。

曼福德氏对于“后史人”，还有很多的描写。总括说一句，他认为顺着现时知性第一、科学第一的方向发展下去，使人完全成为机械的一属性，成为便于极权统治的一动物，因而由人所成就的科学，结果变成了人自己否定自己的可怕的怪物。

这种牵连到文化中很多很复杂的问题，将来有机会再谈。现在我只简单说出当我把这部大著读完以后，立刻引起我于民国三十六年在南京《学原》刊物时的一点回忆。当时有位洪先生刚刚从英国（或者是美国）研究维也纳学派（即所谓逻辑实证论）的学说归来，他以满腔现代科学基础的自信，获得当时几位留德的先生们的恭维。这位洪先生对人非常谦虚，决不像他的徒子徒孙的装模作样，狂妄无知。但我听了他的谈话，读了他的大文以后，私下向牟宗三先生笑了笑说，“将来机器人可以取有生命的人而代之了”。向机器人或昆虫社会的前进，当然也是值得我们考虑一下的问题。

一九六一年三月十四日《华侨日报》

一个历史学家的迷惘

乔治·马可来·特李未利安（George Macaulay Trevelyan，1876—1962）是英国现代最伟大的历史学家之一。他在《一个历史学家的自传》中，以“传统的历史学家”自居。因为在标榜“科学的历史”的现代，他却努力要维持历史与文学相结合的传统。这一倾向虽然不易为现代人所了解，可是因为他写了二十本以上的有价值的大著，其中尤以《英国史》、《英国社会史》受到一般的重视，所以即使是不赞成他的史学态度的人，也不能不承认他在史学上的成就。

他以为历史最主要的价值是诗的展现。“诗，常常是内在的。”历史能把过去人们所思所感、所作所为，像奇迹样地，展现于我们的想象力与悟性之前，使过去的世界居然能内在于我们现代生活之中。这完全是诗所给与人的一种意境。所以他说：“我读历史，是把它作为伟大的诗，作为无始无终的叙事诗，简直是读之不厌。”

但是，他认为在历史中不能发现出“历史的哲学”。他说：“哲学应提出于历史之前，却不能从历史中抽出哲学。并且，除了好善而恶恶以外，我不曾为历史提出自己的哲学。”

他不相信黑格尔的“世界历史，是自由观念的展开”的历史哲学——因为德意志，乃至整个世界，这一百多年以来的历史，不能证明黑格尔的历史哲学的结论。他对阿克顿（Lord Acton，1834 — 1902）的“历史是通过对立势力之均衡所成长的自由”的说法，只承认它有一部分的妥当性——即是这仅可包括从十六世纪到十九世纪政治与宗教的历史情形，但政治与宗教并不是历史的一切。

他对于并时的大史学家汤恩比（Arnold Toynbee, 1889—1975）似乎相当地推重。但对于汤恩比“挑战（环境）与应战是历史一切动因中最重要的动因”的说法也不赞成。因为历史中，有的受到环境的挑战，但并不一定起而应战。有时却由一个伟人的出现，以完全不能预期的新方法而改变了历史的方向。譬如以罗马帝国、罗马的道路及斯多亚哲学（Stoic）等因素，可以说明一个世界的宗教得以出现的基础。但有了这个基础，并不一定能出现一个世界的宗教。世界的宗教之出现，不能不有待于耶稣、保罗的诞生；而他们的诞生并不是历史的必然，而只能归之于历史的奇迹，亦即是历史的偶然性。所以他不承认有一种可以推断未来的历史哲学。

特李未利安氏不仅认为偶然性在历史中的重要性，并且认为历史上所发生事件的评价也难有一定的标准。著有《罗马衰亡史》的吉朋（Edward Gibbon，1737—1794），对于罗马的和平与文明的没落、破坏，当然怀有不能自已的悲感，但是罗马的和平与文明乃完全依存于白人奴隶之上。在基督诞生后一个世纪之间，罗马社会的经济基础完全是奴隶制度。连基督教会也不曾要求加以解放，而只要求它有较为稳健的处理方法。等到蛮族军队的入侵，却与奴隶以解放的机会。战争与秩序混乱，打开了奴隶工作小屋的门。奴隶社会的苦闷不但因而解体，而且终于消灭了。在此一废墟之上，都市的工人成为自由民；土地耕作者，或成为自由民，或成为农奴，但决不是奴隶。过去集中在皇帝一人手上的政治权力，分散给无数的圣、俗两方的个人与团体。因为封建的无秩序及传教者的策动，和局部战争的变动，而激起活力与独立精神，到处可以听到生命的脉搏，为了未来的文明，准备好了好的苗床的土壤。可见“稳定的时代，并不一定是好的时代。在这种时代中，人们得不到任何教养”。

不仅如此，许多人认为中世纪是黑暗世纪。当然，从许多生活面看中世纪的人们，的确没有现代人的享受。但若以自由作标准，特李未利安氏觉得中世纪由孤立而来的自由与机会，反较近代人为多。整天地、孤单地看守着一群羊的牧羊者，较之今日工会的会员、银行员、公务员，却有更多的精神的自由，这当然可以表现人类生存的价值。

不错，中世纪也并不是黄金的世纪。它有战争、疾疫、饥馑，不断破坏人间的幸福。而贪欲、残忍、伪善，成为当时教会、封建权力所有者的特征。因此，在某一点上，十八世纪与十九世纪的人，还可以保有用怜悯与轻蔑之心，去回顾中世纪的权利。但在“出现了世界大战及极权主义（Totalitarianism）的二十世纪，却连这种权利也失掉了”。

中世纪保有许多政治权力及野蛮行为所不能达到的孤立的“据点”。这种“据点”，对于人类自由的保持，有莫大的价值。但是，“在现代极权主义国家里面，却把所有的据点都抹煞了……现代中央集权的倾向，与近代交通机关的发达，很快地把它们（英国所残存的据点），也都破坏了。没有据点，任何文明也会迅速归于腐败。对于一切事情都要求划一统一的人，乃系忽视了这一重要原则。若是没有独立于国家这种机械之外的据点，文明便会失掉一切健全的成长力。新的生命，常常是从少数党、小集体，及有独立性的个人而来的”。

以上，是特李未利安氏在《迷羊——历史的观念》一文中的结论。他虽然特别强调“历史上所发生的事情，其条件是极端复杂，由事件之类似以预言未来，是不可能的”，但从他的结论中，不难从他对现代发展倾向所抱持的悲观态度中，可以推知他对紧承现代倾向而发展下去的未来，依然是怀抱着诗人性的迷惘和淡淡的哀愁的。

一九六一年三月三十日《华侨日报》

开幕乎？闭幕乎？

英国的罗素，在今日的哲学界中，应当算得上是一位元老了。他今年大概是八十九岁。但他还保持着作为一个思想家所应有的活跃。由数学家、哲学家、评论家，一转而为晚年的小说创作家，并娶上了一位第四任的太太。他的生命力算是够强的了。他在第一次世界大战时，因反战而失掉了剑桥大学的教职。这几年，更领导反核子武器、反核子战争的运动。甚至主张英国宁可向苏联投降，也不必作军事抵抗的准备。他的主张是否正确，乃是另一问题；但他对人类命运的关心，这在西方正统的哲学家中，恐怕是很少见到的。然则他对人类命运的前途，又作何看法呢？他在所著的《伦理学及政治学的人类社会》一书中，以《开幕乎？闭幕乎？》作最后的一章，或者可以代表他对此一问题的观点。

他是以数学为出发点的哲学家，完全站在知识的立场来谈哲学的。知识的成就，表现在科学、技术之上。目前科学技术，正以空前未有的速度，向前发展，所以采取此一立场的人，对人类前途，多保持乐观的看法，罗素也正是如此。他在这一章中，首先认为“若用天文学者的眼光来看此一世界，则人类的未来，可以比地质学家所计算的过去的年代还要长一些地延续下去。今后多少亿年之间，在地球的物质性质之中，找不出可以妨碍生物生存的理由”。

据他说，人类开始发现自己的特殊能力，只不过在六千年前才开始。真正值得注目的进步，应以希腊时代为最早。可以与希腊时代相比拟的进步，不过是最近五百年间的事情。而过去的文明历史，对于几亿年的未来而言，当然只能算刚刚在开幕。

但罗素紧承接着上面说："未来的几百万年的人类命运，在现时的知识可以了解的范围之内，完全在人类自己的手中，还是决定飞入于悲惨之中呢？抑或是攀登到梦想不到的高峰呢？这完全委之于人类自己。"换言之，人类正站在悲惨与光明的歧途之上，使这位哲学家也感到彷徨而没有把握。但由前面所述，也可以了解问题不是出在物质上面，而是出在人自己的身上。五百年文明的进步，进步的只是物质而不是人自己。

说到人的自身，罗素认为这是"神与兽的混合。有的人是面向着神，有的人则面向着兽"。但罗素更进一步地指出：史威夫特（Jonathan Swift，1667—1745）在他愤世嫉俗的《格列佛游记》（*Gulliver's Travels*）中描写的最可厌恶的"雅扶"（比拟为最坏之人的一种兽），他并没有知力，所以这种兽还没有像近代人这样的坏。所以他又说："以为人是神与兽的混合，这对于兽来说，还是不公平的。人应该认为是神与恶魔的混合。任何兽，哪怕连'雅扶'在内，它们也不能犯上像希特勒、史达林这样的罪恶。……人凭想象描写出的地狱，这是很早以前的事。但能把想象的东西加以实现，仅能靠最近的科学技术。人类的精神，在天国的光明，与地狱的黑暗之间，保持着奇妙的平衡。并且人类的精神，常以能眺望到两方面为满足。但却不能断定天堂与地狱的哪一方面，对人类的精神更为自然。"亦即是不能断定人类到底会走向哪一方面去。

罗素认为在天堂与地狱歧途之上的决定力量，似乎不仅只是人的知识，虽然他一生的努力与成就，都在知识这一方面。他说："若与天文学世界的伟大相比较，则人类的肉体是无意味、无力量的东西。然而人能反映出这个世界，能在想象与科学知识之中，对于无限的时间与空间作不断的巡礼。"换言之，人靠了自己的知识，并不受渺小的肉体的限制，而能与宇宙相颉颃。并且今后知识进步的速度，还要一天大过一天。但罗素认为人类最值得赞赏的，并不仅仅是知识。主要是除了知识以外，人类还能创造美……还有对于全人类之爱与同情……这便是未来命运之所寄。

罗素认为"到现在为止，知识太被人们所误用了"。他觉得要从现在的危机中解脱出来，要靠最大的知识、想象力与同情心。知识，大体上是不成问题的。目前人类所缺乏的并不在此。所以他最后呼吁着说："要从苦恼中救出世界的人类，不能没有勇气、希望，以及爱。我不知道他们能否得到胜利，但撇开理由不说，我无法抑制住相信他们可以胜利之心。"

由罗素上面的陈述，不难了解要度过当前危机以开创未来太平之业，实际还是一个道德问题。再妥当点说，实际是要使人以道德来运用科学知识的问题。但罗素也和西方许多传统的哲学家一样，始终不能发现道德的主体，因而不能发现道德的真实性，而只是在道德的边缘徘徊不进。他甚至把道德比拟为颜色，觉得这些不过是人类感情的假象。这样，罗素便只能以其智慧提出了问题，却无法把握到解决问题的关键。这是罗素哲学的悲剧，也是西方文化的悲剧。

一九六一年四月十五日《华侨日报》

西方文化之重估

每一时代，都有代表各时代特性的时代精神。这种代表时代特性的时代精神，常从各个文化现象。宋儒好用“理一而分殊”的话来说明本体与现象的关系。我现在借来说明文化精神与文化现象的关系。文化精神是“理一”，而文化现象则是“分殊”。要通过文化以把握人类命运的前途，则必须从文化现象追索到文化精神上去。

作为现代文化精神特性的，从积极方面说，或者可以称为极端的技术化的文化；除了技术成就外，便不算学问。在另一方面，或者又可以称为极端的官能化的文化；除了官能的享受以外，便没有人生。这两点，实际只是一个事物的两面。以技术来满足官能，以官能去推动技术。但若从消极方面来说此一现代文化精神的特性，则或者可以称之为这是没有人类爱的文化精神的时代。

人类爱，乃是不受私人情欲所限制的爱，也即是不附带任何条件的爱。其性质相当于中国传统文化中所说的“仁”。男女的爱，当然也是爱，但这常常是以私人情欲为动机，并以能得到对等的报酬为条件的爱，所以这不是“人类爱”，而只是情欲之爱。假定从一切情欲和报偿中超拔出来，而成为无条件地爱一个男人或爱一个女人，这便可以称之为伟大的爱情。此时是在不知不觉之间，把情欲之爱，接近向人类之爱。在亲子之爱中，包含这种可能性最大。孟子说，“老吾老，以及人之老；幼吾幼，以及人之幼”；在“老吾老”之爱中，本含有“以及人之老”的同质的可能性，即是含有人类爱的同质的可能性在里面。

导源于希腊文化的西方文化，本以真、善、美为其最高目的。真、善、美不仅是三个最高的目标，实际也是相得益彰，不可分离的统一的人生的三个方面。不过希腊的所谓善，以“正义”为主的意味特重。而其所谓“爱”，则常是局限于情欲之爱。纯洁高深的人类爱，并没有显现出来，这便成为西方文化中的致命伤。

西方人类爱的理念，是由耶稣传布出来的。但耶稣基督，是宗教的存在。任何宗教，对现世总存有厌离之感。于是由耶稣所显示出的神爱世人，常游离于现实世界之上，而只能在由教会所描画出的天国里面碰头。加以“原罪”的教义，不容许爱苗在每一个人心里生根，以发生直接融合汇通的作用。于是在信基督与不信基督者之间，信基督者的新与旧之间，同为新、同为旧的各派教会之间，常划定些不可踰越的鸿沟；而这些鸿沟，大家不说是由各人的情欲之私所划定的，各人都主张这是由上帝对撒旦所划定的。换言之，对于此种鸿沟的撤除，除了上帝之外，人的自身是无可为力的。为了贯彻上帝的意志，常不能不作血的清算。因此，本是降下伟大人类爱的福音于人类的宗教，从它取得了欧洲的支配地位以后，却经常成为各种斗争的中心。而近代宗教的和平，并不是来自宗教的自身，却是来自文艺复兴以后由人类理性觉醒所坚决要求的民主自由的限制。此一伟大理念与历史事实的强烈对照，教徒的本身不会加以反省；但肩负人类命运的文化工作者，是不能不加以反省的。

由上面简略的叙述，可以了解近三百年来所谓世界文化，实际便是西方文化；而西方文化的扩张，是在缺乏人类爱的情形之下进行的，亦即是在侵略的情形之下进行的。西方文化，对于人类有贡献的部分，即是民主科学的部分，已经无国界地为全人类所承认、所吸引。共产党只能在实质上反对民主，但在口号上并不能完全反对民主；这即说明共产世界，不仅不能拒绝科学，在某一限度之下，也不能反对民主。但全人类正在承认吸收西方的文化，而西方以外的世界，甚至在西方以内的某些部分，却以各种不同的程度与方式，起而打击作为担负西方文化实体的西方势力。揭穿了说，这是缺乏了人类爱的文化所必须接受的报应。

西方文化在现实上，只是把文化作为一种力量，压在他人头上。他人一旦得到这种力量时，当然会以牙还牙地反压转来。假定三个世纪以来，西方是以人类之爱来推广他的文化，则今日的世界，将完全是两种面貌；而西方所得的报酬，也将完全是两种情形。操西方现实政策的人，应当从这种地方去了解亚非集团。而美国人，更应该从这种地方去了解南非的情势及国内的黑人问题。西方的学人，则更应当从这种地方反省自己的文化，改建自己的文化。

一九六一年九月二十三日《华侨日报》

中国人的耻辱　东方人的耻辱

当中共对胡先生也作平反工作的现在，我依然想把这篇文章收在附录里，意在保存文化争论中的一大公案。现胡先生墓木已拱，而我亦行将就木，希望我们的文化，终能永生于天壤间，继续培育我们国族的生命。

一九八〇年十一月四日补志

自从政府任命胡适博士充当中华民国的中央研究院院长以后，我一直有两句话想公开说了出来。但因为胡博士害了一场大病，便忍住不曾说。今天在报上看到胡博士在亚东科教会的演说，他以一切下流的辞句，来诬蔑中国文化，诬蔑东方文化，我应当向中国人，向东方人宣布出来，胡博士之担任中央研究院院长，是中国人的耻辱，是东方人的耻辱。我之所以如此说，并不是因为他不懂文学，不懂史学，不懂哲学，不懂中国的，更不懂西方的；不懂过去的，更不懂现代的。而是因为他过了七十之年，感到对人类任何学问都沾不到边，于是由过分的自卑心理，发而为狂悖的言论，想用诬蔑中国文化、东方文化的方法，以掩饰自己的无知，向西方人卖俏，因而得点残羹冷汁，来维持早经掉到厕所里去了的招牌，这未免太脸厚心黑了。

大概在四年前，他在台中省立农学院向学生讲演，大意是说吃鸦片烟、包小脚，即是中国文化。这次当着许多外国人面前，更变本加厉地说：“科学和技术，并不是唯物的，它们具有很高的理想和精神的价值。它们确实代表着真的理想和灵性。”“在东方文明中，灵性不多。在那种忍受着残酷，无人性的规定，如相沿一千多年的妇女缠足的文明中，有什么灵性。（按以上大概是骂中国的）在那种容忍阶级制度达数千年之久的文明中有什么灵性？在那种把人生看为痛苦，没有价值，崇拜贫穷和行乞，把疾病归之于神的作为的文明中，有什么灵性？（按以上大概是指印度教及佛教而言）”“现在正是我们东方人开始承认在那种古老的文明中，很少有灵性，或者没有。那种古老文明是属于一个人类体力衰弱，头脑迟钝，感到自己无力相抗衡的时代。”“这种文明（科学、技术）具有高度的理想，和真实的精神……这是对科学与技术的现代文明所作的真诚赞颂。……”（以上是根据十一月七日《征信新闻报》）

按从胡博士讲辞中“使人类的精神从无知、迷信、大自然的奴隶中得到自由”的话看来，他所说的科学，系指自然科学而言。自然科学在文化中处于支配的地位，早成事实。台湾的青年，只有自己觉得考不起理、工、医、农时，才去考文、法科，这不是由任何人对科学的“赞颂”而来。现代只要配称得上是一个思想家，当前大家不约而同的是对科学的反省，而不是对科学万能的“赞颂”。正如 E. Soranger 在 *Die Magie Der Selle* 中所说“……这种科学万能的想法，在大概了解科学的本质与界限的专门科学者之间倒比较少；在工场劳动者之间，却有决定的力量，而成为他们世界观的前提”（日译《魂的魔术》页一四三）。现代找不出一个第一流的大科学家，会承认科学是万能的。所以胡博士对于科学万能所作的“真诚赞颂”，对于真正有成就的科学家而言，只会哂之以鼻，拍马屁拍到马脚上去了。

爱因斯坦对科学的了解，大概会在胡博士之上吧。在他的 *Out of My Later Years* 所收的文章，共分为六个部分。第一部分是“我的信条”，一共有八篇，主要是说明决定人的行为动机的是道德、宗教，科学不能取道德、宗教而代之。而他所说的宗教，指的是犹太教，认为这其中含有无穷的智能。第二部分才是科学。

获得诺贝尔科学奖金的生物学家 A. Carrel 在其 *Man, The Unknown* 中认为文艺复兴以来舍质求量的研究方法，“诱导了科学的胜利，另一方面也诱导了人类走上颓废的道路”（日译本页三五六至三五七）。

英国现代名生物统计学家 John B. S. Haldane 在其《人的进化，过去与未来》一文中，说明生物学不能教给人以何者是有价值的东西（日译《生于现代的信条》页二五）。生物学所不能教的，大概物理学、化学也同样不能吧？

上面这种例子太多了，可以说是不胜枚举。胡博士现在把年轻时凭聪明所涉取的一点浮光掠影的知识，也忘记了，根本不能和他谈学问内部的问题；下面，仅在常识上向他请教几点：

一、他说，科学技术，“确实代表着真的理想和灵性”。在一般常识上，应当可以承认，科学技术的本身，是无颜色的。理想是人所追求的更好的生活状态，这是属于价值判断的范围，是有颜色的。科学技术，要由用的人赋予颜色、方向，亦即所谓理想；

理想与科学技术的本身没有内在的关连。所以希特勒由科学技术所追求的理想，史达林由科学技术所追求的理想，其他国家由科学技术所追求的理想，各不相同；但科学技术的本身，并没有什么不同。科学的法则，是有必然性的。假定人类的理想，是出自此必然性的科学法则，或者此必然性的本身即是理想，则今日各强国间向科学技术上的竞赛，实际乃是向同一理想的竞赛，当前的世界，还有什么危机可言呢？胡博士拿这一类话来赞颂科学，未免对科学太无常识了。

二、胡博士对罗尔纲以概括方式论断历史中的某一阶段的某一特定问题，而装腔作势地责备他所用的方法不科学（见中央研究院所印的《师门五年记》）。但胡博士却能用几句骂街的话，便断定了中印两大民族几千年的文化，这是哪里来的飞天蜈蚣式的科学方法呢？在你写的《古代中国哲学史》及《胡适文存》中，谈到中国文化方面的，有一篇与原典对照而能言之成理的文章吗？对于印度的东西，更是一窍不通；胡博士到底从哪一门科学得到了这种启示而敢作这种大胆的论断呢？

三、只要是作过深入调查、研究的人类学家，便会承认哪怕是极原始性的民族，也有很有价值的心灵活动；这是人类学在当前的一大进步，也可以说是一大倾向。胡博士凭着什么调查研究，而能断定在中印两大文化中，只有极少的心灵，乃至根本没有呢？胡博士的父亲、母亲，是不曾读过洋书的，在胡博士的了解中，他两老有没有心灵呢？

四、胡博士一直坚持以包小脚来代表中国的文化，这是任何精神状态正常的人所决不敢出此的。我现在只最简单地问胡博士三点：（1）包小脚是由中国文化中的哪一家思想所导诱出来的？

胡博士假定对世界文化史中的妇女问题，有起码的常识，便应当可以承认在古代任何有文化可资稽考的民族中，只有中国文化，对妇女的地位最为尊重（请稍翻阅一下德国伯伯尔所著的《妇人论》的前两章）。（2）包小脚大概有一千年的历史。中国文化既是由包小脚所代表，则在包小脚以前，中国有没有文化？（3）现在已没有包小脚的情形了，中国文化应该随之而消灭，因为包小脚是中国文化的代表。如此，则胡博士今日之骂中国文化，未免是无的放矢。

五、胡博士难道不知印度的文化，是宗教文化吗？难说还不知道其他的宗教，有与印度的宗教相同的情形，并且犯下许多比印度的宗教更大的过失吗？欧洲中世纪，是宗教的世纪，在十九世纪的人们提到中世纪时，几乎都称之为“黑暗时代”。但因研究的进步，现在除了胡博士这种人外，还找得出讲这种话的人吗？古希腊、罗马，都容忍了奴隶制度，这比印度教的容忍阶级制度，又高明得多少？谁人能因此而说他们的文化，毫无灵性？并且佛教的兴起，正是为了反对阶级制度。在科学技术文明之下，岂不是因为阶级的激化而才有社会革命的兴起吗？印度宗教对人生及财富的态度，与中世纪天主教的态度，大抵相同。这种态度，在十七世纪、十八世纪，受到了彻底的讥笑与摧毁；但从十九世纪中叶以后，许多观念，在社会主义中又复活了起来，这大概不仅是拉斯基一个人的看法吧。这里面的道理，不必向胡博士说，因为假使他对西方的文化史稍有常识，便不会说出这种话来。不过有一点，我倒非常佩服他是识时势的俊杰，他只骂由印度出来的宗教，决不骂天主教、基督教。假使印度也有一天强盛起来了呢？胡博士可以点头微笑地说“我那时已墓有宿草了”。

六、中国印度文化，在万分中，有一分好的没有呢？胡博士几次代表我们政府出席国际学术性的会议，假定有一分好的，胡博士何妨便讲那一分，以顾点国家的体面，并增进西方友人一点知见，这又有什么不可以呢？假定连一分好的也没有，则胡博士何必顶着中国的招牌去出席呢？因为你虽然在洋人面前骂自己的文化骂得爽心快意，但洋人依然认为你是个中国人；一个中国人在外国人面前骂尽自己民族的历史文化，在外国人心目中，只能看作是一个自渎行为的最下贱的中国人。同时，这次参加亚东科教会的，只是与印度文化有密切关系的客人；七十一岁的老人，何以不懂事到既居于地主的地位，竟无知无识地骂起客人的祖宗来了？

以上，都是用常情所不能理解的情形，然而正是出之于我们中央研究院院长之口，这到底是什么原故呢？据我的观察，那是有不得已的隐衷的。说穿了，只是为了维持自己的地位。

好几年前，有位存心忠厚的朋友说："大家不要找胡先生谈学问了；找他谈点政治、时事，总会有些见解的。"当时我觉得这确也是爱护他之一法。可是，当艾森豪刚上台，宣布要以解放政策代替杜鲁门的围堵政策时，胡博士在台湾便大讲其"解放的五大战略"，我听了觉得好笑，所以便在《明天》杂志上发表一篇短文，指出艾森豪的做法，一定会回到杜鲁门的围堵政策上面，并且还未必围堵住。博士的五大战略，只是天真的想法。自后我每看到胡博士在报纸上所发表的政治时事性的东西，稍加分析，即矛盾浅薄，毫无见解。这才知道他连政治、时事也不能谈了。然则胡博士要如何来维持他的地位呢？这里可以看出他的三大战略：

第一大战略是：以诬蔑中国文化、东方文化的方法，来掩饰他为什么不懂中国文化、东方文化。以赞颂自然科学的方法，来掩饰他为什么不懂西方人文科学方面的文化，因为他是志在自然科学。以忏悔少年走错了路的方法来掩饰他为什么又不懂自然科学。

第二大战略是以“无稽之谈”、“见机而作”的方式来谈自由民主。

第三大战略是以院士作送居留美国或已入美国国籍的学人的人情，因而运用通信投票的魔术，提拔门下士，使中央研究院变为胡氏宗祠。

上面的三大战略，都是情有可原。但我希望不必要出台湾的圈子，为中国人、东方人，留半分面子。

一九六一年十一月七日于台湾寓庐

一九六一年十二月十六日《民主评论》第十二卷第二十四期

科学与道德

现代许多文化上所发生的争论，实际上是对科学与道德的关系所发生的争论。公开认为无所谓道德的问题，这也是现代思想中的一股潮流。不过作这种主张的人，在现实生活上，尤其是在评论现实的政治社会问题上，便不知不觉地会深入到道德不道德的问题。

所以这一股潮流，只是某些人的观念游戏，与一般人的现实生活无关；而道德问题，只会在一般人的现实生活中才可以发生的。离开了一般人的现实生活来谈有无道德的问题，那完全是一种没有意义的废话。

一

道德的争论，主要的表现在科学可不可以代替道德的问题。所谓科学代替道德，更明白地说，乃是有许多人主张道德系由科学知识而来；有了科学知识，便自然会有道德；没有科学知识，便没有所谓道德。因此，一般人们说的道德问题，实际只不过是知识问题。只要把知识问题解决了，道德问题便也随之而解决。由此所得的结论，是只求科学知识，不必求道德。

上面这种主张，真正可以说是源远流长。在中国的《大学》一书上，便以为致知格物，乃正心诚意的必经途径。这一主张，由后来的程伊川、朱元晦加以继承，但实际上没有多大的成就。而希腊的苏格拉底，是非常重视道德的；但他很明显地主张知识即道德。作这一主张的最难之点是：孔子、释迦、耶稣们的科学知识，未必赶得上今日一个好的高中学生；而乡下人的道德，一定赶不上住在都市里的人们的道德。因为住在城市的人，总比乡下人的知识高一点。这种论点应用到实际上的时候，便很难回答上面这一类极简单，但又非常真实的问题。

二

爱因斯坦在现代科学上的伟大成就，大概没有人会怀疑的。然则他对科学与道德的关系是采取何种看法呢？我相信这可以供许多人的参考，所以在此略加介绍。不过，得事先声明一点，他所说的宗教，实际指的是道德；这与一般信徒仅以关连于某一特定之神为宗教的，是大不相同。

他在一九三七年 YMCA 的创立纪念日，以“道德的凋落”为题，送给纪念会的书简中说：“一切的宗教、艺术、科学，是同一株树木上的各种枝条。这些东西的共同愿望，都是要使人类得到高贵的生活，并把人们从单纯的肉体存在的地位，提高向上，以导向个人能得到自由。”他在此一书简中，特慨叹现时代的人们，已渐渐习惯于道德的凋落，而希望能有守护正义的勇气。他认为作为人类的指导者，摩西远胜过于十六世纪初年提倡权谋政治的马基维里。

他觉得科学与道德，属于两种不同的形态。他在一九四一年的一篇短文中，对于这一点曾加以清楚的说明。他说："所谓科学，是展开组织的思索，在可能范围之内，把世界能够知觉的各现象，想构成彻底的一个连合的数世纪以来的努力。若大胆地说，所谓科学，是由概念化的过程，将存在加以重建的努力。"

什么是宗教，他认为这是很难得到一致的看法。但他却对于真正的宗教人格加以描述，以解答此一问题。他所说的宗教人格是："在自己能力之内，把自己从利己的欲望中解放出来，而坚持超个人价值的思想、感情、抱负，此外更无他念的人。……此时，他所坚信的内容，是否与神连结在一起，不成为问题。若不如此，则释迦、斯比诺塞，不能看作是宗教的人格。"这里我们应当注意的是，爱因斯坦氏所说的宗教的人格，很近于孔子所说的"仁人"。所以我说他之所谓宗教，实际即是中国传统中所说的道德。他并认为宗教人格所信的目标价值，并不需要合理的基础，而只是"很明了地，很完全地，意识到那些价值与目标，而不断强化并扩大其效果"。这里所说的，实际即是中国圣贤经常的努力。

三

然则科学能不能代替道德？他在一九三九年五月十九日布林斯顿学院的讲演中，曾作明白的否定。他认是"人类信心，固然应当由经验与分析的思维所支持"，但对于人类的行为、判断所必要的信心，并"不是仅靠坚实的科学方法，所能得出来的"。因为“所谓科学方法，仅能求出诸种事实，是如何互相关连，及如何互相为条件。”由此所得的“这是什么”的知识，并不能直接打开“这应当怎样”的门。“即使能很明了而完全地有了‘这是什么’的知识，但决不能从这里演绎出人类的愿望、目标，应当是怎样。科学知识，对于为了达到某种目标，可以提供强有力的工具；但究竟的目标的本身，及想达到此目标的念头，不能不从旁的源泉产生出来。不待说，我们的生存、活动，只在设定有此种目标，及适应于此种目标的诸价值时，才能有其意味。作为真理的知识，自然是很光辉的。但它并不能指导人生的活动；连追求真理的正当性，及此种真理的价值，也不能（由知识）加以证明。因此，我们便遇到了关于存在的纯粹合理概念的界限”；亦即是科学的界限。在此科学界限以外的，爱因斯坦认为只有求之于宗教；实即求之于道德。

由爱因斯坦这一类的意见来看，应当可以了解为什么今日在生活的享受方面，正在不断地增加，而在行为的价值方面，却正在不断地堕落。今日世界的危机，不应当从这种地方作深刻的反省吗？

一九六一年十二月廿一日《华侨日报》

徐复观全集

徐复观全集

论文化（二）

九州出版社

当前的文化问题
——答客问

原编者按：自从胡适博士在“亚东区科学教育会议”中，发表了一篇关于西方科学文明与东方精神文明的评判演说以来，引起海内外文化界的激剧争论。兹承徐复观教授为本报撰写此文，亦系批判胡博士的言论，我们对于徐教授的若干观点和语意，虽然有不同的见解，但以其为本报近月来所收到反驳胡博士的文章中最有分量之作，故乐于分期刊布，借以增进学说辩难的气氛，亦文坛盛事也。

我在《民主评论》十二卷二十四期发表了一篇《中国人的耻辱，东方的耻辱》的文章后，有的朋友赞成，有的朋友不赞成。兹将跟一位朋友的谈话经过，纪录下来，借供关心此一问题者的参考。

客：你和胡博士也很熟，但你在这篇文章中对他的口气未免太过分了一些吧！

主：是的，我也觉得如此。胡博士在东亚地区科学会议的讲演，是去年十一月六日；我在七日看到报纸的记载，便提起笔来写那一篇文章，寄到《民主评论》。过了几天，我一想，现在打胡乱说的人多得很，从长久的时间看，都不过是过眼云烟，随即消散了，何必独与胡博士计较。所以又写信给《民主评论》的编辑先生，请不必发表。以后看到台湾的报纸杂志，居然对此一讲演，还有人在大捧而特捧，有位美国人也在恭维那是最高智慧的表现。我又想，文化上的是非、人情上的轻重，本来常是见仁见智，不足为异。但胡博士以包小脚来代表中国文化，认为中国文化及印度文化只有很少的灵性，乃至没有灵性，这实际是说中国人、印度人不是人。因为凡是人，即使是黑人，便有灵性，这是去年十一月在美国费城学士会馆所开的第十七届人类学会所作的对人种决议案所共同承认的。关于中、印两大民族过去是人不是人，这种是非问题，一般人应当能够辨别。以五千年的历史，拿来和胡博士一个人比较，这种人情上的轻重，在心理正常的情形之下，也应该是能辨别出来的。那篇演讲辞里面，名词观念的混乱，稍加分析，可以说是不知所云，这只要有大学三年级的程度，也应当可以分辨得出来的。但今日有些中国人，把这种起码的是非，置之不问。觉得一口气把几千年中的圣贤、文学家、艺术家、为守其所信而流血的忠臣义士，加以诬蔑、抹煞，是理所当然，大快人意；但谁个沾到了胡博士，便觉得是大逆不道，群起而攻；我感到这一代的知识分子的颠倒情形，未免太可悲了。所以我又去信给《民主评论》的编辑先生，要求将拙文以本名发表。胡适可以用诬蔑的方式辱骂中国、东方的文化；我便可以说理、说事实的方式来教训他。纯从私人说，我不仅很敬重他，并且也很爱护他。但把他和中国文化、东方文化的分量比较起来，那就太不成比例了。

客人笑道：你也说起假话来了，这样骂他，还说什么……

主：我常常想，社会之可贵，便在于它有许多不同的思想，也有许多不同的对文化的态度。一个人，只有在不断地与不同的思想、态度发生交往、较量中（主要是通过阅读而在自己思想、精神中交往、较量），才能扩大自己、充实自己。我从民国十六年起，便突然彻底反对线装书，尤其反对我十几岁时所学的桐城派古文和宋明理学。一直到民国三十六七年，态度才慢慢转回。我是一向对书本有兴趣的人，在中间这段很长的岁月中，自然读了不少时下的东西，包括胡博士的著作也在内。在我的回忆中，他的文章，虽然从来没有对我发生过什么影响，这大概因为其中，绝大多数缺乏思想性的内容的关系（追求思想，恐怕是比较聪明一点的青年人的自然倾向），但也决没有什么反感。十多年以前，我曾站在政治的立场，认为国民党不能与自由主义者合作，是一最大的损失，而提出过呼号。以后，我自己也自然而然地走向“理想性的自由主义”，这是由中国文化本身所自然导出的结论，除非并不真正了解中国文化。从自由主义这一大方向来说，我也应当尊重胡博士。所以在一九五二年胡博士返台时，有位朋友和我说：“你看胡博士到底有什么学问？大家都捧他。”我当即答以“你不要从纯学问的立场去了解这种情形……”那位朋友点头笑，后来这位朋友非常捧胡博士，当不是因为我的一句话。一九五七年（或者是一九五八年）他来东海大学，我和张佛泉先生首先发起大家共同宴请他，并且曾经很诚恳地写过一封信劝他，希望他以现在的年龄、地位，应当作文化的保姆，而不必再以斗士的姿态出现。意思是说向团结方面去领导大家。这并非有求于他，都是为了文化、为了维护他。不过这番敬意，现在没有了。

客：是不是就是因为这次的讲演呢？

主：不是。并且不是出于瞧不起他的学问，中国敬老尊贤的传统，不一定以学问来衡量的。因为这几年，我发现他对国家、社会，乃至自己本门的文化问题，没有一点责任心；对于国家的困难、人类的危机，也没有半分感触，而只专心致志地如何维持自己的地位，如何维护在学问上毫无出息，而只捧着他的招牌吃饭的几个人的地位。文化学术的地位，是要用文化学术的成就来维护的。他的科学方法标语、《红楼梦》考证、杜威的蚌壳知识论（只能以蚌壳作比喻地讲）、神会和尚，赵、戴对《水经注》的校注，是谁偷谁的问题，都一一拿出来过，大概内心总多少觉得还有点不够，于是不断地提出共产党清算他的文章有几百万字，以证明其重要与伟大。又公开说某某是圣人，以见专门捧自己的人是圣人，则被捧的自己更圣得可知。这种心理状态，对一般人来说，倒可原谅。但他已经是七十岁的人了，早在中国的学术地盘中，居于统治者的地位，这一套对于他有什么必要呢？大概他感到仅仅上面那样做还不够，所以便不如再进一步，把自己和中国文化、东方文化，彻底对立起来，再以彻底打倒中国文化、东方文化的英雄而出现。这样，便自己觉得是西方的代表，而可再得到一些热烈的掌声。其实，真正的学术工作者，是把一个个的问题在有关的资料中，小心谨慎加以处理。世界上，早发现不出要打倒那一整支文化系统的读书人了——即使是把共产世界也包括在内。胡博士的心理状态，有些像晚年希特勒的心理状态，这实际有失他自己的尊严，我对他的敬意便自然消失了。

客：不过，你说他不懂文学、史学、哲学，那未免太过吧。

主：我希望你看看胡秋原先生在《文星》九卷三期的一封长信，标题是“超越传统派、西化派、俄化派而前进”，里面虽然有的地方我并不十分赞成，但他在一番无可奈何的心情之下，总算把问题摊开了。就我所知，秋原是一个决不愿伤害胡博士的人。但他不仅读书读得比胡博士多，并且他比胡博士是肯留心于世事、文化的人。胡博士的一套，他心里早已有数，这次却倾吐一点出来了，不妨看看。

客：我大概翻了一下，因为怕他的长文章，没有细看。

主：不错，前天我同另一位朋友谈到时，那位朋友也是对他的长文章有些望而生畏。但他的长文章中有不少的内容，尤其是这一篇。至于我对胡博士的了解，却是有一段经过的。大概是一九五三年，我在台中省立农学院教国文，想在《胡适文存》中选一篇作国文教材，选来选去，选了一篇《论短篇小说》。等到油印出来再看，觉得有些不对劲了。再经过教室的讲解，才恍然于他所说的许多话，都是对问题沾到一点边，或者是似是而非的话，没有一句说到问题里面去。在一九五四、五五年，我因宋明理学而关涉到禅宗问题时，又发现他的考据态度的武断，是足够惊人的，更恍然于为什么有一个日本人称他为"主观的考据家"。至于说到思想方面，因为他只有聪明而没有分析的能力，大概他很少读过西方比较严肃性的有关著作，如果读也读不进，那更根本无法谈起了。我在东海大学开中国哲学思想史，首先也参考到他的《中国古代哲学史》，其中除谈到《墨子》一部分稍有可取之处以外，只有用幼稚两字去形容。一九五八年（或是一九五七年）有位在美国教中国文学的北大出身的朋友到东大来，同我谈到胡博士，说他对文学的看法，没有一点是与胡博士相同的。我说："你和他谈过吗？"他说："谈过，无从谈起。因为每一问题都有若干专著在后面作背景，而他都不曾读过，他太缺少讨论问题所必不可少的预备知识。”学问是要人不断去追求的，光阴一晃眼便过去了，看些与学问无关的消闲小品，以满足志气低沉的趣味，这和看武侠小说一样，学问不会从天上掉下来的。

客：然则他当年为什么一举便成了大名呢?

主：这有它的道理。不过，话须说远一点。中国的传统学问，经过了八股、阮元集团、今文学派等的分工合作，实在讲得固陋、荒诞得一无价值了。看了廖平的著作，谁能知道他说些什么?章太炎负了当时的大名，并且以中国文化的传承者自命，但稍有点头脑的人，谁能在他的大著中，发现出中国文化尚有点什么值得留恋的东西。所以他的得意学生，多成了打倒中国文化的健将。简括的说一句，清末民初，讲中国文化的人，从时代所需要的思想而言，实在应当倒下去。胡博士当时打着科学的招牌，与陈独秀们登高一呼，自然有如摧枯拉朽，使人耳目一新。他本是一个聪明人，英文学得不坏，在哲学上拿出杜威，在文学上抬出易卜生，虽然都只是一点皮毛，但对于当时的腐朽冬烘，已够他们手足无措了，并且这也实在有其时代的意义。他当时成了大名，我认为是应当的。但胡博士却不由此好好地努力下去，自西方学问的某一种部门深入，更不了解他们所打倒的是如上所述的——是假中国文化之名变戏法的腐朽势力，并不是打倒了中国历史中足以代表文化的许多主要思想，而这些思想，都是他所不曾了解的。这也难怪他，当年年纪轻，便由此志得意满起来，想以他的考据、辨伪工作，完成他的打倒中国文化的大业。他因为没有思想训练，没有分析能力，接近不了历史中真正的文化问题，而只在外面绕圈子；圈子越绕越远，在《水经注》的赵、戴之争上便绕了十多年。有位朋友在谈天中谈到这件事时说：“他最后拿笔迹给我们研究，假定从笔迹判断，他老先生的官司便败诉了，只是大家不好扫他的兴。”在美国住了这多年，西方思想家在两次大战后，为人类前途，为学问本身，所作的各方面的探索，他似乎都未注意，而只是背诵着自己三十多年前的大作。一个对学问有诚意，对文化有诚意的人，会这样吗？他的自由主义，实际是魏晋人的清谈的性格；自己生活于富贵之中，却表示另有高情远致。他的心情，实际与明末士人好玩小摆设的心情没有两样。但却要高谈阔论，讲许多为自己所不了解而实际只有一股虚矫之气的门面话，以此来接受旁人对他的供奉，那实在是令人难过了。

客：你是不是因此便觉得他不配当中央研究院的院长呢？

主：不是。他只要自己真正知道一点“三无主义”，凭着他的老招牌，保持住一点学术界的清洁，让大家能放胆做点学问，倒也是好的。但结果，他们的排斥异己、专横垄断，以文化上的既成权力来压迫学术自由，其干扰性，绝不在许多政治干扰之下。有一位很有学问、很有地位的先生，同我谈了天后，感慨地说：“我这些话，假定公开地说出来，饭碗便成问题。”在他的势力范围之内，考古学没有后来文化中可争论的问题，所以可以免于他的干扰，而有卓越的成就。语言学因为有人在美国吃香，因而得到鼓励，也稍稍有点成就。除此之外，一般人很难作有知识系统性的研究工作，绝不敢接触到思想上的问题。今日谈科学方法的，出来了多少长篇短论的研究著作，但他的门下，始终只敢说“大胆假设，小心求证”两句话，这是如何的可笑。老实说，今日在精神上不突破胡博士的闭锁王国，固然接触不到中国传统的学问，更接触不到西方的学问。在他的黄金时代，清华大学的名教授金岳霖已公开说“西方名理之学，非其所长”；他实在与西方学问，过于缘远了。不然，他便不会以这种横蛮的态度来看待中国文化、东方文化的。

客：胡秋原先生的文章，提到他和你吵过架的事，是真的吗？

主：是真的。我和秋原吵架，记忆中有三次。一次是在重庆南方印书馆，为了他反对军人当封疆大吏，而我认为军人也可以当，两人大吵特吵。事后想起来，我非常惭愧，这一次是他百分之二百的有理。第二次是在香港民主评论社，他觉得同样的道理，中国也有，外国也有，便不必一定要谈中国的。我觉得假使同样的两只茶杯，一只是从街上花五毛钱买来的，一只是祖先遗留下来的，人性总觉得祖先遗传下来的更可宝贵，所以应先从中国谈起。其实，现在看起来，都可以同时认真的谈，只是有时为各人的学力所限。第三次是在他的家里，吵得更凶，后来好像是他太太买西瓜和解，大概也是这类的问题，可是内容一点也记不得了。不过即使我和他吵到打破了头，我也对他保持敬意，因为我知道他是一个很刻苦读书的人。

客：那末，你是不是胡秋原先生所说的传统派、复古派？

主：传统派的名词，可以成立。复古派的名词，在学术思想上，是不能成立的。并且今日若从生活行为的坏习气这一方面来看，我们的朝野上下，每一个人都在复古，而且是集古今中外的大成。若从好的要求方面来看，则我们朝野上下，不仅没有人复西洋之古，也没有人复中国之古。譬如公私义利之辨的古，有谁去复它？再进一步说，所谓古，是指的历史中的哪一朝代？而在同一朝代中，又是复哪一时期、哪一方面呢？若就各个人来说，则应该把问题分三方面来看。第一，是属于个人生活兴趣范围以内的事，只要不是伤风败俗，只要不是把自己的兴趣强加于他人身上，便都无是非得失之可言。长袍、西装、中山装、张大千先生的东坡帽；做旧诗，只读而不做；做新诗，做超现实主义的诗，都是从人所好。我现在变成了不能用毛笔写字的人了，但我又决不能横行写，这怎样来判断我的新旧得失呢？所以胡博士骂做旧诗的是下流，这是最不恕道，最缺乏民主修养的。第二，是属于各人学问研究范围的。到了今天，什么东西都可以成为学问上研究的题目。在许多研究题目中，“贤者识其大者”，“不贤者识其小者”。在这一方面，我们只应追究研究的结论是否正确，而所谓正确不正确，不是以适合于某些人的兴趣为准，而是对于被研究的对象所能作的解释程度为准。至于研究的题目，没有争论可言。不过研究每一题目，在整个学问中来说，自然有由其所发生的影响而有比重的不同。胡博士的闭锁王国，在这一方面最可笑，最表现他们是承继阮元这一派的情形是：视研究宋明理学心学的人为大逆不道，除非得出的结论是合于诬蔑古人的目的。试问：慈禧太后、军阀，都可以成为研究的对象，为什么影响中国千余年历史之久的宋明学不可成为研究的对象？这是太无知无识了。第三，是对研究结论所作的价值判断。这一点，若就历史中的问题来说（可以说，决没有不含有历史性的文化问题），也可以分为两点，一是某种思想、制度，在当时价值如何？二是站在现在来看，对现在还有无价值？在历史上有价值的，不必到现在还有价值。现在没有价值的，不必在历史上亦没有价值。二者不可作混同的论断。可是文化上真正的争论，都是从这里发生的。我想一个做学问而又关心到国家、民族、世界的现实问题的人，总会含有学以致用的目的。“思以其道‘益’（治）天下”，这是中国古代的思想家的态度。“思以其道‘易’（改变）天下”的，这是带有宗教性的思想。若仅就一个关心世运的学人来讲，则“思以其道‘益’天下”，那总是应当的。而由此所发生的争端，也并不是没有一个起码的标准，即是：看他所作的判断，是否与历史上的问题相对应。举例说，胡博士写了一篇《神会和尚传》，以为他把为南禅打天下的大功臣发现出来了。殊不知神会（荷泽）这一宗，与南禅的青原、南岳，在当时他们已各分得清清楚楚，并且互相讥讽。荷泽宗大约是四传而绝（圭峰宗密后改归华严澄观），以后一千多年的南禅天下，都出自青原、南岳系统，与神会毫无关系，所以他对神会的价值判断，是与历史事实不相对应的。至于他想由政治和尚神会的谎言，以否定禅宗、打倒佛教，这比由证明上帝七日不能造人之说，以图打倒基督教更为愚妄。今日的许多争论，常常把上面所说的三方面的意义混淆在一起，所以越争越胡涂了。稍稍严格一点说，文化学术的争论，应以第二项为主。第三项的争论，乃是一种主张的争论。这种主张的争论，就学术界讲，应以第二项成就的正确性、范围的大小性，作为一个重大的（但不是唯一的）基准。在文化落后的阶层中，最容易流行两种情形：一种是偶像主义，另一种则是势利主义，看风转舵，向高帽子磕头。在学问一无所得的人，只有崇拜偶像，但这只是阻碍前进，还不至于从根破坏文化。顶糟的是今日流行的偶像主义，除了培根所说的四种以外，最多的是“衣食偶像”，即俗语所谓“有奶便是娘”。再由此向下一步，便是势利主义。拿现实的势利眼光来谈文化，这才是彻底破坏文化的大敌人。把这两种因素合在一起，便是捧打主义，不捧便打，很少在捧打两方式之外，平心静气的来谈是非，更不肯翻开书本来研究学术争论上的是非。由势利主义所产生的附带品，便是一种栽诬戴帽子的作风。例如居浩然、虞君质，再三把义和团的帽子戴在我头上，准备假手于洋大人来干掉我，这又何必呢?

客：你说了半天，你在胡秋原先生所说的“三派”中，到底属于哪一派呢?

主：我都不够格。这一年多以来，每当人家骂我没有学问时，我从来不生气。因为面对学问的自身而言，我不仅没有学问，并且我常想，中国只有有许多人比我有学问，这才有点希望。所不幸的是，这几年写文章骂我的人，他们的出发点常常不光明，而且比我的书读得更少，更没有思考的能力，结果，不是人身攻击，便是栽诬到某一门学问的本身，这真是一种可悲的现象。譬如有人骂我：“不过是朱元晦的学问，不过是《四朝学案》的学问。”其实，我每天所从事的，既未尝以此自限，更不敢以此自当。我非常推尊朱元晦，但在写的有关文章中，很多地方都批评到朱元晦，然并不因此影响到我对他的尊敬。假定在我断气之前，自己反省，能真正了解朱元晦，能真正了解《四朝学案》，我便会很安然地闭上眼睛。

客：那你也是如胡秋原先生一样，是想“超越传统派、西化派、俄化派而前进”的吧。

主：就学问方面说，除了俄化派太危险，我不沾上它以外，我不仅希望有许多真正的传统派、西化派的出现，并且我希望在两大派中能真正出现各种的专派。假使有人以一生之力，作了以某一家为中心的研究，因而他的精神无形和被研究的某家同化了(虽然实际上不可能)，那又有什么不好呢?例如有人孔子化、孟子化、老子化、程朱陆王化、李白化、杜甫化、柏拉图化、亚里士多德化、康德化、杜威化、莎士比亚化、哥德化，只要他知道他所“化”的乃是“万化”中的“一化”，而不要“思以道易（改变）天下”，那有什么不可以呢？并且只有如此，则作为一个大群体的国家、民族，才能自然而然地对文化作有内容的融化，而形成有独立性、创造性的文化。我认为能“化”才能创造；能创造，便自然超越了。否则一下子而言超越，便将无从下手，结果会落空的。今日的文化问题，若只就知识分子本身说（当然有知识分子以外的问题），问题是出在大家不好好地读几部有关的厚本书，自己除了“食色性也”以外，什么也不化，却又不知天高地厚地“思以‘身’易天下”，这便真是无法可想。至于我自己，已经说过，什么也不够格。但若就我追求的方向来说，我愿作一个文化上的正统主义者。我常感到在一条滔滔不绝的大河中，不管它的河面有多宽，总能发现出一条中心的流线。在东西文化的大流中，似乎也有这样一条中心线，有时浮出上面，有时潜在底下。只要不为一时的激滩暴流所眩惑，肯细心地追溯，好像总是可以看得出来的。并且在东西文化的中心线上，实际是可以互证互益，而没有什么排斥性的。我愿以余年来追寻这条中心线。在这条线上安顿我的生命，不管能追得到多少。

一九六二年一月三十一日《自由报》

自由中国当前的文化争论

以去年十一月六日胡适先生在亚东地区科学会议席上发表了一篇讲演为中心，自由中国最近又爆发了一阵文化上的争论。问题的中心，可以概括为两点：一为中国的传统文化，到底还有没有若干价值的问题；胡先生的答复是一个“否”字，另外有些人的看法则是一个“是”字。二为中国文化能不能与自然科学技术并存的问题；胡先生的答复是“不能”，另外有些人的看法是“不仅应当”，而且也是“可能”。

一

说来，这不过是五四运动以来的老问题。自从鸦片战争以后，中国完全面临着亘古未有的新情势。在当时，传统文化，对此一新情势，是表示无能为力，欲求自救，势必另辟新途。这便发展为一连串的“洋务”、“维新”的运动。而在中国文化自身方面，从乾嘉考据学风盛行以来，一般考据者的内心，都是为了逃避现实；他们研究的成果，也都是文化中的枝节问题。所以中国文化的精神何在？价值何在？一般传统的知识分子，既不曾潜心研究，也不能知其所以然。因此，百年以来，凡是维护传统文化的，出于感情者为多，出于问题的反省、理论的反省者甚少。在这一阵营中，挺身而出的，多是桐城古文派下的文人，即其一证。我们谈文化问题，并不能轻视这种感情作用。因为在一切动物中，只有人的生活才有这种感情，所以这也正是表示人之所以为人的特性，乃至价值。不过，仅凭感情，是不能受到长期“事与愿违”的考验的。在与西方物质成就的显著对照之下，有的人既以感情来维护中国文化，便也有人奋起而以感情来彻底反对中国文化。在彻底反对中国文化阵营中，依然是以带有文人气质的人为主，后来则有的变为狂热的社会运动家，这些都不是学者型的人物。同是出于感情，但在彻底反对中国文化者的这一方面，却有西方物质成就的强大背景，及科学与民主的伟大武器。在此一显明对照之下，维护中国文化的阵营，早已溃不成军。当时作为传统文化重镇的章太炎先生的门下，纷纷加入到反对阵营中去，有的并成为彻底打倒中国文化的急先锋，例如太炎的大弟子钱玄同主张将中国的语言也应该废掉，这都是当然的现象。

二

胡适先生在当时是以提倡白话文及杜威思想，与《红楼梦》考证，而成了大名的。在我的回忆中，《红楼梦》在五四前后之所以风行一时，并不是因为它的文学价值，而是象征当时的男女学生开始可以公开谈恋爱。一直到现在为止，还没有一个人能站在文学的立场来了解《红楼梦》，尽管不少人把写实主义这类的口号加到它身上去。至于考证性的“红学”，则完全变成了满足少数人的考据癖的对象，早使《红楼梦》本身与文学及一般青年，两无干涉了。

胡适先生的基本看法，认为中国传统文化，是发展科学的障碍。在他所著的《中国古代哲学史》中，除了认为老子及别墨有点价值以外，对于正统的儒家思想，完全采取否定的态度。他推尊四川的吴虞是打倒孔家店的老英雄，赞成暂时保留中国的语言，而先取消中国的文字，都是想由此以取消中国文化，为科学开路。

但胡先生费力最大最多的工作，却是落在整理国故方面。他们把乾嘉学派与科学方法结合起来，以张大考据学派的旗帜。其目的，据胡先生自己说，是在经过他们的考据，以证明中国传统文化中一无所有，使中国人从此以后，永远不再想到传统文化，这便可以达到他“全盘西化”的主张。所以同是考据工作，他们虽然想继承乾嘉学派的衣钵，可是在精神上有一最大的区别是：乾嘉诸人是要由考据以得出中国文化之“真”，并由此以发现他们所想得到的文化价值。胡适学派诸人则是要由考据以得出中国文化之“伪”，并由此以发现他们取消中国文化的证据。

三

不过，在上述反传统文化的狂潮中，另外比较有思想性的几个人，却始终屹然不动，而这几个人，在思想上、政治上，都是主张赶上西方的科学，并以最高的热情与诚意，追求政治的民主自由的。第一个当然要数梁任公先生，他因不满胡适先生的《中国古代哲学史》，而写了一部《先秦政治思想史》。其次，便不能不数张君劢、熊十力、梁漱溟、马一浮、张东荪几位先生。他们都是默默地做自己的学问，没有一个人以中国传统的东西自限，也没有一个人对中国传统中的许多事物，不加以严格的批评，但他们各人所把握到的传统中有价值的东西，在与西方同层次的东西互相较量之下，皆择善固执。而把时间拉长一点看，在学术界中，他们的努力，却平衡了上述的狂热空气，使学术的工作，从口号中走上了研究的正轨。民国十五年以后，随着政治的比较安定，学术的研究日益进步，胡适先生便只能保持文化界的“人事”中的地位，一天一天地失掉了学术上的地位。冯友兰的《中国哲学史》，本是一部没有成熟的著作，现在看起来，真是百孔千疮。但当时此书一出，学术界中便再没有人提到胡著的《中国古代哲学史》了。金岳霖是当时西方名理之学的权威，陈寅恪是淹贯中西的史学泰斗，他两人在审查冯著的考语中，却直接间接地把胡著说得一钱不值。所以冯著的《中国哲学史》在象征胡适们反传统文化的结束，对传统文化应重新估价的开始，却有其历史上的意义。

四

在民初的中西思想激烈冲突中，我们不应忘记孙中山先生的地位。他对科学是主张迎头赶上，对政治是主张将民主革命与社会革命，合一炉而冶之。但他对传统文化，却能把握到其真正价值之所在，并认为在许多方面，可以补西方文化之不足。中山先生受西方文化影响最深，在政治上打倒专制，毫不妥协，何以在文化上却不受当时激进思想的影响，采取融和贯通的态度？其原因便在于他是一个对国家有真正的责任感，把理论与实践能打成一片的人。故不像少数书生，为了个人的名誉地位，作不负责任的意气之争。可惜孙先生的伟大精神，并没有真正为大多数的国民党的党员所了解。

三十八年大陆沦陷，政府迁台，过去的文化争论，因傅斯年先生态度之转变，可以说暂时归于消解了。傅是胡门大将，其才气在胡之上。他当中央研究院的历史语言研究所所长时，公开说在他的研究所里，不许谈到仁义礼智这类问题。即是说，只准研究历史的零星外壳，不准接触到历史内部的精神，这正是反传统文化的激烈表现，他们到现在也维持这个新传统。但傅氏到台湾后，兼任台湾大学校长，却硬性规定以《孟子》及《史记》为大学一年级的国文教材。《孟子》主要是谈仁义礼智的，《史记》也是以礼义为治乱兴亡之本的。这岂不是因为傅氏身经丧乱之痛，而激起了对传统文化的一个一百八十度的态度转变吗？傅氏的这一转变，在他自身并未及完成，便突然死去了；捧他的人，更不了解此一转变的意义，也便人亡政息。但胡派诸人到台湾后却经过了五六年的时间，没有作反中国文化的言论，却是事实。此时以《自由中国》为中心的对中国文化的攻击，却是来自另一支冷箭。

五

在香港和台湾，以唐君毅、牟宗三两位先生为中心，对中国文化，继续作了深入的重估工作。两位先生都是对西洋哲学很有研究的人，他们对中国文化的重估，深入到思想的核心。这便不能不发生相当影响。在他们的重估工作中，自然会涉及五四前后的反中国传统文化的得失问题，这便不能不使胡适先生看在眼里。更重要的是，一九五八年，张君劢、唐君毅、牟宗三和我，联名发表了一篇《为中国文化敬告世界人士书》，在国际上多少发生了影响，而引起胡先生强烈的反应。因为在此一宣言内，告诉给世人的中国文化内容，和他平日所告诉给世人的完全两样，这便影响到他在国外对中国文化发言的代表性。他第一次的反击，是一九五九年在台中农学院的讲演，告诉听讲的学生说："你们不要听唐某某他们的话，以为中国文化有价值。包小脚、吃鸦片烟，便是中国文化，它有什么价值？"此后胡先生因为下面的原因，而再成为热门人物，回到台湾来当中央研究院院长，便更增加了反击的力量。

第一，张其昀先生当教育部长时，采取很积极的政策，对学术文化界，开始也是采取兼容并蓄的态度。但后来，大家感到他是想以中央、浙江两大学的力量，逐渐取北京、清华两大学的势力而代之，这便使他们发生恐慌、不满，希望胡先生回台湾来巩固既得的阵地。第二，想搞新党的人士，想捧胡先生当领袖，来一次大团结运动，许多人对于这一点似乎存有很大的信心。第三，在朝党感到事势至此，对胡先生非有一个合理的安排不可。这样，胡先生便回台湾来当中央研究院的院长起来了。

六

胡先生当了中央研究院院长后，依然是一肚子闷气。同时，他认为中国文化与专制政治，是结有不解之缘，以为讲中国文化，即是帮助专制政治。而他不了解中国的专制政治，即是由提倡中国文化的孙中山先生打倒的。再加以一个民族对自己有信心时，一般人便从好的方面去看自己的历史；对自己的民族失掉信心时，一般人便从坏的方面去看自己的历史。年来台湾的人心，是相当苦闷的。在苦闷中，只有骂死去了的人，既可以出气，又不致闯祸。所以台湾一般的知识分子，在这几年中，对中国文化的态度和初来台湾时相比较，又有一个大转变。加以事实上，许多人不靠外力便没有办法。在大家争取外力支援的情形之下，无形中感到中国文化是一个包袱。例如国民党的元老居正先生，他是讲中国文化的。他的少爷因他的关系当了淡江英专的校长，也就赞成中国文化。后来居老先生死了，他的少爷的校长也掉了，落寞了一个时期后，找上外人关系，便无条件地反对中国文化了。

在上述情形之下，胡先生助长了反中国文化的气焰，而环境也助长了胡先生反中国文化的勇气，于是他再以五四运动时期的勇士而出现，倒是很自然的事情。

胡先生在亚东区科学会议席上，以包小脚代表中国文化，以讨饭、迷信代表印度文化，而宣称为都是没有灵性的文化以后，有几位立法委员在立法院提出质询，有的报纸却又向立法委员提出反质询。最近有一个杂志，发表几篇拥胡的文章，但其中也有胡秋原先生的一封长信，把胡适先生的学问，从各方面说得一钱不值，而胡秋原先生一向并不是站在中国文化立场的。听说某杂志下期有一次大规模的反攻，胡秋原先生和另外有些朋友，也准备起而迎战。似乎今后还有一番热闹。

假定这次争论发展下去，据我的估计，也不会有什么精彩：第一，赞成中国文化的人，在文化上、政治上，都是受到压力的人。数十年来一切权力，都操在留学生手上，所以讲中国文化者的势力是非常单薄。第二，为胡派捧场的人，多半是未成熟的青年，他们在学问上找不到立足点，而只能喊口号。“义和团”三个字成为他们攻击讲中国文化者的最流行而有力的口号。胡派的老人，则早已变成残兵羸卒了。但有一个总倾向是值得注意的：自由中国在文化上今后还是走中西文化融合的路？还是走有西无中的路？在现实上，今后还能不能保持独立自主？抑或是走向国际化、附庸化？这才是此一争论的真实意义。因此，最后争论胜负的决定，并不在争论的本身了。

一九六二年二月九日、十日《华侨日报》

论传统

上学期快要结束的时候，东风社几位同学约我在这学期作一次讲演。那时候我决定讲的题目是“中国艺术精神与现代艺术精神”。材料也大概准备好了。但到了这学期，我又临时改变题目为“论传统”。这有两个原因的：第一，因为胡适之先生死后，他的朋友和学生多说他立身行己，合乎儒家精神；毛子水先生还称赞他是圣贤。胡先生一生是反传统的斗士，在他心目中无所谓圣贤。他在文学上，认为凡是文言的东西都是死的；前年还公开说作律诗楹联的人是下流。但他死后，大家却把他放进儒家的传统中去。并且连治丧委员会的祭文及绝对多数的挽联，都采用了为胡先生平日所呵斥的传统形式。然则传统为什么有那么大的力量呢？从历史上看，可以说大多数的人，都是从传统中来，死后依旧又回到传统中去。这到底是什么原因呢？值得我们反省。第二，现在一般青年，还没有养成独立思考的习惯，而只随着风气转。目前的风气，大家一谈到传统就讨厌。但我不能迎合这种心理来讲话。前次我给东风社演讲，曾对同学提出三点希望。一是要保持纯洁的心灵。二是要养成独立思考的习惯和能力。三是要把自己的生活和社会连系在一起。后来这篇演讲也曾在《东风》上刊出。不过我是半路出家的人，不是偶像；所以我的话对你们并没有发生多大的影响。你们正如许多人一样，不是靠自己的思考来判断，而是靠从外面捧来的一个偶像作判断。我举个大家捧偶像的例子来说吧。从前孙中山先生曾说过“我们对于科学要迎头赶上”。大家便一直捧着孙中山先生的话，不求甚解地说来说去。但不久以前，吴大猷博士在中央研究院演讲说，“科学只能从基本的研究工作做起，一步步地做；怎么可以说迎头赶上呢？”胡适之先生也跟着说同样的话。因为这两位都是大家心目中的偶像，对于他们的话便只有无条件地信仰。我相信，连国民党的党员，在短时间内，也不敢再说“迎头赶上”了。其实，只要稍稍用自己的头脑思考一下，则“迎头赶上”和“从基本研究工作做起”，这中间有什么矛盾呢？譬如以现在进步的速度说，二十年前的机器，和十年前的机器，五年前的机器，可能有很大的不同。连仪器、技术的情形，也都是一样。假如要建造一个工厂，我们该用十年前，二十年前的旧机器呢？还是用最新的机器呢？我们建造一个工程，是用最新的技术呢？还是用老技术呢？学校的实验仪器，是用最新的好，还是用老的好呢？又譬如研究物理学，我们是应该教学生读由古典物理学所编出的教科书呢？还是根据新物理学所编成的教科书？每一门科学，有了重大的发现，便影响到若干基本观念，于是在基本研究工作中，就我们的情形来说，依然应当有“迎头赶上”的观念来作努力的大目标。至于有人拿“迎头赶上”作吹大炮之资，那完全是另外回事。现在的人因为吴大猷博士是科学家，胡适之先生是名学人，就以为他们的话，与中山先生的话是不相容的，其实是大错。所以我们在赞成和不赞成一个说法之前，应该切实观察、思考、体验一番，然后再判断。中国的落后，就表现在一般人只会随风飘来荡去，而不敢也不能用独立思考的情形之上。我虽没有学问，但我的社会经验相当丰富。难道说还不了解群众心理！我今天所以要讲不合群众心理的题目，就是要告诉大家，任何文化上的问题，不是像一般人所直感的那样的简单。因此而希望能启发大家了解独立思考的意义。

对于传统这个问题，我分三段来讲。每一段话的后面，包含有许多连带的问题，今天不可能完全讲出，也不可能完全解释清楚，希望以后大家能进一步去研究。第一是讲何谓传统，第二是讲传统的横断面，第三是讲中国五四时代反传统以后的归趋。

一、何谓传统

从文化上了解，中国过去有“传统”的名词，它大约最先出现于《后汉书·东夷传》。但所指的只是统治者的权位继承而言，与今天所讲的“传统”的内容是不相同的。中国过去又有“道统”的名词，但道统也不等于传统，虽然它可以构成传统的一部分。传统这个字，大概是从英文的 tradition 这个字翻译过来的。而英文的 tradition 则从拉丁文的 traditio 出来，traditio 又从 tradere 出来，其意义是“引渡”，是一件东西从一个人传到另外一个人的意思。因此，我们所说的传统，是某一集团或某一民族，代代相传的生活方式和观念。因为是代代相传，所以从时间上看，有其统绪性；因为是某集团的，所以从空间上看，有其统一性。我觉得把 tradition 翻译成“传统”，倒是非常恰当的。但要进一步了解传统，便应了解传统是具备五种基本的性格或构成的因素。缺一种性格或因素，就不能成为传统。

1. 民族性——日本青木顺二在他所写的《民族意识与传统》

一文中说："传统一定包含民族，民族也一定包含传统。"T. S. Eliot 在《神异的探求》一书中也说："传统是意味着住在同一空间的同一人种的血肉连系。"他的话，依然是认为传统和民族是不可分的。民族是由血缘、语言文字、共同利害等许多因素所逐渐形成的，但是在上述许多因素中，必须酝酿出共同的感情愿望，并产生共同的生活方式，某一集团才会以民族的成员出现于历史舞台之上。所以离开了民族，便无所谓传统；离开了传统，也无所谓民族。民族意识的觉醒，同时必会伴着某种程度的传统意识的觉醒，这是历史上及当前民族主义运动中，随处可以找到证明的。

2. 社会性——G. K. Chesterton 在所著的《妖精之国》中说："传统是由健全的大众所创造出来的"，"传统是代表人与人之间的共同之声"。由此可以了解，传统是社会性的创造，它即生根于社会之中。S. Spender 在一九五三年写的《创作的要素》中，认为近百年的文学倾向，是由离开传统，又回向传统；由离开社会，又回向社会。他所讲的文学的意义，我们今天不谈。我只想借此说明传统一定是有社会性的。所以反传统的人，若把反传统的思想，在自己的生活行为上实现，便一定是反社会，或是从社会中孤立起来的人。反传统的思想，要得到社会大众的支持，只有通过两种途径：一是随时间之经过而让自己的主张加入于传统之中，以形成新的传统，有如今日的白话文等等。另一是展开所谓"社会运动"，有计划地对社会加以说服或强制，有如许多革命者之所为。

3. 历史性——传统是大多数人在不知不觉中共同创造，约定俗成的。传统一定要在历史的时间之流中才能产生、形成。传统与历史是不可分的。T. S. Eliot 在《传统与个人天赋》中认为真正伟大的作品，一定是与传统连在一起的。但人要得到这种传统，必定要有历史的感觉。由此我们可以了解，在一种闭锁的心灵状态下，只能以自己当下的利害、感情为活动的中心，而不能扩大到历史世界中去，这种人便会觉得历史乃是毫无意义，或与当前生活并无关涉的存在。这种人纵然生活于传统之中，但在他的生活意识上，一定表现为反传统。因为不了解历史的人，一定不能了解传统。

4. 实践性——凡所谓传统，大多都是与人们具体的生活关联在一起。换句话说，一般所说的传统，不是存在于书本或讲坛之上，而是生存于多数人的具体生活之中。某种观念、思想，假定成为一种传统，必须是属于文化的价值方面，对社会的实践发生了影响。文化中的知识系统，常是日新又新。但若不与某种价值系统相结合，它本身便不会成为带有排斥性的东西。历史上文化的冲突，有的以新旧知识冲突的姿态而出现，实际只是因为这些知识，牵涉到传统中的价值问题，所以在本质上依然是不同价值间的冲突。因为价值占传统中的主要地位，它是与实践连在一起的。

5. 秩序性——凡是谈到传统的，一定连带谈到秩序，认为传统是代表一种共同生活的秩序。这里所说的秩序，是就个人与群体的谐和，自由与规则谐和来说的。传统，乃是大家所不约而同的共同生活方式。在现实生活中，必定含有许多异质的，因而在理论上是矛盾的东西。但这些东西，一旦成为传统，则各种异质的因素便各自构成生活的一部分，而得到大家不言而喻的“相安无事”；理论上的矛盾性，便消解于大家共同承认之中，而构成使生活得以安定的秩序。

二、传统的横断面与文化的横断面

要了解传统在整个文化中的意义，还须作进一步的分析。我下面所说的，主要是根据日本一位哲学家务台理作氏在《历史哲学中的传统问题》一文中所提出来的观点。

要进一步了解传统，只有从它的横断面去看。传统的横断面可分为两个层次。一是“低次元的传统”，另一是“高次元的传统”。前者务台理作称为“传承”，后者 T. S. Eliot 称为“正统”。一切风俗习惯，也就是民俗学所研究的范围，都是属于低次元的传统。它有两个特性：第一，它的精神意味比较少，而是多半表现在具体事象之中。第二，它是被动的，即是所谓“百姓日用而不知”的。因为是具体而又缺少自觉，所以它是静态的存在。因为是静态的存在，所以它便富于保守性。它的自身，正如同“黄河之水，挟泥沙而俱下”，有许多是合理的，也有许多是不合理的；有许多是可以适应时代的，有许多在时代上是落后的。并且它没有自己批判自己的能力。它不感觉到自己包含有不合理或落后的成分在内。因此，低次元的传统，本来就缺乏自己改进自己的能力。

高次元的传统，则是通过低次元中的具体的事象，以发现隐藏在它们后面的原始精神和原始目的。它常是由某一民族的宗教创教者、圣人、大艺术家、大思想家等所创造出来的。它是精神的存在，不是目可见，耳可闻，而须要通过反省、自觉，始能再发现的。并且由这种再发现，而会给与低次元的传统以批判。在批判中，它自然会把过去、现在和未来连接在一起，而同时加以思考的。一切的批判，一定会以时代为对象，以时代为基盘；断乎没有离开时代性的批判。不过，批判力小的，常只局限于当下的时代。批判力大的，便会把过去、现在和未来连结在一起，以找出一种基础更为广大的批判尺度。所以高次元传统的本身，便含有超传统性的意义。更具体地说，它含有下面几个特征：第一，它是理想性的。这正如基督教的仪式是低次元的，但它的博爱却是高次元的，是理想性的。第二，因为它必须经过人的自省自觉而始能发现，所以一经发现，它对低次元的传统，也一定是批判的。因为是批判的，所以第三，它是动态的。因为是动态的，所以第四，它是在不断形成之中，是继承过去而又同时超越过去的。

其次，我们要了解传统在整个文化中的意义，便须先谈到整个文化的横断面。整个文化的横断面，也可以分成两个层次。一是“基层文化”，另一是“高层文化”。基层文化，即指的是社会所传承的低次的传统。高层文化，则是少数的知识分子，对于知识的追求，个性的解放，新事物的获得，新境界的开辟所作的努力。基层文化与高层文化，常是不断矛盾冲突的。基层文化是无意识的，是保守的，是以社会性为主的。而高层文化，则是由知识分子个性的觉醒所产生出来的；它是前进的，解放的。所以高层文化，常表现为要求自传统中解放出来。因此，它便常常要求打破传统。但无论哪一国的文化，一定都包含这两个部分。没有无基层文化的民族，也没有无高层文化的民族。没有基层文化，其民族的生活是飘浮无根。没有高层文化，其民族会由僵滞而消灭。只不过历史中有些时代偏向在基层文化，有些时代又偏向高层文化而已。这两个层次的文化，既然不断地矛盾冲突，为什么还能同时并存呢？原因很简单，那是因为人的要求，常常是相反相成的，人一方面要求进步，一方面又要求安定；一方面要求自由，一方面又要求有规则。一方面喜新，一方面又念旧。务台理作说："高次元的传统，既不属于基层文化，也不属于高层文化；而是在它们之间，从内在的关连使二者得到谐和。"所以高次元传统的作用，是在融合解消两层文化的冲突，使这两层文化得到折衷而构成生活上的秩序、谐和的。高次元的传统，为什么能在整个文化中发生融合两层文化的作用，这只要想到前面所说的高次元传统的特性，便可以了解它。

务台理作在他这篇文章的最后说："传统（指高次元的传统）是一种热情，没有这种热情，即不会有创造文化的气力。"所谓热情，是说高次元传统的自觉，必须来自对民族、社会、历史的责任感。这种责任感，才是创造文化最有力的动机，并成为创造过程中的一种规整大方向的权衡力量。

最后，我再重复提醒一下，所谓传统，是在不断的形成中进行；这种情形，使我想到小时候到武昌读书的一种感想。大家都知道，长江和汉水，就在那地方交会；在汉水和长江交会之处，波涛汹涌，坐船从那里经过，要特别小心。并且在交会的地方，也可以看出水的两种颜色。这是因为汉水这一新力量加入时发生的冲激力所产生的必然现象。但是再往下不远，不但冲激力量消失了，甚至在交会处所看到的长江和汉水的两种颜色也分不出来了。长江之水，即是由这许许多多的新流加入，而不断形成的一条因有固定河床，因而是有规范的巨流。假定长江因汉水的加入而把河床冲垮了，便没有长江，也没有汉水。长江就如同传统，汉水及其他诸水，就如同加入传统中的新因素。S. Spender 说过，"若有完全创新的文学加入到传统中，给传统以冲激，则传统中整个文学的秩序，即会因此而重新构造，重新安排和重新估价。"这对整个传统来说，都是如此。可以这样说，新事物因加入到传统中而得发挥其功效，传统因吸收新事物而得维持其生存。

三、中国五四时代反传统以后的归趋

中华民族的历史，是经过了不断地反传统，及传统的再形成而延续下来的。否则的话，中华民族早已死亡了。中国传统与西方传统不同之点，在于西方最大的传统是宗教。宗教是以组织的力量支持一种信仰，所以它有很大的排斥性。中国传统最主要的却是儒家。儒家没有组织力量的支持，其性格也是没有排斥性的文化。《中庸》上说："万物并育而不相害，道并行而不相悖。"正说明儒家思想的性格。中国社会的停滞不前，主要是来自农业社会及专制政治，而不是来自儒家对外来事物的排斥性。唐太宗在大秦景教碑的序文里面，就表现了任何宗教都可以融合在一起的思想。康有为氏曾说中国民族，是最富于破坏性的民族，这当然是站在一个反面的立场来说的，但事实上也是如此。唐君毅先生曾说，中国文化是"没遮栏"的文化，这是从正面来说的。由此可以了解，中国的传统，是排斥性最少的传统，是维持力最弱的传统。

以五四运动为中心所发生的反传统运动，从历史上看，是有其必然性的。自鸦片战争以后，与西方多方面的接触，使我们遇着历史上所未曾有过的新情势，不是传统可以应付。民主科学，未曾在传统中出现，但必须彻底加以接受。为了接受新事物，应付新情势，在传统未被重新调整以前，常须出之以反传统的方式，这在历史上是数见不鲜的。所以五四时代的反传统，是有其意义的。但我们要了解，政治的统治，和社会的传统，并不是一样东西。反对不合理的统治，是哪一国的传统都承认的。我们两千年的专制政治，也自然会浸透到我们的传统中去。为彻底打倒专制，也必须把传统中的专制因素加以清除。不过当时所走的路，第一个错误，是把不合理的统治，与文化中的传统混在一起，而要加以一齐打倒。例如，他们把反对君主，和反对父母，看作是一样事情，以为父权社会，和专制君主，同样是罪大恶极的，因此而主张彻底打倒传统的家庭制度。但他们没有想到，有许多人受到专制的毒害，却很少有人受到严父的毒害。第二个错误，他们以为传统与科学是不相容的；要接受科学，便必须彻底打倒传统。殊不知许多大科学家，依然过着传统生活的样式；而现在守着传统的家庭，也决不会反对自己的子弟研究科学。第三个错误，他们不了解有许多传统的风俗习惯，是由新事物的出现而自然会改变的。例如新式纺织业出，农村的纱织便自然淘汰；交通发达，社会生活频繁，原有的大家庭制，及以祠堂为家族活动中心的自治体，也自然解体。有了电灯，便自然不会眷恋“一灯如豆”。诸如这类无言的淘汰、演进，只待新鲜事物不断地出现，用不上喧嚷、叫唤的。但当时却以为必须一一由文化运动来加以廓清，反而很少作积极建设的努力。在我的印象中，当时的文化运动者，叫唤的工作做得太多，像“民生实业公司”、“三友实业社”这类的事情做得太少。第四个错误，他们根本不了解低次元的传统，与高次元的传统，有很大的区别。更不了解高次元传统的自觉，对落后的不合理的风俗习惯，同样是一种批判力量；对民主科学，同样是一种推动的力量。却把中国文化中的高次元传统，视作为与包小脚、吃鸦片烟是相同，乃至是不可分的东西，而要加以彻底打倒。为达到此目的，吴虞们便要打倒孔家店，钱玄同们便称孔子为“妖道”而主张废除汉字，废除汉语，以便把中国文化斩草除根。殊不知谁站在中国文化的立场，而会赞成包小脚、吃鸦片呢？在我的记忆中，我的父亲便是痛恨包小脚，连水烟都不准沾一点的人。严复、林纾曾反对科学吗？孙中山、梁启超、梁漱溟、张东荪、张君劢、熊十力、唐君毅、牟宗三，这些先生，有谁人不主张科学，有谁人不主张民主，有谁人反对吸收西方文化？近来有许多人骂我是义和团，但我对西方文化的追求，乃至于对新鲜事物的兴趣，似乎比骂我的人知道得多一点，吸收得也多一点，最低限度，似乎比口里喊现代化的人，对于新事物的兴趣要高一点。更奇怪的是，许多喊现代化，骂我是义和团的人，除了千方百计，想当外国人以外，自身既不研究科学，更不敢面对民主。而我们一般朋友，对民主倒还能始终保持一种堂堂正正的态度。也从来不曾妨碍到自己的儿女、学生，对科学的学习。所以五四时代的彻底反传统的运动，对于科学民主来说，有许多是没什么必要，而只是徒增纷扰的。

不过，人类的行为，遇着情势剧烈转换的时代，矫枉每每会过正。五四时代的反传统，实在是“事有必至，理有固然”。当时反传统反得太过，事实上也是不易避免。所以今日我们只可加以反省，而不必去深责。只要让其自然发展下去，这一股激流，便会完成它应有的任务，而平静下来。这即是新传统的形成。在新传统中，有淘汰、有吸收，以保持整个文化的谐和、进步。并且五四以后，文化的发展，大体上也是走的这一条路。由反传统而向传统的复归，以形成新传统，这可以说是人类的天性，是历史的规律。若要完成五四时代彻底打倒传统，而不稍加折扣，事实上只有诉之于暴力。假定既反对暴力，便只有走我们以高次元传统的自觉，融和中西，以形成新传统之路。在文化的大方向上，除这两条路以外，我看不出有第三条路。最可怕的是：反传统者反的是传统中最好的，而提倡传统者却提倡传统中最坏的。这样便没有文化之路可走。

不过，我们目前所走的路，在民族意识消沉，社会心理浮动，每一个人只有当前，而没有过去与未来的情势之下，是最艰难的一条路。但我们只有把个人的生命，融入于民族、社会，及连结过去与未来的历史感觉之中，来走我们艰难的路，以规整我们文化发展的大方向。

一九六二年三月《东风》第二卷第六期

过分廉价的中西文化问题

——答黄富三先生

一、讨论的基础

在正式答复以前，我想先提出几点意见，作为彼此讨论的基础。

第一，讨论是以彼此的文章为基础。彼此的批评，都应根据对于两方文章所作的顺理成章的解释。加在对方身上的批判，一定要从对方的文章中推出来。曲解对方的文章，不以对方的文章为根据，乃至断章取义，由此所下的批判，都是无的放矢的话。目前这种风气，我希望大家共同努力加以矫正。

第二，这次的辩论，可能还会继续发展下去。但我提议，每一次，限定一个范围；不要在一篇短文中，漫无边际地谈到一切文化问题，以免毫无结论；更不可出之以悬空的谩骂。我这一次，只就我和黄先生彼此有关的文章来谈。至于在两文章里面所包含的其他具体问题，等把文章本身的问题弄清楚以后，再一样一样地谈下去。

第三，对于批评与谩骂，似乎应有一个起码的界定。凡以对方言论为根据所推演出来的结论，是批评。没有根据，只是随便加到对方身上去的，便是谩骂。我希望办刊物、写文章的人，不要以谩骂为目的。

第四，此次争论，起因于胡适博士去年十一月六日在亚东地区科学会议席上讲演中主要的两句话："现在正是我们东方人开始承认在那种古老的文明中，很少有灵性，或者没有。"首先应当确定胡适博士所说的"古老的文明"的这句话，是一个"全称的命题"。因胡博士是把东方文明与西方文明相对而言，所以凡是产生于中国、印度的（东方的范围可以更大，但就胡所说的内容看，实际只指中国和印度而言）文明，都是"古老的文明"。在时间上应包括自其发生以至其传承的整个历史。因为在他的命题中，并无时间的限定。这一点，旁人不必为其故作曲解，除非胡博士自己出来更正。

第五，我非常赞成黄先生"撇开一切情感的因素，来对这一件事，作一客观的评判"的态度。因此，我和黄先生的争论，只对付"这件事"。假定在辩中发现两方，在某一句话，在某一意义上，的确犯了无可争辩的错误，只好各自加以承认，使其告一段落，以便逐步提出新问题来讨论。在目前，只有在拥胡派心目中的胡博士，才是一无错误；我和黄先生都不是胡博士，彼此应有承认错误的诚意。

以上我所说的讨论的前提，对于黄先生而言，只是"徐先生等于在通知我们说，白纸是白的一样"，毫无意义。但"人莫不饮食，鲜能知味也"，事先提醒一下，以免不断地浪费时间精力，总是好的。

二、怎样会转移到中西文化问题上去?

黄先生的大文，是因对我的《中国人的耻辱，东方人的耻辱》一文（以下简称原文）“实不敢随意苟同”而发的。首先使我吃惊的是，在我的大约四千字的文章中，是在什么地方讨论到“东西文化”的是非得失的问题呢？假定我在我的原文中并没有讨论到东西文化的是非得失问题，则黄先生根据什么来和我论“东西文化”呢？不错，我在其他的学术性的文章中，也有就中国文化中的某一点，和西方文化中的某一点作过比较的研究。但我虽愚且妄，还不至于在短短的一篇文章中，“一口吸尽西江水”似的来论整个的东西文化。对于由东西文化比较所得出的结论，可以简单地说出来；但后面的根据，不是简单可以说出来的。以我和黄先生的学力，恐怕不配讨论这样大的题目。假定《文星》的编者事先以黄先生的大文见示，我便会很诚恳地要求把题目改小一点，以免为学术工作者窃笑。

其次，黄先生所以提出这个大题目来，是认为我犯了主张“复古”，反对西方文化，“故步自封，神游古代……然而对国家民族，这是一种自我陶醉，自我摧残的”等等大罪。不过，在我原文中，只提出六点来证明胡博士的讲辞是非常的失态；并说明胡博士并不真的了解西方文化，不了解现代文化。即使我的论点都错误了，黄先生是在哪一句话里面可以得出我是在反对西方文化呢？并且我在原文中，提出了爱因斯坦，E. Spanger, A. Carrel, John B. S. Haldane, H. J. Laski 等，以作我立说的根据；是不是这些人因为没有拿起麦克风来喊“我们的文化领袖胡适先生”，而被拥胡派把他们从西方文化中开除出去了呢？即使是如此，在我的原文中，有哪一句话，是贬抑了西方文化，而要麻烦黄先生来为西方文化向我大兴问罪之师呢？不错，我因为胡先生说东方文明没有灵性，等于是说东方人不是人，因为凡是人便有灵性，所以我说他“以中央研究院院长的地位，在国际性会议的正式讲辞中，而能说出这种话，是中国人的耻辱，东方人的耻辱”。这种话在拥胡派听来是有些刺耳的。但我在《当前的文化问题——答客问》（见元月廿四、廿九、卅日《自由报》中，深深惋惜他没有好好地继续研究西方文化。又惋惜他在美国住了许多年，对于西方思想家在两次大战后为人类前途所作的各种探索，他都一无所知；而只能背诵自己三十多年以前的文章，来伸张现在的地位。假定黄先生认为我对胡先生的责难不对，黄先生尽可举出反证来为他作辩护。黄先生的辩护胜利了，也只能说徐某对胡先生的责难是胡说八道。黄先生用什么方法可以由此而得出我是反对西方文化？黄先生的想象力未免过于丰富了吧！

又其次，我在原文中，主要只争一点，即是胡先生不能说东方文化中没有灵性。我为东方文化争灵性，小而言之，即是为每一个人的祖宗争灵性。在我的推想，恐怕只有古代的奴隶主，才会认为奴隶是没有灵性；否则他们的鞭子便不能狠狠地打下去。近代大概只有掠夺非洲黑人去贩卖的白人，才会认为被掠夺的黑人是没有灵性；否则他们的疯狂掠夺的买卖，应当为自己的良心所不容。但写《黑奴吁天录》的人，却认为黑奴也有灵性。在拥胡派中，能发现出有哪一个西方的学者，会说出东方文明，是没有灵性的文明的这种话吗？他们之不这样说，是出于受有良知良识的限制。因此，我对胡博士的抗议，不仅是作为一个中国人，作为一个东方人，所应有的抗议，同时也是作为关心人类整个文化的任何人，所应有的抗议。在我的原文中，黄先生从哪一字，哪一句，可以看出我“就断定我们今日的文化也压倒西方”，因而断定我是“故步自封，神游古代，固然能引人自我陶醉，然而对国家民族，这是一种自我麻醉，自我摧残的行动呀！”“我想敬告这些复古爱国主义者……并不是大声疾呼力倡回到一个皇帝，几本经书的封建时代，就是爱国。所以徐先生这种做法，表面上是冠冕堂皇的爱国者，其实，这种抱残守缺的观念，是有害于国族生机的”？黄先生根据什么逻辑，而可以在我的原文中，推出这些罪名呢？当我研究古代思想史时，我倒真想“神游古代”。也同于一个研究古生物学的人，会神游古生物世界；作过殷墟发掘的人，不说在发掘之时，即使在发掘之后，也可能还会神游殷墟。难说做学问的人，要像现在许多人一样，隔着学问十万八千里，大骂大捧吗？难道说一个神游古生物世界的古生物学家，便是要复到古生物世界去吗？即使在他个人问题范围之内，要复到古生物世界去，但若他不假借政治权力勉强他人接受、实行，他又何致犯下“有害于国族生机”的大罪呢？这里，我很诚恳地向黄先生请教两点：第一，你在我所有的一切文章中，能提出我是“力倡回到一个皇帝，几本经书的封建时代”的证据吗？假定你拿不出任何证据，你便是以说谎、栽诬的手段来对我作人身的攻击！你为什么要如此？第二，黄先生为什么一看到我主张东方文明中是有灵性的话，便这样怒愤填膺，咬牙切齿？东方文明中的灵性，与黄先生有何冤何仇？我主张东方文明中有灵性，即使是日据时代台湾总督府下的特高课，也不致因此而定下我是犯了摧残国家民族的大罪。认为奴隶没有灵性的奴隶主，认为黑奴没有灵性的黑奴贩卖者，他们自身才真是“利令智昏”的没有灵性！

黄先生要在东方文明有无灵性的这一基础之上来和我讨论东西文化，在黄先生心目中的东西文化，未免过分廉价了吧！我可以再进一步告诉黄先生，我在大学的中文系里教书，教的、研究的，当然是中国传统的东西。世界大概找不出在大学的文科中，不发掘、研究各自的传统文化的情形吧！同时，我是半路出家的人，在学问上所得的也自然非常有限。不过，任何人学问上所能学到的，都只能是整个学问中的一部分，所以也可以说每个人都是抱残守缺，我更不能例外。但若就一个人做学问的精神态度而言，在今日的台湾，恐怕很少人有资格在我面前能用“抱残守缺”四字来责难我。我常常和同事的先生们聊天，希望中文系里每一门课，都能由过去落实到现代。举例说吧，我常想：应当以“语言学”代替现在的“文字学”、“声韵学”；应当以“诗学”来代替现在的“诗选”“词选”；应当以“戏剧学”代替现在的“元曲”。现在所教的这类材料，都应归纳到每一门学问的系统中去，接受每一门学问有系统的知识的解释。但这在目前，是任何大学都做不到的。我经常鼓励中文系的学生应当好好学英文。常常提醒他们，不能了解西方有关的东西，便也很难真正了解中国传统的文化。因为我们是要站在现代的立场去了解传统，所以不能以过去的人所了解的为已足。并经常告诉学生，我们对传统的东西，必须重新评价；而今日评价的尺度是在西方，我们应当努力求到这种尺度。我教中国哲学思想史，最辛苦的准备工作是西方的哲学史。我教《史记》，最辛苦的准备工作是西方的史学思想与方法。我教《文心雕龙》，最辛苦的准备工作是西方的文学理论。我当然所能求得的是非常有限；但我是天天在追求。我们对中国文化，也正是像姚从吾先生所说的，做着“经过洗涤，使真珠与鱼目区分”（见《人生》二七一〇合期顾翌群先生信简）的工作，我对中国传统的政治思想，这种工作做得相当的彻底。我多少次说明中国的文化思想，是受了二千年中专制政治的干扰、歪曲、压迫、毒害。所以作研究工作的人，首先要从这种歪曲毒害中把它洗涤出来。我写的《中国孝道思想的形成、演变及其历史中的诸问题》一文，正可以作此类工作的范例。我们的研究结论，只有用更进一层的研究，才能加以修正。我们是认为在中国文化中，有可以补西方文化不足之处。但我们的说法，无一不是经过“洗涤”而来。洗涤的结果，对，或者不对，应当根据我们写的东西，作具体的分析、批评，而不能悬空地诬蔑谩骂；因为世界上没有任何一门学问，会告诉人，可以采取这种下流的态度，尤其是稍稍受过一点西方文化洗礼的人。

三、我在什么地方反对过“强调科学”

以下，就黄君大文，逐段讨论下去：

> 首先，徐先生反对胡适之的强调科学，并谓科学并非万能，今天所谓万能，有两种解释，一是一切都能，一是形容有极大的能耐。我不晓徐先生是用哪一种说法。假定用前者的话，我想徐先生等于在通知我们说，白纸是白的一样；因为世界上的确没有一种学问，能完全解决一切的问题。假定用的是后者的含义，那我们可以大胆地说，科学是万能的；读过世界史的人都知道，西欧的进步，是近百年的事。……这种科学发展的成果，是任何人所不能否认的。

按“强调科学”与“科学万能”，完全是两种意义。任何学问，都可以由各研究者加以强调。譬如一个艺术家强调艺术，这与旁人有何关系？但若有人说艺术是万能，一切学问都从艺术中出来，那便会发生争论。在我的原文中，只不承认科学是万能。但黄先生可以找出哪一句，或由哪一句的含义，乃至由我其他的一切文章中，曾反对胡博士乃至任何人“强调科学”？这种“栽赃问罪”的办法，站在中国文化立场上看，有人格上的问题；站在西方文化立场上看，是出于无心的概念不清，便有知识上的问题！若出于故意如此，便也有人格上的问题。在黄先生的大文中到处采用这种办法，这固然为中国文化所不许，恐怕也为西方文化所不许。其次，在拙文中，只说过“科学万能”，并没有说过“万能的科学”；尽管两种说法，有时意思并没有分别；例如一个人做祷告时常常说“万能的上帝”，实际也是“上帝是万能”；但在我所用的语句中，“万能”只能作科学的判断解释，而决不能作对科学的形容词来解释。黄先生不能就我的话去作歧义的蔓延。又其次：黄先生说，“读过世界史的人都知道，西欧的进步，是近百年来的事”；今年是一九六二年，倒推上去，近百年便是一八六〇年左右；因此，我愿意告诉黄先生，“读过世界史的人，都‘不’知道西欧的进步，是近百年来的事”，而是近三百年的事。

上面还只是字句的问题，更重要的是“科学万能”的观念，不仅是胡博士个人的观念，而是许多人的观念。科学万能不万能，这是“可以争论”的问题。胡博士说东方文明没有灵性，固然是以科学万能的观念为背景；但若胡博士仅主张科学万能，而不说东方文明没有灵性，我纵然和他争论，那却完全是另一层次的争论；我便决不会用“中国人的耻辱，东方人的耻辱”这一类的话去谴责他。因为即使站在科学万能的立场，也不能说出东方文明没有灵性这种话；因为东方没有现代科学，东方在很长的历史中，却有很丰富的“前科学”的活动，亦即是有科学的灵性。当解决的问题不能解决，只是因为传统在作怪；传统投降了，却对传统无法收容，觉得只有尽坑降卒四十万，才妥当而痛快；但传统坑尽之后，并没有一个新社会来作反传统者立足之地。而且最奇怪的现象是，凡是极端反传统的人都是在新的思想上，新的事物上，乃至在一切学问事功上，完全交白卷的人。钱玄同这种人不待说，胡适先生自己，除了背着一个包着瓦砾的包袱以外，谁能指出他在学问上的成就是什么？“好人政治”的提出，连“民主”的招牌也丢掉了。

传统是由一群人的创造，得到多数人的承认，受过长时间的考验，因而成为一般大众的文化生活内容。能够形成一个传统的东西，其本身即系一历史真理。传统不怕反，传统经过一度反了以后，它将由新底发掘，以新底意义，重新回到反者的面前。欧洲不仅没有反掉宗教，而昔日认为黑暗时代的中世纪，拉斯基在其《欧洲自由主义之发达》中，叙述了自由主义的成就后，接着说：“不消说，其代价（自由主义的成就）也是非常底大。即是，因此而我们失掉了使用若干中世底原理的权力。——这种原理之复兴，在我想，认为确实可成为人类的利益。”（日译本第九页）这是欧洲反传统得到了结果以后，所发出的反省之声：我们反来反去，却反出一个共产党来，这还不值得我们的反省吗？

徐先生又说，真正懂得科学的人，都不是对科学的赞颂，（按我是针对胡博士而言，所以这里的原文是“现代

> 只要配称得上是一个思想家……”黄先生不可以在这里改成“真正懂得科学的人”；因为我说的话，都有相当谨严的分际，即使在概括性地引用时，对于其中主要的字句，也不可随意改动，以免概念混淆。下面凡有这种情形的，只加按语更正，不另说理由。）而是对科学的反省。我不知徐先生对科学如何下定义，也不知徐先生这话从何而来的？而那些对科学反省过的人，他们的结论是什么？这些问题，徐先生均没有交代清楚。但是我愿意说一句，时至今日，任何对科学稍有认识的人，都莫不承认科学的价值……

按拙文上面有“按从胡博士讲辞中……的话看来，他所说的科学，系指自然科学而言”。我为什么要先说这几句话？目的是要先把本文所说的科学加以界定——自然科学——以确定原文内牵涉到科学时的范围。我在原文中，未涉及进一步的内容分析，因为所需要的，只是以这种“界定”作讨论的前提为已足，而不需要进一步下定义。黄先生说我没给科学下定义，是觉得在我的原文中涉及科学时，有什么概念上的混淆呢？还是性情太急，没有把我原文的前后语句，作一有关联的了解呢？至于说没有对科学下定义，又问对科学反省过的人结论是什么，则在我原文中不是分明引有爱因斯坦及生物学家 A. Carrel，生物统计学家 John B. S . Haldane 等等，对我的看法的来源和结论，已经有简单而清楚的交代吗？黄先生何以成见如此之深，把我交代得清清楚楚的东西，硬要加以抹杀。并且在《文星》同期以谨慎缜密之笔，写《胡适之与全盘西化》一文，以证明胡博士决无错误的徐高阮先生，过去便曾译过被称为现代世界圣人的许怀彻（Albert Schweitzer）的语录，那不是对科学的大反省吗？徐先生的文章写得很好；但他的内心，对胡博士东方文明无灵性的说法，到底是赞成还是不赞成？他写了这长的一篇文章为胡博士辩护，但对于引起此次辩论的胡博士的讲辞，却只字不提，这固然是画龙而不点睛，使他整个的辩护失掉了主题，但也正是他有不得已的苦衷的地方。还有现代科学史的权威 G. Sarton 博士，在他所著的《古代中世科学文化史》的序章中，不是很清楚指出这种反省吗？这是一部大书，只要肯看看他的序章，也是非常有益的。英哲罗素，在他所著的《伦理学及政治学的人间社会》的最后“开幕乎？闭幕乎？”的一章中，他认为从知识（科学）进展的情形看，世界还在开幕之中；但从知识以外的情形看，世界却又可随时闭幕。他说“……然而人间最好的，值得赞颂的，不仅是知识，或者为主的也不是知识，而是美的创造；还有能具有对于全人类的爱或同情，并能具有为了使全人类为一体的大希望……”；换言之，他认为人类的前途，除了科学（知识）以外，还有赖于艺术与道德，而科学是不能代替艺术与道德的。总结地说，对科学的反省，是来自各种角度，得出各种结论；但我在这里，只以引用足以证明“科学不是万能”，因而为道德、艺术、宗教开路为已足。并且在我的引用中，不涉及许多人所攻击的形而上学的哲学家的论点。以淹贯西方文化自命的黄先生，当然比我这种抱残守缺的人，看到此类的材料会更多，还要向我提出质问？至于黄先生提到科学的价值问题，我在本文中已说过“自然科学在文化中处于支配的地位，早成事实”，我曾经否认过科学价值吗？上面随便所引的都是著名的科学家（许怀彻是外科医生）或科学的哲学家，其中有一个人否认科学的价值吗？黄先生向我宣传科学的价值，倒真大可不必了。

四、科学与理想

> 一、徐先生说，科学是无颜色的，颜色是外加的（按我前原文是“科学技术，要由用的人赋予以颜色方向，亦即所谓理想”。“用的人”不能改为“外加的”。），又说科学是必然性的（按我的原文是“科学的法则，是有必然性的”），则人类应该是向着同一的理想前进，今日世界，应无冲突的危机。由这句话看来，徐先生好像认为科学并非必然性的。如果这句话能成立，那么今天的许许多多伟大的科学成就与价值，岂不因他这句不科学的而动摇。徐先生根据今日危机的存在，而断定科学的非必然性，这种推论是错误的……

按我原文的这一段话，是针对胡博士以科学技术“确实代表着真正的理想和灵性”的说法，而加以辩难的，所以一开始便引用他的话，以作为此下辩难的前提。科学技术，当然代表人的灵性的一方面。但这一方面的灵性，只能产生为了达到理想的有力工具——科学技术的自身不能产生理想；人类的理想，只能从灵性的另一面——道德、艺术——产生。正因为如此，所以我们不能承认科学是万能的。我的原文是“假定人类的理想，是出自必然的法则，或者此必然性的本身即是理想，则今日各强国间向科学技术的竞赛，实际乃是向同一理想的竞赛，当前的世界，还有什么危机可言呢？”这段话乃是证明科学自身不能产生，或代表人类的理想，而是“要由用的人赋予以颜色、方向，亦即所谓理想”。

我不知黄先生为什么能从我的原文中，可以得出“徐先生好像认为科学并非必然的”这种非常奇怪的结论。大概黄先生鼓着一肚子气来看我的文章，没有把前后相关的语句连贯起来看，才会发生这种可笑的误解。

或许又有人怀疑我认为科学的本身不能产生理想的话，是不能成立的，那便在下面再一度引用爱因斯坦的话：

> 信心，是由经验与明析的思维所支持，这是事实。在这一点上，不能不赞成极端合理主义者的主张。但是，他们想法的弱点，乃在下面的一点上，即是：对于我们的行为或判断所必要的，而且又是成为行为、判断之规准的各种信心（按实即我们所说的理想），不是仅仅顺着坚固的科学方法所能找到的。因为，科学方法，仅可以告诉我们事实是如何地互相关连，及互为条件，并不能告诉我们以超出于上二点以外的东西。……我决不轻视各位（按指当时听讲的科学家）在此一分野得到的成果与英雄的努力。但同样明了的事实是：“这是如是”的知识（按即科学知识），决不能为我们打开通向“这应当如此”（按即伦理道德）的门。我们即使具有许多明了而完全的“这是如此”的知识，但不能由此而演绎出人生愿望的目标，应当是如此。客观的知识，为达到某种目的而可为吾人提供强力的工具；但究极的目标之自身，及追求此目标之憧憬，须从其他源泉产生出来……（日译《爱因斯坦晚年思想》页二五）

爱因斯坦所说的科学，是指用科学方法所求得的客观知识而言，把社会科学也包括在内。所以黄先生在下面的文章中，以为人类的理想，可以从社会科学中产生出来，随社会科学之进步、普及，而可以使人类走向共同的理想，也是不能成立的。最低限度，在我并不是如此看。现代极权国家对社会科学的研究，决不在自由国家之下；并且他们各种整齐划一的社会、经济的计划，都是要以他们在社会科学方面研究的成果为根据的。换言之，社会科学的自身，也是一种客观知识，和自然科学一样，只能在政治、社会、人生上，给人以对其理想之有关事物，发生厘清的作用，并提供以实现的手段。在厘清对象时，可给人的理想以某程度的修正；但其自身并不能产生理想。不过，社会科学与自然科学不同之点，在于社会科学研究的对象是人的行为；人的行为多来自人的理想（广义的用法）；因此，所以由社会科学知识所发生的厘清作用，对人的理想所发生的修正作用，比自然科学知识方面来得大；而研究社会科学的人，无形中常把自己的理想，渗入到解释中间去，以图适合于自己理想的可能性，也常较自然科学的研究者为大；所以在这种地方容易引起误解。

五、拿社会科学来作一连贯的栽诬

二、徐先生又说“原始生活的民族，亦有价值的心灵活动，胡先生凭什么而能断定中印两大文化中，只有极少的心灵活动，乃至根本没有呢？”不错，人类天赋的大脑，同是要作精神活动的；然而你不能说，每个人的精神活动结果，就完全相等。如果相等的话，你徐先生还能在大学当教授吗？中印两大民族过去曾缔造极辉煌的文明，这是事实。而西方文明在文艺复兴后，学术突飞猛进，至今他们的文明压倒我们，这也是事实。如果以我们古代文化曾压倒西方，就断定我们今日的文化也压倒西方，这种反逻辑的推论，徒然引人发笑。举个例说，中国古代首先发明火药，你能说我们今日的火药武器比人家犀利吗？

按我的原文是针对胡博士的讲演而发。胡博士是说中印两大文明中没有灵性，而不是说虽有灵性，但灵性的结果与成就赶不上西方；所以我对他的诘难，只限于在中印两大民族中有无灵性的问题上面，不节外生枝去谈到结果与成就的问题。每写一篇文章，都要设定范围，以免流于泛滥、横扯。黄先生在我的原文中，找得出哪句话是认为“每个人精神活动的结果与成就完全相等”，而须要黄先生来加以指教？黄先生是在我这篇文章中，乃至是在我所有的文章中，找得出曾作过“以我们古代文化曾压倒西方，就断定我们今日的文化也压倒西方”的“违反逻辑的推论”？这些栽赃问罪的话，从何而来呢？并且我还可以告诉黄先生，我们当比论东西文化时，只就文化中的某一方面，某一问题上来絜长较短，连“我们古代文化曾压倒西方”这类的笼统话我也不说。因为文化是多方面的，不可轻易采用这个笼统的论断方式。尤其是我们衡断文化，是以文化某一方面，某一部门的自身价值作衡量，并非以现实上的势力作基准（有时仅作辅助性的例证）。当罗马灭亡后，希腊文化，仅寄托在阿拉伯集团中保持残喘；当它偶然由阿拉伯人手上转回到意大利时，当它由君士坦丁堡陷落而少数人抱着残编断简奔向意大利时，谁能想到后来它会开欧洲三百年的文运呢？谈文化，只问它本身有无价值，不应问它在现实中有无势力。这是学人和商人市侩，最大不同之点。黄先生接着说：

> 我仔细地探索，发现徐先生和一般人犯了同样的毛病，以为我们自然科学虽不如，但我们社会科学方面，远比西方优越。这是天大的错误，任何接触过西方思想的人都知道，西方自然科学的发展，实奠基于社会科学。我们只知有形的自然科学，比人家落后一百多年；而无形的社会科学比人家落后了好几百年而不知，这种现象实在太可怕。

按，近代自然科学，经过了十六世纪的准备时代，由加利略（Galilei，1654—1642）到牛顿（Newton，1642—1727），可说完全奠定了基础。加利略的斜塔落体试验，大约是在一五八三年前后；牛顿完成其引力研究，为一六八五年。社会科学最先成立的是经济学；其次，才是政治学；最后才是社会学、人类学。奠定经济学基础的是亚当·斯密（Adam Smith，1723—1790）的《国富论》，它出版于一七七六年三月九日。只要稍稍了解一点西方文化情形的人，应当都知道西方的社会科学，是受自然科学的影响而逐渐成立的。除了经济学一直走着坚实发展的道路以外，玻旺卡勒曾说“这是方法最多，而结果最少的科学”（三木清著《社会科学概论》，波岩哲学版页九八）。我相信决找不出一个像黄先生这样，认为“西方自然科学的发展，实奠基于社会科学”的说法。同时我更可以负责地说，在我的任何文章中，找不出“但我们社会科学方面，远比西方优越”的语句，或这一类的意味。并且也可以断然说在文化教育界中，也决找不出像黄先生所说的“一般人”犯了这种毛病。我不愿受栽诬，文化教育界更不应受栽诬。在社会科学方面，我们的确有些落后，但我也想不出“落后好几百年”。我也不了解自然科学与社会科学，可以用“有形”与“无形”来加以区别。老实说，黄先生实在不知社会科学是什么，所以有上面许多莫名其妙的话，并且对我现在所说的话会引起若干疑问；但为了节省篇幅，这里只说到此处为止，等黄先生将来提出问题时再答复。如因没有看清楚我的文章或意存诬蔑而来的质问，我当然不必答复。黄先生接着说：

> 举例说，你能挑出相当水准的思想家、哲学家或政治理论家和外国一比吗？说到这里，我忍不住要敬告这位爱国教授，故步自封，神游古代，固能引人自我陶醉；然而对国家民族，这是一种自我陶醉，自我摧残的行为呀！

按中国有没有相当水平的思想家、哲学家或政治理论家等，姑置不论。如果没有，我真不了解这位黄先生，为什么不去问问领导中国最高学术机关数十年的胡适博士，却“忍不住”问到我这个半路出家，近十年来才沾上学术文化界的边缘的徐复观呢？以黄先生所把握的西洋文化水准来看，我只好甘认是“故步自封”；但我个人的故步自封，怎么会影响到胡博士的闭锁王国，年年选举院士，却连相当水准的人才也没有呢？“爱国”、“摧残”等等，这都是黄先生所干的“封神斩将”的勾当。我写文章，只是出于自己不忍之心，没有想到这是爱国不爱国的问题。不过，假使爱国不是罪名，则若有人因爱国而误国，总比存心卖国，因而要把国家的根基完全拔掉的一群，或者容易补救一点吧！

六、黄先生的时间观念

> 徐先生提出三个有关中国文化与包小脚（按我的原文不会说得这样含糊不清的。可覆按）问题来责问胡先生；里面充满了对时间观念的混乱。

按胡博士说中国文明没有灵性，这是一种“全称判断”；在时间上，乃是就中国整个历史时间中的文明而言。就胡博士的原讲演辞看，不能有第二种解释。而他之所以认为在中国整个历史时间中的文明是没有灵性，其根据为包小脚。因此，我只要在整个历史时间中能举出某一段时间不曾包小脚，这即把他作为“全称判断”的根据推翻，因而即可证明他的全称判断为伪。这种非常清楚明白的论证方法，黄先生从什么地方看出我“充满了时间观念的混乱”，而一再还问我“学过逻辑问题没有”呢？黄先生继续说：

> 他①提出外国人的著作来证明妇女在中国文化中比任何其他文化的地位为高。我们不能否认在如古代文明当中，中国文化比较地尊重妇女。然而西方封建时代的“妇女第一”，尤其是近几百年来的妇女运动，早已把这种情况推翻了。徐先生怎能斩断历史，将古代的比较，演绎到现代的比较呢？

按欧洲中世纪的封建时代，仅骑士阶级特别崇拜妇人；而“他们的最高的热情，除了吵闹与不休的饮酒以外，便是尽情放浪的性欲满足”（日译伯伯尔《妇人论》页七八）。“他们的热心，决不是精神的，实乃追求最现实的目的……这种对爱的赞颂，是以正妻为牺牲，而将爱人加以圣化”（同上页七九）。由此可知“西方封建时代的妇女第一”的说法，是太近于笼统了。此外，西方的妇女解放运动，可以说，进入到十九世纪才真正开始；到了二十世纪初年，才算在教育、政治上告一段落，似乎找不出“近几百年的妇女运动”。我的原文是“……古代任何有文化可资稽考的民族中，只有中国文化，对妇女的地位最为尊重”；这分明只就“古代”而言；黄先生在上面的语句中，为什么能找出我是“将古代的比较，演绎到现代的比较”呢，这岂不是睁着眼说白话？

七、黄先生的逻辑知识

> ②根据包小脚，及问在包小脚之前，中国有没有文化？徐先生到底学过逻辑没有？大家都知道，在中文里的“代表”与“是”并不就是“等于”的意思。譬说 X 先生是人，并不是说 X 先生等于人，而是说 X 先生是所有人中的一人。而“代表”两字，当然是“部分”的意思。在中国文化中，包小脚这件事，大概谁也不能否认吧！而且在胡适之的演说辞中，其重心在比喻。徐先生故意歪曲原意，这未免太过分了。难道说事实与比喻的话，分都分不清吗？

按黄先生又在我面前摆出逻辑来了！先看看黄先生的逻辑吧。黄先生说在中文中的“代表”与“是”，并不就是“等于”的意思。按在中文中的“是”，当表示两项关系时，可以有两种涵义。其中一种涵义不就是“等于”，但有一种却可以说是“等于”。a 是

a，也可写作 a=a。“人是理性的动物”，也可写作“人 = 理性的动物”；黄先生一口断定“是”“并不就是‘等于’”，说得还不周衍。其次，“是”是外延的解释，而“代表”则是内容的解释；在黄先生的逻辑中，又把“代表”与“是”，看作完全是相同的意义；譬如“中华民国的元首是中国人”，和“中华民国的元首代表中华民国”，这两个命题中的“是”与“代表”，是相同的意义吗？“代表”，一定有“被代表”者。代表的范围，也一定以“被代表者”为范围。假定代表的实质没有问题，则就逻辑而言，代表者之代表性，应为“被代表者”之全部。“元首代表国家”，能说这是代表国家的某一部分吗？假定在此一命题之下，发生了“部分”与“全部”之争，那一定是实质的问题，而不是逻辑的问题。黄先生根据什么逻辑而认为“代表两字，当然更是部分的意思”呢？黄先生又说“胡适之的演说辞中，其重心在比喻”，更从黄先生说我“难道说事实与比喻的话，分都分不清吗”的话看来，可知黄先生之所谓“比喻”，决非印度因明中之所谓“喻”，而系两物相比，由此物以喻彼物的意思。两物相比，虽两物间有若干相类似之处，但两物决非一物。例如“其人如玉”，“人”与“玉”决非同一物。胡博士所说的包小脚若只是一种比喻，则包小脚与中国文明决不是一物，而我们所要追究的将是包小脚与中国文明的类似点何在。我看了胡博士的讲辞以后，不敢作此“曲解”。看黄先生“在中国文化中，包小脚这件事，大概谁也不能否认吧”的话，则黄先生也是认为包小脚是中国文化中之一，并非认为包小脚是中国文化的一种比喻。黄先生与胡博士不同之点，是黄先生认为包小脚是中国文化之一，而胡博士则是认为包小脚是代表中国文化，黄先生如何能说这是比喻的说法，而反以我为歪曲原意呢？

把黄先生的逻辑程度拜领了之后，再回到本问题上来。现实的人，常常是理性与反理性，混合在一起；在自觉时两者会互相斗争；在一般生活情形之下，二者（理性与反理性）又常“并行”而不以为悖。所以人类的活动，常有走向“文明”与“反文明”的两种倾向和现象。因此，到现在为止，任何民族的社会中，有合理的东西，也有不合理的东西。我们依照文明 civilization 文化 culture 的中文及外文的原有意义，更应将合理一方面的思想、观念、制度、物质成就等，称之为文明或文化。文化一词，更表示生活中的价值意义或理想性。在现代人类学中，把人类生活的一切都称为文明或文化，乃是方便的用法，非其本义。因此，包小脚，不论站在道德上、知识上来看，这是从专制宫廷中所蔓延出来的一种“野蛮风习”，也和美国现在尚有崇拜毒蛇教一样，不可以称为“文明”或“文化”。至于胡博士所谓“忍受”，则在中国的道德、宗教、艺术、法律的任何一方面，都没有承认包小脚是合理的风习，而把它包容在里面。再退一万步，照胡博士的意见，说包小脚是文明或文化，则胡博士的话若列为三段论法是：

凡在忍受着残酷无人性规定的文明中，没有灵性。

中国文明中忍受着残酷无人性规定的包小脚，

所以在中国文化中没有灵性。

依同式：凡在忍受着残酷无人性规定的文明中，没有灵性。

希腊罗马文明中，忍受着残酷无人性规定的奴隶制度，所以在希腊罗马文明中没有灵性。

上面的推论所以成为问题，不在其形式，而是在成立此一形式的前提；即包小脚在中国文化中的代表性问题。若中国文化为 a，b，c，d，e……而 a 项是代表包小脚，则包小脚乃中国文化中之一“部分”。胡博士由包小脚以推论中国文明中没有灵性，正是“以偏概全”，没有弄清楚“部分”与“全部”的关系，而我所要说明的也正在这一点。黄先生不敢以此去责胡博士，却颠倒到我身上来，这是黄先生的逻辑知识使然？抑是在权威面前的胆量太小呢？黄先生继续说：

> ③徐先生推断说，现在不包小脚了，中国文化应该消灭了。这种反问，实在令人遗憾。包小脚，我上一论点已经说过，谁告诉你没有包小脚，中国就没有文化？相反地，没有包小脚，中国文化才能再生，才能更新，请看今日，是不是比包小脚的时代进步了一点？而所以没有充分进步，就是因为有你这种包小脚式思想的人在作祟。

按胡博士既因中国的包小脚而便全部断定中国文明中没有灵性，即是认为在中国历史中，除了包小脚以外，便没有其他的文明。不然，他为什么可以作这种“以偏概全”的论断，而还会得到黄先生这种人来拥护呢？胡先生既以除了包小脚之外，再没有其他的中国文明，则中国文明应当随包小脚之消灭而消灭，胡博士便不必再骂中国文化！所以我说他这种骂是“无的放矢”。假定包小脚消灭了，而依然有中国文明，即可证明在包小脚之外，尚有中国文明；则胡博士在常识上，不能因包小脚一事而骂整个中国文明没有灵性。我原文“四”的整段文章的用意，都是如此，这是任何有常识的人所能看懂的。黄先生代胡博士作发言人，对我作答复，是要针对我向胡博士所提出的三个反问，而依然能证明胡博士的说法是天经地义。我的三个反问，是对胡博士对中国文化判断中的辩论所必须有的反问：黄先生“遗憾”什么？黄先生的答复是“谁告诉你，没有包小脚，中国就没有文明？”除了胡博士外，的确没有人这样告诉过我。既然如此，那便是承认中国除了包小脚以外，尚有中国文明，胡博士的论断是根本不能成立的；黄先生为什么“不遗憾”到胡先生那一方面，却遗憾到我这一方面来了呢？我在家庭中的经验，凡是我和太太发生任何争执时，小儿女一定认为我是错的，妈妈是对的；这在家庭感情生活的气氛中，势所难免。我希望面对社会讨论问题时，不必如此。至于黄先生说到没有包小脚以后的中国文化的进步，那的确是有的。废除包小脚的本身，即是一大进步。在文化方面，它的进步，从五四运动一直到抗战发生时为止，可看得清清楚楚。这种进步是表现在由爱国运动而发生对传统文化的反省，对科学民主的热烈要求，是表现在民国十三年以后，大家以研究代替喊口号。是表现在大家渐渐学会自己用头脑去判断问题，而不摸着偶像来为自己壮胆。是表现在大家渐渐知道说话要有根据，判断要有逻辑上起码的推理常识。凭空地骂，凭空地捧的情形，便很少出现了。但若就拥胡派来看，则浮嚣浅薄，狠戾混乱，连做任何学问的气质都看不出来，又有什么进步呢？因为我主张在东方文明中有灵性而成为“包小脚式思想”，则你们专以侮辱祖国文化为职志的天足式思想，岂仅在西方很难找到同调，即在全世界也很难找到同调。我不知道在石敬瑭下面，在刘豫下面，有没有这种天足式思想？

④徐先生拿印度宗教的阶级问题，并和希腊、罗马的奴隶及中古欧洲阶级制度比，以说明印度种姓制度的合理与

灵性。这种说法，实在可笑，为什么欧洲的阶级就不合理，而印度的阶级就特别合理呢……

按我的原文是“古希腊、罗马，都容忍了奴隶制度，这比印度教的阶级制，又高明多少？谁人能因此而说他们的文化，毫无灵性？”因为胡博士对东方文化，是采取以偏概全的论法。若胡博士不因古希腊罗马之有奴隶制度，便认为在古希腊罗马中，完全没有灵性，就不可以因印度教有阶级制度而便认定印度文化完全没有灵性。因为两方面除了这以外，还有其他的文化。我对两方情形的比较，只说一句“又高明多少？”黄先生是在哪句话中，可以推论得出我是在“说明印度种姓制度的合理与灵性”？我在什么地方认为“欧洲的阶级制度就不合理，而印度的阶级制度就特别合理”？黄先生是在何种精神状态之下，受有何种压力，以致非拿着我的话公开说谎不可？下面再看黄先生以教训的口吻向我摆出来的西方文化的知识：

且欧洲封建制度，是自然发展而成的，而印度种姓制，是外族侵入印度后，以政治力根据种族而划分的。

按欧洲封建制度，似乎与蛮族入侵有密切关系吧！

社会主义精神是反宗教，反阶级的。关于基督教、印度宗教，和社会主义，是有极大的不同，请徐先生多翻几本书看看就明白了。

按我不必翻几本书看，便可以知道宗教是宗教，社会主义是社会主义。在我说社会主义受了宗教的影响，乃至有意或无意地接受了宗教的若干观念时，决没有把宗教与社会主义混而为一的嫌疑。不过从黄先生的话来看，似乎认为社会主义之极不同于宗教，便是在它的反宗教，反阶级。马克思这一支的社会主义，是反宗教的；但他们也在“原始基督教”中去找他们的根据。其他许多社会主义的政党与团体，则并不反宗教。佛教及原始基督教，同样是反阶级的。仅从这两点，不能划分两者的界线。

> 但我要强调一点，中古的财产共有，其实是封建领主的独有；而社会主义是将财产当为社会公有。

按社会史家，虽然在若干部落里面，发现有“村落共同体”这类制度的存在，但从来没有人把中世纪的庄园制度称为“财产共有”。

八、面对黄先生的教训

下面又回到黄先生对我的教训上来（前已提过的不再提）。黄先生说“徐先生何必那么看重面子呢？”按“爱假面子”、“假爱面子”，固然要不得！但比连起码的面子也不爱的总还要好一点。不爱面子，即是“不要脸”，不要脸的原因是因为“无耻”；“知耻近乎勇”；未必黄先生以为不要脸的人才能吸收西方文化，要吸收西方文化，便须以不要脸为前提条件吗？黄先生也认为在中国文化中，有为人类所需要，而且是有永恒价值的部分。但我在什么地方高喊过“全部命题”的“中国文化最高明”？黄先生在什么地方发现我“提出恢复旧观”的办法？这种对我所作的信口开河的诬蔑，希望黄先生根据正确的材料，使用正确的语言，把它一件件地说清楚。

不过黄先生劝我“如仅而故意为笔战的话，那你又何不节省时间多读几本书呢？”这意思倒是非常好的。我可以告诉黄先生，我以迟暮之年，想在学问中求得一点精神上的“自我陶醉”，是相当忙碌的。三年以来，不是出于万不得已，决不愿写批评性的文章。去年四月间，以《中央日报》为首，各报刊为了推卸自己责任而向我发动了一次围攻，我不曾答复。《政治评论》接连两次登载对我的人身攻击的文章，其中许多很明显可以构成诽谤罪的，我不曾答复。居浩然几次在《文星》上发表对我的悬空谩骂的文章，我不曾答复。后来他来到我家，我当面问他何以如此，他当时都承认自己的错误；临走，并再三要我如到台北，应给他一个电话；可见那次谈话，彼此并无恶感。后来我在一篇文章中很保留地、委婉地谈到此一谈话的经过；在我的叙述中，并没有一点恶意，我且保留有许多话不曾叙出，决不像许多人随意增饰歪曲。接着居浩然以《文星》为阵地，一直到现在，还继续对我作人身攻击，我没有答复。《现代艺术的归趋》一文是发表在香港，我根本不知道台北有现代五月画会这类的活动，结果遇着刘国松的质问，我答复了一次，不答复第二次；黄先生以为我是无话可答吗？后来又出来虞君质先生在报上指名来教训我，我只好答复了。但我的答复，只是根据他教训我的文章向他提出反问，是在什么地方对他作了人身攻击呢？可是虞先生却完全用人身攻击来作答复；并且在他的答复中，把孙旗、严灵峰、居浩然、刘国松诸位都拉在一起，以表示汇成一个强大阵线，于是我便把两人已经发表过的文章一起发表出来，以使社会知道此事的首尾，这比许多人断章取义，甚至曲解诬蔑，总公平得多吧！接着他假批评我的《〈文心雕龙〉的文体论》之名，继续作人身攻击，但我只答复他关于《文心雕龙》的部分，而不答复人身攻击的部分。这次胡博士以中央研究院院长的身份，在国际性的会议中，作正式讲演，公然宣称起东方文明没有灵性。所以我便写篇文章答复他。黄先生这次指名要和我讨论中西文化的问题，这样大的帽子，我又如何不答复？非常遗憾的是：这次争论的主题是东方文明到底有无灵性，亦即是在包小脚、种姓制度以外，还有无文明的问题。更深一层去看，科学是否万能的问题。黄先生大文的表面上好像与我是同调；例如承认科学不是万能，承认我们过去有过光辉的文化，当然中间有灵性；语意间又承认包小脚只是中国文化之一，这岂不都是与我同调？但黄先生写文章的目的，是在捧胡骂我，这样一来，黄先生的大文，只在骂我这一点上，有强烈的表现；而对问题的本身，却是暧昧游移，甚至陷于自相矛盾而不自觉。更遗憾的是：有的是可以争辩的问题，有的是不可以争辩的问题。可以争辩的问题，是各有理由、根据，争论常是来自态度的不同；争论的结果，是把各人所主张的妥当范围弄清楚。这种争论是有意义的。不可以争论的问题，只是出于某一方面的错误，而没有理由可说。这种争辩，可以说是没有意义。我对黄先生文章的答复，完全是针对黄先生对我的诬蔑及他所犯的不可争辩的错误，这是非常不幸的。这倒真是“故意为笔战而笔战”。至于专门以骂人、捧人为目的，而不惜出之以诬赖、歪曲、喊口号、断章取义等，这又意欲何为呢？我虽然修养不够，下笔时常未免下得重了一些，但我从来不存心去诬罔他人；并尽可能要做到不说没有根据的话。

大家都如此，自然少许多笔战；并且笔战也是有意义的。假定黄先生以后的文章，还是和这次的一样，则在现时环境之下，作一个中国人而不遭到侮辱、迫害，几乎是不可能的。那也只好听其自便了。决不再答复。

黄先生劝我多读几本书，这真是金玉良言。但希望黄先生针对我的“残”、“缺”、“包小脚式”等的毛病，而告诉我几部有益的书。我不能看英文的，我将会找日译本来看。同时，我也顺便劝告黄先生，世界上有两种行业，决不可缺少历史知识：一是干政治的，一是干新闻杂志的。没有历史知识，便很难了解现代问题。此外，贝尔德著的《美国国家基本问题对话》（王世宪译，正中书局出版。能读原著更好），我恳切劝关心政治与文化之间的朋友们，不妨抽暇一读，它会对我们目前所争论的问题，可以能有若干启发性。

一九六二年三月一日《文星》第五十三期

欧洲人的人文教养

日本有一位在欧洲住了很久的东京大学前田阳一教授，写了一篇《生活意识中的人文主义》的文章，从欧洲人的现实生活情形中，来考查他们的人文主义，是如何地养成，是如何地实现，并和日本人的生活，作有趣味的比较。下面我把特别值得中国人借镜的地方，约略加以介绍。

一

欧美大部分小孩，初生下来最大的事情，是洗礼的仪式。在行此仪式时，给孩子取上一个作为基督教信徒的名字。即使是在失掉了基督教信仰的家庭中，也会使他的小孩，在人生的第一步，与基督教长期的传统发生联系。即使自己并不信仰基督教的双亲，也会把自己的小孩带到教堂去，并进而把自己曾经受过的信仰教义，教给自己的孩子。“使刚刚学会说话的小孩，跪在床前，教他作‘天上的父’，这种祷告的母亲之姿，恐怕是欧美家庭中最令人感动的情景之一。‘宇宙是由我们的父创造的。人类全体，在神前是平等的；神爱世人’诸如这种信仰，深深地印入于小孩的纯洁心灵之中。”

没有“人貌像神”的这种“人的尊严”的自觉，没有在神面前万人是平等的这种思想，欧洲便不会有近代的人文主义。“这些在历史发展中所发生过的事情，不仅是作为历史的事实，而是现代许多欧美人在其个别的生长过程中，形成他们的基本生活教育。纵使在以后，一个人的信仰变得很淡漠，甚至已经丧失了，但在他记忆的深处所存在的纯洁的信仰，对于他的精神构造，不能不发生深刻的影响。欧美的人文主义，来自基督教的影响者最大。这与其说是历史的意义，无宁说是出于幼时所培养的信仰。”

以前不久钱穆先生在台湾随便向新闻记者说到了中国的《论语》，有如西方人的《圣经》，应当是人人的读物这类的话；第二天有一家报纸社论便加以讽刺、反对，认为做官的人读读《论语》，固未尝不可，但今日人人所应读的是宪法，而不是《论语》。假定钱先生当时说我们的小学生应当读一点《论语》，便会挨到一顿臭骂的。在这同一报纸上，当李秀英选美返台时，有一篇社论，认定由选美的成功，即足以证明中国二千年来的礼教为无用。这种社论所反映出的心态及文化水平到底算是代表什么呢？

二

在前田教授的文章中，接着说到西欧，尤其是法国，小学、中学里面，由于国文课程的安排得法及作文方法的进步，使人从小的时候，便可以得到思想秩序及逻辑性格的训练，这应该是我们在教育上很大的借镜。谈到大学教育，特别指出他们对古典语言的重视，对希腊罗马古典的重视。有关宗教、哲学、伦理、政治、经济等等的古典，在文化上所发生的影响，“不仅是历史的事实，而是现代欧美大多数知识人在成长过程中所反复接受的教育，正与初生时所受的信仰一样。”“即使是在不同时代与环境中的人们所写的文章，只要发掘下去，便可以确认人性根元的不变。并且在一见好像与现代毫无关系的问题中，也可以发现出与现代问题有密切的关联。这种事实，在西欧的大多数知识人中，因为与古典作了全人格的接触，所以当年轻时已经能了解得到了。”

但是，这种人文主义的教育，仅在渐次缩小的希腊罗马的古典语言教育范围之内，尚不能得到充分效果；于是“许多国家，他们教育的方法与精神，渐次导入本国的古典教育，这是值得非常注意的。在这一点上，法国的国文教育，特别彻底”。“古典语言教育的教材，并不限于诗歌、故事，而是涉及历史、哲学、伦理、政治、科学等等。法国的国文教育中，笛卡儿、马儿布兰士们的哲学，巴斯卡儿、波士耶们的神学，孟德斯鸠、卢骚们的政治学，彪封的《博物志》，伯儿拉尔的《实验医学研究序说》等一起登场。通过这种保有广大丰富内容的国文教育，可以了解它会容易对人性作全面的陶冶的。”

三

在该文中，还有许多有意义的介绍，譬如人与人间权利义务的分明，契约的尊重，语言的重视，在请客时，安排客人与主人、客人与客人之间的谈天，重于丰富的酒菜等等，都值得我们研究。同时，他们的人文教育，是以个人为中心，所以人与人之间，是很冷淡的，缺乏同体连带的感情；这正是西方人文主义所达的极限，也是他们所遇到的危机。据说：因为他们富有批判精神，有的思想家已经注意到这里了。

最引起我特别注意的是：古典教育，实际即是人文的陶冶教育。因此，各大学里面的文史系，主要应该负起这种责任。我国大学里的文史系，当然主要开的是古典方面的课程。但几十年来的风气，教书的人，一面教古典，一面又认为古典毫无意味。甚至假使有少数好学深思之士，能费力把古典的意味发掘出来，多数人便会视为异端，加以非笑。因此，文史系便完全失掉了目标，不知到底它是为了什么而存在，尤其是中文系。各大学的中文系，都成了文化的垃圾桶。

专门教古典的文史系既然如此，一般知识分子的浮薄，更是可怕。有家报馆的社论，再三提出，目前我们最大的病痛是“历史病痛”，而他们所说的历史病痛，即指的是由古典所发生的对人生教养的影响。现在在台湾，只要有人谈到古典的意义、教养等等，一批年轻的人，便会立刻无条件地认为这是误国的罪人。假定要出风头而又不冒风险，只要悬空地大骂传统文化，骂得越毒辣，便越会被视为这是现代的好汉。作为一个人所必不可缺少的基本教养，早在知识分子中连根拔尽了。我真不知道大家赤裸裸地要走到什么地方去？

一九六二年三月十日《华侨日报》

思想与时代

假使人类有一天，只有工具的制造与使用，只有货物的生产与消费，而根本没有在现实上看不出有任何实用价值可言的“思想”，恐怕这个世界，在本质上只算是一个大动物园的世界。因此，多数的实用家，与少数的思想家的合作，大概在可以预见的将来，依然会构成社会分工的一个重大环节。

一

我在这篇短文里，不想解说少数的思想家，对多数的实用家所发生的效用，到底是什么，而只想在思想与时代的关联上，澄清若干人的误解。

有人说，“哲学是时代之子”。其实，历史上，决没有不反映时代的思想。因此，可以说一切思想，都是时代之子。不过，一般人对于此一意义的了解，常只限于“思想对时代的适应性”的一方面，而忽视了“思想对时代的批评性”，便打消了思想对人群所应发生的大部分的贡献。

所谓思想对时代的适应性，是指对时代所发生的新情势、新事物，负一种解释的责任，因而提供以理论的根据，以加强新情势、新事物的发展速度与效能而言。这是顺着潮流走的思想。最显明的例子，有如马基雅维里的《君主论》，是适应当时权谋政治的开始抬头而产生的。亚当·斯密的《国富论》，是适应当时产业革命刚刚开始以后的经济情势而产生的。在我们中国，先秦的法家、兵家、纵横家，都是适应当时七雄并立，各以武力互争雄长的情势而产生的。这类思想的价值，除了它本身论证的方法以外，常决定于它所反映、所代表的时代背景的意义。《君主论》，是近代政治学之先河；《国富论》，是近代经济学的元祖。但两者的价值，在文化史上，究不能等量齐观；这便不关于他两人思想的能力，而实关于他两人所代表的时代的意义。所以适应时代要求的思想，并非一定便是有价值的思想。

二

所谓思想对时代的批评性，是指对时代某些成熟了的情势、事物，采取一种否定或怀疑的态度，因而从理论上促成某些事物的崩溃，或加以纠正，并希望诞生更好的事物的思想而言。从哲学上说，培根可以说是适应时代的；而叔本华、尼采，则可以说是批评时代的。在社会科学上，十八、十九世纪一切维护资本主义的思想，可以说都是适应时代的；而从产业革命时期所萌芽的社会主义，却是对时代的批评。这在中国，先秦时代的儒家、道家，乃至墨家的各家思想，对当时的政治现实而言，也都是批评性的思想。这种思想，在当时是逆着潮流所提出来的，所以常会受到当时的讥笑，或迫害。因此，耶稣便上了十字架（耶稣实际是表现一种最大的批评精神）；而孔子只有托之于“微言”。此种思想的价值，常决于它所代表的社会阶层的大小，及对未来世界蓝图的构想。由此可知逆着潮流的批评思想，实际是要造成新潮流的思想。

但混乱情势之发生，常常表现在两方面：一是有的批评思想，常须要在历史中去求根据，例如近代民主政治思想的启蒙时代，便常在新旧约中去找根据；而社会主义发展的初期，却强调原始共产社会，或落后民族中的村落共有制。中国先秦的诸子百家，除法家外，几无不是托古改制的。这便容易隐蔽某种批评思想，是促进新事物产生的意义。另一方面，是在伦理道德问题，不从人类长久的历史经验中寻找教训，便无法作正确的价值判断，及看出人类行为的真正结果。于是在对于伦理道德作批评时，更须根据历史经验中的选择、判断，以作批评的根据。于是在这一方面的批评，最易受“反动”、“保守”、“违反时代潮流”的攻击，而大大减少了批评的效用。

三

再加以本是已经烂熟陈腐了的社会情势、事物，其没落的征候或行为，却常常以崭新的姿态出现，仿佛也是一种批评的思想。例如近代的虚无主义、萨尔特们的实存主义、达达主义、超现实主义，以及现在正风行于纽约的扭扭舞等，在本质上都是象征自由世界的败象，都是熟烂了的资本主义的排泄物。但仅从表面上看，它确实是新的，是反传统、反现实的；因此，他们便觉得只有他们可以批评旁人，而旁人批评到他们时，便立刻要受到“顽固”、“保守”的攻击。其实，我们只要追究一下，他们的所谓新，究竟是意指着一种什么样的“未来”呢？是为了解决人群中的什么问题呢？指陈不出一种未来，且与社会人群脱离了关系，而只一味地反对现在、离开现实，这所象征的乃是时代的自杀，而不是时代的批评。

思想，要能受到时代的考验。但所谓时代的考验，乃是说思想的价值，常要由解决多数人的问题的效率而见，常要由在时间的历史中所得到的结果而见。时间的本身，只是一种空洞的形式，决不能形成判断思想价值的标准。有的人以为凡是新的便是好的，这是以时间来作标准的判断。此种判断要能立，必须以人类一切的行为，是决无错误，而只是合理的直线前进为前提。这种前提，是非常荒谬的。而思想的批评效能，便是建立在不随时代潮流向下滚，而能对时代潮流作自觉自反之上。所以有思考力的人，是在时代中看出问题，解决问题。没有思考力的人，便只能在时代中争新旧、抢噱头。现代是以“新旧”代替“思想”的时代。这或许也正是现在危机一种表现。

一九六二年三月十六日《世界评论》第十年第一号

什么是传统？

什么是传统（tradition）？简单地说，他是某一集团所代代相传的共同生活样式及观念，在时间上因为是一脉相传的，所以有其统绪性；在空间上因为是共同承认的，所以有其统一性。因此，用本来是指君位继承的“传统”一词去译tradition，我倒觉得非常恰当。

不过，若要进一步去了解传统的内容，便应进一步了解传统所包含的五种特性，即是它的民族性、社会性、历史性、实践性、秩序性。前三者又可以说是它的构成因素，后二者又可以说是它的存在形式。

一

民族，是由血缘、地缘、语言、文字、共同利害等许多因素，互相发生作用，所逐渐形成的。不过，上面的许多因素，一定要到酝酿出共同的感情，共同的基本观念，以形成共同的生活习惯，亦即是形成所谓传统的某一集团，才会真正以其民族特性，出现于世界舞台之上。世界上没有无民族的传统，也没有无传统的民族。民族意识的觉醒，一定随伴着某程度的传统意识的觉醒。这是在过去的历史，及今日亚、非集团中，可以随处得到证明的。

其次，每一个人，都要过着社会性的生活。不过，在一群人中间，必须彼此不必说明理由，而即能互相了解各组成分子的日常生活行为，因而能得到有形无形的合作，这才能构成一种社会生活。只有通过传统，才有可能。一个陌生的人，开始走到某一群体中去，彼此都会投以惊异的眼光，而多少带有点不安的感觉；这是因为彼此之间，没有建立起传统的纽带。社会性的行动，常常只能是传统方式的行动。假定只有极少数的人纪念胡适之先生，可能想出一套崭新的、反传统的方式。但此次对胡先生的悼念，却是社会性的悼念。则大部分人，除了用传统方式以外，又有什么方法？由此，我们也可以了解，历史上凡是反传统的人，在当时多半是从社会上孤立起来的人。反传统的人，要使自己的主张得到社会的承认，只有两种途径：一是随时间之经过，他的主张已经被许多人所接受，而吸收于传统之中，成为传统中的一部分。二是通过“社会运动”的方式，对社会加以有计划的说服乃至强制，有如许多革命者之所为。

二

G. K. Chesterton（1874—1936）认为传统是由健全的大众所造出，是代表大众的共同之声；这话大体是不错的。不过，每一种风俗习惯乃至观念，能得到大家无言地承认而成为传统，必须经过时间的酝酿。因此，传统必然是历史中的产物。并且一般人都是不知不觉地生活于传统之中，但不必有传统的意识。一个人，必须通过历史的感觉，才可在意识上把握到传统。现在英国大诗人 T. S. Eliot（1888—1965）在其《传统与个人才能》一书中，曾用力说明这一点。所以传统与历史是不可分的。

传统，当然含着若干观念。但某种观念之能成为传统，必须这种观念须浸透于社会实际生活之中。因为传统是社会性的、大众性的，所以它的传承，主要并非通过书本与教室，而是通过大众实际的生活行为。传统乃存在于大众生活实践之中；而这种实践，一般人多半是“知其然”而不知其“所以然”的。同时，在实践的后面，固然一定有为一般大众所未曾了解的观念作根据，作支持。但这种观念，主要是属于文化中形成人生态度的价值系统，很少是属于形成生活技能的知识系统。因为知识的是非，常有客观的标准，容易随时代而进步，没有什么凝固性。正确的知识，极容易取错误的知识而代之。严格说，知识自身不会成为传统；只有与某种价值关连在一起的，它才因价值观念的影响而成为传统。历史上对于知识所发生的斗争，例如哥白尼所受到教会的阻扰，实际是哥白尼对地球的新知识影响到当时教会对若干说教的价值判断；所以表面上是知识之争，实际上则是价值之争，因为“价值”才是传统的主要内容。

三

最后，凡是谈到传统的人，一定认为秩序与传统是不可分的，即是认为人在传统中才能得到生活的秩序。不过，这里所说的秩序，不是理论性的，而是指集团生活的秩序而言。理论性的秩序，必须将异质的东西排斥出去。可是人与人的生活，一定会包含许多异质的东西在里面。这些异质的东西，经过了大众的折中承认，即成为传统，大家便“习惯成自然”，相互之间，不感到有什么矛盾，而过着“安之若素”的谐和生活。所以传统的秩序，乃是个人与群体间得到谐和的秩序，这正是实际生活中所不可缺少的秩序。

由上面所述的五种性格，大体可以了解什么是传统。但传统在整个文化中的地位、意义究竟如何，尚待进一步的研究。

一九六二年四月一日《华侨日报》

传统与文化

我已经说过，民族性、社会性、历史性、实践性、秩序性，是传统的五种性格，而前三者又是它的构成因素。但要了解传统在一个民族整个文化中的作用，便还应作进一步的分析。

一

首先，若把传统看作一个横断面，则一般之所谓传统，应分成两个层次。一是“低次元的传统”，即普通所说的风俗习惯，它是属于民俗学所研究的范围。低次元的传统，多表现在具体事象之上，成为大家不问理由，互相因袭的生活方式。合乎风俗习惯的便以为是；不合乎风俗习惯的便以为非。所以在此一层次的传统中，大家缺少对生活的自觉，因而里面含有很有意义的东西，也含有毫无意义的东西。有与时代要求相适应的东西，也有远落在时代之后的东西。这是使社会可以得到安定，但同时也会使社会趋于保守的一股无言的力量。在低次元的传统中，没有自己批判自己，改进自己的力量。

另一是“高次元的传统”，这在 Eliot，则称之为“正统”，这指的是形成一个民族精神的最高目的、最高要求，乃至人生的最高修养。这种传统的创始者，总是某一宗教的教主，有如释迦、耶稣。或者是某一民族的圣人，有如我国的孔子、孟子、老子、墨子。创始以后，更由各代的大宗教家、大贤人、大艺术家、大文学家、大史学家等等，加以继承、充实，而成为一个民族的宗教、哲学、史学、艺术思想的主流。这些思想，必有若干实现于该民族的低次元的传统之中，而成为指导的原理与信念。但因时间的限制，及人的具体生理存在的限制，将永无全部实现的可能。并且一经在具体事象中实现以后，便容易凝滞、僵化，忘掉了原有的精神，甚至发展到相反的方向去。高次元的传统，它是理想性的，精神性的，必须通过人的高度反省、自觉，而始能再发现，使其“再生”。在反省、自觉的再发现中，常是把历史的过去连结到现在，以通向未来，作人类大方向、总方向的探索，在这种探索中，对于低次元的传统，会发生批判的作用，并对新鲜的事物，会意识地加以吸收，以形成新的传统。

二

若把整个文化，也切成一个横断面来看，便同样可以分为两个层次。一是由前面所说的低次元传统所形成的“基层文化”。另一则是由少数知识分子所追求的“高层文化”。每一个时代，尤其是当着某种转变的时代，总有若干少数知识分子，由个性解放的要求，新鲜事物的刺激，便常常从传统的束缚中，突围而出，以追求新知识，开辟新境界，获得新事物。这种努力，便形成一个民族的高层文化。

高层文化与基层文化，一是前进，一是保守；一是重自由，一是重规律；所以二者之间，是要发生矛盾冲突的。但日人务台理作氏在其《历史哲学中的传统问题》一文中却说："没有基层文化的民族，也便是没有高层文化的民族"，这又是什么原因呢？因为人类的生活，常常表现为两种互相矛盾的要求，而且又是二者不能缺一的。一方面要求前进，一方面又要求安定。一方面要求新鲜，一方面又眷念故旧。一方面要求自由，一方面又要求规律。一方面要求个性解放，一方面又要求社会谐和。所以一个安定而进步的民族，必定要使两个层次的文化，并进不悖。

三

两个层次的文化，原是互相矛盾冲突的。然则有什么力量能使其并行不悖以保持一个文化的统一呢？这便有赖于高次元的传统。务台理作在上述论文中，以为高次元的传统，既不属于基层文化，也不属于高层文化，而系从二者之内部加以融和调整，以保持一个民族文化的谐和统一的。高次元的传统为什么有这种功用？因为高次元传统的自觉，是把过去、现在、未来，连在一起的，是把个人和社会连在一起的，是把一个民族和世界连在一起的。不如此，便不会有此自觉。在连在一起的思考、体验中，基层文化中落后的东西，高层文化中过于突出的东西，都会得到淘汰与折衷。其中符合于人类两种相反相成的需要的东西，都在高次元传统的精神、理想提撕统摄之下，各得到应存的地位，以形成新的秩序，亦即形成新的传统。人类文化在安定中的进步，即表现在传统自身，是在不断地形成之中。因此可以了解，由高次元传统之力所形成的传统，对过去的承传，同时即是对过去的超越。

关于传统的不断更新与形成的情形，可以用武汉的江汉会合情形来作比喻。长江流到汉阳龟山脚下，汉水从西北方流下来入于长江之内。汉水入江的口子，激流汹涌，行船要特别小心。并且水也分成两种颜色。但再下去一段，便看不见激流，也看不出哪是江水，哪是汉水，而只觉得它是一条浩荡的长江，顺着自己的河床，有轨律地向东流去。长江的河床，便是把许多旧流、新流，融和在一起的力量。假使新流一下子冲垮了原有的河床，便不仅会泛滥成灾，连长江和汉水，也都会消失掉。一个民族由许多大圣大贤大思想家所创出的民族精神的内容、理想的方向，正如河流的河床一样。谁能认为只有冲垮河床，才能容纳新流呢？谁能认为只有彻底否定维系一个民族所自来的精神、理想，才能容纳新的事物呢？

一九六二年四月六日《华侨日报》

正告造谣诬蔑之徒！

今天上午十二时下课后，坐在送大家回宿舍的校车里面时，梁容若先生很激动地问我："原来这次围攻胡适，是由国民党有计划的发动，并花了一笔钱。《民主评论》也分得一些，你未必不知道？"我说："哪里来的这种混账话？"梁先生说："告诉我的还是国民党员，第几次中常会通过的，他都说得清清楚楚。"我回到宿舍后，当即写一封信给梁先生，请他把说这种话的人告诉我，我应要求民主评论社采取法律行动。因为《民主评论》上有一篇批评胡适之骂东方文明没有灵性的文章，是我写的；而我也是《民主评论》的创办人。假定《民主评论》受了收买，一定是由我经手。但我却连做梦也不曾想到会有人造出这种下流无耻的谣言。同时，我写一封信给国民党中央党部秘书长唐乃建先生，问他，国民党是否动员了组织，拿出了收买费，并分给了《民主评论》，以围攻胡适？下午接到梁容若先生的回信说："因为我们是好朋友，所以我肯把一部分听到的流言传给你，不知传过若干次的话，不便使偶而同我说话的人吃官司，因为这样就没有人同我说闲话了。"我真想不到，东海大学里面，居然有以造谣诬蔑，达到毁谤他人名誉的目的，作为说闲话资料的人！我希望这种人挺身站出来，把自己所讲的话，弄出一个水落石出，而不要只像鬼蜮一样地放暗箭。

造这种谣言的人，作最好的推测，他是以胡适之先生的信徒自居，因为我批评了胡适之先生，所以不惜使用这种手段。但胡适之先生平生决不肯用暗箭伤人的；胡适之左右的朋友，我也不相信他们会使用这种手段，更不会无故造谣。所以要这类诬蔑手段的人，实际是胡适之先生的罪人。

当二月二十四日夜里，我听到胡适之先生逝世的广播时，我同样地一夜没有睡好觉，在深夜里提起笔来写悼念他的文章，还跑到台北停灵的地方去吊念他。但人情、学问、是非，我必须分别得清清楚楚。在文化上，我承认他提倡白话文的功劳，但我不因此而认为他在文学、史学、哲学等方面，有何成就。在现实上，我拥护他争取自由民主，但反对他打倒中国文化。我不因为他对文化的态度不对，而不哀悼他的逝世；也不因为哀悼他的逝世，而便承认他对文化的态度。我平生只以问题为对象，不以人为对象。十多年来，因争自由民主而得罪了多少老朋友，精神上受到多少干扰！因争文化的是非，因为了保存中国文化的命脉，又得罪了多少胡适之先生的门下，引起多少年轻性急的人的误解！我深深知道，这种态度，会使我完全陷于孤立；但我的良知良识，必使我如此作。我的工作，是要在中国文化中为民主自由开路；在自由民主中，注入中国文化中的良心理性，使其能在中国生根。我十多年以来，哪一篇有关的文章，不是作这种披荆斩棘的工作？在哪一篇文章中，含有傅会歪曲的意味？我深深知道，世界上没有一个自由民主的国家，会一笔抹煞自己的历史文化；也没有研究历史文化的人，而不承认自由民主，乃历史文化中的主流。

我愿借此机会，告诉造谣者的一个故事吧！一九五七年六月间，我因肝病住在台大医院里面。有一天，钱宾四先生来看我，并告诉我，张晓峰先生决定从某一种基金（我记不清楚）项下，拨三千美金给他，由他转交《民主评论》。当时与教育部有关的刊物，正作对自由主义的攻击；我在病房中便写了《为什么要反对自由主义？》一文，在七月二十日的《民主评论》上发表，说明站在中国文化的立场，不能反对自由主义。这篇文章出来后（现收入在《学术与政治之间乙集》)，三千元美金从此便没有消息了。所以我有时同朋友开玩笑，这是我代价最高的一篇文章。

接着，毛子水先生在《中央日报·学人》十期发表《论考据和义理》一文，批评我讲宋明之学，是贻误青年，由此而引起了一连贯的争论。这一争论的是非，有两方面的文章，可作他人判断的凭据（我的三篇文章收在《学术与政治之间》)。正在这中间，台湾发生了自由主义与反自由主义的大争论，我此时正住在中心诊所的病房里。有一天早上四点多钟起来，把病床当作桌子，写成《悲愤的抗议》一文，谴责《中央日报》的一篇社论；这篇文章刊在一九五八年二月十二日的香港《华侨日报》上（此文也收在《学术与政治之间》里面)。我的态度是：讲自由民主的，是我的朋友。维护中国文化的，也是我的朋友。若是讲自由民主而反对中国文化，或维护中国文化而反对自由民主，我愿和他一面做朋友，一面辩论。因为我深信，只要是一个诚实的人，二者之间，总会把它打通的。即使我因此而完全陷于孤立，也是独立不惧。

因为造上面那种谣言的，据梁先生说，是国民党员，我更很诚恳地告诉这一部分国民党员：国民党今日能够存在的重大理由之一，便是它毕竟还是担负着中国的传统文化。国民党之所以不能克服困难，却因为还有许多人不了解自由民主。在中国传统文化中能发现出有自由民主的精神的，才是中国传统文化中值得继承的。从文化上讲，国民党除了把中国文化与自由民主结合起来，再没有其他可走的路。与民主自由结合在一起的中国传统文化，也自然成为追求西方文化的坚强动力。所以维护中国文化，在现实上也等于是维护国民党。争取自由民主，在现实上同样也等于是维护国民党。现在许多国民党员，在争自由民主的时候，却在阴沟里躲得深深的；在要挖中国文化的根子时，却欢欣鼓舞。这不仅对不起国家，也对不起国民党。他们对于维护中国文化的人，既无能力拿出证据，说出理由，来作正面的辩论，而只是悬空地谩骂；悬空谩骂之不足，则继之以造谣诬蔑。想用这种方法，在胡适之的尸体上分得一点余光。而在学问上，不好好地读点自己认为有价值的书，以为只要骂中国文化，便足以表现自己已经西化了。我可以断定，真正读懂了一部中国古典的人，固然不会如此；真正了解了一门西方学问的人，也不会如此。科学在中国不能生根，"正为君辈"。诚实、正派、努力，是做人的基本条件，也是做学问的基本条件，而你们缺少这种条件。

三月一日夜

一九六二年四月十六日《民主评论》第十三卷第八期

原编者附记

上文首刊后，钱穆曾于一九六二年四月十八日致函徐先生，郑重否认文中有关三千美金的记载，说："就穆私人自己记忆中，张晓峰先生实在绝未和我谈起这些话，自然我也绝未曾和你谈起这些话，大作云云，穆愿以我私人人格正式辩白和否认，敬恳将此函刊入《民主评论》……”徐先生如议地照登此函，并加按语如下：

我在《正告造谣诬蔑之徒！》一文中所述的一个故事，这几年来，我常和朋友私人谈天时，不止一次地当作笑话说。真万分惭愧得很，想不到原来钱先生绝未曾和我谈起这些话！

徐复观　四月二十三日

一九六二年五月一日《民主评论》第十三卷第九期

一个新的探索

人非仅由历史所决定，人也能决定历史。换言之，人才是历史的中心。

——西诺特

一

西诺特（Edmund W. Sinnatt），是美国现代的一位生物学家。他在一九五七年，把若干著作，收录为“世界展望丛书”，而他个人则是站在生物学的基础上来了解人生，展望世界的。从他所企图的方向来看，对西方而言，尤其是对美国而言，可以说是一个新的探索。他完全不知道中国文化；但在他的探索中，假定有人能告诉他，他所探索的方向，正是从中国周初以来所探索的方向，我们探索的成果，对于他所要说明，而尚未能完全说明，所想达到，而尚未能完全达到的，实际且已提出过深切的说明，实际早已开辟过宏深的境界，这将会使他如何的高兴，因而也可使中国文化，在人类面对当前最大危机时，贡献出一分力量。可惜现代中国的知识分子，早已把自己的文化，忘记得干干净净了。下面，我先就西诺特的序言，简单介绍一点他的若干看法。

西诺特首先说明，他所收录的丛书，“把主题安放在从基于现实的新鲜形像所知觉的宇宙来看人生的人生观之上”。要把握住正在各方面发生变化的宗教、科学、政治、经济、社会等的相互关系，而加以叙述，发挥在现代有最高自觉与责任感的人们的智慧。

西诺特称现代是“世界时代”，即是人类的自身，及人类所面对的问题的解决，超过了国家民族的界限，而应具有世界性的规模。因此，各著者对其各个主题，不应仅由犹太教、基督教或东洋与西洋等狭隘观点来加于处理，而应站在“世界共同体”这种广阔视野来加以处理。

二

西诺特深深感到现代正面对着一个虚无、黑暗而绝望的世界。大家正“遇着还是由人来否定虚无？或者是由虚无来否定人的问题”。为了解决此一生死问题，应开辟出真正的世界史。这样的世界史，须“超越单纯的私欲”，而要求有由自觉而来的“精神的革命及道德的革命”。他认为现在开始觉悟到，“人类各种社会组织与正义、自由、和平的确立，并不能仅靠知识而获得，而是要与精神及道德的改善，相并而行的”。他认为“知识的过剩，却产生自觉的后退”。现代自然科学，虽然正在作辉煌的跃进，但其结果，“使因果律与自然的统一性的传统假定，为之瓦解；减弱了人的精神与道德两方面的价值，降低了人在宇宙中的地位”。

同时，他说：“对于自然与人生的理解，反对采取机械论的世界观，以及实证论的世界观。因为他们以为哲学不过是给情绪以满足，而加以轻视的原故。”他在《人间 · 精神 · 物质》一书中，更强调感情才是人与一般动物分家的最大特性。因为离开了感情，便无所谓宗教、道德、艺术。

他指出“现代世界缺乏个性的、量的集体文化，是如何的无实质，是如何的危险，已经有一部分人了解到；但还未十分引人注目”。而“平等正义等等，并非仅作为数的概念所能加以把握的”。所以他主张应从人与自然、时间与空间、自由与保护等，互相分离中，“注目于有机统一体的新人间像，迎接过去未见其例的，包含各种质与智慧的丰富而广大的历史”。

三

西诺特认为“人非仅由历史所决定，人也能决定历史”。换言之，人才是历史的中心。他以为以观念为中心的近代史观，以神的启示为中心的基督教史观，均应让位于有了新宇宙观的“新史观”。而他之所谓新史观，即是“战胜贪欲与野望”，最后倚赖道德之力的道德史观。

他对于道德的看法，似乎与许多西方的科学家、宗教家不大一样。他继承西方的传统，主要以“正义”代表道德。但他承认正义为人性所固有，这便有点接近于孟子“义内”之说。而他下面几句话，最值得注意：“与古代的看法一样，人能自己成为神；能想出可以与存在于宇宙的伟大诸力相一致。人不是靠祈祷，只是靠行为，而可给宇宙以影响。并且现在再度感到对于宇宙、社会、朋侪间要得到调和的自觉，不是靠祈祷，而只能靠行为实现的。”

我曾经指出过，中国在周初已觉悟到人的问题的解决，应当由宗教的祈祷，转向道德的行为。而通过人在道德上的自觉，以建立天人、群己的谐和一致的关系，正是中国文化一贯的努力。西诺特似乎也正探索向这一方向。他说：“西欧的民主主义，从物质，或从科学技术方面来看，都非常强大；但在尊重人格的这一点上，都走错了道路。从道德及精神方面说，却面对着空前未有的危机。”他的目的，是要从人的灵魂深处求得“将感情与思考，力以直接连接的全体”，把由现代知识，将人生加以分割了的破片，重新集合起来，“由正义加以统一”。“一面提高宇宙与人生的交流，一面恢复人之所以为人的本来面目”。再具体地说，他要求“从精神与道德的废墟中，击破虚无、黑暗、绝望；在东西两世界，再准备一次文艺复兴”。

一九六二年四月十九日《华侨日报》

三千美金的风波

——为《民主评论》事答复张其昀、钱穆两先生

一

《中国一周》六三九期有张其昀先生的《为〈民主评论〉事与钱穆书》，六月十八日《自立晚报》曾与以转载，并问我："对此'辩正'，亦有所'辩正'否？"同时，有学生告诉我，钱穆先生在《中国一周》另一期上有篇答书，除了深深地感谢张其昀先生过去以支持《民主评论》者，间接支持新亚书院的盛德以外，并深憾于新亚书院实际未得到实惠。在张其昀先生的大文中，叙述他个人思想的部分与我无关。其直接牵涉到《民主评论》及新亚书院的部分，我应当公开一部分事实的真相。

《民主评论》是我于三十八年四月，在奉化溪口时，得今总统蒋公的允许与支持而创办的。创办的目的，具见于出刊时所宣布的宗旨，及作为刊物名称的"民主评论"四字。当创办之初，张先生不仅还未飞黄腾达，并且彼时我还不认识张先生。假定当时张先生已掌握了国民党的文教大权，我大概不会动念创办刊物。以后为了争取《民主评论》的生存，我曾在人情上找过张岳军先

生、黄少谷先生、唐乃建先生、陈雪屏先生、马星野先生，但决不敢找到张其昀先生。

张岳军先生于一九五五年八月三十日，为《民主评论》事，曾回我一封信，内容是：

> 曾接八月二十六日手书，藉稔《民主评论》六年来之经历，无任欣佩。凡此艰辛支撑之苦况，实为弟宿昔所深知。此次总统府对贵刊津贴，虽有变更拨付办法之筹议，并无取消停止之意。良以本府经费，素极支绌，自弟就任以来，深感应付困难，故主管建议各项开支补助，其性质可转移其他机关拨付者，拟划归办理，借纾艰困而资划一。在未经筹商妥善之前，旧有办法，当仍照常维持……

到了一九五六年五月间，张岳军先生有一封正式公函给民主评论社，大意是说已经与教育部张其昀部长商洽妥当，对《民主评论》的支持，改由教育部负责。这封公函，虽然现在找不出，但我相信总统府会有案可稽的。我看到此公函后，除了曾托钱穆先生向张其昀先生问清底蕴以外，这一谜底，始终不曾揭开，而《民主评论》，自此以后，即开始在摇摇欲坠之中。我在《正告造谣诬蔑之徒！》一文中所叙述的故事，即是顺着此一线索下来的。当时钱先生向我所讲的话，既无纪录，更无录音机，而只能诉之于各人良心的回忆。后来钱先生来信根本否定此一谈话，所以我把钱先生的信，在《民主评论》十三卷九期上刊了出来。但我原文的叙述是："有一天，钱宾四先生来看我，并告诉我，张晓峰先生决定从某一种基金（我记不清楚）项下，拨三千美金给他，由他转交《民主评论》。当时与教育部有关的刊物，正作对自由主义的攻击；我在病房中便写了《为什么要反对自由主义？》一文，在七月二十日的《民主评论》上发表，说明站在中国文化的立场，不能反对自由主义。这篇文章出来后三千元美金从此便没有消息了。”

在《民主评论》的历史中，我想不出过去总统府对《民主评论》的支持，是出于张其昀先生对王雪艇先生为了“间接支持新亚书院”的建议；在我上面的一段话里，也想不出张先生为什么可以改成“愿以美金三千元为条件，希望《民主评论》为文刊载攻击自由主义之文字”，而说我是对钱先生为“莫大之侮辱”？

二

其次，张先生说到他和钱穆先生是“数十年金石道义之交”，这是他两位私人的事情，旁人无可置喙。但张先生因为这种“金石道义之交”，便说他建议支持《民主评论》，是为了“间接支持新亚书院”，我倒要说几句话。

我三十八年五月，在香港筹办《民主评论》，张丕介先生当总编辑。此时钱穆、唐君毅两先生开始筹办新亚书院，把张丕介先生拉在一起。开始还有谢幼伟、崔书琴两先生，不久，谢先生赴印尼，崔先生来台湾，只剩下钱、唐、张三位先生，情形异常艰苦。一九五〇年四月，我由港返台，谒今总统蒋公于阳明山大礼堂后进的休息室（不知是否系此名称），特别提到新亚书院的情形，希望与以帮助。今总统蒋公听了我的话以后，连忙说：“那应当帮助，那应当帮助。你看，帮助多少？”我当时再三说：“请总裁决定。”最后总统说：“你和晓峰商量好了。”我心里有数，当即说一句：“我和经国先生商量，好吗？”总统依然说：“你和晓峰商量。”退出后，在大礼堂右侧空场上，恰好遇见张先生，便把总统的话转告诉他，他当时说：“复观兄，现在哪里有钱拿到香港去用呢？”我再恳求地说：“新亚书院，原是您和钱先生倡议的。您现时在台湾，他们实在支持不下去，总裁既有此好意，您为什么不加以成全呢？”但张先生当时表现得非常坚决，无法谈下去。我返港后，把这种情形转告诉钱先生，并建议说：“此事只有您亲自赴台，面谒蒋公，才能解决。因为蒋公对您实在很好。”钱先生沉吟半晌说：“我怎样去法？”当时我和若干朋友还有点来往，便写信给经国先生，希望他请钱先生来台讲学。不久，经国先生复信，并附港币两千元，托我代他邀钱先生来台。钱先生来台后，除了经国先生为他安排的讲演外，便由当时的教育厅长陈雪屏先生派了一位刘秋舫先生陪着到各地旅行。此外，在台北住在民主评论分社，在台中住在舍下；最后，由总统府对新亚书院提供了经济上的援助，才把新亚书院的生命，延续了下来。在我的记忆中，新亚书院那几年之得以渡过难关，完全是出自今总统蒋公的德意。在这段期间，张、钱两位先生“金石道义之交”，似乎还在至戚无文的阶段。两位先生“金石道义之交”，在我们旁观者看来，似乎是在新亚书院得到美国耶鲁大学及自由亚洲协会的援助以后（大约是一九五五年），才一天高涨一天。不过，即便是在友谊高涨以后，张先生要由《民主评论》去间接援助新亚书院；《民主评论》只是一个刊物，除了上述的情形以外，两位先生觉得有什么力量，有什么方式，可以满足两位先生“金石道义之交”呢？

三

钱穆先生在与张其昀先生的酬唱中，说到实际没有领到张先生通过《民主评论》以支持新亚书院的大德，这真使我万分惭愧。在三十八年创办《民主评论》的时候，《民主评论》的经费，我交由当时在《星岛日报》任总主笔的一位杨先生保管，支出是由张丕介先生按照预算直接向杨先生支取。我因为在生活上得到《华侨日报》的一点帮助，不仅私人不曾动支一文，连港、台来往的旅费，都是自己掏腰包。在香港，晚上睡一张帆布床；在台北长安东路的分社，晚上和许多台北寄住的朋友睡地铺。有一次，半夜里我的太太从台中赶来，发现我是睡在一张桌子底下。我自己及我的朋友在社里的饭费，从来未开支过民主评论社的公款。在一卷五期以前，我自己的文章不曾要稿费。我在民主评论社里，并无任何头衔。自开办迄今，多贴少贴，每年总得贴出一点。我之所以如此，是感到与时局共艰难，是我对时代及支持我的今总统蒋公所应尽的起码责任。同时，对于当时有些人见钱便抢的情形，痛心疾首。不过，我当时还有一番妄想，为了帮助中兴大业，我决心和现实政治保持一个距离，以便从言论上树立点是非标准。

当时在香港，可以说只有《民主评论》一个刊物。报馆的稿费，最高每千字港币八元，低的三四元不等，但并非有稿子就能发表出来。《民主评论》对于钱先生的稿子，总是给以最高的稿费（大约是每千字港币二十元）。张丕介先生对于钱先生，在文字上尽推崇之能事，并且说大陆上把学人定为两型，一为“胡适型”，一为“钱穆型”。我始终没有看到这种资料，无非是要把钱先生捧起来罢了。钱先生来台湾，住在民主评论分社，房子非常简陋。有两次住在舍下，那时我一家六口，住在台中市向上路二十号，三间日式房子，共十八叠半席子，很委屈地请钱先生住在一间四叠半席子的房子里。我全家的用具，都是竹器，隔时为钱先生买了一张棕榈子，和两条木板凳作床，仅稍胜于竹床一点点。可是大家在一起，都怡然自得；我常在朋友面前称道钱先生安贫处约时的人生态度。此外，我在八年以前，还保留有若干旧关系，而钱先生之在台湾，尚无后来的炙手可热。所以我便动员一切直接间接关系，使大家知道这位中国文化留护神的钱先生而加以尊重。现在回想起来，民主评论社及我私人之所以帮助钱先生的，真有点近于野人的献曝。但是，当时我还没有想到钱先生会有两个洋博士的声势，而他的“数十年的金石道义之交”，还未伸出温暖之手；我和民主评论社，又只具有那么一点点的能力，叫我有何办法呢？但《民主评论》为钱先生出六旬华诞的专刊，总还不至于硬要钱先生签上几千元港币的空头收据吧！等到新亚书院得到耶鲁大学及亚洲协会的援助以后，一直到现在，钱先生私人经常的收入，在我十倍以上，新亚书院的环境，比《民主评论》好到千倍万倍以上；而钱先生的“数十年的金石道义之交”，自此以后，对钱先生的帮助、招呼，真做到无微不至。在此期中，我偶然混到东海大学教书，当时文教上的权威人物，两次长途电话，要东海大学解我的聘。在这种情形之下，钱先生面都不愿和我见；写到台北欢迎他的信，也忙得无法回；《民主评论》求钱先生一篇文章而不可得；请他当编委会的召集人，连理也不理。此时我纵使有勇气再把当年的芋头烤给钱先生吃，钱先生恐怕也食不能下咽，而我也未免太不通人情吧！张其昀先生为了表示他此时的“金石道义之交”，可能告诉钱先生，《民主评论》是为钱先生而存在，是间接在支持新亚书院。试问在上述情形之下，张其昀先生是给了《民主评论》一笔款子，要《民主评论》转交给新亚书院，而《民主评论》没有转交吗？钱先生觉得《民主评论》应当怎样，新亚书院才算受到《民主评论》的实惠，而这种实惠又确切可以证明是出自于他的“数十年金石道义之交”呢？这倒真令我万分怅惘了。

四

钱先生对我的咬牙切齿，是因为我批评了他对中国文化的几种基本看法。我的态度是在：（一）学术上无足重轻的问题，我不会批评。例如钱先生骂张居正是权臣，有位湖北前辈先生要我写一文辨正，我便把明代内阁制度发展的经过，钱先生立论的根据，都摆了出来，以证明他的错误，寄给他看。这种显明的历史事实，钱先生在答文中说得很牵强，并谓他和我的争论，有点像陈同甫和朱元晦的争论一样，他是处于不利的地位。我看到他的答文后，便把我的文章搁下不发表。（二）出于无心的错误，我可以私人商量讨论，也不会写文章去批评；所以我在写文章批评钱先生以前，都经过长期通信的商讨规劝。（三）本来可以作若干不同解释或说法的，乃至为一般人所能了解的错误，我也不批评。所以，我从来不批评钱先生所说的民主政治这一类理论。我批评钱先生的有两点，一是他以一个人“能自有好恶”来解《论语》的“仁”，即认为《论语》上所说的“仁”，乃是一个人能彻底发挥自己的好恶，而不受舆论的束缚。钱先生的这一说法，假定是他个人的主张，或者是出于反中国文化者恶意中伤之口，我可以不批评。但钱先生说这是孔子的主张，而他是拥护孔子的，并由此以解释《论语》，大印其书。这是把孔子说成一个无忌惮的小人，并教人作无所忌惮的小人，胡适之先生尚不至如此，因为有一次我们当面大抬杠，他依然承认“仁是个好观念”。二是钱先生坚持《中庸》、《大学》，是出于《老子》，而《老子》是出于《庄子》。他之所以如此说，是因为《中庸》、《大学》，与宋明理学有密切的关系；《学》、《庸》出于《庄》、《老》，等于说宋明理学也出于《庄》、《老》。而《庄子》有许多说法，是与钱先生的脾味相合的。假定钱先生没有写过《宋明理学概论》，假定钱先生不自称他对理学下了三十年的工夫，假定他这类的说法，不出以考据的形式，那我可置之不论。在开始两篇批评文章，我尽量说得客气，生怕有伤钱先生的尊严。以后经过多次通信，而了解他的心理因素时，便在《有关思想史的若干问题》一文中，用“以考据对考据”的方法，加以不甚客气的批评，钱先生由此而咬牙切齿，这是情有可原的。但许多平日以拥护中国文化自命的人，也乘机起而指摘我说：“徐复观连对钱先生也批评起来了，性情真怪。”这些人根本不知道政治与学术，乃天下之公器；只要根据事实，任何人都可以批评。而这些人的拥护中国文化，有如一个自称为孝子的人，对于一个口里说是帮他父母的忙，但实际是把他的父母拐骗去作奴隶的大亨，还以为恭维这个大亨，便是行孝自己的父母；这个大亨，比自己的父母更重要，是同样的可怜、可笑。我是一个半路出家的人，对于中国文化，有点像武训的求乞兴学的心情。武训对于肯出钱兴学的人，他跪地磕头，也在所不惜；但对于打着兴学招牌，却只为个人着想的人，武训恐怕也只有掉背而去了。

五

凡是亲眼看过大陆沦陷那一幕亘古未有的惨剧，还依然会因人情的势利炎凉而动心的人，那是过分的愚蠢，我似乎还不会这样的愚蠢。上面的话，乃是应张、钱两位大史学家的唱和，再加以《自立晚报》记者的愿望，所以把自由中国最先出现的一个刊物——《民主评论》的辛酸史，说了一点点出来。英国现代大批评家李特，以《美术的危机》为题，在联合国文教组织中所作的讲演，指出现代的美术，假定没有政府的后援，便很难生存发展下去。而政府后援的影响，或好或坏，却是难以逆料的。在文化落后地区，我不相信任何文化性的刊物，可以靠发行的收入，能维持它的生存。因此单凭几个穷教书匠而要长久维持一个有意义的刊物，势必希望能得到对文化有同情者的援助，否则连广告也找不到。《民主评论》之能支持到现在，我站在文化立场上，对于过去许多先生，在直接间接所给与精神或物资的援助，表示真诚的感谢。同时，因我对政治与文化的看法，以及做人上的不够圆到，而使《民主评论》经常在困窘之中，使我非常惭愧。我为了有几位朋友，要为中国文化保留这一仅存的讲话的园地，所以自去年七月起，便退处于一般读者作者的地位，以免此一艰困的刊物，不要因为我而夭折得太快。今年三、四月间，我再三向香港的朋友建议，古今无不散的筵席，不如干脆早日关门，以待他日的机缘。但几位对中国文化有无限忠诚的朋友们，认为我们对《民主评论》的挣扎，也即是对中国文化的挣扎，一定要到油尽灯枯为止。

现在我对《民主评论》的情况，只说到这里。今后还有人要要什么花头，惟有一听其自便，恕我不再打理了。

六月廿一日于东海大学

一九六二年四月二十三至二十五日《自立晚报》

一个生物学家看人性问题

美国的生物学家西诺特，在其《世界展望丛书》的序文中，呼吁现在应当有一个世界性的文艺复兴运动；而此一运动的目标，简单地说，希望由人类道德的改造、精神的改造，使道德能与知识并进，以挽救当前所遇到的空前危机。

《世界展望丛书》的第一部，即是西诺特的《人、精神、物质》。此书的性质，正如其副标题所示，是“人性的生物学”；即是以生物学的立场，来了解人性。而其第十一章，则正谈的是人性中的精神问题。以下简单加以介绍：

“精神”，不仅是一个非常古老的问题，并且由对精神问题的了解不同，而形成不同的宗教与哲学，甚至形成对人类不同的态度。现代有的人，认为随着自然科学的进步，而扩大了物质与因果法则的领域，已经把一般的所谓“精神”消解掉了。不过正如西诺特所说的，把现实的人生现象中，不能用自然科学加以解释的问题，例如在生物素材中，如何设定各种目标，及精神的各种愿望，究系如何产生出来的等等问题，故意加以抹煞，而仅假定为简单的东西，“这完全是自欺的勾当”。

西诺特认为原形质对目标的追求，是生物学的基本概念。就人来说，这种目标追求，影响于人的行动的指向性，而成为心的活动的基础。在人心之中，潜伏有多数的目标；这些目标，决定我们的思考与动作，也成为各种价值的基准。当目标不能用行动获得时，便在心的深处，成为一种欲望、愿望。这种欲望、愿望，含有目标追求及指向性，但常超出于单纯的理智判断之上，而产生爱、恶、恐惧、抱负、爱美、敬神等的情绪。情绪才是使人不同于机械，不同于一切野兽，而给人以生活的热情与丰富。动物也可能有感情，但动物没有高次元的感情。

这里的所谓精神，包含有跃动于人心内部深处的各种感情与情感，而更具有超越于感情、情绪之上的某种东西。没有感情，便无所谓精神。但若假定在感情中，没有一种方向，不诱导我们走向一种目标，也不使我们担当一种抱负，这种感情便不应称之为精神。

精神的目标追求与其指向性，在生物的原形质的“制御”中，有其根源。在此一意味上，柏格森主张肉体生命与精神生命是一致的，应当予以承认。原形质，有其特定的内在之力。生物素材的性格与组织，在其内部设定诸目标。这些目标，不断地前进、发展，其中许多是由于进化论所说的自然淘汰。但有一部分，“却可以看作是得力于原形质自身所特定的诸倾向”。

西诺特觉得“应当着重之点，是诸目标前进的方向。其显明的表现，在人的方面，则这些目标，发展到创造美、正义、真理、敬神等的高度理想。这些理想，正是可以称为精神的东西”。

因为人的精神，实际即是人的理想。所以人并非完全是从属于其环境，而“对于自己所应作的事情，能下价值判断”。在任何事物中而能判断其价值，“这是人的特性中最大的特性”。

再把西诺特的看法清理一下，即是，在生物的原形质中，含有目标追求及定向性，人由其原形质的目标追求及其定向性而表现为感情。由感情的目标性、定向性而成为人的精神。精神的高度表现，即是美、真理、正义、敬神等的人生的理想。人生的理想，形成人对事物的价值判断。由此而可以说，人生的诸理想，人生的诸价值，实内在于人的原形质之中。亦即内在于人的生命之中。西诺特以为“假若这些价值，是能从外面加到人身上，则人没有自己真正的性格，而成为不过是仅由环境所压成的模型”。“若价值是生于人自身之内部，则这些价值才富于生殖力”，“对于人的未来，也能提供以保证”。由此，我们不难联想到孟子之所谓“性善”及“义，内也”的意义。

西诺特自己是一个出色的科学家，并且他的思想也通向宗教，尊重宗教。但他知道“把精神的基础，假作是生物学的东西，会受到自然科学和宗教两方面的责难”。但他在本文中对于由达尔文的进化论所作的解释，对于心理学者由物理、化学的作用所作的解释，对于宗教把肉体与精神分而为二的教义，都有很简要锐利的批评，而认为“今日应当是自然科学者和宗教，同样舍弃其便宜的独断的时代”。

我想西诺特是由生物学的分析，人类生活的体认，而诚实细心地，肯定其由低次元向高次元发展的若干事实。在高次元的事实中，有的是无法了解其所以然的。他说：“人的精神，是由人具有的自己创造的特性所获得的，有如风那样，顺其活动之自性而活动，我们并不知其从何而来，向何而去。”正因为如此，在我们过去，称之为由天所命的天命，一般科学家便因其无从解释而消纳于低次元的简单公式之中，西诺特则将其彰显出来而加以肯定。

所以他在这一章的结尾，引用了一位专门研究大脑的乌尔达·彭佛多下面的一段话作结束：

> 神经的冲击，以某种方法变成思考；而思考更成为神经的冲击，这是没有怀疑余地的。但是，此一知识，对于此种不可思议的变换的本性，并不能投以任何了解之光……这种研究，今后不论我们的后继者怎样继续努力，但我相信机械不能彻底说明人类，机械论也不能明了精神的本性。

一九六二年四月三十日《华侨日报》

印度人看印度文化

对于一个有悠久历史的民族文化，可从各个角度去加以衡量。有的关系于衡量者的学问态度，乃至对某一民族的感情。同时这种衡量，更可以反映出某一民族升沉的气运。站在现代的观点，整个东方文化，是处于落伍状态之中。但在落伍之中，还有没有其不可磨灭的价值，这是东方人所一致关心的问题。中印两民族的文化，应当算作东方文化的代表。然则作为一个对自己民族前途有深切责任感的印度人士，对自己的文化，到底抱一种怎样的看法呢？

拉达克里修兰，是印度的一位哲学家。关于印度的宗教、哲学，有不少的著作。从一九五二年起，成为印度的副总统。这里所简单介绍的“印度文化”，是一九四六年，他担任联合国教育、科学、文化组织的印度代表团的团长时，在该组织有计划的讲演会内所作的讲演。

他在此一讲演中，从两方面来说明印度文化的效用。第一，是站在世界的立场来说。在他讲演时联合国刚成立不久，世界两大阵营的分裂还不显著。所以他说“现在，世界是在形而下里面成为一体。但在心理上并非如此。世界之一体化，只能在世界是一个共同体的想法之上，才可以成立。而且这种想法，只有各国民相互间，交换其心情与想象力，彼此真正能理解不同文化、不同艺术传统的价值，才能够发达……由形而下的接近，引起精神的接近；可以说，现时正在准备一个‘世界的’文艺复兴。印度文化的根本思想，对于将来世界，可以提供以很大的组织的影响”。

第二，他站在印度的立场来看，认为“印度是一个古代文化的发祥地，但这又是依然活着的，与西洋大大不同的文化。埃及古代文明，不过是对于考古学者才是存在的……而印度文化，现在依然在我们面前开花；今日正存在于约占世界人口五分之一的三亿五千万人口的生活之中……因为它对于印度全体是支持其根本统一的共同基础。假使没有此一文化，则印度不过仍旧是许多语言不同，分裂为许多国家的一个亚洲大陆而已”。

印度文化，在吠陀时代已达到了相当高的阶段。接着有佛教的兴起。佛教衰亡后，便是一直延续到今天的印度教。所以它是纯宗教性的文化。但据拉达克里修兰的意见，希腊、罗马，乃至全欧美，同样有宗教。但这些宗教，“只不过是作为人生的一种补助手段”，因此并没有把宗教之所以为宗教的精神性完全发挥出来。

印度的宗教，一开始“便相信精神生活与社会生活的一体性”。“精神不是一种固定的概念”，也“不是活动于虚空之中，而是贯彻于我们的家庭、社会、经济的诸活动之中”。精神是人所经验到的内在世界。“精神的经验，较之逻辑理性，更是深邃而光明的源泉”。在印度教中，有四大目标。一是包括法律、习惯、道德的达磨；二是规定经济力与政治生活的阿尔萨；三是建立家庭生活的卡马；四是超越社会各种束缚，以得到精神自由的摩克萨。“后者才是最高的目标。”

前面所说四种目标，也可以说是生活的四个阶段。“生活的每一阶段，都有其地位与价值，但常是指向精神自由的这一最后目标。”“规则与仪式，文饰与戒律，祭典与象征，都是为了最高目标之实现，为了调整各种人们的灵魂，所实行的一种功夫。”“全存在的最高的真理，是超知性、超物质形式的实在；对于这种实在的真理，不是由哲学的假构所能认识的，而是一切的人，适应各自的能力，可以探求得到的精神的实在，才能认识的。所谓神，并不是单纯的逻辑的概念，而是精神的实在。”印度的传统，“对于精神的经验与阐明，常给以最高的地位。违反了可以证验的精神经验的任何哲学，都不是健全的”。他认为印度文化中的精神自由是克服危机时，勇气与灵感的最大最深的来源，甘地即其一例。

拉达克里修兰，并不认为印度的文化，完全是好的。他说“人类的思想，决不是澄清的流水，而常含有许多泥沙。今日在印度，须除掉许多泥沙”。他在这里，指出了种姓制度，及迷信的流行等等。因此，印度有些人，主张应当按照苏联、英国、美国或日本的样子，来改变印度的生活。这在他看来，是“为了救济肉体而失掉灵魂”。他认为印度文化中的泥沙，与印度文化中的本质及其理想，是不相干的。并且因泥沙的澄清，才可使其本质及理想更为显著。印度当然要工业化，但他认为在印度的村落共同体中，有充分自觉的社会责任感。在这种社会基础之上使用机械，机械才是帮助人，而使人不失去人的价值。不要因机械的出现，而破坏了生活道德的平衡。凡此，都要印度传统的精神给人以在机械中的提撕、教养。

他认为印度文化的价值“是应当由其本质的精神，由其精神的成就，由其革新之力，由其适应于新物质生活之样相及人性不断的要求之力，而加以判断。不应由暂时衰微时期的贫困、混乱，组织的崩溃等现象来加以判断。历史帮助我们集中注意力于承认的价值，并且把我们从迷入于一时的、过渡的东西之中，拯救出来。承认精神的东西是第一义的东西，承认伦理的优越性，承认抱有纯粹而锐敏的对真理之憧憬，是神圣的生活，这是给印度文化以坚韧与持续之力的诸原理”。并认为诸等原理对于克服印度的困难及世界的危机，有其巨大的价值。

一九六二年五月十三日《华侨日报》

中西文化问题（笔谈纪录）

年来惰性日增，甚少到台北，故不能参加盛会，深以为歉；惟观愿借此陈述三点意见，以就教于左右：

第一，社会近来颇流行“中西文化论战”之口头语。但观不知在研究中国文化者中，有谁人曾毫无条件地反对接受西方文化？又不知在研究西方文化而又确有成就者中，有谁人公然不准人研究中国文化？在一个国家社会之中，有人研究传统文化，有人研究西方文化，此乃文化上所不可免之分工。在正常情况下，只应研究某人研究成果之是非得失。在批评时，对有意歪曲者，固应从严；但对学力不足，或方法不严，尤其是对无心之错误而用心诚恳者，则应从宽。世界上任何野蛮国家民族，亦断无对自己文化之遗产，一概加以诬蔑式之抹煞，对研究自己文化遗产之人，不论青红皂白而一概加以“义和团”等类可假外力以杀头之罪名，有如胡适派阀之所为者。此次争论之起端，实由胡适在去岁十一月六日在亚东区科学会议之讲演。胡氏在讲演中，以最横蛮无理之态度，诬辱整个东方文化为无灵性。吾辈起而为整个东方文化向其提出抗议，此不仅表示东方人起码之良心理性，亦为任何关心人类文化者所不能不有之表示。因东方文化，固世界文化中之一部分，为世界文化计，亦不容人一口诬蔑抹煞也。凡稍有良心良识之人，能解释此类抗议为反对西方文化乎？乃胡氏在接见法新社记者时，公然宣称：“他们反对我导入西方文化，所以围攻我。”试问胡氏果导入何种西方文化而遭人围攻乎？胡氏返台后之长期科学发展计划，虽社会上已有不少人士对其办法与实效表示怀疑，然亦未见有公开之批评，更无人反对此计划所欲达到之目的。则胡氏及其门下指此次争论为中西文化之争，全系诬赖转嫁之辞，先生等[①]尚拟入此圈套乎？

第二，因有此争论，先生等便开一座谈会，以求于公开讨论中得一解决，用意甚盛。胡派言论见于最近某刊物。其用尽一切诬赖之方法、丑诋之辞汇、凶横之气势，较之史达林对付其政敌，希特勒之屠杀犹太人，有以异乎？抑无以异乎？此固出于胡氏第三代之手，然实皆其第二代之得意学生，亦实即发挥胡氏之心传者。稍受有近代西方文化教育者，果能如是乎？本无中西文化问题，而先生等欲谈中西文化问题，并欲与文化之刽子手论文化之是非得失，观诚不知其所可也。

第三，社会上亦有不少诚心关注文化问题之人士，常发出中国文化之价值究竟何在之疑问。观数年来对此极少作直接之答复。盖一则因为中国人欲知中国文化之有无价值，每人皆可在古典及现实生活中加以追求、体认，而不可存一看热闹、捡便宜之心理。二则自乾嘉以来，中国知识分子，其为学也，支离破碎，早不知中国文化为何物。而今日欲了解中国文化之价值，更须由全人类所遭遇之问题加以衡断。凡此，非作若干基本研究工

① 原编者按：《政治评论》编者于此有一按语云“指举行中西文化问题座谈会的本社同人”。

作不可。观欲以垂暮之年，除授课外，对此类基本工作作微末之努力，以为向社会讲话之根据。惟目前如印度副总统 Sarvepalli Radhakrishnan 氏于一九四六年在联合国文教组织内所作之“印度文化”之讲演，而深有所感。爰仿其意，谨略述数端于后：

一、人类欲不归于毁灭，必向天下一家之途演进，而天下一家必须有精神上之基础。我国以仁为中心所发出之“万物一体”之体验，可提供此一精神基础。

二、中国所以能生存、发展，以至于今日，形成世界上人口最多之民族，实乃由自己传统文化之力所统一、团结，在有形之各种组织外，更有一种坚韧之精神纽带。今日约两百万大陆人士避难来台，亦如甲省人民之避居乙省，不因日人数十年之统治而有生疏之感，亦正有赖于此种精神纽带之存在。此精神纽带之本身，即涵一伟大之共同理想、目标、感情与力量，以为一切创造之动力。若置此精神纽带于不顾，而仅言工业化、技术化，则交由美国或日本统治，其进度当尤为迅速，而中国将亦只成为一地理上之名词矣！

三、中国文化中对性善之发掘，真正可以奠定人格尊严、人类平等之基础。同时，西方由思辨所建立之伦理观念，经十九世纪科学之冲击而坠落以后，必植根于性善体验之上，以解决当前由伦理道德之破产所发生之危机。

以上所述，乃极简单之结论。其立论之根据，固在古典之中，亦在每一人自心之内，在各人之自觉、自强、自信而已。

抑有进者：文化理想，其本身系一目的而非手段。此对任何文化而言，皆应如此。若以文化理想视为现实上之某一手段，则一切文化皆被绞杀其灵魂，抽毁其筋骨，而成为无用之刍狗。于是某一民族、某一集团，将成为无任何文化之民族、集团，欲不灭亡，得乎？

愚悖之言，敬乞教正。

本文是徐先生向“中西文化问题”座谈会所提交的书面意见。该会举办时间是一九六二年五月十三日上午九时，地点是台北市水源路特十五号中国文艺协会。当日实际到会者包括郑学稼、廖维藩、徐高阮、赵一苇、吴曼君、傅启学、王集丛、吴康、胡秋原、高旭辉、方子卫、程晓华、陈致平、赵友培、赵雅博、王化岐、陈大齐、方东美、田培林、朱白水。徐先生当日因故未到，沈刚伯、吴相湘、毛子水、李定一亦然。

一九六二年五月二十五日《政治评论》第八卷第六期

危机世纪的虚无主义

凡是留心现代文化的人，几乎大家都会承认，目前正处于一个空前的危机世纪。危机世纪，可以有许多特征；但最大的特征，却表现在深刻而广泛多姿的虚无主义之上。

为了了解什么是虚无主义，首先要了解，一切的生活，除了衣食住行的物质条件之外，还要靠辨别善恶、美丑的价值判断，并对于这种判断加以信任，才能得到精神上的支持，因而得到生活上的自信与充实。价值判断成就各人的人生观、世界观，指示各人以生活的目标，提供各人以生活的意义。价值判断的总汇，即成为历史的目标、历史的意义。人们不能离开价值而生存，也和不能离开衣食住行而生存是一样。

何谓虚无主义？我觉得最好采用尼采在《权力意志》中所下的定义："虚无主义是意味着什么呢？是至高价值成为无价值，是没有目标，是对于'为了什么'也没有答复。"尼采上面的三句话实际可以包括在"至高价值成为无价值"的一句话之内。至高价值成为无价值即是人生观的崩坏，即是世界观的崩坏。没有人生观、世界观的人，乃是丧失了生活目标、生活意义的人。这种人对于客观世界的一切，都会感到是"无聊"，对于自然的日常生活，也都会感到是“无聊”。一个人，在精神上乃系一无所有而只是“虚”，只是“无”。

从欧洲的历史条件说，至高价值成为无价值，首先是表现为“上帝的隐退”。自文艺复兴以来，一直到启蒙运动，欧洲的许多市民阶级，要求由“神的支配”，转而为“人的支配”，这便种下了虚无主义的种子。不过此时的市民，对于自己的认知理性，抱有无限的信心；他们的人生目标、人生意义，都安放在由理性所成就的科学技术进步之上。因此，科学技术得到非常进步的十九世纪，被他们称为“进步的世纪”，由进步世纪的再进步，便可以达到建立天国于地上的美梦。这就是说，他们的至高价值，由上帝转移到科学技术之上，所以他们的虚无主义的种子，在十九世纪末以前，给他们科学技术的光辉掩覆住了。

但是，科学技术进步的结果，是“机器的支配”，代替了“人的支配”。人在机器支配之下，不仅人是从属于机器，而是人从属于机器的零件；人的活动，也化为机器零件的活动，而整年整月地随着机器零件作永无变化的旋转。这样一来，机器固然给人以与过去不同的生活方式，但并不曾给人以目标，给人以意义，因而并不能由此呈显出新的价值。人们在机器支配面前所感到的“无聊”，并不下于“上帝隐退”以前，在庸僧俗尼说教时所感到的“无聊”。把“上帝隐退”、“机器无情”加在一起，欧洲的虚无世纪的讯号，便由尼采口中正式发出了。再加以贫富的悬殊，阶级斗争的激烈化，再加以两次大战，以及核子武器对人类全盘毁灭的严重威胁，许多人便感到，人生的意义在什么地方？人生的希望在什么地方？“绝望”的“绝”字，实际便是形容虚无主义的深刻化。

著有《虚无主义的假面与变形》一书的拉乌陵格，把虚无主义的演进，分为三个阶段。第一阶段，是把虚无主义当作是一种解放，即是以对历史文化价值的否定，为向新价值追求的解放。例如尼采说，“我把人类历史，一刀两断。人还是生于我以前呢？还是生于我以后呢？”第二阶段，则将他们由虚无所爆出的破坏力，转变而成为“虚无主义的革命”。共产主义的革命，法西斯的革命，在思想上正由此而来。这可以说是虚无主义在其自身性格中的挣扎。第三阶段，则否定一切价值，否定一切意味，而只是离开自然、离开社会、离开历史，抱着一束孤独而幽暗的生命，面对着不可测度的深渊。今日的所谓实存哲学、现代艺术、逻辑实证论，都是这一绝望的虚无主义的变貌。

这里还得一提的是把 nihilism 译作虚无主义，“虚无”二字，是转用老庄思想中的名词。但老庄的虚无，是向上升的虚无，即是老庄否定了许多现实的人生价值，如仁义礼智等，但他们是由此而肯定在仁义礼智之上的“常道”的价值，因此，他们的否定，同时即是他们高一层价值的肯定。有了这高一层的价值肯定之后，再落下来，依然要肯定由高层价值加以洗炼后的现实价值。这只要读庄子的《天下》篇，便可以了解到这一点。魏晋时代的老庄思想，才是向下沉沦的虚无主义，与现代的虚无主义，有多少相同的性格。下沉向虚无主义，是下沉向中国之所谓“私欲”，下沉为佛教之所谓“无明”，下沉向今日之所谓“深层心理”。这是人对自身完整生命的否定、对于时代的末日感。从虚无主义中的超克，即是危机世纪的超克。今后人类的前途，正系于这种超克的努力。

一九六二年六月九日《华侨日报》

中国的虚无主义

虚无主义，可以说是危机时代的必然。人类历史，是通过无数次的危机而前进。因此，在人类历史中，也必然出现过各种型态不同的虚无主义，通过对各种虚无主义的超克，而才使历史的命运得以延续、发展。我们的历史也不会例外。

就现在可以看到的文献来说，我国第一次出现的虚无主义，应当是西周的厉王、幽王时代。此一时代的政治危机，及虚无主义的暗影，在《诗经》的变风变雅中，保留了不少的面影。其内容，则表现为对传统宗教的否定，亦即是对天的合理意志的否定。其政治上的结果，便是周室的东迁。而文化上的结果，则由春秋时代对于“礼”的信赖，以填补宗教所否定后被留下的空虚，亦即是以“礼”来超克了厉幽时代的虚无暗影，而把历史的中心，由“王室”扩大向由诸侯所代表的“中国”，以继续向前发展。

中国古代历史上最大的变动，当然是由春秋进入到战国的时代；而老庄的虚无主义，也正产生于此一时代，并在思想上发生了很大的影响。幽厉时代的诗人，只有虚无的情绪；到老庄，才使虚无的情绪，形成了有系统的思想。他们否定了作为春秋时代精神的“礼”的价值，也否定了儒家所提倡的整个道德价值。不过，他们是上升的虚无主义；把自己的精神，由现实社会中上升到作为万物根源的“道”那里去，以把握无是非、忘生死的整全世界，这即是庄子所说的“独与天地精神相往来”的世界。在此一世界中，一方面，超脱了世俗的是非利害得失的价值之争；但另一方面，因为此一世界，是万物的根源，所以同时即将万物涵融于此一世界之中，而承认万物有平等的价值。因此，在老庄的虚无主义中，即含有超克虚无主义的因素，甚至他们之所谓虚无，同时即是对一般所谓虚无的超克。《庄子 · 天下》篇里，提出了内圣外王的道术之全，并对《诗》、《书》、礼、乐、法制等价值系统，重新加以肯定，这决不是偶然的。这是老庄的虚无主义与现代西方的虚无主义，彻底不同的地方，也是今日谈老庄的人所不曾了解到的地方。

西方实存主义中上升的虚无主义，或者可以齐克果作代表，他是由“无”而上升到“神”。实存主义中下坠的虚无主义，可以萨特作代表，他是由“无”而下坠向幽暗的“深层心理”。在先秦，有老庄的上升的虚无主义；同时也出现了受老子影响，却是向下坠落的虚无主义，这即是《庄子 · 天下》篇中所说的田骈、慎到这一派。这一派的思想，从表面看，与老庄，尤其是与庄子，并无分别；所以傅斯年们，便以为现时《庄子》中的《齐物论》，是出于慎到之手。殊不知他们虽然同样的要去掉分别性的知识作用（去知），但庄子是从分别性的知识中，超拔上去，以成就一种“统观的直觉”；这种“直觉”，不是知识而是智慧。慎到们则并不是由“超知”而“去知”，乃是硬要由“去知”以后，使人成为像土块一样的“无知之物”，所以他说“块不失道”，而庄子便笑他是“死人之行”。由他们的彻底“去知”，可以说是完全同于现代西方彻底反理智的虚无主义。但在两点上，又与西方的不同。西方是以工业不断变动的社会为背景，所以西方的虚无主义，乃是激流中的虚无主义，其中含有很浓厚的火药味，而常流为恐怖主义。中国则以农业的社会为背景，所以慎到们乃是静态的，静到像土块一样的虚无主义。其次，西方的虚无主义，是个人主义的极端化，极端到与社会绝对无法兼容。慎到们则依然是立足于社会之上，而主张随顺于社会，并要求有一个均齐平等的社会，这即是他们的“齐万物（社会）以为首”。在这种地方，慎到们与庄子不同之点是：庄子是从高的地方含融社会，在超世俗中随顺世俗；而慎到们之随顺世俗，只可以称之为“尾巴主义”。其次庄子是上升到“道”的地方去“齐万物”，而慎到则下坠到“法”的上面去“齐万物”。这便为以后道家与法家的结合，搭上了一道桥梁。

在慎到以后的法家，如申不害、韩非之徒，逐渐向“古典的法西斯”前进，并且把自己的刑名思想与老子的虚无思想相结合。他们结合之点有二：一是把“虚无”说成人君运用权术的基本方式，使人君在臣下面前成为不可测度的“权力意志”。另一是反对人文价值，反对人文建设。但道家反人文，是要回到自然；而法家的反人文，则意在加重统治权力及刑法的效用。由此不难了解，在法家里的虚无主义，不仅是下坠的，而且也是变种的。以变种的虚无主义，掩饰并加强古典的法西斯主义，通过秦国而进入于现实政治之中，取得在政治中的支配地位，这是中国历史的不幸。所以商鞅、李斯们在秦的大行其道，实在有点像拉乌陵格所说的第二阶段的虚无主义，即是“虚无主义的革命”。

西汉的政治制度，尤其是作为重大的统治工具的刑法，完全是继承秦代的，亦即是法家思想的结晶。自从曹参受到了盖公的影响，而黄老之说大行，于是虚无主义与法家思想，又出现了第二度的结合。许多人以为西汉初年由黄老的清静无为，而给社会以休养生息的机会。不过，天下之大，不是以清静无为作外衣，以刑法为骨干，所能休养生息得了的。汉文帝的休养生息，实际是受《管子》一书的影响。《管子》一书，包含儒、道、法三家的思想，其中很重视人文的价值；作为汉朝立国根基的“孝弟”、“力田”政策，汉文帝是取之于管子，这是一般人所忽略的。换言之，西汉初年政治的成就，是由对虚无主义的超克而来，并非如一般人所想象的是来自黄老的虚无主义。接着便是董仲舒的推明孔氏，主张以仁义代替刑法，以学校施行教化，这才把一度中断了的儒家道德性的人文主义，慢慢地延续下来，以形成此后历史发展的支柱。

在中国历史上，虚无主义取得了支配地位的时代，即是一般所说的，魏晋“玄学”的时代，这也正是历史上重大危机的时代。东汉士风，个人砥砺名节，政治主持清议，可以说是从虚无中，完全超克出来以后，重视实际，对现实负责的士风。但党锢之祸，一时天下的善类几乎被宦官杀尽了。继之而起的又是汉魏政权嬗替之争，是魏晋政权嬗替之争，接着又是八王之争；每争一次，名士便受到一次惨戮；这便逼得当时的知识分子，由现实逃向虚无，以为苟全之计。于是《老》、《庄》成为当时最高的经典。

不过，正始（240—246）时代的玄学，是以老子为中心，与老子的本意也大体相吻合；并且把《易传》及《论语》，也与老子的思想，会和起来，这大体可以说是上升的虚无主义。到了元康（291—299）时代，则以庄子为中心，但并不真正同于庄子；他们所反对的是“名教”、“礼教”，这大体可以说是下坠的虚无主义。加以此时的门第已经形成，讲玄学的多是属于新贵族阶级。于是他们从虚无的下坠，下坠到放任纵欲这一方面去，与老庄所主张的“无欲”，恰恰相反。因此，可以说，老庄的虚无主义，是向内沉潜、向上超拔的性格；而魏晋的虚无主义，却是向外漂浮、向情绪上发泄的性格。

当时，自然也有不少的人，对此种风潮，加以反对，这可以裴頠的《崇有论》作代表。但这一部分努力，发生了文化中的制衡作用，并未能真正发生超克的作用。而《晋书·王衍传》所述他被杀时的几句话，正说明了此一虚无主义的归结。他说：“呜呼，吾曹虽不如古人，向若不祖尚浮虚，戮力以匡天下，犹不至今日。”

佛教从西汉末传入中国，但到了魏末朱士行出而中国人对之始稍有理解。接着便是玄学佛学的会合，再接着便是佛学大行，玄学消解于佛学之中，佛学成了南北朝及隋唐的思想中心的势力。但中国对于佛教的消化，实际是经过天台以至华严、禅宗，而始完全成熟。我们假定从另一角度看，从玄学向佛学的发展，可以说是从下坠的虚无主义，从情绪的虚无主义，走向上升的虚无主义，走向向内沉潜的虚无主义。而华严、天台的出现，也可以说是在老庄之后，贯彻以宗教实践之力的上升的虚无主义的完成。“出家”的本身，即是虚无的彻底。我当然不相信华严及禅宗思想是出于庄子，但其中互相符应之处，明眼人亦断难否认。

如前所述，上升的虚无主义，依然可以含融若干现实中的人生价值；所以禅宗经过“截断众流”的否定以后，依然要回到“随波逐流”的“平常心是道”的上面来，即是对现实的人生价值，要有某程度的肯定。但这只是消极性的肯定，不能由此以创立人文的世界。所以唐代佛学极盛，国力亦强，但在文化上，除了诗文以外，再没有出现一个像样的思想家，且终沦于唐末及五代的黑暗时代。当然，在唐代文化中，遇有由《五经正义》所代表的系统，及韩愈们站在民族与人伦的立场，对佛教所作的反抗。这在当时所发生的效果虽然不大，但对以后的历史的意义却是重大的。

宋代理学兴起的重大背景之一，可以说是在对禅宗的超克，亦即是在对上升的虚无主义的超克。是可以用程伊川为程明道所作的行状中的两句话作代表。伊川说明道的学问是："尽性至命，必本于孝弟；穷神知化，由通于礼乐。"孝弟是道德实践的基础，礼乐是群体生活合理的方式与精神。本于孝弟以尽性至命，通于礼乐以穷神知化，则性命神化，成为现实人生价值的根源及动力，不再是佛老的虚无的性质。使人生要立足于现实之中，在现实中实现人生最高的价值，这便把佛老的虚无性格完全超克过来了。

中国还有为大家所不曾注意的一种虚无主义，这是由孔孟所指斥的"乡原"，再接上老子的末流，泛滥于政治社会之间的"唯官主义"。所谓"唯官主义"，是指把一切当作换官做的手段，牺牲一切以达到做官目的的人而言。这种人的口里对于仁义道德、科学民主、历史文化无所不谈；但在他内心中，清清楚楚地知道自己所谈的，决无真实意义，而被自己早已看穿了；他认为真实而不能看穿的，只是升官发财两事。这是在表面上什么也不反对，而在实际上却除升官发财以外，什么也不相信，且什么文化，都在他们手上被糟蹋净尽的虚无主义。这不仅是下坠的虚无主义，而实际是为西方所少见的最下流的虚无主义。陆象山曾说："随世而就功名者，渊源又多出于老氏。"这种老氏末流的变种，完全说明人性堕落的一面。程明道说："不哭的孩儿，谁也抱不得。"从唐宋以来，一天猖獗一天的唯官主义才真正是死了心的不哭的孩儿，比任何其他形态的虚无主义，更为可怕。

中国从慎到以后，虚无主义的特性，常是有意或无意地附丽在另外一种事物之上，把虚无的本质，掩蔽了起来。清代的乾嘉学派，内心都潜伏着虚无的暗影，靠饾饤的据订，及标榜的声名，来掩饰内心的空虚黑暗。而紧承五四运动之后的科玄论战，却以吴稚晖的“黑漆一团”的人生观收场，取得科学派全般的赞赏，而吴氏本来便是一个无政府主义者。这里我不愿进一步去分析，只简单指出，中国悲惨的局势，是“虚无主义的革命”与“虚无的唯官主义”，两相结合的结果。而这种结合，是在历史堕落时代非常自然的结合。

一九六二年六月十九日、二十日《华侨日报》

美国人与中国文化

据说，美国人对中国文化的研究，现在颇为积极，最近有三十多位美国的汉学专家，到台湾私立东海大学来，作四周的讲习，也是此趋向的一种表现。

美国是今日的强国，其影响直接间接及于全世界。以这样的一个强国，而肯积极研究中国文化，当然是可喜的现象。不过，研究的成果，常决定于研究者的动机。我在这里，试对此略加分析。西方人研究中国文化最先的动机，可以说是为了个人的兴趣。他们大多数是因为私人的职业关系，在中国住久了，发了中国人的财，有了财富的蓄积，便以玩古董的心情，在中国文化中，寻找一种适合他们兴趣的古董，加以收聚、欣赏；回到本国家后，夸示于国人之前，便由此而慢慢成了汉学家。这些人多半是与中国的艺术品及民俗中的某一部分事物发生关系。美国人中的汉学家，当然也有若干人是由此而来。此种动机的好处，是单纯而没有其他副作用；由兴趣的深入，可能真正得到某一部分业余的知识。因此，外国汉学家，对中国艺术方面的了解，恐怕要居于文化其他各部门之上。不过，兴趣是以研究者个人为尺度。个人兴趣的尺度，与中国文化自身的尺度，常有很大的距离。由个人的兴趣所作的研究工作，对整个中国文化而言，可能是并不相干，或者是微不足道的。不仅研究皮影子戏及杨贵妃之类，不一定能沾上中国文化的问题；即仅以玩古董的心情来看中国的艺术品，而缺乏对中国文化一般的知识，这在中国人方面，也只能成为章实斋所说的“横通”；在外国人方面，便常常只能停顿在梅兰竹菊这类的排列次序之上了。

西方人研究中国文化的另一动机，是为了在中国传教，许多美国人也是如此。为了传教而感到需要研究中国文化，这是属于知识水平较高又稍具远大目光的传教士。在这一方面，我的印象，天主教似乎比基督教做得认真一点。基督教在台湾传教的人，有的中国话说得不错；但他们在中国话中间，很少接触到中国文化；也等于许多会讲英文的人，并不了解西方文化是一样。

但即使是在认真研究中国文化者之间，因为他们的动机是在传教，这便容易形成一种强大的成见。于是他们在研究中国文化时，无形中便采取两种态度：一种是希望在中国文化中发现出隐而不彰的上帝，等待他们来加以彰著。或者认定中国文化，是信仰低级的宗教，等待他们来加以提高。另一种是希望暴露出中国文化的弱点，证明中国人的犯罪性，非待他们来加以救济不可。上面的态度，自然把他们的研究，导向两个方向，一个方向是存心附会，把中国文化的某些部分，顺着他们所希望的加以解释，而不顺着中国文化自身去解释。另一个方面便常流于恶意的中伤。不过，在我的印象中，欧洲小国传教士的态度，多比英美传教士的态度为好；而一般外国信徒对中国文化的态度，比中国信徒对中国文化的态度，又常好得多。在这种地方，便只能从传教与信教的深层心理的分析中，才能加以解释。因为中国信徒的深层心理，本只是信“洋”而不是信“教”的。

上述的情形假定完全是活动于宗教层次上，彼此都忘记了国界与种族的界限，那便只是关于神与人的争论。假定无形中把现实政治夹杂到里面去，则共产党说传教是帝国主义者所作的深刻的文化侵略，便无法不承认这一分道理。我常想，若是传教者能承认神是完全的，但通过人所记录、所解释的教义，却会受到时空的限制，并不能像神一样的完全，于是为了发现在自己教义中所无、所缺的东西，以不断补足神的意旨，以此动机而研究中国文化，也如讲中国文化的人，以此态度去研究基督教义一样，那情形便完全不同了。但这样一来，便完全失掉了他们传教的目的。

上述两种动机，是美国与一般西方人所同的。现在另有一种几乎是为美国人所独有的，是形成目前美国人积极研究中国文化真正原因动机的，乃在为了对付中国共产党；不论是妥协或战斗，这是美国当前吞不掉、放不下的大问题。为了对付中共而研究中国文化，是在探索中共的背景及其生长的土壤。这是以政治性实用为目的的研究，所以研究的重心，是中共的本身及与中共关连最密的近代史、现代史。这不能说是没有道理的，不过这里也会使美国人感到迷惘的是，在中国近代史、现代史中所能找出的背景，多是负号性的背景。这种负号性的背景，曾在中国历史中不断出现过，但中国过去历史中，并不曾出现过共产党。因此，可以推断共产党一定是掺杂有近代的、西方的因素。认为中国中共的壮大，是来自与西方缘远的农村。在中国代表西方文化的知识分子，如以北大、清华为例，他们在共产党之前，只能在逃跑与改造的两条路中，选择其一。正牌的西方文化代表者是如此的脓包，由此又可以推知中共的文化背景，一定是在近代的、西方的因素以外，更有其中国文化的背景；而这种背景，不会仅是负号性的，同时也必定含有正号的意义。构成在这种正号意义的文化背景，在长期专制之下，常常是潜伏于广大社会之中，并不经常浮现在社会政治经济的上层，乃至也不表现在知识分子的文字之上。八股文、官文书，固然与此无关，乾嘉以来，学人的高文典册，也和这种广大的潜流，同样地是风马牛不相及。所以这不是抄直赶近的近代史研究工作所能把握得到的背景。因为要对付中共而研究中国文化，很容易走上以为对付中国文化即是对付中共，这更不会有结果。美国对中国文化研究的能力，没有方法可以与日本人相比。在中日战争期间，日本人为了赢得战争，动员了很大的力量来研究中国文化。但这种研究，不仅无裨于日本人的目的，并且在此一动机、目的之下，研究出来的结果，绝对多数，只能算是日本学人的耻辱。因此，我便痛切感到，文化工作者与情报工作者，恐怕要划一道更清楚的界线。只有对现实、对实用保持一点距离，为中国文化而研究中国文化，为人类文化而研究中国文化，或许是了解中国文化、了解中国人的一条正路。但这是与美国的实用主义的观点，颇有距离的。

一九六二年七月十二日《华侨日报》

人类文化的启发

史宾格勒在其《西方的没落》一书中，首先打破西洋中心史观，认为西洋文化正面对着由衰退而灭亡的阶段。本文是对他所提出的三个主要论题，概略地分析它的启发性之所在。

德国的史宾格勒（Oswald Spengler，1880—1936），只在高级学校中当过两年教员，可以说在他的一生中，没有受过学院式的思想训练。但他从一九一一年到一九二二年的十年之间，写成一千二百页的《西方的没落》一书。尽管在此书中，充满了牵强附会臆说独断，引起许多人的非笑，但第一流的史学家、社会学家及人类学家有如汤恩比、韦伯、索罗金、克诺巴、史怀哲们在文化批判方面，无不直接间接，受到他的影响，并且这种影响，在今后还会持续的，这到底是因为什么？是因为在他直观的综合中，含有深远的智慧，因而在他不正确的叙述与结论中，依然富有很大的启发性。

在《西方的没落》一书中，史宾格勒首先打破“西洋中心史观”。同时，他否定人类文化的同质型，而认为世界有八个不同质的文化类型，西洋仅是八个不同质的文化类型中之一。其次，他根据过去人类历史盛衰兴亡之迹，而认为文化也和有机物一样，是走着诞生、兴盛、衰退、灭亡之路；而西欧文化，正面对着由衰退而灭亡的阶段。下面对他所提出的三个主要论题，很概略地分析它的启发性之所在。

古代的以色列，把其他民族的文化当作异端，视同蛇蝎。而中国过去则自称为“华夏”或“中华”，视其他民族为“夷狄”。这都是以自己为世界中心，以自己为历史中心的看法。近代的欧洲，挟其经济、军事的力量，征服世界，自然更容易形成“西洋中心史观”；以西洋文化为世界最高的标准，以西洋的存在即是世界的存在。于是欧洲人所说的世界史，并非真正的世界史，而只是西洋史。史宾格勒则贬退了这种西洋中心史观，而代替之以世界中心史观，有如哥白尼贬退了地球中心的天体观念，而代替之以太阳中心的天体观念。所以史氏把自己的发现，比之于哥白尼的发现。

近代的西洋人，所以认定西洋是世界的不可动摇的中心，是来自一切文化，都是同质的观念。因文化是同质的，便以自己的文化作为衡量一切民族生存价值的标准。对于与西洋文化标准不合的民族，便斥之为没有文化的野蛮民族，因而不承认他们有平等生存的权利，而只能作为西洋人生存的附属品，乃至生存的工具。史宾格勒则认为文化是异质的，每一类型的文化自身，都有其自律性与自足性，而不能以不同类型的文化作尺度去加以衡量。这便把西洋文化的优异性取消了，同时，即把西洋的中心地位也随之加以推倒，而世界中心的史观便浮现了出来。

史宾格勒，把世界文化分为八个不同质的类型；他对于这八个不同类型的分类及其陈述，可以说是非常粗略。同时，他对文化的异质，也强调得太过，甚至认为数学也是异质的；而异质文化之间，不可能有文化的交流作用，这都是不能成立的。但因他的启发，使人不能不注意到科学技术以外的文化意义；而在科学技术以外的文化，即是形成某一民族的人生态度的文化，是不应根据某一个类型去加以衡量，而各有其内在价值，应当与以平等的承认，因此而丰富了人类文化的内容，加强了各民族文化相互间的调和作用，则是非常有意义的。

在现实方面，世界的中心点，正在不断地扩大，连非洲也进入了世界舞台，这便说明决定各民族在世界中的地位的，并非仅是科学与技术；而西洋中心史观的崩溃，在史氏的大著问世以后的三十年间，已逐步给以事实地证明了。

因为欧洲认为文化是同质的，于是便认为文化是直线地发展，因而将历史采用古代—中世—近代的三分法。在这三分法中，文化是一脉相承，向前不断进步的。但在史宾格勒认为希腊罗马之与中世近代，乃是两种异质的文化。希腊罗马的古代文化，并非由中世近代所传承，而是它完成自身的行程以后，已经死灭了。并且近代的文化，从十九世纪起，很像古代的末期。古代文化进行到了它的末期，便开始没落。由此类推，他便得出“西方的没落”的结论。

史宾格勒的结论，实由历史现象的过分类推，而将人类安放在定命论的格局之下，这便取消了人类由自觉而自救的主动性，我们当然不能承认这种说法。不过，事实上，假定没有新大陆——美国的一股新兴力量，则在两次大战中及其以后，西欧是否依然存在？恐怕任何人也没有信心，则我们不能不钦佩史氏这种锐敏的预感能力。

更重要的是，史氏认为西洋从十九世纪起，有似于古代文明的末期，乃是指大都市的集中，帝国主义的嚣张，人间能力向海外的倾注，重量不重质，权力欲的无限追求，阶级斗争之激烈化等现象而言。即是就人自身的行为价值而言，在他这一观点中，人是由其自身的行为价值而决定其命运。在第二次大战以后的十多年中，科学技术，得到了非常的进步；并且就科学技术的本身而言，它的进步是会没有止境的。但今日为什么举世感到惶恐不安？为什么当前的思想家，绝没有仅因为科学技术的似锦前途，而便感到人类的前途有了保证？所以史氏在这一点的启发性，更有待于人们的深思熟虑的。

一九六二年七月二十三日《华侨日报》

中国文化的层级性

一

要把握中国文化，首先应把握到中国文化的若干特性。在以思辩、概念为主的文化传统中，思辩、概念的构造，常常与大众生活无关；因此，思辩、概念的破产，同时即是文化自身的破产，现在西方有不少人，宣布传统哲学已经完结，正反映这一情势。

但中国文化，却是以生活体验为主。以生活体验为主的文化，在表现的形式上，常不及西方哲学乃至宗教的堂皇、富丽。因为生活的自身，即是一种限制。但它既是从人生体验中来，又向人生体验中去，所以尽管在某一时代知识分子的意识中没有中国文化，但广大的社会生活中，依然会保存有中国文化。此即所谓“百姓日用而不知”。所谓“礼失而求诸野”——也即是我前次所说的“中国文化的伏流”。

现在我更提出另一中国文化的特性，即所谓中国文化的“层级性”。不了解中国文化的层级性，也很难接触到中国的文化。层级性，是指同一文化，在社会生活中，却表现许多不同的横断面。在横断面与横断面之间，却表现有很大的距离；在很大的距离中，有的是背反的性质，有的又带着很微妙的贯通关系。所以执著某一横断面中的某一点滴，固然不能了解中国文化，即使能扩大而掌握到许多横断面中的某一横断面，还不能说是了解到中国的文化。看出了横断面与横断面之间的背反关系，而不能看出横断面与横断面之间的贯通关系，还不能说是了解到中国的文化。当前的所谓“汉学家”的风气，是抓住某横断面中的某一细小的题目，以“在豆腐中找骨头”的心理，作所谓“狭而深”的研究；这种研究，有时可以解决文化中的某一小问题；有时又因其把问题孤立化、夸张化，反而蒙混了文化中的大问题。这种研究的结果，可以换取博士学位；但若因为换取到了博士学位，而便以为了解到中国文化，大谈中国问题，那便是盲人摸象，只证明这是一个无知的专家罢了。

二

政治，可以说是文化的集中表现；许多人说，有某种文化，便产生某种政治，这不能说没有道理。由此一观点对中国所得的结论是：在中国历史中所实现的是专制政治，所以中国的文化，是支持专制政治的文化；专制政治打倒了，所以中国文化当然也应当打倒。这是最流行而又最动人的一种说法。但司马迁作《史记》，认为自从周代的幽厉之后，担当保护我们群体生活之责，使此一群体，依然能生存发展，而不至于毁灭的，不是各种形态继起的政治领袖，而是孔子及由孔子所影响的学派。此一观点，乃司马迁的历史哲学，所以串贯于《史记》全书之中，尤其著见于《十二诸侯年表》的叙论。司马迁的这一观点，乃非常明白地说中国历史中的政治，和由孔子所传承、创造的学说，是两个不同的文化横断面，在历史中尽着正反两种不同的作用。为什么今人可以混为一谈呢？由宋儒所强调的“道统”，也是自孔子以后，没有人会把一个帝王，乃至一个宰相，列入到道统中间去，这由孔庙两庑中所列的牌位，也可以看出。“道统”不像西方的哲学传统一样的，是纯认知的系统，而是通过人格的建立，担当我们民族生存的责任。这种责任担当者，连好的帝王也不能排列到中间去。这也正说明道统之与政治，乃是文化的两个不同的横断面。若用“文化”一词的原有意义，则道统是文化，而专制政治是反文化的。不过，在这里，对文化一词，乃是采用随俗的意义的用法。

在上述的两个不同的横断面中，互相渗透，无形中形成一种合理与非合理的混杂地带。例如唐代的三省制，完全是宰相制度被专制之主所破坏以后的产物，有人把它解释成中国的议会制度，当然是附会。但其中也含有若干开明而合理的因素在里面，却是无可否认的。因此，仅从中国的政治史来断定中国整个文化的性格，固然是荒唐，即就政治横断面中的某一事项，而一口断定其是非善恶，也常易流于武断。

三

把政治置之不论，仅就社会而言，社会中原始性的风俗习惯，与文化所追求的理念之间，个人由原始生命冲动所发出的行为，与由文化生命所发出的行为之间，其层级性更为显著。例如在先秦，已经把原始宗教，转化而为伟大的道德精神；把不可证知的神，转化而为内在于人生命之中的道德主体，这是人类宗教最高最后的形态；但一直到现在，社会还流行着最原始的动物精灵崇拜，这二者之间的层级性是如何的巨大。诸如此类的，可以说是举不胜举。但层级之间，依然有其相互间的渗透，同样会形成一个广大的混杂的文化地带。最显著的例子，《水浒传》一书，可以说是在卖人肉包子的黑店，与讲义气的英雄之间进行。中国人能欣赏这部小说，但西洋人恐怕很难欣赏它。

这种层级性，是由长期的历史文化的积累，及长期在专制政治下的残暴愚昧的两种相反的因素，交织而成。有如中国的食品，从最原始最朴素的食品，一直到最复杂、最奢侈、最美味的食品，同时存在。前者是表示我们落后的一面，后者是表示我们长期积累的一面。我们一切的情形，都是如此。不了解这种层级性，可以说便无从了解中国文化，无从了解中华民族。此一层级性，是要在民主政治、产业发达的进步之下，始能逐渐缩小以至于消灭的。

一九六二年九月廿二日《华侨日报》

文化讨论与政治清算

日本有位经济学教授，不久以前，在《朝日新闻》上，发表一篇怀念他老师福田德三氏的文章。我曾读过福田氏六七百页厚的《经济原论》，对他颇有印象。日本昭和初年的经济学界，可以说河上肇是左派，小林丑三郎是中间调和派，而福田氏是右派，所以我对他深厚的学理，在当时并不感到兴趣。

一

想不到在他学生的回忆中，知道他对学生的训练，异常严格，以致使初学之士，不敢进他的研究所。尤其引起我注意的是，这位古典派的学者，曾主张“讨论是文化的生命”，并认为“无风地带”是表示“文化的窒息”。由此也可以窥见这位早已作古的日本学人，他对文化学术所持的不苟且的态度，这正继承了古代希腊的传统。

关于古代希腊文化的起源问题，有许多不同的说法。其中有一种说法，则认为古希腊文化的勃兴，主要是得力于“广场的辩论”。在辩论中要有证据，在辩论中要作合理的判断，这便形成以知识为主的西方学统。因此，从去年十一月起，由胡适博士“东方文明没有灵性”的宣告所引起的文化争论，不能说完全没有意义。

二

不过，文化讨论，要有三个起码的条件，才会得到一点结果。第一，是人格上的诚实。第二，是立言要有根据。第三，是辩论要有分际，即是要弄清楚什么是可以争论的问题，什么是不能争论、不必争论的问题；什么是在争论的范围以内，什么是在争论的范围以外。要守住这三个条件，讨论的双方，应不断地有自我感情的约束，及对知识的忠诚。否则容易形成混战，而不是文化讨论。

这次讨论，可以说，一开始便走了样。首先是对于讨论的题目，有意地移转，即是把主张“东方文明是有灵性”的这一面，说成义和团，说是反对接受西方文化；于是把论题由东方文明有无灵性之争，转移为中西文化之争。但是，站在批评胡博士一方面的人，并没有人反对接受西方文化；于是另一面为了达到论题移转的目的，便不能不对论敌加以大量的诬蔑，以及人身攻击；并大量地造谣，说这是出于国民党的金钱收买。被诬蔑的人当然会提出反证，造谣也经不起时间的考验；于是另一方面，由大量的诬蔑，变为咬文嚼字的绞绕，由人身攻击，变为政治的清算斗争。问题的变质，至此而完全明朗化了。

以某刊物为中心，不断对他人所作的人身攻击，早已发展到了顶点。要再进一步，自然只有采用政治清算的方式，于是某刊物对于其论敌，由国民党的金钱收买，一变而说是为共匪作宣传。

国民党竟收买一批人为共匪作宣传，这已经很奇了。其中的居某更进一步指出胡秋原氏曾参加“闽变”，要帮助胡秋原氏自清，即是公开对胡秋原氏加以政治的检举或清算。这确把胡秋原氏逼得无路可走，便向某刊物在立法院中提出了反击。反击的主要两点是：居某的父亲过去在政治上也曾反对过政府，而居某今日之所以能在社会上活动，当然系由父荫而来。以言政治清算，居某何以不清算其父亲？第二是某刊物的老板所出的现代史资料中，在一种里面，竟说今总统蒋公，是共产党的发起人之一。这等于把蒋公的历史，根本否定了。事情发展至此，问题可以说是正在扩大。

三

某刊物为了击破胡秋原氏的反击，于是进一步在十月一号出版的一期“闽变”专号，除刊出许多老档案外，上面并刊登“闽变”时胡秋原氏的照片。到此为止，幕后的运用便慢慢地显露了出来，因为这些材料，只有国民党的史料室或国史馆，才能提供出来。而负文化宣传重责，及与这些材料有关的某要员，在文字与口头上，又都为某刊物作搭护。于是社会上另出现一种传说，这传说是：此事好像龙王爷有意让些虾兵蟹将，盗出龙宫宝物，把漂海的八仙，加以打倒，这便是海晏河清，使龙王爷在玉皇前的地位，会更优异。我觉得这传说未必完全可信。不过有点是明朗化了的，过去某刊物说他们的论敌是受了国民党的收买，而今日国民党主管宣传文化中的人，却是大体站在某刊物的一面，前后对照倒是值得寻味的。不过，我得说一句，这不仅不是代表国民党的整个政策，并且国民党内也有不少感到在目前而要清算过去的政治关系。被清算的将何只胡秋原？这实与党的整个政策以及政府的政策是相反的。

黄梨洲痛心于当时亡国的社会现象，曾写有《七怪》一文。七怪中的一怪，便是专是骂人为事的“骂怪”。他说：“昔之学者，学道者也；今之学者，学骂者也。”这几个月来的文化讨论，实际变成了“学骂”之场，这已经不是值得奖励的现象。尤其是在历史大转变的时期，生命力强的人，常常会作各方面的探索、尝试。假定顺目前由某刊物所倡导的政治清算的风气，发展下去，这对于国民党的内部，也会引起纷攘不安，更说不上海内外大团结。亲弟兄都曾吵过架，何况现实政治中，怎会没有过去的恩怨？台湾目前还要清算这些恩怨吗？同时，假定说“文化”也是一样力量，而文化力量又是由活着的人代表，则今日对文化界采用放蛊毒的办法，使台湾在文化上变成真空，这恐怕也不是妥当的作法。我不希望台湾在文化上变成“无风地带”，但目前的这股“暴风”，似乎应当由各方面努力来加以转化。有的手段可以使用，有的手段是不可以使用。玩毒蛇的人，有天会死在毒蛇手上，希望大家认真地考虑一番吧！

一九六二年十月六日《华侨日报》

再谈知识与道德问题

知识，起于对客观事物的了解；道德，起于对自身生活的反省。两者都是由实际生活的需要而来；但对知识感到需要比较容易，对道德感到需要，却比较困难。在常识范围之内，了解客观的事物比较容易；了解自己的生活，却比较困难。因此，在人类文明的自觉过程中，大抵是知识走在前面。

一

最先引起古代希腊人追求兴趣的，是自然现象，于是在前八、前七世纪时，希腊开始出现了自然哲学，这是属于知识方面的。等到苏格拉底出来，喊出“你应知道自己”的口号，于是道德意识，才出现于古代希腊文化之中。不过，当时苏格拉底，有强烈的道德意识，却把道德与知识的密切关系，看成了知识即是道德；他对道德的要求，实际只成为对知识的要求。所以苏格拉底以后，追求知识，依然是希腊文化的主流，而道德始终不曾在这一支文化中生下根。此一趋向，实际延续到古罗马的初期。等到奥古斯丁出来，向大众呼唤着，“你们多知道一颗天上的星，对于你自己的身心，对于你所遭遇到的问题，有何裨补呢？”于是许多人在此一呼唤之下，拖着疮痍满目的身心，投依到基督教里面。这便出现了以宗教为中心的“中世纪”。

二

宗教，当一个人以“神爱世人”之心为心的时候，可以说这呈现出了最高的道德。当一个人只凭若干仪式以求神的恩赐的时候，可以说这既非不道德，但也很难说他是道德。当一个人挟神以自重，无形中把神变成自己的征服意志，用组织之力，以强迫保有不同信仰者，压迫保有不同信仰者的时候，可以说这实际是一种不道德，反道德。因此，道德在宗教中，也并没有生稳根。就我所了解，西方一直到康德出来，才把道德与宗教，结为一体，想使宗教植基于道德之上。但许多牧师、神父们，又叫唤起来说，“若如康德之说，是把神成为道德的附庸，也即是把宗教变成为道德的附庸”。实际，神与道德之间，没有附庸不附庸的问题；感到这种问题的，只是吃神饭的人在现实中的利害。不过，因为如此，康德的这一部分思想，只是作为思想的意义而存在，对西方的历史、社会，并没有发生“教化性”的作用。

文艺复兴后，欧洲经过理性的启蒙运动而得飞跃的发展。这种发展，主要是科学知识上的成就，产业经济上的成就。但在这中间，伦理也不曾被忽视过。著有《国富论》的亚当·斯密，同时也有伦理学方面的著作。甚至有人说，英国此一时期的最大成就就是伦理学。总之，在欧洲文化的上升过程中，伦理、道德，也尽到一份责任；最低限度，两百多年间，欧洲没有人怀疑到道德的存在问题，更没有人怀疑到道德与知识，能否并存的问题。

其中当然有所谓怀疑主义；但怀疑主义，不仅怀疑道德，并且也怀疑知识；所以我们谈到道德与知识关系的时候，对这一派，可不加以考虑。

三

不过，近代欧洲的伦理学，主要还是立基于知识之上。顺着知识去找道德的根源，在许多哲学家中，便常常把道德的根源，安放在思辨性的形而上学里面。这类的形而上学，是思辨的，当然也是知识的。既是知识的，便不能不受知识本身的规定。知识本身主要规定之一是可以通过某种检证以测定其真假。从十九世纪的三十年代到五十年代，在哲学方面，可以说是黑格尔的世纪。人类的精神、道德，都表现在他那一套堂皇富丽的形而上学的堂殿之中。到了十九世纪的五十年代以后，由自然科学的突飞猛进，知识的成就，压倒了一切。黑格尔的堂殿，首先受到知识规定的考验，而逐渐崩溃了下来。以此为标志，所崩溃的不仅是黑格尔的形而上学的问题，而是伦理道德，在学术文化中的地位，以至生存的问题，受到了考验。于是从十九世纪之末，伦理、道德，一天天地趋于没落、黯淡。到了二十世纪的四十年代以后，在最流行的思想中，有如分析哲学之类，更公开地拿着知识来打击道德，否定道德。认为道德不道德，乃是人在某种环境下的情绪问题，求知识便要排斥情绪，所以求知识便必须排斥道德。

四

这里先不牵涉到整个人生、社会的问题，而只提出：假使没有起码的道德，又谁人会相信知识呢？例如，“人生要诚实，不可说谎”，这是道德的要求。知识当然决定于验证。但在日常生活中，并非每一句话，每一个问题，都能一一加以验证后才去选择；因为，假使如此，每一个人，将无法生活下去。人与人相接，张三可以接受李四的话，在一般情况之下，并非张三直接去验证了李四的话，才相信他，而是认为李四的话是“诚实”的。此时即是以李四的道德，来保证了李四口中所说的知识。现在把这一道德要求否定了，于是许多人，不仅在一般利害的关系中行使诈术，并且为了其名誉地位，也是在学术本身来行使诈术，这在他们认为既无所谓道德问题，则这种诈术，在他们是不会感到有良心的谴责。但由于这种“诚实不欺”的道德的否定，谁人又能相信从说谎者口里所说的，能算是知识呢？因为“说谎”是反道德，同时也是“反知识”。所以我在这里先说出一个结论：道德的没落，必会引起知识的混乱，堕退。这是今日谈思想文化的人，所应注意的大问题。

一九六二年十二月二十二日《华侨日报》

文化中产阶级的没落

亚里士多德的政治论，已经认为支持民主政治的社会势力，应当是不太穷、不太富的中产阶级。从十九世纪末，一直到二十世纪的现在，自由主义的危机，也可以说是由经济发展的两极化而来的中产阶级没落的危机。中产阶级的自身，是非常不稳定的阶级，但它始终是支持历史正常发展的主要力量。

近三百年来的进步，在文化上也产生了“文化中产阶级”；由进步而来的危机，也表现为文化中产阶级没落的危机。

经济的两极是大资本家与无产阶级，介乎二者之间的小资产阶级，一般人便称之为中产阶级。勒满在他所编的《五十年代的文学》序文中，他以文学为标准，指出所谓文化中产阶级，对于文学的情形是：这是知识的读者团体，他们认真把文学当作生活的一部分；在五本叫座的流行著作中，能看出其中有四本是虚有其表，对于另一册，则能作公平的价值判断，这只有不受无聊的社会气氛的牵制，也不受学界高僧们的支配，在二者之间，能独具只眼的人，才能作得到。此即所谓“文化中产阶级”。他并感慨地说：“这种读者，才是建立健康文学的基础。若是这种读者的立场受到了侵害，那才成为最不吉祥的可悲叹的日子。”

若就一般的情形说，文化中产阶级是介乎“专技知识”者与

"社会大众"之间的文化阶级。此一阶级对文化所追求的不是深而专的专门知识，而是要从文化中得到人生的教养。这种人的成就，不是"学者"、"专家"，而是健全的人生态度。健全的人生态度，并不妨碍人去当"学者"、"专家"；但"学者"、"专家"的人生态度，并不一定是健全的。因此，这一群人，是健全的舆论，健全的社会活动的中坚分子。由他们所表现的进步，乃是和平中正性格的进步。

文化中产阶级的没落，也可以从写作这一方面去看，这从报刊里文章的篇幅表现得很清楚。英国当前的文学艺术批评家李特（H. Read），在他的《文学批评论》的序文中，非常感叹英国已经没有"雅文"乃至"高雅"的评论了。季刊、月刊是雅文及这种评论的园地，但目前已经把这种地位让给报纸了。而报纸中尚能保持这种"雅文"及"高雅的评论"的，只有《泰晤士报》的《文艺副录》及《批评轨范》。此外的报纸，便不易维持这种水平了。

据李特说，上述的雅文和评论的字数，大约从三千五百字到五千字。少于三千五百字，便成为"社论"或"小品文"，现在并减少到一千字到一千五百字左右。超过了五千字，便会受到篇幅的限制，并可能为一般读者吃不消。从作者的立场说，能驱遣五千字，可以完成一个主题所应获得的形式，可以从各个角度检讨主题，可以引用有关的证据，导出必要的结论。高雅的评论，对于人类所永恒关心的问题，应当表示出此一时代的见解。一方面应由新知识之光加以照射，同时对已经有的意见，不能不加以修正。换句话说，这多半是融和新旧、不偏不激的文章。他认为若是这种文章消灭了，社会便失掉了吸收文化的正确手段。可是，李特很感慨地说，在目前，写长文章的"学者"可以存在，写千把几百字的杂感家的文章更为流行；但为了提高国家文化水平所不可缺的有教养、有兴趣，能写“雅文”及高雅的评论的人，因为失掉了支持而日归消灭了。

然则文化中产阶级，何以忽然消灭？综合他们的意见：第一，从整个历史看，这种阶级的出现，须要广大的社会背景。近代此一阶级的兴起，与市民阶级的兴起，有不可分的关系。市民阶级的两极化，在文化上也自然而然地两极化。其次，因印刷机的进步，印刷的速度增加，只有“急就”的东西，才可以喂饱印刷机的馋舌。雅文、高雅的评论，不是一拿起笔来就能写出的；不仅要经过思考，还得要经过酝酿。文章和酒一样，酝酿得愈久，味道便愈深愈纯。现在哪里有这种既有文化修养，又有时间闲暇，并且又不怕饿肚子的人士呢？

不过，进一层去追溯主要的原因，是在现代的人生理想性的消失，而一切只抓住现在。谈利害，只需要了解最现实性的利害；谈娱乐，只需要最刺激性的娱乐。而雅文、高雅的评论文，总是把人生带进更高更深的一层去加以反省充实的。它的作用，不是顺着现实向前滚而是批判现实，以非现实的理想去修正现实。由此可以了解为什么有思想的批评家，认为这种文化阶级的没落，乃是时代的不幸。也可以这么说，适应现代生活的过分现实性的文章，排挤了带有深度的批评的理想性的文章。但是，这种情形，只有在自由世界才是如此。若是在极权国家，尤其是在低级的极权国家，现实性与理想性的文章，便一齐被驱逐；满坑满谷，都说的是不痛不痒、无是无非的一堆一堆的废话。用尽心思去写废话，推销废话，那更是文化的劫运、人类的劫运了。

一九六三年二月十四日《华侨日报》

人类需要思想上的和平共存

一

假定没有热核子武器，第三次世界大战，可能早已发生了。第二次大战后，世界已经不止一次地驱向大战的边缘。从大战边缘终于挽救过来，这固然说明了人类对战争的控制力，已大为增强，但控制的基本动力，并不是真正出于对和平的爱好，而是出于对热核子武器的恐惧。这说明今日世界的政治家，其努力的最大限度，只能做到暂时不让危机在明目张胆中发展，但不仅不会消解危机，并且危机还在暗中继长增高。于是真正问题之所在，乃是假使在一百次危机中，控住了九十九次，而其中最后的一次，没有被控制住，人类依然是毁灭。从善意方面去解释赫鲁晓夫的所谓和平共存，其结果也不过是如此。

站在阶级斗争的理论立场，两个不同的阶级，即是两个生死不共戴天的敌人，不是你吃掉我，便是我吃掉你。所以共产主义的力量，决不可能与资本主义的力量，和平共存。毛泽东抓住了这一点，大骂赫鲁晓夫是修正主义。换言之，赫鲁晓夫在今日已成为被列宁所清算过的第二国际中的人物，而毛泽东才是列宁之所以建立第三国际的思想正统，并不是没有道理。假使不是在共产阵营中，国家民族的因素，已大大地增强了，则赫鲁晓夫可能被毛泽东骂垮。

但是赫鲁晓夫的所谓和平共存，及对新兴各民族的缓进政策，决不是对资本主义的妥协，而是认为，第一，社会主义与资本主义势力的对比，在第二次大战后已经大大地改变了，由这种优势的增加，可能只经过各国家民族内部的斗争，而不经过国际性的核子大战，即能达到世界革命的目的。第二，在热核子武器毁灭之前，无主义之分，同归于尽。所以一方面尽可能地避免这种毁灭，同时却准备争取武器及战略上的绝对优势，以期不战而屈人之兵，或者以最轻微的战争代价，取得最后的胜利。所以和平共存，对赫鲁晓夫而言，正是列宁退一步、进两步的持久战略。

二

说明赫鲁晓夫上项战略的，有两个具体例子：一是古巴事件，一是他宣布在思想上决不与资本主义和平共存。

赫氏偷偷地把发射热核子武器的工具及飞弹，运进古巴，这一着成功，便在战略上制住了美国的死命，在万一时，牺牲一个弹丸之地的古巴去拼掉美国，苏联却可无一损失，或仅蒙受很小的损失而收到世界革命的效果，这是和平共存的作法吗？但等到被美国发觉，有把苏联直接拖进热核大战的可能时，赫氏便把运进古巴的危险武器，隐藏一部分，撤退一部分，而大唱和平共存了。这就是和平共存的真正面貌。

其次是以抽象艺术为契机，赫鲁晓夫再三公开宣布，在思想上决不能与资本主义共存。大家知道，现代世界的彻底分裂，是来自观念上、思想上的彻底分裂。这种情形有点像中世纪的持久不绝的宗教战争。近代以宗教为中心的战争的绝灭，不是来自某一宗教完成了世界的统治，而是来自近代宗教的自由，即是来自宗教的和平共存。由思想所分裂的世界，没有思想上的和平共存，则赫鲁晓夫所标榜的和平共存，实际乃是在武装竞争下的和平共存。赫氏在这种武装和平下的构想，恐怕也是“痴人破瓮”的构想。从历史的教训，如在武装竞争下决没有和平，最后还是热核武器的毁灭。

三

人类为了能够生存下去，必须把两大对立阵营的形势加以销解，而唯一可行之路，便是思想的和平共存。我不否认阶级对思想的影响，但决不相信阶级对思想有绝对性的决定力量。一个人，没有根本自觉时，他的思想是决定于他所属的阶级利益；但有根本自觉的人，他的思想的基本性格，一定是以最大多数人的利益为基础，而突破了自己的阶级利益。马克思、恩格斯两人倡导了阶级决定思想的唯物史观的铁则，但他两人自己便超越了自己所属的小资产阶级，而完全站在无产阶级的立场。即使在不同阶级之内，也各有其可宝贵的思想。即如列宁曾在德国有名的女共产党员卢森保面前，很称赞美国人的实事求是的工作精神，而这种精神，乃美国资本主义得以发展的精神支柱。资本主义国家中，实际已吸收了许多社会主义的观念及福利制度，则社会主义的国家，为什么不可吸收资本主义中的若干观念及制度呢？由两方面在思想、制度上的互相淘汰、选择、吸收，而填平两大阵营的鸿沟，解销两大阵营的对立形势，这才是人类可以生存下去的保证。向此一条大路前进的障碍，是思想绝对决定于阶级的理论，及以私人利益、种族利益为高于一切的少数人。扫清这一障碍的，是在思想自由下的思想和平共存。

思想的和平共存，并不意味其对思想的没有选择。但思想问题，应当信任人的理智在思想自身上求解决。以清算、斗争、流血来解决思想问题，这是共产党在历史上所留下的永远的污点，也会把共产党自身导向最后的绝路。赫鲁晓夫真正要和平共存吗？思想上的和平共存，才是一个试金石。信仰共产主义是真理的人们，为什么又害怕在和平共存中的理智考验呢？

一九六三年六月二日《华侨日报》

希腊哲学以道德抑以知识为主的探讨

时人作世界文化重心之讨论者，颇多谓中国是道德心，西方是认识心。今依张、徐两先生关于此问题之探讨，乃知东方有圣人，西方有圣人，贵能救世而为生民尊之者，盖无不以道德为主。特理有隐显，事应相摄。岂亦吾国贤首哲学十玄义中主伴圆明之义乎？张先生等深怀悲愿，既极富于民族感情，亦能善用西方所长。凡所开示，皆足发人深省，有益世道人心。谨将两先生之函，汇为刊布，用供研究此一问题者之参考。

程文熙附志

一、致徐复观先生论希腊哲学实以道德为主函　张君劢

复观先生：

《人生》三百期中读大著《人性论·先秦篇》自序末后，有注七项。其第一注中有下列各语：“希腊以知识为主的哲学，到了斯多噶学派，即变成以人生，道德为主的哲学。”其语意似乎希腊哲学以智识为主。窃在海外读兄此言，盖觉五四以来之智识界对于治西方哲学之不努力，而所知之浅尝至于如是也。希腊哲学以苏

格拉底、柏拉图与亚里士多德为主。苏氏以定义为方法，反对诡辩派以人为本位之主张。其方法为定义、为逻辑。然其背后为“是非有绝对标准”：如善、如公道、如美、如勇、如克制等等即为此种标准。及在柏氏手上，乃名之曰意典（Idea），而成为宇宙间之本体。与吾国不可须臾离之“道”极相似。其入手方法为定义。因而吾国人疑其不离智识。然其所讨论之题材，无一种对话不以道德为根据，可谓与孔孟哲学之注重仁义而智为四德之一者一也。吾国方面误于希腊智识即道德之语，乃以为希腊人所治者为知识论。实则希腊所谓知或智，乃道德之知或智，此由于苏氏所谓“知自己”之知而来。惟其为道德之知，乃能为自己之知。倘为外物之知或自然界之知，则苏氏所谓“自知”者，不能成其为锁钥矣。香港大学之邀，如果去成，讲题为柏拉图与孔孟哲学之比较，亦所以矫正吾国人脑中西方人只有智识论之习见习闻也。尊作已托程缉之弟买一册寄下。匆此顺颂

著安

张君劢手启　六月六日

二、覆张君劢先生答希腊哲学有初中后三义函　**徐复观**

立斋前辈先生道鉴：由程缉之先生转下

手教，承垂注拙著《中国人性论史》，并对自序中之第一附注，详加论正，感幸无似。观所用“希腊以知识为主的哲学”一语，此有初阶义，有中阶义，有究竟义。所谓初阶义者，乃一般常识性之概略说法。盖希腊文化发展之主流，依然是在知识方面。正因其如此，故西方科学，殆无不认其为导源于希腊“为知识而

知识”之精神。此种说法，在西方著作中，亦屡见不鲜。如 Dr. G. Sarton 所著之《古代，中世科学文化史》，即指出“希腊文明的终于失败，不是知性的缺乏，而是来自人格与道德的不足”（日译本卷一页十五）。所谓中阶义者，即进一步作分解的陈述，则诚如先生所教示，苏格拉底们，又何尝不特别注重道德？且古希腊人以知识为教养之资，与今日将知识与教养视为两不相涉者，亦大异其趣。所谓究竟义者，古希腊哲学，诚如 W. Windeband《一般哲学史》中所述，可分为宇宙论的时代、人性论的时代、体系论的时代。然贯通于此三时代之底流者，仍为知识。例如亚里士多德以苏格拉底“认为德即是理性的原理。何以故，因为这一切都是知识”（见日译 Fviedrich Ueherweg《大哲学史》卷一页三四〇）。而柏拉图将知识与臆见或表象严加区别，而认定“知识才是可通向 Idea 的”（同上页六）。且所谓 Idea 是“从纯粹逻辑的意味，发展为存在论的意义”；“是从思考过程的单纯产物，成为实在的本质性（同上卷三页三九七）。观附注中所用者，乃采一般常识性之概括说法，宜乎为先生之所不取也。抑又思之，苏格拉底之一生，可谓系为建立道德而努力。但是何以彼毕竟不能在道德上找到立足点，而依然是以知识为立足点？则或因彼之“知自己”，仅在发现自己之“无知”，而未尝发现在生命之内，有一道德主体，有如孔孟所发掘出之心性。西方文化中之根本问题，或即在此。

且观写《人性论史》之态度，完全注力于各原典中有关资料之分析与综合。由此分析综合，而求出客观之结论。此时不仅将平日师友之论点，完全忘却，即与西方文化之异同得失，亦暂弃之不顾。盖一面为学力所限，对于西方文化所知者甚少。同时认为中国文化对今后人类之有无价值，不关于其与西方文化之有无相合，而关于其曾否提出在西方文化中所未曾提出之问题、方法与结论。故观此时所能致力者，在说明中国文化之真相，究竟如何？至由此以下之工作，则应让他人努力。年来体验，沉潜于原典资料之工夫愈深，即愈感耿耿孤明，一无依傍。故拙著岂特为反中国文化者所不谅，恐亦将难为平生敬畏之师友所谅。如熊师十力之学问出自《易传》，而观对《易传》之评价，即全与熊师不同，且不重视阴阳之形上架构。若熊师在台，当不知如何痛加棒喝矣。然意在为来学开辟治学途径，以拓清百十年来所积之荆榛，又安敢苟且浮沉于一时之毁誉乎？谨将拙著托由缉之先生转呈一册，敬乞先生继续加以论正，感幸感幸。

先生耆年硕德，仍一本对族类之大仁大慧，穷探义海，直指真源。振聩启聋，救人淑世。此种自强不息之艰苦卓绝精神，足以感发后学者，殆未可限量也。肃此，奉复，敬叩

道安

后学徐复观顿首

一九六三年六月十七日于东大灯下

一九六三年七月一日《民主中国》复刊第六卷第七期

观念的贫困与混乱

一

我在这里所说的“观念”，乃是简单而又极常识性的说法。它指的是一个人，对于客观事物，由观察、追索而来的自己的一种观点。简言之，是客观事物在一个人的主观上所起的肯定性的反映。若纯就求知的学问上说，则观念是一个人求知的结果。但这种结果，又会回头去作一个人求知的导引。因此，一个人的求知的成绩，实际是由他的观念所决定的。有的人，在年轻时便负下了声名，但过了壮年以后，却一事无成，或始终是半生不熟。这种人若非因为半途而废，即是来自观念过早的僵化；把年轻时由聪明所形成的观念，死守不放，对任何事物，不顺着事物的自身去分析、了解，而只按着个人的原始观念去作一定格式的处理。并认自己由一知半解而来的观念，简直是变成了万宝灵丹，无施不可。于是观念本是客观与主观的桥梁，至此，反而成为主观通向客观的障蔽。这是个人观念贫困的结果。这在宗教中，在中国近两百年来的学术界中，是最常见的现象。

所以只要是在学术上真有贡献的人，他一生治学的过程，即是自己的观念，不断地结成与解消的过程。不让在自己主观中所结成的观念变成信仰，使它随时受客观事物的考验，一有扞格，立刻解消原有的观念，以顺从客观事物，吸收客观事物，以结成新的观念。由客观事物所引起的观念的解消，实际即是观念的充实、丰富。

二

若站在现实的人生、社会上说，则与其说人是生活于客观的世界，无宁说人是生活于观念的世界。人的生活方式，是决定于人的态度；而态度则系来自对各种事物，对各种问题的观念。人不是在黑暗中摸着客观事物而生活，而是在自己的观念照明之下，以处理客观事物，吸收客观事物而生活。观念的贫困与混乱，几乎是必然地导致生活的贫困与混乱。目前摆在人类面前的大问题，正在于此。

共产党所以能发生力量，即是在它有较明确而坚定的观念，以导引人的方向，并由此而得到力量的集中。但当马克思仅以纯经济学的观点写成《哲学的贫困》一书时，马克思的本身，实早已陷入于观念的贫困。共产党的理论，即是在这种贫困的观念中，作逾量的演绎而建立起来的。得到政权以后，再对社会问题，对人生问题，作真正“削足适履”的处理。从某一角度看，共产党的清算斗争，可以说是由观念的贫困，不能全面解释人类历史、社会所不能不采用的手段。

但站在共产党的立场，也可以说这是用新的观念来创造新的社会，所以不能不如此。不过苏联所创造的新社会，不能说没有一点基础，亦即是不能说不更适合于他们的观念。但六月十四日，中共把他们一向共同奉为《圣经》的观念，集中为二十五条，向苏联提出质问，问得苏俄除了“避热核子战争”以外，实无言可答；这即证明他们的观念，已不能适应于他们所创造出来的新社会。但在太空竞争占先一步的苏联，面对此一情势，却不能，也不敢，在观念上提出新的东西；而只能在高唱避免热核战争的另一面，喊着“在思想上决不与西方和平共存”的口号。这正说明他们在观念上，已由贫困而走向空虚，致迫得无路可走了。

三

再反观所谓自由阵营的一面吧。“自由”的可贵，便在于能修正错误的观念，创造出更丰富的观念。但资本主义的现实，大概早已经走向窘境，而不能不作各种挣扎了。挣扎的前途，正有待于新观念的导引。但在西方世界中，凡代表此一时代特性的观念，都表现出混乱一团，同样地无路可走。

逻辑实征论和实存主义，是这一时代哲学的主流。在前者，它要扫荡人类历史所储积的一切观念，最后归结到电脑。他们也有雄心改造世界。他们对其他观念体系的毒骂，有过于未取得政权时的共产党。但我相信，没有人能安住在他们所构画的“科学的世界”里面，因为它比共产党的世界更为贫困。

通过文学作品而使实存主义得到更大影响的萨尔特（Sartre），当我读到他对旁人所加于他们的谴责而加以答复之后，我更相信旁人对他们的谴责，是十分正确的，即是实存主义者，被谴谪为“只强调人类的低劣，到处指摘丑恶的、暧昧的、粘液的东西，而忽视了明朗美丽的，及人性所具的明朗的一面”；“背弃人类的连带关系，把人当作完全孤立的东西”。因此，萨尔特说“实存主义是使人类生活成为万能之教”，实系由反社会、反理性的冲动而来的幻想。今日的文学艺术，几无一不受实存主义及弗洛伊德精神分析学的影响。不错，他们都在面对危机、苦闷，及传统文化的弊害而挣扎。但作为他们息壤之地的，却是主观的一片幽暗、混乱。这可以说他们是对一切观念的取消。但取消一切观念的人们，依然是根据自己的观念，而他们却是“以其昏昏，使人昭昭”的观念。

如何从观念的贫困与混乱中解放出来，使大家有一个导引现实世界的丰富而健康的观念世界，这可能是今日文化工作者所应尽的共同努力。

一九六三年九月八日《华侨日报》

文化的“进步”观念问题

一

通观人类的历史“进步”的观念，可以说是事实的反映，也是人类的希望和目标。甚至也可以说是历史中最重要的动力。没有进步的观念，没有进步的目标，我相信许多历史中向上向前的努力便会停止。因此，不论个人或团体，都应为进步而努力，这是不应当有疑义的。但在文化整个范畴中，却常因进步观念的滥用而反引起许多混乱；这种混乱，必然地会给社会生活以不良的影响。

进步的观念，由一八五九年达尔文所著的《种的起源》一书，而得到了确切的、科学的证明；所以十九世纪六十年代以后，几乎西方一切的人们，都陶醉在进步的黄金之梦里面，因而许多人称十九世纪，是最鲜明的“进步的世纪”。这一黄金之梦，直到第一次世界大战发生，才受到了不轻的震撼。

古代的犹太教、基督教，倡导“天国近了”；在天国由“近了”而“到来”时，人类才有完全而正义的世界；这实际即是把人类一切的希望，都寄托在“未来”之上。作为此一信仰基底的，也可以说是古典的进步观念的表现。十九世纪的孔德、里格尔、斯宾塞、马克思，都很热切地怀抱着这种思想。但这种思想，正如伯尔查耶夫（N. Berdjajew）在其 *Der Sinn Der Geschichte* 中所说，这是“在现代与过去的牺牲之上所成立的未来的神化”。一切过去和现代的人们，都不过是作为进步向未来中的一环，成为进步中的手段和工具。所以伯尔查耶夫便认为进步思想所说的，是在过去的一切时代与人间的墓穴之上，来建筑为现实之人所永不能看到的未来的天国。生于此“未来”的天国尚未到来以前的一切人间与时代，“其自身都是无价值、无目的、无意义的”；“这是把有关未来的无限的乐天主义，和有关过去的无限的悲观主义，连结在一起”。由此，我们可以了解十九世纪末大史学家兰克（L. von Ranke）所说的“一切时代皆属于神”的伟大意义。没有这一句话的救济，人生将在进步的历史之流中找不到自己的立足点。

二

伯尔查耶夫对进步观念过度迷信所作的严酷的批评，实际是以共产党的教训为其背景。宗教中未来的天国，对共产党而言，即是共产主义社会；那是进步的顶端，是全社会、全人生价值之所在。为什么苏联和大陆的人民，经过大清算之余，还要受这大的牺牲、痛苦、死亡，而不能小动史达林、毛泽东们的恻隐之心呢？因为现时的人民，纵然已经不是阶级的敌人，也不过是为了进步到共产主义社会的一种手段、一种工具。现时的人民，只有作为进步到将来而才有其手段上、工具上的价值，其生存的自身，并无价值。牺牲愈大，痛苦、死亡愈惨，便进步得愈快，人民发挥其作为手段、工具的价值便愈高。毛泽东们今日正以这种“进步”的速度，向赫鲁晓夫争霸。本来，他们所说的革命，实即含“飞跃的进步”之意。谁人先飞跃到进步的顶端——共产主义的社会，谁人即是人类命运的主宰者。毛泽东们面对当前这样大的教训，而仍死死地背着三面红旗不放手，也未尝不可以说是来自对“进步”的过分信仰。

这里，遇到了相当复杂的问题。在一切动物中，只有人才会由“现在”以回顾“过去”，展望“将来”。人实际是生活在过去、现在、未来的统一时间之内。对未来而追求进步，正是人类不同于其他动物的特性之一。但是，对人类自身的文化问题，正如宋明理学家所常说的一样，“如扶醉人，扶得东来西又倒”。因此，任何与人类自身有关的观念、理想，都应有一个使用的妥当范围。以现存人的合理生存，为进步的尺度、基础，则进步观念，依然不失为历史发展的大动力。

三

就文化各部门而言，愈是落后地区，愈会发现进步观念的过分使用。知识与技术，毫无疑问地，应当使用进步的观念。对宗教与道德而言，很明显地便不适用进步的观念。这里只略为提到艺术的问题。

艺术需要以技术为达成的手段。技术是进步的，则艺术也应当是进步的。但实际上，若有人说古希腊的艺术，比古埃及的艺术进步，而现代的雕刻，比古希腊的雕刻进步，恐怕不是稍有艺术常识的人所能首肯的。因此，有人说，在艺术范畴之内，只能有“变化”，而不是“进步”。

然则进步的观念，完全为艺术所排斥吗？我想，这要看从哪一方面着眼。因技术的进步而得到表现手段上的自由，因之，可以使艺术的形式、种类，更为丰富。在这一点上，可以用得上进步的观念。但形式、种类的丰富，乃是“量”的增加。量的增加，不一定能代表“质”的升进。所以在这种地方说进步，并没有表明“艺术价值”自身进步的意义。现代艺术的形式、种类，不是石器时代所能比拟于万一的。但现代的绘画，能比在西班牙、法国所发现的石器时代洞穴彩画进步吗？此外在某一个人，乃至在某一流派，由学习、发生、演进后完成的阶段，这中间可以用得上进步的观念。但衡论某种艺术，都以其完成性为对象，在未完成以前的进步，对于艺术自身而言，也是没有意义的。

由此，我们不妨得出这样的结论：凡是属于“价值”层次的事物，不能轻易适用进步的观念。因为人性的自身，是价值的根源和归宿。由人性中所开拓、升华出来的人格、艺术，其本身即系圆满无缺，不随人性以外的事物的变迁而在价值上有所增减。对价值层次的事物而滥用进步的观念，结果常常是取消了某些事物所含的价值，乃至把人生完全降低到仅属于经验的、存在的层次。于是许多人常想以一般动物的生活情态，作为人生的规律。这或许是今日文化中的一个严重问题。

一九六三年九月廿二日《华侨日报》

面对传统问题的思考

在近百年来的中国，把传统与科学化、现代化，看作是两个绝不相容的东西。中国当然要科学化，要现代化。为了达到此一目的，大家认为只有打倒传统。为了打倒传统，共产主义的范文澜的《中国通史简编》，便用全力发掘传统中坏的一面；自由主义的胡适之则用全力来抹煞、诬蔑传统中好的一面。

他们这样作，并不是没有道理。第一，传统的本身实际是在不断地发现、提炼、扬弃。发现、提炼、扬弃的情形停止了，某一传统便要由僵化而死亡。第二，为了接受新的事物、新的观念，常常须要有反传统的工作为其开路。

但是，在现代化的国家中，为什么找不出一个绝对没有传统的国家民族呢？基督教，是西方的最大传统。当西方各国进入近代的时候，曾与它发生过不少的斗争。不过，基督教并不曾因西方各国的科学化、现代化，而即告死亡，这是什么缘故？除了基督教以外，西方的每一国家、每一民族，都有他们独特的文化传统。假定他们现时内部也有观念的冲突，现实的冲突，却主要是来自现代化中的冲突，而很少是来自传统对现代化的冲突。例如英国的保守党和劳工党，他们有共同的传统，而又同时都走向科学化、现代化。他们政策的争论，不是传统与现代化的争论。

最反对传统的莫过于共产党。但日本中央教育审议会会长森户辰男氏，因到苏联去参加“国际大学协会理事会”，在六月十三日的《读卖新闻》上，发表了一篇《改变了的莫斯科》的文章，内中分三点来说明苏联正作百八十度的转变，正在把修正主义来加以正统化。他所举的三点中，最后一点，是他发现苏联对它自己的历史与传统的尊重；并且把“沙皇时代的文化遗产，也加以保存、修护、宣传”。沙皇专制的罪恶，苏共和他的人民，是知道得最清楚的；今日苏联这样作，森户氏当然要追究其原因。“或者不过是把这些作为观光的资源，而加以利用。但大部分的观览者，不是外国人，而是苏联的民众。而苏联的民众，看到这些文化遗产时，是受到怎样的印象和感动呢？老实说，他们所感受的是过去俄国的国家、民族，及其伟大指导者的勋业和光荣。但能令这些文化遗产得与民众接触到的，则是革命政府的业绩。”

“不仅保存展览着沙皇时代的文化财产，苏联政府，在俄国史中，对他们的民族与国家及伟大的指导者彼得大帝等，都给以很高的评价。这乍看，好像与革命政权很矛盾的。对历史与传统的非常尊重，到底是什么原因呢？我（森户氏）的看法，是因为困难重重的社会主义国家的建设，不能仅靠无产阶级意识。为了促成民族一致的团结与发愤，他们（苏共）痛感到必须唤起爱国心与祖国光荣的意识。”

在上面森户氏的看法中，可以看出历史与传统在现实中的一部分的意义，这意义即在推动建设，加强科学化、现代化。这便值得我们加以深深的思考了。

现在再转到我们自己身上来。我们是保有最伟大、最丰富的历史与传统的民族。但在世界各国的统治阶层与知识分子阶层中，却是保持历史与传统最少的民族。

最近在亚洲影展中表演的“民族舞蹈”，歌是取自日本，舞是取自高山族。年前有一位美国音乐家到台湾来，当着台湾的音乐界大发牢骚地说，日本、韩国都有传统音乐，只有中国没有。日本流行脱衣舞，台湾更流行脱衣舞。但日本还保留着从唐代传过去的服饰，中国则连民初的也早经淘汰了。政府迁台后，全台湾大概新建立了五千个基督教堂，但新竹的孔庙拆掉了，彰化的孔庙，外面贴上了革命标语，内面作了临时宿舍。有一位颜姓商人在台中捐出一栋房子和地皮，作建孔庙之用，并还要捐建筑费；但房屋、地皮，早给各统治阶层有关系的人们，霸占一空，谁也不愿过问。假定说反传统是为现代化开路，则我们的路已经开得够彻底了，难道拿生活在传统中的农民的线，来买现代化的生活享受，便是现代化吗?

问题得再进一层去思考！在中国，反对传统最力的人，却是一些最不懂西方文化，乃至是一些学术界中的游惰之民。胡适之二十年来未发表的遗著目录，整理出来了，他二十年来，岂仅没有沾过半丝半毫的西方文化，并且没有研究过一个稍有意义的文化问题。受他影响最大的某研究所，只不过是养着几个不知今世何世的村学究，既愚且陋。至于某大学中的几个游惰之民，更不值得说起了。打倒传统的人，自己却一点也不能现代化，这更值得思考了。

一九六四年六月二十八日《华侨日报》

一个自然科学家的悲愿

人类的命运如何？人类到底走向什么地方去？有关这类问题，真正能用头脑的人，决不会接受各种僧侣阶级以神话为根据的预定结论，这是今日大思想家们所苦心焦虑的问题。但一般的自然科学家因研究上的分工，愈来愈细，于是知识技术化的程度愈高，对人类自身的问题便愈离愈远。所以一般的自然科学家，对上述的问题，多采不愿加以思考的谨严态度。只有由知识的分析进入到知识的综合的大科学家，才有资格思考此一问题。只有这种大科学家的人格修养，由个人主义超升出来，以与全人类的忧戚相关，才会严肃地思考此一问题。爱因斯坦是一个最伟大的例子。这里所谈的朱利安·赫胥黎（Julian Sorell Huxley），也要算是其中之一。

严复译有汤马斯·赫胥黎著的《天演论》。朱利安·赫胥黎，正是他的孙子，以生物学中“相对成长”的研究而著名。他在第二次世界大战后，担任联合国文教组织准备委员会的事务总长时，看到因观念不同而来的国际上的冲突，引起了他对人类前途的忧虑。他想：“假定能建立意见一致的一般的观念与原则，则联合国的组织，将能作更有效的活动。”于是他写了《为联合国文教组织的哲学》（*A Philosophy For UNESCO*）的小册，陈述此种基础观念的大要。但他立即发现到，“在观念混淆状态下的世界局势，想出现被联合国代理者可以接受的诸观念的单一体系，乃不可能之事”。

随后他当了联合国文教组织的理事长，他更注意到“因为没有上述的哲学，遂使大量的知识，不能好好地利用而被弃置”。他当然顺着此一认定而继续思考下去。

他辞掉文教组织的职务以后，更约集若干友人、同事，组成一个没有名称的组合，对此问题加以调查讨论，因而写成了他的《进化的人文主义》（*Evolutionary Humanism*）作建立诸观念统一体系的尝试。他在这一著作中，要使一切人间的活动，都与走向进化方向的标准相关连。使在“连续的心的作用”中，在社会的作用中，个人与协同体相关连。使精神与物质得到调和。使一切的现象，都能为进化的过程所拥抱。并且能在两个对立文化中架设一道桥梁，因而中止两大对立阵营的冷战。

在他的《进化的人文主义》一书中，他认为可以增大人类所含的可能性之实现，可以更大的完成之形，给人类以总括的目的，在自然界中分配人以适当的地位，因而启示出人真实的运命。他特别申明，他所说的，不是顽固的一组独断说，而是今后尚能作无限定发展的开放的体系。特别在现代生活的冲激与杂乱之中，“对于探求信仰与道德的坚强根据的人们，提供以自信”。所以他认为在他的观念体系中所含蓄的意味，是很圆满的。我们不难由此可以窥见他的心境，实由科学的界域，进入到传统的哲学界域。

朱利安·赫胥黎，以上述的信心写成了《进化的人文主义》之后，又觉得这又如何能得到一般人的了解、信任，而使其能真正发生作用呢？于是他不能不期待着在有关学术各分野中的人文主义者的合作。他找了站在各学界的顶尖或前线的二十五位学者，请每人对此一问题，写出自己的意见，合编成《人文主义的构想》（*The Humanist Frame*）一书；除他自己以外的二十五位学者，包括了思想家、神经学者、社会学者、伦理学者、神经分析学者、建筑学者、音乐美术学者、文艺评论家、哲学家、心理学家、教育学家、经济学家、法学家、医学家、文学家等。这都是经过了他一番努力，才能提出此一集体的贡献。

朱利安·赫胥黎在上书的序言中说："此书的要点，能以数行的文章说完。即是，在过去进化之中，有两个决定之点。所谓点，是指超越旧状态，走向具有全新属性的新状态的过程点而言。第一是从无机学的阶段，移向生物学的阶段。第二是从生物学的阶段，移向心的、社会的阶段。现在我们正站在第三的进化阶段的门口。有如锅中的水，它沸腾起泡，乃是由液体移向瓦斯体一样，在现代思想的锅中，人文主义的观念之沸腾，正是表示要由心的、社会的阶段，进入于意识到目的的进化阶段。"由此可知他是要由知识的统合以使人类把握自己的目的，把握自己的未来的运命。

他自己的观念，乃至其他二十五位学人的意见，是否便达到了他的预期？人类是否会依照他们的观念而即可脱出目前的危机，开辟未来的远景？我不敢相信。但他的对人类前途的一番坚定不移的悲愿，已足够使我们感动；而由此所产生的观念，会有益于问题的解决，也是决无可疑的。

在这里我还得提出另一点感想。我所看到的《人文主义的构想》，是从日本买到的译本。他们的译本是用"人文主义的危机"作正标题，用"新人文主义的构想"作副标题。负责翻译的是日本联合国文教组织协会联盟中的"人文主义者组合翻译刊行委员会”分工执笔的，从土居光知起，一共有十五人，不仅都是日本第一流的学者，而且其中有不少的人，是七十岁上下的高龄。他们能这样地重视翻译、积极翻译，才有今日现代化的成果。这和我们几十年来的西化派，只动口、不动手的情形相比较，太令人感叹了。

一九六四年九月八日《华侨日报》

《学艺周刊》发刊词

在这小小园地出现之初，谨提出我们下面的两点待望：

第一，由“现代”这一名词所代表的，是各种带有冲突性的巨大力量。这些巨大力量，对“人自身的学问”，[①] 给与了怎样的冲击和考验？而人自身的学问，对于这些冲击和考验，是在作何种的反应？是顺承型的反应？有如继抽象艺术之后而来一种“破布艺术”？是反省型的反应？有如英国大史学家汤恩比在《现代文明之试炼》中，主张向基督徒的复归？是中和型的反应？有如美国生物学家西诺特（Edmund Ware Sinnott）们想发动“世界文艺复兴运动”，把各民族古代的精神成就，和现代各学知识的成就，作一大的综合融和？在每一型的反应中，更有各不相同的观点、线路和结论，这是环绕着危机世界中所必有的现象。人自身的学问，正是在这些复杂而丰富的反应中成长起来；也只有从这一角度才能了解人自身的学问的意义，因而可能看出一个向前的正确方向。所以我们恳切地希望能知道、能了解这一类的反应，并在这类反应中加进自己的思索。这里，不存在有古与今的问题，不

① 这里所谓人自身的学问，是指以人身为对象的学问，包括了人文科学及有思想性的社会科学。许多第一流的自然科学家，也加入了这种反应工作，也正是这里所需要的宝贵材料。

存在有中与西的问题；而只存在着如何从现代危机中脱出，以为人类获得生存的保证与更好的生存的问题。

第二，在人自身的学问范围之内，虽然不是对时代作直接的反应，但凡是新的研究成果，乃至新的趋向、新的动态，也可以看作是对时代所作的间接的反应，也成为我们所要求知道、了解的对象。当然，把中国的传统文化，西方的传统文化，做出新的研究，得出新的结论，都包括在这范围之内。同时，我们注意到，在人生中带有浓厚的虚无主义气息的时代，是最缺乏人文教养，最反对人文教养，却又最需要人文教养的时代。所以我们也希望能从文学艺术这些方面，得到有益于人文教养的文章。

我们所以有上述的待望，是认为一切文化，都是“时代之子”。对于时代的麻木不仁，便必然会形成对文化的麻木不仁。因对文化的麻木不仁，便自然形成对文化的懒惰与呓语。对文化的懒惰，是表示自己在世界文化中的消失；对文化的呓语，则正和一个人样，乃是死亡前所出现的现象。懒惰、呓语的自身，无法可治；要治，只有治好已经麻木不仁了的神经。我们待望着，通过此一小小园地，不让我们在现代的激流中，在现代激流的文化中，继续麻木不仁下去。每一个人，每一个民族，都希望能证明他自己在时空之中，确实占有一个存在的位置。麻木不仁的人，谁能说他是真正地存在着呢？面对现代，先从麻木不仁中苏醒过来，这是我们争生存的第一步。

知识分子的麻木不仁，多出于在现实生活中的自我锢蔽。先能在锢蔽的墙壁上打开一个窗口，让自己的头，从窗口中伸出去，让墙壁外的阳光空气，从窗口中透进来，这可能是使神经苏醒的方法之一。这一小小园地，希望能在这一点上尽到若干责任。

从文化的整体看，可以说我们所待望的太少。但台湾还有许多其他的文化园地，我们只希望在这许多园地中，分担一小部分的分工工作。从另一角度看，又可以说我们的支票开得太大；但这张支票的兑现，不可能仅由编者及编者的小环境来担当，而是应由对时代，对文化，有上述共同感觉的人士，来共同分担。因此，我们以开放的心灵，严肃的态度，愿向从文化上对时代尽一番责任的人士，尤其是努力上进的青年，公开这一小小的园地。我们欢迎每一个人自己研究的成果，同样欢迎大家所做的忠实的介绍和翻译。除了诞妄、横蛮、信口开河、没有任何根据等类的东西外，我们欢迎大家从各个方面提出各种问题，欢迎从各个不同的角度谈同一的问题。

最抱歉的是，因为篇幅太小，通常只能容纳三千五百字左右一篇的文章，所以要求作者尽量发挥长话短说的技巧，尽量提供短小精悍的作品，不得已时，可采用内容连续、形式独立的方法，或能稍弥补这种缺憾。至于内容不要过分专门，文字力求通俗，那是做为一个报纸副刊的宿命，这当然可以得到大家共谅的。

一九六四年十月五日《征信新闻报》

按此周刊系再三应《征信新闻报》之邀约而主编的。但刊出后，与反对人生价值鼓荡色情变态心理之“现代化”趋向不合，又被片面毁约停刊了，这是我一生中所办的最短命的刊物。

一九六八年九月二十五日补志

被期待的人间像的追求

一

因为新物理学的发展，进一步探索出了许多宇宙中的秘密，所以第二次世界大战以后，科学、技术进步的速度，连二十世纪初年的人，想象也不容易想象得到。但是，这种进步，增加了人的知识能力，却并不一定能增加人的安全和价值，所以便形成所谓“危机的世纪”。在危机世纪中的思想活动，大体上说，分成两个动向，一是直接反映此一危机，有如“意识流”的文学，“超现实主义”的艺术，这可以说是火上加油的动向。二是想从危机中脱出，因而想在科学技术飞跃发展中，建立能与此一趋向相适应的新的人间像，由英国J · 赫胥黎所编集的《新人文主义的构造》及由法国查尔坦（Pierre Teilhard de Chardin）所著的《作为现象的人间》等，都是代表此一动向的努力。

日本文部大臣有一个咨询机关，称为“中央教育审议会”，从前年九月开始，经过一年多的努力，发表了长约一万八千字的《被期待的人间像》的试案，这可以看作是上述动向的进一步的努力。所以在序论的第一章，便指责自然科学文明，将人机械化、动物化，而要求提高人性，开发人自身的能力。这一试案，本是以受高中教育的学生为对象，希望受高中教育的学生，在人生态度上，能得到适应时代的正确的修养。但人生是无法在年龄上加以割断的，所以实际是对于一切青年，提出了一种人格形成的原则。这不能说没有重大的意义。

二

人不是孤立存在的，一生下地，是人的一个单元，但同时便加入了家庭的关系，社会的关系，国家的关系。在各种关系中，都应当有与各种关系相适应的责任和人生态度。所以在日本的上述试案中，对于人的形成的原则，分成四个方面来加以叙述。在本文第一章，首先谈到作为“个人”的原则，举出了六个项目：（一）自由。（二）发展个性。（三）能成为正当爱护自己的人；这即是中国所说的“自爱”。（四）成为可信赖的人。（五）是建设性的人。（六）是幸福人。这一章所述的，可以说是“人的形成”的基础。而“建设性的人”的提出，针对自由中国的人们来说，是非常有意义的。因为自渎性的人太多了。

第二章是谈作为“家庭人”的原则，分成四个项目：（一）应该爱护家庭。（二）开明的家庭。（三）家庭是可以得到休息的处所。（四）家庭应当成为教育的处所。在上述的四项目中，所谓开明的家庭，当然是针对着日本传统式的家庭尚保留若干封建气氛而言。第三第四两项目，针对自由中国的中上层家庭而言，有特殊的意义。第三章是谈作为“社会人”的原则，也分成四个项目：（一）成为热心于工作的人。（二）成为能支配机械的人。（三）勿沉溺于大众文化及消费文化。（四）成为重视社会规范及社会秩序的人。这四项，针对自由中国而言，也非常有意义。尤其是由于二十年来文化工作者怠工的关系，大家根本不了解每一个人，对于学术文化，应该是在不断地开辟过程之中，即是应在不断地提高之中，由易而入难，由浅而入深，把不懂的变成能懂的，这样才可由各个人学术的进步，形成社会文化的进步。自由中国目前的风气是每一个人都以自己当下知道的一点，当作学术文化最高的准绳。遇着学术上的真正问题，因为都为大家所不懂的问题，便都成为大家所排斥的问题；有一个花钱很多的综合性的杂志，在创刊词中宣言他们只要高中学生能懂的文章。于是大家在文化上只有天天喊些莫名其妙的口号。有个报纸的社论说四书是一部目录，没有任何内容。有的报纸认为凌波狂、狂人乐队，才是我们现代文化的条件。所以自由中国，正由文化的庸俗化而走向文化人根本没有文化的道路，连大众文化也说不上。

第四章是作为“日本人”的原则，分为五个项目：（一）成为正当的爱日本的人。（二）是心胸宽广的日本人。（三）是美的日本人。（四）是壮健的日本人。（五）成为有风格的日本人。上面的第一项，是针对战后一部分自卑自贱的日本人而发。在自由中国，许多人目前正疯狂地恨中国人，疯狂地爱外国人。假定在台湾有人喊第一项的口号，立刻会被人戴上复古派和义和团的帽子。

三

试案所企图的是对人自身的形成，提出一种具体的图像。关于人自身的问题，不论古今中外，都是最纷歧复杂的问题。试案发表后，当然会引起许多批评。有的说，它缺乏一种说服的能力，难使青年人接受。有的认为项目太多，多得使人感到迷惑。其实这两种批评，也是模糊而且不实际的。因为说服力是教育时的问题。而把项目融入到各种教育的活动中去，也不致使人感到迷惑。

我的想法，试案最弱的一环是在作为“个人”的第一章。因为六个项目，都是平面拼凑起来的，不曾把握到人的本质，不曾把握到所以成为一个人的基本内容。例如“自由”当然重要。但自由是要求解除外力束缚的观念，是对应于社会、国家而来的观念。若仅就个人而言，则在自由之下，人可以成为圣贤，也可以成为禽兽。所以，对一个青年的个人，而提出自由作修养的原则，这将使青年人得不到什么具体内容。并且各项目之间，没有内在的关连；而作为“个人”的原则，对于下面作为“家庭人”、“社会人”、“日本人”的各原则，更没有原则上的贯通性。尤其是在家庭和社会方面，相当强调了道德的意义；可是这些道德意义，如何能在作为“个人”的身上生根呢？中国文化中所把握到的个人的本质，或者说“仁且智”（《论语》），或者说“智仁勇”（《中庸》），或者说“仁义礼智”（《孟子》），不仅相互之间，是一脉贯通，而且在实践时，必然要由个人以贯通于家庭、社会、国家、天下。所以在这一试案中，没有弥补住现代化中的“个人的迷失”。但在家庭、社会两章中，却很值得我们重视。

一九六五年三月五日《华侨日报》

文化人类学的新动向

在近代许多矛盾中，个人与文化间的矛盾，也要算是重大矛盾之一。

由文艺复兴所开始的“人的自觉”，开始奠定了近代的个人主义的性格。不了解个人主义，可以说便无法了解近代在经济与政治方面的发展；甚至也不能了解所谓自由主义、民主主义。一直到现在，美国人还以严格的个人主义（Individualism）而自豪。这是以个人的完成为目标，以子女的严格教育为前提，重视个人的实践能力，重视个人人格上的评价，所表现出的时代精神的支柱。

可是，从文化上看，不论在哲学方面，乃至在社会科学方面，个人都是无力的，没有主动性的存在。在哲学的唯物主义者之前，个人消解为有机无机不分的某种微粒的一撮。在哲学的唯心主义者之前，个人又抽象为绝对精神的影子、傀儡。社会科学方面，在经济学家的眼睛里面，人是随着支票而活动。在社会学家的眼睛里面，个人在社会的集合表象之前，好像是风中摇动的灯火。

距今三十年前，西方社会科学家们，很少研究到个人在社会、文化中的作用，更很少关心到个人人格的构造，对文化的发展，有何意义。二十世纪初年风行一时的美国社会学者萨姆那，即认为文化并非由个人的智慧所创造，人是无意识中活动的自然力的产物，所以个人并不知道自己在文化发展过程中自己所演的角色。无形中把文化当作原始人所信奉的普遍存在的幽灵，与个人并无多大关系。这种情形，不能不说是个人主义与文化观念上的大矛盾。

文化，本是由许多个人在社会的协同动作中所产生出来的。正因为如此，所以便容易赋予文化以绝大的规定力，而忽视了个人的作用。这在文化人类学上，便称为“文化决定论”。尽管文化决定论与个人主义，是如何的矛盾，但在美国，由克诺巴教授开始，此一倾向，实居于人类学的主流的地位。在他们心目中，文化好像是一具庞大的战车，辗在有如芦苇一样的个人身上而前进。

但是，自一九三〇年以来，上述的倾向，已在开始改变。美国人类学者，开始有人注意原始人的自叙传，将其作为从内面看文化的重要资料。有的则用心理学的方法，将文化型态与人格型态间的相互关系，作客观的、实证的研究。这类从集团向个人的研究，或者可称为“微视的文化人类学”；把被忽视了的个人在文化中的作用，使其重新登场，以开拓新的方向。

另一方面，把人性和文化创造，作关连在一起的研究者，也一天多似一天。甚至有人主张个人与社会，在本质上，应当看作是独立的东西，只不过是在相互之间，发生作用。

过去的文化人类学，忽视了创造文化的个人，忘记了使文化发展的人性。个人在文化之前，好像人在一架巨大的机器之前一样，只能随着轮带的转动而动作。现在则感到文化人类学者，不是单纯的文化学者，而应当是追求文化与人性的关系，理解在文化中，个人的成果与作用，而成为“文化与人类的学者”。

上述文化人类学由集团向个人的转换，我认为和精神分析学及实存主义的流行，有很大的关系。不过，他们会不会由此而便在个人与社会之间，打开一条通路呢？我想，恐怕还是很困难。个人与社会的是处于对峙状态。在此对峙状态中，颠来倒去，得不到真正的和谐，似乎是西方文化永恒的命运。凡是从精神分析学及实存主义去把握“自我”的，总逃不出孤绝幽暗的自我，因而常发为反社会、反文化的强烈倾向。“微视的人类学”如何能跳过这种陷阱，以自辟坦途，我觉得是非常可疑的。这主要是关系于对于如何去把握人的性、人的心的问题。

他们一般的倾向，是用调查统计的方法，去调查统计原始人的性或心，以此为性或心的原始状态，希望由此便能找出可作为起步的基点。他们根本不了解“原始人的心”，与“心的原始状态”，可以说完全是两回事。原始人的心，好像是未开辟出的矿苗；并且在此种矿苗之上，同样积压着许多由欲望而来的污秽的东西，恰与现代人无异。心的原始状态，用中国传统的话来说，这是所谓“本心”，这是所谓人的“本来面目”。此种本心、本来面目，不是在原始人那里可以找到，而只能当某种文化成熟后，由有少数人经过一番向自己生命的开辟的功夫而得。原始人不能出现这种开辟功夫，西方人也不曾了解这种开辟功夫的意义。西方人穷究到最后，不是跪在神面前，或跪在变相的神的面前，即是跪在机器面前。越调查越统计，越不知道“自我”是什么，人类是什么。对自我的生命，经过一番功夫加以开辟，因而得使人的本心、本性，显发出来，只有中国的孔孟系统、老庄系统，以及在中国才算成熟了的禅宗系统，才可以找到结果。只有在这种处所，才能发现出心的主宰性、心的涵融性。由此而可以了解心的独体性，与心的共感性、普遍性，乃是同时存在的。由此所开出的路，不仅是某一门学问的路，而是保证人类前途的路。

一九六五年五月二日《华侨日报》

朱熹与南宋偏安

一

最近台北有一家报纸发表了一篇香港的通讯，里面说南宋大儒朱熹，是“以哲学理论腐蚀士人的反攻意志”。南宋的反攻，是民族大义性质的反攻；朱熹在中国文化史中，居有特别的重要地位，所以钱穆先生再三宣称，他要用三年时间写一部研究朱子学术思想的著作。若是朱熹的哲学，会腐蚀南宋士大夫的反攻意志，这等于说中国文化中缺少了民族大义的成分，则我们的民族，是怎样生存下来的呢?

朱熹的哲学，可以用“居敬”“穷理”四个字作一简单的概括。居敬是发现人生价值，建立人格尊严的一种工夫。穷理是穷究伦理、事理、物理，以扩充人的知识。若是居敬穷理的哲学而会腐蚀士人的反攻意志，则反攻意志必是出自生活糜烂、无知无识的一群人。这对现实而言，可能是一种“实存性质的真理”；但头脑稍稍冷静一点的人，能接受这种实存性质的真理吗?

二

朱熹居敬穷理的哲学，对于当时的现实政治问题，到底作何看法？这要由他当时所上的“封事”“奏札”这类的文章来加以证明。他第一件重要的封事，是在他三十三岁的时候所上的《壬午应诏封事》。他在这一封事中，所面对的问题是“祖宗之境土未复，宗庙之篱耻未除；戎虏之奸谲不常，生民之困穿已极”。他面对这种问题所提出的主张是“修政事，攘夷狄”。在攘夷狄的这一点上，他认为当时的和议，“有百害而无一利”，“进则失中原事机之会，退则沮忠臣义士之心”。因此他要求“自是以往，闭关绝约，任贤使能，立纲纪，厉风俗；使吾修政事，攘夷狄之外，了然无一毫可恃以为迁延中已之资，而不敢怀顷刻自安之意。然后将相军民，远近中外，无不晓然知陛下之志，必于复雠启土，而无玩岁愒日之心；更相激厉，以图事功。数年之外，志定气饱，国富兵强；于是视吾力之强弱，观彼衅之浅深，徐起而图之；中原故地，不为吾有而焉往”。总之，他是主张要有决心，作实事，但不存侥幸之念。而在政治上他特提出“斯民之休戚，臣则以为系乎守令之贤否”。更指出当时“奸贪”、“肆虐”，都是朝廷宰执台谏之“亲旧宾客”。所以他要“以朝廷为先务”，即是要从中央政府整顿起。这在今日看来，便未免犯上腐蚀反攻意志的大罪了。

朱熹在五十岁时，又有《庚子应诏封事》，他在这一封事中主要提出的是“省赋、理军”两事，即是主张要整理财政和军事。当时赋税克剥烦苛的情形，在此封事中有痛切的陈述。而对于当时军事的徒有虚名的情形，更是说得非常痛切。他说：“今将帅之选，率皆膏粱子，厮役凡流。徒以趋走应对为能，苞苴结托为事……其所以得此差遣，所费已是不赀。以故到军之日，惟务裒敛剥削，经营贾贩，百种搜罗，以偿债负。债负既足，则又别生希望，愈肆诛求。盖上所以奉权贵而求升擢，下所以饰子女而快己私。……军士既已困于刻剥，苦于役使，怨怒郁积，无所伸诉，平时既皆悍然有不服之心，一旦缓急，何由可恃？”这一段话，难说在大陆时代还用它不上吗？所以他主张要“选将帅、核兵籍，可以节军赀；开广屯田，可以实军储；练习民兵，可以益边备。”而且一切病痛的根源，无不出自专制皇帝的自私与愚昧，所以他更一贯地要求皇帝正心、诚意、穷理、讲学，要对皇帝自身加以改造。假定他生于千百年后的近代，他还不和中山先生一样，要求推翻专制，实行民主，以实现天下为公之实吗？

三

在《朱文公文集》中，从卷十一到卷二十一，都收的是上述这一类的文章。他和同时的陈龙川不同之点，陈的《上孝宗皇帝书》、《中兴论》，重点是放在谋略的一方面；而朱子则是把重点放在政治改造的一方面。一个是谋士，一个是学者型的政治家。朱子在当时，有做官的机会，而没有改造政治的机会，他便干脆连官也不做，以讲学救社会，救后世；元代许衡们，犹得凭借他们的学术，以驯伏一个强大而野蛮的游牧民族，使中华民族得以脱出一个大的黑暗时代。陈龙川骂讲学是“风痹不知痛痒之人”；然则陈龙川“知痛痒”的事业，又在何处呢？若是大言壮语，可以解决天下的问题，则古今凡是做官的都会大言壮语，天下便不会出问题了。何况今日许多是说谎性的大言壮语？何况是托庇于外人之下的大言壮语？

朱竹垞在《朱文公文钞序》中谓“独取其有关时事出处者，俾后之论文者观其感奋激烈。”陈澧认为朱子集中封事奏札诸篇，为“必不可不读之文”。他们两人是针对有一批自己无头脑，无志节，标榜考据，盲目地反对程朱，认程朱所讲的是与现实无关之学的人，所以特别主张把朱子与现实政治有关的一面，表达出来。

今日流行着以说谎的方式来反对自己文化的人们。除了写下流的黄色小说外，什么也不懂。某报诬蔑朱子的文章，通篇都是谎话。我知道这位先生，他们反对中国文化最基本的理由，说这些都是“泛道德主义”。这些人以反复的谎言，诬蔑主张维护道德的人士，即是反科学，反民主的人士。他们认为这样便不配做美国人的朋友。其实我们的不如美国，非仅在技术科学方面，可能还在道德方面。一个美国人，会因为合法的离过婚而影响到他的政治前途；但我们，则一个人未经合法的离婚，诱占部下的妻子，会依然官运亨通，声名煊赫。美国因离婚而影响自己政治前途的人，并不反转身来骂泛道德主义；而我们则会反噬地说，政治中没有道德不道德问题。在这种地方，大概也会值得大家想想吧！

一九六五年六月九日《华侨日报》

西方圣人之死
——对史怀哲的悼念

九月五日报载，以五十多年的岁月，为非洲土人的疾病而奉献其生命的史怀哲，终于九月四日，走完了他九十岁的人生旅程。谨草此文，以表悼念之意。

西方出现过伟大的宗教家，更出现过不少的哲学家。但可以当中国所谓“圣人”之名而无愧的，只有史怀哲。他的死，我特称之为“西方圣人之死”。

哲学家有丰富的理智活动。但西方型的哲学家，他所表现的理智，可以对人类命运不负责任，甚至哲学家自身，也对他自己的知识不负责任。普通的教徒，只为自己从罪孽升向天国而祈祷，祈祷后更安心去作恶。伟大的宗教家，则常关心于人类的命运，并对其所奉的教义，首先求其在自己行为中实现。但于不知不觉之中，常须歪曲或阻滞理智的伸展，以维护宗教所信仰的神话。以伟大宗教对人类运命的责任心，发挥哲学家的理智，将哲学家的理智，实践于自己日常生活中的行为，这才是中国的所谓圣人。史怀哲正合于此一条件，因此，他虽然根本不知道中国文化，但他背负着基督教的旗子，于不识不知之中，向中国文化的方向，摸索前进。

史怀哲一生的思想与实践，大约可以用两点来加以概括。第一是他力竭声嘶地，指出西方文化的危机，在于伦理道德在文化中的堕落。他希望能恢复十八世纪时代伦理道德在整个文化中的地位。一般科学万能论者，认为科学可以解决一切。认为凡是提倡伦理道德者，都是不懂科学者。所以他不惜再三申明，他自己是音乐家，并且是外科医生；他懂得艺术，懂得科学，他更懂得科学的效用。但他明告世人，仅靠科学，并不能解决西方文化的危机；而从科学中，也导不出伦理道德，在这一点上，他与早经死去的爱因斯坦的看法，可以说是完全相同。但爱因斯坦体认到最后，认为伦理道德的根源来自宗教，而史怀哲则认为伦理道德是来自人的心。

爱因斯坦之所谓宗教，并非牧师神父、愚夫愚妇，口里念念有辞的所谓宗教，而指的是牺牲自己、服务人类的精神状态。爱因斯坦之所谓“宗教精神”，如实地说，乃是儒家之所谓“人物一体”的仁。所以爱因斯坦很明确地指出，神在他的所谓宗教中，乃是可有可无，不关轻重之物。

史怀哲不同于爱因斯坦之点，因为他毕竟是一个哲学家，对西方哲学，较之爱因斯坦有更多更深的了解。他认为伦理道德是在过去的哲学中保有其地位。到了十九世纪末，二十世纪初，因科学的突飞猛进，把哲学的地位完全夺走了，所以伦理道德在文化中的地位，也随哲学的坠落而坠落。但他最了不起的地方是在于指出西方哲学，走的是“思辨”的路。由思辨而建立哲学的系统，到了黑格尔，已发展到了高峰。此一高峰，既经科学摧毁了，便很难重新加以建立。因此，他认为伦理道德，不是通过思辨性的哲学所能重建的，而只能落实于每一个人的具体的心，在各人的心上加以重建，这正是中国文化中所谓心性之学的意义。

第二，是史怀哲伦理道德的最基本内容，乃是对“生的敬畏”。他之所以抛弃文明的生活，身入蛮荒，献出毕生的精力，乃是“生的敬畏”的实践。所谓生的敬畏，即是对于一切生命，均承认其有平等而崇高的价值，因而发生一种敬畏之心。由此种敬畏之心而发出与人类，乃至与万物，同为一体之感。现世中的一切对立、斗争，当然在这里完全解消了。这种思想对西方之所以特为重要，因为以柏拉图为首的形上学，把人生的价值安放在高不可攀的理型世界，视肉体生命，为进入理型世界的障碍。而希伯来的宗教，对俗世生活，对具体生命，所持的否定态度，较柏拉图的形上学，更为顽固而彻底。不在生命的自身，来肯定人生的基本价值，对个人而言，或可以有促进对理想、对天国的追求。但落在政治、社会上面，会使有支配地位或有支配欲望的人们，不以平等的精神去看待人类，而只根据自己的所信，以区分人类的等级，视与自己信仰不同的生命为卑不足道，乃至是与自己异类的东西。这便对于对他人的征服、榨取、虐待，都从文化上、宗教上，提供以正当的理由，使西方文化，带有严酷的侵略性格。柏拉图理想国中的四阶级，实同于印度婆罗教的种姓制度；而“自由人”对奴隶的驱使虐待，柏拉图、亚里士多德们，都视为理所当然。至于宗教中由信仰所发生的歧视、虐杀、战争，更是史不绝书，至今未已。追溯到最后，正因为在生命的自身，不曾立定价值的基点，因而缺乏真正的人类平等观，缺乏真正的人类爱。西方文化所到之处，即是矛盾、对立加深之处，世界的危机，岂非在这种地方可以得到一个彻底的说明吗？史怀哲的“生的敬畏”的思想，对西方文化所含的侵略性格，实有从根本上加以转回，而对世界的危机，实有从根本加以解救的重大意义。只有西方人真正接受到史怀哲的思想与行为的影响时，西方的文化才可以得救。

以“心”为道德的根源，以“生”为一切价值的基础，正是中国文化的一体两面。只有每一个人体认到自己有一颗“不忍人之心”，而加以保持、扩充时，便自然感觉到一切价值，都是以生命为起点，而立刻对一切生命予以平等地看待。“天地之大德曰生”，“生生之谓易”；在这种地方，怎能不说史怀哲虽然不知道中国文化，但其毕生的探索，正是向中国文化的方向前进呢？史怀哲自身所不曾突破的是他思想中所带的神秘主义的气氛，这是因为他的精神已超脱了他的宗教信仰，但他的感情，还停留在宗教信仰中的结果，文化的历程本是十分艰巨的。

一九六五年九月十四日《华侨日报》

思想与人格
——再论中山先生思想的把握

当中国的自由主义者不肯谈国家、民族、主权等问题的时候，在现实世界中，却正展开国家、民族、主权的斗争舞台。当美国自由主义者以为通过了民权法案，即可解决黑人问题的时候，洛杉矶等城市黑人的暴动，却证明了黑人除了民权问题之外，还有民族、民生的问题。从这些铁的事例中，我们不能不惊叹于三民主义的完整性。

当中国有人拿着鸡毛当令箭，打着无知论的招牌以主张虚无的个人主义的经济思想的时候，当中国共产党，为了充当史达林的孝子贤孙，而大力地反对修正主义的时候，不仅欧洲的两种性质不同的政党，二十年来都走的是互相接近的中间路线，连苏联和东欧各共党国家，也都从共产主义的峻坂上，一步一步地滑了下来，向中间路线看齐。从这种铁的事实中，我们不能不惊叹于民生主义的中庸性，这是孔子所说的“中庸之为德也其至矣乎”的中庸性。

当中国有人认为道德会妨碍科学进步的时候，有人再三宣称在政治中不需要道德的时候，我们试读索罗金（P. A. Sorokin，1889—1968）的《人性的重建》，试读爱因斯坦的《晚年思想论集》，试读史怀哲（A. Schweitzer，1875—1965）的《文化的没落与再建》，试读萨东（G. Sarton，1884—1956）的《古代中世科学文化史》，试读西诺特（E. W. Sinnott）的《人·精神·物质》……他们都一致强调在科学中找不出道德；而世界的危机，不是仅靠科学，同时也要依靠道德力量的，始能加以克服。从这些伟大的科学家、社会学家及哲学家的言论中，我们不能不惊叹于中山先生将科学的迎头赶上，和道统的继承发挥，融合在一起的圆满性。

康、梁以来，中国出现了不少的爱国志士，对国家提供过不少的意见；但与中山先生所遗留下来的相较，却都显得是这样的渺小。至于想用共党对他斗争的文字来烘托自己的身份地位的人，在中山先生巨像之下，连一个小丑的地位也够不上。中山先生，是思想史中的奇迹。

然则中山先生凭借了什么，能出现此种思想史上的奇迹呢？有天才的艺术家，没有天才的思想家。知识统合的观念，近二十年才提出的。提出以后，没有一个人乃至没有一个研究机构，除了一堆堆的资料外，真能出现任何统合。朱利安·赫胥黎（Julian Sorell Huxley）年来特致力于此。但他的以进化论为统合中心的观念，已是一种偏执；因为进化观念可用于知识、技术，当它用到宗教、道德、艺术时，便应受到应有的限制。而他约集的英国第一流学者二十五位人士所写的《新人文主义的构想》（*The Humanist Frame*），依然是不赅不备，没有达到他们所要求的"超越分裂"以成为"统一的网状组织"的目的。我决不相信中山先生在五十年前所具有的知识，会在朱利安·赫胥黎和他们所约集的第一流学者二十五人之上。

另一解释是，西方自柏拉图到黑格尔的"体系哲学"，每一个人都把他们所面对的问题及其解决的问题知识，组成一个无所不包的庞大体系。因之，中山先生也应算是这种体系哲学中的卓越的一人。也有不少人为了显发中山先生的此种体系而努力，这或许也有其意义。但第一是体系哲学，常常受到知识进步的影响而纷纷崩溃。第二是体系哲学，一落到现实之上，若不为现实所否定，便在现实中发生流毒。黑格尔哲学与纳粹思想的关系，固然是受了英国人两次大战后的渲染夸大；有些不能用自己头脑来思考的人，也跟在英国人后面谈虎色变。但把德意志当作绝对精神发展的终点，这只能代表在拿破仑占领下的德国人的反抗精神，其远离现实，因而在现实上会发生流弊，也是事有固然的。一切体系哲学，对现实而言，与黑格尔的体系哲学所发生的问题，都相去不远。用严格的体系哲学的态度来处理中山先生的思想，处理得愈成功，可能与本来的性格和机能相去愈远。何以故？体系哲学的基础，依然是建立于知识之上，依然是建立于思维推论之上。知识、思维的活动过程，与自然科学活动的过程，有相同之处，即是由抽象以建立概念（公式）的过程。在此种过程中，势必将异质的东西加以排除；所以科学知识必然是专，必然是偏；体系哲学的概括，结果也同样是偏是蔽。人是“异质的统一”，由人所构成的国家社会，也是“异质的统一”。站在知识的立场，只能顺着异质中的某一质去发展。所以仅通过知识，不可能得到异质的统一，因而也不可能把握到一个整全的人，整全的社会、国家。因此中山先生思想的完整性、中庸性、圆满性固然有知识的帮助，但最主要的，还是来自他的伟大的人格。

对于人自身的把握，对于人自身问题的把握，知识是第二义的，人格才是第一义的。此一观点，一般人很难接受，我不妨举一个简单的事例。台湾目前最严重的问题，无过于“学店”对青年的欺骗、毒害。现时受害者只是身受的青年，再过几年，成批成批的一无成就的青年涌向社会，势必酿成巨大的社会问题。但这些开学店的人，在知识上，远超过求乞兴学的武训。武训跪在老师面前，是真正办学；而这些现代知识分子却只能开店，这正说明这些知识分子的人格，没有方法与武训作比较。中山先生是热心求知的，但将他的知识与各方的专家学者比较，只能说他的基础健全丰富，而很难说在专精上会超过其他的人。知识是必然也是应当趋向专精的。由此不难了解中山先生之所以能出类拔萃于时流之上，乃是他的人格而不是他的知识。

中国过去以人民的好恶，为政治最高的准绳。现代的民主政治，则决定于人民大多数的同意。对于人民好恶的内容去加以科学分析、研究，是知识范围的事。但是，一个政治家，并非要等这种分析、研究有了结果，才与以承认。而是无形中知道人民好恶的自身，乃是一种“存在”，而不是一种“概念”，“存在”便有要求信任的权利。对于此种客观存在而不能把握、信任，乃是在自己主观中含有排斥客观存在的因素在里面；换言之，是因为个人的权利欲，压低了自己的人格，因而人民的好恶，便无法进入于卑陋的人格之内。这并非由于知识发生问题。

台湾有自命为西化派的政治学者，不承认“主权”的观念，认为国家民族，在语意学上不能成立。在西方的政治学中，找不出这类的怪论。此种怪论之出现、横行，乃是在这种人的生命中，完全被自己的利欲封闭住了；除了自己当下感官的利欲外，接触不到国家、民族，接触不到作为国家民族生存保障的主权，于是只好以诡辩去掩饰自己的卑陋的人格。这样一来，知识在被歪曲的人格中，反成为这些人的根源之恶。

人格的超升，必通过个人私利、私智的克服。私利、私智多克服得一分，客观的存在，便在自己的主观中，多呈现出一分。克服得十分，以致于无我的状态，则此时的人格，便与国家、民族乃至人类，成为一体的人格。中山先生“天下为公”的揭示，及其自身的实践，正是此种人格的表现，也是形成他的思想的基底。说到思想，当然要凭借知识。但一般人是使知识与个人的名誉、金钱、利害相结合，中山先生则直接使知识与国家、民族的生死存亡相结合。一般人是以自己的名誉、金钱、地位，作知识的抉择，使知识为自己的名誉、金钱、地位发生效用；中山先生则是以国家、民族的生死存亡，作知识的抉择，使知识在国家、民族的生死存亡上发生效用。中山先生接受了传统的思想，也接受了西方的思想。但在传统知识方面，多过于中山先生的，并非绝无其人；为什么只有中山先生能拣取传统的精英，并一下子抓住西方近代的三大主流——民族、民权、民生，以形成他的完整而圆满的思想呢？这种分别，不是在知识上面，而是在人格上面。此种人格，是以仁为体的；所以他接受了社会主义思想，而去其褊急，这便形成了他的行之万世而不弊，推之四海而皆准的民生主义的中庸性格。这种人格的本身，即是深刻的道德的自觉，而“中国的道德自觉”，必落实于现实生活之上，所以他便自然而然地把道统与科学融合在一起。没有科学，我们民族不能生存；没有道德，我们民族又能生存吗？许多反道德的人，是要随时随地的，在混乱中达到自私自利的目的的人。我悲夫数十年来，不从人格方面去把握中山先生的思想，以致把中山先生的思想，在事实上变成为一大堆废话，故特于此表而出之。希望谈中山先生思想的人，不可忘其根本。

中山先生伟大的人格，还可从未十分被人注意过的两件事情上表现出来。

第一，中山先生让临时大总统，接受督办全国铁路的任务，这固然是他天下为公的理想的实践。但另一方面的意义，是说明传统的知识分子的性格，在中山先生这里已经脱皮换骨。坏的传统知识分子，固然是“有便宜必占”，“有竹杠必敲”，寡廉鲜耻，有如朱元晦所说的，简直是如同盗贼，这在今日更是横行猖獗，固不待论。即使好的传统知识分子，也往往轻视了人生、社会问题的解决。道德、品格的提高，都有待于物质的建设。物质建设，才是推动一切进步的大前提、大动力。当中山先生除了大总统以外，可以选择任何工作时，他却选择了物质建设的神经系统的工作，正说明了中山先生真正把握到了为传统知识分子所不曾了解的物质建设的意义。可惜他的信徒，乃至所谓自由主义者，都陷于传统格套之中，一点也不曾把自己虚浮的皮骨脱换过来。在过去，是受了时代的限制。在今日，大家也根本不肯从物质建设上用力，是因为大家只顺其个人的自私自利去升官发财；由升官发财而来的诈欺所得，便可以得到一切现代物质的享受，还需要什么建设？并且真正从事于物质建设的人，不一定是自己享受物质的人。简言之，中山先生的重视物质建设，是出自国家、民族的要求。大家没有这种要求，也即是没有这种人格，所以也只会想到享受而不想到建设了。

第二，中山先生因为幼年的环境关系，成为一位基督教徒。但在他的一生中，很少谈到基督教。在他的言论思想中，可能有与基督教教义暗相符合的地方，但他决不曾标榜基督教，更不会想利用基督教。这是因为他人格的超升，乃出于自己生命中道德理性的自觉；所以他在这种地方，是与中国的道统，直相契合。更重要的是，由他的伟大人格所发出的崇高智慧，他了解基督教在东方的活动，有意无意的是与西方的殖民主义结合在一起；所以在东方所发生的作用，并不同于在西方所发生的作用。假定中山先生把个人的信仰扩张于政治活动之上，便会和民族主义相冲突，加深中国的半殖民地化。他对于基督教的自我制约，也正来自他与国家、民族为一体的伟大人格；这与基督教的真正原始精神，反而更为接近了。我没有见过中山先生。但几次由他所给予于我的感动，只有我在垂暮之年，重读《论语》时所得的感动，可相比拟。这种感动，只能来自伟大的人格，而不可来自知识。

一九六五年十一月十二日《征信新闻报》

《爱国文章与文字卖国》读后感

《中华杂志》本年十月号有张大义先生《爱国文章与文字卖国》一文；文中所谓爱国文章，指的是丘仓海（逢甲）先生的诗，那是一点也不错的。但政府之所以能把台湾当作反共复国的基地，因为除了丘仓海先生的爱国文章以外，还有许多的爱国文章，还有许多不写文章，但充分表现了爱国的心乃至流了爱国的血。今当纪念台湾光复二十周年之际，所有政府的军公教人员，所有本省的同胞和大陆的同胞，饮水思源，对于这种爱国文章，爱国的心，爱国的血，应当有由衷的感激，有由衷的敬意；否则便同于不知有本的禽兽。

该文所说的“文字卖国”，是指的尚未完全断定作者的《辜耀星传》，想把无人不知的台湾头号汉奸辜显荣说成是“守经达权”的圣人。(《论语》:“可与立，未可与权。”所以，二面的话，是形容圣人的话。)这种以奸为忠的反面，即含有以忠为奸的毒意。这种以文字卖国的情形和前面许多爱国文章的情形，是同样地明白昭著。再加以张大义先生把辜显荣卖国的史迹，一一胪列出来，纵然用千万美金铸造一只机器狗，也无法哼出表示反驳的半点声响。所以我不等读完全文，即不能无所感。

我这几年也有点考据癖。所以首先对于此文的作者是谁的问题，发生兴趣。有人根据《辜耀星传》中有“嘱同兹为文以献”一句话，推测这篇文字，是出于国民党评议委员兼中央通讯社董事长及新闻评议委员会主任委员的萧同兹先生之手，就我的考据头脑观察，深以为不确。第一，萧同兹先生平生以风雅见长，以风雅担当国民党的宣传大任，从未听说他会写什么文章。这篇卖国的文字，虽然酸腐庸阘，但究非“人生七十才开始”学文的人可以写出的。第二，当国民党及政府，目前正大大地表扬台湾抗日志士、义士之际，萧同兹先生为国民党的重要党员，在国民党中饮恩食德不可谓不厚；何至选定此种时机，独唱反调，使社会怀疑国民党对于忠之与奸，实采取两面政策，因而所谓表彰忠义云云，不过是宣传的假把戏？这样一来，萧同兹先生岂不成为挖国民党墙脚的败类？我想，风雅如萧先生，恐不至出此。第三，萧同兹先生虽然正在以风雅代表社会思潮，为新闻界所推重，但汉奸卖国，亦断为新闻界所不许。若此卖国文字，系出于萧先生之手，则当他评议新闻的时候，将只许汉奸的言论猖狂，而忠贞的言论必受诬蔑迫害；然则我们的新闻界，又将何以自处？而另外六位评议委员，又怎么好意思与他平起平坐？从这一角度看，说这篇文字是萧同兹先生写的，也很难令人置信。古今中外，同姓名的有的是。我有位四川籍的苟同学，他亦名“同兹”，所以因上述卖国的文字中，有“同兹”二字，即推测此文是出于萧同兹先生，在考据上近于武断。

以下，再从三方面来说明我因此文所引起的感想。

首先，是站在国民党方面所引起的感想。是非不明，忠奸不辨，这是丢掉大陆主要原因之一。在日本占领下的台湾，大体上可以分为林献堂与辜显荣两派。只有在创办台中第一中学时，林、辜两人才合作过一次（在上述卖国文字中，把此事说成是辜氏一人之力，因为全文都是谎话，故不足异），此外，则壁垒分明，忠奸显著。政府到台后，最大的失策，莫过于打击林献堂及其一派。总统蒋公，提倡明是非、别忠奸，这是万分正确的。由上述一篇卖国文字，试与台湾省文献委员会最近所出的《台湾抗日忠烈录》，互相对照，难道说负有领导责任的国民党员，毫无动于衷吗？大家对得起蒋公的号召吗？

其次，作为民族罪人的汉奸，“虽孝子贤孙，百世不能改。”但百世不能改，并无害于其为孝子贤孙。中国最重“干父之蛊”。辜显荣之为汉奸，正说明辜振甫兄弟们为忠贞之士的可贵。忠贞是对国家而言，对整个国民党及政府的大利大害而言，并非指酒饭上的人情拉拢，这一套是过去对日本统治者的作法，不可以之对自己的政府。尤其是听说有位辜家弟兄，在日本浪人支持之下，大搞其独立运动，那真是父子济恶。辜家应当教导他老老实实地回到祖国来，受宽大的待遇。辜家的财富是由国家的耻辱及台湾志士的血所造成的基础，贤明的辜氏弟兄，应当好好地运用这种财富。

其次，在中国传统中，本有门客清客这一类型的人物附着于豪门大户，以取衣食之资。这种门客清客，除了为主人钻门路，拉关系，陪着进酒家，上夜总会以外，代撰应酬文字也是他们重大职掌之一。以辜家的豪富，当然也会养有门客清客型的人物。古人说得好：“养兵千日，用在一时。”一旦辜家主人，要这种门客清客为他的父亲作一个传，这是人情之常，而平时吃得脸光腹饱的门客清客们，又有什么方法可以推辞呢？所以在这种地方，应当给他们以宽恕。但稍为有点文学修养的门客清客，遇着这种困难题目时，便会采用避重就轻的方法，略过当汉奸的大节不谈，而谈其他可谈的小节。但辜家这位门客，却犯了文章的大忌，偏偏抓住辜家的痛脚，大事渲染一番。对辜显荣赴基隆，以一细民向日军投效时的情态说："赴基隆，请谒日帅，登舰，日军临之以威，挺然无惧色。日帅桦山知不可侮，以宾礼见，因得述来意。"这只要稍稍有点常识的人，便会立刻由这段虚饰的文字中，浮出一个初当汉奸者的卑鄙乞怜的形相。像这种写法，实际是丢尽了辜家的丑。这一门客之所以如此笨拙，乃是在他的心目中，只有衣食父母，而没有起码的忠奸之别的原故。文章关乎人格，岂不信哉！

一九六五年十一月十六日《中华杂志》第三卷第十一期

日本科学技术发展的基本条件

我们最迫切的任务，是要使现代的科学技术，能在台湾生根，以支持经济方面的发展。但几年以来，负责促进科学发展的先生们所提出的办法，实际和招来马戏团、溜冰团到台湾表演的情形，没有什么分别。日本国际教育协会发行的《窗》的第二期，有一篇山内恭彦氏的《科学与国民性》的文章，对科学技术发展的基本条件，就日本的经验，作一简单扼要的观察、叙述，我觉得可供我们的反省、借镜，所以改用这个标题，作简单的介绍。山内氏生于明治三十五年（西元一九〇二），曾任东京大学理学部（院）长，昭和三十一年受学士院赏，现在是东京大学的名誉教授，上智大学的教授，以下有的是介绍该文的大意，有的则引用该文的原文。

日本科学技术的发展，今日“成为世界惊异之目标”。在这种惊异中，有的是由于觉得日本不是属于西欧民族，而西欧民族才是适于发展科学技术的民族。其实，“包含日本在内的东洋民族，在文明、文化上，曾经有过远远凌驾西欧的时代。加之，科学技术，本是由人类的普遍的思考所产生的，并不像某种艺术、宗教那样，由民族不同而发生优劣的差异”。

科学固然发生于西欧，“但这不是有什么必然性的事情，而只是偶然的积累，这是美国科学家 Walfe 氏的主张”。“任何国家，在同样条件之下，从小孩时起，即开始用功，大体上，都能产生与人口成正比例的优秀科学家。”

“但世界上，有的国家科学很发达，有的则否，这完全是环境的关系。说到环境，会马上想到一个国家的政治、经济。但我觉得重要的还是某一国家的国民性。即是，这是由国民对科学有何种理解关心、采取何种态度所决定的。想由少数的有识者，去硬加伸张科学，是不会成功的。当然，审察国民的心情，以努力于科学伸展的有识者，会居于指导者的地位，那是不待说明的。”

接着，山内氏提出了能使日本科学技术发展的几种日本国民性。

首先，他举出日本人爱好学问、尊敬学者的倾向特别的强。他根据统计数理研究所关于各种职业的社会评价所作的调查报告，知道占评价第一位的固然是总理大臣，但占第二位的是东京大学的总长（校长），第三位的是最高裁判所的长官（最高法院院长），第四位的是众议院的议长，第五位的是内阁各大臣，第六位、第七位的是原子物理学者、物理学者，一般的大学教授占第十一位，而职业中评价最低的是第一百位。并且日本的风气，正因为学者多是贫穷的，反而受到社会的尊敬。因为学者不为自己作宣传，所以有时也有很好的研究者在悲惨的生活中过日子。但这种情形只要被社会知道，立刻会伸出援助之手；这不是普通的慈善性质，而是出于对学问由衷的尊敬。“国民的温情善意和尊敬，不可否认地，会给做学问的人以很大的勇气。”我在这里想补充一点的是：日本与台湾最显明的对照是工商业者。日本越是像样的工商业者，越尊敬学问，越尊敬学者，并不限于是自然科学。台湾越是大亨，越瞧不起学问，越瞧不起学者。

山内氏举出的第二种适于发展科学的日本国民性，是好奇喜新，对于新的外国文明、文化的吸收，非常迅速。我想，这一点不要多加说明。他举出的第三种适于发展科学的国民性，是日本国民由“自卑感”与“优越感”的混合，而想使自己成为优秀民族的愿望，非常顽强、热烈。这和日本人的勤勉、坚强、追求理想等性格相结合，对科学技术的发展，有很大的贡献。

山内氏举出的第四种适于发展科学的国民性，是日本人的宗教心的薄弱。据统计数理研究所的调查报告，日本人信宗教的只有百分之卅一，这和西欧诸国有百分之九十以上的信徒，成一显明的对比。“这一点日本或者和中国有点相像。”山内氏认为“西欧民族，本来是非常人文主义的民族，中世纪才被异民族的宗教所支配。他们是在反抗神的权威的意味上发展了自然科学”。日本人“宗教心的薄弱，在吸收科学而加以普及时减少了障碍”。“这是科学得以浸透于日本的一个要因。”

山内氏接着说到日本国民性在发展科学上也有若干弱点。但他认为“各民族的国民性，是由悠久的历史、传统所培养出来的，应当互相尊重。在不同民族之间，虽有彼此看不顺眼的性质，但首先要了解，这是客观的事实，不是能随便加以改变的。还有，说自己国民性是如何低劣，要在短期间加以改变，乃是一种不可能之事，说外国是如何如何的这种言论，只会徒然引发自卑感、焦躁感，没有什么利益。倒不如很冷静地、客观地考察自己的国民性，把握住对发展科学有利之点，而加以奖励，这是非常重要的。……如屡次反复所述的一样，科学仅仅由特定的少数人的热心，是不可能在国内生根的；这仅止于尽力杂在先进国的学者里面，在离开自己国家的场所，满足自己的研究欲。另一方面，指导者仅高声要从外国招聘学者，建立好的设备，也没有效果。怎样诉之于某种国民性，唤起民间对于科学技术的关心，在民间能有拼一生的精力于科学技术，发生由本国产生出来的研究，这才是第一重要的要点。印度的 Both Dr. S. N. Bose、日本的汤川秀树博士，他们的辉煌研究是于一次也未曾踏上外国土地之前，在自己国家内所完成的。培养到达那种特别成就程度以前的基本研究，这是发展途中的各国，所应最先努力的”。

山内氏又提到科学发展与语言问题，更值得我们的警惕。他认为国民性与语言的关系，“因为人考虑事物时，除借助于语言外，再没有其他的方法。用从外面借来的语言，不能作十分深刻的思考”。

“用本国的语言以教授科学，这对于科学的发展，比什么还重要。有人认为日本语不适于用作科学用语……在今日，则不用日语来谈科学的人，一个也没有。”山内氏认为应以本国语言讲授科学，并不要像中国因为没有标音文字而将一切单语译成本国语一样。科学的术语，应尽可能地用各国共通使用的，较为便利。英语单字的百分之六十以上，都是借用外来语（按英语的历史短而文化在近代的发展特别迅速，这也是一种特别原因）。“作为国语的重要条件，在于决定文章构成的文化不变。语言的特质不在它的单语，而在连缀单语以形成一篇文章的构成法则的文法，日本有人用英语作学问，但实际还是要在脑筋中把英语译成日语来思考，这便多了一层周折。”“语言以能成为习惯最为重要”，“初期用日语所写的教科书，未成为完全的日语，所以有的难念。今日则各部门的科学，都是用日语写得很好的教科书，连欧美也少见到这种好教科书……作为科学之普及和发达的第一步，科学的日本语化，可以说有很大的贡献”。

日本科学家几乎都用西欧文字，特别是用英文，发表自己独特的研究成果。“这种事，从科学发达的历史和现状看，乃不得已之事。然而因此便以为科学教育非英语不可，这并非所以推进科学。苦口地再说一遍吧，科学不是少数热心家之力所能发达的，没有国民全体的兴味、关心，难望有健全的发达。”我想，台湾今日造成少数人表演，多数人摇头，甚至弄到在台湾教科学、研究科学的人也由摇头而愤慨，难说这批空心大老板要实行科学的“绝育”吗？

一九六六年五月十五日《征信新闻报》

反传统与反人性

一

反对中国传统文化，有各种动机、目的、结果之不同，其是非得失，不可作笼统的断定。并且任何支派的文化，一定是在否定、肯定的反复中传承发展下来的。老子对在他以前的传统文化是采否定的态度，孔子则是采取肯定的态度。但老子在否定中却肯定了“圣人无常心，以百姓之心为心”的由周初所开始的“天视自我民视”的大统；孔子在传承中却否定了封建社会中的阶级限制，把代表阶级意义的“君子”“小人”，转变为“人格意义”的“君子”“小人”。我们不妨先这样地说：各种动物中，只有人类才有自己的历史，才有由历史所积累的传统。传统是人类生存经验的综合、谐和，也是人类向前求生存的踏脚石。一个民族的生命力，常常是由它的传统加以征表。不过传统的本身是在不断地变化。所以一个伟大的传统，好像扬子江的水一样，在崇明岛入海的水，表面看，和岷山发源的水没有两样；但实际上，从岷山流下的水，在蒸发浸润之余，已所余无几了。正因为它不断有新水源的汇合，所以它才成为“万里长江”。

前面已稍为提到有力的传统的形成，不仅须要传承，也须要反抗。但在传承中要有发展，所以传承而不至于僵化。在反抗后依然能得到谐和，所以反抗而终不至于横决。在传承中有发展，关系于知识分子的学力，也关于于知识分子的良心。在反抗后得到谐和，同样关系于知识分子的学力，更关系于知识分子的良心。为了满足个人的欲望而传承传统或反抗传统，和为了民族国家的大利大害而传承传统或反抗传统，在致力的过程中及所得的结果上完全是两样的。民族国家的大利大害，是衡断文化，汇合文化的最高标准。正常的民族国家的生活，是安定中的发展，是复杂中的谐和。所以在民族国家大利大害之下，对传统所作的传承或反抗，自然不能不使其发展，不能不使其谐和。合理的反抗，就传统的本身而言，是由去腐生新的作用，使传统能更为活泼、丰富的有力因素。

二

我国的文化传统，因为是在大陆和农业的基础上所形成的，四围各民族文化的水平，远较我们为低。由地理环境及农业的自足性，而很早便形成了自足性的文化性格；所以在历史中的变化比较少，甚至有时使人发生停滞不前之感。但实际上，它依然是在传承与否定中，不断地再形成，以维持它的生命。先秦时代的百家争鸣，奠定了此一传统的丰富笃实的基础。秦代焚书，主要是焚儒家的典籍。汉兴却定儒家为正统；这是传统的第一次大变化。在儒家正统之下，西汉以今文学为主，东汉则以古文学为主，这是在同一正统中的小变化。魏晋是老、庄的天下，这是对儒家正统的一大变化；但对儒家典籍的了解，由训诂而走向思想，这是在变化中带有发展性的传承。印度佛教先借老、庄思想而扩大影响；但接着却凌驾老、庄，薄弃儒术，其势力由六朝而直支配到北宋，成为民间信仰及学术思想的主流，这更是中国传统由吸收异质文化所发生大变化。但在此一变化中，不仅有孔颖达们的《五经正义》的堂皇问世，韩愈们更会公开举起反抗之旗；并且佛教自身，由三论宗、天台宗、华严宗以至禅宗的成立，也逐渐摆脱了印度佛教的原始神秘性格，走上了平易清明的理性之路，以与中国传统文化，取得了会通、谐和。这可以说是反抗中，反抗后的谐和。宋代理学兴起的因缘之一，是为了反抗佛教。说他们是“阳儒阴释”的，先是出自佛徒的醋意，接着是来自对于儒、释两无所知者的哄嚷。理学运动，是传承先秦儒家而又加以发展的新正统的奠定。但在宋五子之中，各人的性格、工夫到达点，既非完全相同，且及朱元晦之身，已有陆象山对他和程伊川的公开反抗。赵复、许衡们，凭程、朱思想之力，使中华民族渡过了元代征服的大黑暗时代。明朝定程、朱为官学，而社会流行的则是反抗程、朱的王学。明末清初，反王学与传承王学（如黄梨洲）乃至孤军特起的思想家，都在亡国惨痛之下，对国家民族，作了多方面的反省，而发挥了传承中的发展，反抗中的谐和的大作用，使此一短期间的学术光芒，几可与先秦比盛。乾嘉时代对宋明学的反抗，在文化历史发展的过程中，可以说是应当有的反抗。可惜发动此一反抗的人们，如阎若璩、胡渭等，在立身大节上都是为宋明儒所唾弃不屑道的人。流派推演所至，遂将中国传统文化中的“人格的人文主义”的精神，根本加以否定，而只成为追求私人的名与利的活动。他们的饾饤考订工作，只能作片断的认知，完全不能作合理的思考，遂至失掉了起码的推理能力。这样一来，岂惟否定了“学术文化的归结是在于思想的”这一大前提，连他们所标榜的考据，因缺乏推理能力，也便失掉了批判材料的基本能力。于是他们考据所及，把问题越弄越胡涂；此一风气，至今尚触目皆是。中间当然有谨守范围，在古籍解读上，颇有贡献的人。但三百年来没有思想的学术活动，在实质上能否算作学术活动，我感到非常的可疑。梁任公们把此一阶段比附为欧洲的文艺复兴运动，那是非常可笑的。

三

由乾嘉的反宋明，演变为五四运动的全面反抗传统，为了大量吸收西方文化，也是一种应有的历程。但此一应有的历程，应该止于很短很轻微的程度。因为近代西方文化的主干，可以说是在理性主义基础之上所成立的科学与民主。对此一文化发生反拨作用的，主要是来自各种宗教。但西方在近代初所作的从宗教权威中求得理性解放的工作，我们第一次在老、孔时代已经彻底地作过了，第二次又在程、朱、陆、王手上彻底地作过。中国传统文化的主干，本来就是理性主义；不过他是发展向道德与艺术方面。因为本是理性主义的文化，所以在接受科学、民主方面，最低限度，并没有根源上的冲突，而不需要像五四时代那种横决性的反抗。其所以有那种横决现象的出现，一方面是来自当时知识分子对整个文化的所知太少；一方面是把阻碍国家进步的政治原因，有的人是有意，有的人是无意的，转移到传统文化身上去了。此时惟有孙中山先生，在政治上革命，在文化上则以传承道统为基础，要向西方迎头赶上；这才真正把握到了问题，接上了时代的需要。同时，北伐成功以后，政治较为安定，学人对西方的了解有不少的进步，于是五四时代的横决，大体上终于趋向了谐和。

这里应顺便一提的是，中国文化，以道德、艺术为主。艺术上的成就，没有引起多少问题。但是，在两千年以前所形成的道德基型，是否会成为接受科学的障碍？这里分几点来解答这一问题。

（一）从根源上说，道德、科学，是发自人心的两个方面，充实人的生命、生活的两方面的要求；有两相增益的关系，但既不可以互相代替，也不会两相妨碍。

（二）欧洲近代自然科学的基础，是奠定于十八世纪；十八世纪的文化，正是科学与伦理并重。欧洲伦理学的地位，开始没落于十九世纪之末；而今日欧洲文化上的严重问题，正是伦理思想没落的问题。

（三）中国的伦理思想，不是在神话中找根据，而是在人自己生命中求得根据；所以只能对科学有所增益，决无所障蔽。讲宋学的曾国藩，讲中学为体的张之洞，当他们大力从事科学事实上的移植时，从不曾在观念上感到有半点扞隔，即是这种原因。假定中国的知识分子，皆能作曾、张们同样的努力，则中国早经工业化了。除英国以外，其他各国（尤其是德、日）工业化的重要过程，都是军事工业、一般实用轻工业、重工业、理论科学。乃五四运动以来，大家都说要先把观念加以科学化了，才可以接受科学。于是在观念上，要清算这，要清算那，凭空增许多不必要的纠葛。这实系一种新的清谈趋向。

（四）中国作为道德根源的性善思想，实为走向民主政治的最大动力；也是民主政治最后的根源，最后的保障。

（五）道德有其精神，有其实现的形式。实现的形式，系由时代各种条件所决定，也受到时代的限制。过时了的形式，会成为生命的桎梏。但道德精神，是永恒不变的。例如结婚的形式不断地变，但重视男女的结合以安定人生社会的结婚精神却永远不变。

（六）道德、艺术，都发自人的生命，浸透于人的现实生活感情之中。外来思想，在这一方面有激刺的效用，但不容易有浸透的效用。所以在这方面的有力启示启发，只能来自各民族自己的传统。这一方面的外来思想要进一步发生作用，须经过时间的积累，加入到传统里面而形成传统中的一部分时，才有其可能。社会上出现口头西化而生活传承着传统中最坏的一面的原因，正在于此。

上面六项的话，我们不知说过多少次；但在学术界居于统治地位的乾嘉余孽——他们自装门面说是西化派，但他们对西方文化，是全无所知的——总不相信，我这里只得再抄一段英国人的话在下面：

> 要将希腊伦理学与近世非神学的伦理学加以严格区别的努力，实际是失败的。除了进化论的自然主义以外，希腊的理论，不能与近世伦理的理论相合的，一个也没有。种种语言的专门使用——例如利己主义、利他主义、社会的有机体、社会的责任、道德的责任、义务、良心、目的论的伦理学等——秘藏着此一真理。其（希腊与近代的）差异是形式的东西，而不是根本的东西……应用的道德，是随此社会条件、国民及个人的特殊性格、宗教信仰及科学的成就等而变化。但这些变化，并不能左右纯粹伦理学的基础。

我们要将伦理学的原理，与可能使这种原理加以实现之力（按：即现实中的诸条件），必须加以区别。(Reginald A. P. Rogers 著《西洋近代伦理学史》，日译本页十五至十六)

上面所说的纯粹伦理学，即我所说的道德精神；应用的道德，即我所说的道德精神在具体实现中的形式。百十年来我们所应努力的，即为把握传统道德的精神，重新建立与时代相适应的形式。全部锄而去之，则在人的条件上已完全垮掉了。不是人的人，如何能吸收西方文化？五四时代有人以礼教为吃人，以家庭为罪恶渊薮。我的两个小孩在美国每逢某种节日及父母兄弟生日，皆买印得现成的贺片寄回来，而我们则除圣诞、新年以外，一无所有；可知美国人比我们有礼得多，但并未将美国人吃掉。而联合国的《人权宣言》中，特提出家庭对青年、儿童保障的重大意义，实认家庭为抵抗极权、保障民主的重大据点。伟大的群体生活问题，岂是心凉嘴快、不曾弄通过任何学问的人，所能信口开河的吗？

四

最近一年来大陆上所发生的情势，是说明中共内部已由中国传统文化所浸透，而影响到毛泽东的极权，及他要实现蚂蚁社会的幻想，逼得他不能不使用枪杆和十五六岁的儿童，对他自己的党，发动大规模的整肃运动，这到底说明什么呢？我认为：

（一）此次由受传统文化影响而反毛泽东的人，他们过去都是反中国传统文化的人。为什么在他们得势的时候，却又被传统文化所浸透呢？并且中国传统文化，不同于各种宗教，它没有任何组织力量的支持。而在三百年的不断诬蔑中，它的精神面貌，早已非常朦胧隐晦，尤其是在以反传统起家的中共统治之下。中国传统文化在中共统治之下，所以能“野火烧不尽，春风吹又生”，是因为它不是来自神话的虚构，不是来自思辩的推衍，而是发自人性自身的呼唤。每一个人，越面临着反人性的大灾害时，生命深处的人性，会感到不安、愤怒，便不期然而然地被传统文化中人性的呼声所吸引，所融化了。

（二）从《海瑞罢官》和《燕山夜话》等文件看，吴晗们所沾染的传统文化，实在是很轻很浅，为什么会使毛泽东非发动这样大规模的整肃运动不可呢？因为吴晗们又轻又浅的话，是在重重特务威吓之下所说出的，每一句话的里面，都含有人性最大的愤怒和迫切的要求，而这些愤怒与要求，不仅代表了大陆的人民，并且也代表了较为成熟的共产党员。换言之，每一句话后面，都有巨大的潜力在那里汹涌。

（三）用枪杆解决文化问题，用群众解决问题，这已经证明毛泽东在文化上无丝毫立足之地，所以不敢以文化的立场来面对文化。但传统文化，是人性的文化。每一个发育成熟的人，他自己的人性便会或多或少地发生作用，便不肯自己剿绝自己的人性；所以逼得毛泽东只好用上发育尚未成熟的儿童，以集体儿童的暴力，来对付他们自己发育成熟了的党员。红卫兵的出现，是说明毛泽东是以野蛮反对文化，以兽性反对人性；与一般所说的对传统的反抗，毫不相干。所以他们只能喊“我们要造反，我们要造反”的空洞口号。他们要造谁的反呢？是造文化的反，造人性的反，造共产党自己的反，造这些可怜的儿童自己的反。这是最惨无人道的勾当。

我们不可隔着海来轻视这种疯狂的行动。在三年以前，台湾实际也出现了一种探测性的“红卫兵”，收到了相当的效果。毛泽东今日敢于这样作，很可能是受到了这一探测红卫兵的鼓励。台湾三年前的探测性的红卫兵，与今日大陆上的红卫兵，在本质上没有半丝半毫的差异。只因一是直接指挥的，一是间接指挥的，所以一个是凶悍，一个是下流。同时，台湾的环境与大陆不同，所以台湾的探测性红卫兵，多一层汉奸的阴影。但只要有人把这几年来的有关资料，与大陆的红卫兵的行为，作一对照，谁能怀疑我所作的观察呢？台湾的这支红卫兵，表面上好像消声匿迹了，但暗中正在摩拳勒掌，待机而动。他们的策略，第一步当然是少数几个人；但人性与反人性之间的生死斗争，决不仅关系于少数几个人。而反人性的勾当，更决不能混同于反传统的趋向。

一九六六年九月十六日《中华杂志》第四卷第九期

三民主义思想的把握

思想，或者可以把它分成两种典型。一是以思辨为主的典型，此一典型出自希腊有闲阶级的冥想。在内容上常表现为穷高极深，在形式上常表现为体系完整。但作为思辨推理的原始根据，常仅立足于人生、事物之一端，愈推愈偏，愈推愈远，逐渐从真实的人生，飘浮上去，以致成为“观念的游戏”，现在实存主义的流行，正是这种观念游戏的反动。

另一是以体认为主的典型，此一典型出自中国圣贤对忧患的自觉与承当。在内容上常不过是庸言庸行，而在形式上又常表现为单纯素朴。但所谓“体认”，是由现实生命、生活中所得来的认识，所以它的根据是现实的生命与生活。当一个人，愈迫进于自己的生命之中，而发生深刻的反省时，便愈感到这种思想的亲切及其吸之不尽的意味。“有一言而可以终身行之”，乃指的是这种由体认而出之言。

体认所得的深度广度，决定于一个人对自己人格的开辟所能达到的深度与广度。孔子“下学而上达”的开辟工夫，到了“五十而知天命”时，已经达到了完成的境界。因此，孔子所留下的语言，都是从他的“人格之全”中所流露出来的语言；孔子的语言，即是孔子的人格。《中庸》:“故君子尊德性而道问学，致广大而尽精微，极高明而道中庸；温故而知新，敦厚以崇礼。”这是对孔子人格之全的描述，也即是对孔子思想性格内容的描述。孔子思想之所以难于把握，乃因为孔子的人格之全，难于把握。但由人格之全以把握孔子的思想，仍为悬之万世所应作的无穷的努力；他之所以能成为尽人类有生之际的标程的原因，也正在于此。

近代三百年来，政治、社会的思想，风起云涌，多采多姿。但这些思想中，依然是顺着个人的生活环境、个性，特别各人所能接触得到的外缘，以为立论的根据，而逐步思辨推演上去，以形成各种体系。这些体系，各有所明，但也各有所偏，各有所蔽。倡导这些思想、主义的人们，都加上自己的热情与活力，欲以其道易天下；事实上，是要以天下之全，归于他们的思想之偏，真可以说是名符其实的削足适履。百年来治丝益棼，不是没有道理的。

《庄子 · 天下》篇有下面的一段话：

> 古之人，其备乎。配神明，醇天地，育万物，和天下，泽及百姓。明于本数，系于末度。六通四辟，小大精粗，其运无乎不在……天下大乱，贤圣不明，道德不一，天下多得一察焉以自好。譬如耳目鼻口，皆有所明，不能相通。犹百家众技也，皆有所长，时有所用。虽然不该不遍，一曲之士也。判天地之美，析万物之理，察古人之全。寡能备于天地之美，称神明之容。是故内圣外王之道，暗而不明，郁而不发。天下之人，各为其所欲焉以自为方。悲夫，百家往而不反，必不合矣。后世之学者，不幸不见天地之纯，古人之大体，道术将为天下裂。

把三民主义和其他政治、社会思想相比较，似乎可以用得到上面庄子的一段话。但我更应特别指出的是，理智思辨活动的过程，乃是一种抽象的过程。在抽象的过程中，必须将异质的东西排斥出去，以保持概念所必不可少的同一律。因此，任何由思辨而来的思想，都只能“如耳目鼻口，皆有所明，不能相通”。使耳目鼻口皆得其用以构成人体统一活动的，必有待于高一层次的心的作用。要使百家众技皆效其用，以满足人类之全的需要，这不是仅靠知识的统合可以做到；因为知识的本性，不可能统合；勉强统合了以后，还是一种知识，还是不赅不备。在这种地方，必须以“人格之全”，把握到天下之全，由天下之全来决定各种知识的分位。

举一个例来说明吧。由欧洲十八世纪到十九世纪的三十年代，可以说是伦理道德与科学知识，齐驱并进的时代。十九世纪后半，科学知识，突飞猛进，在文化中几乎把伦理道德排挤得消声匿迹，这便形成今日西方文化的重大危机。也有若干思想家，看出了这种危机，要加以补救。但在科学知识的自身，本来找不出伦理道德的根据；所以由知识的统合，依然找不到伦理道德的根据。中山先生在这种地方，便干脆指出对科学知识应迎头赶上，对伦理道德应继承、发扬我们的道统。中山先生的两种主张，不是统一于思想、知识，而是统一于我们“民族之全”。在我们民族之全中需要这两样东西的同时并进，不如此，便是偏，便是蔽，便是对于我们民族之全的损害。其他的反对理由，对我们民族之全来说，都是无知妄作，蜉蝣撼树。我以为对中山先生的思想，都应以“人格之全”、“天下之全”的立场去加以把握。

这里尚须补充一点是：人格之全，与天下之全，是不可分的。

在孔子的人格之全中所呈现出的，自然是“天下归仁”。而天下为公，也正是中山先生人格之全的呈露。不健全的人格，不可能把握到一个健全的世界。百十年来，诸多以诡随之术、偏激之论，求能哗众取宠于一时，不顾贻天下国家之大患；深一层地去了解，多半是出自不健全的人格乃至变态心理。纪念中山先生，或者应从这种地方努力。

一九六六年十一月十二日《国父百年诞辰纪念论文集》

评陈著《四书道贯》

立夫先生大概因为我平生不好为阿谀之言，所以要我对他的大著《四书道贯》写篇书评。说来很惭愧，我著的书，在书店里多是冷货；而陈先生的书，则真是洛阳纸贵，风动一时。我破例来写陈先生的书评，在惭愧外，未免又有点苍茫之感了。

以《论语》为首的四书，最主要的部分，是在体验与功夫的互相推动中所流露出来的。

体验也可以说即是经验。西方虽只注意“外的经验”，但也有不少人提出“内的经验”，这便与体验的内容更为接近。但体验与一般所说的经验的不同之点，乃在于体验是将经验加以反省、提炼，因而在生命中生下了根，在生命中得到了证验的经验。

功夫也可以说即是方法。但一般之所谓方法，乃是处理客观事物所运用的合理工具与程序，以求将客观事物，作目的性的改变。中国的所谓功夫，乃是以自己的生活、生命为对象，如何去加以发现、加以把握，并在发现、把握的自己理性不断要求之下，来提高自己，扩大自己的一种努力过程。它的内容是涵养、省察与实践。

体验的深度与广度，决定于人格的成就。人格的成就，决定于功夫的有无与深浅。四书是由以孔子为首的几个圣贤，把他们由功夫所建立的人格，由人格所得到的各种体验，以简洁的语言表达出来的结晶。他们的起步还是经验，但他们所说的，不仅是经过了反省、提炼过的经验，而且是在功夫的推动之下，由生命不断地扩大、加深，以达到人之所以为人、物之所以为物的共同本质——性——的境界下所得的经验。

了解到上述的意义，便可以解答下面三个问题：

（一）为什么在两千多年以前所讲的话，其中主要的部分，一直到现在还有价值？西方有人说过一句意味气长的话，“知识是不断改变的，而感情却是不变”。感情是发自生命的自身，生命的构造没有变，感情也变不到什么地方去。四书是由人格完成中及完成以后的生命根源之地所说出的话，那是由真正发现了自己，发现了相关事物之真际，所说出的话；所以他是永远向人类呼唤，使人类不要忘失了自己的话。

（二）为什么四书的文字，在形式上非常零散，但在内容上却形成一个严密的系统？因为四书的作者和古希腊的哲人不同，并不是先树立一个著书计划，把自己的思想，作有系统的组织，然后写了出来。而是应机而发，称体而谈，常只说出体验的内容、结论，无意加以理论化的话。他们的体系性，是来自人格的统一性和生命的自然规律性，它不倚赖由思辨所建立的形式系统。

（三）为什么陈立夫先生乃是一科学家、政治家，并不是一经学家，而我却推重他的《四书道贯》的缘故，这是下面所要说明的。

意大利的哲学家克罗齐，曾提出只有现代史的有名的意见。他认为只有在现代人的经验照耀需求之下，古代史才能进入于现代人的研究、了解之中。所以被人研究而得到了解的古代史，实际是作为现代史而重现。否则，历史的材料，不得不保留在睡眠状态之中。克氏的这一意见，可以用到古典的研究、了解上面去。

读古典，当然要通训诂。但并不是通了训诂便算读通了古典，尤其是对四书而言，更是如此。四书和《诗》、《书》、《易》、《礼》等最大不同之点，乃在于四书中只有极少数的处所有训诂上的问题。对四书的理解，主要是须凭读者由人生社会的经验上的反省自觉，以“追验”到立言者当时的体验。李二曲有《四书反身录》一书，虽稍杂有一点禅的意味，但反求之于自己真实的生活（修身之身，皆应作“生活”解），以求与圣贤所开示出的生活内容——体验——相印证，这是理解四书的唯一途径。换言之，以自己的生活经验去“追验”圣贤所体验的内容，这才能拿到理解的钥匙。清人训诂之功，远过宋儒；但他们对四书的解释，在基本上，还是不及朱注。原因便在于清人缺少生活体验上的一段功夫。但我并不是说朱注没有错误，尤其对孟子言心言性等处的错误更为严重。这一面是因为任何注释，都要受时代的限制，所以卡西勒以为古典须要在不断的注释中，而始能发现其光辉的。另一面是因为朱子太相信那一套由思辨而来的形上学，常于不知不觉之中，用到四书的解释中去，这便使二者之间发生了差距。但朱子一生的真切体验功夫，非后人所及；所以他的《集注》，在以自己的体验印合书中的体验所说出的，其真切深厚，与四书自身，同有永恒的价值。

每一个人，都有其生活经验。每一解释古典的人，不管他标举的是任何旗帜，都有各人的生活经验，在训诂选择及文字了解中发生大的作用。清人注释《论语》的，虽然缺乏人生体验的功夫，但许多人还是有志于圣贤，做人也多近于平实。所以他们的注释，只是泛而不切，尚少离经叛道的怪论。现在有不少的名家，他只有自私自利，乃至有许多不可告人之私的生活经验。他们为了美化自己的这种生活经验，以使欺骗一些不能用头脑的人，维护并增加自己的自私自利，便把四书中许多极为明显的字句，附会歪曲得与他们自己的生活经验，是一般无二。圣人既与他们同其丑恶，所以他们就是圣贤。若干名家的注释，可以说是肆无忌惮，浮薄佻达，原因正在这里，这又是清人所梦想不到的。因此，对四书的理解，必由训诂追到人生的体验，更由人生的体验而追到注释者人的自身，乃必然之势。

我过去没有与立夫先生同事的机会，除了三十六年在上海同在一栋房子里住了两个星期外，也很少亲近的机会。但这十多年来观察他“居夷处困”的情形，则孟子所谓“富贵不能淫，贫贱不能移，威武不能屈”，庶乎近之。他的注重四书，主要是因为他在肩负党国重任中，遇到了许多困难问题，并要解决这些困难问题，而引发了自己的反省，由这种反省而发现了四书的意义；所以他走的正是由人生社会经验的反省，以通向圣贤体验的一条正路。虽然他向内沉潜反复的功夫，恐尚有所不足；但他所涉及的经验的广泛，及对党国的真实责任之心，实足以弥补上述缺点。因此，他著的《四书道贯》的第一特点是平易亲切，有的地方使人感到圣人好像正对着读者讲话。古典的大众化，乃最不容易的事情。我最怕学生看四书白话注解这一类的东西，我不是反对白话注解，而是反对许多注解者的勇气。从这一点，陈先生开辟了比较可靠的古典大众化的道路。

其次，立夫先生在四书中把握到了诚、仁、中三个基本观念，以作为贯通的真实内容，这是非常有意义的。尤其是他在《诚意》编中，说中庸的诚，即同于宗教中的上帝；这一发现，意义更为深远，我感到还值得再加以发挥。

第三，本书在结论中，很扼要地把许多人对中国文化所造成的人为障蔽，很简明地打通了。有如中国文化与科学问题，中国文化与民主问题等等。这在复兴中国文化上，有极重要的意义。尤其全书中对现实人生、社会、政治各方面的陈述，实际都作了针对现代的指点，而发生了提撕、警觉的作用，应当可以引起读者深切的反省。

当然，此书内容并不是没有值得商量的地方。例如立夫先生承朱子之说，以为《大学》是出于曾子，这从今日研究的结果来看，恐怕有问题。据我的考证，此篇当出于秦统一天下以后的儒者之手，是先秦儒家发展完成之作，但这对于它的内容是没有多大的影响的。其次，从《大学》“致知在格物”这句话来看，致知与格物，应当属于一个层次。而致知的知，乃是通过闻见以成就知识的知；它与“德性之知”，是属于不同的方面，或属于两个次元；所以程子曾说过“德性之知，不关闻见”的一句伟大的话。知天知命知性，乃表明德性的超经验的最后到达点，也即是正心诚意的最后到达点，所以孟子说：“尽其心者，知其性也。知其性，则知天矣。”因此，假定原著把格物致知列为一篇；而把现在《致知》篇中知天命这一类的材料另归入到《诚意》篇或另成立一篇，在条理上或更为清楚。还有少数的语言，表达得不太善巧。例如“诚为道德之原动力”，容易使人误解诚与道德为两物；实则诚的自身即是“整全的道德”，诚之力即道德之力，诚之动即道德主动之体，所以说“诚者自成也”。我想，这一类的，乃是表达之不够善巧。但上面的意见，乃是我个人研究所得的意见，是尚在讨论中的意见。对此书的全般价值，是毫无所损的。

一九六六年十一月二十六日于台北市青年会旅次

一九六六年十一月二十八日《征信新闻报》

成立中国文化复兴节感言

一、从屈辱中的奋起

近数十年的学术，是向多方面发展。其中重大发展之一，靠考古及碑碣、文献等考证之助，对于人类湮灭已久的历史文化，也得以重新发掘出来，作适当的评价，以满足现代人的求知欲，充实现代文化的内容。日本去年文化活动的方向，有人称之为“历史年”，即是，他们在这一年中，一面尽量扩展世界史的知识，一面把日本自身每一角落的传统文化，都精益求精、详益求详地，从研究内容，到印刷装订，都提高到前所未有的水准，以与西方各国，争一日的长短，借以提高他们国家的地位。但台湾数年以来，以一个书店和杂志为中心，对自己的文化和研究自己文化的少数人，展开了史无前例的诬蔑、陷害。把孔子比作西门庆、魏忠贤，把读中国书的人说是义和团。风气所及，凡是以客观态度研究中国文化而得到平实结论的人，都成为社会嘲笑指摘的对象。毫无知识，毫无品格的人，只要骂几声中国文化，或加以冷嘲热讽，便立刻成为现代化的风云人物。我可以这样说，在人类所有的文化系统中，没有任何其他文化，受到中国文化这样的冤屈侮辱。没有任何国家的文化人，受到中国文化人中诚诚恳恳地研究自己文化者这样的冤屈侮辱。我常想，一个有长久历史的民族，在国际上认为这一民族的传统文化，是一钱不值的；难道说属于这一民族的各个人，在国际上还能值得半文钱吗？所以用骂自己文化来出风头的人，他所出的乃是汉奸的风头，而决不是一个具有独立人格的风头。

在我们少数研究中国文化的人被台湾的一种特殊势力围攻、诬陷、困扰的时候，现在因大陆上利用红卫兵彻底破坏中国传统文化，而激起此间的反省，由总统蒋公决定以中山先生的诞辰为中国文化复兴节，其意义的重大，和我们私人内心的庆幸，是难以形容的。文化复兴民族复兴不可分。我希望真正能由此而走上民族复兴的路。

二、我想向政府讲几句话

第一，复兴中国文化，不应当看作是一时运用的手段，而应当真正当作我们的一种责任、一种目的。这种责任、目的的达成，必须要有坚实的文化政策，长期地贯彻下去。

第二，复兴中国文化，要尊重中国文化中现实的批判精神。要承认中国文化的研究工作，有客观的标准。对现实没有批判精神的文化，是死僵了的文化，复兴不起来。不承认中国文化在研究上有客观的标准，认为用钦赐翰林的方式即可达成利用的目的，这是把中国文化摈弃于学术范围之外，这实际是毁灭中国文化。

第三，中国文化，不是孤立地可以复兴的。它须要在整个文化努力中构成健全的、有机的一部分。同时，民主、科学，正是我们追求的大目标。我们在生活上所要复兴的中国文化，一定是补民主科学之所不足，并进而成为追求民主科学动力的一方面。一窝风的作法，必定成为一时冷、一时热的结果，这对文化而言决没有结果。而误认中国文化是与科学民主相对立，那更是一种不幸。

第四，应当认为文化上的要求，重于私人酒肉的酬酢。尤其是在经济中，不可有特权阶级，在文化中更不可有特权阶级。因为特权阶级的横行，必然破坏真正的研究工作，败坏学术文化的风气。

第五，现时中学的中国文化基本教材，意义重大。但在教材选择方面，把许多可作明确解释，并有现代意义的不选，却偏偏选择些难作明确解释，及没有现代意义，或不易为儿童青年所了解的东西在里面，这似乎是容易改正的。

第六，文化复兴的工作，是埋头研究的工作，这种工作是许多人一点一滴地积累起来的。文化上的盗窃，乃是文化工作者的耻辱。例如对于王鸿绪们所修的《明史》，我们可以出《明史补》《明史纠谬》，乃至《新明史》。如何可以在原书上加一点什么东西，便变成了张其昀们的著作？这种盗窃之风，在复兴中国文化中，应一致加以声讨。

三、学术界的病根是在懒惰与取巧

我再要向学术界讲几句话。这些年来反对中国文化的，有许多借口，例如它妨碍科学、助长专制、不可复古、不合时代精神、阻滞现代化等等。这些借口的提出，追究到底，乃是来自懒惰与取巧的心理。因为懒惰，不肯做严肃的研究工作，便经常以自由的联想，代替学术中的真正问题。因为是取巧，便以反对中国文化的手法，掩饰他之所以不研究中国文化，是因为中国文化一无价值。更使社会大众，幻想凡是反对中国文化的人，反对传统的人，必然是代表西方文化、代表现代化。其实这些人对任何文化，都是一无所知的。

在现代，任何事物都可成为学问研究的对象，何况一个伟大的传统文化。在文化发达的国家，只看你研究的结论，够不够知识的水准，而决没有复古与现代化等问题。一个考古学上的发现，一个原始部落的精密调查研究，和经济学、数学等一条新原理、公式的建立，会发生复古和现代化的争论吗？复兴中国文化，首先是要把中国文化的每一部门，作够知识水准的研究。离开知识水准而高喊“要适合现代化”、“要适合时代精神”的人，是根本不曾沾过学术工作的边的人。

至于传统文化在现代生活中所能发生的影响，严格说来，是由某种知识后面的精神所发生的影响，而决不是具体事物的问题。难道说现在会有主张恢复手摇纺车，恢复独轮手推车的人吗？在精神上，只有自觉的深浅，并没有古今的界域。一个人为了尘劳暂息而欣赏一张古画，或参加某种宗教仪式，和一个人去跳阿哥哥舞，乃至参观一次现代画展，难道说这里便有复古与现代化之争吗？每一文化系统中，都有正负两方面的因素。例如中国的伦理道德，在根源上是可以成为民主的动力，也可以提供追求科学的动力。但在各个具体事象上，则有的是会妨碍民主科学的进展的。这种抉择，完全要靠严肃的研究工作来作判断。说到对人生的深刻启示，不论中外，必然是来自古典的为多，来自现代的较少，这种事实，更值得进一步去研究。

说到中国文化的价值到底在哪里，研究中国文学的方法与态度应当如何，有我们一部分的著作在，应当可以供有诚意复兴中国文化者的参考。

一九六六年十一月

一九六六年十二月一日《新天地》第五卷第十期

中国文化复兴的若干观念问题

中国文化复兴的号召，一是由大陆上要彻底消灭中国文化所激起，一是因中国文化百十年来一直是在衰落之中。有不少的人，认为中国文化，妨碍了对西方文化的吸收；则这种衰落，毋宁是非常可喜的现象。但是，在中国文化衰落的另一面，并没有看出对西方文化的认真努力；连严肃的翻译工作，也停顿多年了。由此可知，我们文化的衰落，是整个的、互相关连的衰落。其次，在文化发达的国家，假定它有传统的文化，断乎没有把自己的传统文化冷置一旁之理。并且对人类历史悠久的传统文化的研究，与自然科学的研究，于不知不觉之中，形成了齐头并进的形势；自然科学研究的范围，一天一天地扩大；对人类传统文化研究的范围，也一天一天地扩大。以西方历史为世界历史的中心或“范本”的趋向，已开始动摇，正是研究扩大的必然归结。总之，不论从哪一方面说，中国文化的衰落，站在中国人的立场来说，不应当是一个好现象；因而中国文化复兴的号召，也不能不承认它是一个有意义的号召。

中国文化之所以衰落，主要原因之一，是因为文化界中许多有地位的人士，常常以个人“勇敢的态度”，代替“埋头研究的成果”。风气所及，社会只流行着不负责的口号，而看不到认真的研究。这类口号，初听好像很响亮；但稍加思考，便多是恍兮惚兮的自设陷阱。我在这篇短文里，想对这类的口号、观念，作若干检讨，不让它绊住我们前进的脚。

中国文化衰落现象之一，不仅在世界的“汉学”研究中，中国的学者失掉了主导的作用；并且对于中国文化的看法，不能根据自己研究的结论，而只是想在西方人的结论中讨便宜。研究自然科学，可以排除私人乃至国家民族的主观作用；研究人文方面的东西，尤其是关系到不同民族、不同文化系统方面的东西，事实上不可能完全排除主观的作用。莫尔顿（R. G. Moulton）认为人们对于世界文学的把握，是“展望”式的，而不是“测图”式的；这可以说是自然的、无可奈何之事。再加以西方人对东方人的优越感，和文字语言上的障碍，以及现代美国人的浮薄习气，虽然他们可能由角度的不同，而提出若干新的观点，但不可能要求他们能作坚实而深入的研究。日本原是属于中国文化系统的，他们对中国文化的研究工作非西方汉学家所能比拟；但一深入到文化精神的内层时，他们同样地无所措手。所以我们应当随时留意世界对中国文化研究的动态、方法、结论，但不可以讨便宜之心，无批判地信任他们的结论。这是我想首先提出来作为共同的策励的。

西方人士对中国文化的结论之一，是认为中国宋、明、清的文化是同于欧洲中世纪文化的性格。著有《古代中世科学文化史》的萨顿（G. Sarton）在他大著的第一卷中，便坚持此一说法。若仅从自然科学和技术的观点来看，此一说法，或有若干意义。但若从整个文化的基本性格来看，则欧洲中世纪是对神的信仰为中心的文化，而宋明则是以理性为中心的文化。与其说它是同于欧洲的中世纪，毋宁说他更近于欧洲的启蒙运动的时代。所以西方的宗教进入到中国来，不断受到知识分子的抵抗；而西方的科学民主，进入到中国来，最低限度，并没有受到知识分子的抵抗。以传教为主要目的，却披着西方文化外衣的大量传教工作，阻滞了中国的科学进步，这是一种不幸的事情。

另一种是由唯物史观、经济史观而来的说法，认为中国文化是封建社会的文化，或农业社会的文化；不仅封建文化，应当归于淘汰，即系农业文化，也会挡住工业化的进程，在目前也应处于被淘汰的地位。上面的说法，当然都有一部分道理。但是：一、什么是封建社会？中国是不是继续了两千多年的封建社会？首先要加以解答。二、农业文化的社会组织，早在解体之中；农业文化的精神，凝缩地说，可用“孝慈勤俭”四字加以概括。此种精神是否在工业社会中便一无是处？目前社会的各种堕落现象，我以为是来自农业文化者少，来自人类自身的弱点者多。我早就根本怀疑由农村而来的十大罪恶之说。三、不管是封建文化也好，农业文化也好，都不能作为否定研究工作的理由。今日的学术界，不论研究的对象为何，或者以自然为对象，或者以历史文化或现代社会为对象，皆有一共同的特点：即是在研究者之前，只是如何发现问题、如何解决问题，并不要先问对象自身的价值。对象的价值是在发现问题、解决问题以后，一任读者自由评定的。

除了上面所说的以外，更重要的是，中国文化的基础，乃是由忧患意识所引起的人自身的发现，人自身的把握，以及人自身的升进；这是由孔孟老庄以至宋明理学乃至中国化了以后之佛学的一条大纲维之所在。此一大纲维的性格，可以说是实存主义的性格。它不同于现代风行一时的实存主义，是在西方的实存主义，反省到了人的“下意识”，亦即是反省到了儒家之所谓私欲，佛家之所谓无明；而没有反省到在人的生命的深处，更有良心、天理、道德、佛性，可将私欲、无明，加以转化。所以他们便以私欲、无明，认定是人的主体之所在，而感到不安、绝望。这用中国文化的境界来说，他们还在“认贼作父”的阶段。他们要真正贯彻“实存”的自由解放，只有更沉潜下去，于不知不觉中和中国文化的大纲维接上头，才可打开一条出路。否则除了反映西方文化、社会的危机以外，便不过像一阵风样地飘走了。但对西方文化而言，他们总是提出了新的问题、新的方向。从这种地方，为什么不可对中国文化作新的评价？

还有一种流行的说法是，中国文化是维护专制政治的文化，复兴中国文化会影响到民主政治的推行。专制政治，是人类历史的共同过程。中国在统一的专制政治出现以前，中国文化已经形成了深厚的基础。在统一的专制政治出现以后，虽然有一部分为了适应此种政治形态而被歪曲；但二千年来，主要的文化动向，都是有意无意地，想在此一政治结构之下，能实行非专制政治之实。关于这一点我只举两事作例证：一是大家只要好好地读懂董仲舒的《天人三策》，便不难承认他是想使专制政治的内容，作质的转变。其次，韩愈曾经说作史的目的是“诛奸谀于既死，发潜德之幽光”。奸谀是真正拥护专制的，潜德是专制下的牺牲者。韩愈的话，不仅是他个人的志趣，乃是孔子作《春秋》以“贬天子，退诸侯，讨大夫”的史家的一贯方针。中国历史上吃尽了专制中的暴君污吏的苦头，所以也写尽了专制中暴君污吏的丑恶。这是对专制体认最深，磨折最惨，挣扎最苦的一支文化。了解到这里，才能解释韩非为什么要痛恨《诗》、《书》之教、仁义之言？大陆上为什么要动员他的枪杆子和两千万的小孩子，来和衰微已极的中国文化拼命？中国文化的复兴，必然地即意味着向民主自由的迈进。现代的两大极权政治形态，都是来自西方而不是出自东方，这是铁的事实。

还有人说，中国文化是泛道德主义的文化；复兴中国文化，便会引发泛道德主义；在这些人的心目中，随便什么，加上一个“泛”字，仿佛觉得便对它宣布了死刑。现存的人类五大文化系统，在它历史的发展过程中，常有所偏重。这种偏重的情形，进入到近代，便不知不觉地以自然科学为主流而受到了制约，受到了修正。今日复兴中国文化的号召，决不是放松对西方文化的吸收、移植。并且文化的活动，在今日也受到有如市场供求法则的决定；活动的方向，必然是由市场供求的法则而形成一种分工状态；因号召中国文化的复兴而认为即有偏中遗西之患，这是根本不了解现实的说法。

再就道德问题来说，假定承认道德即生根于每一个人的生命之中，而且是一种存在，便不能不承认“道也者不可须臾离也”的话。不过有时是“日用而不知”，有时则在不发生道德不道德的问题时，便隐而不现。但一遇发生道德不道德的问题时，立即由道德的主体——良心来加以判断，这有什么泛不泛的问题？又为什么害怕它的“泛”，而希望自己逃遁到黑暗的角落，不敢现形于天日之下呢？

最后要说到复古的问题。有许多人一谈到文化复兴，便联想到复古上面去了，因而心存戒惧。对这一问题，应分作三方面来讨论。

第一是知识方面。中国文化的复兴，首先是要对中国文化的每一部门能得到一种确切的知识。这种知识，只应问它确切不确切，根本没有复古不复古的问题。难说对甲骨金石的知识，便又到了甲骨金石的古代？许多人的头脑，以为研究了什么，便会变成了什么，这未免太可笑了。

在这里可以引发另一问题，即是，在此种号召之下来研究中国文化，必定挟带有民族感情在里面，因而导致研究工作的不够客观，甚至导向“国族主义”，岂不很危险？何谓国族主义？国族主义有什么危险？我都不能十分理解，这里不去讨论。我在这里须要指出的是，据布尔克哈特（J. Burckhardt）在一八六〇年所刊出的《意大利的文艺复兴》一书中，曾说明意大利初期的文艺复兴，与其说是回归向古代的希腊，毋宁是回归向古代的罗马。因为对于意大利人来说，古罗马文化，是他们祖先的文化，是他们的传统；文艺复兴，与意大利人的民族自觉，国民精神的自觉，有不可分的关系。所以他说“真的文艺复兴，是从意大利民族最深的生命核心所觉醒出来的”。此一时代潮流，表现在日耳曼民族，则由他们的神秘主义而直通向希腊的形而上学，结果则以路德的宗教改革的形态来完成。由此可知，没有民族感情，便没有文化复兴的动力。此种感情，乃人类所以能生存、延续、发展的基本条件之一，也是人之所以为人的基本特征之一。研究工作，理解能力，实以此种感情为导引。而此种感情，在研究工作过程中也自然得到平衡。此种感情的横决，必然是来自政治野心家的一时的煽动，而决非来自文化工作者之手。世界只有“同情的了解”，很难有“敌意的了解”。对本国文化怀有敌意者之不配谈本国文化，较之对西方文化怀有敌意者之不配谈西方文化，不仅是情境相同，而且其不配谈的程度，只有过之。

第二是具体事物方面。过去与生活有关的具体事物，一遇到新的事物进入市场，便自然发生淘汰现象，任何力量也不能使之复古。在我十三四岁以前，用手来纺纱织布，是我们故乡的主要农村副业。但到我二十岁前后，已经被纱厂布厂的出品淘汰了。抗战发生，对都市的交通隔绝，纱布的手工业又复活了起来；但抗战一结束，交通一恢复，便又很快地湮灭了。这种淘汰，不是经过任何人宣传的。但是在过去的事物中，若是属于艺术方面的，或者是在日常用品中被淘汰，却随时间之经过而成为纪念品，或升进为艺术品的，则将随国家的进步而必然要设法将之“复古”。我举一简单的例子吧！日本京都的皇宫，及少数寺庙，是用草和树皮来代替瓦的；他们这几年的修复工作，便费很大的力量，使能保持草和树皮的原样。花上一大笔钱，把纪念物修得面目全非，使它现代化，只有台北市的文化人才想得出。同时，日本把已经绝种了的几种手工业，尤其是织绢这一方面的，特别找到残存的老工匠，把它重新制造出来，当作艺术品，并由国家特别加以奖励。由此以推，我们应当复古的真是太多了，但我们在知识上和经济上能做得到吗？这种古之不能复，还是说明我们的有出息？还是说明我们的没有出息？请大家低下头来想想！

第三是精神方面。真有文化自觉的人，他的精神状态应当是“古今同在”的；并且由古今同在的程度，来决定他的精神的深度和广度。所以复兴中国文化，在精神上，必然是复古的，同时也必然是开新的；复古与开新，从精神上说乃是同时存在。当爱因斯坦说今人的智慧，不及犹太教的先知们于万一时；当他在一群科学家的面前，宣称科学知识，对人类的行为而言，是无能为力，决定人类合理行为的，还是靠不以人格神为限的宗教精神；他接着举出了老子、释迦等等。此时爱因斯坦的精神状态，还是复古呢？还不是复古呢？我们译为文艺复兴的 Renaissance，是来自法文的 re-（再）naitre（生）。十五世纪的一个收集古玩的意大利商人，曾说过“我要使死去的人们能再活转来”的话；由这句话所代表的当时的时代精神，是人们要回到古典上去，使古典重新活转来，所以后来便用 Renaissance 一词来作此一时代精神的表征。但古典的再生，同时即是“世界的发见”、“人的发见”，可以说这是名符其实的古今同在。这是什么原因呢？因为一个人，假定一面研究古代文化，一面又有时代的感觉，则只有能对时代精神发生充实或批评作用的古典精神，才会进入到脑筋里去。时代在精神上须要充实，也须要批评；被时间选择过了的，也可以说是被时间滤过了的古典精神，常常会充当了重要的角色。所以第二次世界大战后，大学里的通材教育，读古典要站一重要地位。对时代不发生作用的古典精神，不可能进入到“时代人”的脑筋里面去而发生作用。假定我们读到《论语》上“发愤忘食，乐以忘忧，不知老之将至”，“吾非斯人之徒与而谁与”，“不义而富且贵，于我如浮云”这一类的话，而有所感发，此时的精神状态，还是复古呢？还是“古今同在”呢？所以我的结论是，真正的文化复兴运动，是需要认真地去研究、体认，而不必先编出一些似是而非的口号出来，以作为偷懒的借口。

一九六七年一月一日《出版月刊》第二卷第八期

现在检讨起来，上面两文，皆系多此一举。

一九七〇年十二月二日校后补志

生活环境与知识发展的性格

骤然来到睽违了十五年的香港，发现高楼大厦，是这样的巍峨，霓虹彩灯是这样的灿烂，橱窗的货物是这样的丰富而动人。当朋友在晚上带我到沙田画舫时，简直把我的童心复活了起来，是否神话中的龙宫，浮上了水面。科学技术的巨力，用从来没有过的速度，把世界加以变化；香港在变化的宏涛中，使我得到一个明显到近于尖锐的对比，一下子把我这个乡下人吓呆了。人在这些变化之中，更显得匆忙，更显得渺小。

但心情稍稍静下来以后，感到饮茶的还是悠闲而喧嚷地饮茶，在酒楼里打麻将牌的还是镇定而热烈地打自己的麻将；由每一个人的表情去推测他内心的活动，也几乎是都在翻印几年、几十年以前的活动图案。原来科学技术，只变化了人所生活的环境；而环境的变化，并不一定意味着人自身的变化；人原来就是一种相当顽固的动物。不过，在这里特别引起我注意的是，知识分子在这种环境变化中，对于知识的发展，是否也会受到某种影响呢？经过短期的观察，感到假定知识分子因环境的变化而使他的生活得到某一程度的丰饶和便利，则少数好的知识分子所掌握的知识，会自然而然地脱离了思想性而走向技术性。为什么现代只有大量的知识技术家而没有思想家，在这里提供了一个说明的线索。至于多数凡庸的知识分子，在此种情形之下，生活的丰饶和便利，只有加速他们在知识下，尤其是在人格上的堕退。

去年十月，法国的实存主义者萨特带着他的情妇波，在日本旅行了一个月，发表了两次讲演，主要是把技术家和知识分子加以严格地分别。他认为凡是安于现状，只埋头在自己书本上的工作的人，即使你所研究的是人文科学或社会科学，都只能算是供人利用的技术家，而不能算是知识分子。所谓知识分子，必须是对现行社会体制，作彻底批评的人。萨特的观点，引起了正反两面不同的影响。我的看法，他的问题，乃是出在他所要求的批评，只是站在新极权主义的一方面去批评资本主义的社会体制；而对于在新极权主义下面的知识分子的悲惨遭遇，却一字不提；因此，他的日本之行，目的只在从精神上挽回日本极权主义运动的颓废，而他自己却道道地地地作了新极权主义者的工具。但他把技术家和知识分子加以分别，指出前者只作他人的工具，而后者则系对一个时代的负责者，并不是没有意义。知识的技术化，有两个特点：一是在非常狭小范围之内，处理一点一滴的问题；而对于一点一滴的问题常常选定在与一个活生生的人，乃至一个活生生的社会，关连得最少，最好是全不相干的上面。另一是这种知识，既关连不到现实的人生社会，而研究者的动机、目的，也必然是要离开现实的人生社会。

知识的思想化，也有两个特点：一是他们的研究，虽然也从一点一滴下手，但点滴的选定，多半是从活生生的人与社会的关连上，选定下来的。而选定研究以后，也一定要把许多点滴作为材料，融合在一个完整的人、完整的社会乃至社会中的某一时代中间去。另一是在研究的动机、目的上，总会以自己生存的大时代作背景，因而常常是背负着自己的时代去作自己的研究工作，为解决时代的问题而分担一分任务。

科学愈发达，研究的对象便愈分化，研究的工作，也便分得愈细密，知识由点滴化而技术化，可以说是时代的自然趋向。但知识由点滴化而技术化，并不妨碍一个知识分子自己作为一个完整的人而存在，也不妨碍有时跳出自己的小圈来看看人生、社会，从人生社会上得到若干启发，对人生社会有若干责任感。现在知识分子的问题，乃在于知识因点滴化而技术化，而他自己的人生，也成为一点一滴的人生；在一点一滴的人生中，认为历史也是一点一滴的，社会也是一点一滴的，所有的学问，也都是一点一滴的。这样一来，世界只是由许多一点一滴的砂砾，以偶然的因缘，积聚在一起的世界。

这种现象的形成，主要是由于知识分子随环境在变化中得到不断的改善，大家因物质的过分供应，而把心灵向外的通路，于不知不觉之中，都堵塞住了；除了迎接不暇的物质享受以外，根本没有可以引发追求学问的人生、社会问题。在这种状况之下，知识分子，本来可以一事不作。但他们的物质生活，是以贩卖知识换来的；为了维持物质生活，便不能不继续贩卖知识。由点滴而来的技术性的知识，是在任何环境中最安全而又最廉价的知识。凡知识而够得上称为思想的，一定是直接间接对人生、社会担负责任的知识，也一定是有批评性的知识，因而也常常是冒着某种风险的知识，这是聪明人所不干的勾当。何况“科学知识是没有颜色的”，技术化的知识也是没有颜色的。对于这一类型的知识分子而言，更多了一层声势。但是，支票是没有颜色的，使用支票的人却有各种不同的颜色。科学家从实验室出来的知识是没有颜色的，但愈是像样子的科学家，必然的，是有颜色的科学家；因为他们是人，他们有了思想。一个由贫乏环境突然进入到丰饶环境中的知识分子，技术化、工具化的趋向更为显著。董其昌也说过，当一个人过分吃饱了的时候，也正是一个人神昏思倦的时候；此时要弄，也只能弄点古董性的东西。而由贫乏突然进入到丰饶的人，也是最容易因贪吃得太饱的人。所以把校勘、目录饾饤考订这类的东西，在学术上提高到至高无上的地位，这是为先进国家学术界中所看不见的现象。有的人很奇怪所谓乾嘉学派，为什么只有饾饤考据而没有思想，这是因为大家忽略了这后面的巨宦和盐商的背景。这些巨宦盐商豢养了你，而你还要讲思想，势必有"不识相"的重大嫌疑，断乎是不可以的。此一学风之得以继续嚣张，是因为有更大的巨宦盐商的力量。由古董性进而为点滴的技术性，在本质上没有两样。

太贫乏，不能有思想；贫乏而能有思想，一定是属于在精神上能突破贫乏的圣贤或志节之士。太富饶，也不能有思想；富饶而能有思想，一定是属于在精神上能突破富饶的大智大慧之人。顺应环境所产生的思想家，多出于中产阶级。中产阶级在社会构成中之可贵，由此亦可见一般。但由这种环境所产生的思想家，不可能像前两者的伟大深厚。属于人的社会，一定是有思想、有灵魂的社会。我站在香港的层楼上看世界的知识分子，大家正在担当哪种角色呢?

丁未年旧历元旦

一九六七年二月十六日《华侨日报》

在历史教训中开辟中庸之道

一

科学知识，在有某种新的发现时，可使在新发现以前的旧看法立即成为历史的陈迹，不会有人加以坚持。这一情形，常常影响到人类自身的生活态度，及行为价值方面，也以为某种新的理念、新的标准的提出，即可使历史中曾经出现过的理念、标准，完全归于废弃；甚至认为不如此，便是人类进步的绊脚石。中国五四运动的人物，都保持这种看法；这一看法，一直由毛泽东的“破四旧，立四新”而得到发扬光大。

但是，关于人类自身的问题，只有在历史不断的否定与肯定中，与现代关连在一起，始能得出比较合理的了解，建立流弊比较少的价值标准。由历史与现代关连在一起所建立起来的这种标准，它的性格常是中庸之道。所以中国由孔子所提倡的中庸之道，我认为是历史的伟大智慧。

每当感觉锐敏，性情热烈的人们，提出他们新的理念、标准之际，虽然从人类文化的历史看，这不过是某种情势的反动与反应，只合镶入于人类整个行为价值系列之中，发生补偏救弊的作用，但在提出这些东西的人们，却以为这是必然性的盖天盖地的大革命，非全部新起炉灶，即系辜负了他们此一新的伟大使命。此时若有人指出他们的不全不备，无法把旧的东西全部推翻，便会受到各种各样的恶毒攻击，有如顽固、落伍、义和团之类，一齐加在批评者的身上。社会上能用头脑分析问题的人，少之又少；有点小聪明的人，常在“新”“旧”两个字眼上做文章，觉得自己站在“新”的一边，总是容易占便宜的。于是“一犬吠形，百犬吠声”的形势，不是少数人拼着良心理性之力可以挽救于万一。问题的解决，依然要靠人在历史中所受的教训，及对这种教训的反省能力。随历史之经过而使人类能够反省自己所受的教训时，在过去，“万牛不回”，“百喙莫辩”的形势，此时却在一般人的常识中，很轻松地给以解答了。

二

这里我愿提出日本《朝日新闻》八月十五日作为纪念战败投降的一篇社论——《越过世代之断绝》来作一例证。因为日本，它对战败后二十二年的历史，表现了这一方面的反省。而《朝日新闻》，素来是站在自由主义的立场的。

该社论指出：“以战败为一境界，日本人的价值观为之一变。甚至用上‘断绝’这种名词。生活在一个规律之中的战前世代，与生长于自由而无秩序之中的年轻世代之间，没有共同的价值观，也没有彼此间的对话。旧的世代，随自信的丧失而放弃了发言权。但最近，又开始表现出复古的倾向。”

该社论更指出复古的倾向，一是受到明治百年纪念的刺激，一是来自对旧日的规律与秩序的乡愁，同时也和一切权威的崩溃有关系。在该社论中指出了意识形态、军事力量、科学技术等权威失坠之后，可能成为日本再出发的契机的起点，则是“我们”这种意识。

该社论认为：“战前的日本，国与家的观念特强，‘我’能健存在于国家之中。战后则‘我’跃出于表面，无家无国。作为人的复数概念，只有特别因缘所连结的‘伙计’意识。但人是过着社会生活的，不仅不能一个人生，甚至也不能一个人死。所谓‘我们’，是和我相对等，而且是不特定的多数之人人在一起过着生活的自觉。……‘我们’不能心情很好地活着，‘我’也不能心情很好地活着。因此，像运动需要规则一样的，生活也以规律为必要……在昔时秩序与规律之中，也能发现很多在现代有意义的东西。这样一想，便可了解新旧价值之间，有不同之点，也有共有共同之点。在此一意味上，民族的历史，不能有断绝的情形。”

三

日本在战前，规律压倒了自由。在战后，则自由压倒了规律。由上述社论所反映出来的日本今日的要求，是规律与自由能得到调和的中庸之道。这种中庸之道，也可以应用到平等与自由的关系上去，也可以应用到道德与自由的关系上去。但若仅从理论上作这种说教，便因为中庸的性格而容易被人斥为老生常谈，不易为人所接受。在前几年，《朝日新闻》的社论委员们，也可能不写这种社论。但若从历史上一反一复的教训来看，即会突破新旧之见，承认这是人类生存发展的一条平坦大道。因为这是由实际生活所证验出来的。

该社论又说：“对于尚活在现代之中的古的东西，和不可使其复活的古的东西不作检点、区别的努力，致使伺机恢复旧道德的努力，和拒绝一切旧道德的势力，形成两极化，则日本的悲剧，在这里会重新开始。”这段话实际可用中国五四运动的结果来作证明，也未尝不可以反映这几年台湾文化圈内圈外的情况。我们少数朋友二十年来所作的辛勤努力，实际是要在两极化之间，开辟一条突破古今中外拘虚之见的道路。

一九六七年八月廿二日《华侨日报》

中国文化的研究与复兴

我非常希望靠中国文化吃饭的人，肯以真诚客观的态度，从事于自己在职责上所应有的研究工作。也非常希望有时间、机会来研究中国文化的人，在谈到文化问题时，不要利用发表上的便利，便轻率地作完全出于“想当然耳”的主张。至于复兴不复兴，应当由复兴的涵义来加以决定。

一个研究工作者，只是由求知的冲动，要求对于自己所接触到的对象，有一种正确的了解；这种正确的了解，从整个的文化来说，这是任何时代所要求的知识上的积累。假定复兴即是“再生”，而“再生”的范围，指的仅是“知识的世界”，则每一成功的研究工作，皆可使其被研究的对象，再生于研究者时代知识世界之中。例如对“北京人”的研究，即可使北京人通过研究所得的正确知识，再生于现代史学家之中。因此，每一研究工作，都是复兴的工作。研究工作没有限制，文化的复兴，当然也没有限制。反过来讲，没有研究工作，则历史上的文化，皆不曾为我们知识所唤醒，因而它是存在于我们现世界的“彼岸”，与我们的现世界，渺隔山河，哪有什么复兴可言呢？

但一般人所说的文化复兴，在朦胧的意识中，指的是“行为的世界”，即是，希望历史上的文化，再生于我们现实的行为世界之中，对我们的现实生活能有所裨补，有如所谓“世道人心”之类，这样一来，则研究工作，并不完全关涉到复兴的问题。例如我们研究北京人，绝非要使北京人的生活，再生于现代生活之中；研究专制政治，绝非要使专制政治，再生于现代政治之中。研究工作的本身是知识性的，因之也是无颜色的。对研究所得的成果，作价值判断，判断出对我们的现实生活有无益处，实际上须要有一种精神上的转换。站在纯研究者的立场，可以置之于不问。

从五四运动以来，中国在文化上居于领导地位的人们，实际是打断了中国文化的研究工作。科学民主的要求、口号，何尝始于五四运动？这是稍有中国近代史常识的人应当可以承认的。由五四运动的爱国动机，为了进一步实现科学与民主，而对中国传统文化应重新评价，这是当然之事。但这种重新评价，必须通过深入地研究而始有其可能。要作深入地研究，首先要科学与民主的精神，实现在研究工作的态度之上。

科学精神应用在研究态度之上，必须是客观的、谨严的，把经过研究所得的结论，与未经过研究所发生的臆见，划分得清清楚楚。研究到哪里，才说到哪里。民主精神应用到研究态度之上，必须在研究者之间，可以作平等而平情的讨论，尊重反对的意见，随时修正自己错误的意见。但是五四运动的人们，只根据他们预定的结论，来对付中国文化问题；即是他们以为不先打倒中国文化，便不能实现科学民主的预定结论。于是他们运用一切粗暴诬诳的手段，来对付中国文化及中国文化的研究者；树立一个坚强派系，霸占重要学术机关；并乞灵于外国的金钱势力，冶学阀官僚为一体。

吴虞一提出打倒孔家店的口号，胡适立刻捧他为老英雄；顾颉刚说夏禹是一只虫，胡适立刻升他为门徒中的首座。钱玄同主张不仅应消灭中国的文字，并要消灭中国的语言，胡适立刻援引为自己学派中的重镇。胡适自己则宣布他之所以研究“国故”，是要使中国人以后永远不想到“国故”。换句话说，他所提倡的新汉学，乃是在彻底打倒中国文化的预定目的之下进行的。可惜，他们的科学，即是他们在文化上的独断；他们的民主，即是他们在学术里的独裁。而他们的西化，则除了“拥护”的口号以外，追问到实际内容时，只能用“嗤之以鼻”四个字去表达。过去对西方文化真正作过研究工作的人，都是远离胡适阵营的人，这即是铁证。

今日试向各大学的中文系、历史系、哲学系里，问问教中国课程的先生们，中国文化各有关部门的内容，到底是什么？我相信十之八九，都是瞠目结舌，不知所云。中国的历史文化，已经在中国知识分子的知识世界中完全消失了。这就是胡适这一派的五四运动的真实后果。因此，复兴中国文化的第一义，应当提倡以科学民主的态度作各方面的研究工作，使中国文化，再生于现代的知识世界之中。不提倡研究，而仅以拥护的口号，代替打倒的口号，并且把这当作一种权利，而“凡是权利都是属于我的”，其结果或较五四运动中的胡适派更坏。

使传统文化再生于行为世界之中，有其可能吗？由我这些年来研究所得的结论，敢肯定地答复，有其可能，也有其必要。但必须有一个先决条件，即是我们要在个人、社会、政治等现实生活中，发现有了什么缺憾；而这种缺憾，正妨碍了人格的上进，妨碍了共同生存的发展，恰在中国文化中发现了可以弥补这些缺憾的启示与方法，此时中国文化，便会在行为世界中再生，而成为现代人的一股力量。中国文化，只能在现代人的生活需要中，才能再生于行为世界之中。

换句话说，当发现中国文化中某些成分，对现实的某种生活，是一副去秽生新的药剂的时候，中国文化中的某些成分，便真在现实的行为世界中再生了。

若是把它当作客厅里的花瓶，或神龛前的供品，乃至口头上所运用的阿谀工具，则中国文化只会逃回深山大泽中自守其纯朴。在忧患中生长出的中国文化，在以人格为支柱的中国文化，其不能充当花瓶供品，尤其不能当阿谀的工具，这是由它得以成立的本质所决定的。

一九六七年九月二十七日《华侨日报》

乡邦的文献工作即是复兴中华文化的工作

万武樵先生来教，谓《湖北文献》将出《中华文化复兴专号》，要我写篇文章；谨略抒鄙见，以答万先生厚意。

一九六八年三月七日志

复兴中华文化的意义，非只一端。保持对自己民族的记忆，由此以激发、凝集大家的意志，规整、策励大家努力的方向，这在今天来说，应当是许多意义中的重大意义之一。

保持对自己民族记忆的方法，也非只一端。发扬乡邦的文献，彰显乡邦的山川人物，由此以使大家精神，通过乡土之爱而与祖国的山河大地，发生特别亲切的关连，这对我们流亡海外的人来说，应当是许多方法中的重要方法之一。

同样的文献，站在整个国家的立场来看，只有普通的意义；但站在乡邦的立场来看，则除了普通的意义以外，还常常可以发现它有特别的意义。甚至有的文献，站在整个国家的立场，容易加以忽略遗忘；但站在乡邦的立场，则自然会加以重视，加以珍惜。所以对乡邦文献的提倡，可以把祖宗创造历史的心血，更完整、更亲切地传承下来，以增进我们生活的内容，增长我们创新的志气。

我们的山川，可以由自然科学的观点加以陈述，可以由经济的观点加以陈述，也可以由人文的观点加以陈述。但真正能陈述得委曲尽致，把山川的面貌、性情，完全表达出来，使其与人的精神发生非常的亲和感，并且除了知识的意义以外，还要包含着文学艺术的意味，这便只有在故乡怀念中的山川陈述，才可以做得到。因此，我常想，在自然地理、经济地理、人文地理以外，还应当有一种“抒情地理”。抒情地理，似可包括于人文地理之中。但一般的人文地理，依然是以知识为主，使人看起来，人与山川总会保持着相当大的距离。只有由乡邦怀念中所陈述的地理，把地理的知识，同时感染上作者的感情，这是能把人和山川，自然地连结在一起的地理陈述，一般的人文地理是无法尽到这种责任的。所以《湖北文献》出刊以来，使我最感兴趣的是这一类的文字。

人物的价值，与人物在当时的地位、名誉，不一定有很大的关系。但一般史学家对人物的评价，因为只能从间接的材料着手，所以常常受到地位、名誉的限制，在地位、名誉导引之下去加以把握；于是“发潜德之幽光”的重大意义，在一般史家的笔下，不容易做到。只有乡邦人士，把自己所亲见亲闻的乡邦人物，在记忆中复活了起来，做细心的体认，才可突破地位名誉的限制，把被埋没了的潜德幽光，重新加以显发，使一般人能够了解我们历史的命脉，社会的生机，原来是由这类位不高而名不显，却能代表某一方面的人生价值的许多人物，所延续、所充实起来的。因之，也可以使一般人能了解，我们的历史、社会，本是充满了价值的历史、社会；这对当前沉沦陷溺的人心，会发生很大的鼓舞作用。并且此一工作，对湖北人而言，更为重要。因为“楚人不善为名”，而百十年来，出版上的便利，又远不如其他各省，所以湖北被埋没的人物，可能比其他各省为多。我每回想到年轻时的老师中间，有不少的人，在人格和学问上，都有高人一等的成就；但因为我流浪太久，手头资料不够，而记忆力又太差，以致连我自己的许多老师都听其湮没，而不能多尽一分彰显的责任，这是时时使我感到不安的。周君亮先生写的小人物传记，有很高的文学价值。假定乡邦人士，仿周先生的笔意，把自己记忆所及的人物，凡值得描写的，便如实描写出来，这是文学而又兼有史学意义的工作。

依照我上述的观点，万武樵先生所领导的湖北文献社的工作，都是非常切实的中国文化复兴的工作。我谨借此机会向万先生和实际负责的各位先生，表示敬意，并希望此一工作能更积极地发展。

一九六八年四月十日《湖北文献》第七期

中日吸收外来文化之一比较

一

有内政，然后有外交。有文化，然后有内政。过去中日两国一段悲惨的历史，影响到东亚整个命运的过程。这一方面是来自日本民族的短视、自私；一方面是来自中国维新的失败，不仅未能发挥自身应有的力量，以作为安定东亚、推进东亚进步的中心，并且成为一个庞大的慢藏诲盗的对象，由西方列强瓜分之议，进而鼓励了日本人想以蛇吞象的野心。中国与西方接触的时机，并注意到西方文化所能发生的力量，较日本为早。但在吸收西方文化以图富强的进程上，反较日本远为落后。其原因，当然首先要想到日本的维新，是以天皇为中心所展开的，于是政治即是推进维新的最大力量。而中国则是在满清专制压迫之下所展开的，所以政治即是阻遏维新的最大力量。志士的呼号奔走，无法抗拒异族专制朝廷的一纸命令，这是我们维新失败的最大致命伤。再加以袁世凯的愚昧野心，取消了辛亥革命所应得的代价；并造成尔后长期的混乱。因此，我们可以得到这样的结论：不解决我们的政治问题，即不能解决我们的一切问题。但我们知识分子对吸收文化的态度，与日本知识分子吸收文化的态度，在两相比较之下，即可明了我们知识分子的自身，对上述情势的形成，也要负很大的责任。

二

中国是创造文化的民族，日本是吸收文化的民族。在我国悠久的文化历史中，也吸收了不少的外来文化；但在清代乾嘉时代以前，毕竟是以自己所创造的文化为其主流。我们所吸收的最大的外来文化，要算是佛教；但佛教由禅宗祖师堂的建立，以至丛林制度的形成，便完全成为中国自己的佛教。有不少的人强调外来艺术对我国艺术的影响；但经过我的考查，除了音乐方面，这种影响较大以外，其余的艺术，实际都是顺着自己所创造的艺术主流而向前发展。因为我们是由几个大农业平原构成我们经济的基础，所以社会基本组织的变动不大。经过政治上的大破坏后，又努力恢复到原有的状态。因此，我们在文化创造的进程上，不够迅速，不够显著。但实际是由文化的自律性而不断地在创造，则是无可怀疑的。

在日本文化的长期历史中，当然也有他们自己的创造；但主要却是以吸收外来文化，作为他们文化活动的中心。相当于中国隋唐时代，他们主要吸收中国佛教中的天台宗；接着便主要吸收中国的禅宗；所以日本在很长的一段时间，几乎可以说是佛教之国。到了德川时代，才用全力吸收以朱元晦、王阳明为主要内容的儒学，形成他们近代建国的基础。明治维新，则由“兰学”开端而全力吸收西洋文化，以迄现在，这是人所共知的事实。

三

东西洋有了交通以后，没有任何民族，在文化上只靠自己创造而不须向外吸收的。中国过去吸收印度的佛教，从文化的整个影响来说，可以说是中国的不幸。印度佛教的中国化，是这种不幸中所作的最大努力。但鸦片战争以后，中国必须大量吸收西方文化，以补中国文化自身之所缺，以适应富国强兵的急需，这是任何人不应加以怀疑的。但从乾嘉时代起，除了在故纸堆中去弄点训诂考据之外，文化的创造活动便开始冻结了；而吸收西方文化方面，连主张全盘西化的人，也始终是一张白纸。于是百十年来，我们便受到在文化上既不能创造，又不能吸收的空虚混乱的大报应。

假定要追溯何以致此，我感到不能不承认乾嘉以来的中国知识分子，“为私人的名利而文化”的成分，远超过了“为文化而文化”的成分。追求文化的态度，远不及日本知识分子追求文化的忠诚热烈。由乾嘉学派所引起的汉宋之争，表面是争学问，实际只是为了自己的名利而争意气。这样一来，争的人，不求理之当否，只求攀援党附，以势力去支援自己，压倒对方。此一风气，在以阮元为中心的这一集团，发展得最为专横、愚昧；其流毒至今未已。

在吸收外来文化方面，中日两方面的情形，更形成明显的对照。日本吸收西方文化，并不是忙于今天打倒这，明天打倒那，而只是大规模地，并且是持续不断地，翻译西方各方面的典籍，输进西方各种最新的技术。他们常常为争取翻译某一重要著作的时间，动员有关的第一流学人，分别担任一部书内各章的翻译工作。他们为了翻译联合国文教组出版的《人的权利》一书而动员了二十五人；为了翻译J·赫胥黎编的《人文主义的危机》一书而动员了十五人。这仅是就我买到手上的材料而言。中国主张西化的人，只是今天要打倒这，明天要打倒那，从五四运动一直打到现在；他们认为只要把中国文化打倒了，西化便完成了。他们岂特不负责为社会切实介绍西方的学术著作，连他们自己也不曾好好地读通一两部厚部头的书。他们实际是以打倒中国文化，为抬高自己地位的手段。至于埋头去吸收西方文化，从内容上去传播西方文化，他们觉得可能反而会没没无闻，对自己的名位并没有好处。于是在我们文化界中，出现这样一种怪现象，即是主张西化的人，常常是最不曾吸收过西化的人。只要大家把四十岁以上的西化人物略加考查，便可知道这是铁的事实。

日本知识分子，为了吸收西方文化，常常成立许多专门研究西方某家某派某人学说的团体，出版集体的或个别的著作。留法的人，分工合作地翻译法国的著作；留德的人，分工合作地翻译德国的著作。他们与留学国的连系，完全是学术文化上的连系。我国很少为了切实研究某一学说，为了介绍某一国家的著作，而结成合作研究的团体；而只看到留美同学会、留英同学会这类的团体。这类团体，揭穿了说，只在于标榜各人所留学的国家声势，以提高自己的名位，获得权利争取上的便宜。所以某国若在我国的政治影响最大，留学某国的同学会的门限也最热。可以说这是供奉外廷的团体，与吸收文化毫无关系。

复兴中华文化，和吸收西方文化，是一件工作的两面，都要靠知识分子对文化的忠诚，对个人自私自利的抑制。在这种地方，我希望日本知识分子吸收外来文化的精神，能多少给我们以激励。今后的情势是，能吸收文化，才能创造文化，才能在高度文化基础之上，推进我们的内政与外交。

一九六八年五月《百年来中日关系论文集》

从迷幻药的影响看中国文化

“迷幻药”，是我用作 LSD-25 的方便译名。这篇短文，想说明由提倡服用迷幻药所反映出来的我国文化价值。冯友兰的《中国哲学史》，在国际上颇为流行。但纵然他对中国哲学，本有一副比较良好的态度；可是他的头脑，始终对中国文化格格不入，所以根本不曾进入到中国哲学的门限里去。他说中国缺少“近古的哲学”，而我在宋明理学之中，却亲切地感受到它在“现代”中的重大意义。这里也算是随意举二个例证。

LSD 是 Lysergic acid diethylamide 的略称。它是从附着于颗麦上的一种麦角霉所取出来的一种生物碱。首先是由瑞士的参都制药公司的技师荷夫曼（A. Hofmann），在一九三八年五月二日所合成的。25 是这一天所加的番号。荷夫曼对于他所合成的 LSD，能引起精神的异常状态，作过如下的报告：

> 这是一九四三年四月十六日的事情。我在研究麦角制剂时，眼睛一晕，陷入于精神无所着落的奇妙感觉之中。研究室的器具和同事们的颜面，看起来都是歪斜的。精神不能集中在自己的工作上，于是以如梦的心情，急于回家，像倒了一样地躺下来。拉下窗帘，立刻陷入如醉的奇妙状

态，浮起被夸张了的幻想。变化无定的幻像如强烈的颜色，如潮一般地涌来。两小时后，这种状态渐次消退。

迷幻药问世后，当然首先引起医学上的注意。被试验者所得的体验，互有出入。但从根本之点来看，大约是：一、爽快而好动；二、紧张解除；三、不安而紧张；四、恍惚而虚脱；五、麻木而钝滞等五个状态，混合在一起，一起一伏，随时间的经过，而作多种的变化。桑德逊（Sandison）把迷幻药所引起的变化，大别为七种。第一是生理的变化（体温、血压等），第二是知觉的变化（入耳的声音特为强大，及灼热感），第三是感情的变化（想笑、多疑、见鬼等），第四是思考的特为活泼（儿时记忆的恢复），或思考受到阻害，第五是身体的变化（呕吐），第六是宇宙的体验（时间的静止，对宇宙的领会等），第七是行动的变化（成为自闭的或攻击的等）。其中以知觉障害最剧烈，错觉幻觉特多。

服一次迷幻药所发生的作用，要继续七八小时。一小时以内，发生空虚、战栗、虚脱、出汗、热感、冷感、烦躁、敌意、不安、多疑等情形。第二小时，则现实感稀薄、封闭于自己躯壳之内，而成为无欲的，陷于强烈的睡意或错乱。思考和说话，成为支离灭裂。气愤兴奋、神态不安。第四小时以后，精神渐趋平定，又回到最初所看到的烦躁、敌意等。

洛杉矶加州大学的精神科医师安格麦德及福霞曾发表报告说：“迷幻药有急性和慢性的剧烈副作用。此种副作用的发生，不能加以预测。经过精神医学的诊断和心理的实验，也不能加以捉摸。最坏的几种反应，常常对人格安定的知识分子，也表现出来。”可以说，到最近由服用迷幻药所发生的巨大毒害，愈为清楚。并且可使染色体变形，作异常的分裂，而生出可怕的畸型儿。这种毒害，比服用市场上制造不纯的出品（有如台湾某药品的出品），为害更大。

迷幻药所以得到特别称赞，以致流行一时，是因为在一九六二年的时候，本是哈佛大学的心理教授李阿里（T. Leary），开了一个饮用迷幻药的茶会，开始了可以称为“迷幻药教”的运动。一时之间，仅加州大学，便有将近一万人的学生，饮用迷幻药。

此一运动之所以发生乃至流行，以及在此一运动中之所以有人把它当作人类的救世主、全能者，是和一九五七年，奥斯蒙多（H. Osmond ）开始创用的“Psychedelic”这一新名词有其关连。这一新名词的含意，指的是精神由开拓而其境界得到扩大。我在这里译作“精神拓展”。李阿里们是认为在迷幻药这里，发现了开拓精神世界奥秘的捷径。为了坚持他的信心，他和最初皈依者的另一心理学家阿尔巴特（Alpert），不惜宣布服用迷幻药并不发生任何障害。但这一点，正由他的弟子们继续加以否认，因为在这两年之间，进入到精神病院的弟子，正在不断地增加。即使选择友好而温和的理想环境，再加之以性情温和的人格，并加以有经验丰富者的指导，但服用的结果，还会受到严酷的副作用。在以前并不相信迷幻药会引起精神病及自杀的倾向。但洛杉矶加州大学精神科的医生们，提出了如下的报告：

> 一九六六年八月，七十人的被试验者，都发现了危险的副作用。他们除了苦于幻觉，表现狂乱的不安，或企图自杀之外，并陷入于抑郁与恐慌的状态……此种现象，美国

许多地方也正在发现。服用一次的人，和服用六十乃至七十次的人所得的副作用完全相同。

在加大医院住院的二十五人中，有十九个人住了一个月以上的医院，还没有治好他们由服用迷幻药所引发的精神病。

由迷幻药所发生的毒害，有点像魏晋所流行的“寒石散”。但李阿里们为什么会把它当作很神圣的东西来加以提倡，甚至是加以崇拜呢？因为他们特别夸大了服用迷幻药后所发生的如下的现象。

在迷幻药的体验中，可以使人与人的关系良好，能享受到与他人的共存。出席于迷幻药服用会的人，在出席中，很强烈地感到与他人“同在”。于是马斯塔兹（Masters）和霍斯顿（Houston）更夸张地说，爱的表现，除了迷幻药服用会上之人以外，是不能发生的。在闭锁的社会中，假定除开了爱服迷幻药的人们，每一个人便从一切的人隔绝开了。这是说由服用迷幻药而开拓出了“人类爱”的精神。更有许多人强调由服用迷幻药所引起的幻想，可以拓展艺术精神的境界，加强直觉、观照的效率。对于这一方面的问题，这里暂时略而不谈。

从近年来精神医学实验的报告看，服用迷幻药的共同表现是“错觉”，他们站在面临大海的十丈高崖时，把海认为是用绢所作的女人头巾，硬想投身而下，要费很大的力量才能加以阻止。还有的，想到他没有贡献什么牺牲作祭品时，硬要把他的女友从旅馆的高楼上推下来。上面所说的“同在”的爱的感觉，都是错觉中一刹那的现象。此一刹那的现象，不仅是不安定的，而且也是与对人的“敌意”常常混在一起的。尤其是服用迷幻药以后所出现的情态，不仅与日常生活完全隔断了，并且常须经过一番折腾，乃至住进医院，作长期治疗，才能恢复正常的状态。法国实存主义者萨特（Sartre）也曾作过此种尝试，也得到同样的结果。假定服用迷幻药的情态一直继续下去，此人便只有生活在精神病院里面。为了追求“人类爱”而要靠服用迷幻药，无异于认为只有到疯人世界中才可以寻求到人类爱。可以说这是愚蠢荒诞的想法、做法。

但从上述的愚蠢荒诞的想法、做法中，却反映出了三个重大意义，反映出了现代人在现代社会中，实潜伏着有另一种的重大要求。

第一，反映出了在以知识为主的文化中，开辟不出真正的人类爱，在过去便只有乞灵于宗教。但一般人对神的信仰，只是为了个人的赦罪、恩宠；若非真有由信仰而进入到修养的功夫，则“耶稣的博爱”，对于一般传教者而言，只是不相干的一句空话，尤其是传教成为殖民主义者的工具以后。

第二，反映出了在现代文化中没有真正的人类爱，但在人的内心与相关的关系中，却感到非常地需要这种人类爱，所以才对于由服用迷幻药而来的许多混乱现象中之一的，有似于人类爱的现象，不惜加以特殊的夸张。

第三，此事出现于心理学家之手，更有其特别意义。不仅作老鼠兔子乃至黑猩猩等的行为实验，其结论是与人的实际没有关系，即使在儿童成人的日常生活中所作的调查统计，也只能得出在循环的刺激反应中所形成的心理状态。这种心理状态在中国文化中谓之“习心”，即是在生活习惯的积累中所形成的心理活动，这是现代心理学所能达到的极限。但中国认为在习心的后面，还有真正为人的生命作主的“本心”，须要人以自己的力量，加以开拓而使其显发出来。由服用迷幻药所表现出来的精神，绝对不是本心，甚至是与本心相反的“无意识”。但提倡服用迷幻药的人，承认了在日常生活中所显出的心理状态之外，还有一个常被日常的心理所封闭住了的一个内在的精神，须待开拓出来以提高人生的意义，这也反映出了在荒谬中的巨大意义及其真实的要求。

儒家（此文暂不涉及道家）从开宗的孔子起，即通过一种反省与忠恕的功夫而发现出可以涵盖一切，并与宇宙关连在一起的“内在精神世界”，这即是《论语》上所说的“仁”。他由此而感到人的本质（性），与天命是一而非二，此乃“五十而知天命”的真实意义。此一道德性的内在精神世界，为子思、孟子的慎独和存养的工夫所继承，而形容为“肫肫其仁，渊渊其渊，浩浩其天”（《中庸》），及“万物皆备于我矣”，“上下与天地同流”的精神世界。

宋明理学的最大特色，乃在于把孔孟的修养功夫，更作意识的、集约的努力。简单地说，即是以“静时涵养，动时省察”的功夫，开拓出人自身的道德的精神世界；这在他们称之为“身心性命之学”，其具体内容，不期然而然地也是“浑然与物同体”的仁（程明道《识仁篇》）。程明道自己描述此一精神世界是“满腔子是恻隐之心”。此一精神世界的开拓，只能靠以自己生命的活动作为反省与克治对象的涵养省察的功夫，而不能靠思辨性的概念；所以程明道说，“若不能涵养，只是说话”。“说话”指的是概念性的陈述，这种陈述，完全是不相干的。内在精神世界由功夫加以开拓的结果，是“致广大而尽精微，极高明而道中庸”；使人现实的生活，可以得到更充实，更丰富，更健康，更和乐；且要使其具体实现于个人力量所及之地，使外在世界，由此内在世界而加以建立，加以价值的转换。总结一句，由提倡服用迷幻药所反映出的三大意义及现代的要求，只有在孔孟程朱陆王的学术中才可加以解决。中国文化的复兴，是因为在“现代化”中需要中国的文化，此正其一例。但台湾目前却流行一种“中国文化现代化”的完全不通的口号，这实际是取消中国文化，还说什么复兴呢？

一九六八年五月十八日、十九日《华侨日报》

中国文化中的罪恶感问题

一

因为我在一个基督教所办的大学里教书，但并不是基督徒，并对基督徒也不表示信赖，于是有好几次引起外国教友与我私人之间的讨论。其中讨论得最多的是中国文化中的罪的来源问题。罪的来源所以会当作一个问题，大概是因为中国文化的主流，乃肯定人性是善的。与基督教的原罪观念相反。人性既然是善，则恶又从何而来？对恶的问题不能解答，即是对现实的人生问题，缺乏了解释和解决的力量。所以中国文化较之基督教义，要低一个层次。他们提出问题的态度非常客气，语气也非常含蓄；上面的话，是为了把问题说清楚而加上了我的推测的。

其实，中国文化中对罪的来源问题，有了各种不完全相同的解释。但在各种解释中，即使如二程说“恶亦不可不谓之性”，也不同于基督教的“原罪”。而且对罪孽的解脱，仍赖犯罪者的自觉自力，而不倚赖神的恩宠。甚至认为倚赖神的恩宠，可能是对于自己罪孽的宽容、逃避。总之，从对于罪孽的来源问题，从对于罪孽解脱的方法问题，来看中国文化与基督教义，二者之间，实在有很显著的出入。在中国文化中的“罪孽感”，是比一般宗教乃至比基督教要轻微得多，大概不会有太大的问题。

二

这里对中国文化中何以“罪孽感”较轻的原因，试作常识性的解释。

宗教中的罪孽感，首先是来自对生命价值的否定。一切宗教，都以为人生价值，不仅不在生命的自身，甚且认为生命的自身，乃实现最高价值的一种束缚，一种障碍。这样一来，生命自身即是罪孽，有此生命，即有此无可奈何的罪孽感。生命最直接的表现，是由生理所发出的各种欲望。各宗教对生命自身的罪孽感，落实下来，即是对欲望的罪孽感。欲望是与生命而俱来，且反而为支持生命存在的最真实的条件。各种宗教，必以各种苦行来克制这种欲望，亦即是克制这种罪孽。但生命存在一天，即欲望存在一天，罪孽亦存在一天。

儒家思想，则视生命为人生价值的基础。完成人生的价值，首在合理地保持自己的生命。曾子是以孝著称的。《论语》记他临死时告诉他的学生是“启予手，启予足……而今而后，吾知免夫”；即是以自己生命的保全，为达到了他对父母的责任。这即意味着孝的价值，不离开人子具体的生命而存在。当然，在中国文化中，“杀身成仁、舍生取义”，占有最重要的意义。但其真正意义之所在，乃在杀一己之身，舍一己之生，以成就更多数人之身，以救济更多数人之生。这与为了一种超越的观念，为了一种超越的存在，而去杀身舍生，有本质的分别。为多数人的生命，而牺牲一己之生命，乃是乐于看到多数生命能养其生而遂其性，依然是归结到生命价值的肯定，对生命自身的喜悦。中国文化，是在自暴自弃其生命时，是在放掷糟蹋生命中最可宝贵的人性时，是在以一己之生命而蹂躏、榨压到他人的生命时，才发生真切的罪孽感。对生命的自身，不认为是罪孽，于是原罪的观念，自不能成立。由生命而来的欲望，中国文化只主张节制，而不主张断绝。并且在良心主导下之欲望，欲望也是天理。断绝欲望是无法作到的，而节制欲望是人人可以作到的，所以中国文化对罪孽的解脱自然较宗教为容易。

三

生命，乃生存于现世之中。宗教由对生命的罪孽感，自然也引发对现世的厌离，甚至对自然之美，也认为是魔鬼的诱惑。他们的目的，是要由出世、超俗而进入到天国。把天国建立在人间，乃受了近代精神压力以后的转向。中国文化的儒家，肯定了生命的价值，同时即肯定了现世的价值。在生命中发现价值的根源，并即将此价值在自己生命上实现；同时也即是在现世中发现了价值的对象，并即要求在现世中实现。而且认为除了在现世及现世的延续以外，无安顿价值之余地。于是儒家与宗教的对比，乃入世精神与出世精神的对比。儒家对现世，只有无穷的责任感而欲加以改造，并没有任何罪孽感而要加以厌离。只有在放弃现世的责任时，才认为是罪孽，决不以现世的自身为罪孽。

四

还有，一切宗教，认性欲为罪孽的基本态度，使每一宗教徒经常感到自己是在一股强烈的罪孽冲激之下，危惴不安。性欲是潜伏在生命的一股强大力量，这不待弗洛伊德的精神分析学，而即已被许多宗教家所体认到。

中世纪的僧侣，常常夜间起来自己鞭挞自己，即是与性欲冲激的搏斗。中国文化，立基于人伦之上，肯定了正常的性欲关系，适当地安顿了这一股激流的冲击，自然也减轻了由此而来的罪孽感。

宗教是由真实的罪孽感，因而愤悱向上；中国文化是由真实的性善体认，因而激昂向上。但是基督教中的新教，把形成罪孽感的真正原因都去掉了，于是新教徒谈“原罪”，主要是来自传统的教条，及传教时的便利；他们绝对多数，在其生活中并没有真实的罪孽感。于是一方面守着抽象化了的原罪观念而与自己的生活相游离，另一方面又否定性善之说，使自己的生命陷于幽暗，然则他们到底凭着什么真实的力量而把自己向上提，向前推，而不觉得完全堕入于与其抽象信仰相反的物欲之中呢？这可能是今后新教徒要严肃考虑到的问题。

一九六八年九月十九日《华侨日报》

西方文化没有阴影

一

一九六八年十二月出版的《大学杂志》，刊有十一月十五日在耕莘文教院，以“在西方文化阴影下的台湾”为题的座谈纪录；我看过后，首先感到，在座谈中有的先生主张应当对“文化”一词，先加以界定，这是一种非常宝贵的意见。可惜彼此的讨论，并没有沿着此一线索发展，所以座谈似乎没有多大收获。并且“西方文化阴影”六个字，不仅是太情绪了的问题，而且可以增加问题的混乱。下面，简单说出我个人未曾经过严肃研究过的感想。

我认为近代的西方文化，对人类来说，应当是一种光辉，而不是一种阴影。今日的台湾，确实笼罩着一片阴影。但这种阴影，不是从西方文化的本身发出来的，而是从西方文化通过西方人的国家政治意识所发生出来的。此外，则是通过西方现代的反文化现象，所发生出来的。对问题的厘清，首先应在这种地方作一明确的界定。

所谓西方人的国家政治意识，以集中的表达方式说了出来，即是西方人为了自己国家的利益所实行过的殖民主义，及在殖民主义影响之下所形成的人种优越感的意识。今日美国和日本在台湾的势力，我不应一口断定这即是一种殖民主义的势力；但殖民主义的意识，还存在于少数美国人和日本人之间，也是事实。而在今日台湾的上层社会中，确实有不少的人，假借“文化”之名，以迎合殖民意识的方式，图谋获取个人的利益，也是事实。台湾最大的阴影，是由此而来的。若把这种阴影，用“西方文化”的招牌加以掩饰，甚至加以美化，即等于说，我们要接受西方文化必须先接受他们的殖民主义。若把这种阴影，径直归结在西方文化身上，又等于说，要反对殖民主义，便应当反对西方文化。西方的殖民主义与西方文化有其密切关连，但二者之间，不能画上一个等号。因为中间加入了西方人的国家“政治意识”。日本当最崇拜我国文化的时候，有位孔子的信徒，突然向他的学生发出问题说：“假定孔子为之帅，颜子作先锋，要来征服日本，我们怎么办？”听的学生一时都呆住了，最后的结论，还是要全力抵抗。并且这种抵抗，也正合于孔子之所教（故事内容大概如此，未去翻阅原典）。此一故事，对今日的中国人来说，实有非常深刻的意义。

二

有人以为文化（culture）与文明（civilization）的区别，有如精神文明与物质文明的区别。但在一般使用习惯上，没有加以严格区别的必要。何谓文化？可以下许多互有出入的定义。这里试采取较为通俗的说法：所谓文化，“是按照个人与集体的生活要求，以支配并创造诸自然、诸事物，使其能把生活推向理想方面进展。这种努力的过程称为文化”。再加以补充是“文化指的是由人类一切活动的自由发展，而对自然赋与以某种价值的过程”（请参阅日本《岩波哲学辞典》页八一八至八一九）。在此一努力过程中所产生的“文化财”，应当包括科学、艺术、道德、宗教、法律，经济等等。西方文化，指的是由西方人所建立的这些文化财，及由这些文化财所产生的价值。我因为过去环境的关系，不懂西方语文，而只能通过日文翻译，以接触上面那些西方文化。我曾短时期地读过西方的经济学、经济史，曾花费近二十年的时间，断断续续地读过些西方社会思想这方面的著作，曾很辛苦地读过些西方的哲学、史学、文学、艺术这些东西。因为兴趣太广，天资不高，又缺乏基本训练，所以对西方的东西，没有一门能读成一个样子。但当我读的时候，不仅总是兴会淋漓，而且常常受到他们内容精深宏博的感动，偶而把书放下来徘徊半晌，说不出当下所感到的生命的充实。只有读中国的《论语》、《孟子》、《离骚》、《史记》、杜诗和宋明诸大师的语录时，才能获得同样的经验。我因已经老了，为了文化的责任感，所以要努力写点中国文化方面的东西，以致两三年来，很少有读西方典籍的机会，这是我读书兴趣上的莫大损失。但我从来没有感到西方文化对我有什么阴影，也没有读出中国人不应当居于平等地位的暗示，更没有在西方文化的追求中，对中国文化，发生一种禁制作用。而在中国文化的探索中，更从来没有发生非反对西方文化不可的情绪。当我第一次看《文心雕龙》时，即发现数百年来对文心雕龙的重要误解，因而写了一篇《〈文心雕龙〉的文体论》。偶然弄弄中国绘画，以调剂生活时，发现其中有很高的艺术价值，因而写了一本《中国艺术精神》。我所写的中国思想史方面的东西，可能比一般人来得深切谨严一点。这并不是如讨厌我的人所说的，“徐某有天分”；说穿了，主要得力于我所仅有的西方文化知识的启发。很奇怪的是，在我所得的启发中，只是鼓励我研究中国文化，重视中国文化。而我每当对中国文化中的某些问题的疏解，感到辞难达意时，便恨我对西方文化某些方面的知识不够。西方文化也从未使我自卑，中国文化也从未使我自尊；当然有时也会絜长较短，辨同别异。但这和人与人、国与国间的尊卑荣辱，有什么关系呢？在文化的追求中，我不知道什么地方能安放得下中西之争、自卑自尊之念。我年来为中国文化讲了不少话，乃是对既未曾研究中国文化，也未曾研究西方文化，而只是跟在洋人脚跟后面，以糟蹋中国文化的方法，满足洋人的殖民心理，满足自己的自卑心理，所以我便起而打抱不平。这种不平，不仅站在中国人的立场应当打，站在人类整个文化的立场也应当打。我觉得几十年来的文化空白，主要是来自大家不好好地做本分内的研究工作，却先要争一个东西长短，并先要拼个你死我活。于是阻碍吸收西方文化的，常常是自己敕封自己为“西化”的打手。阻碍中国文化复兴的，常常是在中国文化旗帜之下，趁浑水摸鱼的鄙夫。尤其是，今日有少数外国人，在台湾划定一小撮人（我不愿称之为知识分子），认为这是属于西洋的。既是属于西洋的，便在学问上可以胡言乱道；若稍加批评，便认定这是妨碍了国际关系。而这一小撮人，也正借此以沾沾自喜，凌驾侪辈。这和义和团以前，外国的传教士，运用坚甲利兵的背景，以保护出身于地痞流氓，为非作歹的土著教士，如出一辙。这是目前学术界中真正的阴影。但这一部分美国人及这一部分中国人正属于我上面所界定的殖民意识范围，他们和西方文化有什么关系呢？

三

美国目前是富强，我们目前是贫弱。但“富人要进天堂，比骆驼想穿过针孔还要困难”，这正是西方基督教的教义。所以从国格、人格的立场来讲，富强与贫弱，彼此依然是平等的。我们要学西方的科学、技术等等，以图自己国家的富强，并不是说我们即应当向美国人或日本人出卖自己的国格人格。而出卖自己国格人格的人，决不能吸收科学技术以为自己的国家发愤图强的。我们与美国人之间，与日本人之间，是要由“内不失己，外不失人”，“言忠信，行笃敬”的态度，和他们做朋友，和他们合作，朋友也有劝善规过之义，说不上谁尊谁卑。一个堂堂正正的中国人，才有资格吸收西方文化，才有资格做堂堂正正的美国人、日本人的朋友。就我在东海大学的观察，就我与日本朋友交往过的情形，我觉得绝对多数的美国人、日本人，并无意要成为我们的阴影。阴影的形成，乃出于有些中国人的不自重、不自爱，无廉耻之心，无国格人格之念，在钻洋门路中，在满足自卑感中，才造成今日的阴影。“人必自侮，而后人侮之”，今日许多知识分子，许多工商界中的大亨，正在为孟子的名言作证。则台湾假定有朝一日沦为殖民地，其责任不在美国人、日本人，而在中国的“大知识分子”（以官阶言故称之为大）及大工商业分子。至于并不研究西方文化，而只是成天地摩拳擦掌，要打倒中国文化的西化派，到头只不过在地下捡骨头而已。但是，想把台湾变成殖民地以便在殖民地下面捡便宜的任何人，都是枉费心机，都是白白地出卖自己的灵魂。台湾只能走向民主之路，决不能走向殖民之路。

四

另一种阴影，是从拿着鸡毛当令箭的人们，抱着西方文化中偶然发生的反文化的现象，当作是最新的西方文化而加以讴歌崇拜所引起的。西方文化中的科学理性过剩，抑压了人生中其他方面的理性的发展，以致使文化、人生失掉了平衡，因而发生了反理性的倾向，这是可以理解的。传统的价值观念，渐成为有躯壳而无灵魂，并且成为有权势者驱使无权势者的工具，因而发生反价值的倾向，这也是可以理解的。闻风而起的失掉基本教养的少数年轻人，求其说而不得，于是在色情方面去求解放，觉得只有回到五千年前，女人不穿衣服的杂交时代，才算解决了当前的问题，有如美国的嬉皮，这只是激动时代中的泡沫。但我深信：

（一）补救理智主义危机的还是要靠更高的理智，以使科学理智与艺术等理性取得平衡。艺术依然是理性的，而不是反理性的。

（二）取代传统价值的依然要靠重新肯定的价值。而重新肯定的价值，依然是使人生更为向前向上，而决不会回到野蛮的时代。

（三）西方文化根基深厚，上述反理性、反价值的倾向，尤其是向色情求救星的情形，毕竟只是出于少数人，毕竟只能算是短期的插曲。这种少数人，这种插曲还不能动摇他们文化、社会的根基，并且可能因此而促进文化自身的调整作用。假定在某一地区，此种情势，占到优势的时候，例如，假使美国的嬉皮，占到优势的时候，美国便会崩溃下去。台湾有些人们，对于西方这种插曲，不穷其源，不究其委，以为这是最新的东西（实际是最旧的），所以也是最好的东西。我们百年的文化落后，实际是理性薄弱，而不是理性失调；但也要随之反理性。实际是青黄不接，不知道什么是价值，但也要随之反价值。萨尔特早在四年前公开宣布唾弃他壮年时的“呕吐”了，但我们还有人要在这里干呕干吐。更糟的是，许多人根本没有时代的感触，而只有食色的冲动；于是在许多人心中，今日的西方文化，只是色情文化，只是生殖器崇拜的文化。在西方，一百种学术性的刊物中，偶然出现一两种色情刊物，还无所谓。在台湾，找不出一两种值得称为学术性的刊物，却弥漫着色情的报纸刊物，便不能是无所谓的。美国在两亿人口中有万把几千个嬉皮，还不算一回事；台湾一千万人口中，假使也有万把几千个嬉皮，能不算一回事吗？所以我说，台湾学术文化界中的另一阴影，是来自把西方的反文化，当作是西方文化。

我在学问上一无成就，但经历过一番甘苦。从民元发蒙时候起，到民国十五年革命军到武汉为止，主要是读线装书。从民国十五年以后，到二十九年止，我唾弃了线装书，追求“科学的社会主义”。从三十二年遇见熊十力先生起，我知道过去虽然读了许多线装书，但可以说，并不曾真正读懂一句，因而不敢随便唾弃线装书。但依然是想在日译的西方典籍中求得一点什么。一九五五年到东海大学中文系教书，自然把重点转到线装书上面，到一九五八年，才读出一点缝子，才知道所谓文化论战是什么一回事。我已经老了，希望下一代的智识分子，只问自己是不是在认真地研究，不必说什么值得研究，什么不值得研究。只问人家研究的态度是否诚实，研究的结论是否正确，不可认为研究西方的才是进步，研究中国的便是顽固。更应知道“什么叫作研究”，守住做学问的大“行规”；凡不曾研究过的，便不应当开口，更不应当信口批评他人。世界决无一通百通的学问。学问的趋向，也有一种市场作用；不必杞人忧天，怕研究中国文化的人太多了，会减少了西化的努力。目前学校中最难请的是好一点的文史教员，能讲中国思想的更是凤毛麟角。此乃大势所趋，只要不受到无知的干扰，也会慢慢出现平衡的。总之，凡是文化，都是光辉的，可是得来并不容易。只问努力不努力，不必问中化与西化。

一九六九年一月《大学杂志》第十三期

一个中国人读尼克逊的就职演说

一

说老实话，我过去对尼克逊的印象并不深刻。但这次读他的就职演说，才知道他对问题能作深刻的思考，也能接受其他的人们所作的深刻的思考。尼克逊没有浪费他过去失意的八年岁月；他的人格与智能，在失意的八年中，是由不断地生长而臻于成熟了。这正是美国目前遇到空前的困难而依然会克服前进的良好象征。

演说中，包含了美国今后在国际政治上所追求的目标与他们所要走的方向；对于这些问题，我没有意见。最使我感到兴趣的是下面的这些话：

> 三十几年前，罗斯福站在同一地点，对我们遭受经济恐慌……发表演说，他能说"感谢上帝，这些困难，仅与物质的东西有关"。我们今天的危机是相反的。我们发现，我们有充分的物质，但在精神方面却是贫乏。能极精确地到达月球，但是在这地球上则是一片聒耳的争执。对一项精神的危机，我们需要一个精神的答案，寻找那个答案，我

们仅需反求诸己。当我们倾听“我们天性中的善良天使”之际，会发现他们赞美一些简单的东西和基本的东西，诸如善良、得体、博爱、仁慈等。伟大是来自简单的事物。如果我们要克服使我们分裂的因素，并加强使我们团结的因素的话，则这些简单的东西，是我们最需要的东西。……不论我们进入到宇宙多远，我们的命运不在众星之中，而是在地球本身，在我们自己手中和我们自己的心中。

二

没有人会怀疑科学、技术所能提供人类物质生活向上的伟大贡献；也没有人会怀疑物质生活向上，为人类所追求的正当目标。问题是出在二十世纪以来，出现了科学一元论的狂想曲。一方面认为只要从科学上得到知识、技术的进步，便可以解决人类的一切。另一方面，认为凡是不能用科学实验、演算的方法加以处理的对象问题，便是不真实的对象，无意义的问题。由此推论下来，人类只有物质方面的生活，而没有精神方面的生活。美国今日的情势证明，其一部分人因物质生活上的缺乏，固然能引起严重的社会问题。但更多的严重的社会问题，乃起于各个人的念虑之间，与物质生活的缺乏与否，并不发生直接关系。这样便逼着尼克逊在其就职演说中，不能不作美国今日所遭遇到的精神危机的呼吁。尼克逊的呼吁，乃根据摆在美国每一个人面前的铁的事实；不需要什么科学实验室中的证明，已强有力地推翻了科学一元论的狂想。

在上述科学一元论的狂想之下，美国一方面繁衍了大量的“虚拟科学”，有如逻辑实证论、行为主义；另一方面又繁殖了以潜意识为主导的各种反理性的艺术。两者共同的倾向是彻底反对人生价值，共同的归趋则是走向野蛮主义。更有的人，以为科学技术是日新月异，人的生活方式，也要随之日新月异；所以对于一切寻常，但为了维持正常生活所不可缺少的“庸言”、“庸行”，皆加以唾弃，制造反感。殊不知人的生理构造未变，安放在生理构造里的良心未变；则顺着良心所发出的简单平易的良知良能，永远是人类向前生存，向上发展的基点。真正伟大的事功，都必须由此一基点伸展上去；否则小焉者将如美国今日的希癖，大焉者只能像希特勒、史达林。尼克逊“伟大来自简单”的呼吁，这是他和他的智囊团，经过穷幽极深的探索、体认以后所得出的结论。由对良心的锢蔽而来的人生的空虚、混乱，存在于贫窟之中，更存在于豪华放浪之后。科学、技术可以把我们摆脱地心吸力，送入进其他的星球世界；但不能摆脱由良心锢蔽而来的人生空虚与混乱。于是尼克逊在美国快实现登陆月球的时候，为人类还是要回归向地球，还是要回归向人类自己的良心，作了有力的呼唤。

三

我读了尼克逊的上述讲辞，感到尼克逊站在总统就职的地方，仿佛是很恳切地在向我们讲“中国文化复兴运动”，是指点我们如何才算是中国文化复兴运动；这使我非常感动，也使我非常惭愧。我决不否认我们在科学、技术方面的落后，为了争取生存，应当全力以赴。但我也永远不能了解中国由“性善”所建立起来的一套中庸之道，为什么会妨碍到科学、技术的追求？为什么为了追求科学、技术，必须丢掉由良心所发出的简单平易的中庸之道？更不能了解炫耀一点美国的反理性、反常识的小玩意，有如破布艺术、意识流的小说、白日梦的诗之类，极其究也，归结到女人一丝不挂，便沾沾自喜地以为这便是进步、现代化。

美国花在中国文化方面的研究费，也不算少；但就我的观察所及，发现他们的研究，有两大特点。第一大特点是美国的汉学家，是把他们国家的富强，加到他们自己的学问里面去；所以当他们并看不懂中国古典时，便以为自己的学问大得无比。第二大特点是，他们研究中国文化的目的，只在说明中国文化对现代人，对美国人是一无价值；中国在文化方面，今后只有等着美国的施舍。我相信我们的文化有缺憾，我相信这种缺憾需要大量吸收西方文化来加以弥补。这难说中国文化，对西方，对美国，便一无裨补吗？这说明绝大多数的美国汉学家的心灵，是由骄侈而处于闭锁的状态。他们写出一本一本的书，好像一位厨子做出的一碗一碗的菜，在碗上标明“这菜是不卫生，不能吃”的情形一样，我觉得有点可笑。

一九六九年二月一日《华侨日报》

韩国的文化大革命

一

文化的传承、传播，主要是靠一个国家所使用的文字。文字是文化的工具，也是文化的自身。对有历史性的文字的废弃与转移，乃是文化上最彻底的大革命。我从日本报纸上，知道韩国正实行此一大革命。

从近年地下发掘出来的材料，证明殷周的势力曾到达了辽宁这一地区的情形推测，我相信箕子于殷亡后避居朝鲜的说法，是历史的事实。因为中、韩在历史上的关系过于密切，所以韩国在一四四六年以前，完全使用中国的文字。到了一四四六年，即是韩世宗大王二十六年，开始制出了子音十四、母音十，合为二十四个字母的表音文字。但制定以后，经过了三百八十余年，仍以汉字为“真书”，以韩字为“女人文字”，因为只有在女人中才保持它的一线命脉。到了一九〇七年，即是韩光武十一年，开始定韩字为国语，在各种公文中，与汉字并用。但日本征服韩国后，又对韩字加以废弃，把韩字的学者关到牢狱中去。到了一九四八年十月一日，在韩国国会，通过了韩字专用法案，规定“政府公文，皆使用韩字，目前只在认为必要的时候才并用汉字”。到了现总统朴正熙氏，更进一步全面废弃汉字，并自明年一月起实行。连国民学校教科书里面使用的六百汉字，也一笔勾消。忠南大学教授柳正基，因为提出了强烈的反对意见而受到解聘的处分，由此可见朴总统决心的坚强。

二

过去日本军阀为了抑压韩国的民族意识而废弃韩字，则今日韩国正当以旺盛的民族意识，从事于建国工作的时候，把过去敌人所要废弃的本国文字，大力加以推行，可以说是当然的现象。据日本报纸所介绍的赞成全面废弃汉字主张的人，都是强调民族意识的人。他们认为制定韩字，是民族文化的独立宣言。韩字从包含在汉字中的地位而得到独立的地位，这是意味着民族精神的自觉。目前韩国的老年层使用汉字，青年层使用韩字，两者之间，在文字上形成了一重障壁。取消汉字，便取消了这一重障壁，可以增强民族语言的活力。促成民族语言的活力，即可得到民族文化的充实。并且全面废弃汉字，可以脱离外来的中国思考的方式，回到民族固有的思考方式，于是文化的自主性，便可以建立起来了。

韩国当然还有根深蒂固的反对力量，也引起了不少的反对意见。但目前不是就不同意见的折衷来解决问题，而是在民族意识高于一切的政治力量之下来解决问题。况且在金日成统治下的北韩，早经把汉字完全废弃掉了，所以任何反对意见，是不能发生作用的。

三

日本报纸对于上述问题，只作客观的报导，并不流露一点意见，我以为这是因为他们对韩国有一段不光荣的历史，所以不能不避嫌疑。但就我来说，韩国是我们密切的朋友，对于朋友的问题，难免引起由关心而来的一番思考。经过我思考的结果，便感到有下列的疑问：

第一，韩国和日本，使用了一千年以上的汉文，认真说起来，汉文和韩国和日本，在长期历史之流中，已注入他们自己的血肉。在这种情形之下，为什么不可以把汉文当行中、韩、日三国的共同文字，而依然要视为“外来语”？

第二，汉文中装载了许多由中国圣贤所积累下来的人伦道德。这些人伦道德，假使没有它的普遍性，便不会对韩国发生影响，因为这种文化向韩国的传播，完全是出于自然的传播，并非如日本及近代的帝国主义一样，是通过政治军事的强暴手段。若有其普遍性，则这些伦理道德，对韩国民族精神的塑造，已发生过很大的作用，与韩国的历史和现代，有不可分的关系。因此，韩国今日要强调民族精神，应当承认民族精神是历史的积累，而不是靠平断面的口号标语，则对于由汉文的装载，由韩国历史所消化的上述文化，应当特别加以清理、提倡，以增强韩国对国民教养的力量。民族精神，乃植基于由教养而来的独立人格之上。并且这种教养是在韩国风土之上所实行的，自然赋有韩国民族的特性，加强韩国的民族意识，等于古代希腊文化通过文艺复兴运动，影响到欧洲各国，反而促成了欧洲近代民族国家之成立，是一样的道理。今一旦由汉字的全面废弃，而把在韩国蓄积有数千年之久的教化力量，一刀斩断了；我不知韩国有什么其他的文化力量，来填补这一段空虚。所以这种事，共产党可以作，民主的韩国便应慎重地考虑。

第三，思考方法的形成，不是一句空话，也需要长期文化的积累。站在东方人的立场，对传统的思考方法，应当加以自觉的反省，以发扬合理的一方面，并在此基础之上，吸收西方人的思考方法。思考方法是我们创造新文化的基本工具，工具愈完备愈好。假定中国的思考方法没有其合理性，便将受到自然的淘汰。假定有其合理性，则正是韩国创造文化的重大资本，并且这种资本，韩国人拿在自己手上，已经数千年之久，而成为韩人从自己血肉中生长出来的东西。一朝放弃，以强调韩国自己独立的思考方法，我不知道究竟是一种什么内容。

我不是说韩字与汉字，不当有更替的关系。但文化基本问题的解决，总当行之以渐，积之以时。以政治强制之力，行之于一旦的方式，对文化而言，我觉得是非常值得怀疑的。

一九六九年三月十日《华侨日报》

个人主义的没落

一

个人主义，是以追求个人权利，满足个人欲望，为社会动力的主义。在此一主义之下，解放了中世纪所长期抑压的个性，因而也解放了中世纪所长期抑压了的个人能力。更重要的是，把长期被特殊阶级所独占的权利，及为了独占的权利所放出的观念上、制度上的烟幕、障碍，加以清理扫除，开放给新兴的平民阶级，或者说是新兴的市民阶级，使大家站在平等基础之上，行使个人权利欲望的追逐。这样一来，社会在由特权抑压下的沉滞阻塞的气氛中，活跃、开朗起来，与人类的潜力以伸展发挥的机会，这便成为西方社会三百年来进步的支柱。

概括地说：个人主义的进步性或者可以从下面三点来加以了解。第一，它是历史阶段的产物。没有中世纪对个性以抑压，便不一定有个性解放的特别意义。第二，每一个人，一生下来都是个人主义者。不过在近代以前，系特殊阶级的个人主义，压制社会大众的个人主义。近代个人主义的意义乃在于个人主义的大众性、社会性。失掉了大众性、社会性的个人主义，便不是作为近代进步动力的个人主义。第三，近代的个人主义者有一个基本假定，即是各个人的权利欲望的追求、满足，由“有一只看不见的手”，把大家连结起来，成为社会共同的权利欲望的追求、满足，因而个人与个人之间，保有竞争中的调和。实际所谓“看不见的手”，乃是与权利相并行的义务观念。没有此一并行的义务观念，也会失掉近代个人主义的意义。

七十年代的最大事件，可能便是此种个人主义的没落。及与个人主义关连在一起的制度与观念的没落。

二

资本主义，是个人主义下的自然产物。独占资本的形成，也是资本主义的自然发展。独占资本形成以后，大资本家成了各经济王国中的统治者，成为社会的特殊阶级。社会上一经出现了固定的特殊阶级，便会只有特殊阶级的个人主义，没有社会大众的个人主义。近代的自由观念，是植基于个人主义之上的。没有社会大众的个人主义，社会大众便感到失掉了个人的自由。自第一次世界大战以来，由达达主义、超现实主义、实存主义，乃至希癖士等，对现存社会制度、伦理观念的叛逆，我们可以在这种地方追出他们的根源。换言之，他们在表面上是反对个人主义，在骨子里则是追回失去的个人主义。但任何意向，必须在现实上有积极而具体的目标，可是他们都只是茫然的、混沌的，只有否定而找不出肯定的，所以他们的一切都是落空的，都是名实相符的虚无主义，把一切埋葬在虚无中去。

关于独占资本主义的问题，在自由世界中并不是完全僵化得无可作为的问题。他们通过赋税制度、福利设施，把资本家的利润，重新分散到社会中去。有的国家，在资本社会化的这一方面，作了许多尝试与努力。这种努力，同时即含有保持社会的个人主义、自由主义的意义在里面。但这并不能挽救个人主义的没落，不仅是作的程度的问题，而是由正面站在个人主义立场的知识阶级，也正在大力地葬送个人主义，亦即大力地葬送自由主义。

三

我这里所说的知识阶级，是与技术人员分开，指着专门以担当知识、思想为业的一批人而言。与个人主义不可分的自由主义，由知识分子的立场来说，它在人生价值上的意义，大过于人生实利上的意义。因此，自由的存在，经常要由价值的理念来加以培养灌溉。但美国二十年来的知识分子的大倾向，是反价值的，最低限度，是抹煞人生价值的意义的。于是自由乃仅作为维护知识分子个人实利的工具。而存在工商业以及技术人员的个人实利，乃通过商品、技术的创造与流通，以供给社会的需要。并且由供求的法则，以调剂两方面的需求。这中间，可以承认有只看不见的手，把社会和个人连结起来。但知识分子的个人实利，不仅是“不生产”的个人实利，并且这种个人的实利，对社会而言，在知识分子的脑中、口上，把“看不见的手”，变成了看不见的锋利小刀，处处去割断社会中的纽带。这便是他们的所谓知识、学问。在这些看不见的小刀宰割之下，只有个人没有社会。个人主义，不能生根于“无社会”的社会之上。

因价值观念的丧失，人与人间的“关连感”，便自然会丧失，除了自己直接利害以外的一切责任感，也都丧失。他们所走的路，是破坏由全体利害而来的构想，破坏由为了明天利害而来的构想。也自然会走到糟蹋自己的共同生活体的国家，以追求自己金钱和虚诈性的名誉。美国最近暴露国家机密的大竞赛，正是上演的这样的活剧。从这批知识分子年来的表现看美国已濒临于患有精神分裂的国家，这正是美国知识分子，站在个人主义的立场来葬送个人主义的历史例证。

一九七一年七月十一日《华侨日报》

中共的文化问题

一

暂时放下不同的政治观点，仅就文化的自身来评判中共的文化问题，在中共的立场，认为这是不可以的。但我想作一次尝试。

要了解中共的文化问题，首须承认中共与西方共党在文化上的不同背景。

第一个不同的背景，是西方国家的共党，多在大城市中生根，以大城市为活动斗争的场所。而中共则系在农村中生根，以农村为斗争的场所。自马克思以至列宁，都是在最进步的现代都市中形成他们的理论。其他各国共党领袖，也都呼吸着大城市的空气。现代都市是现代文化的制高点，也是现代文化的万花筒。生活在现代都市的人，再顽固，再偏执，在知识上，在生活上，也必会有意无意地受到都市万花筒的感染，在顽固与偏执之中，多少潜伏着开放的一面。马克思、恩格斯、列宁们，在以都市为背景所写出的革命理论，即使我们可以不赞成它，但不能不承认他们的深度和他们的概括性，可以当得起“推理”及“时间”的考验，因而在激动中也有它的安定性。

中共的主要领导人物，都是在农村中一步步地斗争出来的。他们斗争的环境，与形成马列主义的背景并不相同。所以从苏联受到理论训练的人物，一返到以农村为本据的苏区中，不久便会碰上钉子，而教条主义便成为“整风”时的主要对象之一。他们为了求生存发展，迫切需要的是策略，是技巧。是对付摆在眼前的生死问题。于是他们的成就，是斗争中的策略、技巧；并即以一时性的策略、技巧，上升到理论的地位，而不断地将其绝对化。这样便形成他们自身不断的波折、激动、矛盾，最后只有诉之于政治性的威压，以发展到利用儿童以斗成人的文化大革命。我们试把中国共党成立三十周年纪念的文献内容，和现在中共的口号，作一对比，不能不使人有如同隔世之感。毛泽东没有像史达林，大开杀戒。但史达林也没有像毛泽东样运用权术来从根摧毁自己的党的一切组织。这似乎可以推求到毛是以策略为理论，而史则是以策略淹没理论，但仍有点理论的气息上去。

二

由上面的情景，我们立刻可以关连到另一方面的问题上去。即是，中共的领导人物，对于都市是非常生疏的，因而对现代的文化活动，也是非常生疏的。这一方面，保持了他们的质朴的性格；同时也拘限了他们形成自己观点的文化背景，使他们的观点，把除了科学技术以外，对整个文化，都是互相拒斥的，没有一点融和的余地。这便大大地限制了他们观点的概括性。

中共与西方共党第二个不同的背景，在于西方共党，乃成立于西方文化发展到高峰的时代，而中共则成立于中国文化没落到底的时代。所以，马、列们在理论上要建构什么，要批评什么，都有比较可以信任的文化中的业绩，作为他们的凭借，作为他们的对手。在中国要追求科学，但打着科学招牌，以登上学术中的王座的人们，并不诚心诚意，老老实实地去推动科学。适应异族专制的乾嘉学派的幽灵，此时假科学之名，占据了文化界的主要地位。没有思想性的考证工作，纵横一时。因为这种工作的人，缺乏思考能力，所以连饾饤性的考证的本身，也越考证越糊涂，使空虚的文化界，蒙上了这种虚伪的考证学风的迷雾。

三

三十年代上海的左翼作家，在学术上虽然成就不高，但他们直接向时代负责的精神，远在考证学派之上。中共取得政权后，以这批人作为他们的文化骨干，这是理势所当然的。并且这批人上台以后，对民间艺术的提倡，对各文化专题的资料的收辑汇印，对学术界的沉沦者的发现，对地下史料的发掘、保存、整理，对他们所认可的古典的整理印行，都尽了很大的气力；而且他们所摸索前进的路，大体是正确的。但是他们所凭借的基础过于薄弱了，他们想在传统文化中发现可以符合共党领导者的观点的工作几乎完全落空。少数人发现了中国文化对现实的批评性，当然不能被毛所宽容。多数人，又走上胡适的老路，也被毛一眼看破。我曾尽量搜阅大陆上这些年来所出的文史哲方面的文章，在学术立场上，多数也是站不起来的。毛泽东所推动的文化大革命的重要原因之一，可能是来自毛氏个人的文化消化力，及文化自身的恶化症。

现在的情形是，《毛语录》打倒一切的文化；而中国悠长的历史，中共当作是自己的敌人，中共应当在这种地方，在正是得意的时候，好好地想。

一九七一年九月二十一日《华侨日报》

封建主义的复活

一

二十世纪由六十年代所开始的显著的危机之一，是民主精神的开始动摇、坠落。民主制度，是要由民主精神来加以支持的。民主精神的开始动摇、坠落，即意味着三百年来最大成就之一的民主政治制度，可能开始走上了没落之路。

民主精神，本来是“群己之间”的一种生活上的中庸之道。用中国的语言来表达，也即是一种克己精神。第二次世界大战后，许多发生影响力的思想家，认为要避免由全体主义而来的极权主义的灾祸，只有严守个人自由的防线。一提到福利国家等，便认为侵害了个人自由的防线，而且力加以排拒。说也奇怪，没有个人自由，便没有民主。而个人自由的绝对化，便同时意味着对民主政治的损害。这虽然不是民主精神动摇、坠落的唯一原因，甚至也不是最重要的原因，但站在政治的立场来说，却是值得一提的原因。

民主精神坠落的征候，一是暴力主义的横行，一是封建主义的复活。

封建主义，系由许多条件所形成的。其中最突出的是“血缘的身份制度”。即是一个人的地位，一个人所担当的角色与发生的作用，是由血缘的关系所决定的。人君的嫡长子，便可以继承君主，士大夫的公子、公孙，便可以当卿大夫，即使人品再不当，他的地位也自然高出于一般人之上。君主的夫人，只凭她和人君同床共枕的关系，即取得了“一人之下，万人之上”的地位。以类相推，血缘地位身份制度，自西周初年起，一直到春秋中叶，形成了中国政治、社会组织的骨干。

二

春秋中叶以后，上述的血缘身份制度，渐渐崩溃，凭学问、人品、才能、功勋、财富等决定对人的评价或社会地位的情形，一天多一天，这当然是历史上很大的进步。

先秦诸子百家，没有一家不反对上述的身份制度的。儒家站在社会的、道德的要求，而依然维持封建社会中的“亲亲”观念，自有它重要的意义。但把“亲亲”的观念夹杂到政治中去，使它对于“尊贤”的观念，在统治层中经常取得优势。这便无形地，为封建的身份制度，保持了一条活路。这是先秦儒家，对政治与社会的分际，分别得不够清楚，因而留下了两千多年之久的大弊害。

法家要把政治上的问题，完全决定于客观化了的法，彻底否定了政治上的亲亲观念，所以在结束封建身份制度的这一点上，法家的贡献，较儒家为大。而秦国自孝公以后的政治结构，及秦政统一天下以后的不分封子弟，正是法家的贡献。但法家们没有想到一点，他们为了使“法”能发挥效率，便把人君的地位与权力，提到至高无上的地位，以建立“一人专制”的政治体制。再提出“无为”的要求，以消解由此至高无上的君权所发生的毒害。人情上，决没有掌握着至高无上的权力，而甘心“无为”的。于是本是由扩清封建的身份制度所建立起来的一人专制的政治体制，但在人君的身份地位，绝对化了以后，此绝对化了的身份地位，要使它不直接发生演化作用，以恢复封建的身份制度，乃绝不可能之事。秦亡于宦官赵高，宦官之所以得势，是因为他能和绝对者的皇帝相接近，因皇帝的身份而提高了与皇帝接近者的身份。所以二千年专制中的宦官之祸，即是专制中的封建身份制度之祸。

刘邦得天下，诛彭、韩，规定非刘氏者不王，非有功者不侯。何以刘氏子弟可以封王，何以自此以后，凡是皇帝的儿子一律封王，这是封建的身份制度。吕后时代开始出现“恩泽侯”，即是帝后的子弟可以封侯，这是封建的身份制度。吕后何以能专政，因为她是皇后的身份；诸吕何以能封王，王莽何以能由专政而篡汉，因为他们是以皇后母家的子弟的身份。历史证明，宦官外戚之祸，与专制政治不可分，即是证明封建的身份制度，与专制政治不可分。

三

凡是政治落后地区，必出现某形式的封建的身份制度。民主政治，才是从根消除封建的身份制度的力量。民主政治，系以“人生而自由平等”的民权观念为基础。领导人物，决定于人民的定期投票。而这种投票，是在有言论、集会、结社自由的条件之下来实行的。投票选出的统治阶层，有定期的再投票。这便没有固定的特权阶级的存在。于是，任何血统的身份，不能在这一套机构的运行中存在。所以民主政治中，固然没有宦官，无宦官之祸，也决无中国历史中的外戚之祸。外戚而要参政，必须要通过民主程序，而不能仅靠外戚的身份。

《伦敦经济周报》二月二十六日发行的一期中有一篇《老人之国》的文章，其中分析尼克逊与毛泽东两人的政治型态，是非常相似的。两人都不相信正式政治机构的官吏，而宁愿信任在私人左右的幕僚，以进行秘密交易，这便很有些像欧洲封建时代的“宫廷外交”。而他的夫人最近在北非曾发挥了很好的外交功效，这是报纸上所乐于称道的。但他为甚么要派自己的夫人去担当外交使命？因为派自己的夫人，比派正式外交官去，显得更为重要。为什么自己的夫人比政府中的正式外交官更重要？因为他的夫人是“一人之下，万人之上”的身份。尼克逊这样做，难怪这两天的报纸上记载，菲律宾总统马可仕，也正派他的夫人去作重大的外交活动。这当然不能比拟于中国历史中的外戚。但在凭血统身份以取得政治地位的这一点上，则无二致。

共产党，是彻底摧毁封建社会的。但因毛泽东个人的偶像化、绝对化，也必然随之而出现封建的身份作用。江青凭什么高踞中共最高指导层的第三位？是因为文化大革命有功。江青凭什么能握文化大革命的大权？凭什么追问旁人所犯的错误而她却一无错误？以江青的文化水准，凭什么可以掌握文教大权？许多经过千辛万苦、千锤百炼的中共出色干部，为什么都要俯首贴耳在江青的下面？总结一句，因为她是绝对者的“一人之下，万人之上”的身份。这到底是毛泽东之幸，还是毛泽东之不幸，“渺沧海之一粟”的我，怎能加半毫推测呢！

一九七二年三月九日《华侨日报》

暴力主义的去路

一

我已经说过，民主政治没落的两大征候中，暴力主义的横行，较之封建主义的复活，更为显著。

我的推测，在以血缘为政治社会结合纽带的政治民族社会中，内部权力的转移，可能不是通过暴力行动。但民族与民族之间，乃至民族扩大，血缘关系稀薄，在政权的争夺中，必然地会诉之于暴力。这种暴力行动的目的，乃在达到一二人的权力欲望，而屠戮之惨，破坏之酷，却落在与权力并不相干的人民大众身上。所以一切民族国家，每遇政治权力转移一次，人民即受劫受难一次。因此，“枪杆子上面出政权”，乃是人类历史中无可奈何的现实，而不由枪杆子上面出政权，则是人类历史中所苦心焦虑以求的理想。

在中国，到了孔子，已很明显地要求以公天下之心，行禅让之事，因而消解政权转移中的暴力行为。他说他的学生“雍也可使南面”，这是彻底否定了王位的血统继承权。他说“舜、禹之有天下也，而不与焉”，这是称赞舜、禹之不以天下为私产。他歌颂“巍巍乎维天为大，维尧则之”，又歌颂“泰伯三以天下让”，这都是寄托他要把天下还之于天下人民的手上，因而以和平转移政权的理想。到了墨子，便进一步提出了选举的观念；各层级的统治者，皆由选举产生。此一理想，得到儒家的支持，所以才出现为孙中山先生所继承的“天下为公，选贤与（举）能”的两句伟大的话。

但中国虽有这样伟大的理想，却因历史条件的限制，只在汉代出现了点缀性的、局部性的选举制度。西汉儒生，虽仍坚持天子应选举天下的贤者来担当；但到了东汉，此一观念，几归于废绝。后来只玩弄杀戮下的假禅让。这一问题，只有近代民主政治出现后，才得到真正的解决。这是人类在政治方面进步的里程碑。

二

民主政治对根本政治问题的处理，是要通过一套民主制度中的法律程序。而政治权力的获取，是要通过选举的，以得到多数人的同意。在法律程序与由选举而来的多数同意的决定中，暴力只能发生反作用。

但民主政治的实行，需要大家有共同的容忍精神，对异己者的容忍，对于失败时的容忍，对于程序中所耗费的时间的容忍。容忍精神，来自理性对各人权力欲望的自我限定。落后地区的政治人物，他的权力欲望是永远得不到满足，因而他永远会反对民主；在不得已时，也只永远玩弄一套假民主。在此种情形下，任何民主势力，必受到各种假民主的摧残。这样一来，不诉之暴力，便永远填装不饱残暴统治者的欲壑，此时便不能不承认暴力手段的意义。但决定暴力意义的最后标准，依然在是否以实行民主政治为归趋，暴力的领导人物，是否甘心受民主的约束甚至是淘汰，否则便是以暴易暴。

二十世纪，民主国家内部的经济结构，由少数大资本家所独占，影响到整个社会结构有些僵化。而在文化方面，由精神分析学等出发所形成的一系列的情欲解放运动，弱化了许多人由理性控制作用而来的容忍精神；再加以受到毛泽东思想的一知半解的影响，便动辄撇开了民主的道路，希望以暴力方式，直接了当地达到自己的目的。在两年以前美国学生的暴力行为，虽因得不到社会支持，及向黄色、黑色（吸毒）的转向而缓和了下来，但黑人、阿拉伯游击队等的持续的劫机行为，正是暴力主义的滋蔓与变种。

三

日本的民主根器不深，日本人性格的对极化，正是暴力主义的温床。暴力主义，以自称信奉毛泽东主义的联合赤军派为中心；经过了安保斗争、学校斗争，大打大斗，不为社会所容，而自己孤立起来以后，变为游击式的暴力行动。在最近两年半以来，用了五百个以上的炸弹，安放在一百二十个以上的地点，得到了四十人以上的负伤的效果。在去年十二月十八日在警察厅警务部长家里面，送进一个爆炸小包，把部长的太太当场炸死，另炸伤一个小孩。这种不择人而炸，引起了全国的咒骂。

今年二月十九日起，到二十八日止，日本各大报，以仅次于尼克逊访问北京的新闻报导的篇幅，接连报导了联合赤军五人，在轻井泽浅间山庄，挟持了一个中年妇人作人质，抵抗了十天，死了两个警官，伤了十几名警察，才得救出人质，逮捕犯人，震动整个日本社会的新闻。五个赤军的家庭都是中上等，他们在学校的成绩优良，性格温厚。但他们相信“世界同时革命论”，觉得假使“我们不站出来，世界便会沉没”，所以他们诉之于任何手段的暴力而不悔。在他们据守期中，有两位的母亲去劝谕，被捕后，他们的母亲去抚慰，他们都不开腔答话。有一位的父亲因此事而上吊以死。但他们所得的是举国舆论的一致谴责。日本的革命，可能因此而后退。

有一位人士，把日本当前的暴力主义，与帝俄时代的恐怖主义，加以比较，而认为帝俄时代的恐怖主义，必选定有作为暗杀对象的元凶。并且有一次发现在沙皇弟弟的车子里面有位少女，为了不伤及此位少女，便也放过了皇帝的弟弟。日本的暴力主义者，则并没有认定明确的元凶。警官、警官的眷属，毫无关系的妇人及路人，都可成为暴行的对象。这位人士认为这是“暴力主义的颓废”。人本是肉食动物之一，要和平，要在和平中解决问题，是困难而值得追求的目标；要暴力，要以暴力解决问题，古今中外，滔滔者皆是，不一定算是英雄好汉。然则暴力主义者要把人类带到何处去？暴力主义的自身又走到何处去呢？

一九七二年三月十一日《华侨日报》

论“古为今用”

一

中共取得大陆政权后，对西方文化，除马列主义及科学技术外，有关人文学科方面的研究，似乎完全停止了。但对本国的历史文化，从一九五〇到一九五七年间，的确作了大规模的，各个方面的努力。从著作成绩方面来说，比较有价值的，还是用了数十年之力，而态度真诚的少数学者。这说明学问这种东西，不是任何人在限定的时间内，可以用跃进的突击方式能够得来的。但顺着他们所开建的规模，及他们重视工具，重视资料，重视讨论、合作等途径，继续下去，必定培养出一些高级的文化工作者，把中国历史文化的研究，推向更高的阶段，是决无可疑的。今日在海外，在台湾，许多书商及吃中国文化饭的人，至今犹沾润大陆学人这一时期的余唾以获利获益，即证明在大陆的文化工作，刚刚起步时，已留下了难以抹煞的足印。

接着毛泽东发动了“反右”斗争，这是要打击共产党以外的靠拢人士的，火花也飞到学术研究工作方面。此时的指责，似乎是说研究者走上了“厚古薄今”的道路，应当以“厚今薄古”的观点来加以纠正。“厚古薄今”与“厚今薄古”在实际的研究过程中，乃是模糊不清的口号。因为每一研究者，他的工作愈深入，对于研究的对象便愈有兴趣，而其结果也愈有贡献。这到底是厚古薄今呢？还是厚今薄古呢？在庐山会议后，虽然毛泽东去掉了彭德怀，但自己也把国家主席让给了刘少奇，因此“厚今薄古”的路线，不仅没有发生什么作用，并且在一九六〇年前后三年的天灾人祸中，激起了中共党内反毛泽东过激路线的浪潮。一部分研究工作者，把对中国文化的了解，作为他们反过激路线的工具，而发生了很大的影响，这便埋下了文化大革命的炸弹。

加以落后地区，人事关系，对一切问题有决定性的作用，于是在学术界中，毫无例外地流行一种风气，即是打着学术招牌而又在学术中站不起来的人，便尽力攒政治中的人事关系来为自己撑腰。此在海外，便极力攒洋人的“假学术”、“真政治”的关系；在大陆，便极力攒党的关系，以党的真革命者的姿态，去打倒在学术上压在自己头上的人。这也是助成文化大革命的一个因素。

二

文化大革命，名符其实是革掉中共建立中央政权以来所作的一切文化工作的命。照常情讲，既是文化革命，当然是要以新文化的理论作代替旧文化的理论。但此时他们手上除一部《毛语录》外，实在是身无他物。《毛语录》可以规定政治行动，但怎能代替乃至打倒一切的文化工作呢？结果，是林彪的枪杆子来革文化的命，是江青的红卫兵，亦即是十几岁的儿童来革成人的文化工作者的命。这样一来，在毛泽东的革命理论上，在实际的事势上，只好将全部文化工作停止，将全部文化者下放到五七干校，接受长期的劳动改造，连所有的大学也一齐关门，让工人的集体经验，来挑这一段的科学技术的大梁。

文化工作者在劳动改造中，最先能够“过关”，回到原工作岗位，接受工人教导的，还是科技人员。大学经过约三年的关闭而能最先开课的，也是科技的部门。靠人文学科吃饭的人，则除极少数在人事上无大恩怨，及表现特别良好，或现时有某种急需者外，绝对多数，还在劳动改造之中。而大学里的文科、法科，除外国语外，到现在为止还没有开门。换言之，人文学科方面的研究与传授，已经中断了五年至六年了。

假定中国真正如许多帝国主义者心目中，是和非洲的国家一样，根本没有历史文化的问题，则毛泽东在文化问题的处理上，便要容易得很多。不幸的是，在许多帝国主义大学的“亚非系”中，我们中国，这一组的背景，当这些帝国主义者的祖先还是蒙昧而野蛮的时代，已经有了很高的文化。中共正统治着这样的一个有悠久而丰富的历史文化的伟大民族，却对此一历史文化，一言不及，一字不提，这在中共对外的面子上，也是非常难看的。尤其是在他们正在发展国际关系的今天。于是一方面恢复了“考古”及“文物”的刊物，并印行若干在文化大革命前已经整理好了的古典。除此之外，更提出“古为今用”的口号，以作为渐渐恢复历史文化研究工作的方针。换言之，假定研究的动机和结论，是为今日的政治所用，则已经断绝了的研究工作，还可以恢复进行。就我个人心情来说，这无宁是文化上的一大喜讯，所以愿进一步对此口号作一番考查。

三

我首先应当指出的是，“古为今用”，是我国文化的大传统。《诗经》上说“古训是式”，并不是厚古复古，而是要“古训”为今所用。孔子“祖述尧舜，宪章文武”，乃至整理《诗》、《书》、《礼》、《乐》，据鲁史而作《春秋》，不仅是要这些“古”为当时所用，而且要这些“古”为后世所用。战国诸子百家，不仅要历史的“古”为今所用，而且随意制造一些“古”出来为今所用，所以神农、黄帝这类人物，大量出笼。法家是不要古的，秦始皇是不要古的。但现存韩非子里面，援引许多故实作为他的立说的根据或证明，而“皇帝”两字，乃由三皇五帝的“古”而来。韩非和秦始皇，也免不了古为今用。到了汉朝立五经博士以后，古为今用的风气更盛。皇帝的诏书，经常引两句五经或《论语》、《孝经》的话以加强诏书内所要求的权威，这是古为今用。人臣的奏议里面，几乎是必引几句五经或《论语》、《孝经》的话，以加强他们奏议内所主张的力量。古为今用之至，便有一部分人认为孔子是为了汉朝才作春秋的。两汉以后，古为今用的气氛稍薄；但在政治上一关涉到古，便没有不是为今所用的。甚至以八股取士，是要使“天下英雄尽入吾彀中”，还是古为今用。作八股的人，代圣人立言的目的是要取得富贵利禄，也是古为今用。

在历史中古为今用的得失，很难一概而论。大体上说，皇帝口里的古为今用，多半是坏的；汉代三次引用《公羊春秋》的“人臣无将，将而死”，以兴起三次大狱，屠杀了近十万人。诏书中引用得最多的是《诗经》中的“无言不雠，无德不报”，以便大封外戚、宦官、佞幸。人臣中的古为今用，若是出自正人君子，必定用到好的一方面；若是出自奸邪小人，必定用到坏的一方面。但在政治上的好，在学术上是好是坏，并不一定。刘向“采取《诗》、《书》所载贤淑贞妇。……及孽嬖乱亡者，次序为《列女传》，凡八篇，以戒天子”。把历史中妇女的地位、作用显了出来，这在学术上应当是好的。他又因外戚王凤兄弟专权，特造《洪范五行传论》，奏之成帝知所警惕，完全歪曲了《洪范》本来的意义，迷信之毒，延及二千余年，这在学术上应当是坏的。因此，毛泽东所提出的古为今用的口号，乃不知不觉地取了这一大传统的影响。此一口号的本身，没有是非好坏的确定准据。

四

当然，问题的决定点，是在“今”的内容问题。毛泽东之所谓“今”，指的是无产阶级的工农大众。我们对“古”的研究，是为了无产阶级工农大众的利益。这便从传统的纠缠中摆脱出来了。但这里有几个问题：第一，无产阶级革命，是二十世纪以来的事情；中共在历史中重视农民起义，我也赞成。但农民起义，只有旁人所作的纪录，而起义的人民并没有留下文化遗产；并且他们的意识，与今日的所谓无产阶级意识，相差很远。中共开始大力提倡民间艺术，后来又轻轻地放下了。正是因为遇到人民在艺术中所表现出的意识的问题。然则在中国悠久的历史中，除了“沉默的地下物”他本身是“沉默”的以外，能找到多少合于“今用”的呢？第二，今日的无产阶级，根本对自己国家历史的丰富文化内容，还是陌生得很，他根本不知道要“月”上甚么，“不用”上甚么。所以代他们选择的还是少数文化工作者。作为引发文化大革命导火线的吴晗的《海瑞罢官》，及邓拓的《燕山夜话》，他们的“以古讽今”，也正是古为今用；而在他们的表现上，也是为了无产阶级的生活透一口气。但结果，却都是大毒草，打下了十八层地狱，永不得翻身。则少数文化工作者，有甚么把握断定自己的研究，能合于古为今用的标准呢？第三，当然可以答复说，古为今用的标准是毛泽东思想。但刘少奇、林彪们，都拥护毛泽东思想。正因为这样，所以都曾由毛亲自指定为他的继承人。但一个反手，却都变成了最大的叛徒，而其成为叛徒的内容，只是全凭毛一人所作的解释。根本没有直接证据，能证明他们是反毛泽东思想。然则“为今用”、“不为今用”，完全决定于毛泽东所信用的极少数人，结合他们一时的错综复杂的利害，所作的变动不居的解释，这是文化工作者所很难把握到的。第四，马克思、恩格斯、列宁，都有以西方文化为背景的哲学著作，作了很深刻的抽象思考，因而他们思想自身对文化的涵盖性比较大。所谓毛泽东思想，实际只是针对一个一个的具体问题所提出的解决方法。他虽然在反教条主义，反经验主义，但他自己尚停顿在经验主义上面。他的思想，对文化的涵蒙性比较狭隘。因此，他对文化许多方面，实在关系不到。要由他的思想来代表“今用”，以作为对历史文化研究的准绳，便只好像现在所恢复的《考古》和《文物》这两个极有意义的刊物样，每篇在对一件客观事项的叙述、分析过程中，突然加上几句“伟大的毛主席教导我们……”的话，使读者立即浮起“这些在文章中所不需要的话，是在恐怖的情绪之下所加进去的”的印象。同时也感到用这样方式来表现毛的伟大，正说明这是害怕随时都会溜走了的伟大。怎样也不能不使人发生寒伧、无聊的感觉。总之“古为今用”的口号，没有进一步的澄清，它只是对文化工作的抑压而不是向新方向的推进。这是我们所首先要提出的。

一九七二年四月十二日、十三日《华侨日报》

再论“古为今用”

写了《论“古为今用”》一文后，意有未尽，故再写此文，希望能供留心中国文化人士的参考。

一

我首先想提出两点来，作为讨论此一问题的导言。第一，我决不怀疑应当反对帝国主义，也决不怀疑中国共产党反对帝国主义的真实性。目前与美国的和解姿态，一是为了应付苏联，一是为了解放台湾，这只是短期的策略。但这里却有一个大问题存在。西方十八世纪的启蒙时代，通过教士而传到西方去的中国文化，得到了正常的理解，得到了很高的评价。并且在德国，在法国，发生了现实政治上的影响，成为他们走向进步的一种方针。这已经有许多专书研究，不是我诉之于前的结论。但随着西方殖民主义的伸张，至西方十九世纪五十年以后，随资本主义之进步到帝国主义，并把侵略的矛头，由印度指向中国以后，对中国文化的态度，有了百八十度的大转变。运用各种直接间接的巧妙方式，来诬蔑贬黜中国文化的价值，认为一切都是野蛮、落后的渣滓，而要以经过他们伪装的教义，为中国人行割脑换心的大手术，使中国人从心灵到政治经济都服服帖帖地当他们的奴隶。胡适、顾颉刚这一派，正是此种形势下的产物。我认为在他们可能是出于不自觉的。但在文化上为帝国主义者完成任务的事实，并没有两样。第二次大战后，他们为了反对共产党，不惜拿出大量金钱，收买一批一批的文化人，把毒箭射向中国的历史，作大量的有计划的歪曲工作。我在教会学校里教了十四年书，体认到文化侵略与精神占领的严酷性，是如此的巧妙，是如此的深刻，是如此的毒辣。

中共取得大陆政权后，一切要翻身，独不许中国文化翻身。尤其是在文化大革命的当中及其以后，对中国文化的构陷摧毁，与帝国主义者同符合辙，甚至可以说是完成帝国主义者未能完成的远大志愿。则中共的反帝国主义，在文化上却一个辩证法而成为帝国主义者的捉刀人。五千年的文化中，一定有好有坏，中共却专找坏的夸大，专找好的诬蔑，这到底是甚么道理？

二

第二点，毛泽东要解决中国的一穷二白，但中国的一穷二白，不仅表现在工业技术方面，而且也表现在知识方面。近百年来，我们在一般知识方面，乃至在对自己的历史文化方面，能摆出几部够水准的著作？有几个人的学术成就，真正够称为某一方面的权威？所以进入到世界学术之林中，中国只有古代、中代而没有近代，这是我们的奇耻大辱。但去滓存液，也不是完全没有成绩。例如对中国佛教史的研究，日本人所下的功夫，远非我国学术界所能比拟于万一。但汤用彤的《魏汉六朝佛教史》一出，其成就即超出于日本许多有关著作之上。因为汤先生是中国人的关系。他本来还有“隋唐佛教史”的稿子，要再加修正补充出版；但因非中共所好，遂因循埋没，这在学术史上该是多大的损失。文化大革命，连中共自己在这一方面的一些成就、一些基础，也一锄头挖死了。七亿五千万人的一个伟大民族，除了初级、中级的少数技术出版外，只突出一部“红宝书”，此外则一无所有。听说最近才开放了《红楼梦》、《水浒传》，大家排队购阅，此种现象，一何可悲。我是非常欣赏上述两部小说对他们各自时代的批评，及在文学上的成就。但一定要把吃女人口上胭脂的贾宝玉，夸张为反对封建社会的大将，便未免使人笑掉大牙了。

中国知识分子，在千余年的科举制度之下，玩弄虚伪的知识与文学，以达到私人自私自利的目的。其顽钝无耻的情形，朱元晦已斥之为盗贼。科举虽废，洋博士继之而起。但科举遗毒，以新的方式出现，打着洋的招牌，发挥无知、无良、无耻的实绩，滔滔者天下皆是。所以中共对这些人的下放、改造，要大家向农、工学习，剧毒在身，壮士断腕，虽然我觉得未免行之太酷，但也未尝不反躬自问，及面对现实，而承认此一政策的意义。不过有两点我必须指出：第一，知识分子坏，不能因此便断定他所假借的学术、文化就是坏的。也正如“打着红旗反红旗”，在毛的立场，便不能因此而说红旗便是坏的，这正是相同的逻辑。第二，知识分子向农工学习，是一件容易的事。不论种田、做工，只要下定决心，一个月总可以学好。就我所了解，下放的知识分子，他们所怕所恨的不是出力吃苦，而是假借农工之名加在他们身上的精神虐待。但农工要学知识分子手上所得到的一点学术工具，却不是那样简单的。知识分子所得到的一点学术工具，站在国家发展学术文化的立场，又能随便加以糟蹋吗？譬如说吧，文学作品，应以体认农工生活为内容，这一点，是可以承认的。但有了农工生活的体认，并且能用文字写出来，并不能就是文学。我留心观察大陆的艺术品，水平真是不错。但其中有的题上某些工艺者自己作的两句诗，不仅不能增加作品的艺术性，而且反加以损害。此事虽小，可以喻大。难道说这便是完全不值一顾的问题吗？

三

再回头说到所谓“古为今用”的“用”的问题。纪录在历史中的文化，从资料的性格说，已经是客观而固定的了。而“今用”的用，是变动而不定的。国家如家庭。用的范围，随环境而异。小康之家，大布为用。进而用到绸缎，进而用到艺术品。国家愈大愈进步，所用的愈丰富。用的范围，也随人而异，此行用不上，可用于彼行。张三没有兴趣的，李四不妨有兴趣。有为少数的专家所用，有为多数的大众所用，有的从少数扩大到多数人，有的从多数人浓缩到少数人。有直接之用，有间接之用。有今日之用，有明日之用。有的以无用为有用，有如艺术品。孰用孰不用，怎能由少数人的一时便利来加以决定呢？最重要的是在学术的各方面，我们应当先求其有，再说到用。现在用得上的多做些，现时用不上的少做些，这才是一个伟大国家民族推动学术的规模气象。

并且进一层去想，学术的工作，是把不知道的变为知道的，把少数人知道的变为多数人知道的。对人类来说，知道就是最大的一种“用”。中国人知道自己的历史文化，就是最大的用。香港一隅之地，有各种的报纸。除狗迷马迷为赌狗赌马之用而看狗经马经，工商人士为业务之用而看新闻之外，其他国际新闻、社会新闻，对一般人来说，都是无用的。但不论阶级，谁能不看国际新闻、社会新闻呢？看的目的，只是为了“知道”。共党政权最奇特现象之一，就是剥夺人的“知道的权利”。

并且科学知识，为什么只是成长于古希腊文化系统，而不成长于其他文化系统？因为古希腊哲人，排除实用的观念，重视“为知识而知识”的精神，这样便能顺从对象自身的法则，一直追求下去，而不致受到当下有用无用的干扰与限制。用另一语言表达，他们特别重视各学术的自律性，这是科学得以成长的重大原因。进到近代，加入了工商业的用的观念，但研究者决不能排斥为知识而知识的精神。社会主义的国家，可以把用的观念扩大到“为人民所用”。“人民所用”，是范围更大更丰富的用，因而更可和“为知识而知识”的精神融合在一起。怎能由一二人决定什么是用，什么不是用，以限制，甚至是扼杀学术的发展。

四

中共假定要发展学术，只要肯把自己精神上的枷锁去掉，对自己的合理性、存在性有信心，实具备有若干优越的条件。

第一，有的人有研究能力而为生活所困，为环境所扼，这在中共是可突破的。

第二，霸占地盘，树立派阀，把持资料，以阻扰学术公正无私的发展，是容易扫除的。

第三，因缘人事，攀附学宫，而懒惰成性，终日不务正业的现象，是不许存在的。

第四，钻营外国，乞取唾余，顺着洋人的政治要求，及洋老板的恣情好恶，以决定自己的研究方向与态度的情形，是容易加以断绝的。

中共最近印行的《汉书》、《后汉书》、《三国志》、《周书》、《南齐书》，其整理工作的精勤，足为我的上述观点作证。

就中国的历史文化研究工作而论，下面的现象，中共就应当特别加以考虑。

首先，要承认历史就是历史。要在具体历史基盘之上，进行研究工作，而不可拿当前的政治要求去要求古人。在以农业为生的私有社会制度之下，知识分子只能靠私有土地生存。我们只应看他的私有土地，影响到他的行为与思想的程度，而不应拿中共现时划分阶级的方法去划分古人的阶级，并由此断定他们的好坏。若是这样说，你们便只恨中国过去为什么不会和非洲土人一样。郭沫若把杜甫划入地主阶级而把他的地位一笔抹煞掉，中国还有什么文学史可言？郭沫若喜欢说到的屈原，是不折不扣的楚国贵族呀！

第二，中共不可用政治斗争方法，是先加上一顶帽子，有如右派、修正主义、工贼、卖国贼、大毒草、大阴谋家等等，再以组织之力，不要证明，不准言论，把恶毒的词汇当作道理，万众同声，将政敌打下十八层地狱。试思，假定刘少奇们在权力斗争中得手，则凡加到他们身上的罪名，皆可以加到毛的身上。虽然我估计刘少奇对毛，不肯出此。由此可以了解，中共的政治斗争，权力就是事实。权力就是道理。若把这一套应用到学术上，还有什么学术可言呢？

譬如中共说孔子的仁是维护特权阶级利益的。却全不想想，为特权阶级利益着想是仁呢？还是为平民大众利益着想是仁呢？一开口便断定，孔子是维护封建利益的。《论语》具在，不妨一句一句地读下去，顺着正常的训诂方法一句一句地去了解，即使按照中共的标准，可解释为封建利益的决不到十分之一二，其余都是与封建利益无关乃至是反封建利益的。若按照我的解释，有的只能说是受时代的限制而决不是维护封建利益。《论语》具在，文义也并不艰深，可以这样随便乱讲吗？

中共因政治斗争的一时便利，随便使用名词，而赋予以从心所欲的解释，转用到学术上，也有同样的情形。旁人的说法错了，有其所以错的原因，或因材料不足，或因对材料的批评失当，或因一时思虑不周，或因当时条件限制。但一到文化大革命以后的中共学者手上，立刻加上唯心主义、客观主义等的名称，便把问题解决了。甚么是唯心主义？甚么是客观主义？一时思想的误导便是唯心主义，研究中的客观态度便是客观主义吗？这种胡乱使用名词，漫无界定，除了证明学术水准之低，还能证明甚吗？此无他，皆因古为今用的混乱不清的口号，束缚了大家的能力与智慧。

一九七二年五月二日、三日《华侨日报》

三个站立的人像

走进香港大会堂的底层，便会望见峙立在男厕所近旁的三个洁白的形像。站在四五丈远的地方看，会以为是塑造的被砍了头的三个受难者。再走近细看，便发现被砍了头的人颈，不会琢磨得这样光滑而椭圆；并且在光滑椭圆的上面，各有一个小圆孔，有点像海狗向水面上呼吸空气时的神气；于是猜想这大概是根据什么神话所塑造的兽头人身的怪物。但低头一看，知道这都是胡猜乱想，说明牌上分明写着“三个站立的人像”。

定下心来一想，这当然是出于现代派的艺术名家之手。因为它反映了这个时代。

我以前看过一部火星人的小说。因为火星人的文明，比地球的人类远为进步，多用头脑，少用体力，所以火星人的头特别大，而躯干却特别小，行动要靠特置机器的帮助。这部小说，大概是一九二〇年前后的作品。第二次世界大战后，技术文明有很大的进步，其结果，则在机器下活动的人，固然用不上头脑；坐在办公室的人，乃至站在大学讲坛上的人，也只讲“反应”而不谈思想。这样一来，只有主管刺激反应的神经才发生作用，此外便全归于荒废。假定考古学家以脑盖骨的大小，作为人类进步的重大标志的话为可信，则现代人类的脑盖骨，毫无疑问的，正在日益缩小之中。但物质的各种成就，主要的是为了满足头部以下的躯壳之用，每一个人都进步得肠肥壮大，臀丰胸阔，破坏了头部与躯干的传统的大概比例。这三个站立的人像，躯干雄伟，头部微细，穿的裤子又正在想脱下来，这可能正是现代许多人的形像。

《商君书》上有“出于一孔”的一句话，即是要所有的人民，都生活在由统治者所规定的一个洞眼里面，并只能从这一个洞眼里出进。不仅现代的极权政治是“出于一孔”的政治；现代的人生，也是“出于一孔”的人生。有的出于斗的一孔，有的出于钱的一孔，有的出于性的一孔。

本来人的头部生有耳、目、口、鼻，共有七孔。现代人既心甘情愿地过一孔的生活，则这位艺术家，便抽掉了耳、目、口、鼻，而只留下和蚯蚓一样的一个小圆孔。现代人面对着它，又有什么话可讲？至于像这样的东西，使人是否发生美感，这一问题，早在现代艺术范围之外了。

不过，我希望这三个站立的人像，它所象征的不是中国人。中国人永远要做一个堂堂正正的人，永远要求一种庄严匀称的形像。

一九七二年六月二日《明报·集思录》，署名王世高

封建主义阴魂不散

西方历史学家有一句口头禅："历史的影子长得很呢！"那是说，一个国家、社会的历史和它的"历史的影子"的长度成正比例；其文化传统愈悠久，其历史的影子也就愈长。在中国问题的讨论上，他们时时想到中国历史的影子。中国文化传统中君主专制的遗毒，是他们常常提到的影子之一。也有人试图根据传统的家族集体主义去说明，何以法西斯独裁和共产极权的全体主义，能轻易地为中国人接受，能在现代中国盛行一时。把毛泽东的个人崇拜和传统中国的帝王崇拜拉在一起，也是近年流行的看法之一。然则，直到最近为止，还没有人就封建主义文化的因子，尤其是"血缘地位身份制度"的角度去分析当代中国，去寻求传统文化与现代中国政治、文化现实的连系。

一

中国式的封建主义，系由许多条件所形成的，其中最突出的是"血缘地位身份制度"；即是，一个人的地位，一个人所担当的角色与发生的作用，是由血缘的身份所决定的。人君的嫡长子，便可以继承君位，不论其是否有德有才，是否有功于国家社会，是否得到臣民的爱戴。其余的公子公孙，便可以当卿大夫，即使什么也不当，他的地位也自然高出于一般人之上。人君的夫人，只凭她和人君同床共枕的关系，即取得了“一人之下，万人之上”的地位。以类相推，血缘地位身份制度，自西周初年起，一直到春秋中叶，形成了中国政治、社会组织的骨干。

二

春秋中叶以后，上述的血缘身份制度，渐渐崩溃，凭学问、人品、才能、功勋、财富等条件，决定人的评价或社会地位的情形，一天多过一天。这当然是历史上很大的进步。

先秦诸子百家，没有一家不反对上述的身份制度。儒家基于社会的道德的要求，在其意识型态中依然维持封建社会中的“亲亲”观念，自有它重要的意义。但把“亲亲”的观念夹杂到政治中去，使它对于“尊贤”的观念，在统治层中经常取得优势，这便无形地为封建的身份制度，保持了一条活路。这是先秦儒家对政治与社会的分际，区别得不够清楚，因而留下了两千多年之久的大弊害。

法家要把政治上的问题，完全决定于客观化了的法，彻底否定了政治上的“亲亲”观念，所以在结束封建身份制度的这一点上，法家的贡献，较儒家为大。而秦国自孝公以后的政治结构，及秦政统一天下以后的不分封子弟，正是法家的贡献。但法家们没有想到一点，他们为了使“法”能发挥效率，便把人君的地位与权力，提到至高无上的地位，以建立“一人专制”的政治体制。再提出“无为”的要求，以消解由此至高无上的君权所发生的毒害。人情上，决没有掌握着至高无上的权力的人，而甘心“无为”

的。于是原本由廓清封建的身份制度所建立起来的一人专制的政治体制，在人君的身份地位绝对化了以后，并不能完全摒除血缘身份制度的复辟。相反地，此绝对化了的身份地位，却一直成为封建身份制度复辟的温床。秦亡于宦官赵高。宦官之所以得势，是因为他能和握有绝对权力的皇帝相接近，因皇帝的身份而提高了与皇帝接近者的身份。所以二千年专制中的宦官之祸，就某一意见说，即是专制中的封建身份制度之祸。

刘邦得天下，诛彭、韩，规定非刘氏者不王，非有功者不侯。何以刘氏子弟可以封王？何以自此以后，凡是皇帝的儿子一律封王？无他，这只是封建的身份制度的复活。吕氏时代开始出现“恩泽侯”，即是帝后的子弟可以封侯，这也是封建的身份制度。吕后何以能专政？因为她是皇后的身份。诸吕何以能封王？王莽何以能由专政而篡汉？因为他们是皇后母家的子弟的身份。历史证明，宦官、外戚之祸，与专制政治不可分，即是证明封建的身份制度，与专制政治不可分。

三

凡是政治落后地区，必出现某种形式的封建的身份制度。民主政治，才是从根消除封建的身份制度的力量。民主政治，系以“人生而自由平等”的民权观念为基础。领导人物，决定于人民的定期投票，而这种投票，是在有言论、集会、结社自由的条件之下来实行的。投票选出的统治阶层，有定期的再投票。这便没有固定的特权阶级的存在。于是，任何血统身份，不能在这一套机构的运行中存在。所以民主政治中，固然没有宦官，没有宦官之祸，也决无中国历史中的外戚之祸。外戚而要参政，必须要通过民主程序，而不能仅靠外戚的身份。

伦敦《经济周报》二月二十六日发行的一期中有一篇《老人之国》的文章，其中分析尼克逊与毛泽东两人的政治型态，是非常相似的。两人都不相信正式政治机构的官吏，而宁愿信任在私人左右的幕僚，以进行秘密交易，这便很有些像欧洲封建时代的“宫庭外交”。而他的夫人年初在北非曾发挥了很好的外交功效，这是报纸上所乐于称道的。但他为甚么要派自己的夫人去担当外交使命？因为派自己的夫人，比派正式外交官去，显得更为重要。为什么自己的夫人比政府中的正式外交官更重要？因为他的夫人是“一人之下，万人之上”的身份。尼克逊这样做，难怪不久以后，菲律宾总统马可仕，也派他的夫人去作重大的外交活动，这当然不能比拟于中国历史中的外戚。但在凭血统身份以取得政治地位的这一点上，则无二致。

共产党，在理论上是要求彻底摧毁封建社会的。但因毛泽东个人的偶像化、绝对化，也随之而出现了封建的身份作用，这在“文化大革命”后突出地显现出来。江青凭什么能握文化大革命的大权？凭什么追问旁人所犯的错误而她却一无错误？江青凭什么高踞中共最高指导层的第三位？是因为文化大革命有功？以江青的文化水平，凭什么可以掌握文教大权？最近似乎连党和国家的外交大政，她也要过问了。今年五月一日左右，江青悄然来到广东，据说，其主要活动之一，是在广州会见参加广州交易会的东欧各共产国家的代表，身为副总理执掌财经大权的李先念，反而成了她的配角。许多经过千辛万苦，千锤百炼的中共出色干部，为什么都要俯首帖耳在江青的下面？总结一句，因为她是绝对者的“一人之下，万人之上”的身份。这到底是毛泽东之幸，还是毛泽东之不幸？“渺沧海之一粟”的我，怎能加半毫推测呢！

一九七二年六月二十五日《人物与思想》第六十三期

费正清对大陆的认识

一

我经常留心阅读此间（香港）左派报纸刊出许多人观光过大陆后所发表的文章，从这些文章中，大概可以看出各个人的人格、学识，及他们到大陆去的动机和目的。在这些文章中，给我印象深刻的，要算杨振宁的一篇（或者是讲稿）。这并不是因为他得过诺贝尔奖金，而是因为他所写的都是他所能看到，所能把握到的真实，而不是存心要为中共做些无谓的宣传。他在表现中共教育中的问题，话说得很含蓄，但非常有分际，不愧为是一个科学家。

十一月十二、十三两天，左派报纸刊出摘译的《费正清对新中国的看法》。虽然摘译的规矩，一定把不合胃口的地方删掉，但我相信他们不致于“窜改”。根据此一摘译，我依然承认费正清的品格和认识能力，在许多学文史、学社会科学的人们之上。

费正清的文章，不仅是以美国人为对象来写的（有的人则是以中共的下级统战工作者为对象），并且是一针对着美国目前的问题，多少含有“他山之石，可以攻错”的意味而语重心长地写出来。但他的归结依然是肯定自由的体制，表现对自由体制的信心，没有放弃作为一个美国人的立场。

费正清认为大陆的农村，较之三四十年前，发生了巨大的变化，纵然他所能看到的，只是中共所提出的“样品”，我依然认为是可以相信的。台湾农村二十多年来，也未尝没有发生变化。费正清认为大陆农村所以能发生巨大变化，“主要的因素，在于中国的团结一致和人民的种族感”，“这种团结是由于中国人有着外国人所不知道的高度同种感所造成的”，“尽管中国内部有许多种族、方言和风俗，可是认为自己是中国人这个共同意识，却普及于中国的绝大部分。”费正清虽然说掉了中国民族是非常勤俭坚韧的民族的这一面，但他抓住了“种族感”是团结的基本因素的这一面，是相当正确的。

二

费正清进一步追溯由种族感而来的团结的原因，认为“中国人同文同种，又有一种已有三千多年历史的共同文化”，“他具有共同的历史、文字和生活习惯”，“这种感情是由于在难以记忆的长时期中生活在同一块地方而产生出来的。”他当然也提到毛泽东思想，但他的重点，毫无疑问的是放在历史文化方面，认为中国几千年的历史文化，是七亿五千万人得以团结的精神纽带，而团结是巨大力量的源泉。费正清在这种地方，表现出作为一个文化史研究者本分。

不过，世界不仅是中国才有古远的历史文化。巴比伦、埃及、希腊、罗马、印度，他们古远的文化，都曾盛极一时，一直到现在，还作为学术研究的对象，并且还承认他们的若干价值；但没有一支文化，能像中国的文化样，发生保育、发展、团结自己民族的力量。他们的文化依然存在，而建立文化的民族多早在历史中消失了。基督教是世界性的宗教，也是世界性的文化；力量之强，声势之盛，不是其他文化势力可以比拟。但基督教的世界，经常是一个分裂而互相斗争的世界。长期的宗教战争，赖近代“信仰自由”的树立才能加以避免；而一直到现在，有如爱尔兰这种小规模的斗争，依然不绝。这就表现他不是一种使人类团结的文化。中国历史中也是战乱频仍的。但有一次战争，是因为信仰孔子的思想而发生的吗？老子是从消极方面抑制战争，孔子则是从积极方面抑制战争。对战争的抑制，即是保育此一民族的消极手段。

费正清提到中国共同的文字，这诚然是使各种不同方言能得到共同桥梁，因而有助于统一的一种因素，但美国的文字也是统一的，为什么不能由此而增加内部的团结？费正清又以为“中国人民的聚在一起”，是形成“种族感”的重大原因，殊不知这是农业社会的共同现象。中国历史中曾发生过很多次的人口大迁移，近代更向外伸展有一千万以上的华侨。但中国人不论迁移到什么地方，总不容易解消中国人的意识与形态。只有少数非常堕落的知识分子，才以当一个中国人为羞耻。由此可知，中国文化所发出的向心力、团结力，不是其他文化可以企及的。大家应从这种地方去追求、把握中国文化的特性。而中共自文化大革命以来，一直要与中国的历史文化绝缘，看到费正清的说法，应当感到惭愧，应当引起反省。

三

费正清的文章中又说大陆上“不但推动工业艺术，创造出技术和新的社会制度，而且在进行着一个影响深远的道德运动，指导中国人应以自我牺牲和为人民服务为生活的目的。”这一说法，我除了对中共高阶层的权力斗争，变幻百出，因而怀疑他们是否会具有这种道德外，若就大陆一般社会而言，我的推断，他们的道德意识与行为，会远在自由世界之上，所以费正清的这一论点，是可以承认的。但费正清继续说：“在过去，孔子思想教导士大夫们首先以治家为重。今天，中共要求干部们忠于毛泽东的教导，要求干部为全人类服务。”这种说法，便露出美国汉学家的限制了。

孔子的思想，是以“仁”为中心，要求他的学生“无终食之间违仁”，这不应当有争论的。仁有各方面、各层次的意义，所以孔子对仁的规定，常随被教者的个性、程度而有不同。但最简捷的说法，是“己欲立而立人，己欲达而达人”。更深入点说，即是“克己复礼为仁”。克去个人的私欲（己），以恢复共同生活秩序（礼），这才是仁。孔子说：“无求生以害仁，有杀身以成仁。”岂非要求牺牲小我，以成就大我（天下、国家）吗？孔子是在什么地方教导士大夫们首先以治家为重呢？正因孔子之教，所以“存天理（存共同之理），去人欲（去个人的欲望）”，成为中国文化思想的主流。清儒以此不便于他们的现实生活，乃假辞力加反对；而中共则以“存天理，去人欲”为封建思想，竭力加以打倒。费正清的说法，及中共对孔子的处理，都是非常可笑的，都是陷于乾嘉学派的圈套而不自觉。当然，孔子与毛泽东有难以逾越的分水岭。孔子是认为“为仁由己”，因而觉得“我欲仁，斯仁至矣”的。毛泽东，或者是他的助手们，认为“为仁由毛泽东”，因而觉得“为仁”是要经过无穷无尽的斗争的。

一九七二年十一月二十九日《华侨日报》

中国文化对日本文化的影响

我虽曾留学日本，但并不曾研究日本史及日本文化问题。虽然也看过“中国文化对日本文化影响”这类的材料，但都不在手边，无从覆按；所以在应同学的邀请写这篇短文时，只能写出一点笼统的轮廓。其中如有错误，望随时提出改正。

中国文化，可以说是日本文化的“母体”；而日本文化，可以说是中国文化的小宗。表现文化，推动文化发展的最基本条件，是一个民族的文字。日本文字的平假名、片假名、万叶假名，都是借汉字的全部或一部所组成的。而其文字的发读，可分为两种：一是“训读”，这是按照日本自有的语言而发音的。一是“音读”，这是按照中国江浙这一带的语言（吴音）而音译过去的。日本中的许多字，常常是既有训读，又有音读，这是因为此字的意义，虽为日本所固有，但常须赖中国文字的意义而始能表现得更明白。尤其是其中表现文化上的重要意义时，则必用音读。例如“道”字作道路用时，单词一定读训读，连词（如“道路”）则用音读，如作道理、道德用时，则必用音读；这说明日本语言中，只有较具体的意义，但并没有文化上表现高级概念的抽象意义。有的字，则只有音读，并没有训读，例如“先生”、“学生”、“生徒”、“仁”、“义”、“礼”、“智”等，这说明在日本的生活中，并没有出现这类的事物与观念，完全是由中国传述过去的。此与日本现时像洪水一般的“外来语”，有不同的性格。日本现时天天在增加的外来语，绝对多数，并不是不能用日本语言文字表现出来，而是出于日本人的偷懒、自卑及标新立异。假定有人从日本文字的音读、训读去作一番分析工作，便不难发现一个民族，由原始文化，进步到高级文化的很有意义的历程。

再就典籍说，首先传到日本的，大概是通过朝鲜传过去的《论语》和《千字文》。而中国的佛教和文学，大概是在唐代大量传过去的。自唐代起，由中国传过去的真言宗、天台宗，成为日本文化的主流，后来便加入了禅宗。约千年间，佛教渗入到日本社会的每一角落，并支配到政治活动。德川幕府时代，儒家思想才风行了二百余年之久。中国自明代起，有朱学（朱熹学派）、王学（王守仁学派）之分，日本亦步亦趋地也有朱学、王学之分，朱学为日本的“官学”，王学为日本的“民学”。社会讲学的风气，盛极一时，一位大师的门下，集聚数百数千人，乃是常见的事情。佛教以出世为主，儒家的伦常之教，则以现实社会生活的合理化为主。所以日本过去长期分裂混乱的政治社会，经德川时代长期的儒家教化，而开始凝聚团结起来，这是明治得以维新的基础。而明治维新之始，各藩主的奉还土地、权力，出现了日本真正统一的国家，依然是打着《春秋》尊王的“大义名份”。到此时为止，日本学人重要的著作和诗文，多是用汉文写成的。

但是我们不要以为日本大量接受中国文化，完全是承袭和依附的意义。日本是在接受中发挥了他的民族的个性；例如王学在中国流于空疏浮荡，而在日本则引发出生活中的实践能力。日本的“町人道德”，亦即是近代的市民道德，是由王学培养出来的。同时，在日本最崇拜儒学的时代，依然保持日本民族的独立精神。

当时有这样的一个故事，有位学生向他的老师（忘其名）提出这样的问题：中国假使派孔子为主帅，颜渊做先锋，来进攻日本，我们（日本人）怎样办呢？这位老师说，我们应当根据孔子之教，把他们打回去。我觉得这是意味深长的故事。

明治维新后，日本主要是接受西方的文化。但因中国人的自暴自弃，在学术上只喊口号，不下功夫，在中国学问方面，日本的汉学也走在我们的先头。中国哲学史、文学史的研究，都由日本人开其端；而像《左氏会笺》、《论语会笺》、《史记会注考证》这类的典籍整理工作，中国迄今尚无出其右。

对于中国佛教史的研究，对禅宗及天台、华严、净土等教义的研究，更远跑在中国的前面，这真是可耻的现象。

现时中国有些学人，因偷懒浮薄的关系，在日本汉学家面前，充分表现出自卑的现象。前几年台湾的一位文化汉奸，费了很大的力量，要在我的著作中，找出抄袭日人著作的部分。最近有位老友，看到我写的《王充论考》，承他的好意，来信说文中某一部分写得最好，可惜没有把所根据的日人说法注明出来；又说有些批评者说我的缺点是采用了日本人的东西，又不注明出处。我还听到其他类似的责难。说这些话的人，以为我若不抄袭日人的东西，便写不出这些文章来，正是在学术上过分自卑的表现。

总结地说，中国文化是日本文化的母体；但因母体的自身，快被他生出的大宗——长子扼死了，大宗今日变成了游魂，四处漂浮依傍，总有一天，要把这支小宗——日本文化，供养成为母体了。此种历史中文化地位的颠倒，是些甚么人应负这种责任呢？

一九七三年一月一日《中大学生报》

西方文化中的“平等”问题

一

人类生活最基本的条件及其最高的愿望，大概可以用平等与自由两个名词加以概括。平等与自由，是导引人类前进的大方向。“人生而平等、自由”的口号，是从中世纪进入到近代的大标志。

就平等观念而论，它的出现和发展的情形，中西两方，颇多类似之处。西方有的民主主义者，将平等的根据，求之于基督教的教义。因为基督教义，强调人都是弟兄，在神面前都是平等的。但早经有人指出，人都是弟兄，并不等于人即是平等。因为弟兄之间，依然有智愚贤不肖的不同。而在神面前的平等，也不等于在人世间的平等。在教堂里祷告时，信仰大家在神面前是平等的人，一出到教堂外面，立刻承认现社会中的各种不平等的事实。并且在基督教义中求平等的根据，只不过是最近的事情；而很早以前，对平等的要求，与基督教并无关涉。何况启蒙时代提出万人平等要求的人，多含有反宗教的倾向。

有人研究的结果，认为西方近代的人生而平等的信念，应当是来自亚里士多德的哲学。亚里士多德的形而上学体系的基本原理，认为一个“种”里面的构成分子，都有相同的特质。凡属于人这一“种”的，虽然各人的质料不同，但成为各人的本质的却是一致，这即是所谓“人是理性的动物”。人在本质上既然都是理性的动物，由这里推下来，人即是生而平等的。尽管亚里士多德是奴隶的所有者，奴隶与他，绝对不是平等的。但当他作抽象的、形而上学的思考时，却突破了他现实生活的限制，得出了人类平等的信念。

二

凡是某种形而上学的命题，在现实上若能发生很大的影响，必定是此种命题，代表了许多人的愿望，并在经验中能作合理的解释。上述的亚里士多德的形而上学的命题，被中世纪的烦琐哲学家所继承，但并没有想把它应用到政治上去。在十七世纪有最大影响力的哲学家笛卡儿，也继承了亚里士多德及中世纪烦琐哲学的这一思想。他在《方法叙论》中说“凡是称为良识或理性的这种东西，在一切人中都是平等存在的”。笛卡儿依然是站在形而上学的立场上来重新肯定亚里士多德的观念，也没有关连到政治上去。但人在本质上，在理性上，既是平等的，则一切人都应当有运用政治的平等能力与权利。随着新兴市民阶级的兴起，反抗由专制政治、贵族政治而来的压迫，在英法两国，许多人便把形而上学的命题、哲学上的命题，转成政治中的原理，成为推动民主政治的一大动力。这说明，此一形而上学的命题，实蕴藏着有人类的根源性的愿望。

但在经验界中，人实有智愚之分、善恶之别，这又怎样解释呢？对于这，法国与百科全书派有密切关系的爱尔费修斯的话，有代表性的意义。他在《精神论》中说“知性、才能与德性，是教育的产物。因之，人世间所看到的精神上的巨大不平等，不过是来自所受教育的不同，不过是来自束缚人间的许多隐藏着的枷锁”。专制的国王、僧侣、贵族等，通过恶意的政令、教规，歪曲了人类生而即有的理性，堕落了人类生而即有的道德，这尤其是当时共同的认定。所以民主政治的建立，是在政治方面，人类平等的初步的实现，也是人类理性解放的第一道关卡。

三

但民主政治在有些国家中已经实行了一百多年，教育的普及与改进，也有相当的成就；而人类在才智品德上不齐的现象，与人类生而平等的信念，显然发生矛盾。于是像英国奥尔达斯·赫胥黎（著有《天演论》的赫胥黎的孙）们，认为坚执生而平等的信念，只不过是不能证明的，有似于宗教的偏见。他们认为人是决定于遗传，是生而不平等的。

可是最近行动心理学派兴起以后，又复活了爱尔费修斯们的理论。行动心理学者们，与十八世纪的思想家热心于政治的情形，既不相同；他们又不是形而上学者，甚至是反形而上学的。他们的主张，是立足于科学根据之上。行动心理学派的指导者 J. B. 渥特逊说“行动心理学者，已不承认遗传行动型的这些说法，也不承认某一家系所传的特殊才能。行动心理学者认为，若是关于幼儿的胎生学的反应纪录完成了，则一切幼儿，不论是富的、穷的、讨饭吃的、做小偷的，都可顺着一条决定的线，完成教育的任务”。因为行动心理学者所作的“胎生学”的观察、调查统计，发现所有幼儿的动作、倾向，都是相同的。以后的各种不同，完全是来自环境的善否，尤其是来自教育的有无得失。可以说，一个古老的、长久的、形而上学的命题，行动心理学者不知不觉地要由科学的观察，在经验界中加以证实。

马列主义系统的人们，则以为人类的不平等，来自财富分配上的不平等。他们要通过无产阶级专政，消灭经济中的榨取阶级，以达到真正既平等又自由的共产主义的社会。他们是用政治上的大手术，以完成形而上学者的古老命题。但在马列主义政治结构之内，其不平等的现象，也非常显著。于是他们把“平等”与“平均”加以严格划分，说平均并不是平等，以维护现实上不平等现象。

我想，平等是人类最高的愿望。这一愿望纵不能一下子完成，但只要大家承认此一愿望，向着此一愿望前进，则较之把此一愿望加以隐瞒、否定，总会有较光明的前途的。

一九七三年二月二十八日《华侨日报》

中国文化精神的另一表现

过了五十岁以后，提到要赤手空拳办一份像样的刊物，我的腿子就会发软。但秋原不仅办成了《中华杂志》，并且已经持续了十年，并且影响和销路，还在一天一天地扩大，可以说，这是台湾首屈一指的杂志。面对此种事实，我只有感叹地说，这是中国文化精神的另一表现。

中国文化，是中庸性的文化，是谐和性的文化。由此所引起的误会，以为这是容易欺侮的文化，这是容易压诈（不是这个“榨”字）的文化。更由对文化的误解，一转便转到中国文化的担当者的“真读书人”的身上（请注意一个“真”字），以为这是无拳无勇的可以随便欺侮、随便压诈的人。本也难怪，各种恶势力，只看到成千成万磕头投拜的假读书人，决不相信除假读书人之外，还有极少数的“贫贱不能移，富贵不能淫，威武不能屈”的真读书人，所以对于“中立而不倚，强哉矫”的文化精神，及在此精神下所熏陶出的真读书人的品格，全不放在眼里。

《中华杂志》，是在秋原和我及学稼，被一批钱多、势大、人缘广的某种恶势力，逼得无路可走——无政治的路可走，因为政治主动地嫌忌我们；无舆论的路可走，因为台湾根本没有舆论；无法律的路可走，因为法律总是偏向钱多势大的一边；无申辩之路可走，因为没有可以容纳公正言论的园地——的情形之下，由秋原投袂而起，奋不顾身所独力创办起来的。秋原当时形势之孤，撑持之苦，遭遇的离奇曲折，他未尝为我一言，但我怎能不了解！怎能不痛愤！

但曾几何时，那一股强大的恶势力，表面上终于销声匿迹。而在反文化汉奸的战线上，《中华杂志》居于主阵地的地位。我虽因此被另一形式的汉奸打掉了饭碗，但卒因《中华杂志》鼓荡之力，使住在台湾的中国人，重新热烈地纪念起神圣的七七。形移势转，不仅《中华杂志》被认为是一份强有力的杂志，并且中国人也于一念之间站了起来成一个像样的中国人，各种汉奸，不能不暂时潜形易貌，则孰谓真读书人的可欺侮、可压诈呢？

中国文化精神的另一表现，乃在“知其不可为而为之”的耐性韧性，或者可以说是绝对的伦理性。知其不可为而为之，在历史发展中，也未尝不可植有为之机，或卒开大有为之局。

《中华杂志》在反抗恶势力告一段落后，一方面扩展而为反苏反日，另一方面则大力鼓吹大改革、大转变。且于形势逆转，许多人内心已断定反共无望之际，从民族的立场，从人道的立场，更鲜明地坚持反共。这一切，老实讲，是没有成效可以预计的，也即是“知其不可为而为之”的一个显例。在这种地方，更发挥出《中华杂志》的深刻而远大的意义。“君子之道黯然而日章”，正是《中华杂志》的过去、现在及将来的前景。

我与秋原对许多问题的看法，不完全相同。但他十年来，通过《中华杂志》所表现的不寻常的辛苦、不寻常的意义，我不能不俯首推服，也不能不待望《中华杂志》，以更大的勇气，挽着时代的巨轮前进。

一九七三年八月《中华杂志》第十一卷第八期

孔子与柏拉图

一

据外国通讯社的消息，大陆上所展开的如火如荼的反孔运动，在拿出来的各种说法中，有一种说法是把孔子与柏拉图相提并论，说两人都是顽强地拥护奴隶主的利益，两人都主张天生某种特殊阶级，生而便要居于统治者的地位的。中共的反孔，是出于江青集团的现实政治要求，他们的各种说法，不能以学术的立场，知识的角度，去加以理解，我们便也不必以学术、知识的观点去和他们争论。但提到孔子与柏拉图是否相同，这便牵涉到中西文化异同的另一问题，即是成为文化中一般性的争论问题，不妨在此处略加讨论。

孔子生存的时代，是西纪前五五一至前四七九年，柏拉图是西纪前四二七至前三四七年，孔子较柏拉图早出世一百廿四年。孔子生于早已经形成了统一的空间广阔的“中国”，而柏拉图则生于空间狭隘的雅典城邦。孔子生存的社会，是封建贵族快没落到底，“国人”和农民，开始从封建的束缚中，进入更为自由的社会，柏拉图则正生于奴隶制盛行的社会。孔子是为当时人民的痛苦而奔走，柏拉图则认奴隶制为合理，仅为了他天上的理念而乡愁。

曾经有一个故事，说孔子厄于陈蔡，从者七日不食。后来子贡设法从“野人”买了一石米，“颜渊仲由炊之于坏屋之下”。由此可以推知，孔子这一教育集团日常生活上的事情，都是由他的学生负责去作的。例如他到卫国去，便由他的学生冉有驾车。若在柏拉图，必定是由奴隶去作。这便反映出他们的社会基础及社会意识，是属于完全不同的型态。

二

上面零碎的比较，或许没有多大意义。最好是从他们整个学术形态来加以比较。我这里先借用英国德费逊的一段话，描出作为一个哲学家的柏拉图的形态。

德费逊在英国政治思想史第三册第一章，首先说明哲学家必定反对功利主义，因而说出以柏拉图为代表的西方哲学家的形态。他说：“所谓哲学家，正如柏拉图说的一样，面对着忙乱的俗世和实际生活的俗事时，是完全无缘的众生。他若作为一个市民去担当实际任务，便会成为笑柄。柏拉图住的世界，是抽象地思辨与思索的世界，不是作具体活动，关心日常生活的世界。他既没有关于俗世事物的知识，也不关怀俗世的问题。他不认识邻家的人，对在他周围所发生的事情也全无理解。”

孔子所住的世界，是具体而有感情的世界，也是众生疾病呻吟的世界。孔子的最高任务，不是要建立什么形而上的“理型”、“理念”，而是要在有感情的世界中尽到自己的责任；在充满疾病呻吟的世界中尽到治病救人的力量。所以调皮捣蛋的庄子，便用“医门多疾”，即是用在一位仁心仁术的医生的门里，拥挤着许多病人的情形，来形容孔子的心境和他努力的方向，真是再恰当也没有。孔子在柏拉图眼中，只是一个“丘何为是栖栖者欤”的俗人。但他的生命，完全融注到人民大众的疾苦中间去，我们只好称他为圣人。

柏拉图在他的《理想国》中，把人分为金、银、铜、铁四等，政治应操在金的这一等级的人的手中。江青小集团的人们说孔子也是这样。但孔子最基本的政治理想是“天下为公”，只要谁具备了统治的德与才，谁便可居于统治者的地位。所以他认为他的学生仲雍，可以南面居于人君之位。说也奇怪，若仅就政治的结构讲，共产党的政治结构，倒与柏拉图很有些相似。“前卫的党”是金，工人是银，农民是铜，知识分子是铁。

三

反孔不是新奇的事。五四运动及其前后都是反孔，台湾六十年代初期也是反孔。就我个人来讲，过去虽然不曾明目张胆地反孔，但对孔也非常淡漠。二千多年中，孔子身上，纠缠着许多游魂野鬼，也与人以反孔的口实。而自宋代以来，以科举中的制义八股来尊孔，尤其是给孔子以莫大的侮辱。但孔子的真面目，始终埋没不了。假定称孔子的学说为孔教，也只是教化之教，而决不是宗教之教。因为孔子不是为了争取人对神的信仰，争取人对他个人的信仰而说教，只是为了要求每一个人，把自己当人，把他人当人而说教，要求有一个“老者安之，少者怀之，朋友信之”的“人的社会”而说教。他不仅不以神或神的独生子自居，也不以圣人仁人自居，而只是一个“学不厌，教不倦”的为自己、为他人而作无限努力的正常人。他只呈现一个完整的人格与救世的苦心，决没有建立柏拉图型的什么形而上学的系统。要说他伟大，他只是“平凡中的伟大”。因为他是“平凡”，所以任何人都可以去践踏他。也正因为他是平凡，所以也永远践踏不死。他的语言是说得这样平实，这样明白，这样亲切。中国人不能念他的书，世界上会有人念他的书。四年之间，《论语》、《孟子》，日本便出有三种新译本。中共认为他的思想与现行政策不合，把他冷置一旁，也就算了。要批评，拿几句意义不明确的话来批评，例如“焉用稼”，“惟女子与小人为难养也”这类的话来批评一番，也未尝不可以。但江青集团这次拿出来的，都是过分违反良知良识的话，这只有证明两点：第一，他们不能在良知良识的轨道上批评孔子，正为孔子是一个圣人来作证。第二，他们说出这类无知无识，横蛮无理的话，正暴露他们内部的混乱、空虚的大危机，乃至于是自己出自己的丑。他们口口声声说要统一，但把统一国家的一切精神纽带都加以破坏。至于落在现实上，他们引用苏联对孔子比较合理的说法来攻击苏联，局外人马上感到，苏联在这一问题上，远高过江青集团。说林彪也相信孔子以加深林彪的罪恶，局外人会把中共十全大会中数说林彪的罪恶是主张文革后应大力生产等，连结起来，实在是为林彪昭雪。百十年来，中国有几个人理会孔子。但因这翻天覆地的一反，可能激起人的好奇心，会引起更多人去研究孔子。这正是辩证法的发展。

一九七三年十二月二十日《华侨日报》

迷幻药下的狂想曲

一

不知甚么人有这样的两句诗“浮名浮利浓于酒，醉得人心死不醒”。两句诗的格调虽然不高，但很轻松而深刻地描划出了芸芸众生，尤其是属于“士”这一阶层的众生所表现的生活本态。

不过一般之所谓名利，多半是寄生性的，因而也不能不受到许多制约的。名利可用酒来作比譬，则由它而来的中毒，多是静态的、沉湎的、麻木的中毒。虽然醉中有时发狂，也只是暂时性的发狂；一遇到某种制约时，狂性会立时消退，其结果，总是在“不醒”中死去。

权力不同于一般之所谓名利，权与力集结在某一点时，某一点即会产生巨大的支配力量。这在中国先秦的法家，便称之为“势”。他们说，尧、舜若没有由权力集中所形成的势，便连邻人也使唤不了。桀、纣虽为人所咒骂，但他的势之所加，任何人不是服从便是死亡。所以中国很早便把权与势结合在一起而出现“权势”的名词。假定一个人有了权，他便会有势；有了势，他便可以发出一般人所不能产生的力量，而高踞于支配者的地位，使一般名利之徒，皆奔走于他的权势之下。把名利比譬为酒，权势便应比譬为今日的迷幻药。吃了迷幻药后，常在迷幻中，得到平常生活所感觉不到的新奇意境，在这种新奇意境中，发出为常人所不能理解的行动。中了政治权势之毒的人，正与此相似。

由政治权力集中所形成的势，是以一个国家的行政系统，还加上军队、警察、法院、特务及各种各样的宣传机构为其内容的。由势所发生的力量实际是由上述这些内容所发生的综合的力量。取得了这种“势”的人，运用势支配他人。但势也渗透进运用者的自身，而使其心理失掉平衡作用，逐渐陷入于一种狂想症。首先，他把由国家整国机能的势所发出的力量，狂想为这是来自他个人压倒群伦的非常的才智。由狂想自身的运销发展，接着便狂想到他个人是国家所必不可须臾缺少的人物。更狂想到他的国家、人民乃至是整个宇宙，都在随着他的指挥棒而跳跃而旋转。于是有一般良知良识所不能许可的各种狂想曲，便大量出笼演出了。

二

民主政治功能之一，便是对统治者权力的限制，以减轻统治者由这种迷幻药中毒所奏出的狂想曲。尼克逊的权势如日中天时，水门事件发生了，打破了尼克逊手上盛得满满的迷幻药的杯子。所以中“权势迷幻药”之毒最深的，一定是没有进入到民主政治的落后地区。

这种已中“权势迷幻药”之毒的人物，为了更发挥他的狂想曲，必定要求不断增加他的权势。要求增加权势的方法，第一步，要像张天师一样地画出些符咒。这些符咒，在今日或者是实现共产主义，或者是反对共产主义，乃至如他们口中所说的国族主义等等。第二步便是宣布紧急情况，实行什么大革命及戒严法，停止宪法的行使，剥夺人民的自由。第三步则是炮制新宪法或其他手段，把自己安放在“永恒统治”的宝座上。统治的名义若是总统，便使自己成为终身总统。在中国出现的旧式典型是袁世凯。在国族主义下的典型是希特勒。在共产世界中出现的典型是史达林及自命为史达林的继承人。此外，则一九七〇年以来，泰国、菲律宾、韩国，都是志同道合的好朋友。

这些人物，一方面是无比的伟大，另一方面却又是无比的脆弱。他们掌握、消耗国家的整个物力人力，并运用整个的特务文化力量；但他们却感到自己是一个膨胀了的浮在空中的气球，会因一个小小针孔而泄了气，掉落在地下。所以他们不能容忍一点批评，不能允许有一点反对意见。为了镇压批评者、反对者，必然实行军警挂帅、特务挂帅的统治。

三

这种统治的发展过程，是统治者一天比一天发狂，一天比一天伟大，伟大到连历史的人物，也要从坟里抓出来接受他“指鹿为马”的审判。而结果是国家中的人民，首先是知识分子，都要从这种虚浮迷幻而又觉得是庞大无比的躯壳中溜了出去，使这种庞大无比的躯壳变成僵尸。这即是吃了迷幻药以后，必然要受到毒性发作时必然的报复。袁世凯、希特勒、史达林，和三个月以前，从泰国逃亡出来，感到天下之大，竟一下子找不到容身之地的三个宝贝，都是狂想曲演奏者的报应。为了想逃避这种报应而发挥更大的狂想曲，必然会受到更大的报应。

非常遗憾的是，当李承晚作最后一次修宪，以达到他终身专制的时候，我曾发表过一篇《论李承晚》的文章，而预感到他会同样遭到袁世凯样的不幸。一九六一年五月，韩国发生军事政变，推翻了李承晚，出现了朴正熙政权。他鉴于李承晚的失败，在宪法上把一个人的总统任期限制为最多只能两任。但当他快当满两任时，便于一九六九年秋，修改宪法，使他得以第三次连任。到了七一年十二月六日，宣布国家进入非常状态，加强言论界的压制，在国会通过给总统以非常大权的议案，确定他独裁的地位。到了七二年十月十七日，颁发非常戒严令，禁止一切政治活动，解散国会，修正宪法，使朴正熙可以担任终身总统。最近三个多月来，因为要求修宪的人一天多一天，即是反对朴当终身总统的人一天多一天，便于一月八日下午五时行使总统紧急措施第一号，以严厉手段，禁止修宪运动，禁止民主政治复活。他为什么这样做？因为他认定只有他才能保卫韩国，所以他不能不尽他的责任。这算不算是迷幻药下的狂想曲？会不会出现迷幻药的毒性而身受其报？只有历史才能给以解答了。

一九七四年一月十五日《华侨日报》

一位法国人士心目中的中日文化异同

一

因为日本从法国借来十六世纪名画《蒙娜丽莎》在东京开展览会，以法国特使身份，派到日本来的法国作家并曾充任文化部长的马尔罗氏，五月十四日晚在帝国饭店，举行了一次日本记者招待会，谈了些文化问题。据《朝日新闻》五月十五日的报导，其中有下面的一段话：

> 我是一九三一年初次来到日本。在当时的欧洲，认为日本文化是在中国文化支配之下，系由中国文化所派生的东西。我认为在三点上，中国文化与日本文化是不大相同的。第一是爱的观念，第二是死的观念，第三是音乐的音阶。会见皇太子时，他也提出过同样的质问，我答称中国没有武士道。西欧有骑士道，伊斯兰、印度也有，只中国没有。我为把日本文化与中国文化的不同传给欧洲人，作了四十年的努力。

中日文化的异同，是事实认定的问题。关于好或不好的价值判断，这里无暇加以讨论。马氏所举的中日文化不同的三点，说得太简单，无从加以讨论。这里只就马氏所说的中国没有武士道的问题，稍发挥一点感想。

首先应当指出，中国有没有武士道的问题，是一个相当复杂的问题。从文化的理想说，中国瞧不起日本的武士道。孔子说，“有杀身以成仁，勿求生以害仁”。孟子说，“生，我所欲也，义，亦我所欲也。二者不可得兼，舍生而取义也”。仁是国家社会的连带感，义是国家社会的共同利害。只有当国家社会的生存、利害受到威胁时，每个人便应牺牲自己的生命去争取，此之谓“死有重如泰山”。像日本过去为了报藩主的私恩私德而不惜一死的武士道，中国称之为“死有轻于鸿毛”。仁与义，这是中国文化在生死关头作大决断时的准的，有无武士道，不足置论。

二

从历史的现实说，武士乃政治封建制度下的产物。中国在两千四百年前，封建政治解体，根本没有武士或骑士阶层，何有于武士道、骑士道。但若把武士道的精神加以扩大，则中国在社会活动的层面，始终有强烈的超武士道精神；而在常与政治关连在一起的知识分子的层面，有时而有，有时却没有。

在社会活动的层面，《史记·刺客列传》所叙述的五个人物中，豫让“漆身为厉，吞炭为哑”，誓死为其故主智伯报仇。卒“伏剑而死。死之日，赵国志士闻之，皆为涕泣”，这是日本武士道中的典型人物。至于“老母在，政身未敢以许人”，及母死，“将为知己者用”，便为严仲子刺杀韩相侠累；并为了不连累到自己的姐姐，“皮面决目，自屠出肠，遂以死”的聂政，及为了不忍埋没弟弟姓名，“乃大呼天者三，卒于邑悲哀而死政之旁”的聂政的姐姐，这便不是日本武士道中所能找出的。因为他并不是严仲子所养的武士，也没有接受严仲子所“奉黄金百镒”，而在生活上自甘于屠狗，徒感其意气而为之死。死的动机远较日本武士道为纯洁。至于以荆轲为中心的一群人物，他们丝毫不会考虑到自己的实利而只有人与人间的义气，便赴汤蹈火，壮烈牺牲，这岂是日本武士道中人物所能企及。至于《游侠列传》中“其言必信，其行必果，已诺必诚，不爱其躯，赴士之厄困。既已存亡死生矣，而不矜其能，羞伐其德”的为社会打不平的游侠人物，因为他们是以社会为对象，其品格又高出于《刺客列传》中的人物。武士道、骑士道，在这些为人世打不平的英雄好汉面前，何足道哉，何足道哉。

上述这些超武士道、骑士道的人物受到专制政治的残酷迫害，不使他们能堂堂正正地站了起来。但《水浒传》，及许多武侠小说，乃至今日的武侠影片，所以能成为社会文化活动中的强大势力，正说明中国的超武士道精神，不因专制政治的迫害而埋没。“超武士道”，是不止于武士道，但不可以说是没有武士道。

三

若就常与政治关连在一起的知识分子说，则问题更为复杂。首先就所谓君臣关系来看，在中国文化中，从来不要求臣无条件地为君死。《左传·襄公二十五年》齐崔杼弑齐君，齐晏子到现场去吊唁，在与人问答中表明他对为臣者应不应为君而死的态度说，

"君民者岂以陵民？社稷（国家）是主！臣君者（为臣于君的）岂为其口实（俸禄）？社稷是养！故君为社稷死，则死之；为社稷亡，则亡之。若为己死而己亡，非其私暱，谁敢任之"。日本的武士道，是以"私暱"自居之道。中国有品德的知识分子，只能当国家人民的工具，不当权势者的"私暱"，何有于武士道？殷纣将亡的时候，比干被杀，微子走开，箕子被囚为奴隶，孔子与以同样的评价说"殷有三仁焉"，因为他们的行迹不同，但为社稷人民而不是为了"独夫"的心是相同的关系。

两汉士风，表面上很不相同，实则并无二致。当王莽篡汉时，十多万人上书颂功德，鼓励他由假皇帝当真皇帝，这是因为他们认王莽之德胜过了刘氏，是出于天下为公的观念。东汉的名节，许多知识分子，为了与外戚宦官争政治的是非，为了报父母的仇，为了昭雪"府主"或老师的冤屈，为了守朋友的信义，常常受酷刑惨遇，拼着生命而一无反悔。这更是超武士道的精神。而这种精神，主要是由西汉的韩婴、董仲舒所熏陶出来的。我说这是"超武士道"，是因为这些人牺牲生命去完成自己所信之理，在层次上远超过了武士道们所信之理，所以东汉的名节，都富有国家社会的意义。

但专制政治，本质上是忌毒知识分子、残虐知识分子的政治。由东汉的党祸，杀尽了当时的"善类"起，接着在刘曹之争中杀一批，在曹与司马之争中又杀一批；八王之难，知识分子的血，更一次一次地流下去，于是剩下的知识分子，只好走上老庄虚无之路以自全。六朝的各门大族，假定要讲日本式的武士道，文化的种子早就绝灭了。自此以后，中国知识分子，在长期专制的威迫利诱之下，骨日软，气日消，变成为偷合苟容，顽钝无耻，以迄于今日。这是远沉沦在武士道以下的软体动物层，于是马氏可切取这一部分以论定中国历史事实的全部。而他不能了解，这是专制下的产物，与民族性没有关系的。

一九七四年五月廿九日《华侨日报》

中国人文精神与世界危机

这个题目太大，只能长话短说。首先，把主题点到一下，先从现代的“危机意识”讲起。在“危机”下加“意识”二字，是说明在文化上我们可以感受到有危机的存在。这名词很早已经出现，其意思是说明今日对于人类的基本生存，发生了疑问。现代的危机意识可以分为两个阶段。

第一个阶段大概始于五十年代，从五十年代通过六十年代，这危机意识的背景可分三点述之：

（一）第二次世界大战后，许多国家受到很大的破坏；同时西方的文明、文化，经过了第一及第二次世界大战，到底会把人类诱导到甚么地方去？这便引起西方人士对西方文化的怀疑。

（二）第二次大战后，形成两大阵营的对立，有如水火不相容；然则人类没有得到和平生存的可能？

（三）原子武器、核子武器的出现，在很短时间内可以把人类大部分毁灭；是人类正处在死灭的边缘。

这三样东西加起来，则使人类感到没有前途，时刻会被毁灭。

一九五〇年以后，出现了一个新的现象。技术以空前的速度向前发展，战后工业之复兴也是以空前的速度前进。在这种情形下，由于技术的发展，使人感到人只是从属于机器。又因为工业的发展，工商业之组织日益扩张，每一个人都要加入企业组织中，而变成一个小螺丝钉。这样便引起一个问题，那就是人的主体性的丧失，人间的疏外。但是我看这些问题，不能构成真正的危机意识，只是一部分人的情绪上的问题；最大限度，这种感觉，只是从“危机意识”派生出来的。

在这种危机意识下，文化上的反应在思想上是实存主义的哲学；在文学上，是意识流的小说、白日梦的诗；在艺术上，则是超现实主义这一系列下来的绘画、雕刻。这些都有一个共同之点：对西方近代得以出现、得以成立的合理主义，发生怀疑。故他们有一个总共的倾向，就是反对西方文化合理主义，希望在非合理的地方，在意识流中，亦即是在无意识处，找出一条路来。这条路当然是死巷。不过，他们在反映危机意识上有其时代的意义，若要为危机开辟一条新的路，则完全没有意义，甚至反而加深危机。

第二个阶段，也就是当前的危机意识，表现于两方面。

（一）民主主义的没落，极权主义、暴力主义的横行。人类经过很长的历史摸索，才寻得民主政治这条道路。民主主义、民主政治最大的意思，是在于人有可能把命运掌握于自己手中。马克思、恩格斯并没有否定民主主义和自由，他们只是说现在的民主、自由是资产阶级的，只有把它们破坏，经过无产阶级革命，才能建立真正的自由民主，故当时有一句口号“向自由王国的跃进”；同时他们认为妨碍自由民主的是政治组织、国家组织，故提出“国家的凋谢”的口号。这个说法，我们不管其对与否，他们思想的出发点，还是大的人道主义。他们生长于西方，对于民主主义和自由主义如何出现，是清清楚楚的。若说民主主义的没落是应当的，这是很大的错误。民主自由的没落，正说明人类自己的命运，变成其他极权主义者、暴力主义者的工具。极权主义和社会主义之间不能划一等号的。不能说实行社会主义，便必然要实行极权主义；便也不能说反对极权主义，便一定是反对社会主义。我们的头脑，在这地方一定要分清楚。

（二）工业的盲目发展。工业的盲目发展，破坏了人所靠以生存的环境，枯竭了资源。资源盲目的消耗，这一代的人，把后一代的资源都浪费掉。在此情形下，人变成了一个纯物欲的存在。在物欲中，淹没了作为一个人的存在。《礼记 · 乐记》中有“人化物”的说法，人变成了物，只有洋房、汽车、黄金、股票等等，滚来滚去，没有真正的人。这当然是个很大的危机。

从五十年代以来的危机意识的背景，在现在并没有减少，并且还在加强加烈。但何以目前很少人谈五十年代以来的危机呢？是因眼面前这两个危机，把原来存在的危机背景，压到在第二位上去了。简单一句：危机只有加强，危机意识亦只有加强。

现在，再简单说明这种危机背景的由来。最根本的因素是因为“人的价值观念的丧失”。人与其他动物不同，乃在于人具有价值观念。当人变成一般动物以后，价值观念便丧失。所谓“价值观念”可分两点说明：

（一）自觉地认为“应当”如何。

（二）上述之“应当”，乃突破个人之私利、私害。

何以要自觉呢？因一般人的“应当”是被动的，而自觉则是主动的。而“应当”之所以能成为人生的价值，乃是以突破个人的私利私害为前提。谈到人生价值，要从这个角度去了解。了解到人的价值观念，可继而了解人的精神状态，是随着价值观念成正比例。价值观念，就是充实扩大人的精神状态。人与人合理、正常的关系，一定要建立在价值观念的基础之上。价值观念失坠，人之精神生活便会萎缩，在个人物欲生活之中，而人与人的关系，便完全建立在利害关系之上。民主政治一定要有一种价值观念来支持。这样，民主政治才能产生正常的作用。若价值观念一旦丧失，有些民主政治变成僵化，在民主自由之下，许多人只做坏事不做好事；有些民主政治便夭折，或变成伪装。在这种情形下，极权主义、暴力主义便横行无忌；其次，人的生活得靠物质来维持，但是对物质的控制，完全要靠价值观念。没有价值观念，人生便完全寄托在物质的享受上，顺着物欲无穷无尽地追求下去。故简单地说，现代危机最基本的因素是人生价值的丧失。

接着，再讲到中国人文精神，对于中国的人文主义，首先要了解三点：

（一）中国人文主义和西方十五世纪、十六世纪这个短时期的人文主义，在以人为主体这一点上是相同外，内容则并不相同。

（二）中国的人文主义，是在历史中间形成的，历史有时向前，有时堕退。这都影响人文主义实现的形态与程度。我们不能离开历史具体的条件而抽象地谈中国的人文主义。

（三）中国人文主义长期受专制政治所磨折，受到很多的阻折、歪曲和误解。在这地方说中国人文精神，是就那个没有被磨折处抽出来说的。但它在实现之时，纵使是伟大的道德家如宋明理学家，他们是贯彻人文精神的，但仍受了专制政治的影响，也不能把中国人文精神完全表达出来。对一般社会来说，它是发生了很大的影响，但这是很驳杂的影响，人文的，反人文的，歪曲的，没有被歪曲的，混在一起。

中国的人文精神自西周初年已开始出现。从西周到战国，它以三种情形表现出来。

（一）在古代，任何一个民族与神都会发生交涉，在中国，也是一样。但西周初年，首先出现人的祸福是由自己的行为所决定的论调。人的精神，从神的手上解脱出来；于是人用心的重点不是神，而是人的行为。

（二）神为人而存在。西方在文艺复兴以前，都是认为人是为神而存在的，国家政治只是为我们进到天国的踏脚石。在中国春秋时代，已经出现神是为人而存在的思想，“民，神之主也。”统治阶级总认为他是代表神的。神为人而存在，统治阶级也成为为人而存在。

（三）生命的庄严。人文精神，是通过“礼”而实现。礼的重要作用之一，便是把人的生命、生活加以庄严化。人出生时、成年时、结婚时，有各种礼节。每一样重要的行为，都有一种礼节，目的在把行为的意义通过一种形式表达出来，而使行为庄严化。行为之庄严化就是表示生命的庄严化。中国很早便有“尊生”的思想，所以王船山便以“尊生”、“大有”、“率性”，说明中国文化的特色。西方的宗教思想中、哲学思想中，很长的时间，没有尊生的观念。所以薛维兹提出尊重生命的思想，成了他很大的特色。在神面前，不能尊重自己的生命。对形而上学而言，生命只成达到理型的障碍，故亦不能尊重生命。

从孔子到孟子，是人文主义完成的时代，此可分三点加以说明。

（一）在生命中发现理性的根源，使生命与理性得到统一。简单的一句话，就是道德主体的心的发现，这是中国文化最了不起的地方，此非唯心主义。我以前在一次讲演中曾特别加以说明。中国的唯心主义只是印度佛教进来后才有的。

（二）主宰性与涵融性同时呈现。由于心之发现，中国文化特别重视人的主宰性。人当自己作主宰，这才有人格之尊严，故孔子曰：“三军可夺帅也，匹夫不可夺志也。”孟子曰：“富贵不能淫，贫贱不能移，威武不能屈，此之谓大丈夫。”从前，凡是宗教都有神话。印度佛教说，释迦出生时，左走几步，右走几步，乃说云：“上天下地，唯我独尊。”唐朝云门文偃和尚便说：假若我当时在一旁时，释迦说出此语，我便“一棒打与狗子吃”。这一种什么精神？主宰性不被权威所吓服，只听命于自己的理性。

西方也言理性，启蒙运动也是把理性提到至高无上的地位，但在中国，一个人的主宰性呈现时，同时即呈现出涵融性，即是同时把社会大众都涵于自己主体之中。法国有位实存主义者马塞尔（C.Marcel）在前几年以八十多岁的高龄，到日本讲演，特别指出，萨特所发现的主体，只是孤独的主体。主体应该不是“我”而是“我们”。用中国的话说，即是主宰性和涵融性同时呈现，个性与群性同时呈现。故孔子说：“己欲立而立人，己欲达而达人。”《中庸》说“成己”、“成物”。

（三）中庸之道。中，不太过，也非不及，恰到好处。庸，是寻常中可以实现。因为是中，故能在寻常生活中实现。我们说很大很高的道理，而不能在寻常生活中实现；那末，它与我们的生命、生活有什么关系？中国的道理都是与生活、生命连在一起的。

我常笑说，西方柏拉图的哲学是形而上学，萨特等所说的道理是形而下学，中国的人文精神可说是“形而中学”。中国言中庸之道，有三个原因。

（甲）中国这些道理不是由推理中推出来的，而是在生命中在生活中体验得来，可反而在生活、生命中得到证明的。这种道理自然是中庸之道。

（乙）这些道理从生命、生活中来，还要在生命、生活中落实。也可以说，它是从实践中来，向实践中去，而不是只唱高调。凡实践的道理，应当是中庸之道。

（丙）主宰性和涵融性同时呈现，故中国这些道理本身就有社会性，不是只由个人来实行，要社会大众都能实行的。社会性的道理，应当是中庸之道。

中国人文精神对于现代的危机，可以发生三点作用。

（一）人的复权。一个人在中国人文精神中恢复人的主体，恢复人的价值，从极权主义中复权，从物欲中复权。

（二）建立人与人的谐和关系。“大人者，以天地万物为一体者也。”人与我们的生命是连在一起的，故此，当可建立人与人的谐和关系。

（三）生活正常化。在中庸之道中，使个人的生活得正常化，使社会生活得到正常化。人只有在正常的生活情形下，才能感到人生有意义，人类有前途。

本文属于“中国文化讲座”第十五讲，由新亚书院中国文化学会供稿

一九七四年七月《明报月刊》第九卷第七期

由两封书信所引起的一点感想

若把孔子当作一个两千五百年前的历史人物看待，而又承认历史是在不断地演进，则毛泽东对孔子，断无挖坟绝根，以彻底斩断中国文化命脉的必要。其所以使用此一手段，使中华民族陷入于野蛮状态之中，主要原因，固然是来自预防中共内部，可能出现由中国文化的启发，而引起鞭其左倾幼稚病之尸的情势。但百十年来，浮薄文人，仗西方某些势力的声威，以反孔、反中国文化，作哗众取宠的资具，此乃五四运动后，中国文化活动中的主流。毛生长于此一主流之中，耳濡目染者数十年。他今日盖亦乘此主流之势，故悍然无所顾忌。换言之，毛今日之所作所为，乃百十年来文化发展潮流之应有结果。

胡适之先生，为自由中国文化的重镇。他以中央研究院院长的地位，在一次以美国人为主的国际学术会议的讲演中，宣称东方文化没有一点灵性，大大受到台湾各大报的恭维，并因此而得到美国某基金会对胡先生领导下的研究工作者的援助。一两个维护中国文化的人在当时的台湾，乃是处于孤臣孽子的地位，从四面八方受到打击。《文星》杂志，以几个未成熟的年轻人站出来反对中国文化，马上发生巨大影响，只有在台湾上述背景之下才有可能。而《文星》的受打击、遭封闭，与他们的反孔、反中国文化，丝毫没有关系。反孔、反中国文化的动机、目的，不止一端；但就近二十年来的情形观察，与媚外崇洋，有必然的关系。在中共里面，骨子里最媚外崇洋的是江青这一派，所以在她的样板戏中，要以钢琴来演西皮二黄，要穿着八路军的制服跳由西方宫廷中出来的芭蕾舞。这也是推动今日大陆反孔的原因之一。

就我个人而论，假定我对文化没有一点责任感，假定我多考虑一点私人的利害问题，对无理的反孔、反中国文化的情形，不加以抗拒，不抱为中国文化伸冤的傻念头，则这些年来会少吃许多苦头，在名誉和生活上，不致受到许多打击。最近偶然清出与陈伯庄先生来往的一封信，反映出我当时非常坦率的一种心情，也引起我今日多一番感慨。我因接受胡适之先生的一种意见，这些年来，与朋友通信，除记明月日外，同时也记下年份，但在写此信时，依然只记下月日，现在记不起是哪一年的事情。但写此信时，必在吴稚晖先生死后半年之内，而陈伯庄先生尚未得美人之助，办理《现代学术》的时候，可能是一九五五年。吴稚晖先生在国民党内地位之崇高，是大家知道的。在胡适之先生的纪念文章中，特别恭维他“把线装书丢到厕所去”的主张，我便针对胡先生之文，写了一篇《吴稚晖先生的思想》，在陈克文先生主编的《自由人》上发表。此文得罪了许多国民党显要及胡先生一派，自不待说；更引起其他人士的义愤，陈伯庄先生便是其中之一，所以特来信对我加以责难。本来想把陈先生的来信和我的复信，同时在《自由人》上刊出，因陈先生不赞成而作罢。现陈先生墓木已拱，而他来港后生活清苦（他在大陆上所做的官，是很可以捞一笔大钱的），对于学问表现了非常的热情和努力，实在是值得佩服的一位朋友。文化的争论，本来不应影响到人格及交谊问题的。他写给我的信用的是毛笔，所以文字还非常清楚。我复信用的是自来水笔，字又写得潦草，所以已经漫漶得紧，很难认识，只好照原文一字不改地再写一遍，烦请《幼狮》的先生们刊出，或也许有点纪念的意义。

一九七四年五月卅一日于九龙

陈伯庄先生来书*

复观先生：

不见三年多了，时于朋辈中听说及老兄过人之节，深致敬佩。顷读《自由人》上《吴稚晖之思想》的大作，极富有刺激性，刺激到灌夫骂座的风味。每个人有他的特别性格，谁也有他的自由，不容干涉。但窃思老兄是有极大抱负，要做一番旋乾转坤事业的人，便不得不从更大处（更实际的大处）着想。弟此言有犯交浅言直之处，祈赐察也（例如随便骂骂历史语言所之类，须知弟除了已死的傅孟真之外，该所一个人也不认得）。

适之的"大胆假设，小心求证"（hypothesis & verification）本来就是科学方法的柱石。杜威哲学的结晶巨著在他的 *Logic: Theory of Inquiry* 再三说明，他这对 logic 的 ultimate subject-matter 的这套理论，和别的不同派的一样，只是一个 hypothesis。而他这样的 logic 论就是阐明 logic 是依科学方法，超于科学方法的致知法则。所以以科学方法（为学方法即致知方法，如正确，又必为科学方法），所以适之之言无弊，他只加了大胆和小心两形容词耳。杜威最大的要求系以三百年来用于物理界的科学方法，移用于人文界，

* 编者注：标点为编者所加。

并谓如此移用，将更有logic的科学方法的新增益。所谓移用于人文界，包括（A）治社会科学和（B）实际人事，大者如政治、经济。杜威一生呐喊的这一点，适之未尽其介绍之功。可惜弟两年来虔读杜威之书，一知半解如此，因此觉得老兄评适之的这一段是错误的，想在《自由人》发表拙文，又怕老兄误会，所以先征求尊见。

为甚么怕兄误会呢？前年丕介兄要我为《民评》写一文，我便写了一篇《脱了儒冠做小工》，如此谪谏式的标题，心中所要说的一句主要话是，任何个人、任何团体不靠政府吃饭，才能做民主的loyal opposition。例如现今民、青两党党员，生活来源如断，便不够客观条件也。不料此文据说大攫老兄之怒，弄得丕介要在《自由人》写一篇客气驳我的文章，并预先告我。我说谢谢他，我一定不反驳，我认为彼此情愫相通，才好见诸文字上的争辩。既然有误会存于其间，便自己不响，免伤和气了。

而我何以要这样呢？因为我深深感觉"许与偕行"，可以在一条线上努力的人们太少了，所以时时宁愿自己吃亏些。

关于论吴文，大概老兄对中国旧文化大有心得，所以对吴抛线装大为不满。关于这方面（对中国文化和思想）的主要大文是哪几篇，请寄赐细阅，阅后再请教。吴晚年参加庸之的某一名称的崇孔组织（忘其名），当时为之怃然也。

此颂

大安

弟陈伯庄顿　一月十八日

九龙信箱三三八二

答书

伯庄先生：

昨自台北返寓（因治鼻腔病赴台北），得奉一月十八日手书，备领教益，至为感谢。《吴稚晖先生的思想》一文，实系在感情激动之下写成。此文发表后，有的朋友说好，有的朋友说坏，有的朋友以弟责及死者为不忠厚，有的朋友则谓此老一生在政治上作尽调人，略无原则，惜弟未将此等处点出。实则弟写此文之用意，岂在于指摘个人？特感于在此苦难时代中，吴、胡诸先生，好以只言片语抹煞祖国数千年之文化，抹煞千百圣贤之心血；乃时贤不于此等处所用其感情，论其得失，而斤斤于对一二人之厚薄，此真可谓不识轻重，不揣本末之甚者，则又何怪今日是非之颠倒错乱乎？中国文化诚有缺憾、诚有流弊，然岂无日月经天之大义，以维系民族精神于不坠？今人于流离丧乱之际，对自己之祖先，何以不先从好的方面去想，而必先从坏的方面去想；并必以坏的一方面，去抹煞好的一方面；仁人君子之用心，固当如是乎？胡适之先生，负天下之重望，逢人类文化生死存亡斗争之会，顾以五年精力，为戴、赵争《水经校注》之谁属，此与争谢公墩同一雅兴。然其自解之辞谓，戴东原为其“同乡”先辈，故彼不能不为其伸冤。又弟于前岁晤胡先生于台北时，彼以连夜校对其先父遗著见告，弟深为感动，于此以见其性情之厚。中国历史文化，乃“同乡”之推，而为与吾“同国”、“同族”，亦为每一人父亲之推，而为吾先圣先贤心血之所流注。推胡先生不忍其“同乡”受冤，欲为其先父留名之用心，则弟等之不忍其“同国”、“同族”之受冤，欲其同国、同族圣贤之心血，仍能对人类有所贡献，此当为胡先生所矜谅。而兄函谓吴先生晚年曾参加孔庸之之孔学会，则或亦有合于吴先生晚年之用心。况弟前文仅欲大家不必为极端之论，立言贵有分寸，而未牵涉到此等根本态度问题乎。顾亭林谓“易姓改号，谓之亡国。仁义充塞，而至于率兽食人，人将相食，谓之亡天下”。痛哉此言。亡国乃政治之事，亡天下乃文化之事，弟本亭林之意而申之曰：“有政治之敌，有文化之敌。政治之敌，极于杀身。历史文化之敌，极同弑父。杀身不可忍，杀父又岂可忍乎？”然此已近于极端之论，意气之谈矣。至于兄问弟是否“对中国旧文化大有心得”，弟对此实属汗颜。然中国文化，非弟一人之私言，其存废与弟个人之有无心得无关。兄欲衡断此等大问题，不必从弟个人身上着想也。

关于科学方法，将专文论述，此不赘陈。弟近以每一月三分之一的收入买新印之《胡适文存》，将细心重读一过。弟对胡先生之尊重，并不后于吾兄，前文亦有说明；特不为阿好之辞，有负胡先生提倡怀疑主义之苦心耳。

兄提及大作《脱了儒冠做小工》一文之公案，弟备觉惶恐。兄此文之基本用心，弟极表赞成。近原拟写与此意相类之一文，以说明中国文化之病痛，及中国读书人之悲剧，因鼻腔手术未复原，故尚未执笔。弟所以不赞成兄之大作者，觉兄在此一点上之发挥，仅系感想式的说法。而谓“《中庸》、《大学》，只可给非洲的土酋读读”，实过于武断，与《民主评论》一贯之态度不合。中国文化应平心静气地从理论上、从事实上加以批判。弟绝不赞成中国文化什么都有、什么都好的态度。然决不可从感情上与以抹煞。兄今日知弟可以写《吴稚晖先生的思想》一文，则亦可知弟当时并非对兄个人存有恶意。惟弟平日性情偏急，数度几以此杀身。前岁见兄此文时，即函丕介兄责难，措辞多有不当。幸丕介兄回信，亦以牙还牙，对弟责难有加。然患难朋友，究未以此伤感情也。

吾兄寄居港峤，生活刻苦，而为民主奋斗，对学问努力，弟实万分钦佩。弟素无涵养，性易冲动，以此在朋友处负咎良多。然好善服义之心，亦未敢后人。学问上之探讨，及作人上之责难，皆见友朋关系之情，应不致因此而发生误会。若克文兄同意，将兄此函及弟此函一并作《自由人》补白之用，弟无不赞成之理。故谨将兄函奉还，以便发表。若兄觉不必发表，弟亦无异议也。又弟前将《吴稚晖先生的思想》一文写成付邮后，晚间在床上颇以为悔，恐得罪人太多，决于次日函克文兄，请不必刊出。适次早某友人来访，谈及彼及某先生等在学术界中过去被排挤情形，遂慨然不复顾忌。则兄之不以弟为然，固其宜耳。专此敬颂
撰祺

弟徐佛观上　元月廿八日夜于台中灯下

一九七四年八月一日《幼狮月刊》第四十卷第二期

一个中国人在文化上的反抗

一

我在本报刊出《邓小平的嘴脸》一文后，引起了若干同情的反应，也不断引起我自己的反省。我觉得自己涵养不够，不应当用上对邓小平加以抹煞口气的标题。这一点常使我内心感到不安。十二月号的《× × 月刊》，刊出“美洲读者达人”的一篇相当长的投书，一方面说我申斥邓小平的文字，“真是当头一声狮吼，震聋发聩，十分得时”。另一方面达人先生又根据他自己对中国文化的了解，说我“反邓的契机也出于坚持良心，维护孔孟的道统”，而为他“所万难同意”。这更引起我许多感慨。

我不是一个有学问的人。既不属于任何特权阶级，怎样也想不出我是在代表什么特权阶级的利益。由一九五〇年代所开始的在文化上的发言，不是想为自己表现什么，维护什么，而只是一个中国人在文化上的反抗。这是指向任何性质的洋教对中国文化的诬蔑、压迫所提出的反抗，也是对中国人的心灵、人格，及合理的生存权利的诬蔑、压迫所提出的反抗。没有“中国人”，当然没有中国文化；没有中国文化，实际也便没有中国人。两者是不能分割的。中国人、中国文化，可以与一切人、一切文化，和平共处，互相取益。但中国人、中国文化，决不允许任何洋人洋教来加以诬蔑、压迫。我尊敬洪秀全们反清的意义及其素朴的社会改革的企图，但鄙视他们所崇奉的洋教。我尊重各种宗教，但瞧不起以“洋”压“中”的任何洋教。我们需要科学、民主，并要从自己民族生命中成长出科学民主；但像吴稚晖、胡适们，把科学民主当作洋教看待，要把线装书丢进厕所，说东方文明没有灵性，则我作为一个中国人，便必须起来加以反抗。我没有理由反对社会主义，我没有理由轻视中西思想家出于人道要求，一步一步地追向社会主义的努力。但看不起不基于中国广大人民具体的要求，而只拿着马列洋教，压在中国人民头上，要中国广大人民，在此洋教之下，彻底诬蔑自己的祖宗、历史，及自己的良知良能，以成为一袋面粉，便利于今日吕雉所信奉的秦代法家的“车裂”、“族诛”的统治，这是一个稍有良心的中国人所不能忍受的。我住在台湾的时候，心里常常想，一个极权者要杀死一个他所不容的老百姓，比小孩子弄死一只蚂蚁还容易。在巨大权力车轮之下，个人真是太渺小了。但作为一个中国人，在渺小中依然无法抑压住发自良心的呼吁。

二

我在文化上的反抗，首先是以吴稚晖、胡适所代表的集团为对象。我很清楚知道，中国人、中国文化，正是以千疮百孔之身，面临时代巨大的考验，我们为了医治自己的病痛，必须要吃药，动手术，吸收新的营养。但千疮百孔之身里面有活着的生命。医治千疮百孔，是为了保卫、加强活着的生命，这便要有能辨别病症，及认识医理药理的医生。而胡适们，只能算是在医学院注过册，并没有认真听过课，更不曾经过实习的医生，便把包小脚、吃鸦片，和孔孟之道以及整个中国文化等同起来，有如把一个人所生的毒疮，和一个人的整体生命等同起来一样，要割掉毒疮，便要割掉整个生命。我在此一反抗中，主要在指出他们是不辨病理、不懂药性的医生，不是说中国文化没有病，不是主张有病而不吃药。他们对西方文化，对中国文化，多是以情感上的固执，代替理智上的研究抉择，于是不知不觉地走上以“洋”压“中”的路。许多人以为只要把“洋”抬出来，“中”便连辩解的资格也没有地完蛋了。于是我的内心，自然由要“为中国文化伸冤”的压力，加上要“为中国人伸冤”的压力。我不算是一个有出息的中国人，在这方面所出的力实在太微弱了。

三

孔孟之道，是大众性之道。只要不存成见，而又肯面对人生社会的具体生活，便任何人可以了解。但若挟带着其他的成见，又并没有深入于人生社会的具体生活之中，则那些明白浅显的语言，并不因为在学术其他方面有了些成就，便能轻易了解。达人先生也正是这样的一个例子。

达人先生所以反对以孔孟之道为主流的中国文化传统，因认为“一直是亚里士多德那条线粗重，培根那条线偏枯”，换言之，他认为中国文化是由形式逻辑推理所建立起来的，缺少由归纳法以与经验连结在一起。这是以西方中世纪的神学来看中国文化。事实上，中国文化，主要是基于视察与体验（内外生活的经验）之上。战国中期，阴阳五行之说渐渐得势，便加上了由想象力而来的形而上学。观察、体验与想象力的连结，除了文学艺术外，是不合理的连结。我现在所做的两汉思想史工作，其目的之一，便是要把这种不合理的连结拆开，以显现由观察体验而来的本来面目。

观察体验的合理性，是“经验的合理性”，不是形式逻辑的合理性。但当我们把它当作研究对象来研究时，可以有限度地适用形式逻辑的分析。想象的活动，也不是形式逻辑推理的活动。很明白地，中国文化与西方中世纪的神学，在处理的对象及运用的方法上，走的是全不相同的路。听说达人先生在美国加州大学工作，于学问某方面一定有良好的成就。但他对中国文化，比胡适更隔膜，他的“万难同意”只是对自己不了解的东西所下的判断和决心。

四

中共取得政权后，虽然曾发动过大规模的清算胡适运动，但在中国文化上，依然是走的胡适路线。不过胡适有所顾忌的地方，中共则无所顾忌。胡适反宋明理学，中共也反宋明理学。胡适由反宋明理学而贬抑孔孟，中共在文革以前，也是由反宋明理学而贬抑孔孟。胡适先想以墨家代孔孟，接着强调法家的意义，中共今日则要以法家来代表中国文化。胡适提倡《红楼梦》，中共便把《红楼梦》升级为文学中的偶像。胡适提倡王充的《论衡》，而王充实在是一个定命论的大迷信者，但中共也对王充恭维得无微不至。大体上说来，中共把中国文化中可以支持社会主义建设的大都加以反对，其主要原因是来自他们的学术基础过于浅薄，只好依附于胡适路线。但中共因为觉得自己是中国人而快要站起来，因而文革前他们在文化大方向上所表现的热情与努力，很值得佩服。他们有的已经突破，有的快要突破胡适的藩篱，快走向精神上的自力更生，在文化上也可以立国的道路。这便促成了文化大革命以来的大灾祸。

不要拿西方由柏拉图下来的一套哲学来看孔孟之道，两者是全不相干的。孔孟之道，只不过教人以正常的人生态度，及教人以人与人正常相处的态度。甚至可以说，孔孟所建立、所要求的上述正常的态度，只有在真正的社会主义社会中才能普遍地实现。但毛泽东要保障他的身后，便与孔孟之道水火不容，于是由文革前的学术水准不够而来的贬抑孔孟之道，进一步决心以组织的诬蔑来灭绝孔孟之道。例如在周朝初年最可信赖的文献中，已经说“天视自我民视，天听自我民听”这类把民看作天的代言人的话，则民不是奴隶，只要是小学生，一经说破，便可了解。但今日的吕雉集团，却硬说几百年后的《论语》中出现的“人”字是奴隶主，“民”字则是奴隶，所以硬栽诬“克己复礼”，是要恢复奴隶制度。他们在北京保持一两个教堂给洋人看，但把孔子的坟、庙，以及一切纪念物都彻底毁掉，要凭法家的“车裂”、“族诛”、“愚民”、“弱民”之法，以走向共产主义社会。某报有篇文章，说日人黑泽明在为苏联导演的一部电影中，有中国人向老毛子作揖打拱的镜头，意存侮辱，而提出抗议，我非常同情。但今日的吕雉集团，把两千多年来所一致认为是圣人的孔子，糟蹋得连猪狗都不如，这是把两千五百年中每一年代的中国人都看作不是人，而彻底加以侮辱。她们敢于作这种侮辱的勇气是来自“马列洋教”，而侮辱的目的，在于使共产党员及人民，不能保持正常的人生态度，以接受从躯壳到灵魂的“车裂”、“族诛”的法家之治。这便逼使我在学术上要为中国文化伸冤的反抗，激而为争取中国人民乃至中国共产党员能堂堂正正地生存的反抗。我毫不隐讳的，岂仅热爱自己的祖国，热爱自己的同胞，并且我虽然反对共产党，但对许多共产党员的品格与作为，有不能自已的真诚敬意，尽管有朝一日，他们会以“人民的敌人”来对付我。

五

根据报纸、杂志上的报导，大陆的宣传机构，已由捧吕雉进而捧武则天，这不仅是因为吕雉虽篡窃大权，但并未改朝易姓；而武则天则能够改朝易姓，以表示今日吕雉的豪情逸兴。更重要的是，西汉时代，民族的生命力尚坚强，所以当时的知识分子，没有一个对吕雉作肉麻的献媚，这便使今日吕雉集团的宵小们有些难看。到了唐朝，知识分子的骨头，已被长期皇权专制磨软了，所以武则天手下，便出现了一批心黑脸厚的文人，向武氏歌功颂德，这便使今日以鱼肉他人、以鱼肉古人、以鱼肉圣人为手段，换取残羹剩汁的宵小们，在历史中取得自己的根据。

有位朋友告诉我，最近香港有的青年，以“孔老二精神”，作为斗争他人的口号。但他们知道什么是孔老二精神吗？孔老二精神是个“发愤忘食，乐以忘忧”的精神，是“抑为之（学）不厌而诲不倦”的精神，是“知之为知之，不知为不知”的精神；是“主忠信”，“刚毅木讷”的精神；是“不义而富且贵，于我如浮云”的精神；是“己所不欲，勿施于人”，“己欲立，而立人，己欲达，而达人”的精神；是“学如不及”，“朝闻道，夕死可矣”的精神；是“志士仁人，有杀身以成仁，勿求生以害人”的精神；是“吾非斯民之徒与而谁与”的精神。你们以这些精神为丑恶，则你们自己是怎样的精神呢？可以斗争的口号多得很，为什么你们偏偏采取了否定人的基本存在的口号？今日吕雉集团有计划有组织地说些昏天黑地、伤天害理的浑话，是为了要实行法家的严刑峻罚的统治，因为这才是最过瘾的统治。你们希望以这些浑话来爬上这种统治上去吗？或许有可能。但商鞅、韩非、蒙恬、李斯、赵高，不是和今日的彭德怀、刘少奇、林彪、陈伯达，一批一批地“身被五刑”以死吗？我尊孔，即是尊重人类正常生存的权利。国家、个人，只有在正常化的情形之下，只有在依赖死去的人民、活着的人民所汇集的智慧，而不依赖洋教的情形之下，才能顺着正常的道路走向理想的天国。

一九七四年十二月十日、十一日《华侨日报》

两个和尚的“话头”

一

中国因长期一脉相承的文化积累，形成了膏腴的“文化土壤”。又因长期专制的压迫及许多天灾人祸的煎熬，也形成了许多卑贱黑暗的曲角。于是使中国文化在发展中经常出现极不平衡的现象。既产生了特出的圣贤英烈，及可与日月争光的大文学家、大艺术家，也产生了更多的谄媚趋势，鱼肉人民，以聪明才智，成就一己的卑贱邪僻的各种色式的无良者、无耻者。孟子“五百年必有王者兴，其间必有名世者”的话，若解释为四百多年间，都是昏庸盗贼、卑贱邪僻的世界，只到了五百年的一小段空隙，才会出现一个值得称为“王者”及“名世者”，以此说明文化在历史中的不平衡的情形，或者具有另外一种意义。这种不平衡的现象，在“士人”圈子里固然是如此，在和尚圈子里，也何尝不是如此。我不是佛教徒，我的性格，凡是远乎中庸，近于索隐行怪的东西，都对之没有兴趣。但偶然翻阅禅宗典籍，对其中若干特出的龙象，特出的话头，也未尝不为之感动不已。下面仅录出两段，愿与关心我们国家社会前途的人士，共同参究。

在五代时，有位住在韶州云门山的文偃禅师，是云门宗的开宗人物，一般人称他为云门偃。他曾经提起“说到世尊初生下，一手指天，一手指地，周行七步，目顾四方云，天上天下，唯我独尊”。师曰，“我当时若见，一棒打煞与狗子吃却，贵图天下太平”。上面所说的释迦初生的情形，当然是由无知的信徒所附会上去的，但对立足于信仰的僧徒而言，又谁敢加以怀疑，但云门偃深信一切众生，皆有佛性；“佛与众生不二”，佛与众生平等，世上断没有“唯我独尊”之人。若释迦自觉得唯我独尊，这便是妖魔而不是佛。并且“唯我独尊”，不是个人的事，而必然关连到天下之人。有一个人认为“唯我独尊”，则必把天下之人踏在“我”的脚下，肆意加以蹂躏，使天下不得太平。这种道理，虽然说出来简单，但即使在今日，已亲眼看见过，已亲身经历过由此而来的无数血淋淋的教训，却仍有成万成亿的人依然相信在光天化日之下，有唯我独尊之人，必待唯我独尊之人始能主持世运。而这位出生在千年前的山林和尚，却看得这样的透，说得这样的绝，居然要把它“一棒打煞与狗子吃却，贵图天下太平”。这只要想到史达林、希特勒，残杀了无数人命，蹂躏着无数人民后，才认定自己是“天上天下，唯我独尊”的情形，便可以了解这位和尚，真具有远超过索忍尼津的智慧。

二

另一个是住在福州古灵山的神赞禅师，他的年代较云门偃为早，但名气却没有云门偃大。他原是受业于福州大中寺的一位和尚。以后在外云游时，遇到了真正完成“印度佛教中国化”的百丈怀海，有所开悟。但他依然回到他的受业师的门下。有一天，他的受业师在窗下看经，适逢有只黄蜂投向窗纸，想从窗纸中飞出去。神赞禅师看到这种情形，便双关地说："世界如许广阔，不肯出，钻他故纸，驴年（十二支中没有驴年）出得？"此一故事的启发性也实在是太大了。他本来的意思是认为成佛作祖的道理，应在现成的宇宙、人生中，切己体认，切己下功夫；拿着印度人写的经文，啃来啃去，并无用处。经他这样一点破，便给中国僧徒，开出了与自己性命关连在一起的大自在、大自由的活路；也使一般信徒，从委琐卑微的心理中，激励出自立自主、昂扬向上的精神。由此而奠定人的真正尊严，转化出人的真正创造力。

"读书人"，做的是"钻故纸"的事。不钻故纸，便成为"四人帮"的"读书无用论"。但四人帮的读书无用论，是为了保护他们所钻的故纸。而正常的"钻故纸"的动机与目的，不在"故纸"的自身，而另有一深广现实的世界。故纸只能是此一深广现实世界的资具。中国以钻故纸营生的，首先是两汉博士的五经"章句"，动辄数十万言、数百万言，在当时已成为一种文字的灾祸，以后也就只字无存。其次，则是"代圣人立言"的制义、八股，千百年殚竭了士人的心血与精力，其中当然也有不少的妙文妙论，可以汗万牛而充千栋。但在科举未废时，已没有人把它当作学问。

幸而上面钻故纸的业绩，与政治保持了相当大的距离。两汉人论政，都是从现实中提出问题，在现实中解决问题，只从故纸中引一两句话以表印证。假定如今日的四人帮，把其他的"故纸"一概排斥，而只钻他们所能了解的一点点马列故纸；更从一点点马列故纸中，落下到几条语意不明的"批示"，由此以革中国九亿人民之命，其所造成的天下大乱，是有目共睹的。四人帮除去后，应当出现一片海阔天空、自由创发的气象。倘依然有人要在四人帮所钻的故纸中与四人帮争一日之短长，依然要在四人帮所钻的故纸中安心立命，这不仅使神赞和尚在西天笑掉大牙，并且这只没出息的黄蜂，也终将碰得头破汁流而死。

三

当然有人会指摘，政治不能无领导，要加强领导的力量，便只好把他推到“唯我独尊”；革命不能无思想，要加深思想的统一，便只好定限一种故纸钻进去。上述两个和尚的话头，是虚无主义，是反动分子。

不过，在正常情形之下，一个人在政治中能一层一层地爬上去，应当是他的德、能、功的积累的结果，自然有种声望去支持他的领导职权，而无待自己及他人的吹捧。凡自己认为是唯我独尊的人，一定是用许多不正当手段去打击他人、残害他人的人。等到他的唯我独尊的意识完成时，他的精神已处于“发烧”状态，连摆在眼前的事情也不能了解，结果只能证明是一位滑稽可笑之人，希特勒是最好的榜样。一个人并没自认为唯我独尊，而他人特别为此卖力，则十之八九，是台湾所流行的“神棍”。领导能力，从“人格的神化”，转到“职权的尊重”，这是政治头脑现代化的要求。所以中共的四个现代化，愿加为五个现代化。

思想的问题，第一应要求面的广阔，其次应由现实要求决定思想的取舍，而不可颠倒过来，以思想来决定现实的要求。尤其是在不合理的被限定的范围之内钻故纸，是与钻死胡同没有分别的。

一九七七年四月六日《华侨日报》

礼貌、礼教

一

听说，香港似乎有种“礼貌运动”。是由何处何时发启？系以何人何事为对象？他们实行方法如何？我都不十分清楚。其动机大概是为了保持香港的观光事业。但这里，也未尝不暴露出观光以上的文化中的重大问题。

首先我想指出：凡是和日本人有过来往，或者在日本生活过一段短时期的中国人，在社会生活形态两相对照之下，应当承认日本人的礼节，远比我们周到。但最近从《朝日新闻》上，看到《日常言语的丧失》的社论，引起了更多的感想。

这篇社论的所谓“日常语言的丧失”，指的是“日常礼貌性的语言的丧失”。社论中说：

> 是寻常的礼貌语言、书札，但它的重要性，现在不是过于被忘记了吗？向站员问件事情，他只是向这里那里一指；坐计程车时，把要到的地方告诉司机，司机连回答也没有。这种无礼的程度，可以说达到了极点。

在香港的“外省人”，碰惯了站员、司机们的钉子，看惯了站员、司机们的颜色，反以这里所指的无礼之极，视为相当的有礼了。

该社论又说：

> 在巴黎，假若不知道“巴尔董”（失礼）与“美尔西”（谢谢）两句话，简直不能生活。在街上，超过他人前面时，要说一句“巴尔董”；身子和他人碰了一下时，要说一句“巴尔董”。他人给你让路时，要说一句“美尔西”；坐上计程车时，要说一句“美尔西”；司机收车费时，当然更要说一句“美尔西”。在欧、美，这是很普通的。
>
> 一面说“巴尔董”，一面还是超到他人前面去了。但因说了这句话，匆忙的超前行动便可以被人承认，谁也不会感到不愉快。一声不响地把他人丢在自己后面的日本人的行动方式，只会产生不愉快。

结论说：

> “谢谢”这类的语言，是道德教育以前的问题。我们把像水和空气样，对日常生活不可欠缺的语言，过于失掉了。我觉得这是愚蠢。

有人提到香港有些事物是世界之最。我现在想补充一项，在日常生活中，有的酒店伙计、计程车司机、公司店员们，他对顾客的不礼貌，应当也可说是世界之最。但这完全是他们的责任吗？

二

谈到中国古代文化在世界文化中的重要特性，“礼”应当是其中之一。每一个民族，只要有宗教生活，有群体生活，必定有相当于中国之所谓礼的文化。但对礼的重视，对礼的意义的演变、发挥与扩大，其他民族，不可能与中国古代相比。礼虽发源于宗教生活，但我国文化中礼的意义，在周代封建政治中，以礼为君臣上下连结的纽带，形成政治的秩序后，而始特为显著。礼开始只应用在贵族特别重要的活动节目上，有如冠、婚、丧、祭、朝、聘、会、同之类。接着由政治发展向一般社会，由活动节目发展向一般生活，成为个人与群体间合理的生活形式。这种发展，到了春秋末期，已大体完成。而把其中原来所含的阶级性作道德性的转换，是由孔子作了意识性的努力。礼在孔门系道德实践的方法，同时即是道德实践的成果，礼即是道德的实践。可以说，古代希伯来文化，是对神的信仰世界；古代希腊文化，是对形上的观想世界；古代中国文化，是对道德的实践世界。礼、乐互相为用，由礼以建立政治社会人生的秩序，由乐以引导政治社会人生的谐和。从战国中期以后，儒家追求礼乐的政治社会人生，即是追求既有秩序，又能谐和的政治社会人生。义是礼的内容，礼是义的形式，“礼义”便成为中国文化中的大统。

三

在“近代”以前，中国是由政治主宰一切。礼的基本规律之一，是“自卑而尊人”。但统治者专干的是自尊而卑人的勾当，以压迫臣民的方法来抬高自己的地位。这到秦政而达到极点。汉代儒生，视秦政为破坏礼的罪魁，其原因在此。叔孙通承秦制定“朝仪”，给一人专制以形式上合理的地位，于是儒家对礼的理想，在政治上完全落空。与政治特权连在一起的社会富豪阶级，以“越礼犯分”为他们的经常生活方式。从政治到社会的特权结构，都是与礼不相容的结构，此时便只好“礼失而求诸野”了。在野的勤劳百姓顺乎情性的自然，信守圣贤的遗教，在立身处世上还保持若干礼的意味，以维持人道、人群于不坠。

在五四运动以前，除了勤劳的百姓外，礼早经大部分失坠了，但很少有人公开要加以打倒。五四时代，有些急进人士，对自己的文化、历史，缺乏基本了解，把现实上各种病害，都一笔写在儒家身上；同时又不了解礼的形式，本来应随时顺俗而变的，其中有过时违俗的地方，不知道应根据礼的基本精神加以变革，而竟喊出“礼教吃人”的口号，要根本加以推翻打倒。于是中国由礼的失坠，进入到礼的否定的时代；由“礼义之邦”，进入到无礼无义之邦的时代。幸而礼义是出于人性人情，这类新文化的豪杰，虽风靡一时，但既不能根绝人性人情，也就不能根绝数千年来圣贤以礼为教的影响。而香港的缺少礼貌，也只是出于一部分人的不自觉的现象。

一九七八年四月十一日《华侨日报》

天主教的集体智慧的表现

一

十月十七日，梵谛冈教廷，打破了四百五十五年由意大利人担当教宗的传统，选出波兰枢机主教沃泰拉为教宗若望·保禄二世，这是天主教的集体智慧的表现。梵谛冈教廷，经历了多次由他自身或由外力而来的危机；但终于能一次一次地克服下去，虽然得力于他的严厉的纪律，及金字塔式的组织，但集体智能的发挥，当然占有重大的意义。

这次选出一位波兰人当教宗，其意义不仅在证明了天主教是世界性的宗教的性格，也不仅在外电所传的“教廷当局站稳立场，决与共党周旋到底”。甚至也不仅在热心国际政治人士所指出的，可由此加强“东方政策”，改善与共党政权的微妙关系；而是在由波兰人真纯深厚的宗教感情，可能激发出基督教原始宗教精神的复活。

我曾经不断地指出过，中国的“道德的人文精神”，是在“忧思”中所形成，也须要由有“忧患意识”的人士才可以把握，加以宏扬的。基督教所以能成为世界性的宗教，我的了解，是由十字架所象征的担当苦难的救世精神。救世精神是从“苦难意识”

中透出来的，这才有其真实性，有其感动力。因此，我以为，只有真正怀抱有“苦难意识”的人，才有真正的宗教信仰，才能通过他们的信仰，发而为解救人世间苦难的行为。就意大利的天主教现状而言，信仰的热忱，正在不断地消退；许多教堂，没有神父主持，连参加照例宗教仪式的人也大大地减少。政治上，与天主教势不两立的共产党，事实上已压倒了天主教的政党，掌握了庞大的地方势力；要追溯他的根本原因，只能说是来自天主教徒们因苦难意识的消失而宗教成为没有精神的躯壳。假定说这不算是天主教所面对的危机，也应算是天主教所面对的考验。

二

在三千四百万人口中，天主教徒占百分之九十三的波兰，情形与意大利恰恰相反，宗教信仰，真正成为他们精神生活的主要内容。因为波兰长期地是个苦难的国家，天主教便成为人民在苦难中的精神寄托，与行动上团结的方式。波兰建国于九世纪，到一七九六年，经过三次瓜分，终罹亡国之祸，第一次世界大战后的一九一八年十一月，波兰得以再生，但又受到比乌斯基元帅的独裁统治，在独裁统治下的人民，即是在蹂躏下的人民。第二次世界大战爆发后的一九三九年九月二十八日，德苏两国成立瓜分占领协议，又一次陷于亡国的恶运。一九四一年六月，随德军开始进攻苏联，全境被德军占领，有六百万的波兰人及犹太人被杀。这中间曾发生过一位天主教神父为集中营的人民以身代死的感人故事。一九四五年再度复国，丰腴的东部土地，被苏联并吞以去，波兰人民为了能离开这只北极熊的牙齿，稍稍远一点，许多人不能不抛弃闾里，向西大移动。共党政权，当然要尽全力消灭天主教。但波兰的人民不论受到何种虐待，何种镇压，怎样也不肯抛弃他们的信仰，因为在苏共、波共双重压迫之下，人民为了不致完全窒息以死，总得留个鼻孔可以出一点气的地方，而这地方，便是天主教。所以天主教在西方国家中的性格是保守的，但在波兰却成为自由的标志。担当天主教神职的神父主教们，更清楚地意识到，他们正与自己广大的教徒同其苦难，在苦难中作存亡生死之争，教徒与教堂的力量，终于迫使共产党让步，连苏联也不得不承认信教的自由。波兰的天主教，则正如一九七四年十月访问华盛顿的厄爱勒克所说的："我国天主教会的最大责任，在养成健全的青少年。波兰的教会，是爱国的教会。"他们所说的爱国，指的是爱人民的生存权利及爱国家的独立权利。

这里可以举出一个例证，一九七五年，波共政府，忽视自耕地的生产力正在不断向上的事实，为了实现马列教条的土地集体化，开始检讨没收农民土地的法令。比斯基枢机主教，写一封信给波共政府最高领导人说："俄国沙皇，曾从农民手中没收了土地，帝制德国的俾士麦，曾把农民从土地上赶走，你是想向他们学习吗？"经过了一个星期，这个法案终于成为废案，这使波兰的农民，少流多少眼泪，难怪今年五月，有新闻记者到新教宗的故乡，听到的流行口号是"与其做一个好党员，不如做一个好波兰人"。"所谓好波兰人，是有热烈的爱国心和深厚的信仰心的人。"没有爱国心的信仰，是有真实内容的信仰吗？我常发出这种疑问。

三

中国文化的基本精神，是《易传》所说的“吉凶与民同患”的精神。而波兰的天主教，正实践着这种精神，这是伟大的宗教与崇高的道德的共同立足点。新教宗系由充满这种精神中选出，则对天主教来说，由此而激发出原始基督教的担当苦难的救世精神，因而超克目前的窘境，不是没有可能的，所以我说这是集体智慧的表现。同时，就目前像苏联这种思想受到严密控制的极权国度而言，能流传着另一根深蒂固的传统思想，使人的头脑有稍稍得以转换的余地，这在救治由僵化走向僵死的途程中，实有莫大的意义。此次新教宗就职典礼，波兰的总统，及四千多名教徒，亲到罗马来参加。典礼完毕后，出现大家洒泪而别的场面，都是非常感人的，这是不会不发生影响的。

就目前自由国家的思想混乱、精神堕落的现象而言，由“苦难意识”的重现，基督的原始教义，可能在人们生命中增加力量，以浮雕出人类应当前进的大道坦途，这对自由世界而言，也会有重大的意义。欢迎新教宗的意大利人，其盛况较之过去，有加无减，这已证明他们的宗教精神，超克了由国族而来的方隅之见，也应看作是好的开始。或许我的见解太天真了，但现代也未尝不需要这种天真的见解。

一九七八年十一月一日《华侨日报》

中文与“中国人意识”

一

香港教育行政当局，用相当巧妙的方法来压低中文在香港的地位，引起社会强烈的反应。从教育行政当局所作的太不成理由（教室不足）的解释来看，我可以假定，他们的基本用心，或者是由于把中文与“中国人意识”紧密地连接在一起，觉得压低中文，便可以减低香港中国居民的中国人意识，加强英国在香港统治的更大安全感。若是我的这一假定不错，我便坦白告诉香港的教育行政当局，中文在香港地位之只应提高，而不应压低，此乃出于四百多万中国居民“实用”上的要求，“中国人意识”与中文，不仅没有必然的关系，而且概略地说，中文程度愈高，中国人意识反而愈低，不必为此用心太苦。

所谓“中国人意识”，应当是指中国人对自己国家的感情而言。这里应当先有一个分别。许多投机家在证券交易所中熙来攘往，只是为了猎取私人利益，决不是对交易所发生感情。进一步说，买了某公司的股票，希望某公司生意兴隆，也只是为了在股票上赚钱，决不是对某公司有了感情。假定另一公司的股票有赚钱的可能，便会转换为另一公司的股票。这种情形，可以应用到国家范畴之内。

如后所述，即使是中国政府中必须懂中文，用中文的官吏，并不一定有中国人意识，怎能因为“实用”上需要中文，便把中文和中国人意识连在一起呢？当然，若是我的假定错了，这里所说的便成为废话。

二

下面我将对中文与中国人意识并无关系的观点，作进一步的证明。

大陆江青的前后台们，在文革期间，发动庞大的宣传机构，用全力诬蔑孔子及其思想学说，把历史上有价值的人与事，都打成黑帮；并以组织之力，全面性地破坏劫后仅存的文物，连孔子和岳飞的坟与庙都消灭掉。表面上反苏联，却要中国人民世世代代地向苏联学习，谁能说这批人有半丝半毫的中国人意识？但他们几百万字的浑话，却是用中文写的。还有的做中国人的官做得耀武扬威，赚中国人的钱赚得有声有色；却想尽方法，把来自人民的血汗钱，套汇到外国去，为外国的“新公民”储备财富，难说在这种人身上找得出中国人意识吗？但他们却在复兴中国文化。

上面说得太远了，试就香港来举例吧！

香港某大学学生会的负责人来信要访问我谈中国文化问题，我接受了，花了几小时的时间，答复了他们所提出的问题。他们把我谈话中批评性较强的一部分删去后，刊在他们的刊物上，却由编者在前面加上按语：“甚么是中国文化，我们应该怎样看中国文化，答案难免见仁见智。我们相信这不是学术性的问题，客观的答案并不存在。”几千年的中国文化，“相信这不是学术性的问题”，凡是稍有点知识的人能说出这种话吗？但他们却是很“相信”，这岂仅表现出他们没有中国人意识，可以说，完全是由对“中国人”的深仇极恨心理中所溜出来的。但他们的话，确确实实地是用中文写出来，并且用上了“见仁见智”的成语，谁能说他们的中文程度不够。当然，也可能有人为这位编者开脱说“像这种话用英文的英国大学生也不会说出。所以这只证明编者不属于任何国的人，不一定是仇恨中国”。若果如此，香港的教育行政当局，或正可以此自豪了。但无法动摇我所提出的，中文与中国人意识并不相干的论点。

三

近百年来的中国现象是：中文能力愈高，中国人意识愈薄；中文能力愈低，乃至根本不认识字，反而中国人意识愈强。国内是如此，海外也是一般。老华侨识中国字不多，但大多数顽强地保存了中国人意识。中文程度，到了可以出国留学念博士的人，若非受到某些刺激，中国人意识，反而较老华侨为薄。能用中文写新诗的人，中文程度总还可以吧。中国有三千年以上的诗歌创造，绳绳不断的历史，中间还出现过以诗赋取士的朝代；到现在为止，诗歌创造历史之长，诗人之多，保存下来的篇章之富，体例之繁，是世界上任何民族所不能望其项背的。而这与科学，又是彼此无关。但一群新诗人们，多数主张应把西洋现代诗全般移植过来，连写的格式，也非从西洋移植过来不可。诗是以感情为主的，这些新诗人们只有西洋空间的感情，而没有中国历史的感情，诗集印在中国或准中国的空间，却要大力地抽掉中国的乡土气味；只能从西洋二三流的诗人受到启发，甚至还很滑稽地要到什么大学去受写作训练，却不能从三千年以上的中国诗史中受到一点启发，受到一点训练，要说这些诗人们有中国人意识，我觉得是很值得怀疑的。所以假定香港教育行政当局的目的是在减低香港中国居民的中国人意识，倒不如大大提倡中文，中国居民既可得实用之益，教育行政当局也可减后顾之忧，岂非两全其美。

一九七八年十二月五日《华侨日报》

道德的因果报应观念

一

十二月十五日，合众社从莫斯科发出一则新闻报导的大意是：已故苏联独裁者史达林，先后娶过两个妻子，并生有三个孩子。长子雅林夫，一九四一年被德军俘虏后，大约于一九四五年苏联解放纳粹俘虏营的俘虏后死亡。次子华西里，任空军中将，一九六三年因酗酒过度而沮丧自杀。女儿斯惠拉娜，一九六七年逃到美国，结婚三次，离婚三次。史达林孙子中的萨卡，一九七三年服毒过度死亡。报导的结论是“史达林的家人，很少有好下场”。《华侨日报》的编辑先生，加一个有意味的标题是“因果报应之说，不可不信。史达林杀人太多，后代竟无好下场”。我认为这一标题，与发出此一报导的合众社记者的感觉是相符合的；否则他不会注意到此一事实，把它作为新闻报导出来。但这种因果报应，是道德性的，而不是宗教性的；在中国的春秋时代，便出现了这种观念。到了东汉，这种观念因印度佛教的传入，又转回到宗教上面，在广大社会中生根，支配大众精神生活，达两千余年之久。

虽然各种原始宗教，多被最高统治者所利用，认为神是他的权力的来源及其保护者，但若某一原始宗教，能不断扩大延续下来，则必会含有某种形态的因果报应的教义，否则它不能取得大众性的真诚信仰。因为善恶之辨，乃发乎一切人的良知的自然；赏善罚恶，也是随良知以俱来的不能磨灭的共同愿望。但在长期残酷黑暗统治之下，统治者的赏罚，多数是用到与人类良知相反的方面，此时便有赖宗教的因果报应之说，给受到重大挫折创伤的良知以若干安慰，提供人类前途以若干希望。马克思们说这是一种鸦片烟的作用。不过，在这种作用中维持了善与恶的辨别，及对赏善罚恶的信心。这比今日欺骗与残酷的极权统治者，运用各种欺骗与残酷方法，硬要人民接受他们所伪造、所颠倒的善与恶，对人类生存的意义，真是不可同年而语。

二

由《诗》、《书》上的材料看，周公及承周公之教的贵族们，认为上帝是监督统治者的善恶而加以赏罚的观念，是非常明显的，这是原始宗教很大的进步。但因中国原始宗教的主祭者是王，由王代表神意；王的昏乱，即认为是神的昏乱，于是到了厉王幽王时代，随王纲的解纽，同时也成为神权的解纽。所以进入春秋时代，宗教的因果报应观念，有由道德的因果报应观念所填补的倾向。最显著的例子莫如鲁大夫孟僖所引“圣人有明德者若不当世，其后必有达人”的话，“达人”是指孔子，而孔子当时只有十七岁。孔子自己说“始作俑者，其无后乎”，也有这种因果报应观念在里面。老子的“道”是代替宗教的神而提出的，所以《老子》一书，对原始宗教的涤除最为彻底。但他依然要说“天道无亲，常与善人”，这实出于他的道德精神，对赏善罚恶的无限期待，于是不能望之于人的，只好托之于天。此一观念到了战国更有发展。理智清明如司马迁，有时也受到影响。我在《论史记》一文中，特指出十一例，以证明“史公怀有道德的因果报应观念”。

但在大一统的专制政治下，很难给道德的因果报应观念以长久的支持，所以我在《史记》中所举的十一例，也只能到汉初而止。于是天人感应之说出，西王母、东王公这类低级迷信之俗兴，殆皆所以济专制下人类良知走投无路之穷。但它们的构造不周密，由解释而来的说服力不强，这样便由民间广大的迷信，集结而为黄巾的五斗米道的崛起。黄巾虽被扑灭，但五斗米道遂成为中国自身所产生的新宗教，即所谓道教。而佛教以三世轮回之说，将不可见的过去未来的灵魂世界，以塑造或图画的鲜明形象，和可见的现世，密切连在一起，把现世不合理的善恶报应，推之于过去的因，慰之以未来的果，解答了社会大众感情上所长期积压的问题，这便说明佛教东来，传道的力量，不及今日基督教千万分之一，何以会收到较基督教在中国传教的千万倍的效果的事实。

三

若从真正由心灵所发出的信仰看，无神论是文化发展的大势。共产党人固然是无神论者，发出史达林后人没有好结果的记者，也不见得是有神论者。但杀人太多的现代独裁者的后人，又有几个得到好结果呢？不仅如此，个多月前，另有位记者报导，今年是不利于独裁者的一年，已经倒台或被杀的，算上朴正熙，大概有十一个。这些现代的因果报应，不能以宗教作解释，只能以道德作解释。并且报应之远而且明，可能较过去更为强烈，这是人类文化进步的必然结果。

从政治社会上言道德不道德，必然是以公私义利之辨为开始，以受益与受害两方面人数的多少为结局。多数人的力量必然胜过少数人的力量，一切独裁专制者，都是多数人的敌人。可是历史上因文化落后，多数人常缺乏自觉，也常缺乏组合的方式，他们的力量不易发挥出来。文化进步到现代，人民对独裁专制者的反应，比较灵敏，有组织的反抗力也在加强，所以独裁专制者所用的压制手段，也常较历史的暴君更为残酷。但历史的命运毕竟是由多数的人民所决定；于是独裁专制者，即使他的勋业，伟大到希特勒、史达林的程度，也不会有好结果，这便必然使他们的子孙受累。

更重要的是，人都是在家庭中长大的。不仅江青、毛远新们受的教育，是以独裁专制为心传的教育，使他们一走进社会便发狂，不能不受到发狂的后果。并且一切独裁专制者的心态都是与众不同的、不正常的心态。孩子们在心态不正常的家庭里长大，耳濡目染，也会形成各种不正常的心态与生活。由此而来的因果报应，是可以作合理的解释，可以说是一条历史发展的规律。

一九七九年十二月二十八日《华侨日报》

徐复观先生谈中国文化

一、文化的定义是什么?

答:这是一个相当广泛的问题。我现在是根据一个英国人John MacMurray在*The Modern Spirit*中所说,将文化与文明分开。

文化,英文的culture是由德国Kultur一词而来,文化的观念是德国人在十八世纪时提出来的。简单说,文化是由生活的自觉而来的生活自身及生活方式这方面的价值的充实与提高。文化的内容包括宗教、道德、艺术等。

文明(civilization)是根据我们改进生活环境所得的结果,其内容主要是科学技术。

简单来说,文明是科学系统,文化是价值系统。科学系统主要是在知识方面,告诉人这是甚么、那是甚么。价值系统主要是在道德方面,告诉人的行为应当如何,不应当如何。有时我们说文化就包含了文明,或说文明就包含了文化,这只是一种语言上的方便。

文明和文化有密切的关系,有相互的关系,但是文明和文化没有必然的因果关系。这就是说,不可以因你的文明很高,于是认为你的文化亦很高；或是你的文化很高，于是你的文明亦很高。事实上常不如此，有人举出例子来：古代希腊文化很高，但他们的生活环境还是近于原始状态；在罗马的时代，生活的条件很好，但文化则比不上古代的希腊人。

问：徐先生说文化和文明有相互的关系，这相互的关系是甚么?

答：我们可以这样讲，有某种文化为了达到某种文化（价值）的目的，在这时候，它便需要有一种手段，就关系到文明这方面。

可能有些人对文化和文明的界说有所不同，如将宗教、道德、艺术都包括在文明之中。

这是名词施用方法的不同，普通将文明和野蛮相对来讲，将文化、文明混在一起来用。我今天为了使以后讨论的问题有条理，才用了这个定义。

二、文化在本质上有没有中西之别?

答：这个问题我们可以从两层去了解它。就第一层说，无论文明、文化，都是人造出来的，人在本质上没有分别，故文化在本质上没有分别。就第二层说，人的本质没有分别，但人在成长中有各种各样不同的条件，便出现许多形态不同的人。文化的本质没有分别，但人性是个无限的存在，有无限的可能性，文化在发展中所遭遇的条件不同，便会发展成不同形态的文化。有的发展偏向这一方面，有的发展偏向那一方面。就第三层说，中西文化的本质虽相同，但是它发展的方向、发展的重点、表现的方式，都有所不同。故就第二层来说，中西文化有所不同。

问：那些条件是不是由人所控制的，还是由于人以外的因素？

答：那当然是两方面都有。如古代希腊的文化，是建在商业相当发展的基础之上，这些“文化人”，不感到生活的压力，而对宇宙自然感到惊异，由这种惊异而冥想。如：这个宇宙是怎样形成的？所以希腊古代的哲学首先要解答的是自然的问题，都是以自然为中心，可以称它为自然学。

中国古代的文化则不是如此，不是从惊异或好奇心而来的，而是感到人的灾祸——这些灾祸都是由政治上来的，所以中国古代文化，首先想到怎样才能解除这些灾祸——这些由人与人相互关系而来的灾祸。所以中国文化的动机便不是对自然的惊异，而是《易传》所说的“作《易》者其有忧患乎”的忧患。

简言之，希腊文化的动机是好奇，中国文化的动机是忧患。

其次，就地理环境上说，中国是生长在黄河流域的大平原，而希腊则在地中海，海外交通很便利。所以，据说希腊亚里士多德是曾经听过七十多种政治制度，才写出他的《政治论》，中国则没有这个条件了。

人自身的条件和自然的条件会诱发文化发展的方向。

问：例如人的意志、理性是否影响文化发展的因素？

答：当然因素很多，我只不过举出一二点来谈，历史上在必然性中有偶然性，在不同的必然性的条件外，还有偶然性的条件。

问：有没有所谓天生的民族性格，这是不是影响文化发展的因素？

答：西方人在一个时候有这个说法：白种人天生是优秀的，有色人种天生是劣等的，此说十九世纪在西方是很流行的观念，但此观念已在慢慢地被打破。

随着文化人类学的发展，大家渐了解人的本质是相同的，没有先天的特性，只有后天条件所形成的特点。

三、文化既有中西的分别，那么中国文化的特色是什么？

答：西方的文化，大致上是两个来源：一个是希腊，一个是希伯来。希腊文化首先是以自然为中心，中国则不如此。希伯来文化是以神为中心，中国到了周朝年初，开始由以神为中心，转为以人本身为中心。以神为中心，则我们的祸福是由神决定的，为了得到神的欢心，我们要信仰、供奉。中国古代也有这个观念，但慢慢地改变，认为人的祸福是由人的行为来决定的，所以我们为了避祸得福，在行为上努力，而非在信仰上努力。中西文化在此处有不同的地方。

中国传统文化所重的是人的价值问题，就是说人的行为应该如何才有价值，才有意义。这是中国文化的中心。西方在十五、十六世纪以前，价值也是他们文化的中心，在这种地方——以人的价值问题为中心——是相通的。

但进一步就有很大的不同，这个价值的根据从何而来？在西方中世纪说，是从神而来，人本身没有价值，现实生活也没有价值。西方到了近代，对价值根源有不同的说法，有些如英国的经验主义，说是从社会环境而来的，你的价值是从你的生活环境而来。再进一步，共产党的唯物史观说是由阶级而来，而阶级是由经济而来的。

这些说法都有相当的道理，但是它不能真正完全解答这个价值根源的问题。中国文化最大的贡献是指出这个价值根源是来自人生命的本身——就是人的“心”。价值的判断，就是源于这个“心”。儒家的孟子、道家的庄子，更把这说清楚。

西方在二十世纪三十年代、四十年代，也有少数的思想家慢慢地追求这个问题，如 P. A. Sorokin 在《人性的重建》（*The Reconstruction of Humanity*）一书中说人类科学的成就，可以解决人类一切的问题。但其所以不能解决的原因是甚么呢？就是“利他心”的缺乏。因此我们要解决人类的问题，便要发现这个“利他心”。但是在甚么地方可发现这个利他心呢？在经济与知识中可不可以找到？他做了一个统计，经济条件在某一个程度，和利他心有相互关系；但过了这个程度，和利他心发生相反的关系，故在经济中找不到。所以又在人的知识方面做调查，发觉知识和利他心在某一程度有相互的关系，但是超过了那个程度就没有关系，如都市人的知识比乡下人要高，但是都市人的利他心比乡下人还差得远。故在经济上、知识上都找不到利他心的根源。他再说：在人生命的第五意识中有利他心的存在，但是被下面的四个意识把它封锁了。有甚么方法把它解放出来呢？他说要借着印度的瑜珈术。他说用瑜珈术把第五意识爆破开，这不是很可笑吗？

但在中国这就简单了，人们只要一念之间把本心（良心）发现。本心就是利他心。“恻隐之心，人皆有之”嘛。中国在二千多年前就发现了人生的价值在人的心里，价值的根源在自己生命之内，解决人生价值的问题的权力在人自己，所以人可以用自己的力量，打破其他的困难，来完成人生的价值。

孔子有句话说：“为仁由己，而由人乎哉？”我们实现人生的价值，是由人自己的力量，并不是靠外面的力量。所以我说：在中国文化中，才真正有人格尊严。

中国文化的特色，在认为人生的价值根源是在人的生命之中，是人们自己所可掌握、解决、实现的。但是通过甚么去实现呢？就是通过行为的实践。

所以中国哲学是以行为实践为主，而西方的哲学则是以思辩为主，中国也重视思辩，但只占次要的地位。中国的思辩是为实践而思辩的，西方的哲学则是为思辩而思辩的。

中国哲学的重点不在思辩，所以中国的形式逻辑不发达，但它的语言当然有其合理性，语句与语句之间有其内在的关连，但其重点不在思辩，所以没有形式逻辑。这是由于中国文化与西方文化发展方向不同的缘故。不能在这种地方分文化层级的高低。

四、文化既然有中西的分别，然则有没有古今的分别？古今的文化的共通性和特殊性又如何？

答：科学只向前看，不回头看。但是价值系统则与科学系统不同。人生的价值，是在历史中间启发出来，并且是由历史来测定的。当我们谈到价值的问题，我们常要回顾到历史中间来测定这个价值的问题。

这句话由中国人说，中国人不肯相信，所以我要假西方人的口说出来。爱因斯坦晚年的想法："根本目的（指价值判断）的权威，既不能仅凭理性的叙述而使其正当化，然则此权威从何而来？对此问题，恐怕只能作如次的答复：健全的社会，存在有强力的传统，活动于各个人的行为、抱负与判断之上。""我们的抱负的最高原理，是由犹太教、基督教所提供的。”（《科学与宗教》）由此我们说中国人价值判断的最高原理是由孔子为中心的历史文化所提供的，并不太过。

现代人常说我们的生活方式要新潮，我们要摩登，但是过了一些时候，再加回想，便不知所谓生活的新潮、摩登化有何意义。

如上所述，所以谈到文化的价值方面，不能分古今。价值的基本精神，没有古今的分别。分别在甚么地方呢？只是在实践时有轻重缓急之不同，及表现形式之各异。

甚么是轻重的不同呢？我们可以用一个比喻来说明：中国古代把“孝”看得非常重要，现在这个“孝”的分量减轻了，古代重，现代轻，是不同了。但你们可有留心看报纸，美国的小孩子打爸爸妈妈的多得很，你们觉得他们做得对不对呢？我想时代怎样进步，小孩子打爸爸妈妈总不太对吧！

那么表现形式的不同又指甚么？如中国过去的婚礼，隆重得很，对婚礼重视的基本精神在认为男女的结合是一件很神圣的事情，男女结合是健全社会最基本的一个条件，乱搞男女关系的社会，一定很混乱的，所以要通过隆重的仪式，来说明男女的结合不是随便的。我做小孩子的时候，小姐出嫁，坐的是花轿，现在则是坐花车了，或是到教堂，或是到其他地方。仪式大大地改变了，但通过这个仪式表示男女结婚有非常重要的意义，却是古今一样的。

所以谈文化的古今问题，我认为文化的基本价值、基本精神，是没有古今之分，只是由于时代的变迁，在实践时有轻重缓急及形式的不同。而且我们人生价值，是常要在历史的回顾中间才能够判断的。

问：文化有中西的分别，但是有没有可能有一天，整个世界都只有一种文化，而没有中西的分别呢？

答：有这个可能，并且我们非常渴望如此。因为交通的方便、知识的发达，这几十年来，已经有外国人做这种工作。例如《天演论》作者赫胥黎的孙 Julian Sorell Huxley 亦尝有这个热心，找了英国十多个第一流的学者，以人文作为基础的统一，每人写一篇文章，编成了《人文主义的危机——新人文主义的构想》（*The Humanist Frame*）一书。英国也有一位 Edmund W. Sinnott 在其所著 *Matter, Mind and Man*（一九五七年）提倡世界的文艺复兴运动，也是想建立一种统一的文化。但他们都未能成功，这是需要慢慢地自然融和。应当而且肯定会有这一天，为甚么呢？文化的本质是相同的嘛。

五、现代中国不少知识分子对中国文化很有反感或轻视，究竟是什么缘故？

答：大致上说起来有五个原因。

（一）在遇到一种新文化而受到历史的挫折时的一种自然反应。这说明了甚么呢？这说明了五四运动。我们从鸦片战争开始，受到了一种历史的挫折——打败仗。但是这个挫折和过去历史上的各种挫折不同，我们在历史上亦常打败仗，甚至把国也亡了，但是战胜我们的并不代表一个崇高的文化或一种新文化，只是代表一种武力，你虽然战胜了，我虽是打败仗，但讲到文化的价值方面你还是很低，我还是瞧你不起，事实上入侵者也多被我们同化了。

但是鸦片战争这一挫折之后，所发生的问题就不同了。这个挫折后面带着一种新的文化，我们挫折在这种文化之下，自然对中国文化怀疑，甚至否定。为着要接受这个新的文化，即是为着要接受民主科学这些新东西，而对中国文化加以轻视、反对，是个自然的现象。这个现象是可以了解的。

可是经过这个阶段以后，须再向前一步，就是要由对传统文化的反省，反省中，作重新评价，此时对中国文化，应当重新有所否定，有所肯定，这是第二步的应有工作。但是中国知识分子没有走这一步。

五四时候所提出的民主科学，这个口号是不错的，但是当时一般人对科学民主的了解都是很幼稚的，没有一直发展下去。我们可以说，中国的五四运动不是一直地发展下来的。因此那一种自然反应，一直停滞到现在。

（二）中国的知识分子缺乏突破历史及时代的障蔽来把握传统文化的能力，我们的传统文化是存在于历史之中，其间不时受到专制政治的歪曲、孱乱，在歪曲孱乱中加以利用。

举一个简单的例子：科举制度，表面上考的都是四书五经，其实是根据四书五经来写制义文、八股文，表面上是重视中国文化，而实际上是把中国文化投入到权势利欲的大染缸加以污染。这就是历史的障蔽之一。

而时代的障蔽是甚么呢？有些坏人也提倡中国文化、提倡孔子，为自己遮羞，于是有人说：你若说孔子好，为甚么讲孔子的人都是这么糟的？这就是时代的障蔽。例如基督教中间该有多少坏人信基督教呢？有多少坏事假基督教之名而行呢？这些都是对基督教了解的一种障蔽。

但是中国知识分子，就不能突破这个历史的障蔽或时代的障蔽来把握中国文化。

最有代表性的是鲁迅，他是最反对中国文化的，但是他反对中国文化，并不是出自研究所得的结论，而是觉得现在讲中国文化的都是坏人。大家看鲁迅的书，他认为凡是说“诗云子曰”的人都是坏的。他用到“诗云子曰”，就是最大的讽刺。但是当他在用“诗云子曰”来骂人的时候，他了不了解《诗经》在世界文学上占一个甚么的地位？他了不了解“子曰”的内容是甚么？我相信他不了解。

（三）中国知识分子的势利眼压倒了他们的知识：他们看问题，是根据势利眼而非根据知识。

最大的势利是甚么呢？是西方。西方对中国文化的态度，十八世纪和十九世纪，有很大的不同。在十八世纪的时候，西方人通过耶稣会来接受中国文化，他们对中国的文化非常重视。例如法国的伏尔泰房子中放了一幅孔子像，并题了几句话，意谓孔子远在耶稣之上。又如普鲁士的开明专制，也是受到了中国文化的影响，因而强盛起来。但是到了十九世纪，西方的殖民势力，从非洲、印度，发展到远东，把中国当做一个瓜分的对象，所以把中国文化看得一钱不值。而现代最大的势利是西方，西方把中国文化看得一钱不值，于是中国知识分子也跟着说中国文化一钱不值了。还有一个问题：在十八世纪中国人说中国文化有价值，西方人可以接受；到了十九世纪，假定有中国人说中国文化有价值，西方人就骂他了。西方人为甚么捧胡适之呢？因为他骂中国文化，正合他们的胃口。

其次的一个大势利是共产党。香港对中国文化的态度，不知不觉地已经过两次变动。共产党开始取得政权时，香港人不谈中国文化、讨厌中国文化。但是到了六十年代，刘少奇当政的时候，中共慢慢地重视中国文化，香港也慢慢地重视中国文化。到了文化大革命，毛泽东他们大骂中国文化，香港的人们也大骂中国文化。大陆现在对中国文化的态度又慢慢地在变，香港的态度又会跟着慢慢地变了。

台湾在六十年代初反中国文化最厉害，到了一九六七、一九六八年，大陆反中国文化，台湾又说要复兴中国文化，这就是蒋故总统所提倡的中华文化复兴活动，以前骂中国文化的人，到这时又不骂了，转过来捧。

（四）中国知识分子只能顺从时风讲话。时风怎样，我便怎样说。因为这是最不需要脑筋，而又没有危险性。现代的时代风气，反文化的程度是非常高的，连对西方的文化也反，整个时代的风气是反文化的，当然更反中国文化。中国知识分子当然以反中国文化为进步的表现。

有多少人在这个时代风气之下能不为所动，自己好好地思考、反省，看他们反得有道理没有道理？你们所知道的知识分子中能否找出这样的知识分子？在香港、台湾找不找到这样的知识分子？你们年轻中间没有，你们老师中间有吗？

（五）中国知识分子的一切讲法、想法，只是决定于自己私人的利害，并不真正关心国家人民。在文化大革命、在批孔运动批得最厉害的时候，中文大学把孔子的像丢在地牢中，对徐复观这种人，认为是一种不祥之人。我为甚么要如此呢？是为我们国家人民的前途着想，不是为我个人利害着想。香港的知识分子有几个不是文化上的投机分子？假定有一天共产党又捧孔子的时候，这些骂孔子的人又跟着来捧孔子了，这完全是根据自己的利害。

这五种原因加在一起，所以中国知识分子，轻视中国文化占绝大多数。

我说何不客气的话：一个民族的文化，当然有好的、有坏的，当然可以批判，把好的坏的加以分别，但是若将整个的文化来反，就是人格有问题，知识有问题！

六、我们对中国文化和西方文化应抱什么态度？

答：我认为对中国文化和西方文化应该抱一个相同的态度，我们很诚恳地去学习，很认真地去了解，了解以后再加以审慎的批判，而批判的基准，是应以整个的现实社会人生的问题来作对照。如果它没有意义，中国的也好，西方的也好，我们都不接受，若是有意义，中西也好，都应接受。在此处没有中西的分别。

例如年轻人恋爱是很重要的事情嘛。我们拿一句话来说，中国认为男女相慕要“发乎情，止乎礼义”，我们想想这句话在今天有没有意义？假定我有机会认识很多女朋友，或是男朋友，是不是应该“发乎情，止乎礼义”？在我们现在的社会，色情泛滥，“发乎情，止乎礼义”，有没有意义？

你们对中国文化也好，对西方文化也好，假如在它们中间发现有几句话非常有意义，那这几句话便可以在你的生活中发生好作用。

七、接受和爱护中国文化的动机是什么？是因为它是我们的还是因为它是普遍的真确呢？

答：可以说两个原因都有，前一个原因是感情的，但是你们可知道一个人对自己国家民族的感情本身，就是道德的力量？假如我们对自己的国家民族有感情，同样一种有意义的语言或事物，而属于我们国家民族的，我们会感到特别亲切和有更大的启发性。

我有一位朋友，他当时是反中国文化的，曾向我提出一个问题来。他说：同样是一个茶杯，你家的一个茶杯和我到外面花五毛钱买的一个茶杯，都是喝茶的，有甚么分别，为甚么要特别重视你家的茶杯呢？我笑说：假定你家里的这个茶杯是从历代祖先传下来的，你到外面买一个茶杯，可能比这个茶杯还漂亮，但你自自然然地对你历代祖先传下来的茶杯觉得很可宝贵，这是人情的自然。

我们是中国人，特别重视中国文化，有如香港人多是广东人，故特别重视广东文化，我是湖北人，假定我有机会，我会对湖北文化特别重视。如此，每一个地方的文化都被重视了，这有甚么不对？每一个国家都重视自己的文化，我们中国人也应重视自己的文化。

我们发掘了古物出来，它有历史的意义，不一定有现代的意义，但是因为它有历史意义，而这个历史是我们的，故我们特别重视它。

此外，中国文化不止有历史的意义，它还有现代的意义，当然更应重视它。所以凡是一谈到中国文化就发生反感，这是一种心理变态。当我们国家站起来的时候，这种心态一定会回复正常的。

假定我们文化中有坏的东西，例如法家的思想，它有好的地方，也有坏的地方，坏的地方是甚么呢？不把人当作人，用很残酷的方法来对付人。文化大革命中——现在你们可以了解了——不单是对老百姓残酷，对共产党重要的干部，也是那么残酷。那种残酷从哪里来的？是从独裁者假借法家思想来的，这种地方我们当然反对。

所以对这个问题的答复，是两个原因一起，因为是我们的，而且又是有意义的，所以我们来接受它。

八、中国文化的前途乐观吗？

答：这个问题可以很简单地答复。你们看中国的前途乐观不乐观？你们对中国人民的前途乐观不乐观？假如中国的前途乐观，中国人民的前途乐观，则我认为中国文化的前途乐观。甚么道理呢？现代文化的危机是由人自身发生的，西方也好，中国也好，都是人自身发生了危机。我们国家有前途，一定要克服人自身的危机。

中国文化在共产主义统治之下能否存在？如果毛泽东还活着，四人帮没有给抓住，这个问题我很难答复。现在则容易了。

中国文化、孔子思想和毛泽东思想是不相容的，毛泽东感受到孔子思想的威胁，所以他反孔子。毛泽东的思想，这些年来的结果怎么样？

近日《大公报》发表了许世友怀念毛泽东的文章，说在文化大革命期间，毛泽东劝他读《红楼梦》，并且要读五遍。毛为甚么有这种高见呢？因为他认为贾宝玉是反封建的。贾宝玉吃女人口唇上的口红，整天在女人堆中打混，大观园里的女孩子，他都揩油揩尽了，这样的反封建，我也愿意反，你愿不愿意反？这样反封建不容易吗？这个可笑不可笑？

现在大陆上的问题是甚么呢？就是他们提出的风派、溜派、捂派，这是人自身发生了问题。十多年来，共产党员受的压力太大了，今天这样，明天那样，大家把信心完全失掉了。几个老百姓敢讲一句真话？几个干部敢讲一句真话？这个“人的问题”太严重了。这个问题的解决应该在传统文化中去寻找的。

我们今日不必空谈甚么哲学、甚么主义，只需要求每一个人好像孔子所说的“主忠信”、“己欲立而立人，己欲达而达人”这种自强不息的人。有这种人，社会的问题才可解决，共产党员也要如此，才算是好的共产党员。

所谓“主忠信”是甚么意思？“尽己之谓忠”，尽自己的力量来做事情，不保留一点，叫做忠。“如实之谓信”，就是做真实的事情，讲真实的话，没有一点附会。实，是真实，如实，就是要顺着客观的真实去做，这便是信。“主忠信”，就是做事做人，应以忠信为自己做主。“主忠信”、“己欲立而立人，己欲达而达人”，这几句话又怎会和社会主义有冲突？

我的想法：一个理想的社会主义下的人，他应该符合孔子所说的“主忠信”、“己欲立而立人，己欲达而达人”、自强不息的人，这就是孔子所要求的人生。

孔子的思想，在专制政治下不能实现，在资本主义也不能完全实现，可能要在社会主义之下才能实现。而且只有本着这种“主忠信”、“己欲立而立人，己欲达而达人”的人生态度的人，才能建立真正的社会主义——有人道、有民主的社会主义。毛泽东的那种社会主义，是发狂的，自己国人都发狂了。在你们年轻人看我批评毛泽东，你们觉得这个徐复观是发狂的。但你们想想，在一个时代中间，没有一两个人讲真话，这是一个甚么时代？

文化大革命失败后，我以为中国文化在大陆上会有一个发扬的时候，但需要慢慢地达到。

七八年前，有人告诉我，岳飞的坟被掘掉了，庙被毁掉了，现在又再修岳飞的坟，修岳飞的庙了。山东曲阜孔子的坟掘掉了，庙毁掉了，现在又再修孔子的坟，修孔子的庙了。

在大陆批孔运动期间，你们香港大学有一次开座谈会（整理者按：大概是同学开的），邀请我去参加，我说共产党说“克己复礼”是恢复奴隶制度是完全胡说八道的，我把话说完就走了，之后你们同学有人说（后来有人告诉我）：“那个老家伙把话讲完就走了，我们还没有好好地斗争他。”现在大陆又有文章出来了，还没有把“克己复礼”解释好，但已把以前所说的推翻了。徐复观二十年前说孔子诛少正卯是假的，文化大革命中则说是真的，香港有人跟着说是真的，现在大陆发表文章，说孔子根本没有诛少正卯，故事是假的，结论跟徐复观二十年前的说法一样。

大家看国家问题，要把时间拉长来看，关于国家的前途，应是乐观的，中国文化的前途也是乐观的。中国的前途和中国文化的前途是不可分的。国家站起来，而把中国文化丢了不要，有这个道理吗？

九、西方的宗教（特指基督教）可不可以和中国文化并行不悖？

答：在台湾有非常多的人讨论这个问题，在台湾势力最大的是基督教，香港基督教的势力也很大。

基督教和中国文化有不能相容的地方，如中国文化主张性善，而基督教说原罪。然而中国文化中有宗教精神，这个道德精神或宗教精神是可以相通的。但是中国文化不能承认那天堂、上帝。如要承认这些，便要证明上帝的存在，欧洲中世纪花了几百年来证明上帝的存在，都不能成功。

基督教的“爱”的精神，和中国“仁”的精神是可以相通的，但是中国文化中爱的精神是从家庭开始，慢慢地扩大，基督教则似乎不承认家庭的意义。

中国文化是不排斥的，是和平的，基督教则有斗争性，有排斥性。

所以在这方面，有相通的，也有不能相容的。这是一个大问题，随便谈谈，很易引起误会。

十、儒家思想是否不重视法治？

答：中国古代的所谓“法”，有两个解释：一个是政令，一个是刑罚。儒家反对以刑为主的政治，而重视礼治，并不是不重视法制。

“礼”在后来的发展，到了荀子以后，“礼”和“法”（法治的法）的意义是相通的。所以儒家重视“礼”，由“礼”而发展出“法”来。这个“法”和法家的“法”不同，法家的“法”，以刑罚为主，而儒家的“法”，是一个共同的标准。

孟子说：“徒善不足以为政，徒法不能以自行。”意思是说，只有善人而没有善法就不足以为政；而只有善法而没有善人，就不能自行。就是说，要有善人，又有善法，政治才能弄好。用现代话说，就是人法并重。

但中国政治上缺少了现代的所谓“法”，是甚么缘故呢？是因为专制政治的关系，并不是儒家的思想，专制的皇帝甚么都不接受。《论语》载：“谨权量，审法度，修废官，四方之政行焉。”孔子怎会不重视“法”呢？他不重视的“法”是法家的那种刑罚，要把人当是人。说儒家不重视法制是一种非常肤浅的见解。

擎起这把香火

——当代思想的俯视

林镇国、廖仁义、高大鹏
联合采访

在学术界上，徐复观先生治思想史的方法与成就，俨然已成新的“典范”，为后学所崇仰师法。然其下笔立论的精彩处，则在其以旷怀孤特的道德情感，发为透照事象、直顾奥理的睿见卓识。这里面，有多少的沉潜之思，多少不容已的勇气，也印勒着多少的时代血泪影痕。

徐先生以七十六岁高龄，回首以前踏出的历史辙迹，在滔滔长谈里，又激起了对中国文化的挚爱豪情，这是时代的声音！

问：一九五八年初，您和唐君毅、牟宗三、张君劢诸先生在《民主评论》上共同签署发表《为中国文化敬告世界人士宣言》，表白你们对中国文化所持的立场，这以后，不论在主观或客观方面，你们予人的印象是在推动一项“中国文化运动”，以抗衡当代的思想时流。至今时隔二十余年，您能否来衡量其意义与影响？

答：我回想当时发表此宣言的背景，是我们感到中国文化在世界上没有受到公平待遇，使得我们深感不平，所以才想到发表此篇宣言。

这篇宣言是由唐先生起稿，寄给张、牟两位先生。他们两人并没表示其他意见，就签署了。寄给我时，我作了两点修正：

一、关于政治方面。我认为要将中国文化精神中可以与民主政治相通的疏导出来，推动中国的民主政治。这一点唐先生讲得不够，所以我就改了一部分。

二、由于唐先生的宗教意识很浓厚，所以在“宣言”中也就强调了中国文化中的宗教意义。我则认为中国文化原亦有宗教性，也不反宗教；然从春秋时代起就逐渐从宗教中脱出，在人的生命中扎根，不必回头走。便把唐先生这部分也改了。

改了之后，寄还给唐先生，唐先生接纳了我的第一项意见，第二项则未接受。这倒无所谓，就这样发表了。

发表了以后，有两方面的反应。一是宗教界，另外则是胡适之先生。

宗教界的天主教很注意这项宣言，于枢机主教曾先后到东海大学看我几次。至于他们作何评价，就不太清楚了。

胡适之先生对这篇“宣言”反应强烈。记得他当时到台中农学院演讲，讲完后到东海大学来。东海大学为他举行欢迎茶会。胡先生一进来，顾不得和别人打招呼，就拉着我说：

“今天很对不起，我骂了你们！”

“骂什么呢？”我问。

“今天，我对学生说，唐、牟、徐、张四位所发表的‘宣言’是骗人的，你们不要相信！”

“为什么是骗人的？”

“你们在‘宣言’里提到宋明理学，其实，宋明理学是阳儒阴释。”

“在你反对之前，有没有看过我们关于宋明理学的论述？”

胡先生说：“没有。”当时，我就很不客气说道：“既然没有看过，怎么能批评？”

接着又说：“我们研究中国文化，乃是从整个世界文化的视野来看的，对于西方文化中的相关思想亦颇为留心。”

“徐先生是中西兼通啊！”胡先生说。

“这倒不敢。不过，我们确是十分留意西方的文化思想。”

就这样，大家谈得很僵。其后，张佛泉先生请吃饭，胡先生在席上请我以后上台北时一定到南港他的宿舍住几天，大家好好谈谈。但以后我未去南港，就没再谈过。

以胡先生在学术界的声望地位，却作如此反应，其他就可想而知了。依我看，这篇“宣言”并没有产生什么实际效果。不过，中国知识分子的传统心态是“知其不可为而为之”的。

其后，针对中共的“文化大革命”，台湾提倡“中华文化复兴运动”。这是政治的反应，并非基于文化上的反省自觉。因此根基不太稳固。不过，“文化复兴”的口号也带来了好处，使得原是反对中国文化的人，一夜之间又赞成了，这对整个社会气氛来说，也有所影响。目前台湾在某种程度上能够稳住中国文化，这总是好的。

后来，唐先生、牟先生和我在学问上也就逐渐开展出不同的途径。唐、牟两位先生努力自己哲学的建立，尤其是牟先生更用力建构自己的哲学体系。而我并不曾想要建立一套自己的思想体系。当初我们少数人，看到中国文化遭受诬蔑，于是共同发心，要为中国文化打抱不平。这纯粹是出于对中国文化的责任感。这就需要做许多疏导工作。我所致力的是对中国文化作“现代的疏释”。这可分两方面来说：

一、思想史的研究。疏导中国文化，首先要站在历史上说话，不能凭空杜撰。思想的演变，地位的论定，一定要抉择爬梳，有所根据。换句话说，我是用很严格的考据方法重新疏释，评估中国的文化。

二、我的工作，是受到时代经验的推动与考验。当代学者由错误考证所导出的错误想法，我一定要用更精确的考证来辨正。更重要的，在我的文章中，自然浮出时代的影子。举例来说，我写《周秦汉政治社会结构的研究》，是针对大陆上郭沫若诸人把周朝说成奴隶社会的抗辩。我写的《〈盐铁论〉研究》，和最近出版的《周官成立的时代及其思想性格》，也是如此。

总结一句，在我心目中，中国文化的新生，远比个人哲学的建立更为重要。

问：您提到治思想史的方法需要严格的考据，那么，您对乾嘉考证学派有何看法?

答：我对乾嘉学派的有关成就，尽量采用；对他们有关的错误，也坦率批评，对他们的偏弊及所受的限制，更加以矫正，加以突破。他们的偏弊，在预设汉宋门户之见，并不作实际的研究，以致他们的所谓汉学，并不是汉学的主流：他们的所谓宋学，更非宋学的真实。他们所受的限制，在于他们缺乏分析综合与推理的能力，所以不能到达思想的层面。王念孙最为谨慎，不涉及思想；偶一涉及，即陷于错误，阮元集团欲从思想上否定宋儒，写了些心性之类的文章，便不能不打胡说。以上可以参考我的《清代汉学衡论》。总的说一句，他们是没有思想作基础的考据。

我在考据上，只问是非，不问门户，不怕权威。分析与推理的能力，也比他们高明一点。并尽量运用归纳方法，从各个相关材料中，抽出结论。这便可从具体材料的认定，升到思想的层面。更在可能范围内，探索某种思想的政治、社会及个人生活等背景，以确定它的历史定位。运用“发展”的观念，探索同一主要名词，在历史中的发展演变，以澄清因缺乏历史意识所引起的混乱，这不是乾嘉学派及其余裔所曾到达的。

问：您曾说过，宋明理学比较容易接上现代，能否进一步说明？

答：传统思想能否接上现代，要从两方面来看，其一是要以能面对自然界的问题，追求自然界问题的解释；其二是要能面对现实的社会、人生问题，解决现实的社会、人生问题，不只是要解决书本上的问题而已。宋明理学即是如此。

程伊川说：“一草一木，莫不有理。”这句话从思想史上来看，是十分了不起的。因为一草一木，都可以成为研究的对象。伊川对于地理、天象等等，他都留心观察，并且提出解释。他的解释是幼稚的，因为只有观察而缺少实验。现代科学是循着观察、实验、验证、结论的程序，而伊川则已经开了观察的阶段，研究对象也由书本转到自然界。朱子也说：“所谓致知在格物者，言欲致吾之知，在即物而穷其理也，盖人心之灵，莫不有知；而天下之物，莫不有理。惟于理有未穷，故其知不尽也。”这不就是科学精神吗？

问：在您的不少著作中，多次提到您的思想“人文主义的自由主义”，请问您目前是否仍持有这种信念？也请解说一下“人文主义的自由主义”的义涵。

答：一提到“人文主义”马上就想到西方的人文主义。西方的人文主义大约发展于十四世纪末，而成熟于十六世纪。但是，它在政治上却成就了几个专制的小国。这说明了人文主义并不一定和民主政治有必然的关系。

我说的人文主义，有两层意思：首先，是在“人”身上立足，不是在“神”身上立足，这一点和西方相同。另一则不同，西方的人文主义强调才智，崇拜全能的人；而中国的人文主义则不反对才智，但是终究立足于道德之上。

现在最重要的是，要在中国文化中发现可以和民主政治衔接的地方。我在很多文章中指出，顺着孔孟的真正精神追下来，在政治上一定是要求民主。只是在专制政治成立以后，这种精神受到了抑压。在西汉的专制下，大思想家如贾谊、董仲舒，都反对专制，反对家天下。《吕氏春秋》和《淮南子》的政治思想，也都是要求民主的。我就是要把这些受到专制政治扭曲压抑的思想，还它的本来面目。

西方的民主是争出来的，在几种势力的争衡中，最后诉诸议会民主，这是中国历史中所缺少的。但是，西方的民主没有根，所以经常出现危机。中国则因民主政治不上轨道，因而文化发展也受到了阻碍。

说句狂妄的话，我要把中国文化中原有的民主精神重新显豁疏导出来，这是“为往圣继绝学”。使这部分精神来支持民主政治，这是“为万世开太平”。政治不民主，则无太平可言。

我自己不是自由主义者，但是讲民主，一定得重视自由。凡是说中国文化是否定自由的，那一定不是中国文化。我讲的自由是有血有肉的自由。

问：您以知识分子的立场来关切中国文化的命运，能否给年轻一辈的知识分子一些意见？

答：在某些方面来说，这几年来台湾的文化水平是提高了。但是，在年轻人中普遍存着“解放”，不受束缚的要求。而这种“解放”，是以个人的生活为中心，没有想到社会，这是不负责的解放。

我不反对个人主义，但是作为一个知识分子，就不能从个人主义出发，这里就可以看出中国文化的可贵。孔子说：“己欲立而立人，己欲达而达人。”年轻这一代，应多从社会方面着眼，由社会的要求来建立自己的人格，不要把自己和社会隔离开来。

今天，我在外面吃完饭，坐出租车回来。在车上我和司机聊起，问他：

“你认为台湾最大的社会问题是什么？”

“唉，就是年轻这一代！”他说。

这是文化上的严重问题，香港如此，西方也是如此。年轻人要有志气，就不能没有社会的责任感。这是老生常谈，但除此还能说些什么呢？

问：能否请您谈今后的研究计划？

答：《两汉思想史》除了出版的三卷外，还要再写二卷。目前正着手两汉经学，在这之前，先写就了《先汉经学的形成》一文。若把两汉经学写成，则两汉思想史的难关也就突破了，接着再写两汉的政治社会问题，就比较容易了。

一九八〇年八月十七日《中国时报》

实践体系与思辨体系
——答某君书

一

〇〇君：得来信，知你现正专攻“科学底哲学”博士学位，至以为慰。你向我提出的问题，很有意义，现以短文作答。因为中间写另一思想性的文章，不能中断。以致答复稽延，望你谅解。

你信上说：“年前在《明报月刊》上拜读老师答一位同学的公开信，对老师说的都很表同意。然老师似乎认为当今中国，只需要实事求是的精神，不用有完整的思想体系。我认为实事求是之精神，并不排斥思想体系。当前中国实应补上这方面之贫乏。问题不在于要不要，而在于所要的是否有效。中国未来的走向，急需全面之反省与设计，这非有赖于思想与理论之广备的观照力不可。”

我们这里谈的是中国的现实政治问题。正如你所说，中国的现实政治问题，“急须全面之反省与设计”。反省的第一步，不论中共目前如何用力为毛泽东涂脂抹粉，但他们所遭遇到的国家、社会、文化上空前的大破败，正来自毛泽东为了贯彻马列主义的体系所造成，这是铁的事实。所以他们面临的情势，是不能不从三十年来大家耳熟能详的体系硬壳中挣扎出来以另求生路。但从体系硬壳的缝隙里张目四顾，却只有一片苍茫的空白。因为中西文化，都被毛泽东所运用的体系连根拔掉了。此时要缩回到原思想体系硬壳中去，只有如水益深，如火益热。要以另一思想体系取代原思想体系，谁能一下子就拿得出来？拿出来了，又怎能有这样大的说服力，使一般党员接受？国家政权机器的运转，不能一日停止；在这种混乱脱节而具有关键性的时间中，他们提出“实事求是”的方针，再加上“实践是检验真理的唯一标准”的方法，迫使他们的党员离开概念的虚幻，面对概念下残酷的现实，是可以发生照明和去腐生新的效用。此时强调思想体系，不仅是一种搅扰，而且非常可能为毛泽东余孽提供以反抗的精神武器。

二

现应进一步说明，实事求是的自身，非产生实践性的体系不可，否则所求的不能成为“是”。例如要建设某一工厂，便首须考虑资金、设备、技术、资源、能源、技术人员、管理人员、消费市场及消费市场上的竞争能力等。这一系列的问题，都能安排妥当，才能按照设计的步骤付之实践，此之谓实事求是。实事的“是”，必在实事的体系中才能决定。由此再推进一层，此工厂在所属部门的全体关连中，应居于何种比重？发生何种作用？此部门在全国经济结构中应占有何种比重？应发生何种作用？这不是发挥“求是”的更大体系性吗？

就人的问题来说，中共目前所遭遇的最严重问题，依然是他们自身以特权为主要内容的官僚主义。若顺着此问题的“实事”

而求其解决问题的“是”，则第一必须将此问题的实情及其广泛而深刻的祸害，加以无情的揭露，使其无躲闪隐藏之地。由此更进一步发掘形成它的真正原因和背景，而不要拿过去二千年的封建及远在万里外的资本主义来做代罪羔羊；因为这种代罪羔羊，都远离于中国当前的“实事”。再针对真正的原因、背景，在制度上、在文化上提出治病的药。病的“实事”的形成有其体系性，所以治病的药，不言体系而必然具有一种实践的体系。中共目前不太强调“实事求是”了，更不敢再提出“实践是检验真理的唯一标准”，而开始以无力的诡辩来代替“实事”，代替由实事中所求得的“是”。这一方面是他们遇到了特权阶级的严重抗拒；一方面是掌舵的人，不能彻底以国家之公，为一党一己之公，而要以一党一己之私，变为国家之公，公私交战于心，以致陷于进退维谷的境地。

三

我要更进一层说出：站在政治、社会的立场，我们只能需要由实事求是而来的体系，不能再需要由思辨而来的体系。西方哲学的主流，是顺着逻辑推演出来的；在推演起步的地方，也有从若干“实事”中抽出的经验作基础。但愈推演，离经验愈远，以致当一个体系完成时，与经验完全脱节，而只能说是思辨的体系。马列主义，正是思辨体系中一个最易被人接受的主义。把这种思辨的体系，要在实践中实现出来，这是毛泽东颠倒了的“实践论”。文化大革命，正是为了实践思辨的体系所不能不采取的手段，此即中国传统所说的“削足适履”。用斧头来削人的足，使足的长短，能适合于履的大小，足被削得鲜血淋漓，乃必然的结果。由大跃进起，二十多年的浩劫，正由此而来。因为人的历史实践，不是顺着逻辑推理的直线前进的，其中有许多限制，有许多曲折。也不是顺着逻辑推理的必然性前进的，其中有许多偶然，有许多调和妥协。因此，不仅马列主义的思辨体系，在实践中会造成中国乃至人类莫大的灾害；假若顺着康有为的大同思想，顺着熊十力先生晚年的《乾坤衍》哲学，以及方东美先生缥缈的形上学，付之于政治实践，也必然形成政治的独裁，造成人类的灾害。凡是喜爱形上学的人，都带有浓厚的独裁性格。把他们限制在纯学术范畴之内，或可形成某种异彩，但决不能转用到政治实践上去。因为他们的哲学，都是用逻辑推理再加上类推的想象，以追求自己哲学体系的完整。中国三十年共产革命的悲惨结果，许多问题，逼得我们非重新从头思考不可，此亦其一例。在这种地方，有不同的意见是正常的，所以我希望你不要因我们见解的不同而介意。

一九八一年三月十一日、十二日《华侨日报》

把良心放在秤盘上！

一

《人民日报》二月二十日有一段小新闻，大意是说在济南的一家肉铺里有一位老人买一斤肉。售货员只秤了九两半。这位老人对售货员说：“同志斤两不太够吧！”“够了”，售货员一口回绝。老人又说：“同志，应当把良心放到秤盘上秤秤。”售货员顿时语塞，周围顾客，纷纷赞同。《人民日报》所以刊出这段小新闻，是认为“售货员的良心如何，是直接关系到服务质量的优劣，影响着广大群众的利益的”。但我看了这段新闻后，却另有所感。

我一直认为：对人生现实生活富有意义的语言，其本身常是极其素朴的。古代伟大宗教的创立者，便常用各种神话加以烘托，使听者能在惊异震怖的感觉、感情中加以接受。但这无法避免由此而来的矫激、迷信、虚伪等流弊。在中国，担负教化责任的主要是圣贤，而不是教主。他们所讲的有关内容，常是理智清明，分量匀称的中庸之道。这种中庸之道，经过内心与行为的反省而得以发现时，有如在深棱密菁中开辟出一条蹊径，发现者当时的精神，也未尝不感到欢欣振奋。但他们将所发现的用语言表出时，总是顺着它的内容的基本性格及社会大众接受的能力，使其以素朴的面貌出现，决不假借神话，也很少假借华词。等于食物样，尽量保持它的原质、原味、原色，而不轻用色素或防腐剂等类东西，把由加料而来的毒性（流弊）减至最低限度；所以许多由素朴语言所涵蕴的意义、意味，常亘万古而无弊。

但这种语言要在社会大众的生活中发生作用，常需经过相当长的时间，变成一种日用语言、习惯语言，使社会大众，能在不知不觉中运用，并当作一种“自明之理”来互相了解接受，而成为大众“精神文明”的内涵；此时，才有民族的精神文明可言。虽然流布在社会大众口头上的语言和创发者及传承者的同样语言，其内涵常有出入，但此时以能保持大概的指向即感到满足。知识分子，在由创发者转到社会大众的口头的中间，要负担主要的桥梁责任，此即所谓“承先启后”。

二

“天理”两字首出现于《庄子》，到宋代新儒学的兴起而大加发扬，所以当时及后世即称他们为“理学家”或“道学家”。“良知”“本心”两词首出现于《孟子》，至陆象山而特以“本心”立教，至王阳明而特以“致良知”立教。本心与良知，一就体言，一就用言，两者实即一物，因而两者可合称为“良心”。所以当时及后人，即称陆、王为“心学派”。良心能把握天理，或者说，天理落实下来即是良心，良心的内涵即是天理；这中间有许多不同的层次。在“天理良心”提出之初，都是震撼一时的新学说，引起许多争论或共鸣。到了明末清初，出现了以理学反心学的力量；他们反心学流于空虚放旷而无补实用，但他们不反省到陆、王都落实在事与行之上。到了乾嘉时代，又出现了不仅反心学，同时也反理学的乾嘉学派。他们说，宋儒所用的“理”字，与“理”字“从玉”的原义不合；他们根本缺乏任何名词都在历史中发生演变的起码常识。他们又说宋儒“以理杀人”，提倡以情代替理，但他们根本不正视宋儒言政治，都反复要求从人情上出发。总的说一句，清代的“显学”，对宋明的理学心学，走的是“反承先启后”的路，同时也即是走“反社会大众教养要求”的路，到五四运动而达到极点。但就我们湖北来说，“天理良心”四字，已成为社会大众间的习惯语言。当一个人表明负责的态度时，常说“凭天理良心讲”，或说“凭良心讲”。在与人发生争执，辨别是非时，常说“一个人要凭天理良心讲话”，或说“一个人要凭良心讲话”。他们当然不知道倡导“天理良心”之教时的确切内容；但当所使用这四个字的时候，说者及听者，都会共同理解是人应抑制过分的自私，以求得都能承认的“公正”或“正义”；并一经提出，多少总会发生一种力量，这即是大家所共有的精神文明；而这种精神文明，是由千百年岁月所积累、所浸润而逐渐形成的。乾嘉以来的许多知识分子，却为了一人的名利，要把所有形成社会大众精神文明的根源，完全拔掉；这说明社会大众还有精神文明，许多知识分子，却除了“某者某也”，的纸片，再加上花拳绣腿的清客形态外，精神上却污秽不堪。在此种空气下，逼出一个毛泽东来，便进一步把社会大众所余无几的精神文明锄根绝种，使中国进入到亘古未有的黑暗野蛮时代。济南的老人所说的“良心要放在秤盘上”的一句话，是在劫余的精神文明残存中所说出，也是在此种残存中所引起共鸣，发生力量的。中共党人，能从这种地方深入去反省吗?

三

礼必表现而为某种形式，形式固定后，不能适应时代变迁的要求，便会成为行为的桎梏，而须要有所改变。例如：结婚的仪式，五十年间发生了大变化。又如孔子说“父母在，不远游，游必有方”；又说“三年无改于父之道，可谓孝矣”，这在今天已经毫不适用而有了很大变化。但被改变的未必就曾吃掉了人，而改变的更不是对婚礼和孝道的完全否定。鲁迅由他沉浸于科名利禄的没落家庭中，发为“礼教吃人”的过激之论，中共里面许多人至今仍奉为无上的宝训。吴虞在学问上一无所知，因说了一句“打倒孔家店”的浑话，得胡适们的推掖，遂名震一时。三月三日的上海《文汇报》还号召要“砸烂孔家店”。这除了反映文化界中的野蛮外，还有什么其他意义？日本人比现代中国人讲礼貌得太多了，而且许多是受唐代文化的影响。我不了解是日本吃人吃得多，还是中国吃人吃得多？文化大革命，礼教彻底打倒了，孔家店彻底打倒了，但吃的人比任何时代，任何民族都厉害。中共今日正发动礼貌运动，并表彰“礼貌商店”；应当更进一步反省出他所以不能不这样做的原因和意义。而所谓精神文明的建设，大概不只是礼貌运动吧！

一九八一年三月十八日《华侨日报》

秦政（秦始皇）的历史评价

一

对于统治者所作的历史评价，多决定于评价者在政治上的基本立场。儒、墨两家，都给尧、舜以崇高的地位；其次是禹、汤、文、武，而儒家更特重视周公，这是来自他们以人民为政治主体的政治基本立场。现时大陆上把儒、墨两家所认为政治理想的代表人物，早已绝口不谈，却把秦政推到历史上的崇高地位，这是来自毛泽东以秦政为他的前身，中共今日仍以毛泽东思想为他们的政治基本立场。但秦毕竟二世而亡于以耰锄棘荆为武器的人民手上。这一严酷事实，中共似乎尚没有好好反省过。现把西汉知识分子对此事的反省，在反省中所作的历史评价，举例性的提出来，或者有相当的意义。

首先我应指出，秦得天下之初，是相当得到人民爱戴的。贾谊在《过秦论》中曾说，秦“并海内兼诸侯，南面称帝，以养四海，天下之士，斐然向风。若是者何也？曰，近古之无王者久矣……诸侯力政……兵革不休，士民罢（疲）敝。今秦南面而王天下，是上有天子也（天下得到统一）。既元元之民，冀得安其性命，莫不虚心而仰上。”严安上书也说：“及至秦王蚕食天下，并吞战国，称号曰皇帝，主海内之政，坏诸侯之城，销其兵，铸以为钟虡，示不复用。元元黎民，得免于战国，逢明天子，人人自以为更生。”可知人民由分裂之苦而得见天下的统一，实对秦寄以厚望；贾谊们把这种情况叙述出来，也可见他们对秦并不是怀有成见。

二

然则人民何以由厚望而失望，由失望而并起亡秦呢？据今日尚可看到的记载，首先提出解答的，应当算与张耳、陈馀一同起事的武臣。他向诸豪杰说：“秦为乱政虐刑，以残贼天下，数十年矣。北有长城之役，南有五岭之戍，外内骚动，百姓罢敝……财匮力尽，民不聊生。重之以苛罚峻刑，使天下父子不相安。陈王（陈胜）奋臂，为天下倡……莫不响应。家自为怒，人自为斗，各报其怨，而攻其雠。”

其次应当是陆贾。陆贾所著的《新语》一书，是以秦为鉴戒而成立的，其主要内容，是要由秦的不行仁义改而行仁义。接着是贾谊，他著《过秦论》三篇，总结秦之二世而亡，在于“仁义不施，而攻守之势异”。又说：“秦王怀贪鄙之心，行自奋之智……废王道，立私权；禁文书（典籍），而酷刑法，先诈力而后仁义，以暴虐为天下始。”在《陈政事疏》中，说到秦因行商君之教，以致风俗败坏的情形是：“借父（以）耰鉏，虑有德色；母取箕帚，立而谇语，抱哺其子，与翁并倨；妇姑不相说（悦），则反唇而相讥。”与贾谊约略同时的贾山，在《至言》中说秦“赋敛重数，百姓任罢。赭衣半道，群盗满山，使天下之人，戴目而视，倾耳而听。”尤其是他认为政治应使“豪杰之士”，“刍荛采薪之人”，皆能发挥政治上的意见。但“秦皇居灭绝之中而不自知者何也，天下莫敢告也……退诽谤之人，杀直谏之士。是以道谀媮合苟容。比其德，则贤于尧舜。课其功，则贤于汤武”。晁错站在法家的立场，在对策中说明了秦政之所以成功，但“及其末涂之衰也，任不肖而信谗贼……民力罢尽，赋敛不节；矜奋自贤，群臣恐谀……妄赏以随喜意，妄诛以快怒心。法令烦憯，刑罚暴酷，奸邪之吏，乘其乱法，以成其威……上下瓦解，各自为制”。董仲舒在对策中说秦政“重禁文学，不得挟书；弃捐礼谊而恶闻之。其心欲尽灭先圣之道，而颛为自恣苟简之治。故立为天子，十四载而国破亡矣”。又说秦“师申商之法，行韩非之说，憎帝王之道，以贪狼为俗……是以百官皆饰虚辞而不顾实……造伪饰诈，趣利无耻。又好用憯酷之吏，赋敛亡度，竭民财力，百姓散亡”。徐乐上书谓秦不仅是“瓦解”，而实是“土崩”，原因在“民困而主不恤，下怨而上不知，俗已乱而政不修”。严安言世务，则针对武帝，极言秦“穷兵之祸”。及“刑严文刻，欲大无穷”。吾丘寿王则以秦“废王道，立私议，灭诗书而首法令，去仁恩而任刑戮”，“卒以灭亡”。又说他“以权诈为要术”。他又说“防禁文学（典籍），行是古之戮，严诽谤之诛，十余年遂滂沱而盈溢”。路温舒上书谓“秦之时，羞文学，好武勇……正言者谓之诽谤，遏过者谓之妖言……誉谀之声，日满于耳，虚美熏心，实祸蔽塞，此乃秦之所以亡天下也。”一直到梅福认为秦“张诽谤之网，以为汉敺除”。可以说：西汉知识分子，上自陆贾，下至扬雄，莫有不从各方面反秦政反法家的，这里只摘录一部分。

三

把前面所引的一些话略加条理，便可以了解秦之所以二世而亡，一是截断文化的传统，以便夸张自己的才智，实际是夸张自己诈术。二是以刑罚代替教化，将全民威吓于死亡线上。三是对民财民力，竭泽而渔，以供一己的骄奢淫佚。四是诛赏任意，蔑弃是非标准。五是好谀恶直，逼使政治社会，成一谎言结构，在谎言中成就个人亘古无伦的伟大。六是穷兵黩武，天下骚动，卒由戍卒一呼，而天下响应。

上述六点都与法家有其渊源，或者是由法家所孳演出的流弊。法家思想中，也有好的成分，但他是以人民为政治的工具，而儒家则以政治为人民的工具，这是两家的大分水岭。

看了上述六点，应当可了解毛泽东所以特别推崇秦政的原因。表面上，毛仅加入韩战，而未直接介入越战，似乎较秦政稍胜一筹；但秦政决不会走“一面倒”的国际线路，而竭泽而渔的援外，实质上也是一种穷兵黩武的行为。此外各点，则毛泽东手上有秦政所无的组织技巧，所以能达到秦政所不能达到的程度。若以家族为政治的中心，则秦政死后二年而亡，毛泽东死后不及一月而亡。由此可知西汉知识分子，对秦政所作的评价，至今还有他的意义。

一九八一年四月二十七日《华侨日报》

从传统文化汲取精神文明

李怡：徐先生最近写的文章《正常即伟大》谈到精神文明的问题，意思是说：应该用传统精神文明的精神来代替中共现在提的某些口号。我想提出来的问题是：受了几千年中国文化熏陶的中国人，为什么还有这么深的劣根性？

徐复观：这是个常常遇到的问题，一切问题，站在共产党的立场讲，是经济制度的问题，生产力与生产关系的问题；站在中国文化的传统讲，就是人的行为的问题。在这个时代，人的危机就是人的行为的危机。人的行为就牵涉到道德的问题，你的行为到底道德不道德？有一部书，大陆好像翻译过，叫《爱因斯坦的晚年思想》，这部书有两点可以一提。第一点，说我们要谈道德，一定要和传统发生关系，道德不道德，当下很难作判断，常常要在历史中才能得正确的判断。举个很简单的例子，毛先生在世的时候，他一句话的权威，你能说他不道德？但时间一过，你就能说他这句话不道德。传统就说明一个历史的判断，经过历史的判断，哪种行为是道德的，哪种行为不道德，虽然没有绝对性，但大体上是可靠的。

第二层意思，爱因斯坦说：道德不道德主要见诸行为，道德的意义要见之于行为，要对人发生影响，还需与自己的血肉相关，才比较容易发生影响。传统这个东西是和我们血肉相关的。如果说，和我血肉相关的、有意义的东西，对我不能发生影响，而偏偏是与我们血肉不相关的东西才能对我发生影响，我想这种可能性很小。一个人，父亲说的好话他不听，在外面人家说的好话他听了。是有这种情形的。但到外面听人家的好话以后，他应该想到，我父亲也说过这样的好话。假如一个儿子，凡是他父亲说的他都反对，只接受外面的，这个人的心理就不正常。

第二点值得一提的是，爱因斯坦有一次在对一些科学家的讲演中说的一番话。他说：你们大家在科学上的辉煌成就我都知道，但是，我们的科学再有多大的成就，也只能说某个东西是如此如此的，不能够说应当如此或不应当如此。现在就是在应当不应当上发生了问题。在这个地方探索这个问题的时候，我们的先知的智慧不知道比我们高多少。

我对犹太教没有研究，犹太教的先知们说了些什么，我不知道，但我想，爱因斯坦是信犹太教的，犹太教和他血肉相关，所以他在犹太教中得到一种新的启发，对于他可以发生作用，对于我们就不能发生作用。这并不是我有排斥性，我们平心静气来讲，把《四书》上讲的话和《新约》乃至其他书上讲的话来比较，还是《四书》上的话更真切，流弊比较少。这么多年来，一谈到中国的好的，大家都不服气，要拍桌子、要骂起来，我不理解，中国有这么好的文化，为什么几千年来，还有劣根性去不了？这牵涉到一个哲学上的问题，姑且不说。孔子讲过一句话："人能弘道，非道弘人。"（《论语·卫灵公》）这就是说，他所讲的道，口里说出来、用笔写下来，但这个道有什么办法可以拴到人身上去，钻进人的内心去，使你能接受，能够"弘大"你？道并不能弘人，是人能弘道。你相信它、你实行它，道的价值就显出来了。有人相信、实行它，它才出现，不然，那它是潜伏的。孔子的道在《论语》这本书上，它与我有什么关系？没有什么关系。但有句话对我发生很大的影响，如孔子说：“以约失之者鲜矣！”（《论语·里仁》）他说一个人以收敛的精神去行事而犯很大错失的少得很（“约”是骄奢的反义词）。这句话我相信了，在生活中一想到它，就觉得很有意义。写在书上的就这么几个字，我相信它才有意义。

另外还有一个历史现实的问题。我认为专制政治不是儒家建立起来的，专制政治有两个来源：一个来源于人的权力欲望，天下拿到手，我就要专政，把权捏在我手上，这出于人的欲望，它不需要什么文化。其次，若要说学术帮助了权力欲望，那是法家，法家尊君抑臣。先秦儒家没有讲过尊君，总是讲仁。董仲舒尊君，那里面有许多出入。董仲舒讲抑民而尊君、抑君而尊天，而天是以孔子的《春秋》作代表的。《春秋》讲什么？讲仁、讲义、讲对人民好。汉武帝接受了前面的（抑民而尊君），不接受后面的（抑君而尊天）。所以，作为一个思想家，董仲舒也不像我们想的那样简单，他的用心还是好的。

专制政治靠军队、监狱来支持。在专制政治下，读书的儒生用什么力量来跟它抵抗？西方还有一个宗教团体，中国有什么力量可以与专制权力相抗衡？因此，我们看中国的历史，要分辨哪些东西是由专制政治造成的？哪些是由儒家思想造成的？儒家思想被专制政治利用到什么程度？专制政治怎样利用儒家思想？一定要把它分得清清楚楚。

中国有一个世界第一，专制规模之大是世界第一，任何民族都没有像中国这么大的专制规模，专制之长二千零二百年。但在这么长的专制中间，有时还出现一个小康的局面，人民还能得到有形无形的庇护，是什么东西呢？还是儒家的思想。我们还要想一想，世界上许多古老的民族已经没落了，巴比伦、埃及、印度，都没落了，只有中国这个古老的民族，衰而兴、亡而再起，只有这个民族一直相传下来，一直支持到现在，你能说这是政治的力量？政治上这两千多年中黑暗的太多了，太可怕了，但中华民族相传下来了，这是偶然的吗？这中间不是儒家文化的力量又是什么呢？

统治者中开始知道要利用儒家文化的是汉武帝，但他口头上是儒家，做的却是法家那一套。汉武帝以后，汉朝政治衰微，但汉朝的宣帝、元帝、成帝，直到哀帝，是中国历史上在朝廷上的人才最盛的时候。东汉时，汉光武把宰相的职位空了，由尚书当政，尚书等于侍从秘书，在这种情形下，外戚宦官必然就崛起，外戚宦官就一定要儿皇帝，因为儿皇帝好控制，所以东汉第三代以后都是儿皇帝。儿皇帝一直延续到汉献帝，曹操的力量那么大，还不敢把天下夺过来，那就因为朝廷上有人才。儒家文化在汉朝发生了很大的影响，在那样专制的情况下，儒家缓和专制，为老百姓讲话，在朝廷上主持正义。到了唐朝，唐朝是三教，佛、道、儒，唐朝相信儒家的只有陆贽、韩愈。宋朝儒家又再起来。所以说，在朝廷上人才最盛的是两汉，在社会上人才最鼎盛的是宋朝。大家骂宋朝的理学家，理学家发生将近一千年的影响，他们有什么政治地位？完全讲学而已，他凭讲学发生一千年的影响，难道他没有真的东西、真的精神在里面？

专制政治利用儒家的另一种形式是科举制度，科举最下流一步就是八股，这就完全是来腐化儒家的。而反对科举、反对八股最厉害的还是理学家，朱熹、陆象山对科举痛恨极了，说我们这些知识分子连盗贼都不如。但他们还是要去考，在那种专制之下，没有办法，由此也可想见专制的力量有多大。

我原来也是反对中国文化的。在重庆时代认识熊十力先生，听了他的话，我才不反对中国文化，但我并不相信。我并不是不好学的人，我常常看东西，常看日本的、西方的东西，我不反对它们，也不恭维它们。到了台湾以后，我常常想，国民党哪些对哪些不对？最根本的就是人发生了问题，把这些人的行为与孔老夫子的话比一比，孔老夫子的话的鞭策力量太厉害了。同时我也常常摸索西方文化，看爱因斯坦的，看哈佛大学的索尔根的，从这些人的言论中，我发现西方也追求一个新的东西，发觉他们的文化也在人的方面发生了问题，在人的价值上发生了问题。他们追求，追求到边缘就停止了，再也追求不下去了。可惜他们不知道中国文化，说句老实话，他们追求的，实际上就是中国文化，就是儒家之教。

举个例子说，爱因斯坦说宗教对于人的行为有决定的作用，但宗教的定义怎么下呢？他说所谓宗教，只能说是宗教精神。何谓宗教精神？一个人到底为自己打算得多些呢，还是为人打算得多些？假如你为人打算得多，为自己打算得少，你就是宗教；假如你只知道为自己打算，不为他人打算，你就是反宗教。爱因斯坦所说的宗教，不就是一个“仁”字吗？所以说，他们所追求的，再向前一步，就是中国的儒家文化。

这样一来，我才相信了儒家文化。我在学校里开《论语》课，共开过三次，每一次我都是以感激的心情来讲课的。

经过了文化大革命，我们可以把许许多多的情形与孔子所说的话来作一比较，就应该引起我们深刻的反省。为什么我们自己有圣人摆在那里，而要糟蹋他呢？要污辱他呢？

王阳明有两句诗说："抛却自家无尽藏，沿门托钵效贫儿。"

大陆现在也在卖《圣经》，《旧约》不再说了，就把《新约》中有意义的话取出来与《论语》中有意义的话比较一下，哪个讲得好些？我们为什么要把自己的东西湮没了？

我还敬重毛先生的时候，我常说，毛泽东要为中国的穷人翻身，我们应该为中国的文化翻身。不要说它过时了，应该针对自己的生活，针对社会的生活，针对我们遇到的最基本的问题，去了解中国的文化。

一九八一年五月《七十年代》第一三六期

“精神文明”试探

一

自从在《人民日报》上，看到中共提倡“五讲”、“四美”的“精神文明”后，心里总感到有些困惑。因为针对大陆的现状来说，则他们所提出的“讲文明、讲礼貌、讲卫生、讲秩序、讲道德”的“五讲”，及要求“心灵美、语言美、行为美、环境美”的“四美”，都有现实上的迫切需要。例如假定了解大陆上随地吐痰这类风气之盛，便会领略到“讲卫生”的迫切需要；假定了解大陆上讲“粗口”这类风气之盛，便会领略到“语言美”的迫切需要。既是迫切需要的，便应容易被大家接受。但若从思想上加以反省，问题就不这样简单。因为在这种“杂货摊”式的罗列中，有没有统一的条贯？有没有实践的程序？尤其是，在罗列的后面，有没有可以作为“总持”的根据？总地说一句，到底什么是精神文明？精神文明是怎样形成的？它的效用到底怎样？这种思想上的问题若没有相当的解答，则动力不足，说服力不强。你认为是现实上的迫切需要，但许多人并不一定这样认定。这等于无源之水，一下子便会干掉。

我进师范学校的六十年前，常常听到“中国物质文明虽然不及西方，但精神文明却比他们优越”的这类说法。现在回想起来，这类说法之所以流行，乃是来自在竞争挫折中的自我安慰。实际，在专制与科举两重腐蚀之下，精神已堕落到无法遮羞的地步。我还记得，当时在三点上大家已承认我们不如西方人，一是公德心，二是合群力，三是随地吐痰这类的恶习惯。这都可以包括在精神文明之内。

民国二十年代，似乎不曾再听到中国精神文明优越这类的话；甚至“精神文明”一词，也很少人提到。因为第一，中国书本上所讲的精神文明的优越性，不能代替现实上精神文明的陵替；而自五四运动后，连书本上所讲的，也为知识分子所唾弃。第二，环境决定论与唯物主义合流，取消了精神文明的主动性、动要性。但八年抗战，事实上不能否定在国族生死存亡之际所激发出来的长期内蕴的精神力量的伟大。

二

中共今日所遭遇的“人的问题”的严重性，是民国以来，甚至是有史以来所少见的。这只要想到内部互相敌视，导致去年底评分的失败，和党代表难于产生等情形，便可承认我绝非过甚其词。更严重的是，这些问题的形成，和中共所信奉的主义及其政权结构，有根源性的关系，这便不是“阿司匹林”所能治疗的病症。“五讲”、“四美”，就现在的提法看，是不是医生开出的阿司匹林性格的药方呢？

中国“精神”一辞，首先是由庄子提出来的。他谈到“天地精神”，其性质等于孟子所说的“浩然之气”。但最有意义的是他把人的心称为“精”，把心的活动称为“神”，所以精神指的是心的活动，及由心的活动所开辟出的虚静的内在世界；此虚静的内在世界，它自然涵融着外在世界，赋予外在世界以美的意味。此种内在世界落实到人生现实上，是“与物为春”、“心与物游”、心随“物化”的最高艺术境界。

与庄子约略同时的孟子，则由心的仁、义、礼、知四端的扩充，以开辟出仁义的内在世界，此仁义的内在世界，也自然涵融着外在世界；与外在世界为一体而感到要担负无穷的责任。此种内在世界落实到人生现实上，则是“己欲立，而立人；己欲达，而达人”的“仁以为己任”、“有杀身以成仁”、“舍生以取义”的最高道德境界。

但儒、道两家所开辟出的内在世界，仅限于有高度自觉的极少数人能够实践，大多数人只能受到某程度的影响。要由极少数人推向社会大众，除教化之功以外，还需要把内在世界的价值，在外在世界中建立起一套万人可以共由，任何人也不能不由的社会政治体制；在这种社会政治体制下，极少数人的自觉、实践，可成为大多数人的自觉、实践。这在今天，只能是民主主义、民主政治。用传统的语言表达，即是太平世人人皆有士君子之行。

三

没有心的内在世界，便没有所谓精神文明。心不表现而为对外在世界的涵融，即没有心的内在世界。心对外在世界的涵融，必须具备两个基本条件。第一个基本条件，必须发现除了物质生活以外，还有不是物质生活可以限制的人生价值。人在饥食渴饮等物质生活上，与禽兽相同；但人有善恶是非等价值观念，而禽兽则没有。古人便在这种地方强调“人禽之辨”，强调“人为万物之灵”。这是精神文明的起点。缺少这一基本条件，外在世界，只能在满足自己物质生活条件之下，与自己发生关涉；此外则两不相干，根本无所谓涵融。

第二个基本条件，是认为外在世界的芸芸众生，在本质上与自己同类而又平等的，因为是同类的，便不必存有敌意；因为是平等的，便不应存有歧视外在世界。仅能在无敌意、不歧视的状态下，进入到自己的心里而为心所涵融；否则只有排斥、压制、屈服、反抗的关系。心在排斥、压制、屈服、反抗的活动中，除了个人的欲望外，还能涵融什么？

马克思的唯物主义否定人类积累的价值观念、阶级理论，否定了人的本质是同类而平等的关系。一九六〇年以后，毛泽东大力作实现马列主义的竞赛，提出“斗争为纲”、“全面专政”的口号来对付不共戴天的敌人，手段越残酷、越奸诈，便越符合斗争、专政的真理；其势必走到“五讲”、“四美”的反面去，以致造成今天的恶果。不拔本塞源，作精神上的大转换，随时都有再度堕入“精神野蛮”的可能。这对中共来说，会不会是与虎谋皮呢？

一九八一年六月十二日《华侨日报》

谁给毛泽东以这样大的权力？
——答某某博士书

一

某某先生：

承六月九日来书，提出许多宝贵意见，十分感谢。来书由休斯敦转到纽泽西的头一天，您的老师，同时是我的畏友傅伟勋教授夫妇来看我。傅教授中西哲学修养之深，当代少有可比；而他对您爱护之切，可能是您一生中第一个恩师。所以我便先把您的信转给他看，想听听他的意见。您知道他是一位既诚实、又热情的人。过了一个星期左右，他回了一封长信，信开始说，要完全解答您所提出的问题，应写两部书，但他依然提出了他的看法。简括他的看法，中共应先解除辩证法、唯物论的禁制，再解除唯物史观的禁制，使中共党员的头脑，从这两条禁制中解脱出来，他们才能面对现实，重新思考问题。傅先生非常重视中国传统文化，但认为中国文化，不够取代马列主义。他的看法，引起我许多反省。我和他最大的出入，在于我不是一个哲学家，所以感到就中国来说，先不必以哲学对哲学，而是在某种哲学已进入到大规模实践之后，即应以实践对人类生存所发生的巨大结果，来验证这种居于发踪指示地位的哲学。假定某种哲学，例如马列主义，在大规模实践之后，已发生了像中国这样至深且巨的灾难，而依然要在观念上加以坚持，这比野蛮人杀人祭神还要愚蠢，还要残酷。所以我要第三次重复地说一遍，我反对“人牲祭神”，更反对“人牲祭观念”。

我很佩服您的成就，更感谢您对我的一番亲切。现在想答复您所提出问题中的两个问题。一个是谁给毛泽东以这样大的权力的问题；另一个是中国文化中的良心问题。

二

您说："我（某某博士，下同）所关心的问题是，何以在中国这样一个社会中，权力能够被少数人所把持？……我认为研究这个问题的途径，还是得从中国社会的结构下手。我当然有一个很基本的假定，有甚么样的社会结构，就会有与之相应的政治结构……正如您在《旧封建专制与新封建专制》一文中所说的，中国社会，历来是一个身份的社会（按此系误解拙文文意）；在那种社会底下，政治必然是专制式的。也许因为昔时科技不够发达，对人民的控制，无法像今日这样的严格（按这指中共统治）。但就其本质来讲，人民没有权利这回事，则是一样的。许多西方学者，把西方中古社会与现代社会的区别，称为‘由身份到契约’的转变。中古封建社会的最根本的哲学，是奠基在一套人的理性的差异之上的。而人所拥有的理性，决定于他的社会阶层。现代社会，则放弃了这套人性论，而进入于由契约作社会基础的社会。中国社会，仍停留在身份社会的阶段。从前的身份，由血统等决定；

现在共产党还在用这套办法决定人的阶级……记得王希哲在一篇文章中曾说，问题不在四人帮造成了多少灾害，而是在，四人帮如何能有这么大的权力造成这些灾害。当然有人会说，他们的权力是毛泽东给的。那我可以进一步问，毛泽东如何可能把这么多的权力，集中在一个人身上？我常与朋友说……最有希望走上民主政治之路的是台湾……台湾社会的结构已经改变了……大陆却缺乏这样一个阶段（中产阶级）；只有少数知识分子要求言论自由。但广大农民对政府的要求，还是以‘向邓青天求救’的情态出现的。也许马克思的方法是对的。他认为封建社会不经过资本主义社会，是无法直接走向社会主义社会的。中国现在还没有脱离封建社会。”

三

您上面的话，实际是反驳我认为“新封建专制”是出于马列主义的阶级专政，而您认定它是中国传统的封建社会结构的必然产物。并且绕一个圈子，认为传统封建社会结构，是建立于、或反映在，中国文化中理性差异的人性理论之上。因而对以毛泽东为首的新封建专制，应负责的是中国文化而不是马列主义。但您在人情上，避开对拙文作针锋相对的讨论。问题太大了，角度太多了，我不反对您的看法，但与事实有关的几点应提出来供您参考。

首先，我应指出，您误解了我的意思。“封建专制”，我仅方便用大陆上一度很流行的名词。我只认为专制中有封建，绝不认为封建等于专制。这我在《两汉思想史》卷一中有详细的讨论。

专制中的封建，乃是专制政治结构中的副产物，而不是由社会结构所决定的。为了神化自己的地位，皇帝便把儿子封王、外戚封侯，这是来自以身份为内容的封建。但凭经学、文学、行为、才能等而通过征辟、对策、上书、乡举里选，及后起的科举以进入政治的，便不能说是来自以身份为内容的封建。通过非封建而进入于政治的有好人有坏人，并且经常是坏人得志，这主要是来自皇权专制。专制的皇帝一定十有九坏；而一人的坏，便决定了政治的方向和生民的命运。所以专制的毒害，就政治言，较西周的封建尤有过之。

其次，我绝没有说中国社会是封建社会这类毫无根据的话。中国社会结构，或者可称为伦理的社会结构。此种结构，是西周政治中的宗法向社会的扩大。宗法是封建政治自身团结的手腕。扩大向社会后，摆脱了政治上的身份作用，而成为人民团结的手段。它的意义完全改变了。所以从西汉起，便以强宗大族为专制政治的敌人。地主与佃农的关系，是土地所有制的关系。土地所有制，除王侯以外，不是由身份决定的。自先秦以来，地主也可变成佃农，佃农也可变成地主，其间并没有身份的保障与限制。更重要的是，支持社会的活力，是来自大量的自耕农。他们只受到专制下的贪官污吏的压迫，但这种压迫不是来自身份制度。由自耕农而进入政治层当好或坏的官吏的有的是。

从文化上说，由周初以来，即没有随身份不同而理性禀赋因之有差异的人性论。“天生烝民，有物有则”，孟子引作性善说的文献根据。由孔子到孟子，性善之说正式成立，更确定了“尧舜与人同耳”、“人皆可以为尧舜”的人人平等，甚至人物平等的信念；这是我认为中国文化可提供民主以基础、以保障的原因。总的说一句，传统的中国社会结构，除了农民暴动一途以外，没有抗拒专制的力量，但它不是产生专制的社会基础。中国文化，是潜伏有走向民主的强烈要求；它在历史上，没有克服专制，但有缓和专制毒害的重大意义。例如儒家一直是争取政治上的言论自由的。

四

鸦片战争后，由新兴工业的兴起，中国开始出现了市民阶级。经过北伐一直到了抗战，中国伦理社会结构的改变，已经一天一天地显著。西方民主的出现，只是在社会结构改变中有此可能，而不是有此结构，但必然会出现民主；否则不能解释何以在同样社会结构下，民生出现得有迟有早、有稳定有不稳定。这中间不能忽视人的主动性的作用。我认为进入二十世纪后，尤其是经过辛亥革命后，中国社会已具有走向民主的可能性；经五四及北伐而此种可能性不断增加。中国民主的挫折，不是由社会结构所命定的，而是受到大小军阀的“原始权力支配欲”的阻扰。这种原始权力支配欲，在任何社会中都会出现；不过在民主有了坚强基础的国家可加以控制。社会结构命定论，乃是给这种原始权力支配欲者以宽恕，给为民主而奋斗的人们以绝望的精神打击。

中国传统的专制，始终没有得到文化理论上的强力支持。到了马克思，才在理论上提供理论的根据；到了列宁、史达林，才提供了专制的崭新形式。法西斯主义，是在这种启发之下才得以出现的。你认为毛泽东的独裁专制，是中国传统社会结构的产物，却忘记了共产党彻底摧毁了传统社会结构的铁的事实！你认为毛的专制较过去更严密，是来自科技的进步．却忘记了他们的专制，在科技愈为落后的农村和边区而愈为酷烈的铁的事实。毛泽东的权力是谁给他的？是马列主义给他的。马列主义的阶级斗争史观，制造了命定的新的身份观念。中共内部出现了大规模的血统身份现象，是阶级身份专制的副产物。马列的阶级斗争史观，否定了人类长期积累的文化，尤其是否定了文化中的人道观念、法制观念。马列主义的阶级斗争史观，否定了人类得以凭借生存的自然发展出的社会结构，除了职业革命家一手制造的结构以外，再没有人民自身的任何结构；只有政治专制的力量，再没有任何社会力量。马列主义的共产思想，夺去了人民一切的生存资具；凡专制所不容的只有活活地饿死。马列的职业革命家的观念，发展出天罗地网、无孔不入的一套组织形式；依靠组织则生，离开组织即死。在上述这种古无前例的条件之下，谁能居于“民主集中”的“集中”的地位，谁即有至高无上的权力。在共党统治之下，早没有传统社会结构了，怎能给毛泽东以这样大的权力。我非常同情邓小平，非常同情胡耀邦，他们目前在政治上所作的技术性的调整，也有某程度的安定作用。但他们不贯彻“实事求是”的坦途，而依然要顶着马列史毛的帽子前进，依然要维持无产阶级专政的体制；换言之，还要继持疟疾的病灶，疟疾的大寒大热，会继续循环，不可能解决中国问题的。

一九八一年七月二十八至三十日《华侨日报》

中国文化中人间像的探求

一、以中国文化取代马列主义

Temple 大学哲学教授傅伟勋先生，以他深博的哲学修养，及纯真的爱国情操，在七月六日，写了封长信给我，指出了中共必须放弃以辩证法唯物论为唯一真理的信仰，然后才能实践宪法所规定的言论自由、信仰自由；然后能接受许多新观念，以为现代化开路。他认为共产主义世界，在理论上，在实践上，已面临“马克思主义者是否随着时代的变化，可以准备思想的脱胎换骨”的大问题。他更进一步提出，“上述的脱胎换骨，当然涉及以儒家为主流的中国文化，在未来的中国，能否及可否取代马列主义的问题”。傅先生认为这是我“所最关心的一项课题”。他更说“对此一课题暂时的想法是：就建立中国未来的法制，似乎应该分开规制原理与构成原理（傅先生系用康德的名词）。儒家的性善论、仁义概念，皆足以形成规制原理，指导建立法制构成的基本方针。但儒家的理论，无法直接当作构成原理……”

我从傅先生的来信中，得到许多启发，引起许多思考。但首先应坦率地说，我三十年来为中国文化所作的抗辩，是源自国民政府重庆、南京时代的反省，及以五十年代、六十年代的台湾文化界为对象而展开的。抗辩的目的，只在为未被叔孙通子孙们所扭曲的中国文化，能在文化的整体生活中，取得堂堂正正的一席之地。一九六九年来到香港，了解毛泽东非把中国文化置于永劫不复之地不可，才把抗辩的对象转向大陆；而抗辩的目的，只在为被集体诬蔑、被集体侮辱的中国文化，能延续一线之命。我根本没有想到以中国文化代替马列主义的问题，而只是想以民主主义或“民主的社会主义”代替马列主义。因为我没有这种勇气，敢于为遍体疮痍、满身血污的中国文化，立此大志。更没有这种学力，敢于为受到普遍轻视、误解的中国文化，发此宏愿。但经傅先生这一提，在精神上感到一阵震撼后，才第一次向他提出，“在对人的肯定上，中国文化，应取代马列主义”。现写此短文，申述我的这一信念。

二、“人间像”与民族命运

说人是宇宙的中心，未免失之夸张；但说人是“人的世界”的中心，则并不算过分。所谓“人的世界”，是指人为了生存发展，所创造出的各种有形无形的条件而言。狭义性的文化，是人的世界中所需要、所具备的条件的一部分。人为了适应自己的生存而创造出各种文化。文化形成以后，也可通过自觉或不自觉的熏陶教养习俗等，塑造成各种类型的“人间像”。最低限度，在进入到有“史”可寻的阶段，人又反过来以其被塑造的人间像来创造文化及其他条件。人间像以性格、情操、思考方法、生活意味、生活形态等为其内容。人的主动性，常是通过他的人间像而表现出来。某一国家、民族，人间像的歪曲、没落、破灭，即某一国家民族命运的歪曲、没落、破灭。因此我们要求有一个好的“人的世界”，首先要求应由某种好的文化，塑造出好的人间像。

地理、经济、政府，都以现实的要求，参与了人间像的塑造（或建立）。宗教、哲学、主义、思想，则常以理想的要求，参与了人间像的塑造。其中要求得最热烈、最强制、最彻底的，必推马列主义。在马列主义统治之下，必定有大规模的思想改造。思想改造，即是人间像的改造。由马列主义所创造的一套政治社会结构，只能容许与这些结构性格相合的人间像，这便成为人间像改造的最大强制力；而改造的目的，便在继续维持，并加强这些结构。中国被共产党统治三十二年，即是人间像改造了三十二年。尤其是自反右以后，此改造的大权，完全操在毛泽东手上。中国现有的人间像，即是毛泽东运用马列主义所改造的人间像。中共目前在四个坚持之下，进行四个现代化，即是要以马列主义毛泽东思想的人间像来进行四个现代化。中共的领导者认为这是当然而必然的，但我和许多人一样，认为不一定会达到他们的希望；主要是因为他们的人间像，成为现代化的最基本的障碍。

三、中共所塑造的人间像五态

马列主义的人间像，是以唯物史观为主要塑造的力量。但唯物史观中的生产力决定生产关系；生产关系决定意识形态；生产关系是基层建筑，意识形态、政治是上层建筑，基层建筑变化才引起上层变化的说法，固然不能解释具体历史的发展，并且没有得到列宁、史达林、毛泽东们的尊重，尤其是傅先生在另一封信中，把毛泽东一九六〇年写的《谈（苏联）政治经济学教科书（第三版）》的笔记抄一段给我看，毛便公开反对上述唯物史观的规律，而主张倒过来先改造政权。由政权改变生产关系，由生产关系发展生产力。这便更增加了他的专政、斗争的要求与方式。唯物史观对毛泽东们发生决定性作用的是：阶级斗争，及作为实行阶级斗争手段的无产阶级专政。毛泽东的“阶级斗争为纲，及无产阶级专政下继续革命论”，皆由此而来。因此，中共所塑造的人间像，总括地说是“专政斗争下的人间像”。

专政，是指不顾任何情与法，可以用一切残酷手段去对待所认定的敌人而言；它的另一名称，即是毛泽东所说的“放手斗争”、“大胆斗争”。斗争只要心狠手辣，拒绝一切自良知良识的反问。因此，落实下来的人间像之一，是“凶顽的人间像”。为了达到斗争的目的，在斗争前，在斗争中，在斗争后，都要运用一切诱骗欺诈的方法，使敌人上钩，入彀，承认加在自己身上的谎言，诬赖。因此，落实下来的人间像之二，是“狡猾的人间像”，是“两面人的人间像”。毛泽东认为隐藏的敌人，无所不在；发现潜在的敌人，提出斗争的新对象，是革命的重大任务。于是每人都有侦查的责任，从自己家庭、朋友开始，除向组织坦白外，更鼓励，在一个机关，一个工厂之内，互贴大字报，互揭疮疤，乃至互造疮疤，以造成互相敌视、互相仇恨、各自孤立的社会（这一点是最近一位来自大陆的先生告诉我的）。于是落实下来的人间像之三，是“斗鸡中的人间像”，或者可以说是“死亡游戏中的人间像”。在文化上，认为自己所掌握的是世界上唯一的真理；与此唯一真理有出入的，便斥为虚伪、反动、扣帽子、打棍子，无所不用其极；于是落实下来的人间像之四，是“入者主之，出者奴之”的“主奴人间像”。到了文革末期，把国家社会斗到崩溃的边缘，人人“莫必其命”，一切标语口号、长文短文的说教，都归于破灭。于是大家只好以弄虚作假，达到彻底自全自私的目的。这样落实下来的人间像之五，是在上者“顽钝无耻”、在下者“苟且偷生”的人间像。而物质崇拜，崇洋媚外则是上下一同的。

中共目前所遭遇的文革的严重后遗症，也可以说是毛泽东有意识塑造的及非意识塑造的人间像的严重后遗症。此后遗症，弥漫于政治、经济、社会之中，迫使少数想改革的人，动弹不得。

四、从中国文化提出人间像之条件

在我看来，中共真要重新站起来，如何改变上述由毛泽东运用马列主义所塑造的人间像，塑造出可以适应并推动真正现代化的新人间像，是他们目前的重大课题。凭什么去塑造，因为大家都是中国历史中所生长出来的人，与中国文化有着血肉相连的关系，所以我认为只有凭中国文化。

从中国文化中提出的人间像，必须具备四个条件。第一，必须有思想的概括性，而不是片面的，乃至断章取义的。第二，必须有实践中的贯通性。人间像乃任何人可以具有的，所以必然要有社会的实践性；但此社会的实践性，必与文化的最高理想相贯通。第三，必须对时代有对治性，可以对治马列主义毛泽东思想的人间像，并可以对治传统社会及现代社会中所发生的堕落、变态的人间像。第四，必须能适应中国民主化工业化的要求，并进而成为其动力。

中国文化，以儒家为主流，以道家为副流。我从儒家思想中试提出“刚毅忠恕，己物双成”的人间像，从道家思想中试提出“淡泊宁静，与物为春”的人间像，觉得可以具备上述的四个条件。而儒、道两家的人间像，在人的整个生命中，在人的整个生活中，不仅不相排斥，是互相调剂、相得益彰的。

《论语》孔子说：“刚毅木（厚重）讷（慎言）近仁”。我这里把极有意义的“木”“讷”两字去掉，一是避免误解，一是它可以包含在忠恕之内。从孔子说“吾未见刚者。或曰，申枨。子曰，枨也欲，焉得刚”的话看，可以反映出在混乱时代，不容易有刚的性格的人；而刚的内容，是来自超越了私人欲望，以坚持社会是非正义的刚正刚直之人。许多以私人欲望为出发点，发而为忿戾之争的另一面，又常是随风转舵，同流合污的乡愿之辈。用现在流行的语言说，必是风派人物，恰站在刚的反面。在人的分位上说，超越个人欲望，顶住不合理的压力威胁，以坚持大多数人利益的社会是非正义，乃是拨乱反正的第一步。北京七月十四日法新社电，地下传单中数毛的特点之一是“混淆黑白”。坚持毛思想，让混淆黑白的情形继续下去，这是多么的可悲。原因是中共领导层中，申枨之流太多，“无欲则刚”的人太少了。

“毅”即是曾子所说的“士不可以不弘毅”的“毅”。弘是识量宽弘，不仅看到局部利害，也看到全部利害；不仅看到眼前利害，而且也看到未来利害，此之谓“弘”，因为弘，所以能毅。毅是担当责任，百折不回，贯彻始终的精神，即是曾子继续所说的“任重而道远。仁以为己任，不亦重乎！死而后已，不亦远乎”。中国人目前所承担的任何一方面的工作，都可以说是任重而道远。眼面前的小例子，北京派到国外学科技的，都是因为受了毛泽东之害，以致“年过而后学，则勤苦而难成”的人。但若抱“人一能之己百之，人十能之己千之”的“死而后已”的“毅”的精神，也终必有所成就。其他可以类推。

曾子说：“夫子（孔子）之道，忠恕而已矣。”《中庸》用“忠恕违道（中庸之道）不远”。由此可知忠恕在儒家思想中的重要性。“尽己之谓忠”。竭尽自己的力量来做自己的事，这是忠的一面。竭尽自己的力量去承受他人的委托，这是忠的另一面。所以“执事敬，与人忠”，都可概括在“忠”字之内。忠则必信，所以《论语》上常将忠信连在一起。“以实之谓信”，讲真话，做实事，是信；发现客观事物的规律，顺着客观事物的规律来做事，这即是“以客观之真实来处理客观事物”的“以实”。这是信的必然内容，也是忠的必然要求。

“推己之谓恕”。把自己的要求，推扩到他人身上去想想；推扩到社会大众身上去想想，此之谓“推己”。“己欲立，而立人；己欲达，而达人”。这是恕的积极的一面。“己所不欲，勿施于人”，“施诸己而不愿，亦毋施于人”，这是恕的消极的一面。假定毛泽东稍有“推己”之心，我相信许多凶横残暴的事便不可能做出来。小的例子，现在中共的高干，拼命把自己的子弟送到国外留学，这未可厚非。但假定他们有点恕道，便会想到他人的子弟也想到国外留学；事实上不能都去，便硬逼出一套留学的客观标准，为任何人所共守。现时共干特权泛滥，假定稍有点恕道，便会想到他人骑在自己头上刳自己的肉，是自己受不了的；怎么可以骑在人民头上，无穷期地刳人民的肉呢？忠恕的精神，是“把人作平等看待”的精神。顺着这种精神推扩下去，在政治上便必须实行民主主义，或在民主轨辙之内的社会主义。

刚毅忠恕，是《中庸》智、仁、勇三达德的实践。三达德的实践，即是由“尽己之性”以“尽人之性”，“尽物之性”。《中庸》下篇，把三达德提升为诚的观念而加以概括。它由此便说出“诚者非自（仅）成己也，所以成物也”。物指的是“己”以外的人与事物而言。由刚毅忠恕的实践，必然得到“己物双成”的结果。一个诚实勤勉的工人，自己得到合理的报酬，产品可供社会之用，或为国家赚外汇，这即“己物双成”的一例，并不是空唱高调。这种人间像，我认为是推动现代化而又可避免由现代化所引起的流弊的基本动力；而且又是每一个人，在一念之间，都可以塑造、树立起来的人间像。

五、儒道兼蓄的完美人间像

诸葛亮所说“非淡泊无以明志，非宁静无以致远”的两句话，出于《淮南子》；我感到这两句话表达了道家消极中的积极性，与老庄原旨相合。“与物为春”出于《庄子》，我认为这是道家超世而未尝离世，且进而与社会与自然，得到谐和，共其生命的最高而又最实的境界。用另一语言表达，这是真正的伟大艺术精神。所以我便以这两句话作为由道家思想而来的人间像。

淡泊，我以为就个人生活的物质享受而言。生活物质的享受，不甘淡泊，便会劳心竭力去追求它，结果除了物质享受以外，再没有其他人生意义。在物质享受上自甘淡泊，这是把人生的重点放在物质享受以外，而感到人生还另有更好更大的意义，值得我们去追求。

所以此处之所谓“志”，实指的是人生的真实意味。人的价值是决定于人生真实意味的把握，不是金钱物欲可以代替的。同时，社会许多罪恶，多由不甘淡泊心而起，这也反映出淡泊的重大意义。

宁静，是指个人不被名利之念所扰动的精神状态而言。名利之念太切，精神势必受到扰动，因而驰向急功近利的一途。“远”对“急”与“近”而言。凡真正有意义的事，都不是急功近利所能达到，而常预期之以久远或远大。只有精神宁静的人，才能从眼前的名利中超越出来，才能从事于有意味的久远，远大的目标。

“春”是生命喜悦的象征。淡泊宁静的人生，是能从生命中浮现出喜悦的象征而加以领受的人生。淡泊宁静的精神状态，是能与社会与自然得到谐和感通的精神状态。因此，领受自己生命的喜悦，同时即感到与社会、自然是同一生命，同一喜悦，此之谓“与物为春”。儒家的“慈祥恺悌”，是另一种表现的方式。毛泽东的人间像，是“与物为严冬”的人间像，在这种人间像之下，国家社会的生气快要枯萎以尽了。

我很欣赏汉代许多思想家，以道家思想安顿自己的现实生活，以儒家思想担当社会政治的责任。兼容并包，不感到有任何矛盾。我在这里，不深入到道德精神与艺术精神，在生命中可以互转互换的问题；而仅想指出，儒、道两家的人间像，在现实生活中，有互相调剂的现实意味。假定在工作岗位的人接受点儒家的人间像，到退休年龄及退休以后的人，接受点道家的人间像，则大陆今日睥睨相持的局面，不是立刻有了转机吗？

我不以为我从中国文化中所提出的人间像，便足以完整无缺地概括了中国文化精神。但相信，我的尝试比空喊什么“中国文化现代化”这类不切边际的口号为有现实上的实践意义。同时我们提出的各种人间像，乃是人间像的基型。在此基型之下，可以孳生出许多适合于个性、环境的人间像。我期待有更多人士在这方面提出更多积极的意见，以补正我的疏漏、错误。

一九八一年九月一日《百姓半月刊》第七期

文化上的代沟与异域
——给均琴女儿一封信的解答

一

我四个儿女中，只有均琴女儿的资性适合于学文科。但因为学文科直道而行的人，所受的时代苦难，特别严酷，并且我平时不管儿女的国文，偶然从她的高中和大学作文中，发现她对文化很有理解力和表现力时，她在国外已经快拿到生化博士了，所以，开始是鼓励她向理工科方面发展，后来要改也来不及。她在科学上不能算有什么特别成就，于是常常抱怨这是爸爸指错了路，也不能说完全是出于孩子们的抵赖。

今年（一九八一年）夏，我在她家住了两个月，有些年轻朋友来看我，在我的病骨支离中热心提出许多问题。大体说，他们都希望中国能实现民主，但都反对中国文化，认为中国文化与民主不兼容。而我是研究中国文化，维护中国文化，并常认为中国文化是支持中国实现民主的一种基原性的力量。我们彼此之间，距离太大，便不知不觉地使我讲了些解释的话。这并不是我想说服他们，因为他们都很自负，而对中国文化缺乏可作共同讨论的基础。我的解释，也只是中国做人上的“随缘尽分”。但女儿在旁边感到我精力的浪费，并且有些不平。我返港后，便写封长信给我，信中有下面的一段：

> 爸爸对台湾教育出来，跟我出身差不多的年轻一代，不必寄存什么希望。因为老一辈的中国人，虽然有的是忘本，有的是压榨自己的同胞，但究竟是在祖国的山河大地上生活过，他们基本上依然是“中国人”。从大陆到台湾后生长的这些年轻“外省人”，对故乡故土没有接触过，对劳苦大众没有接触过，因此，这是“无土无民”，因而也是彻底“无根”的一代。他们对中国文化的偏激态度，一方面是觉得自己很有些本领，却不能担当自己时代的一份责任，自怨自怜，只好把一批烂账，都推到自己的祖宗身上，骂自己的祖宗为什么不弄好几把交椅留给自己现成地坐上去。另一方面是精神上无根无本，与自己民族完全隔绝，面对着花花世界，以自己的民族为羞耻，以自己的文化为羞耻。初到台湾时，国民党提出农村十大罪恶，把生活在农村的人“不当人”。现时一棍子打死中国文化的，也是把世世代代生活在故国山河大地的人“不当人”，所以觉得诬蔑由这些人所积累的文化是应当的。民主由他们口里讲，没有真实意义……他们再有才气，也不过是跟中国不相干的好事之徒。

均琴儿的信中，对于中国文化不同态度的解释，实际提出了两种答复，一是来自上下两代的“代沟”，二是来自居住在祖国与居住在外国的“异域”。另外又附带提到民主应由哪种人来讲的问题。均琴儿是由一个极端走到另一个极端了，所以我应加以解答。

二

首先我指出，时代的文化气氛，可以影响到许多人对文化的态度，但这不一定可以用上下两代的代沟能加以说明。清代学术发展，概略地可分两大派，一派是顺承宋代理学讲下来的，在学术上，始终没有占有显赫地位。一派被称为乾嘉学派，他们只重训诂，不讲思想，极力排斥宋明理学。他们讲经学，但经学乃至中国一切古典，除了汉赋及六朝骈俪文外，在他们手上，都变成没有意义的东西。这些人不打出反中国文化的招牌，是受了当时文化气氛的制约。章太炎早年实质上也是反中国文化的，所以他的学生中许多人在五四时代，便公开反中国文化。胡适之也是打乾嘉学派的旗帜，以反中国文化成大名。到最后，他以中央研究院院长的地位，在一个国际性的学术会议席上，公开宣称“东方文明没有灵性”，当时台湾的报纸，一致加以赞扬，我才写了《中国人的耻辱，东方人的耻辱》的文章加以反击。国民党中，中山先生爱护中国文化，故总统蒋公提倡过《大学》、《中庸》、王阳明、张居正、曾国藩，到台湾后才完全投入基督教。遗嘱上说他束发受洗，那是旁人代他说的谎言。

国民党中，有许多人反中国文化，在我的朋友中就不少。现时的气氛比较好些，是因为“复兴中国文化”，成为反共的国策，这大概是一九七〇年代后半期的事。总之，乾嘉学派，实质上做了否定中国文化价值的工作，并且一直成为学术界的主流，大家为什么要去爱护没有价值的东西？所以民国以来，文化界的气氛，是反中国文化的，不从政治上利用中国文化，而要在学术上维护中国文化，便须在现代知识基础上，做中国文化价值再发现的工作。这是我们极少数人三十年来的努力所在，但真是谈何容易！何况会由此受到许多精神上的压力。这次遇见的年轻朋友中有人提出包小脚、吃鸦片烟作反中国文化的理由，还不是从胡适之先生学来的，怎能完全责怪他们？但在美国的年轻朋友中，有如傅伟勋、刘述先（现在香港中大）、张灏、林毓生、杜维明诸位，便都在做切实研究中国文化的工作，所以反中国文化，不是“代沟”可以解答的。

三

我提出“异域”的名词来作中西文化界域的简称，反中国文化或者和文化的异域性有关系。一个民族的传统文化，在政治衰乱时期，一旦与异质的文化接触，便必然由冲击而发生互相排击的现象。但中国以儒家为主流的传统文化，不是一种宗教，没有宗教的组织力与凝固力及神秘感，所以这在世界上是“不设防”的文化，最容易受到这种冲击而不能还手。佛教进入中国，一到了五胡之乱，民族的精神领域，大部分即被佛教占领了，这是中国文化第一次所受的大挫折。宋代理学家极力排斥佛教，便是要恢复精神领域中的失土。但由乾嘉学派一直到胡适们，都说理学家是“阳儒（表面是儒）阴释（内里是佛）”，该是多么无知而可耻。

基督教与中国文化的接触，不是他们的教义发生影响，而是传教士所带进来的天文、几何这类科学发生影响。基督教的教义始终没有能给中国文化以真正的冲击。西方给中国文化的冲击，是以鸦片战争为标志的坚甲利兵，再接着是自由民主。中国对这种冲击，大体上是采取顺应接受的态度；尤其是乾嘉学派以外乃至主张汉宋调和的知识分子，都对科学民主采取积极的反应，并未感到与中国文化不兼容。因为中国文化不是宗教，所以最低限度，没有反科学的因素，避免了西方十五、十六世纪宗教对科学的斗争。中国文化在政治上由周初开始，即认定人民才是决定一切的力量，基本精神是要趋向民主的，所以也不需要经过西方十六、十七世纪的“君权神授”与“自然法”的争论。而科学民主的自身，本是国际性的，是人类共同的需要，不存有民族的异域性。到了五四时代，才出现中国文化与科学民主不能并存的一股洪流；到了台湾以后，才出现基督教凌驾于中国文化之上的变局。而大陆上的彻底反中国文化，恰与这种趋势汇流，使中国文化失掉了空间的根据地，更增强了反中国文化的气焰。现时在美国的许多年轻人拿着西方文化来反对中国文化，都是时代的产物。但只要他们中有人肯深入去研究西方文化，不仅在文化上是一种收获，并且也会自自然然地把反中国文化的态度转变过来。

至于民主与文化关系的问题，我和胡适之先生的态度不同。他认为只有反中国文化的人才配谈民主，我则以为反中国文化，爱中国文化，都可以谈民主。民主的本质，即在能包涵许多政治文化上的不同意见，而可相安无事，或者且能相得益彰。此民主之所以能成为政治上的大经大法。整个中国的情势是，没有一块地方可以容许人谈真正的民主；即使在香港，在美国，敢挺身出来为民主讲话的人也是凤毛麟角。所以我们遇见的年轻朋友们，反中国文化而肯谈民主，依然是精神上的一大安慰，不可轻易抹煞。

我上面的话中，当然还含有许多问题没有说清楚，希望均琴儿以后再问，我以后再答吧。

一九八二年一月一日、三日《华侨日报》

读《魏源研究》

一

香港大学讲师陈耀南博士大著《魏源研究》即将再版，要我写篇序。我因对魏源不曾作过深入研究，而文字伧俗，与陈先生雅健之文不能相称，所以不敢写序，特写这篇读后感。

陈先生年富力强，高才博学，能诗能文。顾其治学不屑以承风接响，摭拾冷僻尖新的零碎材料，以炫博猎浮名为事，肯爬住文化关键问题，下穷源究尾的工夫。乾嘉学派，迄今犹风靡“中学”的坛坫。他们因反宋明理学太过，以致反到学术中的思想性。因趋利避害之私太过，以致逃避学术所应担当的时代责任。这实际反映出中国学术的发展，已走上了穷途末路。所以反乾嘉学派的今文学派的兴起，重新恢复学术中的思想性及对时代的担当精神，这在学术史上，有其特别重要的意义。其中魏源“通经致用”的努力，尤其对求新求变求富强的时代要求，尽到了启蒙的任务。陈先生以魏源作研究对象，正把握到学术发展中的关键。

陈先生大著的特点有二。第一，魏源学问广博，涉及的范围很多，陈先生对他作了全面性的研究而略无遗漏。第二，谈到魏源的若干重要观点及活动时，常把并时或在前的有关议论或事实，组织在一起，作有条理的叙述，以反映出魏源思想的时代背景及时代大势。因此，可由魏源一人的掌握而掌握到他所生存的时代。这两点，不是用力勤而运思密，是不容易做到的。

二

魏源们提倡“通经致用”，这本是中国经学得以成立的根源，及经学传承中的大统；此一大统，至乾嘉学派而始归荒废。但我应指出，魏源的成就，是在他的致用，而不在他的通经。而他的致用之学，可通于自汉以来的经学的通义，并不能通于他自成一家的今文经学。他及龚自珍们对乾嘉学派的批评，十之八九，都深切恰当。但乾嘉学派的问题是来自应当由训诂考据的手段以进入到思想的目的。他们却不肯前进，反而把手段当成目的，在手段上玩弄玄虚，这样一来，手段反成为达到目的的障蔽。魏源的今文学，实出于要以他们所标举的西汉今文经学，压倒乾嘉学派所标举的东汉古文经学的意气之私。他不了解，离开了东汉经学，则我们找不到具体的西汉经学；因为除《公羊传》外，今文学的《诗》、《书》，早亡于汉末及晋室南渡之际，而“三礼”也是凭东汉马、郑们的传注而始得流传下来。他强调西汉今文学的师法，他不了解，师法实由五经博士们的章句而见；而这些章句，早已只字无存。他瞧不起马、郑们的训诂，而不知马、郑们的训诂，乃上承西汉未立五经博士以前的经师之业，且以救济当时章句动辄数十万言的泛滥之灾。他强调西汉经学的致用之功，而不知西汉经学的致用多表现为议论，而东汉经学的致用，则表现为行为，有如风节、吏治、武功等方面。他以全力攻击《诗序》及《毛诗》，而不知否定了《诗序》、《毛诗》，西汉更无一部完整的经学传注，得以流传下来。他把今文古文，安放在互不相容的地位，认定贾、郑们的经学，是古文经学，而不知贾、郑们的“古学”，并不等于“古文”；因为“古学”中有古文，也有今文。他瞧不起乾嘉的饾饤训诂，而不知他们想由辑佚，再加上傅会以重构西汉今文经学，直是以饾饤傅会为经学。如实明说，以否定东汉经学来伸张西汉经学，根本失掉了起步的立足点，其势不能不走上向壁虚造，以形成廖平、康有为、皮锡瑞们的诬附横决之路。从“知识规律”立场来说，他们的流毒，实大过于乾嘉学派，所以他们攻击乾嘉学派，却不能动其毫末。这不是出自他们致用的要求，而是出自他们意气的主观作用，魏的好友龚自珍，便比他有节制得多了。因此，对他的经学与致用，似乎应作分别的处理，分别的看待。

清代今文学派始于庄存与。庄氏由训诂以求群经大义特深于《公羊》。但他不斤斤于汉、宋之争，更不屑于以古今文为门户之见。他承认阎若璩的《尚书古文疏证》，但又承认属古文中也有精义。他在《春秋要指》中主张“观其辞，必以圣人之心存之”，未免求深太过，容易引起穿凿傅会，但他本人则平实通达，不轻出僻妄之言。他的经学一传而到他的侄子庄逸祖，依然守住他的规模气度，对《毛诗》也下过很大的工夫。再传而至他的外孙刘逢禄，矜奇立异，庄氏的今文学始为之大坏，魏源不幸，他是直承刘逢禄而未能深入去了解庄存与，这是今文学的不幸，也是中国经学的不幸。

三

陈先生对魏源经学的观点，未必与我相同，但魏源在致用方面的成就与意义，远大于他经学的成就与意义，我们的认识则无二致。所以在他的大著中，不仅把魏源为贺长龄编《经世文编》，及承林则徐之意著《海国图志》的情形，都叙述得详细而生动，且在全书中分出大部分篇幅，钩稽出魏源在治河、漕运、盐政、货币、疆防等方面的改革意见，另给以“专章”的地位对魏源为兴化县令时，拼命卫堤的故事，也叙述得有声有色。在摘录魏源有关这一方面的言论时，都能得其肯綮，选其精华。魏源认为“亡天下之患有七”，其中最厉害的是“鄙夫”。他说“鄙夫胸中，除富贵而外，不知国计民生为何事；除私党而外，不知人材为何物……无职不旷，无事不蛊……致人于不生不死之间……圣人不恶小人而恶鄙夫乡愿，岂不深哉”。魏源所说的“鄙夫”，即今日所说的官僚主义。但过去的鄙夫“不能生人，但不敢杀人”，而今日的官僚，则“不能生人，却敢于杀人”。又引魏源的话：“使人不暇顾廉耻则国必衰；使人不敢顾家业则国必亡。……故土无富户则国贫；土无中户则国危；至下户流亡，而国非其国矣。”像这类言论，针对现状来看，则魏源岂特是启蒙大师，真可尸祝之为伟大舵手了。希望读者以此来读《魏源集》，来读陈先生的《魏源研究》。

一九八二年一月二十九日《华侨日报》